가족복지론

FAMILY WELFARE

손병덕 저

학지사

머리말

가족은 개인의 성장과 발달, 사회적 관계 형성에 핵심적인 역할을 하는 중요한 사회 단위다. 사회 변화에 따라 가족의 형태와 기능도 다양하게 변화하고 있으며, 이러한 변화는 가족 구성원들이 직면하는 다양한 사회적 · 경제적 도전에 영향을 미친다. 따라서 가족의 복지를 증진하고 가족 구성원들이 겪는 문제를 효과적으로 해결하기 위해 가족복지에 대한 체계적 이해와 실천이 필수적이다. 『가족복지론』은 가족을 둘러싼 다양한 복지적 이슈와 정책, 실천적 접근을 다루며, 가족의 복지 향상에 기여하고자 하는 사회복지 전문가들에게 중요한 기초를 제공한다.

제1장과 제2장은 가족의 본질과 가족복지의 개념을 이해하는 데 중점을 둔다. 가족의 다양한 형태와 역할을 파악하고, 가족복지가 사회복지 체계 내에서 어떠한 의미와 중요성을 갖는지 탐구한다. 이로써 독자들은 가족복지의 기본적인 틀을 이해할 수 있다. 이어지는 제3장과 제4장은 복지국가 내에서 가족복지 정책의 지위와 역할을 다루며, 실제 정책의 내용을 심도 있게 분석한다. 이러한 정책적 이해는 가족복지의 방향성을 제시하고, 가족복지가 사회 전반의 복지 향상에 어떻게 기여할 수 있는지를 보여 준다. 제5장은 가족복지와 관련된 법적 기반을 다루며, 가족복지실천에 있어 법적 근거와 규제의 중요성을 강조한다. 제6장과 제7장은 가족복지실천에서 중요한 두 가지 접근인 사례관리(case management)와 임파워먼트(empowerment)를 소개한다. 사례관리는 가족 문제의 복합성을 이해하고 효과적인 개입을 설계하는 데 필수적인 기법이며, 임파워먼트는 가족 구성원들이 자신들의 삶을 스스로 변화시킬 수 있도록 지원하는 핵심적 원리다. 제8장은 가족 리질리언스(family resilience)를 다루며, 가족이 위기와 스트레스를 극복하고 적응할 수 있는 능력에 대해 설명한다. 가족 리질리언스의

개념을 이해하고 이를 실천에 적용하는 것은 가족이 직면한 도전에 대한 적응과 회복을 지원하는 데 중요한 역할을 한다. 제9장과 제10장은 가족치료의 다양한 접근법을 소개하며, 정신분석적 가족치료, 체계적 가족치료, 행동주의적 가족치료 등 다양한 치료 모델을 통해 가족 내 문제를 해결하고자 하는 시도들을 다룬다. 이러한 치료 모델들은 가족의 심리적 문제를 이해하고 개입하는 데 유용한 도구들을 제공한다. 제11장과 제12장은 빈곤가족, 한부모가족, 가정폭력가족, 중독가족과 같은 특수한 가족 형태와 이들이 직면한 문제를 분석하며, 이들에 대한 가족복지실천의 구체적인 방법을 제시한다. 마지막으로, 제13장은 다문화가족과 북한이탈가족 등 다양한 배경을 가진 가족들에 대한 복지실천을 다루며, 이들이 겪는 문화적 · 사회적 어려움에 대한 이해와 실천적 접근을 강조한다.

이 책은 이처럼 다양한 가족 유형과 이들이 직면하는 복지적 문제를 다각도로 분석하며, 이론과 실제를 접목한 통합적 시각을 제공한다. 따라서 이 책은 가족복지 전문가들이 가족을 둘러싼 복합적인 문제를 이해하고, 이를 해결하기 위한 정책적 · 실천적 접근을 설계하는 데 중요한 지침서로서의 역할을 할 것으로 기대한다. 이 책이 출간되기까지 수고해 주신 학지사 김진환 대표님과 직원들의 노고에 깊은 감사를 드린다.

2025년 9월

손병덕

차례

제3장 복지국가의 가족복지정책 지위와 역할 • 83

제4장 가족복지정책의 실제 • 119

제5장 가족복지 관련법 • 145

제6장 가족복지실천에서의 사례관리 • 193

제7장 가족복지실천에서의 임파워먼트 • 223

제8장 가족 리질리언스의 이해와 실천 • 269

제9장 가족치료 1: 가족치료의 개념과 역사, 정신분석적 가족치료, 체계적 가족치료, 행동주의적 가족치료 • 309

제10장 가족치료 2: 구조적 가족치료, 경험적 가족치료, 전략적 가족치료, 해결중심 가족치료, 이야기 치료, MRI 모델 • 335

제 1 장

가족의 이해

학습 목표

1. 가족의 개념과 역사적 변화를 설명할 수 있다.
2. 주요 학자들의 가족에 대한 정의와 현대 가족의 다면적 특성을 이해한다.
3. 글로벌 및 현대 사회에서 가족 구조 변화와 그 영향 요인을 분석할 수 있다.
4. 산업화, 도시화, 여성의 경제 참여 등 사회적 · 인구학적 변화가 가족 구조와 역할에 미친 영향을 설명할 수 있다.

이 장에서는 가족의 개념과 변화, 그리고 가족연구에 대한 이론적 접근을 통해 현대 가족의 역할과 기능을 심도 있게 탐구한다. 먼저, 가족의 개념과 역사적 변화를 이해하는 과정을 통해 시대와 사회적 맥락에 따라 가족의 의미가 어떻게 재정의되어 왔는지를 고찰한다. 이를 통해 가족이 단순한 혈연 공동체를 넘어, 사회적 · 경제적 · 정서적 지원의 핵심적 역할을 수행하는 복합적 단위로 발전해 왔음을 논의한다.

다음으로, 글로벌 차원에서 가족 구조의 변화와 현대 사회에서 나타나는 다양한 가족 동향을 분석한다. 산업화, 도시화 그리고 글로벌화와 같은 사회적 변화는 전통적인 가족 구조에 중대한 영향을 미쳤으며, 동기가족, 비혼가구, 한부모가족 등 새로운 형태의 가족이 출현하게 되었다. 이러한 변화는 가족의 정의와 역할을 재평가하게 만들며, 가족이 현대 사회에서 수행하는 기능의 다양성을 반영한다.

또한 현대 한국 사회에서 나타나는 가족 구조의 변화와 그 과정에서의 가족 역할과 기능의 재해석을 다룬다. 특히, 여성의 경제적 참여 증가, 출산율 저하, 고령화와 같은 인구학적 변화가 가족 내 권력 구조와 역할 분담에 미치는 영향을 분석하며, 가족이 정서적 지지와 개인적 성장을 지원하는 방향으로 변화하고 있음을 살펴본다.

마지막으로, 가족연구에 사용되는 다양한 이론적 접근을 소개하고, 이를 실제 연구와 사회적 문제 해결에 어떻게 응용할 수 있는지를 제시한다. 구조기능주의 이론, 갈등 이론, 상호작용 이론 등 여러 이론적 틀을 통해 가족 내 상호작용과 갈등을 이해하며, 이러한 이론들이 가족복지실천에 어떻게 적용될 수 있는지를 구체적으로 논의한다.

1. 가족의 개념에 대한 역사적 이해

가족은 역사적으로 다양한 방식으로 정의되어 왔으며, 그 개념은 사회적 · 경제적 변화에 따라 지속적으로 진화해 왔다. 머독(Murdock, 1949)은 가족을 "공동 주거, 경제적 협력 그리고 출산을 특징으로 하는 집단"으로 정의하며, 가족의 생물학적 및 경제적 역할에 중점을 두었다. 그의 정의는 가족이 생물학적 연결을 기반으로 형성된다는 점과 경제적 협력을 통해 사회적 연속성을 유지하는 중요성을 강조하였다. 이는 가족의 구조적 측면을 중심으로 하여, 경제적 협력이 가족의 필수적 요소라는 관점을 반영하고 있다(Murdock, 1949). 그러나 머독의 정의는 산업화 이전 시대의 가족 구조에 대한 전통적 이해를 바탕으로 하고 있어 현대 사회의 다양한 가족 형태를 충분히 설명하지 못한다는 한계를 지닌다.

레비-스트라우스(Lévi-Strauss, 1969)는 가족의 개념을 보다 확장된 사회적 단위로 이해하고자 하였다. 그는 가족을 정서적 유대, 상호작용, 법적 · 경제적 · 종교적 의무 등을 포함하는 복잡한 사회적 관계의 집합체로 정의하였다. 레비-스트라우스의 접근은 가족을 단순히 생물학적 연결이 아닌, 복합적인 사회적 관계로 보고 있으며, 이 관계들이 가족이라는 사회적 시스템의 핵심이라고 강조하였다. 이는 가족 내 다양한 인간관계와 이러한 관계들이 사회적 규범에 미치는 영향을 분석하는 데 유용한 관점을 제공한다. 특히, 레비-스트라우스는 가족이 사회적 제도로서 어떻게 기능하며, 사회적 연대와 규범 형성에 어떤 역할을 하는지를 분석하며 가족의 사회적 의미를 보다 폭넓게 이해하고자 하였다(Lévi-Strauss, 1969).

콜먼과 크레시(Coleman & Cressey, 1999)는 가족을 결혼, 혈연 혹은 입양을 통해 연결된 개인들이 공동으로 거주하는 집단으로 정의하며, 가족의 사회적 구성 요소에 주목하였다. 이들은 가족이 단순히 생물학적 요소로만 형성된 것이 아니라, 사회적 합의와 법적 구속을 통해 형성된다는 점을 강조하였다. 이러한 정의는 가족의 법적 지위와 사회적 역할에 대한 중요성을 부각시키며, 가족이 사회적 구조 내에서 어떻게 기능하는지를 설명하는 데 중점을 둔다. 콜먼과 크레시의 정의는 현대 사회에서 가족의 법적·사회적 책임과 역할을 보다 명확하게 이해할 수 있는 틀을 제공하며, 이를 통해 가족이 사회적 통합과 개인의 복지에 기여하는 방식을 이해할 수 있도록 한다(Coleman & Cressey, 1999).

이처럼 머독, 레비-스트라우스 그리고 콜먼과 크레시의 정의들은 시대적 배경과 사회적 맥락에 따라 가족의 개념이 어떻게 변화해 왔는지를 잘 보여 준다. 머독의 정의가 생물학적 관계와 경제적 기능에 집중하였다면, 레비-스트라우스는 가족의 정서적 유대와 사회적 의무를 강조하고, 콜먼과 크레시는 가족의 법적·사회적 구성 요소를 부각하였다. 이러한 개념적 변화는 가족의 다면적 기능을 이해하고, 사회 변화에 대응하여 가족의 정의가 지속적으로 재구성되어야 함을 시사한다.

현대 한국 사회에서도 가족의 정의와 역할은 기존의 전통적 틀에서 벗어나 지속적으로 재구성되고 있다. 성수진과 강영희(2024)는 가족을 부부와 자녀로 구성된 기본적인 사회 집단으로 정의하면서도, 이를 애정적 혈연 집단으로 설명하여 가족이 단순히 혈연으로 연결된 집단을 넘어 구성원이 동일한 장소에서 거주하며 사회화를 통해 인격을 형성하는 인간 발달의 근원적 집단임을 강조한다. 이러한 정의는 가족이 개인의 심리적 발달에 필수적인 정서적 지원과 사회적 적응을 제공하는 중요한 단위임을 부각시키고 있다. 이는 가족이 구성원들이 사회적 역할을 배우고 자아를 형성하는 데 중대한 영향을 미치는 사회적 환경으로서 기능함을 보여 준다(성수진, 강영희, 2024).

전통적인 가족 개념은 부부와 자녀를 중심으로 한 혈연 관계를 기초로 하여, 공동 주거와 경제적 협력, 정서적 결속을 통해 사회적 역할을 수행하는 단위로 이해되었다. 그러나 현대 사회에서는 가족의 구조와 기능이 점차 다양화되고 있으며, 한부모가족, 동거가족, 재혼가족, 비혼가구 등 여러 형태의 가족이 인정받고 있다. 이러한 변화는 가족의 정의가 더 이상 생물학적 연결이나 공동 거주에 국한되지 않음을 보여 준다. 현대적 가족 개념은 다양한 형태의 가족 구성이 가능함을 인정하며, 가족이 사회적 및 개인적 발달에서 필수적인 역할을 수행하는 중요한 사회 단위로 재평가되고 있다. 가족은 구성원들이 서로 상호작용하며 자아를 형성하고, 사회적 규범을 습득하며, 사회화 과정을 통해 성숙한 사회 구성원으로 발전하는 데 도움을 주는 제도적 틀로 작용한다(Walsh, 2003).

켄달(Kendall, 1999)은 가족을 "서로에 대한 의무감을 지니고 공동의 경제생활을 영위하며,

다른 집단과는 구별되는 집단 정체성을 가진 사람들의 집단"으로 정의하면서, 가족의 개념을 전통적인 혈연 중심의 정의에서 심리적 · 경제적 연계를 강조하는 방향으로 확장하였다. 이는 가족을 단순히 혈연이나 혼인에 의해 결속된 집단으로 보던 관점에서 벗어나, 정서적 유대와 경제적 협력을 중심으로 가족을 재해석한 중요한 전환점이었다. 켄달의 정의는 가족이 생물학적 연결을 넘어서 심리적 지원과 경제적 협력에 기반한 관계적 구조로 진화하였음을 시사한다. 이러한 변화는 가족의 본질적 기능이 과거보다 더욱 복잡한 사회적 역할을 포함하게 되었음을 반영하며, 가족의 정의를 더 유연하게 만들어 각 구성원의 정서적 · 경제적 요구를 충족시키는 방식으로 기능하는 집단임을 강조한다(Kendall, 1999; 김형주, 2024).

가족의 개념은 역사적으로 사회적 · 경제적 변화에 따라 지속적으로 재구성되어 왔다. 머독, 레비-스트라우스, 콜먼과 크레시 그리고 현대의 학자들에 이르기까지 가족의 정의는 생물학적 · 경제적 · 정서적 · 사회적 역할을 반영하며 진화해 왔다. 이러한 역사적 개념 변화는 현대 사회에서 가족의 복잡성과 다양성을 이해하는 데 중요한 기초를 제공하며, 가족복지정책을 설계하는 데 있어서도 필수적인 통찰을 제공한다. 가족은 이제 생물학적 관계 이상의 의미를 지니며, 심리적 연대감과 경제적 협력이 중심이 되는 사회적 단위로 새롭게 정의될 필요가 있다. 이는 현대 사회에서 가족이 다양한 형태로 재구성됨에 따라 가족의 정의 역시 이러한 다양성을 반영하는 포괄적인 개념으로 확장되고 있음을 의미한다.

2. 글로벌 가족 구조의 변화와 현대 사회의 가족 동향

1) 1960년대 이후 가족 구조의 변화와 다양화

1960년대 이후 한국을 비롯한 서구의 많은 산업국가는 가족 구조에서 급격한 변화를 경험하였다. 이러한 변화는 제2차 세계대전 이후 근대 핵가족 모델이 주류 사회 구조로 자리 잡으면서 나타난 것이다. 핵가족은 독립적인 부부와 미혼 자녀로 구성되며, 주거와 경제적 협력의 중요성이 강조되었다. 이때 가족의 핵심 역할은 자녀의 양육과 보호에 초점을 맞추었다. 그러나 이후 진행된 급격한 산업화와 도시화, 그리고 다양한 사회적 변화는 전통적인 핵가족 모델에 도전하며 가족 구조의 다양화를 촉진하였다.

기든스(Giddens, 2006)는 이러한 가족 구조의 변화를 글로벌 차원에서 발생하는 현상으로 분석하였다. 그는 사회적 · 경제적 변화가 전통적인 가족 구조에 미친 영향을 설명하며, 현대 사회에서 핵가족이 더 이상 유일한 가족 모델이 아니라고 지적하였다. 다양한 가족 형태가 공존하는 오늘날의 현실 속에서, 핵가족은 여전히 중요한 위치를 차지하고 있지만, 이제는 여러 가족 유형 중 하나로 자리하게 되었다. 이러한 변화는 결혼과 가족에 대한 기존의 정의에도 중요한 변화를 가져왔다. 과거 결혼과 가족은 주로 생물학적 · 법적 관계를 통해 정의되었으나, 현대 사회에서는 동거가족, 비혼가구, 한부모가족, 재혼가족 등 다양한 형태의 가족이 등장하면서 가족의 정의가 더 포괄적이고 다양하게 확장되었다.

이러한 변화는 단순히 가족 구성의 형태적 다양화에 그치지 않으며, 가족이 수행하는 사회적 · 경제적 역할에도 중대한 영향을 미쳤다. 전통적으로 가족은 생산의 주요 단위였으나, 산업화로 인해 그 역할이 점차 외부로 이전되면서 오늘날 가족은 소비의 주요 단위로 변화하였다(Giddens, 2006). 사회적 변화 또한 성역할의 재편을 가져왔다. 과거에는 남성이 생계 부양자로, 여성이 자녀 양육과 가사노동을 담당하는 고정된 성역할을 수행하였다. 그러나 여성의 경제활동 참여가 증가하고 성평등에 대한 사회적 요구가 강해지면서 이러한 전통적인 성역할은 점차 변화하였다. 현재는 부부가 함께 경제적 책임을 지고 가사와 양육도 공동으로 분담하는 방향으로 변화하고 있으며, 이는 가족 내 관계를 더 평등하게 만들고 가족 구성원 간의 상호작용에도 긍정적인 영향을 미치고 있다.

현대 사회에서 가족 구조의 변화는 단순히 전통적인 핵가족 모델을 대체하는 새로운 가족 형태의 등장을 의미하지 않는다. 이는 가족의 기능과 역할, 그리고 사회적 의미에 있어서도 큰 변화를 동반하고 있다. 가족은 더 이상 생물학적 연결과 경제적 협력만으로 규정되는 단위가 아니며, 정서적 지원과 상호 존중, 다양한 사회적 요구를 반영하는 복합적 사회 단위로 자리하고 있다. 이러한 변화는 우리나라를 포함한 전 세계적으로 공통된 현상으로, 앞으로도 가족 구조의 다각화는 지속될 것으로 전망된다.

2) 가족 변화의 주요 동향

현대 사회에서 가족의 구조와 역할은 급속도로 변화하고 있으며, 이러한 변화는 네 가지 주요 동향으로 설명될 수 있다. 이러한 동향은 서구 산업국가를 넘어 전 세계적으로 가족의 형태와 기능에 깊은 영향을 미치고 있다.

첫째, 동거가속 및 독신가구의 증가는 현대 가족 구조 변화의 두드러진 특징 중 하나다(이영분 외, 2011). 과거에는 결혼이 가족 형성의 필수 요소로 간주되었으나, 1960년대 이후 결혼하지 않은 채 동거하는 형태가 급증하였다. 특히 스웨덴과 미국은 이러한 변화를 대표적으로 보여 주는 국가들이다. 스웨덴에서는 1960년대 거의 없었던 동거가족이 1980년대에는 흔한 가족 형태로 자리 잡았으며, 미국 역시 비슷한 시기에 결혼 대신 동거하는 가족의 비율이 증가하였다(은기수, 2006). 이러한 현상은 결혼에 대한 사회적 인식 변화와 밀접하게 연관되어 있다(성수진, 강영희, 2024).

둘째, 결혼 연령의 상승과 출산율의 감소는 가족의 전통적 역할에 큰 변화를 시사한다(김기성, 2024). 결혼 연령이 늦어지고 출산율이 감소함에 따라 무자녀 가구나 적은 수의 자녀를 둔 가정이 증가하고 있으며, 이는 가족이 더 이상 자녀 양육에만 초점을 맞추기보다 개인의 자율성과 자기 실현을 중시하는 방향으로 변화하고 있음을 의미한다. 출산율 감소는 경제적 부담, 여성의 사회적 진출, 개인적 가치관 변화 등과 밀접한 관련이 있으며, 이러한 요인들이 핵가족 및 무자녀 가족의 확산을 가속화하고 있다(Giddens, 2006).

셋째, 이혼율의 증가와 이에 따른 한부모가족 및 재혼가족의 증대는 또 다른 중요한 가족 구조의 변화다(이중엽, 2024). 이혼율이 증가하면서 한부모가족이 늘어나고, 이에 따라 자녀 양육에 대한 부모의 역할 재평가가 필요해졌다. 또한 재혼을 통해 형성된 재혼가족이 점차 새로운 가족 유형으로 자리 잡고 있다. 이러한 변화는 가족 구성의 복잡성을 증가시키며, 전통적인 가족 역할의 다변화를 나타낸다. 특히 한부모가족과 재혼가족은 사회적 지원과 정책적 배려가 필요한 새로운 가족 형태로 자리매김하고 있다(Walsh, 2003).

넷째, 다문화가족과 비전통적 가족 형태의 증가는 현대 사회에서 중요한 가족 동향 중 하나다(김유나, 박애리, 2024). 이민의 증가와 세계화로 인해 다양한 문화적 배경을 지닌 가족들이 형성되고 있으며, 비혼 부모나 동거 부부로 이루어진 비전통적 가족도 증가하고 있다. 이러한 변화는 가족의 본질과 역할에 대한 재평가를 요구하며, 법적 및 사회적 제도의 변화를 필요로 한다는 점을 시사한다(Giddens, 2007).

현대 사회의 가족 변화는 동거가족 및 독신가구의 증가, 결혼 연령의 상승과 출산율의 감소, 이혼율의 증가와 재혼가족의 확산, 그리고 다문화가족의 증가 등 다양한 구조적 변화를 포함하고 있다. 이러한 변화는 가족의 기능과 역할에 근본적인 영향을 미치고 있으며, 이에 대응하기 위해서는 가족의 다양성을 존중하고 이들을 지원하는 사회적 및 정책적 변화가 필수적이다.

3) 가족 변화의 배경과 복잡성

현대 사회에서 가족의 변화는 다양한 사회적 · 인구학적 · 심리적 요인이 복합적으로 작용한 결과이다. 이러한 요인들은 가족의 구조와 기능에 중대한 영향을 미치며, 전통적인 가족 형태에 대한 의존성을 점차 약화시키고 있다.

가장 두드러진 변화 요인 중 하나는 경제적 발전과 여성의 경제활동 확대다. 경제력 향상과 함께 여성의 경제적 참여가 증가하면서 전통적인 가부장적 성역할에서 벗어나 가족 내 역할 분배가 재구성되었다. 여성의 경제적 자립은 결혼이나 가족에 대한 의존도를 줄였고, 이는 결혼을 지연하거나 독신 생활을 선택하는 개인들이 늘어나는 결과를 초래하였다(송지희, 송경재, 2024).

출산율의 저하와 평균 수명의 연장은 가족 구조 변화의 주요 인구학적 요인으로 작용하고 있다(김기성, 2024). 지속적인 출산율 저하는 가족 규모의 축소를 가져왔고, 이는 대가족에서 핵가족, 그리고 무자녀 가족으로의 전환을 가속화시켰다. 또한 평균 수명의 연장은 세대 간 상호작용의 변화를 촉발하여, 노령화된 부모 세대와 성인 자녀 간 새로운 유형의 돌봄과 지원이 필요하게 되었다. 특히 고령화 사회에서는 가족의 돌봄 기능이 더욱 중요해지고 있다(Beck & Beck-Gernsheim, 1995).

교육 수준의 향상과 개인적 및 정치적 가치관의 변화 역시 가족 구조에 중요한 영향을 미쳤다(전세경, 2017). 교육 수준이 높은 개인들은 전통적인 가족 구조에 얽매이지 않으며, 자아 실현과 자유로운 삶을 추구하는 경향이 강해졌다(이민아, 2013). 이는 결혼과 출산을 필수적인 삶의 요소로 보지 않는 현대인의 태도로 이어졌다. 또한 정치적 가치관의 변화는 다양한 가족 형태에 대한 법적 보호와 사회적 인정을 확산시키는 데 기여하였다(소현숙, 2021).

벡과 벡-게른스하임(Beck & Beck-Gernsheim, 1999)은 현대의 가족이 '세상에서 가장 편안한 안식처'로 이상화되지만, 실제로는 구성원들이 끊임없이 질문하고 갈등하며 타협해 나가는 복잡한 현실체로 존재한다고 설명한다. 즉, 가족은 변화하는 사회적 맥락 속에서 끊임없이 상호작용하고 적응하며, 새로운 형태와 기능을 창출하는 동적인 존재다.

현대 가족 변화의 배경에는 경제적·인구학적·심리적 요인이 복합적으로 작용하고 있으며, 이러한 변화는 가족의 기능과 역할을 재정의하는 데 중요한 역할을 한다. 가족은 더 이상 고정된 구조나 전통적 역할에 머물지 않고, 변화하는 사회적 요구에 따라 재구성되는 유동적이고 적응적인 단위로 이해되어야 한다.

3. 현대 사회에서의 가족 변화와 그 기능의 재해석

1) 한국 가족 구조의 변화와 그 사회적 파장

가족은 한국 사회에서 가장 중요한 사회적 단위로서, 그 역할과 구조는 역사의 흐름에 따라 끊임없이 변화해 왔다. 한국의 가족 구조는 조선시대의 전통적 확대가족에서 현대의 핵가족 형태로, 그리고 개인주의적 가치관을 반영한 다양한 형태로 전환되어 왔다. 이러한 변화는 사회적 · 경제적 · 문화적 요인들이 복합적으로 작용하면서 이루어졌으며, 가족의 정의와 역할 또한 점차 변화하고 있다.

조선시대와 일제강점기 동안 한국의 가족 구조는 유교적 이데올로기를 기반으로 한 남성 중심의 가부장적 가족주의가 지배적이었다. 당시 가족은 남성이 경제적 책임을 지고, 여성이 가사와 자녀 양육을 전담하는 방식으로 구성되었으며, 이는 전통적 성역할을 강조하는 가족 이데올로기를 형성하였다(이영실, 2024).

1950년대 이후 한국의 가족 구조는 급격한 변화를 겪기 시작하였다. 한국전쟁 이후의 사회적 · 경제적 혼란 속에서 가족은 생존과 사회적 안정의 필수적인 단위로 재인식되었고, 국가 재건과 산업화 과정에서 가족의 역할은 더욱 중요한 축으로 부각되었다. 농촌에서 도시로의 이주와 산업화는 확대가족에서 핵가족으로의 전환을 촉진하였고, 경제적 자립과 개인주의적 가치가 부각되면서 전통적 가부장적 가족 구조는 점차 약화되었다(박희숙, 2024).

여성의 사회적 역할 변화는 이러한 가족 구조 전환의 중요한 요인으로 작용하였다. 1960년대 이후 경제 개발과 함께 여성의 노동시장 참여가 확대되면서, 가족 내 성역할 분담에 변화가 일어났다. 여성의 경제적 자립은 가정 내 권력 관계의 변화를 가져왔으며, 전통적 결혼과 가족에 대한 관념이 흔들리면서 성평등 의식의 확산과 함께 가부장적 가족 구조의 붕괴를 촉진하였다(이영실, 2024).

출산율 감소와 인구 고령화는 한국 가족 구조 변화의 주요 인구학적 요인으로 자리 잡았다. 출산율의 지속적 감소는 가족 구성 규모의 축소를 초래하였고, 이는 대가족에서 핵가족 및 무자녀 가구로의 전환을 가속화하였다. 반면, 고령화는 노인 부양 문제를 대두시키며, 전통적인 자녀의 부모 부양 역할이 점차 공공 시스템으로 대체되는 경향을 보이고 있다(강동수, 2024).

현대 한국 사회에서 가족 구조의 변화는 확대가족에서 핵가족으로의 전환을 넘어, 개인주의적 가치관의 확산에 따라 더욱 다변화되었다. 동거가족, 비혼가구, 재혼가족, 한부모가족 등 다양한 가족 형태가 등장함에 따라 가족의 정의와 역할이 재평가되고 있다. 이러한 변화는 가족 구성원 간의 관계를 수직적 위계에서 수평적 관계로 전환시키며, 자율성과 개인의 행복을 중시하는 방향으로 재구성되었다(김은정, 2024).

결혼관의 변화 역시 가족 구조 변화의 중요한 요인이다. 1970~1980년대 이후 결혼은 더 이상 경제적 안정과 사회적 지위 유지를 위한 필수적 선택이 아닌, 개인의 감정과 행복을 중시하는 선택적 행위로 자리 잡았다. 이에 따라 결혼하지 않고 동거나 비혼을 선택하는 사람들이 증가하고, 재혼가족이나 한부모가족과 같은 다양한 가족 형태가 일반화되었다(Giddens, 2007).

우리나라의 가족 구조의 변화는 단순히 가족 형태의 변화에 그치지 않고, 가족의 본질적 기능과 역할에 대한 재정립을 요구하고 있다. 가족은 이제 경제적 생존의 단위를 넘어 개인의 자아실현과 정서적 지원을 중시하는 사회적 단위로 변화하고 있으며, 이러한 변화는 사회적 지원과 정책적 대응을 필요로 한다. 다양한 가족 형태와 그들이 직면한 사회적 도전을 반영하는 가족복지정책과 프로그램의 개발이 필수적이며, 이를 통해 가족 구성원의 삶의 질을 향상시키는 방향으로 나아가야 한다(강동수, 2024).

가족의 역할과 구조는 현대 사회에서 큰 변화를 겪고 있으며, 이러한 변화는 가족복지정책과 지원 체계에도 영향을 미치고 있다. 과거 전통적으로 가족은 경제적 생산의 핵심 단위로서 기능하며, 사회적·문화적 가치를 전수하는 중요한 역할을 수행하였다. 농경사회에서는 가족이 노동력을 제공하며, 남성은 경제적 책임을 지고 여성은 가사와 자녀 양육을 담당하는 가부장적 구조에서 가족은 강력한 공동체적 기능을 발휘하였다(박미해, 2023). 그러나 현대 사회로 접어들면서 이러한 전통적 역할은 점차 약화되었다. 경제적 생산의 상당 부분이 시장 경제와 국가 제도에 의해 대체되었고, 가족의 경제적 기능은 축소되었다. 동시에 개인의 행복과 자아실현이 중시되면서 가족 내 역할도 재정의되었으며, 남성과 여성 간의 역할 분담이 더욱 유연해졌다(Giddens, 2006).

현대 사회에서 결혼은 낭만적 사랑을 주된 동기로 삼게 되면서 이혼과 재혼이 증가하였다. 과거에는 경제적 안정과 사회적 필요로 인해 결혼이 유지되었으나, 현대 사회에서는 개인의 감정적 만족이 결혼의 주요 동기가 되면서 결혼의 안정성에 새로운 도전이 제기되었다(송다영, 2005). 이로 인해 한부모가족이나 재혼가족 등 다양한 가족 형태가 등장하며, 가족 구성의 복잡성이 증가하였다. 이와 같은 가족 구조의 변화는 가족복지정책과 지원 체계의 변화를 필요로 한다. 현대 사회에서는 전통적 가족 구조만을 전제로 한 정책이 더 이상 효과적이지 않다. 비혼가구, 한부모가족, 재혼가족 등 다양한 가족 형태가 증가하는 상황에서 이들을 포괄하고 지원할 수 있는 정책이 요구된다. 특히 이혼과 재혼으로 인한 자녀 양육 문제에 대한 법적 보호 체계와 복지 지원이 강화되어야 하며, 가족 구성원이 심리적·정서적으로 안정된 삶을 영위할 수 있도록 정책적 지원이 필요하다(Walsh, 2003).

2000년대 이후 한국 사회에서 가족 구조는 전통적 가족 형태에서 벗어나 다양한 형태로 변화하였다. 과거에는 혈연과 결혼을 기반으로 한 전통적 가족이 주를 이루었지만, 현재는 1인 가구, 재혼가족, 비혈연가족 등 다양한 형태의 가족이 나타나고 있다(양옥경, 2000). 이러한 변화는 개인의 자유와 행복을 중시하는 가치관의 변화, 여성의 사회 진출 확대, 출산율 감소와 고령화 같은 인구학적 변화와 밀접하게 연관되어 있다(김형주, 2024). 가족 구조의 변화는 가족 구성원 간의 관계에도 영향을 미쳤다. 과거에는 부모나 조부모의 권위가 강조되고 집단의 이익을 위해 개인의 희생이 당연시되었으나, 현재는 개인의 자율성과 성취가 강조되면서 가족 구성원 간의 관계가 수평적으로 변화하고 있다. 자녀 역시 자신의 삶을 스스로 계획하고 실현할 수 있는 주체로 인식되면서 가족 내 상호작용의 방식도 변화하고 있다(송효진, 2021).

현대 사회에서 가족은 전통적인 틀에 갇힌 것이 아니라, 다양한 형태로 존재하며 그 기능 또한 변화하고 있다. 따라서 가족복지정책도 가족의 변화를 반영하여 다양한 가족 형태를 인정하고 지원하는 방향으로 나아가야 한다. 한부모가족이나 노인가구에 대한 맞춤형 지원 프로그램과 정책, 일과 가정의 양립을 지원하는 정책, 아동 돌봄과 노인 부양을 위한 복지 체계 등이 필요하다(강동수, 2024).

현대 사회에서 가족의 역할과 구조는 전통적인 경제 단위에서 정서적 지원과 개인의 자아실현을 중시하는 단위로 변모하고 있다. 이러한 변화는 다양한 가족 형태를 포괄하는 정책적 접근이 필요하며, 가족 구성원이 안정되고 행복한 삶을 영위할 수 있도록 지원 체계를 구축하는 것이 중요하다. 가족복지정책은 가족의 다변화를 인정하고, 이들이 직면한 다양한 도전을 지원하는 방향으로 발전해야 할 것이다.

2) 현대 사회에서 가족의 역할과 구조의 변화

가족은 개인의 삶에서 가장 중요한 사회적 단위로서 다양한 기능을 수행하며, 그 의미와 역할은 사회적 · 문화적 맥락에 따라 지속적으로 변화해 왔다. 많은 사람이 가족의 역할을 명확하게 이해하고 있다고 생각하지만, 실제로 가족의 정의와 기능에 대한 오해와 불확실성은 여전히 존재한다. 이는 가족의 개념이 단일한 정의로 규정될 수 없는 복잡한 사회적 · 문화적 요소를 포함하고 있기 때문이다. 가족의 역할과 기능은 시대적 변화와 사회적 맥락에 따라 끊임없이 진화하고 있으며, 이러한 변화는 현대 한국 사회에서 개인의 삶뿐만 아니라 사회 정책에도 중대한 영향을 미치고 있다(김은정, 2024).

(1) 가족의 전통적 기능과 현대적 변화

가족의 본질적 기능은 생물학적 연결을 넘어서 경제적 · 교육적 · 정서적 지원을 제공하는 사회적 제도로서 작동하는 데 있다. 가족은 구성원 간의 상호작용을 통해 경제적 안전망을 형성하고, 정서적 안정과 교육적 지원을 제공하며, 이를 통해 구성원의 사회적 연계와 적응을 촉진한다(김안자, 2009). 또한 가족은 사회적 가치와 규범을 전달하는 중요한 역할을 하여 구성원이 사회적 맥락 속에서 적응하고 기능하는 데 필수적인 기반을 마련한다(Adler & Lenz, 2023). 이러한 기능은 전통적으로 부모가 자녀에게 규범과 가치를 전달하고, 자녀는 이를 통해 사회의 일원으로 성장하는 방식으로 이루어졌다. 그러나 현대 사회에서는 이러한 전통적 역할이 변화하고 있다. 여성의 경제적 역할 증가, 다양한 가족 형태의 출현, 다문화적 요소의 확산 등으로 인해 가족의 기능은 더욱 복잡해졌다. 핵가족, 한부모가족, 재혼가족 등 다양한 가족 구조의 등장으로 인해 가족의 전통적 역할에 대한 정의는 더 이상 모든 가족 형태를 온전히 반영하지 못하고 있다. 경제적 안정과 교육적 지원 역시 이제는 부모의 독립적 책임을 넘어 사회적 시스템과의 연계가 필요하게 되었다(권신영, 2023; Adler & Lenz, 2023).

(2) 가족의 새로운 역할

가족은 단순한 생물학적 단위가 아니라, 그 이상의 복합적인 기능을 수행하는 사회적 제도로서 작용한다. 예를 들어, 자녀가 성인으로 성장하면서 부모와의 관계에서 자율성을 획득하는 과정은 가족 구성원 간의 역할 재조정을 요구한다(조은경, 김연희, 2023). 이 과정에서 부모와 자녀 간의 상호작용은 자녀의 독립성을 지지하면서도 정서적 안정감을 제공하는 중요한 역할을 한다(Adler & Lenz, 2023). 이러한 상호작용은 가족 내 갈등을 예방하고, 가족 구성원들이 각자의 사회적 역할을 효과적으로 수행할 수 있도록 돕는다. 즉, 가족은 생물학적 및 경제적 기능을 수행하는 기본 단위를 넘어, 사회적 적응과 연계, 정서적 안정, 사회적 가치 전달의 중요한 역할을 한다. 현대 사회에서 가족 구조의 변화와 그 기능에 대한 정확한 이해는 개인의 삶의 질 향상뿐만 아니라 가족복지정책의 발전을 위해서도 필수적이다(Adler & Lenz, 2023).

(3) 현대 사회의 변화와 가족의 역할 재정립

현대 사회에서 가족의 역할과 구조는 급격한 사회적 변화와 함께 매우 다채롭게 변모하고 있다. 특히 경제적 변화, 도시화, 성역할에 대한 인식의 변화는 전통적 가족체계에 중대한 영향을 미쳤다. 과거 대가족 체계에서 핵가족이나 단독 가구로의 전환은 가족 구성원 간의 역할과 상호작용 방식에 근본적인 변화를 초래하였고, 이는 가족의 정의와 기능에 대한 재평가를 요구하고 있다. 오늘날 가족은 단순히 혈연에 기반한 생물학적 단위에서 벗어나, 개인의 필요와 사회적 요구를 충족시키는 복합적이고 다층적인 사회적 단위로 변모하고 있다(송효진, 2021).

전통적으로 가족은 경제적 · 정서적 · 사회적 지원을 제공하는 중요한 단위로 기능해 왔다. 부모는 생계를 책임지고, 자녀는 성장과 사회적 역할을 학습하는 공간으로서 가족의 기능을 누렸다. 그러나 경제적 변화와 도시화는 가족의 경제적 기능을 변화시켰다. 농업 중심의 대가족 체계에서 가족은 주요 경제 단위였으나, 산업화와 도시화의 과정에서 이 역할은 축소되고, 개별 가구의 경제적 독립성이 강조되었다. 특히 여성의 경제적 참여 증가와 성역할에 대한 인식 변화는 가사와 육아 책임의 성별 분담에 대한 전통적 구조를 재평가하게 하였다(Adler & Lenz, 2023). 이로 인해 가족 내에서 남성과 여성의 역할 구분은 흐려졌으며, 부부간 동등한 경제적 참여와 가사 분담이 주요 이슈로 부각되고 있다.

(4) 가족의 다층적 역할과 사회적 연계의 필요성

현대 사회에서 가족의 역할은 단순히 내부적 기능을 수행하는 데 그치지 않고, 사회적 통합과 개인의 안정성을 확보하는 기반으로 재정의되고 있다(우양호, 2024). 가족은 이제 개인의 삶에 중요한 자원을 제공하는 사회적 기관으로서 기능하며, 이러한 기능은 현대 사회에서 점점 더 복잡해지고 있다. 가족 구성원 각자의 필요와 사회적 요구에 부응하면서, 사회와의 연계 속에서 새로운 형태의 지원 시스템을 구축하는 가족의 역할은 앞으로도 지속적으로 재평가되고 확장될 것이다.

가족 구조의 변화는 사회적 연계와 네트워크를 통한 새로운 형태의 지원 시스템 구축을 요구하고 있다(황금옥, 김경은, 2018). 전통적 대가족 체계에서 제공되던 정서적 · 경제적 지원이 축소됨에 따라 현대 가족은 사회적 네트워크를 통해 부족한 자원을 보완하고 있다. 가족 구성원 간 역할 변화는 외부 사회적 네트워크와의 연결을 강화하며, 이는 가족이 사회적으로 고립되지 않도록 돕는 중요한 기제로 작용한다. 맞벌이 부부는 조부모나 지역사회 기관의 지원을 통해 자녀 양육의 부담을 덜고, 독신가구는 친구나 동료와의 네트워크를 통해 정서적 지지를 받는 등 다양한 형태의 사회적 연계를 통해 가족 기능을 보완하고 있다(송지희, 송경재, 2024).

(5) 가족복지정책의 재구성과 미래 지향적 발전

현대 사회에서는 가족의 역할과 구조가 다층적으로 변화하고 있으며, 이는 가족복지정책의 재구성을 요구한다. 가족의 다양성과 그 기능의 확장은 개인의 삶의 질 향상뿐 아니라 사회 전체의 통합과 복지 증진에 중요한 기여를 하고 있다. 따라서 이러한 변화를 반영하여 가족복지정책이 발전하고, 각기 다른 가족 형태가 사회적 안정과 지원을 받을 수 있는 기반이 마련되는 것이 필요하다. 전통적인 가족 구조를 중심으로 설계된 복지정책은 다양한 가족 형태를 충분히 반영하지 못할 수 있으며, 이에 따라 가족 유형에 따른 차별이나 불평등이 발생할 수 있다. 가족복지정책은 이러한 현실을 반영하여 현대 사회에서 나타나는 다양한 가족 형태와 그들이 직면한 사회적 · 경제적 도전을 포괄할 수 있도록 재설계되어야 한다(강동수, 2024).

현대 사회에서 가족의 기능과 역할은 전통적인 틀에서 벗어나 점차 다변화하고 있으며, 이는 개인의 심리적 안정과 사회적 관계 형성뿐만 아니라 사회복지와 정책 설계에도 중요한 변화를 요구하고 있다. 가족은 여전히 인간 발달과 사회적 관계 형성의 기본적인 사회적 단위로서, 구성원 간의 상호작용을 통해 심리적 안정과 사회적 적응을 돕는 중요한 기초를 제공한다(Walsh, 2003). 그러나 현대 가족은 전통적 가족 구조를 넘어서 다양한 형태로 존재하며, 그 기능 역시 구성원의 필요와 사회적 요구에 따라 유동적으로 변화하고 있다. 이러한 변화를 반영하여 가족복지정책과 프로그램은 다양한 가족 형태와 그들이 직면한 도전을 포괄할 수 있도록 설계되어야 하며, 각 가족 구성원이 사회적 안정과 지원을 받을 수 있는 기반이 마련되어야 한다. 가족은 앞으로도 사회의 통합과 개인의 복지를 촉진하는 핵심적 단위로서 그 역할과 기능이 확장되고 발전될 것이다.

3) 가족 기능의 건강한 조건

가족은 개인의 삶의 중요한 기초이자 사회적 단위로서, 구성원들의 정서적 · 심리적 안정과 성장을 촉진하는 중요한 역할을 담당한다. 가족이 이러한 기능을 원활히 수행하기 위해서는 구성원 간의 상호작용과 역할 수행이 조화롭게 이루어져야 하며, 이를 위한 여러 조건이 충족되어야 한다. 월시(Walsh, 1998)는 건강한 가족이 갖추어야 할 조건으로 정서적 교류와 상호 지지의 중요성을 강조하며, 가족이 어떻게 효과적으로 기능해야 하는지를 제시하였다. 박희숙(2024)은 이러한 조건들을 더욱 구체화하며, 가족이 사회적 및 개인적 차원에서 수행해야 하는 역할을 설명하였다.

(1) 상호 지지와 관심

가족은 단순한 혈연적 관계를 넘어 서로 지지하고 관심을 기울이는 공동체로 기능해야 한다(정우진, 김태성, 2015). 가족 구성원들은 각자의 역할을 존중하며, 어려운 시기에는 상호 간에 지지와 격려를 제공해야 한다. 이러한 상호작용은 가족의 결속력을 강화하고 안정적인 환경을 조성하는 데 중요한 역할을 한다. 월시(2003)는 정서적 유대가 가족 구성원들이 외부 스트레스에 맞서기 위한 중요한 내적 자원임을 강조하며, 강한 정서적 유대가 경제적 위기나 건강 문제와 같은 외부적 스트레스 요인에 맞서 가족이 더 쉽게 극복할 수 있도록 돕는다고 설명한다. 이는 상호 지지와 관심이 가족의 심리적 안정과 사회적 기능을 촉진하는 필수적인 요소임을 의미한다.

(2) 개별성과 자율성의 존중

건강한 가족은 구성원의 개별성과 자율성을 존중하는 것이 중요하다. 이는 각 세대가 자신의 욕구와 가치를 존중받고 자율성을 발휘할 수 있는 환경을 조성하는 것을 의미한다. 아들러와 렌츠(Adler & Lenz, 2023)는 자율성이 가족 내에서 심리적 안정감과 자기효능감을 높이는 중요한 역할을 한다고 강조한다. 자율성이 보장된 가족 환경에서는 구성원들이 서로의 차이점을 존중하며, 갈등을 줄이고 상호 이해를 증진시킨다(관다영, 박정윤, 2024.). 청소년이 진로를 선택하는 과정에서 자율성을 존중받으면 더 큰 책임감과 동기를 갖게 된다. 반대로 자율성이 존중되지 않으면 가족 내 갈등이 심화되고 심리적 불안정감으로 이어질 수 있다.

(3) 부부간의 상호 존경과 지지

부부간의 상호 존경과 지지는 가족의 근본적인 토대를 형성한다. 미누친(Minuchin, 1974)은 부부간 상호 존경이 가족의 모든 상호작용의 기초가 되며, 부부 관계의 안정성이 자녀의 정서적 안정과 사회적 발달에 중요한 영향을 미친다고 주장한다(기쁘다, 이수관, 2024). 부모의 상호 존경과 지지를 통해 자녀는 건강한 대인관계를 배우며, 이러한 구조는 자녀가 성장해 사회에서 형성하는 관계에 긍정적인 영향을 미친다.

(4) 효과적인 양육과 사회화

건강한 가족은 자녀를 보호하고 사회화 과정을 통해 올바른 사회적 규범을 내면화하도록 돕는 중요한 역할을 한다. 월시(2003)는 부모의 양육이 자녀의 사회적 · 정서적 · 인지적 발달에 중요한 영향을 미친다고 설명하며, 부모가 자녀에게 지도력을 제공하고 자율성을 존중할 때 자녀는 자신감을 키우고 사회적 상황에서 긍정적인 상호작용을 형성하게 된다고 강조한다. 일관된 양육은 가족 내 신뢰와 존중을 강화하고, 가족 전체가 사회적 도전에 더 잘 대처할 수 있는 기반을 제공한다(김선미 외, 2024).

(5) 구조적 안정성과 탄력성

가족은 변화하는 사회적 · 경제적 환경에 적응할 수 있는 구조적 안정성을 유지해야 한다. 구조적 안정성은 가족이 일상적인 문제나 스트레스를 효과적으로 관리하고 해결하는 능력과 관련이 있다(김안자, 2009). 탄력성 있는 가족은 위기 상황에서도 유연하게 대처할 수 있으며, 예기치 못한 경제적 불안정이나 사회적 변화에도 상호 지지를 통해 안정을 유지할 수 있다(Beck & Beck-Gernsheim, 1995). 이러한 안정성은 가족 구성원 모두의 복지와 삶의 질을 높이는 중요하다.

(6) 열린 대화와 효과적인 문제 해결

가족 내 열린 대화는 가족 간 신뢰를 증진하고 갈등을 예방하며, 문제를 효과적으로 해결하는 데 중요한 역할을 한다(정재민, 2007). 부모와 자녀 간 열린 대화는 자녀에게 심리적 안정감을 제공하고 자아존중감을 높이는 데 기여하며, 가족 내의 다양한 문제를 협력적으로 해결할 수 있는 능력을 길러 준다(Beck & Beck-Gernsheim, 1995).

(7) 경제적 보장과 사회적 지지

가족의 경제적 안정은 가족 구성원의 복지에 중요한 영향을 미친다. 경제적 자원이 부족하면 갈등이 증가하고 가족의 기능이 약화될 수 있다. 김은정(2024)은 경제적 안정성과 사회적 지지가 가족의 안정성을 유지하는 데 필수적이라고 강조하며, 외부 네트워크를 통한 사회적 지지가 가족이 외부적 압력에 대처하는 데 중요한 역할을 한다고 설명한다. 이러한 지지는 가족이 경제적 어려움에 직면하였을 때 위기를 극복할 수 있는 힘을 제공한다.

건강한 가족 기능의 조건은 상호 지지와 관심, 개별성과 자율성 존중, 부부간 존경과 지지, 효과적인 양육과 사회화, 구조적 안정성과 탄력성, 열린 대화, 경제적 보장과 사회적 지지와 같은 요소들을 포함한다. 이러한 조건을 충족시키는 가족은 구성원의 복지와 삶의 질을 증진시킬 뿐만 아니라, 사회의 안정과 발전에도 기여할 수 있다.

4. 가족연구의 이론적 접근과 가족복지실천에서의 이해

가족연구는 사회과학에서 중요한 분야로, 가족 구조와 기능에 대한 체계적인 이해를 추구한다. 가족이 일상생활에서 친숙한 제도라는 사실은 연구 초기에 이해를 용이하게 할 수 있는 반면, 연구자의 주관적 경험이 연구 결과에 영향을 미칠 수 있는 잠재적 위험도 내포하고 있다. 따라서 가족연구에서는 연구자가 자신의 개인적 경험을 배제하고, 보다 객관적이고 일반화 가능한 연구 결과를 도출하기 위한 체계적 접근이 필요하다.

구조기능주의 이론, 상호작용주의 이론, 갈등 이론, 생애주기 이론, 가족체계 이론, 생태학적 접근, 성평등적 관점은 사회복지실천에서 가족을 이해하고 적절히 개입하는 데 필수적으로 사용되는 이론들로서 사회복지사들이 가족을 보다 깊이 있게 이해하고, 문제 해결을 위한 효과적인 개입 전략을 수립하는 데 도움을 준다.

1) 구조기능주의 이론을 통한 가족 구조의 사회적 기능 분석

구조기능주의 이론은 사회학과 가족연구에서 가족의 역할과 기능을 분석하는 중요한 이론적 틀을 제공하며, 탈콧 파슨스(Talcott Parsons)에 의해 발전되었다. 이 이론은 가족과 같은 사회적 제도의 구조가 전체 사회의 안정과 기능성에 기여한다고 보며, 이를 통해 가족이 사회의 핵심적인 구성 단위로서 수행하는 다양한 기능을 강조한다(Parsons, 1951).

구조기능주의 이론에 따르면 가족은 몇 가지 주요한 사회적 기능을 수행하며, 그중에서도 가장 중요한 기능 중 하나는 사회화 기능이다. 가족은 자녀에게 사회의 문화적 규범과 가치를 전달하고(김소영, 204), 이를 통해 사회의 지속적 존재를 보장한다. 이 과정에서 자녀는 사회적 행동 양식과 규범을 내면화하게 되며, 성인이 되었을 때 사회적 역할을 효과적으로 수행할 수 있는 준비를 하게 된다. 이러한 사회화 기능은 가족이 사회의 안정성과 연속성을 유지하는 데 필수적임을 나타낸다(Parsons, 1951).

또한 가족은 정서적 지원을 제공하는 중요한 기능을 수행한다. 가족 내에서 이루어지는 감정적 안정과 사랑, 지지는 개인의 정신적 건강과 전반적인 발달에 매우 중요하게 작용한다. 가족 구성원 간의 이러한 정서적 지원은 구성원들이 사회적 관계에서 성공적으로 적응하고 기능할 수 있는 기반을 마련해 준다. 부모의 정서적 지지는 자녀의 자존감과 사회적 적응력에 긍정적인 영향을 미치며, 이는 성인이 된 후에도 긍정적인 사회적 관계 형성에 기여한다(Walsh, 2003).

구조기능주의 이론은 가족이 경제적 자원을 관리하고 배분하는 기능도 수행한다고 본다. 가족은 경제적 단위로서 소득을 창출하고 자원을 관리하며, 이를 통해 구성원들의 생활 수준과 복지에 중요한 영향을 미친다(장은하, 홍석호, 2024). 경제적 자원이 풍부한 가족은 자녀에게 더 나은 교육 기회를 제공하며, 이는 자녀가 더 높은 사회적 지위를 얻는 데 기여할 수 있다. 반면, 경제적 자원이 부족한 가족은 교육, 건강, 그리고 사회적 기회에서 제약을 받을 가능성이 크다. 이러한 경제적 기능은 가족 구성원의 안정뿐만 아니라 사회 전체의 경제적 발전과 안정성에도 기여한다(Smith & Hamon, 2021).

구조기능주의 이론은 사회복지정책과 가족치료 분야에서도 중요한 영향을 미친다. 가족의 사회적 기능을 이해하는 것은 가족복지를 증진시키기 위한 정책과 프로그램을 설계하는 데 기여할 수 있다(서정아, 2013). 가족의 경제적 기능이 취약한 경우, 정부는 소득 지원 프로그램이나 아동 보육 지원 프로그램을 통해 가족을 지원할 수 있다. 또한 가족 내 사회화 기능이 원활하지 않은 경우, 부모교육 프로그램이나 가족 상담 프로그램을 통해 이를 보완할 수 있다(Walsh, 2003). 가족치료에서도 구조기능주의는 가족 내 상호작용을 분석하고, 기능적인 가족 구조를 유지하기 위한 개입 방안을 제시하는 데 활용된다. 가족의 기능 강화를 위한 개입은 궁극적으로 사회 전반의 안정과 발전에도 기여할 수 있다.

구조기능주의 이론은 가족의 사회적 역할과 기능을 이해하는 데 중요한 틀을 제공하며, 가족이 수행하는 사회화, 정서적 지원, 경제적 기능이 사회의 안정성과 연속성을 유지하는 데 기여한다고 본다. 이러한 분석은 사회복지정책과 가족치료에서 유용하게 활용될 수 있으며, 가족 기능을 강화하는 것은 개인의 복지뿐만 아니라 사회 전체의 발전에도 중요한 역할을 한다.

2) 상호작용 이론을 통한 가족의 사회적 구성 및 역동성 분석

상호작용 이론은 사회학에서 가족과 같은 소규모 집단의 상호작용을 분석하는 중요한 이론적 틀을 제공한다. 이 이론은 개인 간 지속적인 상호작용을 통해 사회적 현상이 구성된다고 설명하며, 이러한 상호작용을 통해 가족과 같은 사회적 실체가 어떻게 형성되고 유지되는지에 대한 이해를 돕는다. 가족 구성원 간의 일상적인 상호작용은 그들 사이의 사회적 질서와 관계를 형성하는 중요한 요소로, 이를 통해 가족의 사회적 구조와 기능이 유지된다.

상호작용 이론의 주요 기여자 중 한 사람인 어빙 고프먼(Erving Goffman)은 사회적 상호작용을 '연극적 행위'로 묘사하였다. 고프먼에 따르면 가족 구성원들은 마치 연극 무대에서 각자의 역할을 수행하듯 상호작용을 통해 서로에게 인상을 만들고 관리한다(Goffman, 1959). 이 과정에서 가족 구성원들은 각자의 역할에 따른 행동을 통해 기대되는 사회적 역할을 수행하며, 이러한 역할 수행은 가족 내 권력 구조, 역할 기대, 그리고 징시적 결속을 형성하는 데 중요한 역할을 한다. 예를 들어, 부모는 자녀에게 규범을 전달하고 자녀는 부모의 기대에 부응하는 방식으로 행동하는데, 이러한 역할은 상호작용을 통해 끊임없이 조정되고 강화된다.

상호작용 이론은 가족 구성원 간 일상적 상호작용을 통해 가족 내부의 사회적 질서와 규범이 어떻게 형성되고 유지되는지에 대해 중요한 관점을 제공한다(기쁘다, 이수란, 2024). 부모와 자녀 간의 상호작용에서 부모가 자녀에게 규율을 강조하는 방식은 자녀가 사회의 규범과 가치를 내면화하는 데 중요한 영향을 미친다. 부모는 자녀의 일탈 행동에 대해 제재하고 긍정적인 행동에 대해 칭찬함으로써 자녀가 사회적 규칙을 학습하고 이를 내면화할 수 있도록 돕는다(LaRossa & Reitzes, 1993). 이는 상호작용을 통한 사회적 학습의 일환으로, 자녀는 이러한 상호작용을 통해 사회에서 기대되는 역할을 이해하고 그에 맞춰 행동하게 된다.

부부간의 상호작용 역시 가족 내 사회적 질서를 형성하는 중요한 요소다. 의사소통 스타일은 부부 관계의 질에 큰 영향을 미치며, 상호작용이 원활할수록 부부간의 관계는 더욱 안정적이고 긍정적으로 발전할 수 있다(조성숙, 김민희, 2024). 반면, 의사소통이 원활하지 않으면 갈등이 증폭되거나 오해가 발생할 수 있다. 부부는 상호작용을 통해 서로의 기대와 감정을 조정하고 갈등을 해결하는 능력을 발달시킨다(Walsh, 2003). 이러한 상호작용의 질은 가족 전체의 정서적 분위기에 중요한 영향을 미치며, 자녀에게도 긍정적 혹은 부정적 영향을 미칠 수 있다.

상호작용 이론은 가족 상담 및 가족치료에서도 중요한 역할을 한다. 가족 내 상호작용을 분석함으로써 구성원 간 갈등, 의사소통 문제, 역할 기대의 불일치와 같은 문제를 명확히 이해할 수 있다. 부부간 갈등이 반복적으로 발생하는 경우, 그 원인은 종종 서로의 기대와 역할이 상충되거나 의사소통에서의 불일치에 기인할 수 있다. 이러한 문제는 가족 상담을 통해 상호작용을 분석하고, 각 구성원이 느끼는 기대와 압력을 조정하는 과정을 통해 해결될 수 있다(LaRossa & Reitzes, 1993). 또한 상호작용 이론은 가족 내 권력 구조와 역할 분담에 대한 문제를 해결하는 데도 유용하다. 가족 내 특정 구성원이 부당한 권력이나 책임을 지게 되는 경우, 다른 구성원들과의 상호작용이 왜곡될 수 있다. 상담 과정에서 이러한 상호작용 패턴을 식별하고, 가족 구성원 간 권력과 책임을 재분배함으로써 보다 평등하고 건강한 관계를 형성할 수 있다.

상호작용 이론은 가족 내 미시적 상호작용이 가족의 구조적 기능과 역동성에 어떻게 영향을 미치는지 명확히 설명한다. 이를 통해 가족 내 발생하는 다양한 문제를 이해하고 해결할 수 있는 이론적 틀을 제공하며, 가족의 정서적 결속과 사회적 역할을 강화하는 데 기여한다. 이 이론은 가족연구뿐만 아니라 실천적 응용에서도 중요한 역할을 하며, 가족 구성원 간 상호작용을 개선하고 가족의 기능을 강화하는 데 유용하게 적용될 수 있다.

3) 갈등 이론을 통한 가족 내 권력 투쟁과 자원 분배의 이해

갈등 이론은 가족 구조와 상호작용을 분석하는 중요한 관점을 제공하며, 특히 가족 내에서 발생하는 권력 투쟁과 자원 분배 문제를 이해하는 데 도움을 준다. 이 이론은 칼 마르크스(Karl Marx)의 사회경제적 갈등 개념에서 발전한 것으로, 사회적 불평등이 가족 내에서도 재현된다고 본다. 가족 구성원 간의 권력 관계, 자원의 불평등한 분배, 그리고 상충하는 이해관계를 중심으로 갈등을 분석하며, 이를 통해 가족 내에서 일어나는 다양한 문제를 해석하고 해결 방안을 모색한다. 갈등 이론은 가족의 사회적 구조와 기능에 대한 심층적 이해를 가능하게 하며, 불평등한 권력 분배와 그로 인한 갈등이 가족 구성원 간의 관계와 가족의 안정성에 미치는 영향을 분석한다(Collins, 1975).

갈등 이론은 가족 구성원 간의 이해관계 충돌과 권력 불균형을 중심으로 가족 내에서 발생하는 다양한 갈등을 분석한다. 이러한 갈등은 주로 세대 갈등, 경제적 자원 분배에 대한 갈등, 그리고 성역할에 대한 기대 차이에서 비롯된다.

- 세대 갈등: 세대 간 갈등은 부모와 자녀 사이에서 자주 발생하는 갈등 유형 중 하나로, 주로 전통적 가치와 현대적 가치 사이의 충돌에서 기인한다(남순현, 2004). 부모는 전통적 규범과 권위를 고수하려 하지만, 자녀는 독립성과 자율성을 추구하며 부모의 권위에 저항하는 경향이 있다. 예를 들어, 부모는 자녀가 학업, 결혼, 직업 선택에서 그들의 기대에 부응하기를 바라지만, 자녀는 자신의 독립적인 선택을 중시하면서 충돌이 발생할 수 있다. 이러한 세대 갈등은 가족 내에서 긴장을 증가시키고 관계의 변화를 초래할 수 있다(Giddens, 2007).
- 경제적 자원 분배에 대한 갈등: 부부간 경제적 결정을 둘러싼 갈등은 가족 내 자원의 분배 방식에서 비롯될 수 있다(김효선, 박정윤, 2021). 한 배우자가 가정의 경제적 자원을 독단적으로 관리하려 할 때 다른 배우자는 자신의 경제적 필요가 무시된다고 느끼며 갈등이 발생할 수 있다. 예를 들어, 한 배우자가 가정의 수입을 투자나 저축에 사용하려는 반면, 다른 배우자는 소비나 가정 내 필요한 지출을 우선시할 때 경제적 충돌이 일어난다. 이러한 갈등은 가족 구성원 간 신뢰와 정서적 연결성을 손상시키며, 궁극적으로 가족의 경제적 안정에도 부정적인 영향을 미칠 수 있다(Walsh, 2003).
- 성역할에 대한 기대 차이: 성역할은 가족 내 갈등의 또 다른 중요한 원인이다. 현대 사회에서 성역할은 과거보다 더 유동적이고 협상 가능한 것으로 여겨지지만, 전통적인 가치관을

가진 구성원들은 이러한 변화를 받아들이기 어려워한다(임정미, 김지훈, 2023). 전통적으로 남성이 생계를 책임지고 여성이 가사와 자녀 양육을 맡는 역할이 고정되어 있던 가족에서는 여성의 사회 진출과 함께 성역할 재분배에 대한 갈등이 발생할 수 있다. 이러한 갈등은 성역할에 대한 기대 차이가 심화될 때 더욱 두드러지며, 가족 구성원들이 서로의 역할과 책임을 재조정할 필요성을 시사한다(Collins, 1975).

갈등 이론은 가족연구에 있어 불평등과 권력 투쟁을 중심으로 한 깊이 있는 분석을 제공한다. 전통적인 가족연구가 가족을 안정성과 조화를 중심으로 이해한 데 비해, 갈등 이론은 가족 내에서 불가피하게 발생하는 갈등과 긴장을 강조한다. 가족 구성원 간 이해관계가 충돌할 때, 갈등은 불가피하게 발생하며, 이를 통해 가족 내 권력 관계와 자원 분배의 불평등이 드러난다. 이러한 분석은 가족 내 갈등이 단순한 일시적 문제가 아니라 구조적 문제임을 인식하게 해 준다(Scanzoni & Scanzoni, 1976).

갈등 이론은 또한 사회복지와 가족치료의 영역에서 중요한 기여를 한다. 가족 구성원 간 갈등을 이해하고 해결하는 것은 가족치료의 중요한 목표 중 하나이며, 갈등 이론은 이를 해결하기 위한 구체적인 틀을 제공한다. 특히 가족 내 자원 분배와 권력 균형을 재조정하는 방식으로 갈등을 해결하는 것이 강조된다. 한 구성원이 가정 내에서 과도한 권력을 가지고 있을 경우, 가족치료를 통해 그 권력을 재분배하고 가족 내 평등한 의사결정 과정을 구축하는 것이 중요하다(Walsh, 2023).

갈등 이론은 가족 내 불평등을 해결하고 공정한 자원 분배와 권력 균형을 회복하는 데 있어 사회복지적 개입의 중요성을 강조한다. 가족 내 갈등은 구성원 간 권력 불균형과 불평등한 자원 분배에서 비롯되는 경우가 많으며, 이를 해결하기 위해 각 구성원이 평등하게 대우받고 자원을 공정하게 나누는 구조가 필요하다. 사회복지 프로그램은 이러한 권력 관계를 재조정하는 역할을 하며, 가족 구성원들이 서로의 입장을 이해하고 상호 협력할 수 있도록 돕는다. 갈등 이론에 기반한 개입은 가족 구성원 간 갈등을 해결하고 가족 전체의 사회적 안정성을 높이는 데 기여할 수 있다(LaRossa & Reitzes, 1993).

갈등 이론은 가족 내 권력 불균형과 자원 분배 문제를 분석하는 중요한 이론적 틀을 제공한다. 가족 구성원 간 갈등은 불가피하지만, 이를 통해 가족 내 권력 관계와 불평등을 이해하고 해결 방안을 모색할 수 있다. 갈등 이론은 가족연구뿐만 아니라 가족치료와 사회복지 개입에도 중요한 영향을 미치며, 가족 구성원 간 공정한 자원 분배와 권력 균형을 재조정하는 데 기여한다.

4) 생애주기 이론을 통한 가족 발달 단계와 역할 변화의 이해

생애주기 이론은 가족 구성원의 연령 및 발달 단계에 따른 변화를 중심으로 가족 구조와 기능의 변화를 분석하는 중요한 이론적 틀이다. 이 이론은 인간 발달의 각 단계에서 개인이 직면하는 도전과 변화가 가족 전체의 역동성과 기능에 어떻게 영향을 미치는지를 설명한다. 에릭 에릭슨(Erik Erikson)과 다니엘 레빈슨(Daniel Levinson)의 작업에 크게 영향을 받은 이 이론은 개인의 심리사회적 발달뿐만 아니라 그로 인한 가족의 구조적 변화를 이해하는 데 도움을 준다.

에릭슨은 인간 발달을 여덟 단계로 구분하며, 각 단계에서 개인이 해결해야 할 심리사회적 위기를 제시하였다. 예를 들어, 유아기에는 신뢰 대 불신(trust vs. mistrust), 청소년기에는 정체성 대 역할 혼란(identity vs. role confusion)과 같은 발달 과제가 존재한다(Erikson, 1950). 레빈슨은 이러한 발달 단계를 성인 생애주기로 확장하며, 성인이 겪는 변화와 도전에 대한 연구를 진행하였다(Levinson, 1978). 이러한 이론들은 개인의 발달이 가족의 구조와 기능에 미치는 영향을 설명하는 데 중요한 역할을 한다.

생애주기 이론은 가족 구성원이 각자 경험하는 발달 단계와 그 변화가 가족 전체에 미치는 영향을 분석하는 데 매우 유용하다. 각 가족 구성원이 발달 과정에서 마주하는 도전과 변화는 가족 내 역할 분배, 권력 구조, 상호작용 방식에 변화를 가져온다.

- 자녀의 독립성과 부모 역할의 변화: 자녀가 청소년기에서 성인기로 넘어가는 전환기는 가족의 역동성에 중요한 변화를 일으킨다. 청소년기는 자녀가 독립성을 추구하는 시기이며, 자율성을 요구하면서 부모의 권위에 도전하는 경향이 있다(최현주 외, 2015). 이는 부모와 자녀 간 갈등의 원인이 될 수 있으며, 가족 내 권력 구조에 변화를 가져온다. 부모는 자녀의 독립성을 지원하면서도 가족 내 연결감을 유지해야 하는 과제에 직면하게 된다. 이러한 변화는 가족 상담에서 중요한 주제가 되며, 부모와 자녀 간의 관계를 조정하는 데 생애주기 이론이 유용하게 적용된다(Bowen, 1993).
- '빈 둥지 단계'와 부부 관계의 재정립: 자녀가 독립하여 가정을 떠나는 빈 둥지 단계는 중년기 또는 노년기의 부모가 경험하는 중요한 전환점이다. 자녀가 떠난 후 부부는 자신들의 관계를 재정립하고, 자녀 양육 중심의 삶에서 벗어나 새로운 삶의 목표를 설정해야 한다(김미라, 하영윤, 2023). 이 과정에서 부부는 이전에 잠재해 있던 갈등을 표출하거나, 반대로 새로운 정서적 결속을 형성할 수 있다(Levinson, 1978). 이 시기는 부부 상담에서 자주

다루어지는 주제이며, 생애주기 이론은 이러한 변화를 이해하고 적응하는 데 중요한 틀을 제공한다.

- **노년기와 가족 내 역할의 변화:** 노년기로 이행하는 부모는 자녀와의 관계뿐만 아니라 가족 내에서의 역할에도 변화가 일어난다(노지화, 2022). 노년기 부모는 자녀에게 의존하거나 자녀로부터 돌봄을 받는 역할로 전환될 수 있으며, 이는 가족 내 역할 분배와 권력 구조에 중요한 영향을 미친다. 또한 노년기에는 가족 내에서 죽음과 상실이라는 주제를 다루어야 하며, 이는 가족 구성원 간 정서적 연결과 가족의 기능성에 큰 영향을 미친다(Walsh, 2003).
- **생애주기 이론의 정책적 · 사회복지적 응용:** 생애주기 이론은 가족복지정책과 사회복지 프로그램 개발에도 중요한 영향을 미친다(조대현, 이소영, 2024). 각 가족 구성원이 경험하는 발달 단계와 그에 따른 요구를 이해함으로써 정책 입안자와 사회복지 전문가는 가족의 다양한 발달 단계에 적합한 지원과 서비스를 제공할 수 있다.
- **젊은 부모를 위한 지원:** 자녀 양육 초기에는 육아 지원 프로그램과 같은 서비스가 중요한 역할을 한다. 이는 새로운 부모가 자녀의 발달 요구를 이해하고 적절한 돌봄을 제공할 수 있도록 돕는다(조대현, 이소영, 2024). 또한 부모 간 갈등 해결과 의사소통을 강화하는 관계 교육 프로그램도 제공될 수 있다(Smith & Hamon, 2021).

생애주기 이론은 가족 구성원 각자의 발달 단계와 그 변화가 가족 전체에 미치는 영향을 이해하는 데 중요한 이론적 틀을 제공한다. 이 이론을 통해 가족의 변화와 역할 재조정 과정을 깊이 있게 분석할 수 있으며, 가족 상담과 사회복지정책에 실질적인 기여를 할 수 있다. 가족의 발달 단계를 고려한 정책과 프로그램은 각 발달 단계에서 요구되는 지원을 제공하여 가족 구성원 모두가 건강하고 안정적인 삶을 영위할 수 있도록 돕는다.

5) 가족체계 이론을 통한 가족의 상호작용과 역동성 이해

가족체계 이론은 가족을 하나의 연동된 체계로 보고, 이 체계 내에서 발생하는 상호작용과 변화가 가족 전체의 구조와 기능에 어떻게 영향을 미치는지를 분석하는 데 중점을 둔다. 이 이론은 주로 머리 보웬(Murray Bowen)의 작업에서 기초를 두고 발전하였으며, 가족을 단순한 개인들의 집합이 아닌 복잡한 인간 관계 네트워크로 바라본다. 가족체계 이론은 가족 구성원 각각의 행동이 다른 구성원뿐만 아니라 전체 가족체계에 어떻게 영향을 미치는지를 설명하며,

가족 내 문제를 단지 한 개인의 문제로 보지 않고 전체의 상호작용 패턴에서 비롯된 것으로 이해한다(Bowen, 1993).

가족체계 이론에 따르면, 가족 구성원 간의 상호작용은 가족체계를 구성하는 핵심 요소이다. 각 구성원의 문제가 단독으로 발생하는 것이 아니라, 가족 전체의 상호작용 유형과 깊이 연관되어 있다는 것이다. 부모와 자녀 간의 갈등을 단순히 자녀의 문제나 부모의 양육 방식의 문제로 보는 것이 아니라, 부모의 양육 방식, 자녀의 반응, 그리고 이러한 상호작용이 가족 내 다른 구성원에게 미치는 영향을 함께 분석해야 한다. 가족 내 상호작용은 가족 구성원들이 서로에게 어떻게 반응하는지에 따라 변화하며, 이는 가족의 기능과 구조를 변화시키는 중요한 요소로 작용한다. 부모가 자녀에게 과도하게 지배적인 태도를 보일 경우, 자녀는 반발하거나 순종하는 방식으로 대응하게 된다. 이러한 자녀의 반응은 가족 내 갈등을 심화시킬 수 있으며, 이러한 갈등은 다른 구성원에게도 영향을 미쳐 가족 전체의 역동성에 변화를 초래한다. 이러한 상호작용은 가족체계의 핵심 요소로, 각 구성원의 역할과 행동이 어떻게 다른 구성원에게 영향을 미치는지를 설명하는 중요한 틀을 제공한다(Walsh, 2003).

가족체계 이론은 또한 가족 내 경계선(boundaries)의 중요성을 강조한다. 경계선은 가족 구성원들 간의 관계와 역할을 명확히 구분하는 데 중요한 요소이며, 경계선이 명확하지 않을 경우 역할 혼란과 스트레스가 증가할 수 있다. 예를 들어, 부모와 자녀 간의 경계가 모호할 경우, 자녀가 부모의 역할을 대신하거나 부적절한 책임을 맡게 되어 심리적 부담을 겪을 수 있다. 이러한 상황은 가족체계 내에서의 역할 분배에 혼란을 초래하고, 구성원 간의 불균형을 야기할 수 있다(Minuchin, 1974). 또한 가족 구성원 중 한 사람이 심리적 문제를 겪을 때, 그 문제는 단지 해당 개인에게만 영향을 미치는 것이 아니라 가족체계 내 다른 구성원에게도 영향을 미친다. 예를 들어, 부모 중 한 사람이 우울증을 겪을 경우, 그로 인한 정서적 변화는 자녀와 배우자에게도 전이되며, 이로 인해 가족 전체의 역동성이 변화할 수 있다. 가족체계 이론은 이러한 심리적 문제가 가족 내 상호작용에 어떻게 영향을 미치는지를 분석하고, 문제 해결을 위해 가족 전체의 상호작용 유형을 수정하는 데 중점을 둔다(Bowen, 1993).

가족치료(family therapy)에서 가족체계 이론은 매우 중요한 역할을 한다. 치료사는 가족 구성원 간 상호작용 패턴을 분석하고, 문제의 근원을 단일 개인이 아닌 가족 전체의 맥락에서 이해한다. 이는 가족 내 갈등이나 문제가 가족체계 내 상호작용의 불균형에서 비롯된 것임을 인식하게 하며, 이를 해결하기 위한 치료적 개입을 가능하게 한다. 예를 들어, 부부간 갈등이 발생하였을 때, 가족체계 이론을 적용하면 이는 단순히 두 사람 간의 문제가 아니라 그들의 상호작용이 자녀 및 전체 가족체계에 미치는 영향을 함께 고려할 수 있다. 이로 인해 부부가 서로의 역할과 기대를 재조정하고, 더 나아가 가족 전체의 상호작용 방식을 수정하는 접근이 가능해진다(Walsh, 2003). 또한 가족치료에서는 각 구성원의 의사소통 방식과 역할 분배를 이해하고, 구성원들이 서로에게 더 효과적으로 반응하고 지지할 수 있는 방식을 학습하도록 돕는다. 이를 통해 가족체계 내의 문제를 해결하고, 구성원 간 관계를 강화하는 지속 가능한 해결책을 제공할 수 있다(Minuchin, 1974).

가족체계 이론은 가족을 하나의 체계로 보고, 구성원 간의 상호작용이 가족 전체의 구조와 기능에 어떻게 영향을 미치는지를 분석하는 중요한 이론이다. 이 이론을 통해 가족 내 갈등과 문제를 깊이 이해하고, 이를 해결하기 위한 실천적 개입이 가능해진다. 특히 가족치료 분야에서 가족체계 이론은 활용도가 높으며, 가족 구성원 간의 관계 개선과 가족체계의 기능 강화를 위한 중요한 틀을 제공한다.

6) 생태학적 접근을 통한 가족과 환경 간의 상호작용 분석

생태학적 접근은 가족연구에서 가족과 그들을 둘러싼 다양한 환경적 요소 간의 복잡한 상호작용을 이해하는 데 중요한 이론적 틀을 제공한다. 이 접근법은 우리 브론펜브레너(Urie Bronfenbrenner)에 의해 주도적으로 발전되었으며, 그의 이론은 개인과 가족이 속한 여러 환경적 층위가 어떻게 상호작용하며, 이러한 상호작용이 개인의 발달과 가족의 기능에 어떤 영향을 미치는지를 설명한다(Bronfenbrenner, 1981). 브론펜브레너는 인간 발달을 설명하기 위해 개인을 둘러싼 미시(micro), 메조(meso), 엑소(exo), 그리고 마크로(macro) 체계라는 네 가지 주요 환경적 체계를 제시하였다. 이러한 층위들은 가족과 개인의 행동에 다양한 방식으로 영향을 미치며, 가족의 복잡한 사회적·경제적·문화적 맥락을 분석하는 중요한 도구로 작용한다.

브론펜브레너의 생태학적 접근은 인간 발달이 단일한 요인에 의한 것이 아니라 여러 환경적 체계 간의 상호작용에 의해 이루어진다고 주장한다. 그의 이론에서 미시 체계는 개인이 직접적으로 상호작용하는 환경, 예를 들어 가족, 학교, 친구들과의 관계를 의미한다. 메조 체계는 미시 체계 간의 상호작용을 나타내며, 예를 들어 부모와 교사 간의 협력이나 친구들과의 관계가 자녀의 성격 형성에 미치는 영향을 설명한다. 엑소 체계는 가족 구성원이 직접 상호작용하지 않지만 간접적으로 영향을 미치는 환경을 포함하며, 부모의 직장이나 지역사회 정책이 이에 해당된다. 마지막으로, 마크로 체계는 문화적·경제적·정치적 제도와 같은 광범위한 사회적 맥락을 포함하며, 이는 가족과 개인의 삶에 구조적 영향을 미친다(Bronfenbrenner, 1981).

생태학적 접근은 가족을 독립적인 단위로 보는 것이 아니라 그들을 둘러싼 환경적 맥락 속에서 이해하도록 돕는다. 이는 가족을 연구할 때 그들이 속한 사회적 · 경제적 · 문화적 맥락을 함께 고려해야 함을 강조하며, 다층적 분석을 통해 가족 구성원 간의 상호작용뿐만 아니라 그들의 생활 조건, 자원 접근성, 문화적 규범이 가족의 구조와 기능에 미치는 영향을 보다 명확하게 이해할 수 있게 한다.

생태학적 접근은 가족의 복잡한 사회적 상호작용과 그에 따른 변화를 분석하는 데 매우 유용한 도구다(정정희, 2024). 예를 들어, 이민 가족의 적응 과정을 분석할 때, 문화적 배경과 사회적 네트워크가 가족 구성원의 적응 과정에 미치는 영향을 연구할 수 있다. 이민 가족은 새로운 환경에서 언어 장벽이나 문화적 충돌을 경험할 수 있으며, 이러한 외부적 요인들이 가족 간 상호작용과 갈등에 어떤 영향을 미치는지를 분석할 수 있다(Portes & Rumbaut, 2014). 또한 새로운 사회적 맥락에서 가족이 어떻게 자신의 문화적 정체성을 유지하고 적응하는지를 이해하는 데도 생태학적 접근이 유용하다. 이와 더불어 경제적 불확실성이 가족의 스트레스 수준과 그들이 사용하는 대처 메커니즘에 미치는 영향도 생태학적 접근을 통해 분석할 수 있다. 예를 들어, 경제적 불안정은 가족 구성원 간 상호작용 패턴을 변화시키고, 가족 내 갈등을 증가시킬 수 있으며, 이는 가족의 기능성에 부정적인 영향을 미칠 수 있다. 생태학적 접근은 이러한 문제가 단순히 개인의 문제나 가족 내부의 문제로만 보이지 않도록 하며, 경제적 요인과 사회적 자원 접근성 등 외부 환경이 어떻게 영향을 미치는지를 분석하는 데 중점을 둔다(Bradley & Corwyn, 2002).

생태학적 접근은 가족치료 및 개입에서도 중요한 시사점을 제공한다. 이 접근법은 가족 내 갈등이나 문제가 단순히 개인적 · 내부적 요인으로만 발생하는 것이 아니라, 외부적 조건과 환경적 요인도 중요한 역할을 한다는 점을 강조한다. 따라서 가족치료사는 개별 가족 구성원의 문제를 그들이 속한 사회적 · 경제적 · 문화적 맥락에서 이해하고, 이들이 경험하는 문제의 원인을 포괄적으로 분석해야 한다. 예를 들어, 청소년 비행 문제가 발생할 때 이를 단순히 청소년의 개인적 문제로 보지 않고, 그들이 속한 학교 환경, 친구 관계, 부모의 양육 방식, 그리고 가족의 경제적 상황을 모두 고려하여 분석할 수 있다. 이러한 다층적 분석은 보다 효과적인 치료 계획 수립에 기여할 수 있으며, 가족 구성원들이 직면한 외부 환경의 도전과 압력에 대처하는 데 필요한 자원을 제공하는 데도 도움을 준다(McLeroy et al., 1988).

또한 빈곤가족에서 발생하는 문제를 다룰 때, 생태학적 접근은 가족의 경제적 상황이 그들의 정서적 안정성과 상호작용에 미치는 영향을 고려하여, 경제적 자원 부족으로 인한 스트레스를 완화하는 프로그램이나 정책 개발에 기여할 수 있다. 이러한 접근은 가족이 겪는 문제를 보다 넓은 맥락에서 분석함으로써, 가족치료에서 지속 가능한 해결책을 제공할 수 있다(Walsh, 2003).

생태학적 접근은 가족을 둘러싼 환경과의 상호작용을 고려하여 가족의 구조와 기능을 분석하는 데 중요한 이론적 틀을 제공한다. 이 이론은 가족을 단일한 단위로 보지 않고, 그들이 속한 사회적 · 경제적 · 문화적 환경 속에서 이해해야 함을 강조한다. 이를 통해 연구자와 사회복지 전문가들은 가족 구성원들의 문제를 심층적으로 분석하고, 이들이 겪는 문제를 해결하기 위한 포괄적이고 지속 가능한 접근을 개발할 수 있다. 가족의 발달과 적응 과정을 이해하는 데 있어서 생태학적 접근은 중요한 기여를 하며, 가족치료와 정책 설계에도 큰 영향을 미친다.

7) 성평등적 관점을 통한 가족 내 성역할과 권력 구조의 재구성

성평등적 관점은 가족연구에서 성별에 따른 역할 분담과 권력 구조를 분석하고 재평가하는 중요한 이론적 틀을 제공한다. 이 관점은 특히 페미니즘 이론의 영향을 받아 발전하였으며, 성별에 따른 전통적인 역할이 가족 구성원의 기회, 자원 접근, 그리고 권력 분포에 미치는 영향을 평가한다. 주요 학자인 코넬(R. W. Connell)은 성역할이 생물학적 속성이 아닌 사회적으로 구성된 것임을 강조하며, 이를 통해 가족 내 성평등을 촉진하기 위한 정책과 실천의 필요성을 주장한다(Connell, 1987).

성평등적 관점은 전통적인 성역할이 사회적으로 형성된 것이며, 이러한 성역할이 가족 구성원의 자원 접근과 권력 구조에 중요한 영향을 미친다고 본다(김은정, 2024). 역사적으로 가족 내 성역할은 남성이 생계 부양자, 여성이 가사노동자와 자녀 양육자로 구분되었지만, 이러한 구분은 사회적 규범에 의해 형성된 것이다. 코넬(1987)은 남성과 여성이 수행해야 할 역할이 사회적 기대에 의해 만들어진 것임을 설명하며, 이러한 사회적 구조가 성평등을 저해하는 요소로 작용한다고 주장한다. 이는 여성의 자원 접근성과 가정 내 권력 분배에 직접적인 영향을 미치며, 가족 내에서 여성의 지위가 남성에 비해 약화되는 결과를 초래할 수 있다.

성평등적 관점은 가족 내에서 성역할이 어떻게 형성되고, 이러한 역할이 가족 구성원 간 상호작용에 어떤 영향을 미치는지를 심도 있게 분석한다(김영미, 2016). 전통적 성역할을 따르는 가족에서 남성은 주로 생계 부양자로서 가정 밖에서 경제적 역할을 담당하고, 여성은 가사 노동과 자녀 양육을 책임지는 경우가 많았다. 그러나 현대 사회에서는 이러한 구분이 점차 희석되면서 공동 양육과 가사 분담이 중요하게 여겨지고 있다. 이러한 변화는 성평등적 관점에서 긍정적으로 평가되며, 가족구성원 간의 상호작용과 관계에 긍정적인 영향을 미친다. 연구에 따르면, 부부가 공동으로 가사노동과 양육을 분담할 때 부부간의 만족도와 관계의 안정성이 증가하는 경향이 있다(Walsh, 2003).

성평등적 관점은 가족 내 권력 구조를 재검토한다(Grau et al., 2022). 가족 내에서 성별에 따라 역할과 권력이 어떻게 분배되는지를 분석하는 것은 성평등적 관점의 핵심이다. 특히, 여성과 남성이 가족의 주요 결정 과정에서 어떻게 다른 영향을 미치는지를 파악하는 데 중점을 둔다. 전통적으로 가족 내 주요 결정권은 남성에게 집중되었으며, 여성은 그 결정에 따르는 수동적 역할을 맡았다(김현, 2024). 그러나 이러한 구조는 성평등적 관점에서 불평등한 권력 관계로 간주되며, 가족 내에서 의사결정 과정에서 남녀가 동등한 영향력을 행사하는 것이 중요하다고 본다.

이러한 권력 구조는 특히 가사 분담이나 자녀 교육과 같은 중요한 결정에서 두드러지게 나타난다. 전통적인 성역할에서는 남성이 경제적 결정을 주도하고 여성이 가정 내 결정에 한정되었지만, 성평등적 관점에서는 남성과 여성이 평등한 참여를 통해 결정권을 공유하는 것이 강조된다. 이는 가족 구성원 모두의 삶의 질을 향상시키는 데 중요한 요소로 작용하며, 특히 여성이 가족 내에서 보다 주도적인 역할을 할 수 있도록 돕는다(Walsh, 2003).

가족치료와 개입에서도 성평등적 관점은 중요한 역할을 한다. 이 이론은 가족 구성원 각각의 역할과 필요를 고려한 맞춤형 치료 계획을 수립하는 데 중요한 이론적 근거를 제공한(김보기, 박유미, 2020). 성평등적 관점은 성역할에 대한 전통적인 고정관념에서 벗어나, 가족 구성원들이 자신의 욕구와 능력에 따라 역할을 자유롭게 선택할 수 있도록 돕는다. 남성도 가사와 양육에 적극적으로 참여하도록 장려하며, 여성도 경제활동에 참여할 수 있도록 돕는 방식으로 역할 분담이 재구성될 수 있다. 이러한 접근은 가족 내 성역할 갈등을 줄이고, 가족 구성원 간 건강한 상호작용을 촉진하는 데 기여한다(Connell, 2005).

성평등적 관점은 특히 성역할에 대한 고정관념을 해체하는 데 중점을 두며, 이는 가족 내 갈등 해결과 상호 존중을 증진하는 데 기여한다(Grau et al., 2022). 부부간 갈등이 성역할에 대한 기대 차이에서 비롯되는 경우, 성평등적 관점에서 그 기대를 재조정하여 서로의 욕구와 목표를 더 잘 이해하고 존중할 수 있도록 돕는다. 또한 자녀 양육에서도 남성과 여성이 동등한 책임을 공유하는 모델을 통해 자녀가 성평등한 가치를 내면화할 수 있도록 돕는다.

성평등적 관점은 가족연구에서 성별에 따른 역할 분담과 권력 구조를 분석하는 중요한 이론적 틀을 제공한다. 이 관점은 성역할에 대한 전통적인 고정관념이 가족 구성원의 자원 접근과 권력 분포에 미치는 영향을 평가하며, 성평등을 촉진하기 위한 다양한 방법을 제시한다. 특히 가족 내에서 성역할과 권력 구조의 재조정을 통해 가족 구성원 모두가 자신의 욕구와 능력에 따라 역할을 수행할 수 있도록 돕는 것이 중요하다. 성평등적 관점은 가족 상담 및 치료에서 성역할 갈등을 해소하고, 상호 존중과 평등한 의사결정을 촉진하는 데 기여할 수 있다.

참고문헌

강동수(2024). 인구변화의 구조적 위험과 대응전략. 경제인문사회연구회.

관다영, 박정윤(2024). 청소년이 지각한 부모감독이 자녀의 행복감에 미치는 영향—자율성의 매개효과 검증—. 아동과 권리, 28(4), 547-564.

권신영(2023). 가족복지론. 어가.

기쁘다, 이수란(2024). 부부갈등과 정신건강의 관계: 자녀수반 자기가치감과 부정적 양육행동의 순차적 매개효과. 한국가족관계학회지, 28(4), 25-46.

김기성(2024). 21세기 한국 사회에서 가족의 구조변동에 관한 사회철학적 의미와 전망. 사회와 철학, 48, 1-37.

김미라, 하영윤(2023). '빈둥지의 새단장': 자녀독립이후 부부관계 변화와 적응과정에 대한 근거이론 연구. 한국심리학회지: 여성, 28(4), 381-405.

김보기, 박유미(2020). 아들러의 개인심리학을 적용한 상담과정과 상담기법에 관한 연구. 산업진흥연구, 5(3), 89-96.

김선미, 송현정, 황명구, 정혜숙(2024). 부모의 비일관적 양육태도가 청소년의 사회적 위축과 삶의 만족도에 미치는 영향: 잠재성장모형을 활용한 종단매개효과 검증. 청소년학연구, 31(3), 433-460.

김소영(2024). 청년 미혼 여성의 원가족 특성과 부모부양의식. 학습자중심교과교육연구, 24(16), 223-237.

김안자(2009). 가족레질리언스가 가족 건강성에 미치는 영향. 한국가족복지학, 27, 73-102.

김영미(2016). 계층화된 젊음: 일, 가족형성에서 나타나는 청년기 기회불평등. 사회과학논집, 47(2), 27-52.

김유나, 박애리(2022). 잠재프로파일분석을 활용한 세대집단별 가족가치관 유형화 연구. 한국거버넌스학회보, 29(2), 203-224.

김은정(2024). 가족 기능, 가족 내 성역할 가치관 및 성평등 정도에 대한 인식. 가족과 문화, 36(2), 199-227.

김은지(2022). 한부모가족정책 기본계획 수립 연구. 여성가족부.

김현(2024). 평등한 몸들의 공동체로서의 가족 : 신체 의존성과 돌봄공동체의 상관관계를 중심으로. 人文學硏究, 41, 133-162.

김형주(2024). 청년의 결혼 및 출산 인식과 세대지향적 저출생 정책지원망 구축 연구. 한국청소년정책연구원.

김효선, 박정윤(2021). 사회경제적 박탈 경험이 가족갈등과 가족관계만족도에 미치는 영향-저소득 가구를 중심으로. 가족자원경영과 정책, 25(2), 13-24.

남순현(2004). 가족 내 세대갈등과 통합. 한국심리학회지: 문화 및 사회문제, 10(2), 1-15.

노지화(2022). 노년기 행복감 증진을 위한 사회적 인프라에 관한 고찰. 인문사회과학연구, 23(4), 357-378.

박미해(2023). 여성의 역사적 실재와 처가왕래. 사회와 이론, 44, 323-347.

박희숙(2024). 가족복지론. 공동체.

서정아(2013). 가족 사회자본과 지역사회 사회자본이 청소년 학교적응에 미치는 영향. 사회복지연구, 44(1), 135-164.

성수진, 강영희(2024). 한국 여성의 결혼관과 한국의 결혼 규범 변화에 관한 이론적 고찰. 여성학연구, 34(1), 67-106.

소현숙(2021). 가족 근대화의 모델 찾기에서 가족 '정상성'에 대한 성찰로 : 한국 현대 가족사 연구 동향과 과제. 역사문제연구, 25(2), 351-388.

송지희, 송경재(2024). 20~30대 미혼여성의 결혼관에 대한 현상학적 연구. 상담심리교육복지, 11(4), 9-27.

송효진(2021). 개인화 시대, 미래 가족 변화에 대응하는 포용적 법제 구축 방안. 경제인문사회연구회.

우양호(2024). 직장여성의 '일과 가족의 균형' 인식에 대한 영향요인: 공무원과 회사원의 비교. 가족과 커뮤니티, 10, 293-320.

은기수(2006). 가족가치에 관한 국제비교연구: 성별 및 세대간 차이를 중심으로. 가족과 문화, 18(3), 1-31.

이민아(2013). 계획적 무자녀 가족: 한국 사회에서 아이 갖기의 의미와 가족주의의 역설. 한국사회학, 47(2), 143-176.

이영분, 이용우, 최희정, 이화영(2011). 한국사회의 부모의존 독신성인에 대한 탐색적 연구. 한국가족복지학, 31, 5-30.

이영실, 고은주, 김현기, 노론산, 신선애, 이덕희, 이찬영, 홍성희(2024). 가족복지론. 창지사.

이윤정, 박수선, 이무영, 강기정(2023). 가족복지론. 공동체.

이중엽(2024). 이혼으로 인한 한부모가족에 대한 법적 · 사회복지적 접근. 가족과 문화, 36(2), 259-286.

임정미, 김지훈(2023). 베이비붐세대의 성역할 인식이 가정폭력에 미치는 영향: 가족갈등대처방안의 매개효과 중심으로. 사회과학연구, 34(2), 3-21.

장은하, 홍석호(2024). 한국 노인의 경제활동 참여 영향요인: 개인적 자원, 경제적 자원, 사회 · 환경적 자원을 중심으로. 한국케어매니지먼트 연구, 52, 171-196.

전세경(2017). 가족문화와 가치관 교육의 관점에서 본 저출산의 원인 및 극복 방안 탐색. 한국가정과교육학회지, 29(4), 85-100.

정우진, 김태성(2015). 가족내 상호지지와 가족외 지지가 은퇴고령자의 주관적 행복감에 미치는 영향. 한국가족복지학, 50, 41-68.

정재민(2007). 가족애착 · 가족대화 · 가족관심과 청소년의 진로성숙에 관한 연구. 미래청소년학회지, 4(2), 91-103.

정정희(2024). 사회적 약자의 사회통합 및 인권증진을 위한 연구—다문화가정 인권을 중심으로—. 법이론실무연구, 12(1), 387-408.

조대현, 이소영(2024). 생애주기를 고려한 지방 도시의 아동 돌봄서비스 접근성 분석: '돌봄 사막' 탐색을 중심으로. 한국지도학회지, 24(2), 1-22.

조성숙, 김민희(2024). 중년 부부의 배우자 지지제공과 지지받기가 결혼만족에 미치는 영향: 자기-상대방 상호의존모형(APIM). 가족과 가족치료, 32(3), 485-501.

조은경, 김연희(2023). 양육비혼모의 정상가족담론과의 협상 과정—도덕적 억압을 넘어 자율적 삶의 수행—. 한국가족복지학, 70(4), 39-72.

최슬기(2023). 저출산 심층원인 및 대책 연구. 보건복지부.

최현주, 조수현, 김지원(2015). 청소년기의 자율성, 유능감, 부모 지지간의 종단적 관계. 한국심리학회지: 학교, 12(2), 225-248.

황금옥, 김경은(2018). 지역사회자원을 활용한 유치원 가족 프로그램에 참여한 부모의 경험. 한국유아교육연구, 20(2), 327-358.

Adler, M. A., & Lenz, K. (Eds.). (2023). *The changing faces of families: Diverse family forms in various policy contexts*. Routledge.

Beck, U., & Beck-Gernsheim, E. (1995). *The normal chaos of love*. Wiley.

Bowen, M. (1993). *Family therapy in clinical practice*. Jason Aronson.

Bradley, R. H., & Corwyn, R. F. (2002). Socioeconomic status and child development. *Annual Review of Psychology, 53*(1), 371-399.

Bronfenbrenner, U. (1981). *The ecology of human development: Experiments by nature and design*. Harvard University Press.

Coleman, J. W., & Cressey, D. R. (1999). *Social problems*. Harper & Row.

Collins, R. (1975). *Conflict sociology: Toward an explanatory science*. Academic Press.

Connell, R. W. (1987). *Gender and power: Society, the person and sexual politics*. Stanford University Press.

Connell, R. W. (2005). *Masculinities* (2nd ed.). University of California Press.

Erikson, E. H. (1950). *Childhood and society*. W W Norton & Co.

Giddens, A. (2006). *Sociology*. Polity Press.

Goffman, E. (1959). *The presentation of self in everyday life*. Anchor Books.

Grau, M. G., Maestro, M. L. H., & Bowles, H. R. (2022). *Engaged Fatherhood for Men, Families and Gender Equality*. Springer.

Kendall, D. (1999). *Sociology in our times: The essentials*. Wadsworth Pub Co.

LaRossa, R., & Reitzes, D. C. (1993). Symbolic interactionism and family studies. In P. G. Boss, W. J. Doherty, R. LaRossa, W. R. Schumm, & S. K. Steinmetz (Eds.), *Sourcebook of family theories and methods: A contextual approach* (pp. 135–166). Plenum Press. https://doi.org/10.1007/978-0-387-85764-0_6

Levinson, D. J. (1978). *The seasons of a man's life*. Knopf.

Levi-Strauss, C. (1969). *The elementary structures of kinship*. Beacon Press.

McLeroy, K. R., Bibeau, D., Steckler, A., & Glanz, K. (1988). An ecological perspective on health promotion programs. *Health Education Quarterly 15*(4), 351–77. doi: 10.1177/109019818801500401. PMID: 3068205.

Minuchin, S. (1974). *Families and family therapy*. Harvard University Press.

Murdock, G. P. (1949). *Social structure*. Macmillan.

Parsons, T. (1951). *The social system*. Free Press.

Portes, A., & Rumbaut, R. G. (2014). *Immigrant America: A portrait*. University of California Press.

Scanzoni, L., & Scanzoni, J. (1976). *Men, women, and change: A sociology of marriage and family*. McGraw-Hill.

Smith, S. R., & Hamon, R. R. (2021). *Exploring family theories*. Oxford University Press.

Walsh, F. (1998). *Strengthening family resilience*. The Guilford Press.

Walsh F. (2003). Family resilience: a framework for clinical practice. *Family Process, 42*(1), 1–18. doi: 10.1111/j.1545-5300.2003.00001.x.

제2장

가족복지의 이해

학습 목표

1. 가족복지의 개념과 발달 과정을 설명할 수 있다.
2. 가족복지정책과 가족복지실천의 역사 및 현황을 이해하고, 가족복지가 사회복지 내에서 갖는 중요성을 인식한다.
3. 현대 사회에서 가족복지정책의 필요성과 가족복지서비스의 역할을 설명할 수 있다.
4. 다양한 가족 형태에 대한 포용적 정책과 서비스의 중요성을 설명하고, 가족복지의 사회적 기능을 평가할 수 있다.
5. 가족복지의 주요 실천 방법과 프로그램을 소개하고, 가족복지실천의 통합적 접근방법을 제안할 수 있다.

1. 가족복지의 개념과 발달

가족복지라는 용어는 영어로 다양한 표현(family social work, family social welfare, family welfare, family service 등)으로 사용되며, 이는 가족복지의 개념이 고정되지 않고 여러 방식으로 해석될 수 있음을 의미한다. 가족복지는 사회의 기본적인 제도로서 사회적 문제와 정책에 직간접적으로 영향을 받을 수밖에 없으며, 아동복지, 노인복지, 장애인복지와 같은 다른 사회복지 분야와도 많은 부분에서 중첩되기 때문에 그 개념을 명확히 구분하기 어려운 측면이 있다(박희숙, 2024). 더불어, 「건강가정기본법」 이외에는 가족복지에 대한 법적 기준이 명확히 정립되어 있지 않아 가족복지의 실체를 파악하기 쉽지 않다. 가족복지는 국가와 시대에 따라 상이하게 정의될 수 있어 단일한 개념을 확립하는 것이 매우 어렵다.

가족복지의 개념적 혼란을 해결하고자 다양한 학자들이 이를 정의하려고 노력해 왔다. 이영실 등(2024)은 가족복지를 가족이 사회·경제·문화적 상황에 따라 건강하고 행복한 상태를 유지할 수 있도록 지원하는 거시적 · 미시적 사회적 대책으로 정의하였다. 이윤정 등(2021)은 가족복지를 가족이 자율적으로 문제를 해결하고 잠재력을 개발할 수 있도록 국가와 사회가 개입하는 과정으로 설명하며, 가족의 기능과 역할을 활성화시키고 생활의 질을 향상시키는 데 기여하는 것으로 보았다. 펠드만과 슈어츠(Feldman & Scherz, 1968)는 가족복지를 가족 구성원들이 사회적으로 기능할 수 있도록 도와주는 사회복지의 한 분야로 정의하며, 가족의 행복을 증진하는 데 목적을 두었다. 콜린스, 조던과 콜먼(Collins, Jordan, & Coleman, 2019)은 가족복지의 주요 목표를 세 가지로 제시하였다. 첫째, 가족의 강점을 강화하여 변화에 대비할 수 있도록 돕는 것, 둘째, 가족이 치료 후에도 효과적으로 기능을 유지할 수 있도록 추가적인 지원을 제공하는 것, 셋째, 가족이 만족스러운 일상생활을 지속할 수 있도록 구체적인 변화를 창출하는 것이다. 미국사회사업가협회(NASW, 2024)는 가족복지의 목적을 가족 구성원의 대인관계 능력을 향상시키고, 건강한 인성을 발달시키며, 사회적 기능을 성취하는 데 기여하는 것으로 정의하였다. 이처럼 다양한 학자의 정의를 종합해 보면, 가족복지는 가족 구성원의 사회적 기능을 향상시키고 그들이 건강한 사회 구성원으로서의 역할을 수행할 수 있도록 지원하는 사회적 개입과 정책을 포함하는 것으로 볼 수 있다.

이윤정 등(2021)은 가족복지를 가족 발달 과제들을 해결할 수 있도록 가족 구성원 개개인뿐만 아니라 가족 전체에 국가와 사회가 조직적인 제도와 서비스를 제공하는 것으로 정의하며, 이를 사회복지의 한 분야로 제시하였다. 또한 가족복지는 가족생활을 보호하고 가족 구성원 간의 사회적 기능을 향상시키기 위한 다양한 정책과 서비스를 포함하며, 가족복지정책의 수립 및 수정도 이에 포함된다고 할 수 있다(Collins, Jordan, & Coleman, 2019). 그러나 우리나라의 가족복지는 주로 가족의 관계적 기능에 초점을 맞추어 왔으며, 가족의 적응과 치료에 중점을 두어 왔다. 이는 기술 중심의 사회복지실천이 사회 내에서 가족복지의 중요성을 유지하고 발전시키는 데 기여하였지만, 급변하는 현대 사회에서 가족 구조의 변화에 대한 제도적 대응이 부족하다는 지적을 받고 있다(송효진, 2021).

가족복지는 역사적으로 크게 가족복지정책과 가족복지실천으로 나뉘어 발달해 왔다. 영국을 중심으로 한 유럽에서는 주로 가족복지정책이 발달하였고, 미국에서는 가족복지실천이 주로 발전하였다. 유럽의 경우, 1940년대 이후 가족수당제도가 도입되고, 1970년대에는 가족소득보조제도와 아동급여제도가 시행되면서 국가 차원에서 가족문제를 해결하려는 적극적인 노력이 이루어졌다. 반면 미국에서는 가족복지가 민간 부문에서 주로 발달해 왔는데, 이는 개인의 책임을 강조하는 사회적 인식이 강하였기 때문이다.

우리나라에서는 가족문제를 해결하기 위한 적극적인 정책적 대응은 미흡하였으나, 1921년 태화여자관을 시작으로 가족복지 사업이 점차 발전해 왔다. 특히, 1960년대 이후 국가 주도로 산업화와 도시화가 진행되면서 가족생활에 많은 변화가 일어났고, 이에 대응하기 위해 가족복지 프로그램이 마련되었다. 이러한 프로그램은 사회복지관을 중심으로 전국적으로 확산되었으며, 사회복지사들에 의해 운영되기 시작하였다. 가족과 관련된 주요 법령으로는 1958년「민법」, 1961년「생활보호법」, 1999년「국민기초생활보장법」, 2003년「건강가정기본법」등이 있고, 이를 통해 가족복지는 점차 제도적 기반을 다져나가고 있으며, 현대 사회에서 가족의 기능을 지원하고 향상시키기 위한 다양한 노력이 계속되고 있다.

1) 가족복지의 개념과 정책적 발달

가족복지는 가족 구성원의 행복과 사회적 기능을 지원하기 위한 사회적 개입과 정책을 포함하는 중요한 사회복지의 한 영역이다. 손병덕 등(2006)은 가족복지를 헌법의 기본 이념에 입각하여 가족이 유능하게 기능할 수 있도록 가족을 포함한 사회 구성원 전체를 대상으로 하는 국가와 사회의 제도적 · 정책적 · 기술적 서비스를 통한 조직적 활동으로 정의한다. 이는 가족복지가 단순한 개인 서비스에 그치지 않고, 가족복지정책의 수립과 수정에도 중요한 역할을 한다는 점을 강조한다. 가족복지는 가족 전체를 대상으로 하며, 가족 구성원 개개인의 사회적 기능 향상과 복지 증진을 목적으로 한다.

우리나라에서의 가족복지는 주로 가족 구성원 간의 관계적 기능에 초점을 맞추어 왔다. 가족 내 갈등을 해결하고, 가족이 사회적 역할을 잘 수행할 수 있도록 돕는 것이 그 주된 목표였다. 그러나 사회가 빠르게 변화하면서 가족의 구조와 기능 또한 급격하게 변하고 있으며, 기존의 제도적 대응은 이에 충분히 적응하지 못하고 있다는 비판이 제기되고 있다(송효진, 2024). 예를 들어, 이혼율 증가, 고령화, 여성의 경제활동 참여 확대 등은 기존의 가족복지정책이 고려하지 못한 새로운 사회적 영역들이다. 따라서 한국 사회는 변화하는 가족 형태와 복합적인 가족 문제를 해결하기 위한 더 포괄적이고 유연한 가족복지정책을 요구받고 있다.

반면, 미국에서는 가족복지실천이 주로 발달하였다. 미국의 가족복지는 빈곤 문제와 밀접하게 연관되어 있으며, 유럽과는 달리 빈곤과 개인의 문제를 개인 책임으로 보는 경향이 강하였다(박병현 외, 2010). 이로 인해 국가의 개입보다는 민간 부문의 개입이 활발하게 이루어졌다. 미국에서는 비영리단체와 종교기관이 가족복지실천에 중요한 역할을 하였으며(Bormet et al., 2021), 이는 가족복지가 민간 중심으로 발전하게 된 배경이 되었다. 이러한 민간 중심의 접근은 미국 사회가 가지고 있는 자본주의적 특성과 맞물려, 가족복지에 대한 국가의 책임이 상대적으로 약화된 결과를 낳았다.

우리나라의 가족복지는 전통적으로 가문 중심의 문화에서 출발하여, 현대에 이르러 서구적 모델을 도입하며 발전해 왔다(박용수, 2007). 그러나 그동안 가족복지가 가족 구성원의 적응과 치료에 중점을 두어 왔기 때문에 변화하는 가족 구조에 대한 제도적 대응이 미흡하다는 한계가 있다(이진숙, 안은숙, 2006). 특히 산업화와 도시화가 급격하게 진행되면서 전통적인 확대가족에서 핵가족으로의 변화가 나타났고, 이로 인해 가족 내 역할 분담과 기능 수행에 대한 요구도 변화하였다. 또한 고령화와 저출산 문제는 새로운 가족복지 제도의 필요성을 더욱 부각시키고 있다.

우리나라의 가족복지는 가족 구성원의 다양성, 가족 형태의 변화, 그리고 새로운 사회적 요구에 부응할 수 있는 포괄적이고 체계적인 체계를 구축하는 것이 중요하다. 이를 위해서는 가족복지정책과 가족복지실천이 상호 보완적으로 발전해야 하며, 가족 구성원의 복지 향상을 위한 통합적인 접근이 필요하다. 또한 국가 차원의 법적 · 제도적 지원이 강화되어야 하며, 이를 통해 가족의 경제적 안정과 사회적 기능을 더욱 효과적으로 지원할 수 있어야 한다.

2) 한국 가족복지의 역사적 발달과 법적 변화

한국의 가족복지는 전통적으로 가문 중심의 사회 구조에서 시작되었으나, 현대적인 가족복지정책 체계는 일제강점기 이후부터 발전하기 시작한다. 가족복지의 초기 형태는 사회복지사업과 연결되면서 점차 확대되었으며, 특히 1921년 태화여자관의 설립은 가족복지서비스의 시초로 간주된다(김성은, 2024). 태화여자관은 당시 여성과 가족을 위한 복지 활동을 시작하며, 가족 문제에 대한 상담과 지원을 제공하였다. 이후 1961년 태화사회관에서는 가족상담사업이 본격화되었으며, 이는 우리나라에서 가족복지서비스가 공식적으로 제공된 중요한 사례로 평가받는다(양혜원, 2017).

1960년대는 한국 사회의 급격한 산업화와 도시화가 진행된 시기로, 이러한 변화는 가족 생활에도 큰 영향을 미쳤다. 전통적인 확대가족에서 핵가족으로의 구조적 변화가 가속화되며, 이에 따른 새로운 사회적 문제들이 발생하기 시작한다. 이 시기 국가 주도의 산업화는 가족 내 역할 분담과 기능 수행에 대한 요구를 변화시켰으며, 이에 대응하여 1980년대에는 전국적으로 사회복지관들이 설치되면서 다양한 가족복지 프로그램이 운영되었다(양난주, 2015). 이로써 가족의 적응과 문제 해결을 위한 사회복지서비스가 활성화되기 시작한다.

법적인 측면에서도 우리나라의 가족복지는 시대에 따라 발전을 거듭한다. 1958년 제정된 「민법」은 가족을 대상으로 한 법적 제도의 기초를 형성하며, 1961년 제정된 「생활보호법」은 빈곤가족을 위한 사회적 지원의 시작을 알린다. 1977년에는 「의료보험법」이 시행되어 국민의 건강보장이 강화되며, 1986년 「국민연금법」은 가족의 노후를 대비하는 법적 기반을 마련한다. 1997년에는 「가정폭력범죄의 처벌 등에 관한 특례법」과 「가정폭력방지 및 피해자보호 등에 관한 법률」이 제정되어 가정폭력에 대한 법적 대응이 강화된다. 이러한 법률은 가족 내 폭력을 방지하고 피해자를 보호하기 위한 제도적 장치를 마련한 중요한 전환점으로 작용한다.

우리나라의 가족복지는 전통적인 가문 중심의 사회에서 현대적인 사회복지 체계로 변모하면서, 가족 구성원의 변화하는 욕구와 사회적 요구에 부응해 왔다. 가족복지 사업은 초기에는 소규모로 시작되었으나, 산업화와 도시화의 가속화에 따라 가족의 변화에 대응할 필요성이 커지면서 국가 주도의 다양한 복지 프로그램과 법률로 체계화되었다(이진숙, 안은숙, 2006). 앞으로도 우리나라의 가족복지는 변화하는 가족 구조와 다양한 사회적 문제에 대응하여 보다 포괄적이고 지속 가능한 복지 체계를 구축해 나갈 필요가 있다. 특히 저출산 · 고령화 사회에서 가족복지의 중요성은 더욱 강조될 것이며, 이에 맞는 법적 · 제도적 지원이 계속해서 발전해야 한다.

3) 2000년대 우리나라 가족복지의 발달

2000년대에 들어서면서 우리나라의 가족복지는 법적 제도와 실천적 대응 양측면에서 중요한 발전을 이룬다. 이는 급격한 사회 변화에 따른 가족 문제의 다양성과 복합성에 대한 국가적 대응이 본격적으로 이루어진 시기이기도 하다. 특히 저출산, 고령화, 가정폭력 등과 같은 가족 문제에 대한 사회적 관심이 증가하면서, 법적 제도와 가족복지실천이 더욱 체계화된다(손병덕 외, 2006).

2000년대 초반 가장 중요한 법적 변화는 2003년에 제정된 「건강가정기본법」이다. 이 법은 가족의 건강성을 유지하고 지원하기 위한 국가적 책임을 명문화하였으며, 가족복지서비스의 포괄적인 제공을 위한 기초를 마련하였다(조희금, 박미석, 2004). 「건강가정기본법」은 가족 구성원의 상호 존중과 지원을 강조하며, 다양한 가족 형태를 포용하는 법적 틀을 제시한다. 이 법을 통해 건강가정지원센터(현 가족센터)가 전국적으로 설립되고, 다양한 가족복지서비스가 제공되기 시작한다. 이러한 변화는 전통적인 가족 중심에서 벗어나, 다양한 가족 유형을 인정하고 지원하는 방향으로 가족복지의 법적 틀이 확장된 것이다(음선필, 2021). 「건강가정기본법」은 또한 이혼 가족, 재혼가족, 한부모가족과 같은 전통적인 가족 모델 외의 가족 구조에 대한 법적 지원을 강화하는 방향으로 발전하였다(이진, 2023). 이 법은 가족이 처한 문제를 예방하고 해결하는 데 초점을 맞추며, 가족 내 갈등 해결과 상담을 위한 서비스를 법적 근거 아래 제공한다. 이러한 법적 변화는 가족 문제의 조기 발견과 예방, 그리고 문제 해결을 위한 실질적인 지원을 국가 차원에서 보장하는 중요한 역할을 하는 것으로 평가할 수 있다(손병덕 외, 2006).

2000년대에 한국의 가족복지실천은 법적 변화에 발맞춰 보다 전문적이고 포괄적인 서비스 제공으로 확장된다. 특히 건강가정지원센터의 설립을 통해 다양한 가족복지 프로그램이 실천되며, 가족 상담, 교육, 복지서비스가 통합적으로 제공되기 시작한다(김수환, 2011). 건강가정지원센터는 가족 내 갈등, 양육 문제, 경제적 어려움 등 다양한 문제를 포괄적으로 다루며, 지역사회를 중심으로 한 가족복지서비스를 제공하는 중요한 기관으로 자리잡는다(이진, 2023). 또한 2000년대에는 가족 내에서 발생하는 폭력 문제에 대한 대응이 강화된다. 1997년에 제정된 「가정폭력방지 및 피해자보호 등에 관한 법률」이 2000년대에 들어서 더욱 실효성 있는 정책으로 자리잡으며, 가정폭력 피해자들을 위한 보호와 지원 체계가 확립된다. 이는 가정폭력뿐만 아니라 아동학대, 노인학대와 같은 가족 내 다양한 문제에 대한 사회적 대응을 강화하는 결과를 가져온다(손병덕 외, 2006). 더불어, 고령화 사회로의 진입과 함께 노인 세대를 위한 가족복지서비스가 확대된다. 특히 고령화와 함께 증가하는 노인 부양 부담을 경감시키기 위한 가족 지원 정책과 서비스가 실천적으로 중요한 과제가 된다(박영준, 송연욱, 2008). 노인돌봄서비스와 같은 프로그램이 활성화되며, 가족의 부양 부담을 줄이고 국가적 지원을 확대하는 방향으로 가족복지가 실천된다(손병덕 외, 2006).

2000년대 한국의 가족복지는 법적 제도화와 실천적 서비스의 확장을 통해 가족 문제에 대한 보다 포괄적이고 전문적인 대응을 구축하였다. 「건강가정기본법」과 같은 법적 기반은 가족복지실천을 위한 체계적인 틀을 마련하고, 이를 바탕으로 건강가정지원센터를 통한 다양한 서비스가 실천된다. 가족복지는 이제 단순히 가족 구성원의 문제 해결을 넘어, 예방적 차원의 지원과 다양한 가족 형태를 포용하는 방향으로 발전하고 있다(손병덕 외, 2006).

2. 가족복지의 필요성과 중요성

현대 사회에서 가족복지는 사회복지정책과 실천의 중심적인 요소로 자리 잡고 있으며, 그 중요성은 갈수록 더욱 부각되고 있다. 급격히 변화하고 복잡해지는 사회 환경 속에서 가족은 더 이상 전통적인 역할만으로는 모든 기능을 수행하기 어려운 상황에 놓이게 되었고, 이에 따라 가족복지의 필요성은 그 어느 때보다도 절실해지고 있다. 가족은 개인의 성장과 발달에 필수적인 정서적 · 경제적 · 사회적 지원을 제공하는 기본적 사회 단위로서, 사회 전체의 안정과 발전에 중요한 기여를 한다(Walsh, 2003). 그러나 현대 사회의 급속한 변화는 이러한 가족의 기능을 약화시키고, 가족이 전통적 역할을 온전히 수행하기 어렵게 만들고 있다.

첫째, 사회 구조의 변화와 가족 해체의 증가는 가족복지의 필요성을 더욱 강화한다. 후기 산업사회로의 전환과 함께 가속화된 도시화, 산업화, 여성의 경제활동 증가는 가족의 구조와 기능에 중대한 변화를 초래하였다. 맞벌이 가구의 증가, 독거노인 가구의 확대, 출산율 저하로 인한 핵가족화 및 비혼가족의 증가는 현대 가족이 전통적 역할을 수행하는 데 한계가 있음을 여실히 보여 준다(Collins et al., 2019). 특히 이혼율 증가와 함께 한부모가족, 재혼가족, 비혈연 가족 등의 다양한 가족 형태가 출현하면서, 가족은 더 이상 개인의 보호와 지원을 온전히 담당하기 어려운 구조적 제약에 직면하게 되었다. 이러한 상황에서 가족복지는 가족의 기능을 보완하고 나아가 대체할 필요성을 제기한다(최경석 외, 2003).

둘째, 현대의 가족은 경제적 불안정, 가정폭력, 아동학대, 노인 돌봄 문제 등 다양한 문제에 직면하고 있다. 이러한 문제들은 단순히 가족 내부의 자원과 노력만으로 해결하기 어려우며, 이에 따라 가족복지서비스의 필요성이 대두되고 있다(Walsh, 2003). 특히 가정폭력이나 아동학대와 같은 문제의 경우, 가족 내부에서 발생하는 갈등과 스트레스를 완화하고 피해자를 보호하기 위해 복지서비스의 개입이 필수적이다. 이와 같은 서비스는 가족이 건강하고 안정적으로 기능할 수 있도록 지원함으로써, 가족 구성원 모두의 안전과 복지를 보장하는 중요한 수단으로 자리매김한다.

셋째, 가족의 사회적 지원 네트워크가 약화되고 있는 현실 또한 가족복지의 중요성을 더욱 부각시킨다. 과거에는 가족 중심의 비공식적 지원이 주요한 역할을 하였으나 최근에는 가족 간 연대감이 약화되고 있으며, 이는 특히 고령화 사회에서 더욱 두드러지게 나타나고 있다(강동수, 2024). 경제적 어려움 등으로 인해 가족 구성원 간의 의존도가 낮아지고 있으며, 이는 노인 돌봄이나 아동 양육과 같은 문제에서 심각한 결과를 초래하고 있다. 따라서 가족의 기능을 대신할 수 있는 제도적 지원의 필요성이 절실하며, 이러한 지원을 통해 가족의 복지가 향상될 수 있다(Collins et al., 2023).

가족복지는 다양한 사회적 서비스와 정책적 지원을 통해 가족 내부와 외부에서 발생하는 복잡한 문제를 해결한다. 이를 통해 가족은 보다 안정적으로 기능하며, 개별 구성원의 복지도 증진된다. 가족복지는 구체적으로 다음과 같은 기능을 수행한다.

- 가족 내 역할 갈등 완화: 현대 사회에서 성역할의 변화, 직장과 가정의 균형, 자녀 양육에 대한 갈등이 증가하고 있다. 가족복지서비스는 이러한 갈등을 해소하고, 가족 구성원 간 원활한 의사소통과 역할 조정을 촉진한다(Walsh, 2003).
- 가족 구성원 간의 정서적 지원 강화: 가족복지는 가족 구성원들이 서로의 정서적 요구를 이해하고 지지할 수 있도록 돕는다. 가족 상담, 부모교육, 부부치료와 같은 프로그램은 가족 구성원들이 서로에 대한 신뢰를 구축하고 건강한 관계를 형성하도록 지원한다(Collins et al., 2023).
- 가족 구성원의 경제적 안정성 지원: 가족복지서비스는 경제적으로 어려운 가구에 필요한 자원을 제공하며, 특히 저소득층 가구나 취약가정에 대해 정부와 사회적 지원이 중요한 역할을 한다(Bronfenbrenner, 1981).
- 노인 돌봄 및 아동보호: 고령화 사회에서 노인의 돌봄 문제는 점점 더 중요한 이슈가 되고 있으며, 가족복지는 이를 해결하기 위한 필수적인 서비스이다. 또한 아동학대나 방임의 예방 등 아동보호에 있어서도 가족복지서비스는 중요한 역할을 담당한다(Walsh, 2003).

현대 사회에서 가족은 다각적인 문제에 직면하고 있으며, 이러한 문제들은 가족 내부의 자원만으로 해결하기 어려운 경우가 많다. 따라서 가족복지는 가족이 안정적으로 기능할 수 있도록 지원하는 핵심적인 사회적 장치로 자리 잡고 있다. 가족복지는 단순한 문제 해결을 위한 도구를 넘어, 가족 구성원의 전반적인 복지 향상과 사회적 안정에 기여하는 중요한 제도적 지원으로서 현대 사회의 빠른 변화 속에서 가족이 직면하는 다양한 도전에 대응하는 데 필수적인 역할을 한다. 가족복지의 중요성을 충분히 인식하고, 이를 강화하기 위한 지속적인 노력이 필요하다.

1) 가족과 사회관계에 대한 시각의 변화

가족은 전통적으로 개인의 사회화, 정서적 지지, 경제적 안정을 담당하는 중요한 기능을 수행하며, 사회의 기본적 단위로 간주되어 왔다. 그러나 현대 사회는 급격한 변화를 경험하며 가족의 역할과 사회적 관계에 대한 인식 역시 변모하고 있다. 취업모의 증가, 평균 수명의 연장, 탈시설화 정책, 소가족화 등의 변화는 가족 구조와 기능에 새로운 도전을 제기하며, 이러한 변화가 가족복지의 필요성을 한층 더 부각시킨다(Collins et al., 2023). 특히 가족의 기능이 점차 약화되는 반면, 가족을 지원하는 사회적 책임은 확대되고 있으며, 이는 가족과 사회 간의 관계를 더욱 긴밀하고 상호 의존적인 방향으로 발전시키고 있다.

과거에는 가족이 개인의 모든 사회적 · 경제적 · 정서적 지원을 책임지는 주요한 단위였으나, 현대 사회에서는 국가와 사회적 제도가 가족의 기능을 보완하거나 대체하는 역할을 한다. 예를 들어, 노인 돌봄이나 아동보호와 같은 영역에서는 국가와 사회가 제공하는 복지서비스가 가족의 역할을 일부 대체하며 가족 구성원의 부담을 완화한다(Walsh, 2003). 이와 같은 변화는 가족 내에서 발생하는 부담을 경감시키는 동시에 가족 구성원 간의 역할 변화와 이를 뒷받침하는 사회적 지원 시스템의 필요성을 강조하게 만든다.

취업모의 증가와 같은 사회적 변화는 가족의 전통적 기능에 중대한 도전을 제기한다. 전통적으로 어머니는 자녀 양육과 가사에 집중하였으나, 현대 사회에서는 여성의 경제활동 참여가 확대되면서 이러한 역할이 가족 내에서 재분담되거나 사회적 서비스로 대체되고 있다(Kendall, 1999). 평균 수명의 연장은 노인 돌봄의 부담을 가중시키며, 가족 구성원 간의 세대 간 관계를 새롭게 정의할 필요성을 가져온다. 또한 탈시설화 정책은 장애인과 노인을 가족 내에서 돌보는 것을 강조하며 가족에게 더 많은 책임을 부여한다. 이러한 변화에 대응하기 위해서는 다양한 가족복지서비스의 제공이 필수적이다. 예를 들어, 취업모를 위한 보육 서비스, 노인을 위한 재가 복지서비스, 장애인을 위한 가정 내 지원 서비스 등은 가족의 부담을 줄이고, 가족 구성원이 서로를 더 잘 돌볼 수 있도록 돕는다(Bronfenbrenner, 1979). 이는 가족과 사회 간의 관계를 보다 협력적이고 상호 의존적인 구조로 변화시키는 중요한 전환점이 된다.

현대 사회에서 가족과 사회의 관계는 더 이상 가족이 사회의 기본 단위로서 독립적으로 기능하는 데 그치지 않으며, 사회가 가족의 역할을 보완하고 지원하는 방식으로 발전하고 있다. 가족복지서비스는 이러한 변화를 반영하여 가족의 다양한 요구를 충족시키고, 사회적 안정과 개인의 복지를 증진시키는 중요한 도구로 자리잡고 있다. 가족복지는 단순히 가족 내 문제를 해결하는 것을 넘어, 가족 구성원 모두의 삶의 질을 향상시키고, 이를 통해 사회 전체의 안정과 발전에 기여하는 중요한 제도적 역할을 수행하고 있다.

2) 가족에 대한 개입의 관점 변화

1980년대 이전까지 많은 자유주의 국가에서는 가족 구성원의 보호와 복지가 가족 자체의 책임이라는 인식이 주를 이루었다. 당시 보수적 입장은 가족을 독립적이고 자율적인 단위로 간주하였으며, 국가의 개입은 가족의 자립성을 저해하고 기능을 약화시킬 수 있다는 우려를 표하였다. 따라서 가족 내 문제는 가족 스스로 해결해야 한다는 자유주의적 이념이 지배적이었으며, 국가는 최소한의 개입만을 유지해야 한다는 원칙이 강조되었다(Hothersall et al., 2020). 이러한 견해는 주로 전통적인 가족 구조, 특히 남성이 생계를 부양하고 여성이 가사를 담당하는 역할을 강조하는 사회에서 강하게 나타났다. 그러나 1980년대 이후, 급속한 사회적·경제적 변화로 인해 이러한 관점은 시대에 뒤떨어진 이데올로기로 간주되기 시작하였다.

산업화와 도시화, 그리고 여성의 경제활동 증가 등으로 인해 전통적인 가족 구조와 역할 분담은 변화를 맞이하게 되었으며, 가족이 자립적으로 모든 복지 기능을 감당하는 것이 점점 더 어려워졌다. 특히, 기혼여성의 취업 증가로 인해 가사와 자녀 양육에 대한 책임을 사회와 국가가 분담해야 한다는 필요성이 커졌다(Kendall, 1999). 여성들이 노동 시장에 적극적으로 참여함에 따라 보육 서비스, 교육 지원, 노인 돌봄 등 가족 내부에서 담당하던 기능을 사회적 서비스로 대체할 필요성이 부각되었다. 이러한 변화는 보수적인 자유주의 국가들에서도 가족에 대한 국가 개입의 필요성을 인정하게 만드는 계기가 되었다.

과거에는 가족 문제에 대한 국가 개입이 불필요하거나 부정적으로 여겨졌지만, 현대 사회에서는 가족이 직면한 다양한 문제를 해결하기 위해 국가가 적극 개입해야 한다는 인식이 확산되고 있다(Bronfenbrenner, 1979). 이는 특히 여성의 경제활동 증가, 이혼율 상승, 저출산 등 현대 가족이 겪고 있는 복합적 문제들이 단순히 개인의 노력만으로는 해결되기 어려운 경우가 많기 때문이다. 현대 사회에서 가족복지서비스는 이러한 문제에 대응해 가족의 기능을 보완하고 강화하는 데 중요한 역할을 수행한다. 국가가 제공하는 보육, 교육, 노인 돌봄 등 다양한 서비스는 가족 구성원의 부담을 덜어 주며, 가족이 안정적으로 기능할 수 있도록 돕는다. 이러한 서비스는 특히 취약계층이나 맞벌이 가정에서 그 필요성이 더욱 크게 강조된다(이명아 외, 2018). 결과적으로, 가족에 대한 국가 개입은 단순한 복지 제공을 넘어 사회적 안전망을 강화하고 개인과 가족의 삶의 질을 향상시키는 중요한 수단으로 자리 잡았다.

이와 같이 가족에 대한 국가 개입의 관점은 과거와는 달리 필수적인 사회적 지원으로 인식되고 있다. 국가가 가족을 위한 복지서비스를 제공함으로써 가족이 보다 잘 기능하고 가족 구성원의 복지와 안정을 보장할 수 있는 방향으로 변화하고 있다. 이는 가족복지가 현대 사회에서 점점 더 중요해지고 있음을 시사하며, 국가가 가족에 대한 책임과 역할을 재정립하는 중요한 계기가 되고 있음을 나타낸다.

3) 다양한 가족 형태의 등장과 욕구의 다양화

현대 사회에서 다양한 가족 형태가 급격히 증가함에 따라 가족복지의 필요성이 더욱 강조되고 있다. 기존의 전통적 핵가족 중심의 사회에서 벗어나 한부모가족, 동거가족, 재혼가족, 비혼가구 등 다양한 가족 형태가 점차 등장하고 있으며, 이러한 변화는 사회적 구조의 다변화와 가치관의 변화를 반영한다(Lee, 2020). 이로 인해 각 가족의 독특한 욕구와 상황을 반영하는 새로운 가족복지 대책의 필요성이 부각되고 있다.

기존의 가족복지정책은 주로 전통적 가족 형태에 맞춰 설계되었으며, 이로 인해 다양한 가족들은 종종 '문제가족'으로 인식되었다. 특히 한부모가족이나 비혼가구는 불완전한 가족으로 간주되어, 이들을 지원하기보다는 결함을 해결하려는 접근이 주를 이루었다. 그러나 이러한 접근은 가족 문제를 해결하기보다는 오히려 가족 해체를 촉진하고, 문제를 심화시키는 결과를 초래할 수 있다(Bronfenbrenner, 1979). 다양한 가족 형태가 정당한 사회적 단위로 인정되지 않을 경우, 이들 가족은 사회적 낙인을 경험하며, 이는 가족 구성원의 정신적 및 사회적 안정에 부정적인 영향을 미칠 수 있다.

따라서 현대의 가족복지정책은 다양한 가족 형태를 인정하고 이들의 욕구를 반영한 맞춤형 복지서비스를 제공하는 방향으로 나아가야 한다. 가족은 그 형태와 상관없이 중요한 사회적 단위로 기능하며, 각 가족이 직면한 문제와 필요를 해결하기 위한 적절한 복지 대책이 마련되어야 한다. 예를 들어, 한부모가족에게는 양육 지원과 경제적 지원이, 비혼가구나 동거가구에는 법적 보호와 안정적 생활을 위한 환경 조성이 중요하다(Hothersall et al., 2020). 또한 재혼가족의 경우 이전 결혼으로 자녀 양육 문제나 법적 재산 분배 등 복잡한 상황이 발생할 수 있으며, 이를 위해 재혼가족을 위한 상담 서비스와 법적 지원이 필요하다(Kendall, 1999). 이와 같은 가족들도 법적·사회적 차별에서 자유로워질 수 있도록 복지 대책이 마련되어야 하며, 그들의 가족 구조를 존중하고 지원할 수 있는 사회적 안전망이 구축되어야 한다. 가족복지의 핵심 목표는 다양한 가족 형태의 특수한 욕구와 상황에 맞춰 개별화된 지원을 제공하는 것이다. 이는 가족을 단일한 모델로 접근하는 것이 아닌, 가족의 다양성을 존중하고 이들이 직면한 다양한 문제를 해결할 수 있는 포괄적인 복지서비스를 제공하는 것을 의미한다. 이러한 변화는 가족복지의 효과성을 높이는 동시에 사회 전체의 안정을 도모하는 중요한 역할을 한다.

4) 사회 문제 해결 단위로서 가족의 유용성

가족은 역사적으로 인간 생존과 사회 문제 해결의 중요한 축을 담당해 왔다. 사회의 기본 단위로서 가족은 인간의 물질적 · 정서적 · 사회적 요구를 충족시키며, 다양한 사회 문제에 대응하는 핵심적인 구조로 기능해 왔다. 특히 사회주의 국가들의 전통적 가족제도 제거 시도는 가족의 중요성을 다시금 확인하게 해 준 사례로 평가된다. 이러한 국가들은 가족을 해체하고 공동체 중심의 사회 체계를 구축하려 하였지만, 경제적 비효율성과 아동 양육 문제를 초래함으로써 실패를 경험하였다. 그 결과, 많은 사회주의 국가가 가족을 다시 사회의 주요 보호 단위로 인정하게 되었으며, 이는 가족의 역할이 사회 체계에서 필수적이라는 점을 재확인시켰다(Hothersall et al., 2020).

이러한 역사적 경험은 가족이 경제적 · 정서적 · 사회적 문제 해결에서 중요한 역할을 한다는 것을 보여 준다. 가족은 단순히 개인 보호와 지원의 기능을 넘어, 사회 전체의 문제 해결에서도 유용한 단위로 작용해 왔다. 가족은 개인과 사회를 연결하는 고리로서, 각 구성원의 성장과 발전을 도모하며 사회적 안정성을 유지하는 데 중요한 기여를 한다(Bronfenbrenner, 1981). 현대 사회의 분화와 복잡성으로 인해 전통적인 방식으로 가족의 기능을 수행하는 것은 점차 어려워지고 있지만, 여전히 다양한 사회 문제를 해결하는 데 핵심적인 역할을 하고 있다.

가족은 또한 개별적인 문제 해결 접근보다 더 효율적으로 사회 문제를 해결할 수 있는 단위로 인정받고 있다. 예를 들어, 가족치료는 개인 상담보다 효과적인 문제 해결 방안으로 평가되며, 가족 구성원 간의 상호작용을 분석하고 문제의 원인을 파악하여 해결책을 제시한다. 이를 통해 가족 내 갈등, 심리적 문제, 의사소통 문제 등을 효과적으로 다룰 수 있다(Walsh, 2003). 이처럼 가족은 개인의 문제뿐 아니라 가족 전체의 문제를 해결하는 데 중요한 단위로 기능한다.

그러나 현대 사회의 복잡성과 변화로 인해 가족이 전통적으로 수행해 오던 복지 기능은 점차 약화되고 있다. 경제적 부담 증가, 여성의 사회 진출 확대, 사회적 안전망의 부재 등으로 인해 가족이 모든 복지 기능을 감당하기 어려운 상황에 직면하고 있으며, 이에 따라 가족복지 기능을 강화하고 보완할 수 있는 제도적 장치가 절실히 필요해지고 있다(Hothersall et al., 2020). 아동 양육, 노인 돌봄, 장애인 지원에서 가족이 그 역할을 전적으로 담당하는 것은 현실적으로 어려워졌으며, 이에 따라 가족복지서비스의 필요성이 더욱 부각되고 있다.

사회 문제 해결 단위로서 가족은 여전히 중요한 역할을 담당하고 있으며, 그 중요성은 시간이 지남에 따라 더욱 명확해지고 있다. 가족은 개인의 문제를 해결하는 가장 기본적인 단위로 기능하고, 이러한 가족의 역할을 보완하고 강화하기 위한 사회적 지원과 제도적 장치가 필요하다. 이러한 맥락에서 가족복지서비스는 단순히 가족을 지원하는 것을 넘어, 사회적 안정과 발전에 기여하는 중요한 요소로서 자리 잡아야 한다.

3. 가족복지의 접근방법

가족은 전통적으로 사회복지의 중심에 자리 잡아 왔으며, 사회복지실천의 핵심 요소로서 중요한 역할을 수행해 왔다. 이러한 가족의 역할은 서구 역사에서도 동일하게 나타나지만, 우리나라에서는 현실적 조건의 차이로 인해 가족복지의 개념이 모호해지는 경향이 있었다. 특히 우리나라에서는 서구와 달리 특화된 가족복지 전달 체계가 부재하고, 종합사회복지관 사업의 일부로서 가족복지가 다루어지면서 아동, 노인, 장애인 등의 개별 영역이 가족복지의 일부로 포함되었다. 이러한 현실적 이유로 인해 가족복지를 개념적으로 명확히 정의하기 어려웠다(손병덕 외, 2006). 이에 따라 가족복지의 접근방법은 거시적 접근과 미시적 접근으로 크게 나눌 수 있다.

거시적 접근방법은 가족 문제를 사회 전체의 문제로 다루는 방식이다. 이는 가족이 사회적 제도와 구조 내에서 적절한 관계를 유지할 수 있도록 조건이나 환경을 조성하는 데 중점을 둔다. 법적 · 정책적 · 경제적 지원을 통해 가족의 안정을 도모하며, 가족을 둘러싼 사회적 조건을 개선하는 것을 목표로 한다. 출산 장려 정책, 육아 지원 제도, 주택 지원 등은 가족이 사회 내에서 안정적으로 기능할 수 있도록 돕는 간접적 접근의 일환이다(Collins, Jordan, & Coleman, 2023). 이러한 접근은 가족을 단순히 개인의 집합으로 보지 않고, 사회적 구조 안에서 존재하는 중요한 단위로 인식하여 사회 전체의 안정을 도모하기 위한 수단으로 활용된다. 사회적 안전망을 강화하고 가족이 안정적인 생활을 할 수 있는 여건을 마련하는 데 중점을 둔 이러한 접근은 특히 저출산, 고령화, 경제 불안정 등과 같은 문제에 대응하는 데 효과적이다. 한국에서도 고령화 사회로의 전환과 같은 사회적 변화에 대응하여 가족에 대한 정책적 지원이 강화되고 있으며, 이는 가족의 경제적 안정뿐만 아니라 사회적 지지를 통한 전반적인 복지 증진을 목표로 한다(Hothersall et al., 2020).

반면 미시적 접근방법은 개별 가족과의 만남을 통해 가족복지를 실천하는 방식으로, 가족이 겪는 문제나 장애를 직접적으로 다룬다. 가족 구성원 개개인에게 필요한 지원을 제공하는 방식으로, 가족 상담, 심리치료, 가족 간의 갈등 해결을 위한 중재 서비스 등이 이에 해당한다. 이러한 접근은 가족 구성원의 심리적 안정, 정서적 지지, 사회적 적응을 돕는 데 중점을 둔다

(Walsh, 2003).

미시적 접근은 특히 가족 내에서 발생하는 갈등이나 심리적 문제를 해결하기 위한 중요한 도구로 사용된다. 가족 구성원이 겪는 개인적 문제를 가족 전체의 맥락에서 이해하고, 상호작용의 패턴을 분석하여 문제를 해결하는 방식으로 이루어진다. 부모와 자녀 간의 갈등이나 부부간의 의사소통 문제는 이러한 접근을 통해 효과적으로 해결될 수 있다. 이와 같은 미시적 개입은 가족 구성원 간의 관계를 강화하고, 가족이 안정적으로 기능할 수 있도록 돕는 데 중요한 역할을 한다(Hothersall et al., 2020).

정책적 접근방법과 미시적 접근방법은 상호 보완적인 관계에 있다. 정책적 접근은 가족의 경제적 안정과 사회적 지지를 제공함으로써 가족이 지속적으로 기능할 수 있는 여건을 마련해준다. 반면, 미시적 접근은 가족 내의 정서적 · 심리적 문제를 해결하고 가족 구성원 간의 상호작용을 개선함으로써 가족의 내적 안정성을 유지하는 데 기여한다.

이 두 가지 접근은 독립적으로 기능하기보다는 통합적으로 사용될 때 더욱 효과적이다. 예를 들어, 한 가족이 경제적 어려움에 직면하였을 때 정책적 접근으로는 주거 지원이나 생활비 보조를 통해 경제적 안정을 도모하고, 미시적 접근으로는 가족 상담을 통해 정서적 지지를 제공할 수 있다. 이러한 통합적 접근은 가족의 전반적인 복지 향상을 목표로 하며, 가족이 다양한 문제를 효과적으로 해결하고 건강한 사회적 단위로 기능할 수 있도록 돕는다(Collins et al., 2023).

가족복지의 접근방법은 가족을 단위로 하는 정책적 · 서비스적 개입을 통해 가족의 기능을 보완하고 지원하는 데 초점을 맞춘다. 거시적 접근과 미시적 접근은 상호 보완적인 방식으로 작동하며, 이를 통해 가족은 사회적 안정과 개인적 발전을 동시에 추구할 수 있다. 특히 한국의 가족복지에서는 가족의 경제적 안정과 심리적 지지, 사회적 지원을 제공하는 종합적 접근이 필요하다. 이러한 통합적 접근을 통해 가족복지는 가족 구성원이 사회에서 건강하고 안정적으로 기능할 수 있도록 지원하는 중요한 역할을 한다.

1) 거시적 접근방법: 가족복지정책적 접근방법

(1) 우리나라 가족복지정책의 개념과 구조적 틀

우리나라에서 가족복지정책은 국가가 가족 전체를 대상으로 시행하는 모든 정책을 포괄하며, 그 개념과 범위는 연구자들마다 다르게 정의된다. 일반적으로 가족복지정책은 국가가 가족의 안녕을 도모하고, 가족 구성원이 사회적 역할을 원활히 수행할 수 있도록 지원하는 일련의 제도적 활동을 의미한다(Kamerman & Kahn, 1998). 이는 가족이 사회의 기본 단위로서 그 안정을 유지하고 구성원 간의 상호작용이 원활히 이루어지도록 돕는 데 초점을 맞춘다.

많은 학자가 가족복지정책을 '가족 전체성(family wholeness)'이라는 시각에서 접근해야 한다고 주장한다(권신영 외, 2018; 손병덕 외, 2006; 이영실 외, 2024). 가족 전체성이란 가족을 단순한 개별 구성원의 집합이 아닌 상호 연결된 단위로서 이해하는 개념이다. 즉, 가족 내 한 구성원의 변화는 다른 구성원에게도 연쇄적 영향을 미치며, 이는 가족 전체의 기능에 중요한 영향을 준다. 이 관점은 가족복지정책이 가족 내 문제를 해결하는 데 각 구성원의 개별적 특성뿐만 아니라, 가족 전체의 관계성과 상호작용을 고려해야 한다는 점을 강조한다(손병덕 외, 2006).

가족복지정책의 주된 목적은 가족의 안정을 보장하고, 가족 구성원들이 각자의 역할을 수행하면서 건강하고 행복한 삶을 영위할 수 있도록 돕는 것이다. 특히 가족복지정책은 사회적 안전망의 기능을 수행하며, 가족 내에서 발생하는 다양한 문제를 예방하고 해결하는 데 중점을 둔다. 가족 내 경제적 문제, 교육 문제, 건강 문제 등 다양한 문제는 가족복지정책을 통해 지원받을 수 있다. 이는 궁극적으로 가족 구성원들의 삶의 질을 향상시키고, 사회 전체의 안정과 발전에 기여한다.

가족복지정책은 크게 경제적 지원과 비경제적 지원으로 구분될 수 있다. 경제적 지원은 주로 소득 보장, 주거 지원, 의료 지원 등을 통해 가족이 경제적 어려움을 극복할 수 있도록 돕는다. 소득보전정책이나 기초생활보장제도는 가족의 경제적 안정을 도모하는 데 중요한 역할을 한다. 비경제적 지원은 가족 구성원들의 심리적·정서적 안정과 사회적 역할 수행을 돕는 지원을 포함한다. 이는 가족 내 갈등 해결, 부모교육, 자녀 양육 지원 등을 통해 가족의 기능을 강화하고, 가족 구성원 간의 관계를 개선하는 데 중점을 둔다.

우리나라의 가족복지정책은 가족 전체의 안녕을 도모하고, 가족 구성원들이 사회적 역할을 원활히 수행할 수 있도록 지원하는 중요한 제도적 틀이다. 이러한 가족복지정책은 경제적·비경제적 지원을 통해 가족의 안정성과 기능을 강화하며, 사회 전체의 안정과 발전에 기여한다.

(2) 사회보장제도와 가족복지정책의 연관성

우리나라의 사회보장제도는 크게 사회보험, 공공부조, 사회복지서비스로 구분되며, 이 체제 안에서 가족복지정책이 구체적으로 실현된다(손병덕, 2020). 가족복지정책은 사회보장제도의 경제적 지원과 밀접하게 연관되며, 가족이 경제적 어려움이나 건강 문제에 직면하였을 때 가족의 안정성을 유지하고 필요한 지원을 제공하는 중요한 기제로 작용한다. 특히 사회보험과 공공부조는 경제적 지원을 중심으로 한 정책들을 통해 가족의 경제적 어려움을 경감시키는 역할을 한다.

사회보험은 가족이 일상생활에서 직면할 수 있는 다양한 위험 요소에 대해 경제적 안전망을 제공하는 중요한 장치로서, 대표적인 예로 국민연금과 건강보험을 들 수 있다. 국민연금은 가족 구성원의 노후 생활을 보장하여 노년기에 발생할 수 있는 경제적 부담을 줄이고, 가족의 경제적 안정을 도모한다. 건강보험은 의료비의 상당 부분을 부담함으로써 가계의 경제적 위험을 줄이는 동시에 가족 구성원의 건강을 유지하는 데 중요한 역할을 한다. 이러한 사회보험제도는 가족이 외부적 위험에 직면하였을 때 개인의 부담을 분산시켜, 가족 전체가 안정적으로 기능할 수 있도록 돕는다(손병덕 외, 2006).

공공부조는 소득과 자산이 부족한 가정을 위한 최후의 경제적 안전망을 제공한다. 대표적인 사례로 기초생활보장제도는 빈곤가족에게 최소한의 생활 수준을 보장하며, 가족 구성원이 생계유지를 위해 기본적인 경제적 지원을 받을 수 있도록 한다. 또한 의료급여는 경제적으로 어려운 가정이 적절한 의료 서비스를 받을 수 있도록 하여, 가족 구성원의 건강 문제로 인한 경제적 부담을 경감시킨다. 이러한 공공부조 정책들은 경제적으로 취약한 가정들이 사회 내에서 최소한의 생활 수준을 유지하며 존엄성을 지킬 수 있는 환경을 제공한다(손병덕, 2020).

더불어, 사회복지서비스는 가족 구성원들의 심리적·정서적 안정과 사회적 역할 수행을 돕는 비경제적 지원을 제공한다. 이는 가족 내에서 발생하는 갈등 해결, 자녀 양육 지원, 노인 돌봄 등의 서비스를 통해 가족이 직면한 문제를 예방하거나 해결하는 데 중요한 역할을 한다. 이러한 서비스들은 가족 구성원 개개인의 발달과 복지 향상뿐만 아니라, 가족 전체의 기능적 역량을 강화하는 데 기여한다(Hothersall et al., 2020).

사회보장제도는 가족복지정책의 중요한 틀을 제공하며, 가족의 경제적 안정과 사회적 안전망을 강화하는 데 핵심적인 역할을 한다. 경제적 지원뿐만 아니라 가족 내의 심리적·정서적 안정을 위한 다양한 서비스 지원을 통해 가족이 외부적 위험에 직면하였을 때 이를 효과적으로 극복할 수 있도록 돕는다. 이를 통해 가족복지정책은 가족 구성원이 사회에서 기능적 역할을 수행하고, 보다 안정된 삶을 영위할 수 있도록 중요한 제도적 기반을 제공한다.

(3) 가족복지정책의 법적 근거와 역할

우리나라의 가족복지정책은 다양한 법적 근거를 통해 가족의 복지와 기능을 지원하는 중요한 틀을 제공한다. 대표적으로 「사회보장기본법」「헌법」「건강가정기본법」「사회복지사업법」 등이 가족복지정책을 구체화하고, 국가가 가족을 위해 정책을 시행하는 근거로 작용한다. 「헌법」은 가족 보호와 복지 증진을 국가의 책무로 명시하고 있으며, 「사회보장기본법」은 가족복지정책의 방향성을 제시하여 사회 전체가 가족의 안녕을 도모할 수 있도록 한다(손병덕, 2020).

특히 2003년에 제정된 「건강가정기본법」은 가족복지정책의 발전에 있어 중요한 전환점이 되었으며, 가족 구성원 모두가 건강하고 행복한 삶을 영위할 수 있도록 가족복지와 관련된 다양한 지원을 강화하는 역할을 한다. 과거의 가족복지정책이 경제적 지원에 주로 초점을 맞추었다면, 「건강가정기본법」은 심리적 · 정서적 · 사회적 필요를 반영한 포괄적인 가족복지 체계를 마련하는 데 중점을 둔다. 이는 가족의 심리적 안정과 정서적 지지를 포함한 다차원적 지원을 통해 가족 전체의 기능을 강화하는 방향으로 가족복지정책이 확장되고 있음을 보여 준다(손병덕, 2020). 「건강가정기본법」은 가족 구성원의 권리와 의무를 명확히 규정하며, 가족 간의 법적 관계를 조정하고 법적 안정성을 확보하는 역할을 한다. 또한 「사회복지사업법」은 가족복지서비스를 제공하는 법적 근거를 마련하여 가족에게 직접적인 복지서비스를 제공함으로써 가족의 문제 해결과 삶의 질 향상에 기여한다(손병덕, 2020).

우리나라의 가족복지정책은 사회 변화와 가족 내외적 요구에 대응하기 위해 발전해 왔다. 가족의 소득 지원, 건강 지원 등 경제적 지원은 가족의 안정성을 도모하고, 가족이 사회에서 그 역할을 원활히 수행할 수 있도록 돕는 중요한 수단이 된다. 더 나아가, 현대 사회에서 가족의 역할이 변화함에 따라 가족복지정책은 점차 큰 역할을 담당하게 되었다. 전통적인 가족복지 기능이 약화되면서 국가가 이를 보완하고 강화하는 제도적 장치가 필요해졌고, 가족복지정책은 이를 위해 가족의 복지와 사회적 기능을 지원하는 역할을 강화하고 있다. 이를 통해 가족 구성원의 삶의 질을 높이고, 사회적 안정에 기여하는 방향으로 발전하고 있다(손병덕 외, 2006).

2) 미시적 접근방법: 가족 중심의 가족복지서비스 개입

가족복지서비스는 경제적 지원 중심의 가족복지정책을 보완하며, 가족 구성원의 심리사회적 요구를 충족하고 개별적 문제 해결을 돕는 비경제적 지원을 제공한다(이윤정 외, 2021). 가족복지서비스는 가족을 대상으로 하는 사회복지서비스로서 가족의 삶을 보호하고 회복시키며, 가족 내에서 발생하는 다양한 문제를 해결하는 데 목적을 둔다. 또한 가족 구성원들의 성장과 발달을 지원하고, 사회적 자원에 접근할 수 있도록 돕는 기능을 수행한다(이영실 외, 2024). 가족복지서비스는 가족 전체를 대상으로 하여 가족의 기능을 강화하고 위기를 해결하는 데 중점을 둔다. 예를 들어, 가족 구성원 간의 갈등을 해결하고, 가족 구성원이 겪는 심리적 · 정서적 문제를 지원하는 것이 주요 기능 중 하나다. 이러한 지원은 가족 유대감을 강화하고, 가족 구성원들이 사회에 적응하도록 돕는 데 큰 역할을 한다.

우리나라의 가족복지실천은 대부분 상담과 같은 미시적 접근을 통해 이루어진다. 이는 가족 구성원의 개별적인 문제를 해결하고 심리적 지원을 제공하는 데 중점을 둔다. 예를 들어, 사회복지관에서 제공하는 가족 상담 프로그램은 가족 구성원 간 의사소통을 개선하고 갈등 해결을 도와 가족 기능을 회복하는 데 중점을 둔다(이윤정 외, 2021). 이러한 실천은 저소득층과 같은 취약가정의 문제 해결에 기여하고 있다. 하지만 가족복지실천이 주로 문제를 가진 가족을 정상적 가족으로 변화시키는 치료적 기능에 초점을 맞추고 있어, 예방적 차원의 서비스보다는 문제 해결에 집중된 경향이 있다(손병덕 외, 2006).

우리나라 사회복지계는 그동안 가족복지실천을 위한 이론적 틀과 핵심 개념을 명확히 제시하지 못하였으며, 가족복지실천은 여전히 위기 상태에 있다는 평가를 받고 있다(강동수, 2024). 가족복지서비스는 가족의 기능을 유지하고 강화하는 데 중요한 역할을 하지만, 보다 체계적인 서비스 제공을 위해서는 이론적 기반과 정책적 지원이 필요하다. 특히 가족복지실천이 단순히 문제 해결에 그치지 않고, 예방적 차원에서 가족의 기능을 강화하고 다양한 가족 형태에 맞는 맞춤형 서비스를 제공해야 한다. 또한 가족복지실천은 가족 구성원 간 갈등 해결과 정서적 지원을 넘어, 가족이 사회적 자원에 쉽게 접근하도록 돕는 역할을 해야 한다. 이를 통해 가족이 안정적이고 건강한 생활을 유지하며, 가족 전체의 삶의 질을 향상할 수 있다. 가족복지실천의 발전을 위해서는 이러한 문제들을 해결하고 가족복지 기능을 강화할 수 있는 지속적인 연구와 제도적 지원이 필요하다.

가족복지서비스는 가족의 다양한 문제를 해결하고, 가족 구성원의 기능을 강화하는 데 중점을 둔 다양한 프로그램으로 구성된다. 이러한 서비스는 가족 구성원 간의 상호작용을 개선하고, 가족이 직면한 어려움을 극복하는 데 중요한 역할을 한다. 다음은 가족복지서비스의 대표적인 프로그램들이다(NASW, 2024).

(1) 가족사회사업: 가족에 대한 직접적 개입

가족사회사업(family social work)은 현대 사회에서 가족의 복잡하고 다양한 문제를 해결하기 위한 중요한 접근 방식으로 자리 잡고 있다. 특히 가족 내의 상호작용과 갈등 상황에 효과적으로 개입하여 가족의 기능을 강화하고 문제 해결을 도모하는 데 주목할 만하다. 가족사회사업은 부부간 갈등(천연미, 2023), 부모와 자녀 간 관계 문제(기쁘다, 2018), 세대 간 불화(남순현, 2004) 등 여러 문제를 다루며, 이러한 문제들을 단지 개인 차원의 문제가 아닌, 가족 전체의 구조적 맥락 속에서 이해하고 해결해야 한다는 점에서 그 중요성이 부각된다. 이는 개인의 문제가 종종 가족 시스템 내의 상호작용 패턴과 밀접하게 연관되어 있기 때문이다.

가족사회사업의 핵심은 문제의 본질을 단순히 개인에게 한정하지 않고, 가족 구성원 간의 상호작용과 이들을 둘러싼 환경적 요소를 종합적으로 고려하는 데 있다(김은정, 2024). 개인이 겪는 문제는 종종 가족 내 역할 갈등이나 불균형에서 비롯되기 때문에, 가족 전체를 대상으로 한 개입이 더 효과적인 경우가 많다(Spray & Jowett, 2011). 부부 갈등이 있을 때 이를 단순히 부부간의 문제로만 국한하지 않고, 자녀와의 관계, 경제적 상황, 사회적 지원 체계 등 다양한 요소를 함께 분석하는 것이 중요하다. 이를 통해 가족 구성원들은 서로의 역할과 기대를 보다 명확히 이해하고 조정할 수 있으며, 가족 내 상호작용이 더욱 건강하고 원활하게 이루어질 수 있도록 돕는다. 또한 가족사회사업은 가족 구성원 간 상호작용뿐만 아니라 이들이 처한 환경적 요인에 대해서도 실제적 개입을 포함한다. 이는 가족의 사회적 · 경제적 · 문화적 환경이 가족의 기능에 미치는 영향을 이해하고, 그 환경적 요인을 고려한 지원을 제공하는 것을 의미한다. 경제적 불안정이나 사회적 고립이 가족 내 갈등을 심화시키는 경우, 가족사회사업가는 경제적 지원 서비스나 지역사회 네트워크와의 연결을 통해 가족이 보다 안정적인 환경에서 기능할 수 있도록 돕는다(Spray & Jowett, 2011). 이러한 방식의 개입은 단순히 문제를 해결하는 것에서 그치지 않고, 가족의 자립성과 복원력을 강화하는 데 기여한다.

가족사회사업의 목표는 가족 내 문제를 해결하는 것뿐만 아니라 가족 구성원들이 스스로 문제를 해결할 수 있는 능력을 배양하는 데 중점을 둔다(송진숙, 2020). 이를 통해 가족은 외부의 지원에 의존하지 않고 내부적으로 문제를 해결할 수 있는 자립적 능력을 갖추게 된다. 이를 위해 가족사회사업가는 가족 구성원 간의 의사소통을 촉진하고, 갈등 해결 기술을 제공하며, 가족 내 긍정적인 상호작용을 증진시키는 다양한 전략을 사용한다. 이러한 과정은 가족의 자율성을 높이고, 장기적으로 문제 발생 가능성을 줄이는 데 기여한다(Collins et al., 2023).

가족사회사업은 또한 다양한 가족 형태와 구조를 고려한 개입을 제공하는 데 그 가치를 두고 있다(박승민 외, 2023). 현대 사회에서는 전통적 핵가족뿐만 아니라, 한부모가족, 재혼가족, 다문화가족 등 다양한 형태의 가족이 존재하며, 각 가족이 직면하는 문제는 그 구조적 특성에 따라 다를 수 있다. 가족사회사업은 이러한 가족의 다양성을 존중하고, 각각의 가족 상황에 맞는 맞춤형 지원을 제공함으로써, 보다 효과적이고 지속 가능한 문제 해결을 가능하게 한다(Collins et al., 2023).

이처럼 가족사회사업은 단순히 가족 내 갈등을 해결하는 것에 그치지 않고, 가족 구성원 간의 건강한 상호작용을 촉진하고 가족 전체의 기능을 향상시키는 데 중요한 역할을 한다. 이러한 포괄적 접근은 가족이 스스로 문제를 해결할 수 있는 능력을 배양하고, 장기적으로 안정적인 가족 관계를 유지할 수 있도록 돕는다. 가족사회사업의 이러한 포괄적 접근은 현대 사회에서 가족 문제 해결의 효과적인 방법으로 자리매김하고 있으며, 그 중요성은 점점 더 부각되고 있다.

(2) 가족보호: 가족의 기능 유지와 삶의 질 향상을 위한 서비스

가족보호는 가족의 기능 유지와 삶의 질 향상을 위한 서비스에 초점을 맞춘다(장덕희, 장경아, 2009). 이 서비스는 가족 구성원 간의 돌봄 관계를 강화하고, 돌봄의 책임을 가족이 홀로 감당하지 않도록 사회적 지원 체계를 마련함으로써 가족의 부담을 덜어 준다. 가족보호는 특히 가족의 기능을 유지하며 어려운 상황에서도 가족의 삶의 질을 높이는 데 기여한다.

가족보호는 단순히 가족 구성원을 돌보는 것 이상의 의미를 지닌다. 돌봄을 제공하는 가족 구성원에게도 중요한 역할을 하고, 이들이 경험하는 신체적 · 정서적 부담을 경감시키며, 돌봄 과정에서 발생하는 스트레스와 고립감을 완화시킨다(강동훈, 2022). 이를 통해 돌봄 제공자는 가족의 기능을 유지하고 안정성을 보장하는 데 중요한 역할을 수행하게 된다(Reinhard et al., 2008). 특히 발달장애 자녀나 만성질환을 앓고 있는 부모를 돌보는 경우, 가족보호는 해당 가족이 사회적으로 고립되지 않도록 지역사회와의 연결을 강화하는 역할을 한다. 이를 통해 가족은 필요한 지원을 적시에 받을 수 있으며, 돌봄 과정에서 필요한 지식과 기술을 습득할 수 있다. 이는 돌봄의 질을 향상시키고, 가족 구성원 전체의 삶의 질을 높이는 중요한 요소로 작용한다(Reinhard et al., 2008).

또한 가족보호는 가족 내에서 돌봄 역할을 보다 체계적이고 효과적으로 분담하도록 돕는다. 이는 돌봄의 책임이 특정 구성원에게 과도하게 집중되는 것을 방지하며, 가족 내 역할 분담을 통해 가족 전체의 기능을 강화한다. 돌봄 부담의 분산은 특히 고령화 사회에서 중요한 과제로 떠오르고 있으며, 가족보호 서비스는 이를 실현하는 데 필수적인 역할을 한다(Collins et al., 2023).

가족보호는 돌봄을 받는 구성원의 자립성을 최대한 유지하고, 삶의 질을 향상시키는 것을 목표로 한다(서정주 외, 2022). 예를 들어, 치매를 앓고 있는 부모를 돌보는 과정에서 가족보호 서비스는 부모가 가능한 한 자립적인 삶을 유지할 수 있도록 일상생활을 지원한다. 이는 가족 구성원이 자신감을 잃지 않고, 자신의 삶을 주체적으로 영위할 수 있도록 돕는 중요한 지원 체계로 작용한다(Collins et al., 2019). 가족보호는 돌봄을 필요로 하는 가족 구성원의 삶의 질을 향상시키고, 돌봄을 제공하는 가족 구성원의 부담을 줄여 가족의 기능을 유지하는 데 중요한 역할을 한다. 가족보호 서비스는 가족 구성원이 건강하고 안정적인 삶을 지속할 수 있도록 지원하며, 가족이 직면한 복잡한 돌봄 문제를 해결하는 데 필수적인 사회적 자원이다.

(3) 가족생활교육: 가족 구성원의 역할 강화와 문제 해결을 위한 교육 프로그램

가족생활교육(family life education)은 가족 구성원들이 가족생활에서 필수적인 지식을 습득하고 그들이 맡고 있는 다양한 역할을 보다 효과적으로 수행할 수 있도록 돕기 위한 프로그램을 제공하는 것을 목적으로 한다. 이러한 교육은 결혼준비교육, 부부 관계 향상 프로그램, 부모교육 등 여러 형태로 이루어지며, 가족 구성원이 직면할 수 있는 문제에 대한 예방과 해결 방법을 교육하는 데 중점을 둔다.

결혼준비교육은 결혼을 앞둔 커플에게 결혼 생활 중 발생할 수 있는 갈등을 효과적으로 다루는 법, 의사소통 기술, 경제적 계획 수립 등 중요한 기술을 교육하여, 결혼 생활의 안정성을 높이는 데 기여한다. 이를 통해 커플은 서로의 기대와 역할에 대해 명확하게 이해하고, 결혼 초기의 갈등을 예방할 수 있다. 부부 관계 향상 프로그램은 부부간의 관계에서 발생할 수 있는 다양한 문제에 대한 대처 방법을 제공하며, 부부간의 상호 이해와 관계의 질을 높이는 데 중점을 둔다(Hothersall et al., 2020).

부모교육은 자녀 양육에 필요한 지식과 기술을 제공함으로써 부모가 자녀의 성장과 발달을 보다 효과적으로 지원할 수 있도록 돕는다. 특히 자녀와의 의사소통 방법, 긍정적 훈육 기술, 청소년기의 심리적 발달 과정에 대한 교육은 부모가 자녀와의 관계를 건강하게 유지하고, 자녀의 사회적 · 정서적 발달을 지원하는 데 큰 도움을 준다. 부모교육은 또한 부모의 양육 스트레스를 줄여 주는 중요한 도구로 작용한다(Hothersall et al., 2020).

가족생활교육의 또 다른 중요한 측면은 특수한 상황에 처한 가족을 위한 교육 프로그램이다. 예를 들어, 한부모가족을 대상으로 한 교육은 자녀 양육에서 발생할 수 있는 어려움에 대한 대처 방법을 제공하고, 한부모가 경제적 · 심리적 지원을 받을 수 있도록 돕는다. 치매 노인을 돌보는 가족을 위한 교육 프로그램은 돌봄 과정에서 발생하는 신체적 · 정서적 부담을 완화하는 데 중점을 두며, 돌봄 기술뿐만 아니라 돌봄 제공자의 자기 돌봄(self-care)을 강조한다(Hothersall et al., 2020).

이와 같은 가족생활교육은 단순히 지식을 전달하는 것 이상의 역할을 한다. 가족 구성원들에게 문제 해결 능력과 사회적 지지망을 구축하는 방법을 교육함으로써, 가족 내에서 발생할 수 있는 다양한 갈등과 스트레스를 예방하고 관리할 수 있도록 돕는다. 또한 이러한 교육 프로그램은 가족의 기능을 강화하고, 구성원 각자가 자신의 역할을 수행하는 데 필요한 기술을 개발하는 데 중요한 기여를 한다(Walsh, 2023).

가족생활교육은 가족 구성원들이 역할을 보다 효과적으로 수행하고, 가족 내에서 발생할 수 있는 문제를 예방하고 해결하는 데 필요한 지식을 제공하는 중요한 교육적 접근이다. 다양한 가족 형태와 특수한 상황에 맞춘 교육 프로그램은 가족의 안정성과 행복을 증진시키는 데 필수적인 역할을 한다.

(4) 가족계획사업: 건강한 재생산과 부모 건강 관리 지원

가족계획사업(family planning services)은 가족의 재생산적 건강을 보호하고 증진시키기 위한 중요한 서비스로, 부모와 자녀의 건강을 최우선으로 고려한 다양한 지원 프로그램을 포함한다. 이 서비스는 임신 계획, 성병 예방, 영양 관리, 자녀 수 조정 등 여러 측면을 다루며, 궁극적으로 부모와 자녀의 건강한 삶을 도모하는 데 기여한다.

가족계획의 핵심 요소 중 하나는 임신 계획이다. 임신 계획은 부부가 자녀를 가질 적절한 시기를 선택하고, 이에 맞춰 신체적 · 경제적 준비를 하는 과정을 포함한다. 이를 통해 예기치 않은 임신으로 인한 경제적 · 심리적 부담을 줄이고, 부모가 자녀를 양육하는 데 필요한 자원을 충분히 확보할 수 있도록 돕는다. 특히 임신 전에 건강 상태를 평가하고 필요한 의료적 조치를 취함으로써 건강한 임신과 출산을 촉진하는 것이 목표이다(Berglund & Lindmark, 2016).

성병 예방과 성적 건강 관리 또한 가족계획사업의 중요한 부분이다. 성병 예방은 부모가 건강한 성생활을 유지하고 성병으로부터 자신과 배우자를 보호하는 데 필요한 정보를 제공하는 교육적 서비스다. 이러한 예방 활동을 통해 부부는 자신의 건강뿐만 아니라 미래 자녀의 건강도 보호할 수 있으며, 이는 사회 전체의 공중보건에도 긍정적인 영향을 미치며 성병 확산을 줄이는 데 기여한다(Ford et al., 2021).

영양 관리 역시 가족계획사업에서 중요한 역할을 한다. 부모, 특히 임신을 계획 중이거나 임신한 여성에게 적절한 영양 관리와 식습관은 건강한 재생산과 출산에 중요한 영향을 미친다. 영양 관리 서비스는 부모가 필수 영양소를 적절히 섭취할 수 있도록 돕고, 특히 태아와 신생아의 건강한 발달을 지원한다. 이는 저체중아 출산이나 산모의 영양실조와 같은 문제를 예방하는 데 중점을 둔다(Marshall et al., 2022). 또한 출산계획은 가족계획의 또 다른 중요한 측면이다. 출산계획은 부모가 가정의 경제적 · 심리적 자원을 고려하여 자녀의 수를 적절하게 조절할 수 있도록 돕는 서비스를 포함한다. 이를 통해 부모는 자녀에게 더 많은 시간과 자원을 투자할 수 있으며, 가족 전체의 삶의 질을 높일 수 있다. 이는 특히 경제적 부담을 줄이고, 자녀의 양육 환경을 개선하는 데 기여한다(Hothersall et al., 2021).

가족계획사업은 단순히 재생산과 관련된 문제를 해결하는 것을 넘어, 부모의 건강을 관리하고 가족의 전반적인 삶의 질을 높이는 데 중요한 역할을 한다. 이러한 서비스는 건강한 재생산과 부모의 준비된 양육을 가능하게 하며, 가족 구성원의 건강과 행복을 보장하는 중요한 사회적 기여를 한다.

(5) 가족보존서비스와 가족지지서비스: 위기 상황 및 예방적 접근을 통한 가족 기능 강화

가족보존서비스(family preservation services)와 가족지지서비스(family support services)는 가족의 기능 유지와 문제 해결을 목적으로 하는 중요한 사회복지 프로그램들이다. 이 두 가지 서비스는 가족이 위기 상황에 처하였을 때 해체를 방지하고 자녀가 가족 내에서 지속적으로 양육될 수 있도록 돕는 한편, 예방적 차원의 접근을 통해 가족이 기능적으로 잘 유지될 수 있도록 지원하는 것을 목표로 한다.

가족보존서비스는 주로 위기에 처한 가족을 대상으로 집중 개입을 통해 가족 해체를 방지하고, 자녀가 계속해서 가족 내에서 안전하게 양육될 수 있는 환경을 마련해 주는 프로그램이다(박명숙, 2003). 특히 자녀가 부모로부터 분리되어 위탁 보호를 받아야 하는 상황에 직면하였을 때, 가족보존서비스는 신속하게 개입하여 부모와 자녀의 관계를 회복하고 양육 환경을 개선한다. 이 서비스는 단순히 문제의 일시적 해결에 그치지 않고, 가족 구성원 간의 상호작용을 개선하고 가족 기능을 강화하는 데 중점을 둔다(Bezeczky et al., 2020).

가족보존서비스는 주로 다음과 같은 문제 상황에서 개입한다. 부모의 약물 남용, 가정폭력, 심각한 경제적 어려움, 정신건강 문제 등으로 인해 자녀가 안전하게 보호받지 못할 위험이 있는 경우다. 이 서비스는 부모의 양육 능력을 강화하고 필요한 지원을 제공하여 자녀가 가족 내에서 안전하게 자라도록 돕는다. 이를 통해 자녀의 위탁 보호와 같은 극단적 조치를 최소화하고, 가족 구성원들이 함께 문제를 해결할 수 있는 능력을 키우도록 지원한다(Bezeczky et al., 2020). 반면, 가족지지서비스는 모든 가족을 대상으로 하는 보편적인 예방적 서비스다. 가족지지서비스는 가족이 스트레스를 경험하기 전에, 혹은 문제의 초기 단계에서 개입하여 문제를 예방하고 가족 기능을 강화하는 데 중점을 둔다. 이 서비스는 가족이 직면할 수 있는 다양한 도전과 스트레스에 대처할 수 있는 자원을 제공하고, 가족의 전반적인 건강과 복지를 증진시키는 것을 목표로 한다(Walsh, 2003).

가족지지서비스의 주요 활동으로는 부모교육, 가족 생활 상담, 스트레스 관리 프로그램 등이 있으며, 지역사회의 특성과 가족의 다양한 요구를 반영하여 개발되고 운영된다. 지역사회 복지기관은 지역사회의 특성을 고려하여 프로그램을 설계하고 가족의 자립을 지원하는 방식으로 예방적인 문제 해결을 돕는다. 가족지지서비스는 또한 가족 내부의 문제 해결뿐만 아니라, 지역사회와의 연계를 통해 가족 구성원들이 필요한 자원과 지원을 받을 수 있도록 돕는 것이 핵심이다(Riesch et al., 2012; Claussen et al., 2024).

가족보존서비스와 가족지지서비스는 상호 보완적인 관계로, 가족이 안정적으로 유지되고 발전할 수 있는 기반을 마련해 준다. 가족보존서비스는 위기 상황에서 집중적인 개입을 통해 가족 해체를 방지하고 자녀가 가족 내에서 안전하게 성장할 수 있도록 지원하며, 가족지지 서비스는 예방적 차원의 보편적 서비스를 제공함으로써 가족이 건강하게 기능할 수 있는 환경을 조성한다. 이 두 서비스는 함께 가족의 안정과 발전을 위한 필수적인 역할을 수행한다.

(6) 가족치료: 정서적 문제 해결과 상호작용 개선을 위한 임상적 개입

가족치료(family therapy)는 가족 구성원 간의 심리적 및 정서적 문제를 해결하기 위해 임상적으로 개입하는 중요한 치료 방법이다(한지수 외, 2022). 가족 내에서 발생하는 문제는 종종 개인의 문제로 한정되지 않고, 가족 구성원 전체의 상호작용과 관계에서 기인하는 경우가 많다. 이러한 이유로 가족치료는 개인 치료와는 달리 가족을 하나의 단위로 보고, 그 안에서 발생하는 상호작용을 변화시키는 데 중점을 둔다. 가족치료는 다양한 문제 상황에서 유용하게 적용될 수 있다. 부부간의 갈등, 부모와 자녀 간의 소통 문제, 세대 간의 가치 충돌 등은 가족 내에서 흔히 발생하는 문제들이다. 이 과정에서 가족 구성원 각자는 자신의 역할과 책임을 새롭게 이해하고 조정해야 할 필요가 있다. 가족치료는 이러한 문제를 해결하기 위해 가족 구성원들이 상호작용을 통해 더 나은 소통과 이해를 도모하도록 돕는다(Sprenkle et al., 2013).

가족치료의 주된 목표는 가족 구성원 간의 상호작용 패턴을 변화시켜 더 건강한 관계를 구축하는 것이다(차수정, 최준섭, 2024). 가족 구성원 간의 정서적 유대와 상호작용이 개선될 때, 각자의 문제는 자연스럽게 해결될 가능성이 높아진다. 가족치료는 특히 가족 구성원들이 자신을 이해하고 상대방의 입장을 수용할 수 있도록 돕는 데 중점을 둔다. 이러한 과정에서 가족 구성원들이 가지는 갈등과 문제는 단순히 개인의 특성에서 비롯된 것이 아니라, 가족 내 상호작용의 결과로 이해된다. 따라서 가족 구성원 간의 상호작용 방식을 개선하는 것이 치료의 핵심이다(Sprenkle et al., 2013). 또한 가족치료는 상실되거나 약화된 가족 기능을 회복하는 데 중점을 둔다. 이는 가족 구성원 간의 의사소통 문제, 역할 혼란, 그리고 권력 구조의 불균형에서 비롯된 갈등을 해결하는 데 초점을 맞춘다. 치료 과정에서 가족은 기존의 역할과 기대를 재조정하고, 새로운 상호작용 패턴을 형성함으로써 더 건강한 가족 시스템을 구축하게 된다(Sprenkle et al., 2013).

가족치료는 가족사회사업과 유사한 점이 있지만, 두 접근 방식 사이에는 분명한 차이가 있다. 가족사회사업은 주로 가족 문제에 대한 외부적이고 환경적인 개입에 중점을 두며, 가정 내의 실질적인 문제 해결과 자원의 연계를 중요하게 다룬다. 반면, 가족치료는 보다 심리적이고 관계 중심의 개입을 제공한다. 가족 구성원 간의 정서적 문제나 상호작용의 문제를 해결하기 위해 가족치료는 가족 구성원 간의 관계를 심층적으로 분석하고, 그들이 가진 감정적·심리적 갈등을 다루는 데 주안점을 둔다. 예를 들어, 가족사회사업이 부모의 직업 상실로 인한 경제적 스트레스를 해결하기 위해 지역사회 자원을 연결하는 데 중점을 둔다면, 가족치료는 이러한 경제적 스트레스가 가족 구성원 간의 관계에 미치는 영향을 분석하고, 그로 인한 갈등을 어떻게 해소할지를 논의하는 데 중점을 둔다(Collins et al., 2023).

가족치료는 다양한 치료 모델과 접근 방식을 사용하여 가족 구성원 간의 관계를 변화시키고, 그들의 정서적 안정과 상호작용을 개선하는 데 기여한다. 예를 들어, 구조적 가족치료(structural family therapy)는 가족 내의 계층 구조와 역할 분담을 분석하고, 상호작용 패턴을 재구성함으로써 가족 간의 관계를 개선한다(Minuchin, 1974). 또 다른 접근 방식인 전략적 가족치료(strategic family therapy)는 특정 문제 상황에서 가족 구성원 간의 행동 패턴을 변화시키는 전략을 개발하여 문제를 해결하는 데 중점을 둔다(Collins et al., 2023).

가족치료는 부부치료, 부모-자녀 치료, 청소년기 치료 등 다양한 상황에서 적용될 수 있다. 특히 가족치료는 가족 구성원이 개별적으로 치료를 받는 것보다 더 나은 효과를 보일 수 있는 상황에서 매우 유용하다. 이는 가족 내 상호작용이 문제 해결의 핵심 요소로 작용하기 때문이다. 가족치료는 가족 구성원이 직면한 심리적·정서적 문제를 해결하기 위한 중요한 임상적 개입이다. 상호작용을 개선하고 가족 기능을 회복하는 데 중점을 둔 가족치료는 현대 사회에서 가족 문제를 해결하는 효과적인 방법으로 자리 잡고 있다. 이를 통해 가족 구성원들은 자신들의 관계를 재구성하고, 더 건강하고 기능적인 가족 시스템을 구축할 수 있다.

(7) 가족옹호: 사회적 불이익을 당하는 가족의 권리 보호와 자원 접근 지원

가족옹호서비스(family advocacy services)는 빈곤, 기회 불평등, 인종차별 등으로 인해 사회적 불이익을 당하는 가족들을 지원하는 중요한 사회복지 프로그램이다. 이 서비스의 주요 목적은 가족 구성원들이 자신의 권리를 보호하고, 필요로 하는 서비스에 접근할 수 있도록 돕는 데 있다. 사회적 불평등이나 차별로 인해 고통받는 가족들은 여러 자원에 접근하는 데 어려움을 겪는 경우가 많으며, 이러한 가족옹호서비스는 그들의 사회적 위치를 개선하고 더 나은 자원과 기회를 얻는 데 필수적인 역할을 한다.

가족옹호서비스는 가족의 사회적 권리와 자원을 확보하는 데 중점을 둔다. 예를 들어, 빈곤 가족은 주거, 의료, 교육 등 기본적인 사회적 필요를 충족하기 어려운 상황에 처할 수 있다. 가족옹호서비스는 이러한 가족들이 정부나 비영리기관이 제공하는 복지 혜택에 접근할 수 있도록 지원하며, 그 과정에서 필요한 법적 및 행정적 절차를 돕는다(Horwitz et al., 2010). 또한 가족 내 문제들이 더 큰 사회적 구조 속에서 어떻게 영향을 받는지를 인식하고, 이를 해결하기 위한 시스템적 변화를 모색하는 데도 기여한다.

빈곤, 인종차별, 성차별과 같은 구조적 불평등은 가족이 사회적으로 고립되거나 적절한 자원에 접근하지 못하는 주된 원인 중 하나다. 가족옹호서비스는 이러한 불평등한 사회적 환경에서 고통받는 가족에게 자원과 지원을 연결하는 다리 역할을 한다. 이 서비스는 빈곤가족이 적절한 교육과 의료 혜택을 받을 수 있도록 하며, 차별로 인해 사회적 권리를 박탈당한 가족이 법적 보호를 받을 수 있도록 돕는다(Horwitz et al., 2010). 특정 인종이나 취약한 경제적 배경을 가진 가족이 차별을 경험할 때, 가족옹호서비스는 그들이 법적 조치를 통해 권리를 보호받을 수 있도록 법률 자문과 상담을 제공한다. 또한 가족복지서비스의 일환으로서 단순히 자원을 제공하는 것을 넘어서, 가족의 권리를 적극적으로 보호하고 증진하는 데 중점을 둔다(배경임, 2024). 이는 가족이 사회에서 독립적이고 자율적으로 기능할 수 있도록 지원하며, 가족 구성원들이 직면한 문제를 해결하기 위한 장기적인 전략을 제공한다. 가족 구성원이 차별이나 불이익을 경험하였을 때, 가족옹호 서비스는 문제 해결을 위한 법적 자문뿐만 아니라, 필요한 심리적 지원과 사회적 자원을 연결하여 가족 전체의 복지를 증진한다(Sousa-Meixell et al., 2022).

가족옹호서비스는 빈곤과 차별 등으로 불이익을 당하는 가족들이 자신의 권리를 보호하고 필요한 자원에 접근할 수 있도록 돕는 중요한 사회복지 프로그램이다. 이를 통해 가족의 사회적 위치를 개선하고 더 나은 자원과 기회를 제공받도록 지원하는 것은 가족의 복지와 사회적 안정을 도모하는 핵심적인 역할을 한다. 가족옹호서비스는 단순히 문제를 해결하는 것에서 나아가, 가족들이 사회에서 자립하고 성장할 수 있는 기반을 마련해 준다.

(8) 가정폭력 예방과 치료: 제도적 지원과 사회복지서비스의 중요성

가정폭력 예방과 치료는 가족 내에서 발생하는 신체적 · 정신적 폭력을 방지하고 피해자를 지원하는 중요한 사회복지 프로그램이다. 가정폭력은 신체적 폭력뿐만 아니라 심리적 학대, 경제적 통제 등 다양한 형태로 나타나며, 이는 개인과 가족의 삶에 심각한 부정적 영향을 미친다. 이러한 문제를 해결하기 위해 1998년에 제정된 「가정폭력방지 및 피해자보호 등에 관한 법률」은 가정폭력에 대한 사회적 인식을 제고하고, 피해자 보호와 가해자 처벌을 위한 제도적 기반을 마련하는 중요한 계기가 되었다. 이 법의 제정 이후, 가정폭력에 대한 국가와 사회의 개입이 본격화되었으며, 가정 내 폭력에 대한 사법적 개입이 강화되고 피해자를 보호하기 위한 다양한 법적 조치가 가능해졌다(정도희, 2018). 피해자가 보호명령을 신청할 수 있도록 하고, 가해자는 처벌과 함께 사회복지 프로그램에 참여하도록 요구된다. 이러한 법적 조치는 가정폭력을 단순한 개인 간의 문제가 아닌 사회적 문제로 다루며, 폭력 예방과 피해자 보호를 위한 체계적인 접근을 가능하게 하였다(「가정폭력방지 및 피해자보호 등에 관한 법률」, 2023).

가정폭력을 예방하고 피해자를 지원하기 위해 다양한 사회복지서비스 또한 제공되고 있다. 첫째, 가정폭력 상담소는 피해자에게 정서적 지원과 법적 자문을 제공하며, 피해자가 안전하게 상황을 벗어날 수 있도록 돕는다(한국여성인권진흥원, 2025). 둘째, 쉼터는 가정폭력으로부터 긴급히 피신해야 하는 피해자들에게 안전한 거주 공간을 제공하며, 심리적 회복을 돕기 위한 상담과 재활 프로그램을 운영한다(김포여성의전화, 2025). 셋째, 24시간 운영되는 여성긴급전화 1366 서비스는 피해자가 긴급 상황에서 도움을 요청할 수 있는 즉각적인 지원 체계를 마련하고, 필요시 경찰이나 사회복지기관과의 연계를 통해 피해자 보호를 강화한다(여성가족부, 2025).

가정폭력 피해자뿐만 아니라, 가해자를 대상으로 한 치료 프로그램(장희숙, 조현각, 2013)도 중요한 역할을 한다. 가정폭력 가해자는 폭력적 행동의 원인을 이해하고 이를 교정하기 위한 심리적 치료와 상담을 받아야 하며, 이를 통해 가정폭력의 재발을 방지하고 가해자가 자신의 행동을 통제할 수 있도록 돕는 것이 목표이다. 또한 가정폭력 피해자에게는 장기적인 심리치료와 재활 프로그램이 제공되어, 그들이 다시 안정적인 삶을 회복할 수 있도록 지원한다. 이러한 치료 프로그램은 가정 내에서 발생하는 폭력의 악순환을 끊는 중요한 역할을 한다(「가정폭력방지 및 피해자보호 등에 관한 법률」, 2023).

가정폭력 예방과 치료는 가족 구성원 간의 폭력을 방지하고 피해자를 보호하기 위해 필수적인 사회복지서비스다. 「가정폭력방지법」 제정 이후 사회적 개입이 활발히 이루어졌으며, 이를 통해 가정폭력 문제에 대한 보다 체계적인 대응이 가능해졌다. 가정폭력 상담소, 쉼터, 위기전화 등의 다양한 서비스는 피해자의 안전과 회복을 돕는 중요한 지원 체계로 자리 잡았으며, 가해자 치료 프로그램을 통해 가정폭력의 재발을 방지하고자 하는 노력이 지속되고 있다. 앞으로도 이러한 사회복지서비스는 가정폭력 예방과 치료에 중요한 역할을 할 것이며, 피해자와 가해자 모두에게 필요한 지원을 제공하는 데 기여할 것이다.

3) 통합적 접근 방법: 정책적 지원과 직접적 서비스의 상호 보완성

가족복지에서 정책적 접근과 직접적 접근은 상호 보완적 관계를 형성하며, 각각 가족의 외부적 안정과 내부적 안정에 기여하는 중요한 역할을 수행한다. 정책적 접근은 정부 주도의 사회보장제도와 복지정책을 통해 가족에게 경제적 지원과 사회적 안전망을 제공함으로써 가족이 안정된 환경에서 생활할 수 있는 기반을 마련한다. 이러한 접근은 빈곤, 실업, 주거 문제 등 외부적 어려움에 직면한 가족에게 경제적 안정을 제공하고, 기본적인 생활을 유지하도록 돕는 중요한 수단으로 작용한다(Bradley & Corwyn, 2002). 주거비 지원, 의료비 보조, 기초생활보장제도와 같은 정책적 개입은 가족이 직면한 경제적 위기를 해결하고, 가족의 생존과 복지를 보장하는 데 필수적이다. 반면, 직접적 접근은 가족 구성원 간의 정서적 · 심리적 문제를 해결하고, 상호작용을 개선하는 데 중점을 둔다. 이는 가족 상담, 가족치료, 부모교육과 같은 프로그램을 통해 실현되며, 가족 내 갈등과 스트레스를 해결하여 내부적 안정성을 유지하도록 돕는다(Collins et al., 2023). 이러한 직접적 개입은 가족 구성원 간의 상호작용을 개선하고 관계 회복을 도모하여 가족의 전반적인 기능을 강화하는 데 필수적이다.

정책적 접근과 직접적 접근은 통합적으로 사용될 때 가족복지의 효과를 극대화할 수 있다. 정책적 접근은 경제적 어려움을 해결하고 기본적인 생활 안정을 도모하지만, 그것만으로는 가족 내 심리적 문제나 정서적 불안을 완전히 해결할 수 없다. 경제적 지원이 제공되더라도 가족 내 갈등이 해결되지 않으면 구성원 간의 관계가 악화되어 가족 전체의 복지 수준이 낮게 유지될 수 있다. 반대로, 직접적 접근이 심리적 지원을 제공하고 갈등을 완화하더라도, 경제적 불안정이 지속되면 가족의 기능 회복과 안정성을 이루는 데 어려움이 따를 수 있다(Collins et al., 2023). 경제적 지원을 통해 한 가족이 주거 문제를 해결하였더라도, 그 가족 내에서 발생하는 부모와 자녀 간의 갈등이나 부부간의 불화가 해결되지 않으면 가족의 전반적인 복지 향상은 제한적일 수 있다. 이때 직접적 접근인 가족 상담이나 치료 프로그램을 통해 가족 내 갈등을 해결하고 상호작용을 개선하는 개입이 함께 이루어질 필요가 있다(기쁘다, 성미애, 2022). 이러한 통합적 접근은 가족의 경제적 문제와 심리적 문제를 동시에 해결함으로써 가족의 전반적인 안정과 기능 회복을 도모하는 중요한 역할을 한다(Collins et al., 2023).

가족복지의 통합적 접근은 다양한 상황에서 그 효과를 발휘할 수 있다. 한 가족이 경제적 어려움으로 주거 불안을 겪는 상황에서 정책적 접근을 통해 주거 지원 프로그램이나 생활비 보조와 같은 경제적 지원을 받을 수 있다. 이러한 경제적 지원은 가족의 기본적인 생존과 안정된 주거 환경을 제공하는 데 필수적인 역할을 한다. 동시에 직접적 접근을 통해 가족 상담 서비스를 제공함으로써 가족 내 스트레스와 갈등을 관리하고, 가족 구성원 간의 상호작용을 개선하는 지원이 이루어진다. 이와 같은 통합적 지원은 경제적 안정뿐 아니라 가족의 심리적 안정까지 이루어져 가족 전체의 복지를 향상시키는 결과를 가져온다(Collins et al., 2023). 이러한 사례에서 보듯, 정책적 접근과 직접적 접근이 함께 사용될 때 가족의 전반적인 기능과 복지 수준이 향상된다. 경제적 문제를 해결함으로써 생계가 안정되면 가족 구성원 간의 갈등이나 심리적 부담도 줄어들 수 있다. 이는 단순히 경제적 안정만을 추구하는 것이 아니라, 가족 내 정서적 유대와 관계 회복까지도 지원하는 통합적 접근의 장점을 보여 준다.

가족복지에서 정책적 접근과 직접적 접근은 상호 보완적 관계에 있으며, 통합적으로 사용될 때 가장 큰 효과를 발휘한다. 정책적 접근은 가족이 경제적으로 안정된 환경에서 생활할 수 있도록 지원하고, 직접적 접근은 가족 구성원 간 정서적 안정과 상호작용 개선을 통해 내부적 기능을 강화한다. 이러한 통합적 접근은 가족이 경제적 · 심리적 문제를 모두 해결하고, 건강한 사회적 단위로서 기능할 수 있도록 돕는다. 결과적으로 가족의 복지가 증진되고, 사회 전체의 안정과 발전에도 긍정적인 영향을 미치게 된다. 따라서 가족복지에서 정책적 지원과 직접적 개입을 함께 활용하는 것은 매우 중요한 전략으로 자리 잡고 있다.

4. 가족복지서비스 실천 관점

가족복지서비스를 계획하고 실천하기 위해 사회복지사들이 가져야 할 관점은 매우 다양하다. 최근에는 가족의 복잡한 구조적 문제를 보다 깊이 이해하고, 효과적인 개입과 지원을 가능하게 하기 위한 세 가지 주요 관점, 즉 강점관점, 성인지적 관점 그리고 가족생활주기이론이 가족복지에서 주목받고 있다. 이들 관점은 가족의 다양성과 변화하는 요구에 부합하는 복지서비스를 제공하는 데 중요한 역할을 한다.

강점관점은 가족복지실천에서 매우 중요한 이론적 틀로 자리 잡고 있으며, 가족의 문제를 해결하기 위해 그들이 가진 자원과 잠재력을 최대한 활용하는 것을 강조한다. 이 관점은 가족의 결점이나 약점을 중심으로 접근하는 것이 아니라, 가족 구성원들의 강점을 발굴하고 이를 통해 문제를 해결할 수 있도록 지원한다(Saleebey, 2012). 강점관점은 특히 위기 상황에 있는 가족에게 효과적이다. 사회복지사는 가족이 직면한 어려움 속에서도 활용 가능한 자원을 찾아내고, 가족 스스로 문제를 해결할 수 있도록 지원한다. 예를 들어, 경제적 어려움을 겪고 있는 가족이 그들이 가진 사회적 네트워크나 기술적 자원을 활용할 수 있도록 돕는 것이 그 예다. 이 관점은 가족 구성원들이 스스로 문제 해결 능력을 개발하게 하여, 가족 전체의 복지 향상에 기여한다(McCashen, 2005).

성인지적 관점은 가족 내 성별 불평등을 해결하고 성평등을 촉진하는 데 중점을 둔다. 전통적인 성역할 고정관념에서 벗어나, 가족 내에서 남성과 여성이 동등한 책임과 역할을 수행할 수 있도록 돕는 것이 이 관점의 핵심이다(Connell, 1987). 성인지적 관점은 가족 내의 불평등한 권력 관계를 분석하고, 이를 해결하기 위한 다양한 방법을 제시한다. 예를 들어, 가사노동과 양육에 대한 남성의 책임을 강조하며, 여성에게 부과된 전통적인 가사노동 부담을 분산시키는 프로그램들이 이에 해당된다. 이는 가족 내 성평등을 촉진함으로써 가족 구성원들의 만족도와 안정성을 높이는 데 기여할 수 있다. 또한 성인지적 관점은 가정 내 폭력 문제나 성차별적 요소를 해결하는 데도 중요한 역할을 하며, 가족복지실천에서 필수적인 관점으로 자리 잡고 있다(Connell, 1987).

가족생활주기이론은 가족 구성원의 삶의 발달 단계에 따른 변화를 중심으로 가족의 구조와 기능을 분석하는 관점이다. 이 이론에 따르면 가족은 각 생애 단계마다 다양한 도전과 과제를 경험하며, 각 단계에서 가족이 직면하는 문제를 해결하기 위한 개입이 필요하다(Erikson, 1950). 예를 들어, 자녀가 청소년기에서 성인기로 넘어가는 과정에서 발생하는 갈등은 가족 내에서 중요한 도전 과제가 될 수 있다. 이 시기에 부모와 자녀는 서로의 역할을 재조정할 필요가 있으며, 사회복지사는 이러한 변화 과정에서 가족 구성원들이 적절한 지원을 받을 수 있도록 돕는다. 또한 중년 부부가 자녀가 떠난 후 '빈 둥지' 시기를 경험하면서 겪는 심리적·정서적 변화를 다루는 것 역시 가족생활주기이론에서 중요한 주제다(Levinson, 1978).

강점관점, 성인지적 관점, 가족생활주기이론은 각각 가족의 복지와 안정성을 증진시키는 데 필수적인 이론적 틀을 제공한다. 강점관점은 가족 구성원의 자원을 활용하여 문제를 해결하고 자립적인 복지 상태로 나아가게 하며, 성인지적 관점은 가족 내 성평등을 촉진하고 불평등을 해소하는 역할을 한다. 가족생활주기이론은 가족이 각 발달 단계에서 겪는 변화와 도전에 맞춘 지원을 제공함으로써 가족의 전체적 안정성을 유지하는 데 기여한다. 이러한 관점들은 가족복지실천에 있어 사회복지사가 더욱 효과적인 개입을 할 수 있도록 돕는 중요한 기반이 된다.

1) 강점관점

강점관점(strengths perspective)은 문제 중심적 접근에서 자원 중심적 접근으로의 전환이다. 이는 인간의 존엄성과 사회 정의를 실천하는 사회복지의 기본 가치를 반영하며, 클라이언트의 삶을 긍정적인 방향으로 변화시키는 데 중요한 기여를 한다(Kaplan & Girard, 1994). 특히 가족복지실천에서 강점관점은 다양한 가족 유형의 문제를 그들의 강점을 기반으로 해결하는 데 중점을 두는 중요한 역할을 하고 있다.

강점관점은 다음과 같은 가정과 원칙을 바탕으로 한다. 첫째, 모든 개인, 집단, 가족, 지역사회는 각기 고유한 강점과 자원을 보유하고 있으며, 이러한 자원들은 문제 해결의 핵심 요소가 될 수 있다. 이는 문제 해결을 위한 내적 자원을 활용할 수 있도록 돕는 사회복지실천의 중요한 출발점이다(Saleebey, 2019). 둘째, 외상, 학대, 질병과 같은 부정적인 경험은 상처로 남을 수 있지만, 동시에 도전과 기회의 근원이 될 수 있다(윤민화 외, 2014). 즉, 이러한 경험들을 통해 클라이언트는 새로운 가능성과 자원을 발견할 수 있다. 셋째, 개인과 집단의 성장과 변화 가능성은 무한하며, 사회복지사는 클라이언트가 스스로 변화할 수 있는 능력이 있다는 믿음을 바탕으로 접근해야 한다(민소영, 2012). 넷째, 클라이언트와의 협력 과정은 문제 해결을 더욱 효과적으로 이루게 하며, 상호적이고 참여적인 협력 관계를 통해 실천이 이루어진다. 마지막으로, 모든 환경에는 자원이 존재하며, 사회복지사는 클라이언트가 이러한 자원을 활용할 수 있도록 돕는 것이 중요한 과업이다(Saleebey, 2012).

병리적 접근이 문제의 원인과 해결책에 집중하는 반면, 강점관점은 클라이언트의 자원과 관계망을 활용하여 문제를 재해석하고 해결하는 데 중점을 둔다(민소영, 2008). 문제를 단순히 부정적인 것으로 보는 것이 아니라, 그 문제 속에서 성장과 변화의 기회를 발견하려는 태도를 강조한다. 예를 들어, 가족 내 갈등이 발생하였을 때 병리적 접근은 문제의 원인을 가족 구성원의 결함이나 상호작용 실패로 간주할 수 있지만, 강점관점은 갈등 속에서도 가족이 가진 자원과 강점을 발견하고 이를 통해 갈등을 해결할 기회를 모색한다(Saleebey, 2012). 현대 사회에서 가족복지는 다양한 가족 유형의 복잡한 문제와 욕구를 다루고 있으며, 강점관점은 이러한 문제를 해결하는 데 중요한 패러다임으로 자리 잡고 있다. 과거 문제 중심적 접근은 비정형 가족을 결손 상태로 간주하고 문제 해결에 집중하였다. 그러나 강점관점은 이러한 문제 중심적 시각에서 벗어나, 다양한 가족 유형의 강점과 자원을 발굴하여 문제 해결에 중점을 둔다(손병덕 외, 2006). 예를 들어, 한부모가족은 경제적 어려움과 사회적 편견에 직면할 수 있지만, 강한 자립 의지와 사회적 네트워크를 활용하여 문제를 극복할 수 있다. 재혼가족은 복잡한 가족 관계 속에서도 유연하게 상호작용할 수 있는 강점을 가지고 있으며, 이를 통해 가족 내 갈등을 해결할 능력을 키울 수 있다. 이처럼 강점관점은 클라이언트가 스스로 문제 해결 능력을 개발하여 삶의 질을 향상시키는 데 기여한다.

이는 단순히 문제를 해결하는 것을 넘어, 클라이언트의 자원과 강점을 발굴하고 활용하는 방식으로 가족복지실천에서 큰 효과를 발휘한다. 현대 사회에서 다양한 가족 유형의 증가와 함께 강점관점은 이들 가족의 강점을 인정하고 이를 바탕으로 문제를 해결하는 데 중요한 역할을 하며, 가족이 자립하고 변화하며 사회적 기능을 보다 건강하게 수행할 수 있도록 돕는 중요한 도구가 된다.

2) 성인지적 관점

성인지적 관점(gender-sensitive perspective)은 성역할에 따른 불평등과 그 영향에 대한 인식과 태도를 강조하는 중요한 가족복지의 시각이다. 이는 전통적인 가족 내 성역할이 어떻게 가족 구성원들에게 영향을 미치는지 분석하는 데 중점을 두며, 특히 남성과 여성 간의 불평등한 역할 분담이 가족의 건강한 기능과 개개인의 발달에 미치는 부정적인 영향을 탐구하는 데 중요한 도구로 활용된다(Gunn et al., 2015). 성인지적 관점은 성차별적 구조와 그로 인한 가족 구성원들의 삶에 미치는 영향을 민감하게 다루고, 그에 따른 실질적인 변화를 도모하기 위한 가족복지실천의 철학적 기반이 된다.

가족 내에서 성역할은 오랫동안 전통적인 방식으로 고착화되어 왔으며, 특히 여성의 역할은 재생산 기능을 중심으로 제한되어 왔다. 여성주의 시각은 기존 가족복지정책이 이러한 성역할의 한계를 강화하고 있다는 점에서 비판적 입장을 취한다. 기혼여성들이 남성으로부터 재정적 지원을 받는다는 전제는 여성의 경제적 독립성을 제약하며, 자녀 양육과 보호에 대한 전적인 책임을 여성에게 부과하는 문제를 야기한다(유영주 외, 2012). 이는 여성들이 가족 내에서 불평등한 위치에 놓이게 하며, 그들의 사회적 역할을 확장하는 데 방해가 된다. 특히 이러한 불평등은 가정 내에서만 발생하는 것이 아니라 사회 전반에 걸친 구조적 문제로 인식되어야 한다는 점에서 여성주의의 중요한 비판 지점을 제공한다.

성인지적 관점에서 보면, 가족 내에서의 불평등은 성별에 따른 역할 분담과 밀접한 연관이 있으며, 이를 해결하기 위해서는 기존의 성차별적 구조를 재평가할 필요가 있다(김예랑, 2020). 여성의 역할을 가정 내에서만 제한하는 기존 정책은 여성의 권리와 자율성을 침해하며, 동시에 남성에게는 돌봄과 가정 내 노동의 책임을 회피하도록 만든다. 따라서 성역할의 불균형은 남성과 여성 모두에게 부정적인 영향을 미치며, 이는 가족 내 갈등과 심리적 불안정성을 초래할 수 있다.

코넬(Connell, 1987)은 성인지적 관점이 사회복지실천에서 중요한 이유를 '환경 속의 개인(person-in-environment)'이라는 통합적 사고와 연결 지었다. 이 개념은 개인과 환경의 상호작용을 분석하며, 이는 곧 성별에 따른 불평등이 단지 개인의 문제로만 국한되지 않고 사회 구조적 문제와 연관되어 있음을 보여 준다(손미정, 2014). 즉, 성별 불평등은 개인의 문제로 해결될 수 없으며, 이는 가족 내에서 발생하는 갈등뿐만 아니라 사회 전반에 걸친 성차별적 구조와도 연관되어 있다. 따라서 성인지적 관점에서 가족복지실천은 단순히 개인에게 맞춘 개입이 아니라, 성별에 따라 다르게 경험되는 문제를 인식하고 이를 해결하기 위한 다층적인 접근이 필요하다. 특히 남성과 여성의 발달 과정과 생활 경험이 다르다는 사실에 기초하여 성인지적 실천적 개입이 이루어져야 한다.

성인지적 관점에서는 남성과 여성이 가정 내에서 동등한 역할을 수행할 수 있도록 돕는 사회적 제도가 필수적이다(송인자, 2003). 이러한 제도를 통해 성차별적 역할 분담이 가정 내에서 개선되고, 가족 구성원 간의 상호작용을 보다 평등한 방향으로 변화시킬 수 있다. 성인지적 관점에서 바라본 가족복지정책은 성평등을 핵심 목표로 삼아야 하며, 이는 가족 내 불평등 문제를 해결하는 중요한 도구로 활용될 수 있다. 코넬(2020)은 가족복지정책이 성별을 중심에 두고 설계되고 수행되어야 한다고 강조하였으며, 이는 특히 여성의 경제적 자립과 남성의 돌봄 노동 참여를 제도적으로 보장하는 것이 필요함을 지적하였다. 남성의 돌봄 노동 참여를 제도화하는 것은 여성에게 부과된 양육과 돌봄의 책임을 분담할 수 있게 하며, 동시에 남성도 가족 내에서 보다 적극적인 역할을 수행할 수 있도록 돕는다. 이러한 성평등 중심의 가족복지정책은 출산율 감소, 이혼율 증가, 그리고 가족 내 돌봄의 공백 등 현대 가족이 직면한 다양한 문제를 해결하는 데 기여할 수 있다. 특히 여성의 사회적 역할과 지위가 향상됨에 따라, 가족 내에서 남성과 여성이 동등한 기회를 갖고, 책임을 분담할 수 있도록 돕는 정책적 변화가 필요하다. 이는 가족복지실천에서 성평등을 촉진하는 핵심 요소로 작용하며, 궁극적으로 가족 구성원의 삶의 질을 향상시키는 데 기여할 수 있다.

성인지적 관점은 가족 내 불평등을 해결하고, 성역할에 따른 구조적 문제를 분석하는 데 중요한 도구다. 이를 통해 남성과 여성이 가정 내에서 평등하게 역할을 분담하고, 가족 내 갈등을 예방하며, 사회적 불평등 문제를 해결할 수 있다. 성인지적 관점을 기반으로 한 가족복지정책과 실천은 가족 구성원 모두의 복지를 증진시키고, 사회 전체의 성평등을 촉진하는 데 중요한 역할을 할 것이다.

3) 가족생활주기이론

가족생활주기이론(family life cycle theory)은 인간의 생애주기와 마찬가지로 가족 역시 출발과 종료를 거치는 일련의 발달적 단계를 경험하며 다양한 변화를 겪는다는 것을 강조하는 이론적 틀이다. 이 이론은 가족이 형성되는 시점부터 구성원들의 생애가 끝날 때까지 여러 발달단계와 과업을 거치며 그 속에서 변화하고 성장하는 과정을 설명한다(김인규, 2009). 가족생활주기이론은 이러한 가족의 변화를 통해 가족이 직면하는 고유한 과업과 도전들을 이해하는 데 중요한 이론적 근거를 제공하며, 이를 통해 가족복지실천에 효과적인 개입을 설계하고 수행할 수 있도록 한다.

카터와 맥골드릭(Carter, 1980)은 가족생활주기를 여섯 가지 주요 단계로 구분하며 각 단계에서 수행해야 할 발달적 과업을 제시하였다. 첫 번째 단계는 '결혼 전기'로, 자립을 추구하는 청년이 원가족으로부터 경제적 및 정서적으로 독립하며 자아정체성을 확립하는 과정이다. 이 과정에서 청년은 새로운 사회적 관계를 형성하고 독립적인 삶의 토대를 마련하게 된다. 두 번째 단계는 '결혼 적응기'로, 결혼한 부부가 가정을 새로 구성하고 서로의 역할을 재정의하며, 정서적 · 경제적 균형을 맞추어 가는 시기다. 부부간의 상호 관계를 안정시키는 것은 이후의 가족 발달 과정에서 긍정적인 영향을 미치게 된다.

세 번째 단계는 '자녀 아동기'로, 자녀 출생과 함께 부모는 자녀의 양육과 발달을 책임지게 되며, 가족의 일상생활이 자녀 중심으로 재편성된다. 이 시기에는 부모로서의 역할 정립뿐만 아니라 부부간의 관계 유지 또한 중요한 과제가 된다. 네 번째 단계는 '자녀 청소년기'로, 자녀들이 청소년기를 거치며 자율성과 독립성을 추구하는 시기다. 이 단계에서 부모와 자녀 간에는 갈등이 발생할 수 있으며, 부모는 자녀의 자율성을 존중하면서도 적절한 지도를 제공해야 한다.

다섯 번째 단계는 '자녀 독립기'로, 자녀들이 가정을 떠나 독립하게 되면서 중년기의 부모는 변화된 가족 구조 속에서 부부 관계를 재정립하고 자신들의 삶을 재평가하게 된다. 이 시기는 부부가 자녀 양육의 종료와 함께 직면하게 되는 심리적 도전과 더불어 중년기의 다양한 개인적 과업을 포함한다. 마지막으로 여섯 번째 단계는 '노년기'로, 부부가 은퇴와 노화에 적응하며 자신의 삶을 돌아보고 자녀나 손주와의 관계를 유지하고 발전시키는 시기다.

가족생활주기이론은 가족복지실천에서 다양한 유용성을 제공한다. 첫째, 이 이론은 가족이 각 발달 단계에서 직면하게 되는 과업과 긴장을 예측하고 분석할 수 있는 틀을 제공함으로써 가족문제를 보다 체계적으로 이해하고 해결 방안을 마련하는 데 도움을 준다(Carter, 1980). 둘째, 가족생활주기이론은 가족복지실천에서 구체적인 개입의 근거를 제공한다(김민녀, 채규만, 2006). 각 가족이 속한 발달 단계에 따라 개별적인 욕구와 문제를 이해하고 그에 맞춘 맞춤형 서비스를 제공함으로써 실질적인 개입을 가능하게 한다.

그러나 가족생활주기이론에는 몇 가지 한계가 존재한다. 첫째, 이 이론은 주로 전통적인 핵가족 구조에 기초하고 있어 비혼가구, 재혼가족 등 다양한 현대의 가족 형태와 그들이 직면한 특수한 과업을 충분히 반영하지 못할 수 있다(Smith & Hamon, 2021). 둘째, 가족 구성원의 신체적 · 정서적 · 경제적 차이를 고려하지 않는다(김예랑, 2020)는 점에서 다양한 가족 구성원이 겪는 경험의 차이를 설명하는 데 한계가 있을 수 있다. 따라서 이 이론은 현대 사회의 다양한 가족 형태와 개별적인 특성을 보다 포괄적으로 반영하는 방향으로 수정되고 발전되어야 한다.

가족생활주기이론은 가족복지실천에 있어 가족의 발달적 특성과 그에 따른 문제를 이해하고 분석하는 데 매우 중요한 이론적 틀을 제공한다. 이 이론을 통해 가족은 각 발달 단계에서 발생할 수 있는 도전과 과업을 예측하고 이에 대한 대처 방안을 마련할 수 있게 되며, 이는 가족의 안정성과 발전에 기여한다. 앞으로 이 이론이 더욱 다양한 가족 형태와 개별적 특성을 반영하는 방향으로 발전한다면, 가족복지실천에서 보다 효과적이고 포괄적인 개입을 가능하게 하여 가족의 복지 증진에 더 큰 기여를 할 수 있을 것이다.

참고문헌

강동수(2024). 인구변화의 구조적 위험과 대응전략. 경제인문사회연구회.

강동훈(2022). 일상생활 수행능력의 제한이 노인의 우울에 미치는 영향: 가족 도움과 요양보호사 도움의 조절효과를 중심으로. 한국콘텐츠학회 논문지, 22(1), 545-556.

권신영, 공정원, 김미영, 방미나(2023). 가족복지론. 어가.

기쁘다(2018). 부모의 가족 상호작용과 양육효능감, 아동 문제 행동과 행복 간 관계에 대한 종단연구. 열린부모교육연구, 10(1), 67-94.

기쁘다, 성미애(2022). 세대별 성인자녀의 부모와의 관계인식에 영향을 미치는 변인 고찰: 가족 가치, 경제적 교류 및 주관적 계층인식을 중심으로. 가정과삶의질연구, 40(4), 73-86.

김민녀, 채규만(2006). 가족생활주기에 따른 기혼자의 결혼만족도. 한국심리학회지: 건강, 11(4), 655-671.

김성은(2014). 한말 일제시기 엘라수 와그너(Ellasue C. Wagner)의 한국여성교육과 사회복지사업. 한국기독교와 역사, 41, 115-152.

김예랑(2020). 아버지-자녀 프로그램의 현황 분석과 개선 방안 연구: 가족생활주기와 성인지 관점을 바탕으로. 인문사회 21, 11(4), 1649-1664.

김은정(2024). 가족 기능, 가족 내 성역할 가치관 및 성평등 정도에 대한 인식. 가족과 문화, 36(2), 199-227.

김포여성의전화(2025). 가정폭력피해자 쉼터. http://www.kpwhl.or.kr/index.php?mid=page_hGah69

김형주(2024). 청년의 결혼 및 출산 인식과 세대지향적 저출생 정책지원망 구축 연구. 한국청소년정책

연구원.

남순현(2004). 가족 내 세대갈등과 통합. 한국심리학회지: 문화 및 사회문제, 10(2), 1-15.

민소영(2008). 강점관점 반영 사례관리 훈련프로그램의 개발 및 효과성 연구. 한국사회복지행정학, 10(1), 39-65.

민소영(2012). 사회복지사가 경험한 강점관점 사례관리 실천: 영유아 빈곤가정을 대상으로. 사회복지연구, 43(1), 275-304.

박명숙(2003). 아동의 보호받을 권리의 측면에서 고찰한 현행 아동학대서비스에 대한 검토. 아동과 권리, 7(3), 503-526.

박병현, 박선희, 서보경(2010). 미국의 저소득층을 위한 주거보조제도와 가족자활프로그램 분석: 우리나라 주거복지정책에 대한 시사점을 중심으로. 사회복지정책, 37(4), 97-124.

박승민, 신선임, 오승재, 노종, 변복수(2023). 가족형태에 따른 청소년의 가정생활 적응과 학교생활 적응에 대한 연구. 인문사회 21, 14(3), 2705-2720.

박영준, 송인욱(2008). 노인 부양가족의 가족갈등, 부양부담 및 사회적 지지간의 인과관계 연구. 노인복지연구, 39, 53-78.

박용수(2007). 1990년대 이후 잔여적 한국복지국가 발달의 주요 배경. 국제정치논총, 47(2), 97-122

박희숙(2024). 가족복지론. 공동체.

배경임(2024). 다문화 상담연구 동향에 대한 종단적 접근 분석. 차세대융합기술학회논문지, 8(9), 1959-1972.

서경주, 박수경, 이정하(2022). 혼자가 된 성인 지적장애인의 자립생활 생존 경험과 지원에 관한 사례연구—남성 지적장애인을 중심으로. 지적장애연구, 24(4), 95-127.

손미정(2014). 성인지적 관점에서 본 모성보호의 사회법적 한계. 법학연구, 54, 309-326.

손병덕(2020). 사회복지정책론. 학지사.

손병덕, 황혜원, 전미애(2006). 가족복지론. 학지사.

송인자(2003). 성인지적 관점과(gender perspective) 교육복지(education welfare) 제도화. 교육학연구, 41(4), 365-388.

송지희, 송경재(2024). 20～30대 미혼여성의 결혼관에 대한 현상학적 연구. 상담심리교육복지, 11(4), 9-27.

송진숙(2020). 가족여가활동의 부모-자녀간 의사소통 및 갈등해결전략과의 관계 연구. 호텔리조트연구, 19(1), 327-343.

송효진(2021). 개인화 시대, 미래 가족 변화에 대응하는 포용적 법제 구축 방안. 경제인문사회연구회.

양난주(2015). 사회복지관의 역할 정체성을 찾아서: 제도적 맥락에서 본 정체성 확립의 방향. 사회복지정책, 42(2), 245-270.

양혜원(2017). 기독교사회복지실천 경험에 관한 질적 사례연구—태화기독교사회복지관 사례를 중심으로-. 신앙과 학문, 22(3), 141-189.

여성가족부(2024). 여성 · 가족 · 청소년 · 권익시설정보. https://www.mogef.go.kr/inc/fs_fsc_s003.do?mid=fsc300

여성가족부(2025). 여성긴급전화 1366. http://www.kpwhl.or.kr/index.php?mid=page_hGah69

유영주, 배재덕, 김덕주, 이순자, 김한덕, 유금순, 배진서, 강해자, 정정애, 이경옥(2012). 가족복지론. 대왕사.

윤민화, 이민영, 노혜련(2014). 강점관점 사례관리에서 지역복지 네트워크 실천과정 연구. 한국지역사회복지학, 50, 203-239.

음선필(2021). 건강가정기본법 개정안에 대한 입법평가. 홍익법학, 22(2), 1-26.

이명아, 이연숙, 박재현, 전은정(2018). 다양한 취약계층을 위한 일본 서비스 지원주택의 특성 연구. 한국주거학회논문집, 29(3), 81-94.

이영실, 고은주, 김현기, 노론산, 신선애, 이덕희, 이찬영, 홍성희(2024). 가족복지론. 창지사.

이윤정, 박수선, 이무영, 강기정(2023). 가족복지론. 공동체.

이진(2023). 가족서비스 전달 체계 개선방안에 관한 연구-전달 체계 조직의 기반 · 구성 · 운영 관점에서-. 한국지방자치학회보, 35(4), 75-103.

이진숙, 안은숙(2006). 가족복지정책의 발전과정 속에 나타난 쟁점들과 대응. 사회복지연구, 30, 5-38.

장덕희, 장경아(2009). 이혼가족자녀의 학교적응에 가족보호요인이 미치는 영향. 한국가족복지학, 14(4), 5-24.

장주영, 김희주(2024). 이주민 가족의 사회통합을 위한 법제도 검토: 영유아 보육 및 장애인, 한부모가족 지원을 중심으로. 보건사회연구, 44(2), 67-84.

장희숙, 조현각(2013). 가정폭력 가해자 개입프로그램의 운영 현황과 과제. 교정담론, 7(1), 191-214.

정도희(2018). 피해자 보호의 관점에서 본 가정폭력 대응과 경찰개입. 홍익법학, 19(1), 311-335.

조희금, 박미석(2004). 건강가정기본법의 이념과 체계. 가정과삶의질연구, 22(5), 331-344.

차수정, 최준섭(2024). 부모 갈등으로 힘들어하는 사춘기 초등학생을 위한 현실치료 상담 사례연구. 초등상담연구, 23(3), 491-514.

천연미(2023). 부부갈등과 아동 정서문제의 관계에서 아동 수면시간의 역할-가족통합성의 조절된 매개효과 분석. 한국가족복지학, 28(4), 671.

최경석, 김양희, 김성천, 김진희, 박정윤, 윤정향(2003). 한국 가족복지의 이해. 인간과 복지.

최슬기(2023). 저출산 심층원인 및 대책 연구. 보건복지부.

최영준, 손병덕, 이삼식, 최효진, 임완섭, 김보영, 김형모, 한동운, 배화옥, 조소영, 정기혜, 김용하, 이지현(2012). 주요국의 사회보장제도: 영국. 보건사회연구원.

최희경, 이인숙(2005). 비정형가족의 특성과 가족복지에의 함의: 강점관점을 중심으로. 한국가족복지학회, 15, 245-283.

한국여성인권진흥원(2025). 가정폭력상담소란? https://www.stop.or.kr/home/kor/M642587046/contents.do

한지수, 오서현, 최연실(2022). 부부 · 가족치료에서의 공통요인(common factors)에 대한 연구 동향 분석—한국과 미국의 가족치료 관련 학술지를 중심으로—. **가족과 가족치료**, 30(1), 119-150.

Adler, M. A., & Lenz, K. (Eds.). (2023). *The changing faces of families: Diverse family forms in various policy contexts*. Routledge.

Beck, U., & Beck-Gernsheim, E. (2015). *The normal chaos of love*. Polity Press.

Berglund, A., & Lindmark, G. (2016). Preconception health and care (PHC): A strategy for improved maternal and child health. *Upsala Journal of Medical Sciences, 121*(4), 216-221. https://doi.org/10.1080/03009734.2016.1191564

Bezeczky, Z., El-Banna, A., Petrou, S., Kemp, A., Scourfield, J., Forrester, D., & Nurmatov, U. B. (2020). Intensive family preservation services to prevent out-of-home placement of children: A systematic review and meta-analysis. *Child Abuse & Neglect, 102*. https://doi.org/10.1016/j.chiabu.2020.104394

Bormet, M., Kishoyian, J., Siame, Y., Ngalande, N., Jr., Erb, K., Parker, K., Huber, D., & Hardee, K. F. (2021). Faith-based advocacy for family planning works: Evidence from Kenya and Zambia. *Global Health: Science and Practice, 9*(2), 254-263. https://doi.org/10.9745/GHSP-D-20-00641

Bowen, M. (1993). *Family therapy in clinical practice*. Jason Aronson.

Bradley, R. H., & Corwyn, R. F. (2002). Socioeconomic status and child development. *Annual Review of Psychology, 53*(1), 371-399.

Bronfenbrenner, U. (1981). *The ecology of human development: Experiments by nature and design*. Harvard University Press.

Carter, E. A (1980). *The family life cycle: A framework for family therapy*. Gardner Press.

Claussen, A. H., Holbrook, J. R., Hutchins, H. J., Robinson, L. R., Bloomfield, J., Meng, L., Bitsko, R. H., O'Masta, B., Cerles, A., Maher, B., Rush, M., & Kaminski, J. W. (2024). All in the family? A systematic review and meta-analysis of parenting and family environment as risk factors for attention-deficit/hyperactivity disorder (ADHD) in children. *Prevention Science, 25*(Suppl 2), 249-271. https://doi.org/10.1007/s11121-022-01358-4

Collins, D., Jordan, C., & Coleman, H.. Cory, D. (2023). *An introduction to family social work* (5th ed.). Oxford University Press.

Committee on Family Caregiving for Older Adults, Board on Health Care Services, Health and Medicine Division, National Academies of Sciences, Engineering, and Medicine. (2016).

Schulz, R., & Eden, J. (Eds.). *Families caring for an aging America.* National Academies Press. https://www.ncbi.nlm.nih.gov/books/NBK396398/

Connell, R. W. (1987). *Gender and power: Society, the person, and sexual politics.* Stanford University Press.

Erikson, E. H. (1950). *Childhood and society.* W W Norton.

Feldman, L., & Scherz, M. (1967). *Family social work; Helping Troubled Families.* Atherton Press.

Ford, N., Newman, M., Malumo, S., Chitembo, L., & Gaffield, M. E. (2021). Integrating sexual and reproductive health services within HIV services: WHO guidance. *Frontiers in Global Women's Health, 2.* https://doi.org/10.3389/fgwh.2021.735281

Gunn, W. B., Jr., Haley, J., Prouty, A. M., & Robertson, J. (2015). Systemic approaches: Family therapy. In H. T. Prout & A. L. Fedewa (Eds.), *Counseling and psychotherapy with children and adolescents: Theory and practice for school and clinical settings* (5th ed., pp. 317-355). John Wiley & Sons Inc.

Horwitz, B. N., Neiderhiser, J. M., Ganiban, J. M., Spotts, E. L., Lichtenstein, P., & Reiss, D. (2010). Genetic and environmental influences on global family conflict. *Journal of Family Psychology, 24*(2), 217-220. https://doi.org/10.1037/a0019064

Hothersall, S. J., Connolly, P., & Walker, P. (2020). *Children and their families.* Routledge.

Kamerman, S. B., & Kahn, A. J. (1998). *Family change and family policies in Great Britain, Canada, New Zealand, and the United States* (Family Change and Family Policy in the West). Clarendon Press.

Kaplan, L., & Girard, J. L. (1994). *Strengthening high-risk families: A handbook for practitioners.* Jossey-Bass.

Kendall, D. (1999). *Sociology in our times: The essentials.* Wadsworth Pub Co.

Levinson, D. J. (1978). *Seasons of a man's life.* New York: Random House.

Marshall, N. E., Abrams, B., Barbour, L. A., Catalano, P., Christian, P., Friedman, J. E., Hay, W. W. Jr., Hernandez, T. L., Krebs, N. F., Oken, E., Purnell, J. Q., Roberts, J. M., Soltani, H., Wallace, J., & Thornburg, K. L. (2022). The importance of nutrition in pregnancy and lactation: Lifelong consequences. *American Journal of Obstetrics and Gynecology, 226*(5), 607-632. https://doi.org/10.1016/j.ajog.2021.12.035

McCashen, W. (2005). *The strengths approach: A strengths-based resource for sharing power and creating change.* St Luke's Innovative Resources.

Minuchin, S. (1974). *Families and family therapy.* Harvard University Press.

NASW. (2024). NASW standards for social work practice with family caregivers of older adults. https://www.socialworkers.org/Practice/NASW-Practice-Standards-Guidelines/NASW-

Standards-for-Social-Work-Practice-with-Family-Caregivers-of-Older-Adults

Reinhard, S. C., Given, B., Petlick, N. H., & Bemis, A. (2008). Supporting family caregivers in providing care. In R. G. Hughes (Ed.), Patient safety and quality: An evidence-based handbook for nurses. *Agency for Healthcare Research and Quality*. Chapter 14. PMID: 21328765.

Riesch, S. K., Brown, R. L., Anderson, L. S., Wang, K., Canty-Mitchell, J., & Johnson, D. L. (2012). Strengthening families program (10-14): Effects on the family environment. *Western Journal of Nursing Research, 34*(3), 340-376. https://doi.org/10.1177/0193945911399108

Saleebey, D. (2012). *Strengths perspective in social work practice* (6th ed.). Pearson.

Smith, S. R., & Hamon, R. R. (2021). *Exploring family theories* (5th ed.). Oxford University Press.

Sousa-Meixell, L., Kim, S. H., & Silmere, H. (2022). An exploration of human rights and social work education in the United States. *Journal of Human Rights and Social Work,* 7(2), 189-201. https://doi: 10.1007/s41134-021-00178-w.

Spray, C., & Jowett, B. (2011). *Social work practice with children and families.* SAGE Publications Ltd.

Sprenkle, D. H., Davis, S. D., & Lebow, J. L. (2013). *Common factors in couple and family therapy: The overlooked foundation for effective practice.* The Guilford Press.

Walsh, F. (2003). *Family resilience: A framework for clinical practice. Family Process, 42*(1), 1-18. https://10.1111/j.1545-5300.2003.00001.x.

제3장

복지국가의 가족복지정책 지위와 역할

학습 목표

1. 복지국가의 개념과 『베버리지 보고서』가 복지국가의 발전에 미친 영향을 설명할 수 있다.
2. 복지국가의 기본 이념과 국가의 사회보장제도 도입 배경, 그리고 사회적 문제 해결을 위한 국가 역할을 이해한다.
3. 가족복지정책의 개념과 역할을 이해하고, 가족복지정책이 복지국가의 사회복지정책과 어떻게 연계되는지 설명할 수 있다.
4. 가족복지정책의 중요성과 가족 구성원의 다양성 및 변화에 대응하는 정책 방향을 분석할 수 있다.
5. 주요 가족복지정책의 현황과 발전 방향을 이해하며, 각 정책이 가족과 사회 통합에 기여하는 바를 설명할 수 있다.

1. 복지국가와 가족복지정책

1) 복지국가

윌리엄 베버리지(William Beveridge, 1879~1963)는 복지국가 개념의 주요 주창자로 널리 알려져 있으며, 현대 복지국가의 기틀을 마련한 인물로 평가받는다(김진수 외, 2010). 그는 영국의 사회보장제도 확립을 위해 국가정책 개발 프로젝트를 수행하며 복지국가의 토대를 구축하는 데 중요한 역할을 담당하였다. 그의 대표적인 업적인 『베버리지 보고서(Social Insurance and Allied

Services)』는 1942년에 발표된 중요한 문서로, 제2차 세계대전으로 인해 사회적 · 경제적 혼란을 겪고 있던 영국 사회를 재건하기 위한 비전을 제시하였다(Beveridge, 1942). 베버리지는 당시 영국 사회가 직면한 주요 문제들을 해결하기 위해 국가의 적극적 개입이 필요하다고 주장하였다.

베버리지는 영국 사회가 직면한 최대의 사회적 문제들을 다섯 가지 거대한 악(giant evils)으로 규정하고 이를 해결하기 위한 종합적인 방안을 제시하였다. 이 다섯 가지 악은 가난(want), 질병(disease), 무지(ignorance), 불결(squalor), 나태(idleness)다. 가난은 경제적 빈곤과 생활 수준의 저하를, 질병은 보편적인 의료 서비스 부족으로 인한 건강 문제를, 무지는 교육 기회의 부족으로 인한 문맹과 낮은 교육 수준을, 불결은 열악한 주거 환경과 위생 문제를, 나태는 실업과 고용 불안정으로 인한 사회적 비효율을 의미하였다. 이러한 문제들을 해결하기 위해 베버리지는 전 국민을 대상으로 하는 사회보장제도의 도입을 제안하였다(이인순, 2023).

『베버리지 보고서』(1942)는 복지국가의 이념을 구체화하는 혁신적인 개혁안을 제시하였다. 주요 내용으로는 국민보험제도의 도입, 보편적 의료 서비스 제공, 교육 기회 확대, 주거 개선 프로그램, 완전 고용 정책 등이 있다. 국민보험제도는 질병, 실업, 사망 등에 대비한 사회보험을 통해 개인의 경제적 안전망을 구축하는 것이었으며, 보편적 의료 서비스는 모든 국민이 의료 서비스를 무료 혹은 저렴하게 이용할 수 있도록 국가가 책임지는 체계를 제안하였다. 또한 의무교육 연장과 교육 시설 확충을 통해 교육 기회를 확대하고, 공공 주택 건설을 통한 주거 환경 개선을 목표로 하였다. 마지막으로 완전 고용 정책을 통해 나태의 문제를 극복하고 경제를 활성화하는 방안을 제시하였다. 『베버리지 보고서』는 복지국가의 이념을 구체화하여 이후 영국뿐만 아니라 전 세계 복지정책에 커다란 영향을 미쳤다(이인순, 2023). 특히 1945년 이후 영국 노동당 정부는 그의 제안을 적극적으로 수용하여 사회보장제도의 기초를 마련하였으며, 현대 복지국가 모델의 원형으로 자리 잡았다. 『베버리지 보고서』는 국가가 사회적 불평등과 빈곤 문제를 해결하기 위한 종합적인 책임을 지고, 이를 통해 복지국가의 이념을 확립하는 데 중대한 기여를 하였다(지은정, 2006). 그의 사상은 현대 사회복지정책의 근간을 이루며, 사회적 연대와 통합을 강화하는 중요한 역할을 지속하고 있다.

복지국가란 국가가 국민의 복지적 욕구를 충족시키기 위해 다양한 국가정책을 수립하고, 그 정책의 실현을 위한 서비스를 마련하며, 실제로 그 서비스를 제공하는 체계를 의미한다(최성재, 장인협, 2010). 복지국가의 핵심 원리는 욕구 충족과 평등이며, 국민의 기본적 욕구는 의식주와 같은 필수적인 사회경제적 환경을 의미한다. 이러한 욕구는 국민에게 정당하고 평등하게 배분될 수 있도록 정책적으로 보장되어야 한다(Walsh, Stephens, & Moore, 2000).

베버리지의 사회보장 이념은 현대 사회복지정책의 기조를 형성하는 데 지속적으로 영향을 미치고 있다(Titmuss, 1974). 그의 보고서는 사회보험과 보편적 복지의 중요성을 강조하며, 현대 복지국가의 이론적 기반을 제공하였다. 특히 『베버리지 보고서』는 보편적 복지 제도의 원형으로 여겨지며, 복지국가 형성에 결정적인 기여를 하였다(Esping-Andersen, 1990).

오늘날 복지국가는 글로벌화, 인구 고령화, 경제적 불평등 등 새로운 사회적 도전에 직면해 있다(구인회 외, 2010). 이러한 환경 속에서도 베버리지의 복지국가 이념은 여전히 유효하며, 사회적 안전망 강화와 평등한 기회 제공을 위한 지침으로 활용되고 있다(Atkinson, 2015). 따라서 복지국가의 지속 가능한 발전을 위해서는 베버리지의 원칙을 현대적으로 재해석하고 적용하는 노력이 필요하다. 복지국가는 국민의 기본적 욕구를 충족하고 사회적 평등을 실현하기 위한 국가의 중요한 역할을 강조하며, 베버리지의 이념과 보고서는 현대 복지국가의 형성에 큰 영향을 미쳤다. 그러나 현대 사회가 직면한 다양한 도전에 대응하기 위해 복지국가는 지속적인 발전과 혁신이 필요하며, 이를 위해서는 베버리지의 원칙을 현대적 맥락에서 재해석하고 적용하는 것이 요구된다.

2) 가족복지정책의 개념, 역할, 중요성, 발전 방향

(1) 가족복지정책의 개념과 역할

가족복지정책은 가족의 심리적·사회적·경제적 복지 실현을 위해 국가가 정책을 제도화하고 이를 실천하는 구체적인 서비스를 제공하는 과정을 의미한다(정재훈, 2021). 가족복지정책은 가족 구성원들의 삶의 질 향상과 사회 통합을 촉진하기 위한 중요한 수단으로 기능하며, 가족 내 갈등 해소, 경제적 지원, 자녀 양육 및 노인 부양 등 다양한 측면에서 가족을 지원함으로써 사회 전체의 안정과 발전에 기여한다(손병덕 외, 2006).

최근 농어촌 지역을 중심으로 국제결혼이 증가하면서 가족 구성원의 다양성에 대한 사회적 관심이 높아지고 있으며, 이로 인해 다문화가족에 대한 정책적 지원의 필요성이 증대되고 있다. 다문화가족의 증가는 가족 내 인종적·문화적 차이를 고려한 정책적 개입이 필요하다는 점을 강조하고 있다(사용진, 2025). 이에 따라 정부는 「다문화가족지원법」을 제정하고 다문화가족지원센터를 운영하는 등의 정책적 대응을 통해 다문화가족의 사회 적응과 복지 향상을 도모하고 있다(여성가족부, 2024). 이러한 정책들은 다문화가족의 사회적 통합을 촉진하고, 문화적 다양성을 존중하는 사회환경을 조성하는 데 기여하고 있다. 한편, 한부모가족에 대한 지원 역시 강화되고 있다. 「한부모가족지원법」에 근거하여 정부는 경제적 지원과 함께 자녀 양육, 주거 안정, 취업 지원 등 종합적인 서비스를 제공하고 있다(보건복지부, 2024b). 이러한 접근은 가족 형태의 다양성을 인정하고, 각 가족의 특성과 필요에 맞춘 맞춤형 지원을 통해 가족의 안정과 복지를 증진시키려는 목표를 가지고 있다(김은지, 2022).

가족은 사회의 기본 단위로서 구성원들의 삶의 질과 사회적 안녕에 직접적인 영향을 미치는 중요한 존재다. 현대 사회에서 가족의 형태와 구성원들이 다양화됨에 따라 이와 같은 변화에 대응하는 가족복지정책의 중요성은 더욱 커지고 있다. 정부는 이러한 변화에 발맞추어 다양한 가족 형태를 포용하고 지원하기 위한 정책을 적극 추진하고 있으며, 이를 통해 사회 통합과 복지 향상을 도모하고 있다. 앞으로도 다양한 가족의 요구와 필요를 충족시킬 수 있는 정책을 마련하고, 모든 가족이 평등하게 복지 혜택을 누릴 수 있는 사회를 구축하기 위한 지속적인 노력이 필요하다. 이를 통해 사회 전체의 복지 수준을 향상시키고, 가족이 안정적인 사회의 기반으로서 기능할 수 있도록 돕는 것이 매우 중요하다.

(2) 복지국가의 사회복지정책과 가족복지정책의 상관관계

복지국가는 국민의 복지 향상을 목표로 다양한 사회복지정책을 수립하고 실행하는 국가로 정의된다. 이와 같은 사회복지정책의 주요 대상 중 하나는 가족이기에 복지국가의 복지정책은 가족복지정책과 밀접한 상관관계를 맺고 있다(윤홍식, 2011). 가족은 사회의 기본 단위로서 구성원들의 삶의 질과 사회적 안녕에 큰 영향을 미치므로 가족복지정책은 복지국가 실현을 위한 핵심적인 요소로 간주된다(손병덕, 2020).

사회복지정책은 국민의 복지를 증진하기 위해 의료, 교육, 노동, 주택, 사회복지서비스 등 다양한 분야에서 이루어지며, 그 구체적인 정책 내용은 다음과 같다(손병덕, 2020).

- 의료: 국민건강보험과 의료급여를 통해 국민의 건강을 보호하고, 의료 서비스의 접근성을 높인다.
- 교육: 의무교육 및 무상교육을 통해 모든 국민이 평등한 교육 기회를 누릴 수 있도록 지원한다.
- 노동: 고용보험, 산재보험, 「근로기준법」 등을 통해 노동자의 권익을 보호하고, 안정적인 고용 환경을 조성한다.
- 주택: 공공임대주택 공급과 주거급여 등을 통해 취약계층의 주거 안정을 도모한다.
- 사회복지서비스: 보육, 모성보호, 빈곤가족 지원, 아동 · 청소년 · 장애인 · 노인 · 이민자 지원, 가정폭력 및 학대 예방과 보호 등 다양한 서비스를 제공하여 취약계층의 복지를 증진

한다.

이와 같은 사회복지정책들은 가족의 복지와 직접적으로 연관되어 있으며, 다음과 같은 사례를 통해 그 연관성을 구체적으로 확인할 수 있다(손병덕, 2020).

- 보육정책은 부모가 일과 가정의 균형을 유지할 수 있도록 지원하여 가족의 경제적 안정성을 높인다(백지희, 2024).
- 모성보호 정책은 임신과 출산을 지원함으로써 가족 구성원의 건강과 안녕을 증진한다(노호창, 2023).
- 아동 · 청소년 복지서비스는 아동의 건강한 성장과 발달을 지원하여 가족 내 아동의 복지를 도모한다(이민영 외, 2025).
- 노인복지정책은 가족의 노인 부양 부담을 경감시켜 가족 구성원 전체의 삶의 질을 향상시킨다(양정하, 황인옥, 2023).

이처럼 복지국가의 사회복지정책은 가족을 중심으로 구성되며, 이러한 가족복지정책은 복지국가의 실현을 위해 필수적인 역할을 담당하고 있다. 가족의 복지는 사회 전체의 복지와 직결되기 때문에, 가족복지정책의 중요성은 점차 더 강조되고 있다. 따라서 복지국가는 가족의 다양한 욕구와 변화에 적극적으로 대응하는 사회복지정책을 수립하고 실행함으로써 국민의 삶의 질을 향상시키고, 사회적 통합을 촉진해야 한다(윤홍식, 2020).

이와 같은 가족 중심의 사회복지정책들은 단순한 서비스 제공을 넘어서서, 가족의 안정과 사회적 기능 강화를 도모하고 있다. 나아가, 복지국가가 가족의 복지 증진을 통해 사회 전체의 통합과 지속 가능한 발전을 이룩하기 위해서는 다양한 가족 형태를 인정하고 이들의 필요에 부응하는 정책적 노력이 지속적으로 이루어져야 한다.

(3) 가족복지정책의 중요성

가족은 복지국가의 핵심적인 정책 대상이자 사회복지서비스의 주요 수혜자로서, 그 역할과 중요성은 현대 사회에서 더욱 부각되고 있다(노기현, 2024). 가족은 구성원 개개인의 심리적 · 사회적 · 경제적 보호를 위한 최소 단위로서 기능하는 동시에, 복지국가가 제공하는 다양한 사회복지서비스의 수혜 통로로서 역할을 수행한다(윤홍식, 2020). 이러한 가족의 중요성은 복지정책 발전의 핵심적인 동인이 되어 왔으며, 가족복지정책은 가족의 변화하는 역할과 형태에 대응하여 지속적으로 발전하고 있다.

전통적으로 가족은 '혈연관계를 중심으로 성인이 자녀를 돌보는 집단'으로 이해되었으나, 현대 사회에서는 그 구조와 형태가 크게 다양화되었다. 우리나라에서도 가족의 형태는 '핵가족' '1인가구' '한부모가족' '재혼가족' 등으로 다양하게 나타나고 있으며, 이와 같은 변화는 복지 수요를 다변화시키고 있다. 특히 한부모가족과 재혼가족의 증가는 전통적인 가족관계와 다른 복지적 욕구를 만들어 내고 있으며, 이에 대응하는 새로운 복지정책의 필요성이 증대되고 있다(김은지, 2022). 예를 들어, 한부모가족은 양육 부담과 경제적 어려움에 직면할 가능성이 높고, 재혼가족은 가족 구성원 간의 관계 형성과 적응을 위한 지원이 필요하다. 따라서 다양한 가족 형태에 적합한 맞춤형 복지정책이 요구되는 것이다.

현대 사회에서 가족복지정책은 다음과 같은 방향으로 발전하고 있다. 첫째, 다양한 가족 형태에 대한 인식을 제고하고 지원을 확대하는 것이 필요하다. 전통적인 가족 형태뿐만 아니라 한부모가족, 재혼가족, 다문화가족 등 다양한 가족 형태를 인정하고 이들에게 적합한 지원을 제공하는 정책이 요구된다(김은지, 2022). 이러한 포용적인 접근은 가족의 다양성을 존중하고, 모든 가족이 평등하게 복지 혜택을 받을 수 있도록 하는 데 기여할 것이다. 둘째, 일·가정 양립 지원을 강화하는 것이 중요하다. 여성의 경제활동 참여와 맞벌이 가정의 증가로 인해 일과 가정의 균형을 맞출 수 있는 정책적 지원이 절실히 필요하다. 이를 위해 육아휴직 제도의 강화, 유연근무제의 도입, 보육 서비스의 확충 등이 추진되고 있다(노호창, 2003). 이러한 정책은 부모가 가정과 직장에서의 역할을 균형 있게 수행할 수 있도록 도와서 가족의 경제적 안정과 구성원의 삶의 질 향상에 기여한다. 셋째, 취약한 가족에 대한 집중적인 지원이 필요하다. 저소득층 가족, 한부모가족, 다문화가족 등 사회적 취약성을 가진 가족에 대한 경제적 지원과 사회적 서비스 제공은 빈곤의 대물림을 방지하고 사회 통합을 도모하는 중요한 수단이 된다(김은혜 외, 2024; 심영, 2024; 사용진, 2024). 이와 같은 지원은 가족의 경제적 안정을 도모하고, 사회적 배제와 고립을 예방하는 데 필수적이다. 넷째, 가족 기능을 강화하기 위한 프로그램의 개발이 필요하다. 가족 구성원 간의 의사소통을 향상하고, 부모교육과 가족 상담을 통해 가족 내 관계를 개선하고 기능을 강화하는 프로그램이 요구된다(Minuchin, 2012). 이러한 프로그램은 가족 구성원 간의 상호작용을 촉진하고, 갈등을 해결하며, 가족의 유대감을 강화하는 데 중요한 역할을 한다.

가족은 사회의 기본 단위로서 구성원들의 삶의 질과 사회적 안녕에 직접적인 영향을 미치는 존재이다. 현대 사회에서 가족의 형태와 기능이 다양화되고 변화함에 따라, 이에 대응하는 가족복지정책의 중요성은 더욱 커지고 있다. 다양한 가족 형태를 포용하고 이들의 복지적 요구를 충족시킬 수 있는 정책적 지원을 통해, 가족의 안정과 발전을 도모하는 것이 필수적이다. 이러한 노력을 통해 사회 전체의 복지 수준을 향상시키고 지속 가능한 발전을 이루어 나갈 수 있을 것이다.

(4) 가족복지정책의 발전 방향과 과제

가족은 사회의 가장 기본적 단위로서 개인의 성장과 복지에 필수적인 역할을 담당한다(조주현, 유성진, 2024). 현대 사회의 급격한 경제 발전과 기술 혁신, 그리고 가치관의 변화는 가족 구조와 기능의 변화에 직접적인 영향을 미쳤으며, 이러한 변화는 가족복지정책의 재정립과 발전을 요구하고 있다. 이에 따라 가족의 다양성과 복잡성을 충분히 반영하고 포괄적이며 유연한 정책적 접근이 필요하다. 현대 사회에서 가족은 전통적인 핵가족 외에도 한부모가족, 다문화가족, 조손가족, 비혼가구 등 다양한 형태로 증가하고 있다. 이러한 가족의 다양화는 기존의 획일적 가족복지정책으로는 가족의 복지 욕구를 충분히 충족할 수 없음을 의미한다. 따라서 각 가족의 특성과 필요에 맞는 맞춤형 지원이 요구되며, 이들 다양한 가족 형태가 겪는 사회적 · 경제적 어려움에 대한 종합적 대책 마련이 중요하다. 예를 들어, 한부모가족은 양육과 경제적 어려움을 겪기 쉽고, 다문화가족은 문화적 적응이 필요한 특수한 지원을 요구한다(김은지, 2022). 따라서 이러한 다양성을 고려한 맞춤형 복지정책이 중요하다. 또한 저출산과 고령화 문제는 현재 우리 사회가 직면한 가장 심각한 사회적 도전 과제 중 하나다(김종태, 2025). 저출산으로 인한 합계출산율의 하락은 미래 노동력 감소와 경제 성장 둔화를 초래하고, 고령화는 노인 부양에 대한 사회적 부담을 증대시킨다. 이와 같은 인구 구조의 불균형 문제를 해결하기 위해 가족복지정책이 인구 구조 안정화와 세대 간 균형 회복에 기여해야 할 필요성이 높아지고 있다.

경제적 불평등 심화 역시 가족복지정책의 필요성을 강조하는 또 다른 요인이다. 소득 격차 확대는 가족의 경제적 안정과 복지에 부정적인 영향을 미치며, 특히 취약계층은 사회적 배제와 빈곤의 악순환에 빠질 위험이 높다. 이에 대한 대응으로 경제적 불평등 완화와 사회 통합 촉진을 위한 가족복지정책이 필수적이다.

- 다양한 가족 형태의 인정과 지원: 현대 가족복지정책의 핵심 과제는 가족의 다양성을 인정하고 지원하는 것이다(김은혜 외, 2024; 김영, 2024; 사용진, 2024). 전통적 가족 중심의 복지정책은 다양한 가족의 복지 욕구를 충분히 반영하지 못하므로, 법적 · 제도적 차원에서 모든 가족 형태를 포용하고 이들의 특성에 맞는 맞춤형 복지서비스를 제공해야 한다. 이와

같은 노력을 통해 한부모가족에 대한 경제적 지원과 자녀 양육 지원을 강화하고, 다문화 가족을 위한 언어 교육 및 문화 적응 프로그램을 제공하며, 조손가족을 위한 지원이 확대될 필요가 있다(김은지, 2022). 이러한 포용적 접근은 가족 구성원의 삶의 질을 향상시키고 사회 통합을 촉진하는 데 기여할 것이다.

- **일 · 가정 양립을 위한 제도적 보완:** 일과 가정의 양립은 현대 사회에서 중요한 과제다. 특히 여성의 경제활동 참여 증가로 인해 육아와 가사노동 부담이 커지고 있으며, 이는 출산율 저하의 주요 원인으로 작용한다. 이를 해결하기 위해 육아휴직 제도 확대와 실효성 강화, 유연근무제 도입과 활성화, 양질의 보육 서비스 확충 등이 필요하다(노호창, 2023). 남성의 육아 참여를 촉진하는 정책적 지원과 사회적 인식 개선도 중요하며, 부모 모두가 육아에 적극적으로 참여할 수 있는 환경을 조성함으로써 가족 구성원의 삶의 만족도를 높이고, 일 · 가정 양립을 실현할 수 있다(손병덕 외, 2006).
- **취약계층에 대한 집중 지원:** 저소득층, 장애인가족, 노인가족 등 취약계층은 경제적 어려움뿐만 아니라 사회적 고립과 건강 문제 등 복합적인 어려움을 겪는다(강성호, 2024; 심영, 2024; 임걸, 2024). 이에 대한 대응으로 기초생활보장제도의 내실화, 장애인가족을 위한 돌봄 지원 서비스 확대, 독거노인을 위한 사회적 지원망 구축 등이 요구된다(손병덕, 2020). 이와 같은 지원을 통해 취약 가족의 삶의 질을 높이고 사회적 불평등을 완화하며, 사회 통합을 촉진할 수 있다.

가족복지정책은 가족 구성원의 복지 증진을 통해 사회 통합을 도모하고 세대 간 연대를 강화하는 중요한 역할을 한다(최유석, 2014). 가족은 개인의 사회화와 복지에 핵심적인 영향을 미치며, 사회적 자본 형성에 기여한다(조주현, 유성진, 2024). 또한 가족복지정책은 사회적 불평등 완화(송다영, 2024)와 사회적 약자 권익 보호(임걸, 2024)에 기여함으로써 사회 전체의 안정과 발전을 도모하고, 지속 가능한 복지국가의 기반을 강화한다. 이와 같은 가족복지정책은 단순한 가족 지원을 넘어 사회 구조 개선과 가치관 변화에도 긍정적인 영향을 미칠 수 있다. 따라서 가족복지정책의 중요성을 인식하고 지속적인 연구와 투자가 필요하다. 현대 사회의 변화와 복잡성은 가족복지정책에 새로운 과제와 방향성을 요구하고 있다. 가족의 다양화, 저출산 · 고령화, 경제적 불평등 등 다양한 사회적 문제에 대응하기 위해 가족복지정책의 포괄성과 유연성을 강화하고, 다양한 가족 형태를 인정하며, 일 · 가정 양립을 위한 제도적 보완과 취약 가족에 대한 집중적인 지원을 통해 사회 전체의 복지와 안정을 도모해야 한다. 복지국가는 가족복지정책의 중요성을 인식하고, 지속 가능한 정책 개발과 실행을 통해 가족 구성원의 삶의 질을 향상시키며, 사회 통합과 세대 간 연대를 강화함으로써 궁극적으로 복지국가의 이상을 실현해야 할 것이다.

2. 가족복지정책의 대상

가족은 사회의 기본 단위로서 개인의 성장과 복지에 중요한 영향을 미치는 중요한 사회적 기관이다. 「건강가정기본법」 제3조에서는 가족을 혼인, 혈연, 입양으로 이루어진 사회의 기본 단위로 정의하고 있으며, 이러한 정의는 전통적인 가족 형태를 기반으로 하고 있다. 또한 같은 법 제1조에서는 "건강한 가정생활의 영위와 가족의 유지 및 발전을 위한 국민의 권리와 의무, 국가 및 지방자치단체의 책임"을 명시하여 가족복지정책의 법적 기반을 마련하고 있다. 이는 전통적인 가족 형태를 대상으로 하는 정책적 접근을 강조하고 있으나, 현대 사회의 가족 다양화에는 충분히 대응하지 못하고 있다.

현대 사회에서는 가족의 형태와 기능이 빠르게 변화하고 있다. 핵가족의 증가, 이혼과 재혼의 빈도 상승, 한부모가족과 다문화가족의 증가, 비혼가구 및 동거가족의 등장 등은 전통적인 가족 개념을 넘어서는 다양한 형태의 가족을 만들어 내고 있다. 이러한 변화는 가족복지정책의 대상 범위를 재고하고 확대할 필요성을 시사한다(윤홍식, 2011). 기존의 가족 정의는 사회의 변화와 복잡해진 가족 구성원의 요구를 충분히 반영하지 못하며, 새로운 형태의 가족들이 국가적 복지 지원에서 소외될 위험을 내포하고 있기 때문이다. 따라서 가족복지정책의 대상은 가족 정의의 재정립과 함께 더욱 포괄적으로 설정되어야 한다. 법적 · 제도적 측면에서 가족의 개념을 재정의하고, 다양한 가족 형태를 복지정책의 대상으로 포함하는 방향으로의 개정이 필요하다(윤향희, 김경제, 2024). 이는 모든 가족 구성원이 공평하게 복지 혜택을 누릴 수 있도록 하기 위함이다. 이와 같은 가족 다양화의 반영은 법적 개정뿐만 아니라 사회적 인식의 변화를 동반해야 한다(장주영, 김희주, 2024). 다양한 가족 형태에 대한 사회적 인정과 수용이 이루어지지 않는다면, 법적 · 제도적 개정 역시 그 효과를 충분히 발휘하기 어렵다. 따라서 정부와 지방자치단체는 다양한 가족 형태의 존재와 그들의 복지 요구를 인정하고 지원하기 위한 교육과 캠페인을 통해 사회 전반의 인식을 개선해야 한다(모아라, 2023). 아울러 정책 수립 과정에서 학계, 시민사회, 가족 구성원들의 적극적인 참여와 논의를 통해 가족복지정책의 합의를 도출하고, 이를 바탕으로 구체적인 정책을 마련하는 것이 중요하다.

가족복지정책은 현대 사회의 변화하는 가족 형태와 그에 따른 다양한 요구를 반영할 수 있도록 유연하게 발전해야 한다. 전통적인 가족 개념의 한계를 극복하고, 모든 형태의 가족을 포용하는 정책적 노력이 필요하다. 이는 법률적 개정뿐만 아니라, 사회적 인식 개선과 제도적 지원 강화 등을 통해 이루어져야 한다. 다양한 가족 구성원이 사회의 중요한 구성원으로서 동등한 권리와 복지 혜택을 누릴 수 있도록 하는 것이 가족복지정책의 목표가 되어야 하며, 이러한 정책적 노력은 가족 구성원의 삶의 질을 향상시키고 궁극적으로 사회 전체의 통합과 발전을 도모할 수 있을 것이다.

3. 주요 가족복지정책

1) 보육 · 모성보호 가족복지정책

우리나라의 합계출산율은 2023년 기준 0.72명으로, 세계 최저 수준을 기록하며 지속적인 감소세를 보이고 있다(통계청, 2024a). 이는 여성 한 명이 가임 기간 동안 평균적으로 낳는 자녀 수가 1명에도 미치지 못함을 의미하며, 향후 인구 감소와 고령화 심화를 예고한다. 이러한 저출산 현상은 노동력 부족, 경제 성장 둔화, 사회보장 체계의 불안정성 등 심각한 사회적 문제를 초래할 수 있다(송다영 외, 2024). 저출산의 주요 원인으로는 자녀 양육에 대한 경제적 부담과 돌봄 공백이 지목되고 있으며, 이는 특히 여성의 경제활동 참여를 저해하는 요인으로 작용하고 있다. 출산과 육아로 인한 경력 단절은 여성의 노동시장 참여를 제한하고, 직장 생활과 양육의 병행이 어려운 현실은 가정 내 성역할의 불균형을 심화시키며, 결과적으로 출산을 기피하는 경향을 강화하고 있다.

정부는 이러한 문제를 해결하기 위해 보육 환경의 개선과 가족의 노동권 보장을 위한 정책적 노력이 필요하다고 판단하고 있다. 아동에 대한 조기 투자는 사회적 성장과 복지의 선순환을 달성하고 사회 통합을 촉진하는 데 중요한 역할을 한다(최영, 박순우, 2007). 이에 따라 정부는 양육비용 지원 확대, 보육 서비스 품질 향상, 어린이집 시설 확충, 보육교사 전문성 강화 등을 목표로 다양한 정책을 추진하고 있다(보건복지부, 2024a). 현재 우리나라는 만 0세부터 5세까지 모든 영유아에게 소득 수준에 관계없이 보육료를 지원하고 있으며, 이를 통해 모든 아동이 경제적 배경에 상관없이 양질의 보육 서비스를 받을 수 있도록 하고자 한다(보건복지부, 2024a). 이러한 보편적 보육 지원은 아동복지 증진과 사회적 평등을 도모하는 정책적 노력의 일환이다. 또한 다문화가족, 장애아동, 한부모가족 등 취약계층에 대한 추가 지원을 통해 보육 서비스의 접근성을 높이고 있으며, 이는 사회적 약자의 권익 보호와 사회 통합을 촉진하는 데 기여하고 있다(여성가족부, 2024). 이처럼 보육료 지원 대상과 범위의 확대는 저출산 문제 해결과 여성의 경제활동 참여를 촉진하기 위한 핵심 전략으로 작용하고 있다.

보육료 지원 확대는 부모의 경제적 부담을 경감하고, 특히 여성들이 경력 단절 없이 일과 가정을 양립할 수 있는 환경을 조성하는 데 기여하고자 한다(민규량, 이철희, 2020). 이는 궁극적으로 인구 구조의 균형을 회복하고 지속 가능한 사회 발전을 도모하는 중요한 정책이다. 부모들이 자녀 양육에 전념할 수 있도록 하기 위해 정부는 부모급여 제도를 도입하여, 첫째 자녀 출생 시 200만 원, 둘째 이상 자녀에게는 300만 원의 일시금을 지급하고 있다. 또한 만 0세 아동에게는 월 100만 원씩 총 1,200만 원, 만 1세 아동에게는 월 50만 원씩 총 500만 원의 부모급여를 제공하고 있다(보건복지부, 2024b). 이러한 지원은 가정에서의 양육 선택을 존중하고 부모의 경제적 부담을 경감하며, 다양한 양육 형태를 포용하는 사회적 분위기 조성을 목표로 한다.

보육 서비스의 품질 향상을 위해 정부는 어린이집 평가 제도를 운영하며 보육교사의 전문성 강화를 위한 교육과 처우 개선을 지속하고 있다(한국보육진흥원, 2024). 어린이집 평가 제도는 시설 운영, 보육 과정, 안전 관리 등 다양한 영역에서 표준화된 지표를 적용해 보육 서비스의 질적 수준을 관리하고 있다. 또한 아동의 안전과 건강을 최우선으로 고려하여 시설 안전 관리 및 급식 위생 관리 강화 등의 조치를 시행하고 있다. 이러한 노력은 부모가 안심하고 자녀를 맡길 수 있는 보육 환경을 제공하고자 하는 것이다. 보육교사의 전문성을 향상시키기 위해 지속적인 연수와 교육 프로그램이 제공되며, 처우 개선을 통해 보육 현장의 안정성과 교사의 직업 만족도를 높이고 있다. 이와 같은 보육 환경의 개선과 정책적 지원은 저출산 문제를 해결하고 여성의 경제활동 참여를 촉진하며, 사회적 평등과 아동복지 증진을 위한 중요한 기반을 마련하고자 한다. 국가의 적극적인 정책적 개입을 통해 보육 서비스의 접근성과 품질이 향상됨으로써, 모든 가족이 차별 없이 복지 혜택을 누릴 수 있는 환경을 조성하고, 궁극적으로 사회적 통합과 지속 가능한 발전을 이룰 수 있을 것이다.

① 늘봄학교의 운영과 개선

교육부는 초등학생 자녀를 둔 부모의 노동권 보장을 위해 '늘봄학교'를 확대 운영하고 있다(교육부, 한국교육개발원, 2024). 이 늘봄학교는 저학년 학생을 대상으로 방과 후부터 부모가 귀가할 때까지 아동을 돌보며, 다양한 프로그램을 제공함으로써 맞벌이 부부와 취약계층 자녀의 복지 향상을 목표로 한다. 이러한 정책적 노력은 부모가 안정적으로 직장 생활을 이어갈 수 있도록 함으로써 일·가정 양립을 지원하고, 아동에게는 안전한 돌봄 환경을 제공(박준서, 2024)

하는 데 중점을 둔다.

늘봄학교의 주요 특징은 다음과 같다.

- 운영 시간의 유연성: 부모의 근무 시간에 맞춰 돌봄 시간을 유연하게 조정함으로써 돌봄 공백을 최소화하고, 맞벌이 부부의 부담을 경감한다.
- 프로그램의 다양성: 학습 지원을 비롯해 예체능 활동, 인성 교육 등 다양한 프로그램을 제공하여 아동의 전인적 발달을 도모한다.
- 접근성 강화: 학교 내 시설을 활용하여 접근성을 높이며, 교사와의 연계를 통해 아동의 생활 전반을 체계적으로 관리한다.

그러나 늘봄학교는 여전히 수요에 비해 공급이 부족하고, 늘봄학교 운영 인력의 전문성 확보 역시 중요한 과제로 남아 있다. 이에 따라 정부는 늘봄학교의 시설 확충과 인력 지원을 강화하는 한편, 지역사회와의 협력을 통해 프로그램의 질을 높이고자 지속적으로 노력하고 있다. 이와 같은 개선을 통해 늘봄학교는 더 많은 가정에 혜택을 제공하며, 일 · 가정 양립과 아동복지 증진에 실질적으로 기여할 것으로 기대된다.

② 마을돌봄 및 공동육아 활성화

지역사회와 연계한 공동육아방 · 공동육아나눔터, 그리고 우리동네 키움센터 운영을 통해 방과 후 돌봄 서비스의 다양화를 추진하고 있다(서울특별시, 2024). 이러한 접근은 지역사회의 자원을 효과적으로 활용하여 돌봄 공백을 해소하고, 공동체 중심의 육아 문화를 조성(정유진, 임병노, 2025)하는 데 기여하고자 한다. 특히 마을돌봄의 운영은 지역 주민들의 적극적인 참여를 유도하고, 사회적 연대감을 증진하는 중요한 방안으로 자리 잡고 있다.

마을돌봄의 주요 특징은 다음과 같다.

- 지역 자원 활용: 지역 주민, 자원봉사자, 사회적 기업 등이 참여하여 다양한 돌봄 서비스를 제공하며, 지역사회의 자원을 효과적으로 활용한다.
- 맞춤형 서비스: 지역의 특성과 부모들의 요구에 맞는 맞춤형 프로그램을 운영하여, 아동과 부모의 만족도를 높이고, 보다 질 높은 돌봄을 제공한다.
- 사회적 연대 강화: 공동체 구성원 간의 교류와 협력을 통해 사회적 자본을 형성하고, 지역사회 내에서의 연대감을 강화한다.

공동육아방과 공동육아나눔터는 부모들이 직접 참여하여 육아 정보를 공유하고, 상호 돌봄을 실천할 수 있는 공간으로 기능하고 있다. 이러한 공간은 부모의 양육 스트레스를 경감하고, 양육 과정에서의 사회적 지지망을 형성하는 데 중요한 역할을 한다(조혜경, 2024). 이를 통해 부모는 더 큰 심리적 안정을 얻고, 육아의 부담을 나누며, 지역사회 전체의 연대와 협력이 증진된다.

(1) 가족의 노동권 보장

돌봄 서비스의 보편적 제공을 통해 모든 아동이 차별 없이 돌봄 서비스를 이용할 수 있도록 하는 것은 매우 중요한 과제이다(유해미, 2024). 현재 돌봄 서비스의 수요는 지속적으로 증가하고 있으나, 공급이 이에 미치지 못해 대기 인원이 발생하는 문제가 지속되고 있다. 이러한 문제를 해결하기 위해서는 다음과 같은 조치가 필요하다.

- **시설 확충**: 국공립 돌봄 시설의 확대와 더불어 민간 시설에 대한 지원을 강화하여 돌봄 서비스의 물리적 접근성을 개선해야 한다(최아라 외, 2023). 특히 지역별 수요에 맞춘 시설 확충이 이루어져야 한다.
- **인력 확보**: 돌봄교사의 처우 개선과 전문성 강화를 통해 우수한 인력을 유입하고 유지하는 것이 필요하다(강정숙, 강현아, 2015). 이를 위해 임금 인상, 근무 환경 개선, 지속적인 직무 교육 제공 등의 노력이 필수적이다.
- **서비스 다양화**: 아동의 연령과 특성에 맞는 다양한 돌봄 프로그램을 개발하여 개별적 요구에 부응하는 맞춤형 서비스를 제공해야 한다(박주희, 최혜영, 2014). 예를 들어, 저학년 아동을 위한 학습 보충 프로그램, 예체능 활동, 심리적 지지를 위한 프로그램 등이 포함될 수 있다.

이러한 개선 방안을 통해 돌봄 서비스의 질과 접근성을 동시에 향상시키고, 모든 아동이 안정적이고 적절한 돌봄을 받을 수 있도록 하는 것이 필요하다.

① 일·가정 양립 지원 제도 강화

부모의 일·가정 양립을 지원하기 위한 유연근무제와 육아휴직 제도의 활용을 촉진하고, 남성의 육아 참여를 독려하는 정책이 더욱 강화되어야 한다(김희경, 신지민, 2023). 이를 통해 가족 내 성별 역할 분담의 불균형을 해소하고, 부모 모두의 노동권과 양육권을 보장함으로써 가족의 전반적인 복지 수준을 향상시킬 수 있다. 주요 추진 방안은 다음과 같다.

- 유연근무제 확대: 시차 출퇴근제, 재택근무제 등 근로 시간의 유연성을 확보할 수 있는 다양한 근무 제도를 도입하여 부모가 보다 쉽게 일과 양육을 병행할 수 있도록 지원해야 한다(박순경, 2024).
- 배우자 출산휴가 활성화 및 남성의 육아휴직 촉진: 부부 동시 육아휴직 허용과 같은 제도적 개편을 통해 남성의 육아휴직 사용을 촉진하고, 남성의 육아 참여를 제도적으로 보장하는 노력이 필요하다(김민주, 서정재, 2024). 이는 출산과 육아의 책임을 부부가 동등하게 분담할 수 있는 환경을 조성하는 데 기여할 것이다.
- 기업 문화 개선: 일·가정 양립을 지원하는 기업에 대해 인센티브를 제공하고, 관련 인식 개선 캠페인을 전개함으로써 기업 문화 전반에 일·가정 양립에 대한 긍정적인 분위기를 조성해야 한다(장기용, 2024). 이러한 노력은 남성과 여성 모두가 육아와 가사에 균형 잡힌 책임을 질 수 있는 기반을 마련할 것이다.

또한 보육지원 대상 및 범위의 확대, 양육수당 및 부모급여 증액, 보육 서비스 품질 향상, 그리고 방과 후 돌봄 서비스의 확충은 모두 가족의 노동권 보장과 아동복지 증진을 위한 핵심적인 정책이다. 이러한 노력들은 저출산 문제 해결, 여성의 경제활동 참여 촉진, 그리고 아동의 건전한 성장 지원을 통해 사회 전반의 복지 수준을 높이는 데 중요한 역할을 한다. 정부와 지방자치단체는 이러한 정책적 개선과 지원을 지속적으로 추진하여, 모든 가족이 차별 없이 복지 혜택을 누릴 수 있는 사회를 구축해야 한다. 이러한 노력은 사회적 연대와 통합을 강화하고, 지속 가능한 발전을 이루는 데 필수적이다.

(2) 가족의 부모권 보장

현대 사회에서 경제활동 참가와 부모로서의 권리와 책임을 다할 수 있도록 돕는 부모권 보장 가족복지정책은 매우 중요하다. 이러한 정책에는 출산전후휴가, 육아휴직, 배우자 출산휴가 등이 포함되며, 일과 가정의 양립을 지원하여 가족의 삶의 질을 향상시키는 데 기여한다.

① 여성의 경제활동 참가율과 부모권 보장정책의 필요성

2023년 기준 여성의 고용률은 61.4%로 남성의 76.9%에 비해 낮은 수준에 머무르고 있다(통계청, 2024b). 특히 여성 고용률은 25~29세(73.9%)에서 최고치를 기록한 후, 결혼과 출산 시기인 30~34세에 68.5%로 감소하는 경향을 보인다(고용노동부, 2023a). 이는 출산과 육아로 인해 여성의 경제활동이 중단되는 사례가 빈번하다는 것을 시사하며, 부모권 보장정책의 강화가 절실함을 보여 준다(최숙희, 김지현, 2024). 여성의 경제활동 참여는 국가의 경제 성장과 사회 발전에 중요한 기여를 하며, 인적 자원의 효율적 활용을 가능하게 한다. 그러나 출산과 육아로 인한 경력 단절은 여성의 경제활동참가율을 저하시키고, 결과적으로 국가의 경제적 잠재력을 저해하는 요인으로 작용한다. 따라서 부모권 보장정책을 강화하여 여성의 경력 단절을 방지하고, 남성의 육아 참여를 촉진함으로써 가족 내 성역할 분담의 균형을 이루는 것이 필요하다.

출산전후휴가는 「근로기준법」 제74조에 따라 임신 중인 여성 근로자에게 총 90일의 휴가를 제공하며, 이 중 출산 후 최소 45일이 보장된다. 2023년 기준 출산전후휴가를 사용한 여성 근로자 수는 72,204명으로, 전년도(72,619명)에 비해 소폭 감소하였으며, 급여 지급액도 감소한 것으로 나타났다(고용노동부, 2023b). 이러한 현상은 제도의 실효성을 제고하기 위한 개선이 필요함을 보여 준다. 이를 위해 다음과 같은 방안을 제시할 수 있다.

- **중소기업 지원 강화:** 출산전후휴가를 사용하는 근로자에 대한 대체 인력 지원과 재정적 보조를 통해 중소기업의 부담을 경감하고, 여성 근로자가 자유롭게 휴가를 사용할 수 있는 환경을 조성해야 한다(조성혜, 2017; 권혜원, 2022).
- **비정규직 근로자 보호:** 비정규직 여성 근로자도 출산전후휴가를 원활히 사용할 수 있도록 법적 보호와 제도적 지원을 강화해야 한다(문영만, 2023). 이는 근로 형태에 따른 차별을 완화하고, 모든 여성 근로자가 동등한 권리를 보장받을 수 있도록 하는 데 기여할 것이다.
- **인식 개선 캠페인:** 기업과 사회 전반에서 출산전후휴가의 중요성을 알리고, 제도 사용을 장려하기 위한 인식 개선 활동을 전개해야 한다(남보영 외, 2023). 이를 통해 출산전후휴가에 대한 긍정적인 인식을 확산시키고, 여성 근로자의 권리 보장을 사회적 합의로 이끌어 낼 수 있을 것이다.

② 육아휴직 제도의 현황

육아휴직은 「남녀고용평등과 일 · 가정 양립 지원에 관한 법률」에 따라 만 8세 또는 초등학교 2학년 이하의 자녀를 둔 근로자가 최대 1년 6개월 동안 사용할 수 있으며, 이를 네 번에 나누어 분할 사용할 수 있다. 만약 육아휴직을 사용하지 않은 경우에는 육아기 근로시간 단축을 최대 3년까지 사용할 수 있으며, 최소 사용 단위 기간도 1개월로 단축되어 방학 등 단기적인 돌봄 수요에도 유연하게 대응할 수 있다. 또한 유산 · 조산의 위험으로부터 임신 근로자와 태아를 보호하기 위해 임신 초기 12주 이내와 후기 32주 이후 근로시간 단축이 가능하다. 미숙아를 출산하여 신생아 집중치료실에 입원하는 경우에는 출산휴가를 100일로 연장하여 사용할 수 있으며, 난임 치료를 위해 연간 6일의 난임치료휴가(유급 2일 포함)도 제공된다. 이와 같은 난임휴가의 급여 지원은 우선지원 대상 기업의 근로자와 사업주의 부담을 경감하는 데 기여한다.

배우자 출산휴가는 남성 근로자가 자녀 양육을 위해 사용하는 육아휴직으로, 최대 20일을 사용할 수 있으며, 이는 중소기업 근로자도 동일하게 적용된다. 출산 후 120일 이내에 네 번으로 나누어 사용할 수 있어 부모의 공동 양육 책임을 강화하고 성별 고정관념을 해소하는 데 중요한 역할을 한다. 2023년 기준 배우자 출산휴가를 사용한 남성 근로자 수는 35,336명으로, 전년도 37,884명에 비해 소폭 감소하였으며, 여성 근로자 수 또한 93,200명에서 90,672명으로 감소하였다(고용노동부, 2023b). 이러한 감소 추세는 제도의 실효성을 높이기 위한 개선이 필요함을 시사한다. 이를 위해 다음과 같은 제도 개선 방안을 제시할 수 있다.

- **육아휴직 급여 인상**: 남성 근로자의 육아휴직 사용을 촉진하기 위해 초기 몇 개월간 급여를 인상하여 경제적 부담을 경감하고, 육아휴직 사용을 장려한다.
- **제도 홍보 강화**: 기업과 근로자들에게 육아휴직 제도에 대해 적극적으로 홍보하고, 성공 사례를 공유하여 남성 육아휴직 사용을 독려해야 한다(홍승아, 2018).
- **남성 육아휴직 법적 확대 및 허용 강화**: 남성의 육아휴직 사용을 법적으로 명확히 확대·보장하여 출산 지원 체계를 강화(신승연 외, 2024)하고, 남성의 육아 참여를 촉진한다.

부모권 보장을 위한 출산전후휴가, 육아휴직, 배우자 출산휴가 제도는 가족의 안정과 사회 발전을 위해 필수적인 요소이다. 여성의 경력 단절을 예방하고, 남성의 육아 참여를 촉진함으로써 일과 가정의 양립을 실현하는 것이 중요하다. 이를 위해 이러한 제도의 실질적 이용을 촉진하고, 사회적 인식을 변화시키는 노력이 필요하다. 앞으로도 관련 법률의 개정과 제도 강화를 통해 휴가 제도가 현실적으로 적용될 수 있도록 지속적인 관심과 지원이 요구된다.

③ 정책 개선과 사회적 인식 변화의 필요성

일과 가정의 양립을 실현하기 위해서는 제도에 대한 인식 확산과 사회적 분위기 조성이 필수적이다. 이를 위해 육아휴직 급여 인상, 육아휴직 기간 연장, 육아기 근로시간 단축제도 등 다양한 제도 개선이 필요하며, 이를 뒷받침할 수 있도록 「근로기준법」과 「남녀고용평등과 일·가정 양립 지원에 관한 법률」 등의 개정을 통해 휴가 제도의 실효성을 높여야 한다. 특히 중소기업에 대한 지원을 강화하여 모든 근로자가 균등하게 제도를 이용할 수 있도록 해야 한다. 구체적으로는 중소기업을 대상으로 한 재정 지원, 대체 인력 풀 구축, 모범 기업에 대한 인센티브 제공 등이 고려될 수 있다.

또한 사회적 인식 변화도 필수적이다. 육아휴직과 배우자 출산휴가에 대한 긍정적인 인식을 확산시키기 위해 다양한 캠페인과 교육 프로그램 시행이 필요하며, 미디어를 통한 성공 사례 공유와 교육 프로그램을 통한 성평등 의식 함양을 지속적으로 추진해야 한다(안완식, 박규리, 2024). 이를 통해 가족 내 성역할 고정관념을 완화하고, 부모권 보장을 위한 사회적 분위기를 조성하는 것이 중요하다.

부모권 보장을 위한 출산전후휴가, 육아휴직, 배우자 출산휴가 제도는 가족의 안정과 사회 발전을 위해 필수적인 요소다. 여성의 경제활동참가율을 높이고 남성의 육아 참여를 증진하기 위해서는 제도의 실질적 이용을 촉진하고, 사회적 인식을 변화시키는 노력이 필요하다. 이러한 노력을 통해 일과 가정의 양립을 지원하고, 가족의 삶의 질을 향상시키며, 궁극적으로는 사회 전체의 복지와 안정을 도모할 수 있을 것이다.

(3) 가족의 소득보장

저소득층 가족, 한부모가족, 다문화가족 등 다양한 가족 형태에서 아동이 있는 가족의 경제적 어려움은 사회적 · 심리적 · 경제적 불안정을 심화시켜 빈곤의 대물림을 고착화하고, 이는 사회적 연대와 통합을 저해할 우려가 있다. 이러한 문제를 해결하기 위해 많은 OECD 국가가 아동수당을 도입하여 아동이 건강하게 성장할 수 있도록 양육비용을 국가가 부담함으로써 사회 연대성을 강화하고 미래의 잠재적 노동력을 확보하고 있다(한승주, 최충, 2019).

① 아동수당의 개념과 중요성

아동수당은 국가가 아동이 있는 모든 가정에게 일정한 금액의 수당을 지급하여 아동 양육에 따른 경제적 부담을 경감시키는 제도다(최효미, 2024). 이는 아동복지 증진과 가족의 경제적 안정을 도모하며, 나아가 사회적 연대와 통합을 강화하는 중요한 정책 수단으로 평가받고 있다.

아동수당은 제공 방식에 따라 다음과 같이 구분될 수 있다.

- 보편주의적 형태: 모든 아동에게 동일한 수당을 제공하여 사회적 평등과 연대를 강조한다(김희, 심미승, 2021). 이는 사회 구성원 모두가 국가의 복지 혜택을 누릴 수 있도록 함으로써 사회 통합을 촉진한다.

- 소득연계형(선별주의적) 자녀 양육 지원: 소득 수준에 따라 수당을 차등 지급하여 저소득층 가정에 집중적인 지원을 제공한다(이상은, 정찬미, 2017). 이는 복지 자원의 효율적 분배를 통해 취약계층의 생활 안정을 도모한다.
- 출산장려형 수당제도: 출산을 장려하고 미래 노동력의 양적 · 질적 수준을 제고하기 위해 양육비용을 지원한다(윤혜민, 최은정, 2019). 이는 저출산 문제 해결과 인구 구조의 균형을 유지하는 데 기여한다.

② 우리나라의 아동수당 현황

우리나라는 2018년 9월부터 「아동수당법」이 시행되어 만 0세부터 만 6세 미만의 아동에게 월 10만 원의 아동수당을 지급하기 시작하였다(황민지, 2023). 초기에는 소득 · 재산 하위 90% 가구를 대상으로 하였으나, 2019년 4월부터는 소득 · 재산 수준과 무관하게 모든 아동에게 수당을 지급하는 보편적 제도로 전환되었다. 2022년 1월부터는 지급 대상 연령이 만 8세 미만으로 확대되었으며, 같은 해에는 만 0~1세 아동에게 월 30만 원의 영아수당이 도입되었다. 또한 2023년 1월부터는 영아수당이 부모급여로 개편되어 만 0세 아동에게는 월 70만 원, 만 1세 아동에게는 월 35만 원의 부모급여를 지급하다가 2024년부터 첫째 출생아동 200만 원, 둘째 이상은 300만 원을 일시불로 지급하는 첫 만남 이용권과 0세 1,200만 원(출생부터 11개월까지 매월 100만 원), 1세 500만 원(12개월부터 23개월까지 매월 50만 원)을 지급한다.

③ 아동수당의 효과와 향후 과제

아동수당은 아동 양육에 따른 경제적 부담을 줄여 가족의 생활 안정을 도모하고, 아동복지 증진에 기여하고 있다(최효미, 2024). 특히 보편적 아동수당의 도입으로 모든 아동이 차별 없이 복지 혜택을 누릴 수 있게 되어 사회적 연대와 통합을 강화하는 데 긍정적인 영향을 미치고 있다. 이는 사회 구성원 모두가 아동 양육의 중요성을 공유하고, 국가가 적극적으로 지원함으로써 아동의 권익을 보호하고 미래의 인적 자본을 육성하는 데 기여한다.

아동수당은 가족의 소득보장을 통해 아동의 건강한 성장과 복지 증진을 도모하며, 사회적 연대와 통합을 강화하는 중요한 정책 수단이다. 우리나라는 보편적 아동수당 도입과 부모급여 제도 시행 등을 통해 아동복지정책을 발전시켜 왔으며, 이는 저출산 문제 해결과 가족복지 향상에 기여할것으로 기대한다. 앞으로도 지속적인 정책 개선과 지원 확대를 통해 모든 아동이 행복하게 성장할 수 있는 사회를 만들어 나가야 할 것이다. 이를 위해 아동수당의 현실화, 복지 제도 간 통합, 그리고 사회적 인식 제고 등이 중요하다.

2) 아동 · 청소년 가족복지 분야의 정책 현황과 발전 방향

아동 · 청소년 가족복지는 가족 내 아동과 청소년이 건강하고 안전하게 성장할 수 있도록 지원하는 중요한 복지 분야다. 가족은 아동과 청소년의 첫 번째 사회화 환경으로, 그들의 발달에 결정적인 영향을 미치는 보호망 역할을 한다. 이에 따라 아동과 청소년의 복지는 가족의 안정성과 기능성에 크게 의존하게 되며, 이를 뒷받침하기 위한 가족 중심의 복지정책이 필수적이라 할 수 있다(Spray & Jowett, 2012).

가족은 아동과 청소년이 신체적 · 정서적 · 사회적으로 건강하게 성장할 수 있는 환경을 제공하는 가장 중요한 장으로 기능한다. 부모와 가족 구성원들은 아동에게 양육, 보호, 교육, 사회적 지원을 제공하며, 이러한 가족 내의 상호작용은 아동과 청소년의 사회적 적응과 발달에 매우 중요한 역할을 한다(Hothersall et al., 2022). 안정적인 가정환경은 아동의 정신건강, 학업 성취, 사회적 관계 형성에 긍정적인 영향을 미치며, 이러한 환경에서 아동과 청소년은 건강한 자아 정체성을 형성하고 긍정적인 사회적 관계를 맺을 수 있다(양명숙, 한영숙, 2007). 반면, 가족 내 불안정성, 빈곤, 가정폭력 등은 아동의 발달을 저해하며, 정신건강 문제, 학업 부진, 사회적 소외 등을 초래할 수 있다. 가족 중심의 복지정책을 통해 아동과 청소년이 건강한 환경에서 성장할 수 있도록 지원하는 것이 매우 중요하다. 이러한 정책은 가정의 안정성을 유지하고 가족 구성원의 기능을 강화함으로써 아동과 청소년의 신체적 · 정서적 · 사회적 발달을 돕는 데 기여해야 한다.

(1) 가족 중심의 아동학대 예방 및 대응 강화

아동학대는 아동의 건강한 성장과 발달을 심각하게 저해하고, 사회 전반에 걸쳐 큰 영향을 미치는 중요한 사회적 문제로 자리하고 있다. 특히 가족 내에서 발생하는 아동학대는 아동에게 있어 가장 안전해야 할 공간인 가정이 위협받는 상황을 초래하며, 이는 아동의 정신적 · 정서적 건강에 중대한 손상을 야기한다(노지형, 송하나, 2024). 이에 따라 정부는 아동학대 예방 및 대응을 위한 정책을 대폭 강화하고 있으며, 가족 중심의 접근을 통해 문제 해결을 위한 노력을 확대하고 있다.

2021년 개정된 「아동복지법」과 「아동학대범죄의 처벌 등에 관한 특례법」은 아동학대 문제를 해결하기 위한 중요한 법적 기반을 제공하고 있다. 이번 법 개정을 통해 아동학대 신고 의무자의 범위가 확대되었으며, 아동학대의 예방 및 조기 발견을 위한 법적 장치가 더욱 강화되었다(강동욱, 2024). 특히 신고 의무자의 범위가 의료인, 교사, 사회복지사 등으로 확대되어, 아동학대를 목격하거나 의심되는 경우 신속하게 대응할 수 있는 체계를 마련하였다. 또한 학대 행위자에 대한 처벌 수위가 강화되었으며, 학대 피해 아동에 대한 보호 조치 역시 대폭 강화되었다. 이는 아동학대를 범죄로 명확히 규정하고, 이를 억제하기 위한 법적 효과를 높이는 데 기여하고 있다.

아동학대 예방에서 중요한 축 중 하나는 가족 기능의 회복이다(정지영 외, 2021). 아동학대가 발생하는 가정의 경우, 부모의 양육 능력 부족이나 가족 내 갈등이 중요한 요인으로 작용할 수 있다. 이에 따라 정부는 가족 기능을 회복하고 강화하기 위한 부모교육과 상담 지원 프로그램을 확대하고 있다(강동욱, 2024). 이러한 프로그램은 부모가 자녀와 긍정적인 관계를 형성하도록 돕고, 아동학대를 예방하는 데 중요한 역할을 한다. 부모교육 프로그램은 부모가 아동 발달을 이해하고, 적절한 양육 기술을 습득할 수 있도록 지원함으로써, 부모가 자녀와 긍정적이고 효과적인 상호작용을 할 수 있게 하여 아동학대 발생 가능성을 감소시킨다(노지형, 송하나, 2024). 또한 부모가 자신의 스트레스를 관리하고 가족 내 갈등을 해결할 수 있는 방법을 배우는 상담 지원 프로그램도 확대되고 있다. 이러한 프로그램은 가족 내 문제 해결 능력을 향상시켜 아동학대의 근본적 예방에 기여한다.

가족 중심의 아동학대 예방을 강화하기 위해서는 다음 몇 가지 과제를 고려할 필요가 있다. 첫째, 가족 상담 서비스의 접근성을 높여야 한다. 특히 농어촌 지역이나 사회적 취약계층 가정에서는 아동학대 예방을 위한 상담 및 지원 서비스에 대한 접근성이 제한적일 수 있다(신은주 외, 2024). 따라서 이러한 가정에 대한 지원을 강화하여 모든 가정이 필요한 복지서비스를 적시에 제공받을 수 있도록 해야 한다. 둘째, 아동학대 예방을 위한 교육과 인식 제고가 필요하다. 부모뿐만 아니라 아동을 둘러싼 다양한 이해관계자가 아동학대의 심각성을 인식하고, 이를 예방하기 위한 노력을 지속해야 한다. 학교, 지역사회, 의료기관 등에서 아동학대 예방 교육을 정기적으로 실시하여 아동의 권리가 존중받을 수 있는 문화를 형성해야 한다(노지형, 송하나, 2024). 셋째, 재학대 방지를 위한 체계적인 모니터링 시스템이 필요하다. 아동학대가 발생한 가정에 대한 지속적인 관찰과 지원을 통해 재학대를 예방하고자 하는 체계적 관리가 이루어져야 한다. 이를 위해 지역사회와 복지기관 간의 협력 체계를 강화하고, 학대 가정에 대한 통합적인 관리가 이루어져야 한다.

가족 내 아동학대 예방 및 대응을 위한 정책 강화는 아동의 권리와 안전을 보호하는 중요한 단계라 할 수 있다. 2021년 개정된 법률을 통해 아동학대에 대한 대응이 강화되었으며, 학대 예방을 위한 부모교육과 상담 지원 프로그램도 확대되고 있다. 그러나 이러한 정책이 실효성을 가지기 위해서는 상담 서비스의 접근성을 높이고, 예방 교육과 체계적인 모니터링을 강화하는 추가적인 노력이 필요하다. 이를 통해 아동학대를 예방하고, 가족의 기능을 회복하여 아동의 건강한 발달을 지원하는 복지 체계를 강화할 수 있을 것이다.

(2) 가족센터를 통한 통합 서비스 제공

가족센터는 현대 사회에서 다양한 가족의 복지적 필요를 충족하기 위해 설립된 통합적 복지 기관으로, 가족의 안정과 기능 강화를 목표로 한다. 기존의 건강가정지원센터와 다문화가족지원센터를 통합한 이 센터는 다양한 가족 형태에 맞춘 보편적 서비스를 제공하며, 가족 구성원의 복지 증진을 위한 중요한 사회적 기반으로 자리잡고 있다(여성가족부, 2025). 특히 가족 상담, 부모교육, 가족 관계 개선 프로그램 등을 통해 가족의 기능을 강화하고, 아동 및 청소년의 복지를 증진하는 역할을 수행하고 있다.

(3) 가족센터의 주요 기능과 역할

가족센터는 다양한 가족을 위한 포괄적인 복지서비스를 제공하는 핵심 기관으로, 가족 내에서 발생할 수 있는 여러 문제를 해결하는 데 중점을 두고 있다. 특히 가족 상담 서비스는 가족 구성원 간의 갈등 해소와 긍정적인 상호작용 촉진에 중요한 역할을 한다(한국건강가정진흥원, 2024). 가족 상담은 부부 갈등, 부모–자녀 간의 소통 문제, 가족 내 스트레스 관리 등 다양한 문제를 다루며, 이를 통해 가족의 심리적 안정과 기능 향상을 돕고자 한다.

가족센터는 기존의 건강가정지원센터와 다문화가족지원센터를 통합하여 모든 가족 형태를 위한 보편적 서비스를 제공하는 데 의미가 크다. 특히 다문화가족, 한부모가족, 조손가족 등 다양한 가족 형태에 대한 맞춤형 지원이 강화되어, 가족의 특성에 맞는 실질적인 도움이 이루어지고 있다. 예를 들어, 다문화가족의 경우 언어 장벽과 문화적 차이를 극복하기 위해 언어 지원 서비스와 문화 적응 프로그램이 제공되며, 한부모가족을 위해서는 경제적 지원과 자녀 양육 프로그램이 강화된다(한국건강가정진흥원, 2024). 이러한 통합적 서비스는 모든 가족 구성원이 평등한 복지 혜택을 누릴 수 있게 하고, 가족이 처한 사회적·경제적 상황과 무관하게 필요한 지원을 받을 수 있는 환경을 조성하고 있다. 또한 지역사회와의 협력을 통해 서비스 접근성을 높이고, 가족 구성원이 적절한 시기에 맞춤형 지원을 받을 수 있는 체계를 구축하고 있다.

가족센터의 기능을 보다 강화하기 위해서는 몇 가지 과제를 고려하는 것이 중요하다. 첫째, 서비스의 접근성을 확대해야 한다(고선강, 서지원, 2024). 농어촌이나 도서 지역 등 복지서비스 접근성이 낮은 지역에 거주하는 가족들은 여전히 서비스 이용에 어려움을 겪고 있어, 가족센터의 지역 분포를 확대하고 이동 상담 서비스나 온라인 상담 서비스와 같은 접근 방식을 도입할 필요가 있다. 둘째, 취약계층에 대한 맞춤형 서비스를 강화해야 한다(이현주, 이홍직, 2023). 한부모가족, 다문화가족, 장애인가족 등 취약계층에게는 특별한 지원이 필요하며, 이들의 복지 요구를 반영한 세밀한 맞춤형 서비스가 제공되어야 한다. 셋째, 가족센터와 지역사회 간 협력을 강화해야 한다(고선강, 서지원, 2024). 가족센터는 지역사회 내 다양한 기관과 협력하여 서비스 범위를 확장하고, 복합적인 가족 문제에 대해 통합적인 지원을 제공해야 한다. 이러한 지역사회와의 협력을 통해 가족 구성원이 필요로 하는 다양한 자원과의 연결이 원활해지며, 문제 해결에 실질적인 도움이 되는 체계를 마련해야 한다.

가족센터는 다양한 가족 형태를 고려한 보편적이고 통합적인 서비스를 제공하며, 가족의 기능을 강화하고 아동·청소년의 복지를 증진시키는 중요한 역할을 수행하고 있다. 가족 상담, 부모교육, 가족 관계 개선 프로그램을 통해 가족 구성원 간의 이해와 지지를 도모하고, 다양한 가족 형태에 맞춘 맞춤형 지원을 통해 가족의 안정과 발전을 돕고자 한다. 앞으로도 서비스 접근성과 맞춤형 지원을 강화하고, 지역사회와의 협력을 통해 가족센터의 기능을 지속적으로 확대해야 할 것이다.

(4) 한부모가족 지원 정책의 강화

한부모가족은 한 명의 부모가 자녀를 양육해야 하는 가족 형태로, 경제적 어려움과 사회적 편견에 직면하는 경우가 많다. 이러한 어려움을 해결하기 위해 정부는 「한부모가족지원법」을 개정하여 양육비 지원을 확대하고 있다. 이는 한부모가 자녀 양육에 대한 경제적 부담을 덜어주며, 자녀가 기본적인 생활을 영위할 수 있도록 필요한 지원을 제공하는 것을 목표로 한다(여성가족부, 2024).

또한 한부모가족의 자녀 교육비 지원도 강화되었다(이윤정, 2024). 초·중·고등학생 자녀에 대한 교육비 지원을 확대함으로써 자녀가 교육을 통해 미래의 기회를 넓힐 수 있도록 돕고 있으며, 일부 대학생 자녀에 대한 장학금 제도도 운영되고 있다. 이러한 교육비 지원은 자녀가 가정의 경제적 상황에 구애받지 않고 학업을 이어 갈 수 있도록 하는 중요한 수단이다.

한부모가족에 대한 주거 지원 역시 중요한 정책적 과제로 다루어지고 있다(백효진 외, 2021). 한부모가족은 주거비 부담이 커 안정적인 주거 환경을 확보하는 데 어려움을 겪기 쉽다. 이에 정부는 한부모가족을 위한 공공임대주택 지원을 확대하고, 주거비 지원 정책을 통해 이들의 주거 안정을 도모하고 있다. 이러한 주거 지원은 한부모가족의 생활 안정과 자녀의 안전한 성장에 기여하는 중요한 요소다.

(5) 조손가족을 위한 복지서비스 확대

조손가족은 주로 조부모가 손자녀를 양육하는 가족 형태로, 경제적 · 사회적 지원이 부족한 경우가 많다. 조부모는 고령으로 인해 손자녀 양육에 신체적 · 정서적으로 어려움을 겪을 수 있으며, 경제적 부담 역시 크다. 이에 정부는 조손가족을 위한 다양한 상담 서비스와 복지서비스를 확대하고 있다(여성가족부, 2024). 조손가족 상담 서비스는 조부모가 손자녀와의 관계에서 겪는 어려움을 해결하고, 손자녀 양육에 필요한 정보와 지원을 제공하는 데 중점을 둔다. 특히 손자녀의 정서적 발달을 돕고, 조부모가 손자녀와의 소통을 원활하게 할 수 있도록 지원한다. 또한 조손가족의 특성에 맞춘 맞춤형 프로그램을 통해 조부모가 손자녀 양육에 있어 긍정적인 역할을 할 수 있도록 돕는다. 조손가족을 위한 복지서비스는 주거 지원, 생활비 지원, 의료 지원 등을 포함하며, 이들의 경제적 · 사회적 어려움을 해결하는 데 기여하고 있다. 특히 조부모가 노령으로 인해 겪는 신체적 어려움을 보완하기 위한 의료비 지원과 돌봄 지원이 강화되었으며, 손자녀가 안정적으로 성장할 수 있도록 경제적 지원이 확대되었다(김혜영, 2022).

앞서 언급한 한부모가족과 조손가족을 위한 지원 정책은 강화되고 있지만, 여전히 서비스의 접근성 문제와 지역적 불균형이 존재한다. 농어촌 지역이나 취약계층이 밀집한 지역에서는 한부모가족과 조손가족이 필요한 복지서비스를 충분히 제공받지 못하는 경우가 많다. 이러한 문제를 해결하기 위해서는 지역사회의 복지 자원을 보다 균등하게 분배하고, 지역별 맞춤형 지원을 강화해야 한다. 또한 심리적 · 정서적 지원의 필요성이 강조된다. 한부모가족과 조손가족은 경제적 어려움뿐만 아니라 사회적 고립감이나 정서적 스트레스도 많이 겪고 있다(김정희, 2024; 유혜경, 2024). 이에 따라 가족 구성원들의 정신건강을 지원하고, 정서적 안정을 도모할 수 있는 심리 상담과 정서 지원 프로그램이 확대되어야 한다. 이를 통해 가족 구성원들이 안정적인 생활을 영위하고 자녀의 성장과 발달에 더욱 집중할 수 있도록 해야 한다.

한부모가족과 조손가족은 현대 사회에서 취약한 가족 형태로, 이들의 복지와 지원을 강화하는 것은 가족의 안정과 손자녀의 건강한 성장을 위한 중요한 과제다. 「한부모가족지원법」의 개정으로 양육비, 교육비, 주거 지원 등이 강화되었으며, 조손가족을 위한 상담 서비스와 복지서비스도 확대되고 있다. 앞으로도 서비스의 접근성을 높이고, 심리적 · 정서적 지원을 강화하여 한부모가족과 조손가족이 보다 안정적이고 안전한 환경에서 손자녀를 양육할 수 있도록 해야 한다.

(6) 다문화가족 아동 지원 확대

다문화가족은 다양한 인종과 문화적 배경을 가진 구성원으로 이루어진 가족으로, 현대 사회에서 그 수가 점차 증가하고 있다. 이러한 다문화가족의 아동은 언어와 문화적 차이로 인해 사회적 적응에 어려움을 겪기 쉬우며, 학업에서 뒤처지거나 정서적 고립을 경험할 가능성이 높다(여성가족부, 2024). 이러한 문제를 해결하기 위해 다문화가족 아동을 위한 맞춤형 지원이 필수적이며, 이를 위해 다문화가족지원센터가 중요한 역할을 하고 있다. 정부는 다문화가족 아동이 한국 사회에 원활히 적응하고 건강하게 성장할 수 있도록 다양한 프로그램을 제공하며, 이들의 복지 증진에 기여하고 있다.

다문화가족지원센터는 다문화가족 아동의 언어 교육, 학습 지원, 정서적 지원을 통해 이들의 사회적 적응을 돕고 있다. 언어 교육 프로그램을 통해 한국어 능력을 향상시키며, 이는 아동이 학교에서의 학습에 적응하고 또래와의 관계를 형성하는 데 필수적이다(이준엽, 신형진, 2024). 학습 지원 프로그램 역시 다문화가족 아동이 학업에서 뒤처지지 않도록 방과 후 학습 지원 및 개인 교습을 제공하여 아동의 학업 성취를 돕는다. 또한 다문화가족 내 부모와 자녀 간의 소통을 원활하게 하고, 가정 내 갈등을 예방하기 위한 가족 통합 프로그램도 운영되고 있다.

다문화가족 아동에 대한 이러한 맞춤형 지원은 아동들이 한국 사회에 원활히 적응하고, 건강한 사회 구성원으로 성장하는 데 필수적이다(사용진, 2025). 언어와 문화적 차이로 인한 정서적 불안정과 사회적 소외를 극복하기 위해, 정부는 다문화가족 아동에게 적절한 지원을 제공함으로써 이들이 자신의 잠재력을 발휘할 수 있는 기회를 제공하고 있다. 다문화가족 아동의 성공적인 사회 적응은 사회적 통합을 촉진하는 데도 중요한 역할을 하므로 다문화가족에 대한 지속적인 지원과 관심이 필요하다.

다문화가족의 아동들은 언어적 차이와 문화적 적응 문제로 인해 여러 가지 도전에 직면하게 된다. 특히 한국어가 익숙하지 않은 아동들은 학교 수업에 적응하는 데 어려움을 겪으며, 또래 관계에서 소외되는 경우가 많다(김선숙 외, 2024). 이러한 언어적 장벽은 학업 성취도에 부정적인 영향을 미칠 뿐 아니라, 정서적 안정감에도 부정적인 영향을 미칠 수 있다. 또한 가정 내에서 부모와의 문화적 차이로 인해 소통의 어려움을 겪거나, 부모의 한국어 능력이 부족한 경우 학습에 대한 적절한 지원을 받기 어려운 상황에 놓이기도 한다. 다문화가족 아동이 한국 사회에 성공적으로 적응하기 위해서는 언어 능력과 문화적 이해가 필수적이다. 이를 해결하지 못할 경우, 아동은 학교 생활과 또래 관계에서 고립될 가능성이 크고, 이는 사회적 소외로 이어질 수 있다(마지예 외, 2024). 따라서 다문화가족 아동을 위한 맞춤형 지원 프로그램은 이들이 겪는 어려움을 해소하고, 사회에 원활하게 통합될 수 있도록 돕는 것이 중요하다.

다문화가족지원센터는 다문화가족 구성원의 사회 적응을 지원하기 위해 설립된 기관으로, 특히 다문화가족 아동을 대상으로 언어 교육과 학습 지원을 제공하고 있다(다누리, 2024). 이

센터에서는 다문화가족 아동들이 한국어를 원활히 구사할 수 있도록 언어 교육 프로그램을 운영하며, 이는 아동들이 학교에서 학습에 적응하고 또래와의 관계를 형성하는 데 중요한 역할을 한다. 이 외에도 학습 지원 프로그램을 통해 다문화가족 아동들이 학업에서 뒤처지지 않도록 돕고 있다. 학교 수업을 보충하는 튜터링 프로그램이나 방과 후 학습 지원 프로그램 등을 제공하여, 다문화가족 아동들이 학업과 학교 생활에서의 어려움을 극복할 수 있도록 지원하고 있다(다누리, 2024). 이를 통해 아동들은 학업 성취도를 높이고 학교 생활에서 자신감을 가지게 된다.

또한 다문화가족지원센터는 가족 통합 프로그램을 통해 가족 내 소통을 촉진하고, 다문화가족의 부모와 자녀 간의 관계를 강화하는 데 중점을 두고 있다. 다문화가족의 부모는 자녀의 문화적 정체성과 한국 사회에 대한 이해를 돕기 위해 자녀와 함께 다양한 문화 체험 활동에 참여하며, 이를 통해 가족 간 유대감을 증진할 수 있다(황희봉, 주은선, 2023). 이러한 프로그램은 가족 내의 소통 문제를 해결하고, 가족 전체가 한국 사회에 적응할 수 있는 기반을 마련해 준다.

다문화가족 아동에 대한 지원은 그들이 한국 사회에서 원활히 적응하고 건강한 사회 구성원으로 성장할 수 있도록 돕는 데 중요한 역할을 한다(황유라 외, 2024). 다문화가족 출신 아동들은 단순히 언어적 어려움에 국한되지 않고, 문화적 차이로 인해 정서적 불안정과 사회적 소외를 경험할 가능성이 크다. 따라서 이들에 대한 맞춤형 지원은 그들이 한국 사회에서 성공적으로 통합되고, 자신의 잠재력을 발휘할 수 있는 기회를 제공하는 데 중요한 역할을 한다. 더 나아가, 다문화가족 아동의 성공적인 사회 적응은 사회적 통합을 촉진하는 중요한 역할을 한다. 다문화가족이 점차 늘어나면서, 이들 가족이 한국 사회에 적절히 통합되지 않을 경우 사회적 분열이나 갈등이 발생할 가능성도 커질 수 있다(황유라 외, 2024). 따라서 다문화가족 아동에 대한 지원은 사회 전체의 안정과 발전을 위한 중요한 투자로 볼 수 있다.

다문화가족 아동 · 청소년의 가족복지를 발전시키기 위해서는 다음 사항에 대한 고려가 필요하다. 아동 · 청소년의 복지는 이들이 속한 가족의 기능에 크게 의존한다. 가족은 아동 · 청소년이 신체적 · 정서적 · 사회적으로 성장하는 과정에서 가장 중요한 환경적 요인으로 작용한다(남예지 외, 2024). 가족 내에서 건강한 의사소통, 신뢰 그리고 유대감이 형성될 때 아동 · 청소년은 정서적으로 안정되며, 사회적으로 적응할 수 있는 기반을 마련한다. 그러나 현대 사회의 다양한 변화로 인해 가족 기능이 약화되는 사례가 증가하고 있으며, 이는 아동 · 청소년의 복지에도 부정적인 영향을 미칠 수 있다. 이에 따라 가족 기능을 강화하기 위한 프로그램의 확대가 필수적이며, 이를 통해 가족 간의 유대감을 높이고 아동 · 청소년의 복지를 촉진할 필요가 있다.

3) 노인 가족복지 분야의 정책 현황과 발전 방향

현대 사회의 급속한 고령화로 인해 노인 인구가 빠르게 증가하고 있으며, 이에 따라 노인 복지에 대한 관심이 더욱 고조되고 있다. 2024년 기준 한국의 노인 인구는 전체 인구의 약 19.2%를 차지하고 있어, 이는 곧 초고령 사회로의 진입을 예고한다(국가통계포털, 2024). 노인은 가족의 중요한 구성원으로서 그들의 복지는 가족 내 관계뿐만 아니라 사회 전체의 안녕에도 큰 영향을 미친다. 이에 따라 노인이 가족과 함께 건강하고 존엄한 삶을 영위할 수 있도록 지원하는 노인 가족복지는 필수적인 정책적 영역으로 부각되고 있다. 노인 가족복지는 노인이 가족 구성원으로서 안정적이고 의미 있는 역할을 수행하도록 지원하고, 가족 내 상호 부양과 지지를 통해 삶의 질을 높이는 것을 목표로 한다(장지혜, 박현승, 2024). 고령화로 인해 노인의 역할이 단순한 부양 대상에서 사회적 자산으로 전환되고 있으며, 노인의 건강, 경제적 안정, 사회적 참여를 지원하는 복지서비스의 중요성이 더욱 커지고 있다(오유라, 2024). 특히 노인이 가족과 함께 생활하면서 심리적 안정감을 유지하고 경제적 · 정서적 자원을 활용할 수 있도록 돕는 정책이 필수적이다.

노인장기요양보험제도는 급속한 고령화에 대응하기 위해 2008년 도입된 주요 복지정책으로, 장기적인 요양이 필요한 노인에게 신체적 · 정신적 돌봄 서비스를 제공한다(보건복지부, 2024c). 이 제도는 신체 기능 저하, 치매 등으로 인해 일상생활을 독립적으로 수행하기 어려운 노인이 안정적인 요양 서비스를 받을 수 있도록 지원하며, 가족의 돌봄 부담을 경감시키는 데 중요한 역할을 한다(최희경, 2018). 최근에는 서비스 대상과 범위가 확대되어 경증 치매 노인과 경도 신체 기능 저하 노인까지 지원받을 수 있게 되었으며, 재가 서비스의 다양화와 가족요양비 지원이 강화되어 노인이 가정에서 지속적인 돌봄을 받을 수 있는 환경이 조성되고 있다.

노인장기요양보험제도는 크게 시설 서비스와 재가 서비스로 구분되며, 노인의 신체적 상태와 가족의 돌봄 여건에 따라 다양한 형태의 서비스를 제공하고 있다. 시설 서비스는 요양병원, 요양원 등에서 제공되는 입소형 돌봄 서비스로, 가족의 돌봄 여력이 부족하거나 노인의 상태가 심각한 경우 이용된다. 반면, 재가 서비스는 노인이 가족과 함께 가정에서 생활하면서 필요한 요양 서비스를 제공받는 형태로, 방문요양, 방문목욕, 주간보호 서비스 등이 포함된다(보건복지부, 노인장기요양보험제도, 2024). 또한 가족이 직접 노인을 돌보는 경우 일정 금액의 요양비를 지원하는 가족요양비 지원 제도를 통해 경제적 부담을 줄이는 데 기여하고 있다.

노인장기요양보험제도의 최근 변화 중 하나는 서비스 대상과 범위의 확대다. 초기에는 중증 노인을 중심으로 지원이 이루어졌으나, 최근에는 경증 치매 노인이나 경도 신체 기능 저하 노인도 장기요양 서비스를 받을 수 있도록 지원 대상이 확대되었다(보건복지부, 2024c). 이는 노인의 신체 기능이 완전히 저하되기 전에 적절한 돌봄을 제공하여 질병의 악화를 예방하고, 노인이 가정에서 독립적인 생활을 유지할 수 있도록 지원하는 것을 목표로 한다.

가족요양비 지원 제도는 가족이 직접 노인을 돌볼 때 발생하는 경제적 부담을 줄여 주기 위한 제도로, 가족이 재가에서 요양을 담당하는 경우 일정 금액의 지원금을 제공한다(보건복지부, 노인장기요양보험제도, 2024). 이는 가족 구성원에게 금전적 지원뿐만 아니라 심리적 지지도 제공하여, 돌봄의 책임이 과도하게 가족에게 전가되지 않도록 돕는 중요한 역할을 한다. 또한 재가 서비스의 다양화는 노인이 가능한 한 오랜 기간 가정에서 생활하면서 적절한 요양을 받을 수 있도록 지원하는 데 중점을 두고 있다. 방문요양, 방문간호, 방문목욕 등의 서비스가 제공되며, 노인의 개별적 필요에 맞춰 조정된다(김영미, 2011). 재가 서비스의 확장은 시설 입소에 대한 부담을 줄이는 동시에, 가족 구성원이 일상적인 생활을 유지하면서도 유연하게 노인을 돌볼 수 있는 환경을 조성하는 데 기여한다.

노인장기요양보험제도의 발전 방향은 다음과 같은 사항들을 고려할 필요가 있다.

- **재정적 지속 가능성 강화:** 노인장기요양보험제도의 지속 가능성을 보장하기 위해서는 서비스 확대와 지원 강화에도 불구하고 재정 관리가 철저히 이루어져야 한다. 고령화가 심화되면서 장기요양보험을 필요로 하는 노인의 수가 급증하고 있어 이에 따른 재정적 부담을 줄이기 위한 방안이 필요하다. 보험료율 조정이나 공공 및 민간 자원의 효과적 활용을 통해 재정 안정성을 유지하는 방안을 모색해야 한다(김용하, 2020).
- **서비스 품질 관리:** 노인장기요양서비스의 품질 관리는 제도의 실효성을 결정짓는 중요한 요소다. 재가 서비스와 시설 서비스 모두에서 제공되는 돌봄의 질적 향상을 위해 서비스 제공자에 대한 전문성 교육과 지속적인 평가가 필수적이다(윤진아, 2020). 특히 요양보호사의 전문성을 강화하고, 서비스 제공 기관의 운영 실태를 정기적으로 모니터링함으로써 노인이 양질의 서비스를 안정적으로 받을 수 있도록 해야 한다.
- **가족 돌봄 지원 프로그램의 확대:** 노인 돌봄에서 가족의 역할이 중요한 만큼, 가족 돌봄 지원 프로그램을 더욱 확대할 필요가 있다(권미영, 박보영, 2025). 가족 구성원이 요양보호사와 협력하여 노인을 돌볼 수 있도록 돌봄 교육을 제공하고, 가족의 심리적 스트레스를 해소하기 위한 상담 프로그램도 강화해야 한다. 이러한 프로그램은 가족이 노인 돌봄을 효과적으로 수행하면서도 자신의 생활을 유지할 수 있는 환경을 조성하는 데 기여할 수 있다.
- **지역사회 기반 서비스 강화:** 노인이 지역사회 내에서 통합적인 돌봄을 받을 수 있도록 지역

사회 기반의 요양 서비스가 강화될 필요가 있다(박동자, 차수민, 2022). 이를 통해 노인이 가정에서 지역사회와 연결된 상태로 돌봄을 받으며 사회적 고립을 방지할 수 있다. 예를 들어, 지역사회 돌봄센터나 치매안심센터와 같은 지역 내 돌봄 네트워크를 활용하여 노인의 사회적 참여를 증진하고, 정서적 지지를 제공하는 프로그램을 강화해야 한다.

노인장기요양보험제도는 고령화 사회에서 노인과 그 가족의 복지 향상을 위한 필수적인 제도다. 서비스 대상과 범위의 확대, 가족요양비 지원 강화, 재가 서비스의 다양화 등은 노인이 가정과 지역사회에서 존엄한 삶을 영위할 수 있도록 돕는다. 앞으로는 재정적 지속 가능성을 유지하면서 서비스의 품질을 향상시키고, 가족과 지역사회를 지원하는 다양한 프로그램을 통해 지속 가능한 노인 돌봄 체계를 구축해야 한다.

독거노인의 사회적 고립은 신체적 건강 문제뿐 아니라 정신적 고립, 우울증, 인지 저하 등을 초래할 수 있다. 특히 가족과의 물리적 거리나 의사소통 단절은 독거노인의 정서적 안정감을 저하시킬 수 있으며, 이는 결국 건강 악화와 삶의 질 저하로 이어질 수 있다(박지현, 2019). 독거노인은 일상에서 가족의 돌봄을 받지 못하거나, 지역사회와의 연계가 부족한 경우 긴급 상황에 적절히 대응하지 못할 위험도 크다. 따라서 독거노인의 고립을 예방하고 사회적 지지망을 강화하는 정책이 필요하다.

지역사회와 가족의 연계를 강화하는 것은 독거노인의 고립을 예방하고 보다 안정적인 돌봄 환경을 제공하는 데 필수적이다. 가족이 멀리 떨어져 있는 경우에도 지역사회 내에서 독거노인을 돌보고 필요한 지원을 제공할 수 있는 연계 체계를 구축해야 한다(독거노인종합지원센터, 2024). 지역사회 복지기관은 독거노인의 건강 상태와 생활 환경을 정기적으로 모니터링하고, 필요시 응급 서비스나 의료 지원을 제공한다. 또한 지역사회 내 다양한 돌봄 서비스와의 연계를 통해 독거노인의 일상생활을 지원하고, 노인이 사회적 관계망 안에서 안전하고 자립적인 삶을 영위할 수 있도록 돕는다. 이를 위해 지역사회와 가족 간 소통을 강화하고, 가족이 지역사회 복지서비스에 쉽게 접근할 수 있도록 지원하는 시스템을 마련하고 있다.

노인 가족복지 분야의 발전 방향은 다음과 같은 과제를 중심으로 이루어져야 한다.

(1) 가족 돌봄자에 대한 지원 강화

가족 돌봄자는 노인을 돌보는 중요한 역할을 맡고 있으며, 이 과정에서 신체적 · 정서적 부담을 크게 느끼는 경우가 많다. 노인의 건강 상태가 악화되거나 돌봄 요구가 증가할수록 가족 구성원이 돌봄을 지속하는 데 신체적 피로와 정서적 스트레스가 가중된다(이용재, 2024). 이러한 상황에서 돌봄자의 부담을 줄이고 돌봄의 지속 가능성을 높이기 위해 심리 상담, 휴식 지원 프로그램 등 정서적 지원이 필요하며, 가족돌봄휴직 제도와 경제적 지원 확대를 통해 가족 돌봄의 효율성과 지속 가능성을 높여야 한다.

(2) 세대 통합 프로그램의 확대

현대 사회에서 세대 간 단절은 가정 내 의사소통 부족, 세대 갈등, 정서적 거리감을 초래할 수 있다. 노인과 자녀 세대 간 교류가 줄어들면 정서적 소외와 고립감이 심화되고, 이는 노인의 정신적 건강에 부정적인 영향을 미친다. 이러한 문제를 해결하기 위해 세대 통합 프로그램이 중요한 역할(조정신 외, 2012)을 하며, 이를 통해 노인과 자녀 세대 간 교류를 증진시키고 가족 내 유대를 강화할 수 있다(이양수, 이미숙, 2024). 세대 간 소통은 가족 관계를 개선하고 노인의 정서적 안녕을 증진하는 중요한 요인으로 작용한다.

(3) 지역사회와의 협력 강화

현대 사회에서 노인복지는 노인 개인뿐만 아니라 가족과 지역사회 전체가 함께 고민해야 할 문제로 대두되고 있다. 노인이 가족과 함께 안전하게 생활할 수 있는 환경을 조성하기 위해서는 지역사회의 역할이 중요하다(김선, 김준표, 2024). 지역사회 자원과의 연계를 통해 노인과 가족에게 통합적인 복지서비스를 제공함으로써 노인의 삶의 질을 향상시키고 가족의 돌봄 부담을 완화해야 한다(이양수, 이미숙, 2024). 특히 지역사회 통합돌봄 서비스는 노인이 지역사회 내에서 자립적 생활을 유지하면서 필요한 지원을 받을 수 있도록 돕는 중요한 복지정책이다.

(4) 노인 가족복지 인프라 확충

고령화 사회로의 진입과 함께 노인과 가족을 위한 복지 인프라의 확충은 점점 더 중요해지고 있다. 노인복지서비스의 질적 향상은 전문적인 복지 시설과 전문 인력의 확보를 통해 이루어지며, 이를 통해 노인의 삶의 질을 높이고 가족의 돌봄 부담을 줄일 수 있다(설진아, 2024). 특히 농어촌과 같은 복지서비스 접근성이 낮은 지역에서는 복지 인프라 부족이 더욱 심각한 문제로 나타나고 있어 이에 대한 지원 확대가 필요하다. 노인복지 인프라의 확충은 노인뿐 아니라 가족과 지역사회 전체의 복지 수준을 향상시키는 중요한 과제가 될 것이다.

(5) 노인 친화적 가족복지정책의 통합적 추진

고령화 사회로의 진입에 따라 노인복지와 관련된 가족복지정책의 통합적 추진이 점점 더 중요해지고 있다(강성호, 2024; 장역동, 민경훈, 2024). 노인 가족복지는 노인의 삶의 질을 향상시키고 가족의 안정과 돌봄 부담을 경감시키는 데 중요한 역할을 한다. 그러나 현재의 노인복지정책은 중복 지원과 서비스 사각지대 문제가 있으며, 이를 해결하기 위해서는 부처 간 협력과 정보 공유가 필수적이다. 통합적 접근을 통해 노인과 가족이 함께 존엄하고 행복한 삶을 영위할 수 있는 사회를 만들어 나가야 한다.

노인 가족복지의 발전 방향은 가족 돌봄자 지원 강화, 세대 간 소통 증진, 지역사회와의 협력, 복지 인프라 확충, 그리고 노인 친화적 가족복지정책의 통합적 추진을 포함한다. 이를 통해 노인과 가족의 복지 수준을 높이고, 노인이 가족과 지역사회 속에서 존엄하고 안정된 삶을 영위할 수 있는 환경을 조성해야 한다.

참고문헌

강동욱(2024). 아동에 대한 정서적 학대행위의 형사처벌에 관한 소고-보호자 및 교원의 훈육행위와 관련하여-. **명지법학**, 22(2), 103-126.

강성호(2024). 가구분화에 따른 노인가구의 빈곤 및 소득불평등 추정과 정책 방향. **보건사회연구**, 44(2), 4-29.

강정숙, 강현아(2015). 부모와 전문 인력의 관계가 부모 임파워먼트를 통해 양육효능감에 미치는 영향. **한국아동복지학**, 52, 1-29.

고선강, 서지원(2024). 가족센터 실무자의 경험과 요구에 따른 통합적 다문화가족사업의 대안 모색. **가정과삶의질연구**, 42(2), 99-117.

고용노동부(2023a). 2023 여성경제활동 백서.

고용노동부(2023b). 고용보험 고용정보통합분석시스템 연도별 통계. https://www.index.go.kr/unity/potal/main/EachDtlPageDetail.do?idx_cd=1504

교육부, 한국교육개발원(2024). 늘봄학교. https://www.afterschool.go.kr/intro/care/careInfo1s3.do

구인회, 손병돈, 안상훈(2010). **사회복지정책론**. 나남.

국가통계포털(2024). 노인인구. https://kosis.kr/search/search.do?query=%EB%85%B8%EC%9D%B8%EC%9D%B8%EA%B5%AC

권미영, 박보영(2025). 장기요양보험의 법제화와 서비스 제공기관의 성격 변화: 사회복지조직에 관한 사례연구. **융합인문학**, 13(1), 31-68.

권혜원(2022). 가족친화제도와 일-가정 양립 지원 조직문화가 구성원의 조직몰입에 미치는 영향. **기업**

경영연구, 29(6), 227-254.

김민주, 서정재(2024). 남성육아휴직 경험자의 출산의향에 관한 분석. 미래사회, 15(1), 51-71.

김선, 김준표(2024). 노인의 지역사회 계속 거주(Aging in Place)에 대한 지역사회 환경 및 복지 인프라의 영향: 연령과 건강상태에 따른 차이를 중심으로. 한국융합과학회지, 13(11), 301-313.

김선숙, 조소연, 진재찬(2024). 한국의 다문화정책, 어떠한 변화가 필요한가? : C시 가족센터 경험을 중심으로. 현대 사회와 다문화, 14(2), 1-29.

김영미(2011). 재가 노인의 운동실천과 건강지향행동 및 웰다잉의 관계. 한국체육학회지, 50(3), 87-106.

김용하(2020). 노인장기요양보험 재정의 지속가능성과 세대 간 공평성. 보건사회연구, 40(4), 149-177

김은지(2022). 한부모가족정책 기본계획 수립 연구. 여성가족부.

김은혜, 현지은, 김성미(2024). 한부모가족복지시설 여성가구주의 자립 준비 과정에 관한 연구. 한국가족복지학, 71(2), 69-102.

김정희(2024). 차별경험이 한부모가족 가구주의 우울에 미치는 영향. 가족자원경영과 정책, 28(3), 17-27. https://www.index.go.kr/unify/idx-info.do?pop=1&idxCd=5061

김종태(2025). 출산율, 고령화, 청년층의 수도권 집중화를 반영한 새로운 인구소멸지수 제안. 한국데이터정보과학회지, 36(1), 71-85.

김진수, 권혁창, 정창률, 배화숙(2013). 사회복지법제론. 청목.

김희, 심미승(2021). 급여대상체계 전환에 따른 아동수당의 방향성에 관한 소고. 한국웰니스학회지, 16(1), 93-101.

김희경, 신지민(2023). 여성관리자의 일가정 양립수준 및 영향요인 분석: 2014년 vs 2020년 공사조직 간 비교를 중심으로. 한국조직학회보, 19(4), 1-36.

남보영, 김담이, 이진영(2023). 맞벌이 워킹맘의 육아정책 이용 경험과 인식에 대한 질적 연구: 코로나19 이전과 코로나19 시기의 육아정책은 실효성이 있었는가?. 사회복지연구, 54(4), 67-114.

남예지, 김유정, 홍세희(2024). 다문화 청소년의 다문화가족정책 참여 여부가 삶의 만족도에 미치는 영향: 성취동기 변화 유형에 따른 차이. 한국청소년연구, 35(2), 111-136.

노기현(2024). 지역공생 포괄돌봄 거버넌스 구축에 관한 공법적 소고—2024년 3월「돌봄통합지원법」의 제정을 계기로—. 지방자치법연구, 24(4), 317-345.

노지형, 송하나(2024). 텍스트 마이닝과 네트워크 분석을 통한 아동학대 연구 동향 분석. 청소년학연구, 31(7), 285-314.

노호창(2023). 출산전후휴가급여 및 육아휴직급여의 재정적 기초에 관한 법적 검토. 노동법논총, 57, 245-291.

다누리(2024). 다문화가족지원센터. https://www.liveinkorea.kr/portal/KOR/main/main.do

독거노인종합지원센터(2024). 노인맞춤돌봄지원사업. https://www.1661-2129.or.kr/main/index.do

마지예, 편지애, 최나야(2024). 외국인 어머니의 가정 내 모국어 지지 환경이 청소년기 자녀의 학교적응

에 미치는 영향:어머니-자녀 간 대화, 어머니의 부모효능감, 어머니-자녀 관계의 이중매개효과. 복지와 문화다양성 연구, 6(3), 35-60.

모아라(2023). 한국 다문화사회에 대한 인식 개선방향 고찰. 복지와 문화다양성 연구, 5(1), 153-173.

문영만(2023). 비정규직 여성과 가구주의 고용불안정성이 자녀 출산에 미치는 영향–사업체 규모와 지역을 중심으로–. 지역개발연구(The Studies in Regional Development), 55(3), 21-4

민규량, 이철희(2020). 보편적 보육료 지원정책이 여성 노동공급과 출산율에 미친 영향. 노동경제논집, 43(4), 143-177.

박동자, 차수민(2022). 안정적인 지역사회 통합돌봄을 위한 노인장기요양보험제도 역할에 대한 인식 연구: 보건의료복지 종사자 중심으로. 고령자·치매작업치료학회지, 16(1), 23-39.

박수경(2024). 저출산 극복과 일가정양립을 위한 일본의 유연한 일하는 방식 확대에 관한 연구–일본의 육아개호휴업법 개정 동향을 중심으로–. 아주법학, 18(2), 43-74.

박주희, 최혜영(2014). 아동발달 및 양육 지원서비스의 가족친화적 특성과 다양성이 이용만족도에 미치는 영향. 아동학회지, 35(4), 281-297.

박준서(2024). 다차원 정책분석모형을 적용한 늘봄학교 정책 분석. 교육비평, 55, 267-310.

박지현(2019). 농촌 지역 노인복지관 복지플랫폼 실천전략 구축을 위한 탐색적 연구–사회적 관계망과 삶의 만족도를 중심으로–. 한국웰니스학회지, 14(1), 141-158.

백지희(2024). 유보통합에 관한 국내 연구동향과 미래 연구방향. 차세대컨버전스정보서비스기술논문지, 13(6), 839-848.

백효진, 이한나, 김승희(2021). 싱글맘 가족 쉐어하우스 입주 의사와 주거지원서비스 요구에 관한 연구. 주거환경, 19(2), 45-59.

보건복지부(2024a). 2024년 보육사업안내.

보건복지부(2024b). 2024년 부모급여 사업안내.

보건복지부(2024c). 노인장기요양보험제도란? https://www.mohw.go.kr/menu.es?mid=a10712030100

사용진(2025). IPA 분석을 통한 다문화가족 지원 정책 탐색 연구: 결혼이민자 여성을 중심으로. 한국과 세계, 7(1), 399-419.

서울특별시(2024). 공동육아방 · 공동육아나눔터, 우리동네 키움센터. https://news.seoul.go.kr/welfare/archives/509656

설진아(2024). 능동적인 노년층(Active Senior)의 디지털 정보화 교육에 관한 탐색 연구. 노년교육연구, 10(1), 23-49.

손병덕(2020). 사회복지정책론. 학지사.

손병덕, 황혜원, 전미애(2006). 가족복지론. 학지사.

송다영(2024). 젠더불평등과 저출산정책의 정책굴절–정부의 '저출생 추세 반전을 위한 대책'에 대한 비판적 분석. 페미니즘연구, 24(2), 51-88.

송다영, 백경흔, 장수정(2024). 돌봄주류화 관점에서의 저출산고령사회기본법과 기본계획의 예산추이 분석 및 평가: 저출산 부문을 중심으로. 비판사회정책, 83, 81-114.

송효진(2021). 개인화 시대, 미래 가족 변화에 대응하는 포용적 법제 구축 방안. 경제인문사회연구회.

신승연, 박현정, 이상무(2024). 맞벌이 부부의 일 · 생활 균형 실태 및 지원방안 연구—심층면담을 중심으로—. 한국웰니스학회지, 19(4), 47-55.

신은주, 전예빈, 최옥채(2024). 아동보호전문기관 상담원의 성학대사례 개입 경험에 대한 연구. 사회과학연구, 35(2), 303-324.

심영(2024). 저소득층 가계의 경제위기대응 및 경제복지 연구. 소비자정책교육연구, 20(1), 1-55.

안완식, 박규리(2024). 저출산 시대 결혼 및 출산장려 증진을 위한 정책 방안: 미래사회의 과제. 융합과 통섭, 7(4), 42-60.

양명숙, 한영숙(2007). 청소년 전환기 아동이 지각한 가족의 건강성 및부모의 양육태도가 아동의 행동문제에 미치는 영향. 상담학연구, 8(1), 351-363.

양정하, 황인옥(2023). 한국 노인복지정책의 통합적 분석. 상담심리교육복지, 10(2), 181-198.

여성가족부(2024). 2024년 가족사업안내.

여성가족부(2025). 가족센터 운영. https://www.mogef.go.kr/sp/fam/sp_fam_f003.do

오유라(2024). 노인의 사회경제적 집단 유형별 사회복지서비스 이용 추이: 의료 · 돌봄 · 복지 중심으로. 보건사회연구, 44(1), 268-297.

유해미(2024). 영유아와 초등학생 자녀의 틈새돌봄 지원정책 현황. 육아정책포럼, 80, 54-64.

유혜경(2024). 조손가정 지원의 문제점과 개선방안: 아동 · 청소년 지원을 중심으로. 사회법연구, 52, 47-84.

윤진아(2020). 우리나라 요양인력제도의 개선방안—독일의 '요양직업법'을 참고하여—. 법과정책연구, 20(4), 247-279.

윤향희, 김경제(2024). 「다문화가족지원법」의 개선방안. 입법학연구, 21(2), 225-252.

윤혜민, 최은정(2019). 국가 정책에 대한 언론과 SNS 반응의 감성 분석 연구—아동 수당, 출산 장려금 정책을 중심으로—. 디지털융복합연구, 17(2), 195-200.

윤홍식(2011). 가족정책, 복지국가의 새로운 역할 : 보편성과 다양성에 대한 요구. 한국가족복지학, 33, 5-35.

윤홍식(2020). 우리는 복지국가로 간다. 사회평론아카데미.

이민영, 임혜숙, 유진나(2025). 한국 청소년의 주관적 행복감 국내 연구 동향분석: 주제범위 문헌고찰. 학습자중심교과교육연구, 25(1), 1-12.

이상은, 정찬미(2017). 한국 아동수당 도입에 따른 이슈와 정책방향. 입법과 정책, 9(3), 409-432.

이양수, 이미숙(2024). 노년기 세대의 내 · 외적 요인이 주관적 웰빙에 미치는 영향: 상-하향 확산이론을 중심으로. 지역정책연구, 35(2), 67-92.
이양수, 이미숙(2024). 노년기 세대의 내 · 외적 요인이 주관적 웰빙에 미치는 영향. 지역정책연구, 35(2), 67-92.
이용재(2024). 고령화 시대 수요자 중심 노인돌봄강화를 위한 장기요양요원지원센터 운영실태와 편익분석. 한국지역사회복지학, 89, 1-22.
이윤정(2024). 미혼 청소년 한부모의 주거 · 생활 및 자녀돌봄 정책 지원 효과: 양육에 대한 자기평가에 미치는 영향. 보건사회연구, 44(3), 226-251.
이인순(2023). 사회복지정책론. 창지사.
이준엽, 신형진(2024). 다문화 청소년의 이중언어와 사회적 배제. 한국청소년연구, 35(3), 91-111.
이현주, 이홍직(2023). 다문화가족 센터 서비스 제공자의 문화적 역량에 관한 연구. 한국웰니스학회지, 18(3), 47-53.
임결(2024). 빈곤 장애여성의 노동시장 진입에 미치는 영향에 관한 연구—사회자본 수준과 유형을 중심으로—. 한국컴퓨터정보학회논문지, 29(4), 125-134.
장기용(2024). 출산율 제고를 위한 일 · 가정 양립 지원세제의 개선방안. 국제회계연구, 118, 119-144.
장역동, 민경훈(2024). 노인 친화적 커뮤니티 공공 공간에 관한 연구. 한국디자인리서치, 9(2), 223-232.
장인협, 최성재(2010). 노인복지학. 서울대학교 출판문화원.
장주영, 김희주(2024). 이주민 가족의 사회통합을 위한 법제도 검토: 영유아 보육 및 장애인, 한부모가족 지원을 중심으로. 보건사회연구, 44(2), 67-84.
장지혜, 박현승(2024). 노인의 가족관계 만족도가 우울감에 미치는 영향: 자아존중감의 매개효과. 산업진흥연구, 9(1), 113-122.
정유진, 임병노(2025). 메타버스 활용 마을교육 모형 개발 연구. 열린교육연구, 33(1), 99-128.
정재훈(2023). 저출산 대응의 새로운 출발—인구정책에서 가족정책으로의 전환—. 한국가족복지학, 70(4), 215-234.
정지영, 안진경, 김은혜(2021). 방임 및 보호 아동 · 청소년 원가정 회복지원 시범사업의 현황과 과제. 가족자원경영과 정책, 25(3), 87-102.
조성혜(2017). 양성평등정책과 성평등한 노동시장을 위한 법제—일 · 가정 양립 지원제도를 중심으로—. 사회법연구, 32, 189-225.
조정신, 육길나, 황성원(2012). 어린이집과 노인복지관 연계 세대통합프로그램 참여 경험에 관한 연구. 유아교육·보육복지연구, 16(4), 77-112.
조주현, 유성진(2024). 양육자가 지각한 원가족기능이 양육스트레스에 미치는 영향 : Cloninger 자아탄력성 요인의 조절된 매개효과. 한국과 국제사회, 8(6), 355-382.
조혜경(2024). 서울시 영유아 돌봄의 공동육아방 운영의 어려움과 지원방안에 대한 연구: 노원구를 중심으로. 학습자중심교과교육연구, 24(7), 703-719.

지은정(2006). 베버리지 보고서의 사회보장 원칙과 가정에 대한 비판의 타당성 검토. 한국사회복지학, 58(1), 175-208.

최숙희, 김지현(2024). 여성 경제활동, 생산성 및 소득 불평등과 출산율의 관계: 국제비교. 여성경제연구, 21(1), 49-70.

최아라, 김수향, 진재섭(2023). A군 어린이집 이용 부모의 보육정책 및 보육서비스 인식 및 요구. 인문사회 21, 14(3), 5783-5798.

최영, 박순우(2007). 사회투자전략으로서의 아동정책의 변화 양상-영국과 캐나다를 중심으로. 아동과 권리, 11(4), 579-611.

최유석(2014). 세대간 연대의식의 기반: 가족주의 연대. 한국인구학, 37(4), 61-87.

최희경, 이인숙(2005). 비정형가족의 특성과 가족복지에의 함의: 강점관점을 중심으로. 한국가족복지학회, 15, 245-283.

최효미(2024). 아동수당 지원이 영유아 양육비용에 미친 영향. 여성경제연구, 21(1), 23-48.

최희경(2018). 노인장기요양보험제도와 돌봄 정의. 한국사회정책, 25(3), 103-130.

통계청(2024a). 인구동향조사 '합계출산율' https://www.index.go.kr/unify/idx-info.do?idxCd=5061

통계청(2024b). 여성고용동향. https://www.index.go.kr/unity/potal/main/EachDtlPageDetail.do?idx_cd=1497

한국건강가정진흥원(2024). 가족서비스사업지원. https://www.kihf.or.kr/web/lay1/S1T265C268/contents.do

한국보육진흥원(2024). 어린이집평가. https://www.kcpi.or.kr/kcpi/business/childcarecentaccredcourse.do

한승주, 최충(2019). 아동수당과 합계출산율: OECD 국가를 중심으로. 한국경제포럼, 12(1), 27-55.

홍승아(2018). 남성 육아휴직과 기업의 조직문화. 젠더와 문화, 11(1), 145-183.

황민지(2023). 아동수당제도 도입 현황과 시사점: OECD 국가를 중심으로. 한국육아지원학회 학술대회지, 2023(5), 180-180.

황유라, 권미정, 김지민, 김혜경(2024). 부모의 문화권에 따른 다문화가족 청소년의 정신건강 및 건강행동 특성. 보건교육건강증진학회지, 41(2), 1-13.

황희봉, 주은선(2023). 부모지지가 다문화가족 청소년의 성취동기에 미치는 영향: 국가정체성과 자아존중감의 매개효과를 중심으로. 복지와 문화다양성 연구, 5(1), 79-102.

Atkinson, A. B. (2015). *Inequality: What Can Be Done?*. Harvard University Press.

Beveridge, W. (1942). *Social Insurance and Allied Services* (Beveridge Report). UK Parliament.

Esping-Andersen, G. (1990). The Three Worlds of Welfare Capitalism. Princeton University Press.

Hothersall, J., Osgerby, A., Godfrey, R. E., Overton, T. W., Busby, S. J. W., & Browning, D. F.

(2022). New vectors for urea-inducible recombinant protein production. *New Biotechnology, 72*, 89-96. https://doi.org/10.1016/j.nbt.2022.10.003

Minuchin, S. (2012). Families and Family Therapy. Routledge.

Spray, C., & Jowett, B. (2012). *Social work practice with children and families*. SAGE Publications Ltd, https://doi.org/10.4135/9781446288993

Titmuss, R. M. (1974). *Social policy: An introduction*. Allen & Unwin.

Walsh, M., Stephens, P., & Moore, S. (2000). *Social Policy and Welfare*. Nelson Thornes.

제4장

가족복지정책의 실제

학습 목표

1. 가족복지정책의 전달 체계 구조와 중앙정부, 지자체, 민간 부문의 역할 및 상호 연계 방식을 설명할 수 있다.
2. 보육 · 모성보호, 부모권 보장, 소득보장 등 주요 가족복지정책의 내용과 목표를 설명하고, 정책적 한계와 발전 방향을 평가할 수 있다.
3. 가족복지서비스 기관과 돌봄 서비스의 역할 및 전달 체계를 설명하며, 이들 서비스가 가족복지 증진에 기여하는 방안을 설명할 수 있다.
4. 노인 가족복지 분야의 주요 정책을 설명하고, 정책적 과제와 발전 방향을 제시할 수 있다.

가족복지정책의 전달 체계는 중앙정부, 지방자치단체(이하 지자체), 민간 부문 간의 상호 연계를 통해 체계적으로 구축되며, 이를 통해 다양한 가족이 필요로 하는 복지서비스를 효과적으로 제공하는 구조를 형성한다. 중앙정부는 정책의 수립과 재정적 지원을 담당하고, 지자체와 민간 부문은 실제 서비스의 제공과 집행을 맡으며, 이 다층적 체계는 공식적 전달 체계와 비공식적 전달 체계를 모두 포함하여 복지서비스의 접근성과 효율성을 극대화한다.

중앙정부는 가족복지정책의 기본 방향을 설정하고, 법적 근거와 재정적 지원을 통해 복지서비스를 제공하는 중요한 역할을 수행한다(손병덕, 2020). 예를 들어, 「한부모가족지원법」을 통해 한부모가족에 대한 경제적 지원과 다양한 복지서비스를 주관하며, 보육 서비스, 아동수당, 노인장기요양보험 등의 정책을 통해 가족복지정책의 지속적 발전을 도모하고 있다. 또한 중앙정부는 지자체와 민간 부문에 자원과 지침을 제공하여 정책의 통일성과 효과성을 확보하고, 정책의 일관된 실행을 보장한다.

지자체는 중앙정부의 정책을 바탕으로 지역 내 가족복지서비스를 구체화하고 집행하는 중요한 전달 체계 역할을 수행한다(손병덕, 2020). 또한 중앙정부로부터 제공된 재원을 활용하여 보육시설 확충, 노인 돌봄 서비스 제공, 저소득층 가정 지원 등 다양한 가족복지서비스를 운영하며, 지역 특성에 맞는 맞춤형 서비스를 개발 · 실행하는 데 핵심적인 역할을 맡는다. 다문화가족이나 저소득층 가정을 위한 상담 및 지원 프로그램 운영, 지역사회 내 취약계층에 대한 집중적인 지원 등이 그 예다. 지자체는 자체 예산을 활용하여 추가적인 서비스를 제공함으로써 지역사회의 다양한 요구를 충족시키고 복지 자원의 효율적 활용을 도모하고 있다.

민간 부문, 특히 비영리 단체와 비정부기구(NGO)는 가족복지정책의 비공식 전달 체계로서 중요한 역할을 한다(손병덕, 2020). 이들은 정부로부터 일부 재정적 지원을 받거나 독립적인 재원을 활용하여 가족복지서비스를 제공하며, 지역사회 기반으로 가족의 다양한 요구를 충족시키는 유연성을 보유하고 있다. 예를 들어, 다문화가족지원센터나 아동복지기관들은 지자체와 협력하여 다문화가족과 취약가정에 대한 심리적 및 사회적 지원을 제공하고 있다. 민간 부문은 또한 사회적 자본을 활용하여 가족 간 소통 증진을 위한 다양한 프로그램을 운영하고, 가족 갈등 해결을 위한 상담 프로그램을 제공하며, 사회적 연대감을 강화하는 데 기여한다. 이러한 활동은 가족복지서비스의 접근성과 효과성을 높이는 중요한 요소로 작용한다.

중앙정부, 지자체, 민간 부문 간의 연계는 가족복지정책의 실효성을 높이기 위한 핵심적인 요소다. 중앙정부는 정책의 기본 틀을 설정하고 법적 · 재정적 기반을 마련하며, 지자체와 민간 부문에 자원을 분배하고 관리 · 감독을 수행한다(이진, 소순창, 2016). 이러한 방식으로 중앙정부는 정책의 일관성을 유지하면서도 지자체가 지역 특성에 맞는 다양한 서비스를 제공할 수 있도록 자율성을 부여한다. 지자체는 민간 부문과 협력하여 지역사회 내 다양한 복지 자원을 동원하고 연계함으로써 복지 자원의 활용을 극대화하고 맞춤형 서비스를 제공한다. 민간 부문은 비공식적 전달 체계로서 정부의 공식적 전달 체계를 보완하고, 가족 상담 서비스나 돌봄 서비스를 제공하는 등 지역사회의 자원을 활용해 유연하고 실질적인 서비스를 제공한다. 이러한 다층적 전달 체계는 가족복지정책의 성공적 시행을 위한 필수 요소로, 가족의 복지 수준을 전반적으로 향상시키는 데 중요한 역할을 한다.

향후 가족복지정책의 질적 향상을 위해서는 전문 인력의 확충과 가족복지서비스의 범위와 질을 확대하는 것이 중요하다. 또한 가족들이 복지서비스를 쉽게 이용할 수 있는 환경을 조성하고, 중앙정부, 지자체, 민간 부문 간의 지속적인 협력과 소통을 통해 가족복지서비스의 접근성과 효과성을 강화해야 한다. 이를 통해 가족복지정책의 지속 가능한 발전을 이루고, 가족의 삶의 질을 전반적으로 향상시킬 수 있을 것이다.

1. 보육·모성보호 지원 정책

1) 가족의 노동권 보장정책

보육정책과 방과 후 보육정책은 아동의 복지 증진과 부모의 일·가정 양립을 지원하기 위한 중요한 사회복지정책으로 자리매김하고 있다. 길버트와 테렐(Gilbert & Terrell, 2013)이 제시한 사회복지정책 분석틀을 활용하면 이들 정책의 목표, 급여 형태, 재원 마련, 서비스 전달 체계, 정책적 선택 및 한계를 체계적으로 분석할 수 있다. 보육정책과 방과 후 보육정책은 주로 아동의 복지 향상과 부모의 경제활동 참여 지원을 목표로 하며, 특히 여성의 경제적 기회를 보장하고 저출산 문제 해결을 도모한다. 길버트와 테렐(2013)의 분석틀에 따르면, 이들 정책은 평등과 효율성을 균형 있게 고려하며, 보편적 복지 모델을 지향하는 특징을 갖고 있다. 보육정책은 모든 아동이 소득 수준에 관계없이 양질의 보육 서비스를 받을 수 있도록 보편적 접근을 지향하며, 방과 후 보육정책 역시 부모의 노동시장 참여를 촉진하고 아동의 안전과 교육적 성장을 지원하는 방향으로 개발되었다(여성가족부, 2024).

길버트와 테렐(2013)의 분석틀에서 복지정책의 급여는 현금, 현물, 서비스 형태로 구분된다. 보육정책에서 제공되는 급여는 주로 현물(보육 서비스)과 서비스 형태로 이루어지며, 일부 현금 급여(아동수당, 부모급여 등)도 포함된다. 보육료 지원과 방과 후 돌봄 서비스는 현물 급여의 대표적인 예이며, 방과 후 보육정책은 아동이 학교에서 안전하게 머무르며 다양한 교육적 활동을 할 수 있도록 지원하는 서비스 형태로 제공된다(보건복지부, 2024a). 이들 정책은 저소득 가정뿐만 아니라 맞벌이 부부를 포함한 모든 가정에 보편적으로 제공되어 사회적 평등을 실현하는 데 기여하고 있다.

재원 마련 측면에서, 보육정책과 방과 후 보육정책은 주로 중앙정부와 지자체의 재정적 지원으로 운영된다. 2024년 정부는 보육 관련 예산을 대폭 확대하여 모든 가정이 보육료 지원을 받을 수 있도록 하였으며, 방과 후 보육정책 역시 지자체의 재정적 참여를 통해 실행되고 있다(보건복지부, 2024a). 영유아 보육료 지원 제도는 중앙정부와 지자체의 공동 재정 부담을 통해 운영되며, 방과 후 보육 서비스는 지자체가 주도하여 지역사회 특성에 맞춰 제공하고 있다. 이는 재원 분담과 역할 분담이 명확히 이루어지고 있으며, 중앙정부와 지자체 간의 협력이 중요한 역할을 하고 있음을 보여 준다.

서비스 전달 체계는 공공과 민간 부문의 협력으로 구성되어 있다. 국공립 어린이집뿐만 아니라 민간 어린이집과 가정 어린이집도 주요 보육 제공자로서 중요한 역할을 하며, 이는 정부의 재정 지원을 통해 운영된다(보건복지부, 2024a). 방과 후 보육정책에서는 주로 학교가 중심적인 역할을 하며, 다함께돌봄센터와 같은 지역사회 돌봄기관이 보완적으로 참여한다. 길버트와 테렐(2013)의 분석틀에 따르면, 이러한 공공-민간 협력 모델은 보육정책의 전달 체계를 더욱 유연하고 포괄적으로 만드는 데 기여하고 있다.

그러나 보육정책과 방과 후 보육정책은 여전히 일부 한계를 가지고 있다. 길버트와 테렐(2013)의 분석틀에 따르면, 정책적 한계는 자원의 분배와 관련된 문제에서 기인할 수 있다. 우리나라의 보육정책은 보편적 접근을 지향하지만, 국공립 어린이집의 접근성 부족, 특히 농어촌 지역에서의 보육 서비스 공급의 한계가 문제로 지적되고 있다(홍지연, 이승연, 2024). 방과 후 보육정책도 대도시와 농촌 간 서비스 제공의 불균형이 있으며, 사교육비 부담을 줄이는 데 있어 방과 후 돌봄 서비스의 질과 범위가 충분하지 않다는 지적이 있다. 이러한 한계는 사회적 자원의 효율적 배분을 강화해야 할 필요성을 시사하며, 지자체와 민간 부문의 협력을 통한 서비스 확장이 요구된다(홍지연, 이승연, 2024).

길버트와 테렐의 분석틀을 통해 분석한 결과, 보육정책과 방과 후 보육정책은 아동의 복지증진과 부모의 경제활동 지원이라는 목표를 상당히 충족하고 있음을 확인할 수 있다. 그러나 서비스의 지역적 불균형과 재정적 부담 문제를 해결하기 위해 중앙정부와 지자체 간의 긴밀한 협력과 민간 부문과의 연계가 더욱 강화될 필요가 있다. 또한 맞춤형 보육 서비스 제공과 방과 후 돌봄 서비스의 질적 향상을 위해 보다 적극적인 정책적 노력이 필요하다(한송이, 안현정, 2024). 이를 통해 아동의 복지와 부모의 경제활동 지원이 더욱 효과적으로 이루어질 수 있을 것이다.

2) 가족의 부모권 보장정책

출산전후휴가, 육아휴직, 배우자 출산휴가 제도는 가족복지를 증진하고 부모의 노동권과 부모로서의 권리를 보장하며, 일과 가정의 양립을 지원하는 데 중점을 둔 핵심적인 사회복지정책이다. 길버트와 테렐(2013)이 제시한 사회복지정책 분석틀을 통해, 이러한 정책들을 목표, 급여 형태, 재정 구조, 서비스 전달 체계, 정책적 선택 및 한계 측면에서 체계적으로 분석할 수 있다.

출산전후휴가, 육아휴직, 배우자 출산휴가 제도의 주요 목표는 부모의 노동권을 보장하면서 아동의 복지를 향상시키는 데 있다. 이러한 제도들은 일과 가정의 양립을 지원하여 가족의 삶의 질을 높이고, 특히 여성의 경제활동 참여율을 높이는 데 기여하고 있다(남보영 외, 2023). 길버트와 테렐(2013)의 분석틀에 따르면, 이들 정책은 평등과 효율성을 강조하며, 성평등을 중요한 가치로 삼아 남성과 여성 모두에게 육아휴직의 기회를 제공한다. 배우자 출산휴가는 남성의 육아 참여를 장려하여 성별 역할 분담을 개선하고, 궁극적으로 가족 구성원의 균형 있는 삶을 지원하는 데 기여한다(최숙희, 김지현, 2024).

길버트와 테렐(2013)의 분석틀에 따르면, 복지정책에서 제공되는 급여는 현금, 현물, 서비스 형태로 구분된다. 우리나라의 출산전후휴가, 육아휴직, 배우자 출산휴가 제도하에서 급여는 주로 현금 급여 형태로 제공되며, 육아휴직 중 근로자는 통상 임금의 80%를 지급받고, 고용보험을 통해 추가적인 급여 지원을 받는다(홍지연, 이승연, 2024). 배우자 출산휴가 제도에서는 남성 근로자에게 초기 몇 개월 동안 급여를 상향 지급하여 경제적 부담 없이 육아에 참여할 수 있도록 하고 있다. 이러한 현금 급여는 부모가 아동 양육에 집중할 수 있도록 경제적 안정을 보장하는 데 기여한다.

출산전후휴가와 육아휴직의 재원은 주로 고용보험을 통해 마련된다. 고용보험은 정부와 근로자가 기금을 공동으로 부담하여 운영되며, 이는 사회적 연대의 원칙을 반영하고 있다(Gilbert & Terrell, 2013). 중소기업 근로자와 비정규직 근로자의 육아휴직 사용을 장려하기 위해 정부는 추가적인 재정 지원을 제공하며, 이를 통해 고용 취약계층의 일·가정 양립을 보장하려 한다(남보영 외, 2023).

출산전후휴가, 육아휴직, 배우자 출산휴가의 전달 체계는 공공 부문이 주도하며, 중앙정부는 고용노동부를 통해 관련 정책을 시행하고 고용보험기금을 통해 급여를 지급한다. 지자체는 이러한 정책의 홍보와 지원을 담당하며, 특히 중소기업 근로자들이 육아휴직을 원활히 사용할 수 있도록 지자체 차원의 지원책을 마련하고 있다(고용노동부, 2024). 민간 부문은 주로 기업 내 복지 제도를 통해 이러한 정책을 지원하며, 기업은 근로자가 휴직을 사용하는 동안 대체 인력을 확보하거나 복직 지원을 제공해야 한다. 중소기업에서 근로자의 휴직 사용 부담을 줄이기 위해 정부의 보조금 지원은 필수적이며, 이러한 공공-민간 협력은 매우 중요한 요소다(김미영, 손서희, 2018).

출산전후휴가, 육아휴직, 배우자 출산휴가 제도는 가족복지정책에서 중요한 역할을 수행하고 있으나, 일부 한계가 존재한다. 길버트와 테렐(2013)의 분석틀에 따르면, 이러한 정책의 한계는 주로 복지 자원의 배분 방식에서 기인한다. 부모권 보장정책은 대부분 고용보험을 통해 재원이 마련되며, 이는 고용된 근로자에게만 혜택이 제공된다는 한계를 가지고 있다(남보영 외, 2023). 비정규직 근로자나 자영업자 등 고용보험에 가입하지 않은 계층은 혜택을 받기 어렵고, 이로 인해 육아휴직 사용률이 저조한 문제가 발생한다. 또한 일부 기업에서는 남성 근로자의 육아휴직 사용에 대한 사회적 인식 부족과 조직 내 부담이 존재하여, 남성 육아휴직 사용률이 기대만큼 높지 않은 상황이다.

향후 발전 방향으로는, 첫째, 비정규직 근로자와 자영업자 등 고용보험 혜택을 받지 못하는 계층을 대상으로 한 정책적 보완이 필요하다. 이를 위해 별도의 재정 지원이나 유연한 육아휴직 사용이 가능한 제도를 마련해야 한다(최숙희, 김지현, 2024). 둘째, 남성 근로자의 육아휴직 사용률을 높이기 위해 정부와 기업은 인식 개선을 위한 캠페인과 지원책을 강화할 필요가 있다. 이를 통해 남성과 여성이 동등하게 부모로서의 책임을 공유할 수 있는 사회적 분위기를 조성해야 한다(정경윤, 2024). 셋째, 중소기업과 비정규직 근로자를 위한 재정 지원과 제도적 보호를 확대하여 모든 근로자가 평등하게 육아휴직을 사용할 수 있도록 해야 한다. 이를 통해 부모권 보장정책의 실효성을 높이고, 일·가정 양립을 위한 복지 제도가 실질적으로 작동할 수 있는 환경을 마련해야 한다(김미영, 손서희, 2018).

3) 가족의 소득보장정책

아동수당은 저출산 문제 해결과 아동의 기본적 권리 보장을 위한 중요한 사회복지정책으로 자리 잡고 있다. 길버트와 테렐(2013)이 제시한 사회복지정책 분석틀을 통해 아동수당의 목표, 급여 형태, 재정 구조, 서비스 전달 체계, 정책적 선택과 한계, 그리고 향후 발전 방향을 체계적으로 고찰해 볼 수 있다.

아동수당의 주요 목표는 모든 아동이 건강하게 성장할 수 있도록 국가가 경제적 지원을 제공하는 데 있다. 이 정책은 아동의 기본적인 생활을 보장하고, 가족의 양육 부담을 경감시키는 것을 핵심 가치로 삼으며, 궁극적으로는 저출산 문제를 해결하고 가족복지를 증진하는 데 기여하고자 한다(황민지, 2023). 길버트와 테렐(2013)의 분석틀에 따르면, 아동수당은 평등(equity)과 충분성(adequacy)을 중시하는 정책으로, 모든 아동에게 차별 없이 혜택을 제공하는 보편적 복지를 지향한다. 이는 경제적 불평등으로 인한 아동 간 복지 격차를 완화하고자 하는 목적을 담고 있으며, 국가의 적극적 개입을 통해 사회적 연대와 책임을 강조하고 있다. 특히 아동수당은 모든 아동에게 동일한 금액을 지급함으로써 가정의 경제적 안정을 도모하고, 양육 환경의 개선을 도모하고자 한다(최효미, 2024).

아동수당은 주로 현금 급여 형태로 제공되며, 이는 아동 양육에 필요한 경제적 부담을 직접적으로 줄이는 방식이다. 2024년부터 0세부터 7세까지의 모든 아동을 대상으로 아동수당, 부모급여, 첫만남 이용권을 통해 총 2,960만 원을 지원하고 있다(보건복지부, 2024b). 길버트와 테렐(2013)의 분석틀에 따르면, 아동수당은 보편적 현금 급여 형태로 제공되어 부모가 자녀 양육비를 보다 유연하게 사용할 수 있게 하며, 가정의 필요에 맞춘 재정 계획 수립을 가능하게 한다. 이는 아동이 건강하고 안정적으로 성장할 수 있는 환경을 조성하기 위한 핵심 수단으로 평가된다.

아동수당의 재정은 중앙정부 예산에서 충당되며, 아동복지 예산이 이를 통해 편성된다. 이러한 공공 재정 구조는 사회적 연대(social solidarity)와 국가의 책임을 강조하는 복지 모델에 해당하며, 길버트와 테렐(2013)의 분석틀에서 국가 주도의 공적 재정을 바탕으로 운영되는 대표적인 형태로 이해할 수 있다. 이 제도는 중앙정부가 모든 국민에게 동일한 복지 혜택을 제공함으로써 사회적 통합과 아동복지의 형평성을 강화하는 것을 목표로 한다. 또한 지자체는 중앙정부의 재정적 지원과 정책 지침에 따라 아동수당 지급의 행정적 절차를 지원하며, 이를 통해 제도의 원활한 운영이 가능하도록 한다.

아동수당의 전달 체계는 중앙정부와 지자체의 협력을 통해 운영된다. 중앙정부는 재정적 지원과 정책적 방향을 설정하고, 지자체는 주민센터를 통해 신청 접수와 지급 절차를 수행하며, 이를 통해 서비스의 접근성과 효율성을 제고하고 있다(보건복지부, 2024b). 하지만 현재의 전달 체계는 공공 부문이 주도하는 구조로, 공공-민간 협력의 요소가 미흡한 상황이다. 이에 따라 중복 신청 방지 및 행정적 절차의 간소화 필요성이 제기(차선자, 2023)되고 있으며, 정부는 전달 체계를 더욱 일원화하고 전산 시스템을 통한 정보 연계를 강화하여 이러한 문제를 해결하고자 한다.

아동수당은 모든 아동에게 동일한 급여를 제공하는 보편적 정책임에도 불구하고 몇 가지 한계가 존재한다. 첫째, 급여의 수준이 실제 양육비에 비해 충분하지 않다는 비판이 제기되고 있다(최효미, 2024). 현행 아동수당은 아동의 양육에 필요한 실질적 비용을 충분히 충당하지 못하며, 이는 정책의 충분성에 대한 문제로 연결된다. 둘째, 소득 수준에 관계없이 모든 가정에 동일한 급여가 지급됨으로써, 경제적 필요에 따른 자원의 차등적 배분이 이루어지지 않고 있다(홍근석, 임정빈, 2021). 이는 복지 자원의 효율적 배분을 저해할 수 있으며, 소득 연계형 아동수당 도입을 통해 경제적으로 어려운 가정에 더 많은 지원을 제공함으로써 이 문제를 개선할 수 있을 것이다.

아동수당의 향후 발전 방향은 다음과 같이 제시할 수 있다. 첫째, 아동수당의 지급 금액을 현실적인 양육비 수준에 맞춰 상향 조정(최효미, 2024)하여 가정의 양육 부담을 실질적으로 경감시킬 필요가 있다. 둘째, 아동수당과 부모급여 등 여러 복지 혜택 간의 중복 지원 문제를 해결하기 위해 행정 절차의 간소화와 전산 시스템을 통한 정보 연계를 강화해야(류재린, 유현경, 2019) 하며, 이를 통해 복지서비스의 공정성과 효율성을 높일 수 있을 것이다. 셋째, 소득 연계형 아동수당을 도입하여 저소득 가정에 대한 추가 지원을 통해 복지 자원의 효율적 배분을 도모하고(김남욱, 2017), 이를 통해 사회적 불평등 해소에 기여하는 방향으로 발전시킬 필요가 있다.

이러한 발전 방향을 통해 아동수당은 아동의 복지를 실질적으로 향상시키고, 가족의 양육 부담을 경감하며, 궁극적으로는 저출산 문제를 해결하는 데 중요한 역할을 할 수 있을 것이다.

2. 한부모 · 조손 가족 지원 정책

「한부모가족지원법」은 한부모가족의 생활 안정과 자립을 촉진하고 이들의 전반적인 복지를 증진하기 위해 설계된 법으로, 한부모가족이 직면한 경제적 · 사회적 · 심리적 어려움에 대한 체계적인 사회적 지원을 제공하는 것을 목표로 한다. 이 법은 경제적 지원 외에도 주거, 교육, 건강, 심리적 지원을 포함한 다각적인 복지서비스를 통해 한부모가족이 자립할 수 있는 환경을 조성하는 데 중점을 두고 있다(여성가족부, 2024).

길버트와 테렐(2013)의 사회복지정책 분석틀에 따르면, 「한부모가족지원법」은 충분성과 평등을 중시하는 정책으로 평가된다. 이는 사회적 약자인 한부모가족에게 경제적 지원뿐 아니라 다양한 복지서비스를 제공하여 이들의 생활 수준을 보장하고 사회적 평등을 실현하려는 목표를 반영한 것이다. 또한 이 법은 국가의 사회적 책임을 강조하며, 한부모가족이 경험하는 복합적인 어려움을 다각도로 지원함으로써 사회적 연대의 역할을 수행하고자 한다.

「한부모가족지원법」은 현금 급여와 서비스 제공의 두 가지 주요 형태로 지원을 제공한다. 경제적 지원은 자녀 양육비, 교육비, 의료비 등의 현금 급여로 이루어지며, 주거비 지원도 포함된다(여성가족부, 2024). 이러한 경제적 지원은 한부모가족이 기본적인 생활을 유지하고, 자녀의 복지를 보장하는 데 필수적이다. 이와 더불어 심리적 지원, 상담, 자녀 교육 프로그램 등 다양한 서비스가 제공되어, 한부모가족의 정서적 안정과 자녀 양육 능력 향상에 기여한다(여성가족부, 2024). 길버트와 테렐(2013)의 분석틀에 따르면, 「한부모가족지원법」은 경제적 지원을 중심으로 하면서도 복합적인 복지서비스 제공을 통해 다양한 필요를 충족시키려는 다각적인 접근을 취하고 있다.

「한부모가족지원법」의 재원은 중앙정부와 지자체의 예산을 통해 충당된다. 중앙정부는 기본적인 경제적 지원을 제공하는 반면, 지자체는 각 지역의 특성에 맞춘 복지서비스를 개발하고 운영한다(여성가족부, 2024). 길버트와 테렐(2013)의 분석틀에서 이 정책은 공공 재정을 통해 운영되는 보편적 복지 모델로, 정부가 사회적 안전망의 역할을 수행함으로써 사회적 약자에 대한 보호와 지원을 제공하는 대표적인 사례로 볼 수 있다. 또한 중앙정부와 지자체의 협력을 통해 재정적 안정성을 확보하는 동시에, 민간 부문의 참여와 협력을 통해 추가적인 자원을 확보함으로써 복지서비스의 범위를 확대할 필요가 있다.

서비스 전달 체계는 중앙정부, 지자체, 민간 부문의 협력을 바탕으로 구성된다. 중앙정부는 정책의 기본 방향을 설정하고 재정 지원을 주도하며, 지자체는 실질적인 서비스 제공과 신청 절차를 관리한다. 민간단체와 자원봉사 조직은 추가적인 복지서비스를 제공함으로써 비공식적인 전달 체계로서 중요한 역할을 수행한다(여성가족부, 2024). 이러한 전달 체계의 효과성을 높이기 위해서는 중앙정부와 지자체 간의 협력뿐 아니라, 민간 부문과의 연계가 필수적이다. 그러나 현행 체계에서는 지자체와 민간 부문 간의 협력이 미흡하여 복지서비스의 중복 또는 사각지대 발생 등의 문제가 존재한다.

「한부모가족지원법」은 경제적 지원에 중점을 두고 있지만, 현금 지원만으로는 한부모가족이 겪는 복합적인 문제를 근본적으로 해결하기에는 한계가 있다. 특히 저소득 한부모가족의 경우 경제적 지원이 충분하지 않은 경우가 많으며, 사회적 낙인과 차별도 여전히 존재한다(김정희, 2024). 또한 지역별로 제공되는 서비스의 질과 양이 불균형(전혜인 외, 2020)하여 지역에 따라 한부모가족이 받을 수 있는 혜택의 차이가 발생하는 문제도 있다. 이러한 문제를 해결하기 위해서는 중앙정부와 지자체 간의 협력 강화와 민간 부문과의 연계 확대가 필요하다.

「한부모가족지원법」의 향후 발전 방향으로는 다음과 같은 사항이 제시된다.

- **경제적 지원의 확대**: 현재 제공되는 현금 급여는 기본적인 생활을 유지하기에 부족한 경우가 많으므로 지원 금액을 상향 조정함으로써 한부모가족의 경제적 안정을 도모할 필요가 있다(유혜경, 2024).
- **종합적인 서비스 제공**: 경제적 지원뿐만 아니라 자녀 교육, 정신건강 지원, 고용 지원 등 복합적인 서비스를 통합적으로 제공하여 한부모가족이 자립할 수 있는 환경을 조성해야 한다(유혜경, 2024).

- 민간 부문과의 연계 강화: 민간단체와의 협력을 확대하여 한부모가족이 다양한 복지 혜택을 받을 수 있도록 하고, 지역사회 자원을 활용하는 것이 중요하다(김은지, 2022).

이러한 개선 방향을 통해 「한부모가족지원법」은 한부모가족의 생활 안정과 자립을 실질적으로 지원하며, 이들의 복지와 삶의 질을 향상시키는 데 더욱 기여할 수 있을 것이다.

3. 다문화가족 지원 정책

다문화가족지원센터는 2000년대 중반 이후 급격히 증가한 국제결혼 가정과 이민자 가정의 증가에 대응하여 이들의 사회적 적응 및 복지 문제를 해결하기 위해 설립된 핵심 복지기관이다. 2008년 제정된 「다문화가족지원법」을 기반으로 하여, 다문화가족에 대한 복지 지원을 제도적으로 강화하기 위한 틀을 마련함으로써 다문화가족지원센터가 설립되었고, 현재 주요 정책 집행 기관으로 자리매김하고 있다(다누리, 2024). 다문화가족은 언어적 장벽, 사회적 차별, 경제적 불안정, 교육 기회 부족 등의 다양한 문제에 직면해 있으며, 이에 대한 국가 차원의 체계적 지원이 요구된다. 다문화가족지원센터는 이러한 배경에서 다문화가족이 한국 사회에 안정적으로 적응하고 정착할 수 있도록 다양한 프로그램과 서비스를 제공하는 중심적 역할을 수행하고 있다(다누리, 2024).

다문화가족지원센터의 서비스 전달 체계는 중앙정부, 지자체, 민간기관의 협력 구조를 기반으로 한다.

- 중앙정부: 여성가족부는 다문화가족지원센터의 운영 계획 및 정책 목표를 설정하며, 각 센터가 적절한 서비스를 제공할 수 있도록 재정적 지원과 운영 기준을 마련한다(여성가족부, 2024). 또한 중앙정부는 다문화가족의 실태조사와 정책 연구를 통해 지속적으로 정책을 개발하고 있다.
- 지자체: 지자체는 중앙정부의 지침에 따라 지역 내 다문화가족지원센터를 설립하고 운영하며, 운영에 필요한 인력 배치와 관리 감독을 담당한다. 지자체는 지역 특성에 맞춘 맞춤형 서비스를 제공하기 위해 지역 자원을 활용하여 다문화가족을 지원한다(다누리, 2024).
- 민간기관: 민간기관은 센터 내에서 다양한 프로그램을 운영하며, 교육, 상담, 통역 · 번역, 문화체험 등의 서비스를 제공한다(손병덕, 2012). 민간 부문과의 협력을 통해 다문화가족

이 필요로 하는 실질적인 서비스를 지원하고, 현장 경험을 바탕으로 맞춤형 서비스를 개발하여 제공한다(다누리, 2024).

다문화가족지원센터는 공공과 민간의 긴밀한 협력을 통해 운영된다. 공공 부문에서는 여성가족부와 지자체가 정책적 지침과 재정적 지원을 제공하며, 민간 부문에서는 비영리법인 등이 현장에서 다문화가족을 위한 다양한 프로그램을 운영한다. 이와 더불어 다문화가족지원센터는 지역 내 교육기관, 의료기관, 복지기관 등과 협력하여 다문화가족의 사회적 적응을 촉진하고 복지 수준을 향상시키는 데 기여하고 있다(다누리, 2024). 또한 민간의 자발적 봉사와 후원 프로그램과의 연계를 통해 다문화가족이 다양한 지원을 받을 수 있도록 하고 있다.

다문화가족지원센터는 다문화가족의 사회적 통합을 위해 중요한 역할을 하고 있으나, 몇 가지 한계점도 존재한다.

- **지역별 서비스 접근성의 차이**: 지자체의 재정적 자원에 따라 센터의 운영 수준이 달라지며, 특히 농어촌 지역에서는 다문화가족이 충분한 지원을 받지 못하는 경우가 있다(김선숙 외, 2024).
- **맞춤형 서비스의 부족**: 현재 다문화가족지원센터는 언어 교육 및 문화 적응 프로그램에 초점을 맞추고 있으나, 다문화가족이 직면하는 경제적 어려움이나 법적 문제와 같은 다양한 복지 욕구에 대한 충분한 지원이 이루어지지 못하고 있다(남예지 외, 2024).

이러한 문제를 해결하기 위해 다음과 같은 발전 방향이 제시된다.

- **지역 간 서비스 불균형 해소**: 중앙정부 차원에서 재정적 지원을 강화하고, 각 지역의 특성에 맞춘 맞춤형 서비스 제공을 확대할 필요가 있다.
- **다양한 복지 욕구 반영한 프로그램 개발**: 다문화가족의 다양한 복지 욕구를 반영한 프로그램을 개발하고, 이를 제공할 수 있는 전문 인력을 확충하여 질적 서비스를 보장해야 한다.
- **민간기관과의 협력 강화**: 민간기관과의 협력을 강화함으로써 다문화가족이 지역사회 내에서 다양한 자원을 활용할 수 있는 기반을 마련해야 한다(전미현, 김경제, 2024). 이를 통해 다문화가족의 사회적 통합을 보다 효과적으로 지원할 수 있을 것이다.

다문화가족지원센터는 다문화가족의 사회적 적응과 복지 증진에 중요한 역할을 수행하며,

사회적 통합과 다양성 증진에 기여하고 있다. 앞으로 이러한 문제를 개선하고 발전시켜 다문화가족이 더욱 안정적이고 자립적으로 생활할 수 있는 환경을 조성하는 것이 필요하다.

4. 노인 가족복지 지원 정책

1) 노인장기요양보험제도를 통한 돌봄정책

노인장기요양보험제도는 고령화 사회에서 장기적인 요양이 필요한 노인들에게 지속적이고 안정적인 돌봄을 제공하기 위한 사회보험제도로서, 노인의 삶의 질을 향상시키고 가족의 돌봄 부담을 경감하는 것을 목표로 한다(보건복지부, 2024). 이 제도는 고령으로 인해 일상적인 생활이 어려운 노인들에게 가정 또는 시설에서의 장기요양서비스를 제공하며, 길버트와 테렐(2013)의 사회복지정책 분석틀에 따르면, 충분성을 강조하는 보편적 복지서비스로서 노인의 존엄성을 보호하는 데 중점을 두고 있다. 노인장기요양보험제도는 노인의 건강과 안전을 보장하고, 가족 구성원의 경제적 부담을 경감하기 위해 설계되었다.

노인장기요양보험제도는 주로 서비스 제공 형태로 이루어지며, 현금 급여보다는 직접적인 요양 서비스 제공에 중점을 둔다. 주요 서비스는 재가 서비스와 시설 서비스로 구분된다. 재가 서비스는 방문간호, 방문요양, 주야간보호 등의 형태로 가정에서 제공되며, 노인의 상태와 필요에 따라 맞춤형으로 제공된다(보건복지부, 2024c). 시설 서비스는 요양원 등에서 전문적인 돌봄을 제공하며, 노인의 건강 상태와 요양 필요 수준에 따라 차등적으로 제공된다. 또한 가족이 직접 요양을 제공하는 경우 가족요양비가 지급되어 경제적 부담을 완화하고 가족의 돌봄 참여를 장려하고 있다. 서비스 제공 방식에서는 국가가 직접 서비스를 제공하기보다는 민간 요양기관과의 계약을 통해 대부분의 서비스를 제공함으로써, 공공부문과 민간 부문 간의 협력 체계를 통해 전달 체계의 효율성을 높이고 있다.

노인장기요양보험제도의 재원은 주로 국민건강보험 가입자의 보험료, 정부 지원 그리고 본인부담금으로 충당된다(보건복지부, 2024c). 국민건강보험료의 일정 비율이 장기요양보험 기금으로 활용되며, 중앙정부와 지자체가 공동으로 재정 지원을 제공하여 저소득층 노인을 위한 본인부담금 경감 제도가 운영되고 있다. 본인부담금은 서비스 이용 시 부담하는 비용으로, 소득 수준에 따라 차등적으로 적용되어 경제적 부담을 완화하는 역할을 한다. 길버트와 테렐의 분석틀에 따르면, 이 제도는 국가가 주도하는 공적 재정을 기반으로 하여 안정적인 재정 확보와 보편적인 서비스 제공을 가능하게 하고 있다(Kim & Kwon, 2021).

서비스 전달 체계는 중앙정부, 지자체, 민간 부문이 상호 협력하여 이루어진다. 중앙정부는 보건복지부를 통해 제도의 전반적인 운영을 담당하고 재정을 관리하며, 정책 방향을 설정하고, 민간 요양기관과의 계약 기준을 마련하여 서비스의 질을 관리 감독한다(보건복지부, 2024). 지자체는 지역 내 요양시설의 설립과 운영을 지원하고, 서비스 이용자의 신청 절차를 관리하며, 서비스 제공의 질을 유지하기 위해 지속적으로 평가를 실시한다. 민간 요양기관은 서비스 제공자로서 방문요양, 주야간보호 등의 다양한 요양 서비스를 운영하며, 서비스의 질적 향상을 위해 프로그램 개발과 인력 교육에 기여하고 있다.

노인장기요양보험제도는 노인의 복지를 향상시키고 가족의 돌봄 부담을 경감시키는 데 중요한 역할을 하고 있으나, 몇 가지 한계가 존재한다. 첫째, 민간 요양기관의 서비스 품질이 지역과 기관에 따라 차이가 크며, 이를 해결하기 위한 관리·감독이 필요하다(이용재, 2024). 둘째, 저소득층 노인의 경우 여전히 본인부담금이 큰 부담이 될 수 있어 추가적인 재정 지원이 요구된다(정숙경, 2024). 셋째, 요양시설의 부족과 서비스 접근성 문제는 특히 농어촌 지역에서 두드러지며, 이러한 지역에 대한 접근성 개선이 필요하다(이용재, 2024). 넷째, 가족에게 돌봄 책임이 과도하게 전가되는 문제가 있으며, 현재의 가족요양비는 경제적 부담을 충분히 해소하지 못하고, 가족 돌봄자에 대한 심리적 지원도 부족한 상황이다(정숙경, 2024).

노인장기요양보험제도의 발전 방향으로는 서비스 품질 제고, 경제적 지원 확대, 서비스 접근성 개선, 가족 지원 강화 등이 제시된다. 민간 요양기관의 서비스 품질을 높이기 위해 관리 감독을 강화하고 요양보호사의 근로환경 개선과 교육 강화를 통해 서비스의 질을 향상시켜야 한다(이용재, 2024). 또한 본인부담금 경감 제도를 확대하여 저소득층의 경제적 부담을 줄이고, 농어촌 지역 등 복지 사각지대에 대한 접근성을 높이기 위해 지역사회 내 요양시설을 확충해야 한다(정역동, 민경훈, 2024). 마지막으로, 가족 돌봄자에 대한 심리적 지원과 경제적 보상을 강화하여 가족의 돌봄 부담을 줄이고, 가족의 역할을 보다 효과적으로 지원해야 한다(이양수, 이미숙, 2024).

2) 독거노인 지원 및 가족 지원 정책

독거노인 지원 및 가족 연계는 고령화 사회에서 중요한 사회복지 분야로 부각되고 있다. 독거노인의 증가와 이로 인한 사회적 고립 문제는 노인의 정신적·신체적 건강에 부정적인 영향을 미치며, 이를 해결하기 위한 다양한 정책과 프로그램이 시행되고 있다. 길버트와 테렐

(2013)의 사회복지정책 분석틀을 적용하여 독거노인 지원 및 가족 연계 정책을 다음과 같이 분석할 수 있다.

(1) 독거노인 친구 만들기 사업

독거노인 친구 만들기 사업은 급격한 고령화와 핵가족화로 인한 독거노인의 사회적 고립 문제를 해결하기 위해 도입된 정책이다(임종린, 2016). 독거노인의 고립감과 외로움은 신체적·정신적 건강에 부정적인 영향을 미칠 수 있으며(김유진, 2018), 이러한 문제를 해결하기 위한 복지적 접근이 필수적이다(독거노인종합지원센터, 2024). 이 사업은 2010년대 후반부터 정부가 고령화 사회에 대응하기 위해 추진되었으며, 노인의 사회적 관계망 형성을 통해 고립을 방지하고자 한다.

독거노인 친구 만들기 사업의 서비스 전달 체계는 중앙정부, 지자체, 민간기관 간의 협력을 기반으로 한다(임종린, 2016). 중앙정부는 정책의 기본 방향을 설정하고 재정 지원을 제공하며, 지자체는 지역 내 독거노인을 발굴하고 이들을 위한 친구 만들기 프로그램을 운영한다. 민간 사회복지기관과 자원봉사단체는 독거노인과 자원봉사자를 연결하여 정기적인 교류를 촉진하는 역할을 맡는다. 예를 들어, 독거노인과 자원봉사자가 1:1로 매칭되어 정기적으로 방문하거나 전화로 교류하며, 문화 활동, 식사 동행 등의 서비스를 제공한다(독거노인종합지원센터, 2024).

이 사업은 공공 부문과 민간 부문 간의 긴밀한 협력을 통해 운영된다. 중앙정부는 정책 기획과 재정 지원을 맡고, 지자체는 실질적인 서비스 제공을 조정하며, 민간 복지기관과 자원봉사단체는 현장에서 독거노인과 자원봉사자 간의 교류를 매개하는 중요한 역할을 수행한다(독거노인종합지원센터, 2024). 이러한 공공-민간 연계를 통해 독거노인에게 실질적인 지원을 제공하며, 정기적인 모니터링과 피드백 시스템을 통해 연계의 효과성을 높이고 있다.

그러나 독거노인 친구 만들기 사업은 서비스의 접근성이나 질적 차이로 인해 일부 독거노인에게 맞춤형 서비스 제공이 어려울 수 있다는 한계를 가진다. 이를 개선하기 위해서는 다음과 같은 발전 방향이 필요하다.

- 서비스 제공자의 교육 및 훈련 강화: 자원봉사자와 민간기관의 서비스 제공자가 독거노인의 다양한 요구를 이해하고 적절히 대응할 수 있도록 교육과 훈련을 강화해야 한다(김유진, 2018).
- 지역사회 자원의 적극적 활용: 지역 내 다양한 자원을 활용하여 독거노인에게 맞춤형 서비

스를 제공해야 한다(임종린, 2016). 예를 들어, 지역사회복지센터, 의료기관 등과의 협력을 통해 종합적인 지원 체계를 구축할 필요가 있다.

- **지속 가능한 지원 체계 구축:** 독거노인종합지원센터에 대한 정부의 장기적 재정 지원과 민간의 자발적 참여를 유도하여 서비스의 지속 가능성을 확보해야 한다. 이를 위해 장기적인 재정 계획과 참여자들의 동기 부여 방안을 마련해야 한다.

(2) 디지털 기술을 활용한 가족과의 소통 지원

디지털 기술을 활용한 소통 지원은 급속한 기술 발전과 함께 사회적 단절을 겪는 독거노인에게 가족과의 소통 기회를 제공(김억, 2025)하기 위한 정책이다. 특히 코로나19 팬데믹 이후 비대면 소통의 중요성이 부각되면서 스마트폰, 태블릿, 화상 통화 등의 디지털 기술을 활용한 지원이 강조되고 있다(백옥미, 2023). 디지털 격차가 독거노인에게 심각한 문제로 작용함에 따라, 정부는 노인이 이러한 기술을 쉽게 활용할 수 있도록 지원을 강화하고 있다.

디지털 기술을 활용한 소통 지원의 전달 체계는 중앙정부, 지자체, 민간기관의 협력으로 이루어진다. 중앙정부는 디지털 포용 정책의 일환으로 재정적 지원과 정책 지침을 마련하며, 지자체는 디지털 기기 보급과 기술 교육 프로그램을 운영한다. 민간 기업과 복지기관은 디지털 기기의 제공과 기술 교육에 중요한 역할을 하며, 지역 자원봉사자나 IT 전문 강사가 노인을 대상으로 기기 사용법을 교육한다(독거노인종합지원센터, 2024).

이러한 소통 지원은 공공과 민간의 긴밀한 협력이 필수적이다. 정부는 디지털 기기 보급과 기술 교육에 대한 재정적 지원을 제공하고, 민간 기업은 기기 제공과 교육 프로그램 운영에 참여하여 지역사회 내 디지털 격차를 줄이고, 노인이 가족과 비대면으로 쉽게 소통할 수 있는 환경을 조성한다(독거노인종합지원센터, 2024).

그러나 디지털 기술에 익숙하지 않은 노인은 기기 사용에 어려움을 겪을 수 있으며, 초기 교육 이후 지속적인 지원이 부족할 경우 서비스 이용이 중단될 우려가 있다(황현정, 황용석, 2017). 이를 해결하기 위해 다음과 같은 발전 방향이 필요하다.

- **지속적인 기술 지원 및 교육 프로그램 강화:** 초기 교육 이후에도 지속적으로 기술 지원을 제공하여 노인이 디지털 기기를 계속 활용할 수 있도록 해야 한다(설진아, 2024).
- **사용자 친화적 기기 개발:** 노인이 쉽게 사용할 수 있는 사용자 친화적인 디지털 기기를 개발하고 보급하여 기기 사용의 장벽을 낮추고, 노인의 자립적인 소통을 지원해야 한다(설진아, 2024).

- **맞춤형 지원 제공:** 각 노인의 기술 숙련도와 필요에 맞춘 맞춤형 지원을 제공하여 개인별로 최적화된 소통 환경을 조성해야 한다(장역동, 민경훈, 2024).

(3) 지역사회 기반의 돌봄 네트워크

지역사회 기반의 돌봄 네트워크는 노인이 지역사회 내에서 안전하고 건강하게 생활할 수 있도록 지역 자원과 인프라를 연계하여 통합적인 돌봄 서비스를 제공(김민호, 이현경, 2024; 최수연, 오락성, 2025)하는 것을 목표로 한다. 이 접근은 전통적인 가족 중심의 돌봄 체계에서 벗어나 지역사회의 참여를 중심으로 돌봄 서비스를 제공함으로써 보다 지속적이고 체계적인 돌봄 환경을 구축하는 데 중점을 둔다(독거노인종합지원센터, 2024).

지역사회 기반의 돌봄 네트워크는 중앙정부, 지자체, 민간 부문 간의 협력을 통해 전달 체계를 구축하고 있다. 중앙정부는 돌봄 네트워크 정책의 전반적 틀과 방향성을 설정하고 재정적 지원을 제공하며(김현숙 외, 2024), 지자체는 지역 내 복지기관, 의료기관, 자원봉사단체와 협력하여 노인에게 맞춤형 돌봄 서비스를 통합적으로 제공한다. 지자체는 지역 내 돌봄 자원을 파악하고, 주거, 건강, 여가 활동 등 다양한 돌봄 서비스를 조정하여 노인의 복합적인 필요를 충족시킬 수 있는 체계를 마련한다(임선미, 김계현, 2024).

공공과 민간의 긴밀한 협력은 지역사회 기반의 돌봄 네트워크가 원활하게 기능하는 데 필수적인 요소다(임선미, 김계현, 2024). 지자체는 서비스 제공의 조정과 재정적 지원을 담당하고, 민간 복지기관과 의료기관은 실제 서비스를 제공하는 역할을 맡는다. 예를 들어, 지역사회 내 자원봉사자나 민간 복지기관은 정기적인 방문돌봄, 식사 제공, 응급 상황 대응 등의 서비스를 수행하여 노인의 안전한 일상생활을 지원한다(유애정 외, 2024). 이러한 협력 구조를 통해 공공 부문과 민간 부문이 각각의 강점을 활용하여 노인 돌봄 서비스를 보다 효과적으로 제공하고 있다. 그러나 지역사회 기반의 돌봄 네트워크는 지역별 자원의 편차로 인해 서비스의 질적 차이가 발생할 수 있다는 문제를 가지고 있다. 일부 지역에서는 재정적·인적 자원이 부족해 민간기관과의 협력이 원활하지 않을 수 있으며, 이로 인해 돌봄 서비스 제공이 불안정해질 위험이 있다(유애정 외, 2024). 이러한 문제를 해결하고 돌봄 네트워크의 지속 가능성을 확보하기 위해 다음과 같은 발전 방향이 필요하다.

첫째, 지역 간 서비스 불균형 해소를 위해 중앙정부는 지자체에 대한 재정적 지원을 강화해야 한다. 또한 각 지역의 특성에 맞춘 맞춤형 서비스를 제공할 수 있도록 재정적 지원이 필요하다(강성호, 2024). 이를 통해 돌봄 서비스의 형평성을 높이고, 모든 노인이 적절한 돌봄을 받을 수 있는 환경을 조성해야 한다. 둘째, 복지 욕구를 반영한 프로그램 개발이 중요하다(이준우 외, 2023). 노인의 복지 욕구는 개인에 따라 다양하므로, 이에 적합한 서비스를 제공하기 위해 전문 인력을 확충하고 교육해야 한다. 특히 노인의 신체적 · 정서적 요구를 반영한 돌봄 프로그램을 개발하고, 이를 수행할 수 있는 전문 인력을 지속적으로 교육하고 배치하는 것이 필요하다(정숙경, 2024). 셋째, 민간기관과의 협력 강화를 통해 지역사회 내 다양한 자원을 활용하여 노인 돌봄을 보다 효과적으로 지원해야 한다. 민간 복지기관, 자원봉사단체, 의료기관 등과의 협력을 체계적으로 강화함으로써 지역사회의 다양한 자원을 보다 효율적으로 동원할 수 있다. 이를 통해 지역사회 기반의 돌봄 네트워크는 노인의 사회적 통합을 보다 효과적으로 지원할 수 있을 것이다(설진아, 2024). 이와 같은 발전 방향을 통해 지역사회 기반의 돌봄 네트워크는 보다 포괄적이고 접근 가능한 돌봄 서비스를 제공할 수 있을 것이며, 이를 통해 노인의 복지 향상과 사회적 통합을 도모할 수 있을 것이다.

5. 가족 보호 · 지지 · 옹호 서비스 기관

1) 가족 중심의 아동학대 예방 및 대응 강화: 아동보호전문기관

아동보호전문기관은 아동학대 예방 및 피해 아동보호를 목적으로 설립된 기관으로, 아동의 권리와 복지를 증진시키는 데 중요한 역할을 담당한다. 이러한 기관의 설립 배경에는 1990년대 후반부터 2000년대 초반에 이르러 아동학대 문제가 심각한 사회적 이슈로 대두된 흐름이 있다. 우리나라에서는 2000년 「아동복지법」의 개정을 통해 아동학대 예방과 보호를 위한 체계적인 대응을 가능하게 하는 제도적 기반이 마련되었으며, 이에 따라 전국적으로 아동보호전문기관이 설립되어 아동학대 신고 접수 및 조사, 피해 아동보호와 회복 지원 등의 역할을 수행하게 되었다(아동권리보장원, 2024). 정책적 배경에서 중요한 요소는 아동학대에 대한 사회적 인식의 변화와 법적 규제의 강화다. 특히 2014년 세월호 참사 이후 아동보호에 대한 국민적 관심이 크게 증가하면서 아동학대 신고 의무자의 범위가 확대되었고, 아동보호전문기관의 역할도 더욱 강화되었다. 또한 2021년 개정된 「아동학대범죄의 처벌 등에 관한 특례법」은 아동보호전문기관의 법적 지위와 역할을 한층 강화하는 계기가 되었다(김상용, 2024).

아동보호전문기관의 서비스 전달 체계는 공공과 민간의 긴밀한 협력에 기반하고 있다. 아동학대 신고가 접수되면 아동보호전문기관은 신속하게 아동의 상황을 파악하고 조사를 진행하며, 경찰 및 지역사회복지기관과 협력하여 아동의 안전을 확보하고 필요시 응급보호 시설로 이송한다. 이후에는 아동과 가족을 대상으로 상담과 치료 서비스를 제공하고, 필요에 따라 학대 가해자에 대한 법적 처벌을 이행한다(아동권리보장원, 2024).

이러한 전달 체계의 핵심은 공공기관과 민간기관 간의 긴밀한 협력이다. 지자체는 아동보호전문기관을 통해 아동학대 사건을 처리하고, 중앙정부는 법적·재정적 지원을 통해 이들 기관의 운영을 지원한다(추교정, 조상윤, 2021). 동시에 민간 복지기관 및 NGO와 협력하여 아동보호 서비스를 확장하고 다양한 아동 지원 프로그램을 운영한다. 공공부문에서는 경찰, 보건복지부, 지자체가 아동보호전문기관과 협력하여 아동학대 신고 접수, 조사, 피해 아동보호, 법적 지원 등의 역할을 수행하며, 민간 복지기관은 심리 치료, 상담, 자문 등의 서비스를 통해 학대 피해 아동의 회복과 재활을 지원한다(아동권리보장원, 2024). 또한 민간 자원봉사자 및 지역사회 네트워크를 통해 아동복지서비스의 지속성과 효과성을 높이고 있다. 서비스 연계의 중요한 방법 중 하나는 지역사회의 다양한 자원과 네트워크를 활용하는 것으로, 지역 내 병원, 학교, 복지기관이 협력하여 피해 아동의 회복을 지원하며 필요시 의료, 교육, 법적 지원 등을 제공한다. 이를 통해 복지 사각지대를 해소하고 아동보호 서비스의 효율성을 높이고자 한다.

아동보호전문기관의 전달 체계에는 몇 가지 문제점이 존재한다. 첫째, 지역별로 아동보호전문기관의 수가 부족하고, 인력과 재정적 자원이 한정되어 있어 서비스 제공의 질이 균등하지 않다(김담이 외, 2022). 특히 지방이나 농어촌 지역에서는 아동보호전문기관의 접근성이 낮아 아동학대 피해자가 적시에 보호받기 어려운 상황이 발생할 수 있다. 둘째, 공공과 민간 간의 연계가 충분하지 않으며, 상호 정보 공유와 협력 체계가 미흡한 경우가 있다(고윤순, 2021). 이러한 문제로 인해 아동보호 서비스의 효율성이 저하되고 학대 피해 아동이 적절한 지원을 받지 못할 위험이 존재한다.

이러한 문제를 해결하기 위해서는 몇 가지 발전 방향이 필요하다. 첫째, 아동보호전문기관의 수를 확대하고, 지역별 특성에 맞는 서비스를 제공할 수 있도록 자원을 확충해야 한다. 아동학대 예방 및 피해 아동보호를 위해 전문 인력의 확충과 교육도 강화되어야 한다. 둘째, 기관 간 협력 체계를 강화하고 공공과 민간 부문 간의 정보 공유를 체계화하여 서비스 전달의 효율성을 높여야 한다. 마지막으로, 아동학대 예방을 위한 교육과 캠페인을 확대하여 사회 전반에 아동보호에 대한 인식을 제고하고, 예방적 개입이 가능하도록 할 필요가 있다. 이를 통해 아동학대가 발생하기 전부터 예방하고, 피해 아동에게 적시에 적절한 보호와 지원을 제공할 수 있는 체계를 구축해야 한다.

2) 가족복지 증진: 가족센터

가족센터는 다양한 가족 형태와 복지 욕구를 고려하여 가족의 삶의 질을 향상하고 복지를 증진시키기 위해 설립된 기관으로, 초기에는 '건강가정지원센터'와 '다문화가족지원센터'로 출발하였으나, 2021년부터는 통합 운영 체제로 전환되어 모든 가족에게 보편적 복지서비스를 제공하는 중요한 역할을 담당하고 있다(한국건강가정진흥원, 2024). 이러한 변화는 가족 구조의 다양화와 복지에 대한 요구 증가에 따른 정책적 필요성에서 비롯되었으며, 핵가족을 넘어 한부모가족, 다문화가족, 조손가족 등 다양한 가족 형태의 증가에 대응하고자 기존의 지원센터들을 통합하여 설립되었다. 이에 따라 가족센터는 가족 기능 강화를 목표로 지역사회에서 중요한 복지기관으로 자리 잡게 되었다(전재찬, 2024).

가족센터의 서비스 전달 체계는 중앙정부, 지방자치단체, 민간 부문 간의 협력을 통해 다양한 가족복지서비스를 효과적으로 제공한다. 중앙정부는 보건복지부와 여성가족부를 통해 정책적 방향을 설정하고 지자체는 운영 및 관리에 필요한 재정적 지원과 인적 자원을 제공하며, 민간 부문과의 협력을 통해 다양한 복지서비스를 운영하는 구조다. 주요 서비스는 가족 상담, 부모교육, 가족 관계 개선 프로그램, 다문화가족 지원, 긴급 돌봄 서비스 등으로 구성되어 있으며, 지역사회의 특성에 맞추어 조정된다(한국건강가정진흥원, 2024).

서비스 전달 체계의 구성은 중앙정부가 정책적 방향을 설정하고, 지자체가 운영 및 관리에 필요한 자원을 제공하는 방식으로 이루어져 있다(고선강, 서지원, 2024). 가족센터는 지역 내 다양한 공공 및 민간기관과 협력하여 복지서비스를 통합적으로 제공하며, 상담, 교육, 지원 프로그램을 통해 가족의 문제를 해결하고 기능을 강화하는 데 주력한다. 또한 긴급 상황에서의 돌봄 지원 및 위기 관리 서비스를 통해 지역 내 복지 사각지대를 최소화하고자 한다(한국건강가정진흥원, 2024).

가족센터는 공공 및 민간 부문 간의 협력을 바탕으로 다양한 서비스를 제공하는 주요 기관으로, 여러 연계 방식을 활용하여 복지서비스를 제공한다. 공공 부문에서는 중앙정부와 지자체가 재정 지원과 정책 지침을 제공하고, 이를 바탕으로 가족센터는 지역사회에서 다양한 프로그램을 운영한다. 예를 들어, 지자체는 가족센터의 운영비를 지원하며 지역 내 가족의 복지 욕구를 평가하고 추가적인 복지 자원을 필요시 제공한다(한국건강가정진흥원, 2024).

민간 부문과의 연계는 주로 지역 내 복지기관, 학교, 의료기관 등과 협력하여 이루어진다. 민간 복지기관은 가족센터와 협력하여 가족 상담, 심리 치료, 부모교육 등을 제공하고, 아동·청소년 복지기관과 협력하여 가정 내 아동의 복지를 증진시키는 프로그램을 운영한다. 민간 자원봉사자 및 NGO의 참여를 통해 가족 지원 네트워크를 형성하고 돌봄 서비스 및 긴급 지원을 제공하며, 복지서비스의 지속성과 효과성을 높이고자 한다(한국건강가정진흥원, 2024). 이를 위해 가족센터는 지역 내 다양한 기관과의 정기적인 회의를 통해 서비스 연계 방안을 논의하고, 정보 공유를 체계화하여 복지서비스의 중복을 방지하며 사각지대를 해소하는 데 중점을 두고 있다(조현순, 정은, 2008).

가족센터의 전달 체계에는 몇 가지 문제점이 존재한다. 첫째, 지역별로 가족센터의 서비스 제공 수준에 큰 차이가 있다(이지민 외, 2024). 일부 지역에서는 인력 부족과 예산 제한으로 인해 가족복지서비스의 질이 저하되거나 제공되지 않는 경우가 있으며, 특히 지방이나 농어촌 지역에서는 가족센터의 접근성이 낮아 취약가정이 적시에 지원을 받기 어려운 상황이 발생한다. 둘째, 공공과 민간 부문 간의 연계가 충분하지 않아 정보 공유와 협력 체계가 미흡한 경우가 있다. 이는 가족복지서비스의 효율성을 저하시킬 수 있으며, 취약가정을 대상으로 한 서비스가 충분히 제공되지 않을 위험이 있다.

이러한 문제를 해결하기 위해서는 다음과 같은 발전 방향이 필요하다. 첫째, 지역별 가족센터 운영 지원을 강화하여 서비스 제공의 질을 균등하게 유지하고(정상기, 정윤수, 2010), 특히 지자체의 지원을 통해 인력과 재정적 자원을 확대하여 필요한 곳에 집중적으로 서비스를 제공할 수 있도록 해야 한다. 둘째, 공공과 민간 부문 간의 연계를 강화하기 위해 가족센터 내 연계 전문 인력을 배치하고, 민간기관과의 협력을 체계화하여 서비스 중복을 방지하며, 각 기관의 강점을 활용한 가족복지서비스를 제공해야 한다(황미경, 2012). 마지막으로, 가족복지 전반에 대한 사회적 인식을 제고하고 아동학대 예방을 위한 교육과 캠페인을 확대함으로써 학대 발생 전 예방적인 개입이 가능하도록 해야 한다. 이러한 발전 방향은 가족센터가 가족의 안정성과 기능 강화를 위해 지역사회의 중심적인 복지기관으로 자리매김하는 데 중요한 기여를 할 것이다.

3) 돌봄 서비스 확충: 다함께돌봄센터, 방과후학교, 초등돌봄교실, 늘봄학교

다함께돌봄센터, 방과후학교, 초등돌봄교실, 늘봄학교는 저출산과 맞벌이 가정의 증가로 인해 대두된 아동 돌봄 공백 문제를 해결하고자 설립된 주요 가족복지정책으로, 2018년부터 본격적으로 시행되었다. 아동 돌봄 서비스의 확대는 급변하는 가족 구조와 노동 시장의 변화 속에서 부모의 일·가정 양립을 지원하고, 아동의 안전한 돌봄 환경을 조성하기 위한 사회적 요구에 응답한 결과였다(교육부, 한국교육개발원, 2024; 서울특별시, 2024). 기존의 어린이집, 유치원 등의 공공 돌봄 서비스가 공급 부족 문제를 겪으며 방과 후 돌봄의 한계를 드러내자, 이를 보완하기 위해 설립된 다함께돌봄센터는 영유아와 초등학생을 대상으로 돌봄 서비스를 제공하고 있다(최진희, 양윤희, 2024). 방과후학교, 초등돌봄교실, 늘봄학교는 특히 초등학생을 대상으로 하는 돌봄 서비스를 통해 다양한 연령대의 아동이 안전한 환경에서 성장할 수 있도록 지원하고 있다(교육부, 한국교육개발원, 2024).

정부는 저출산 문제를 극복하고 일과 가정의 양립을 지원하기 위한 가족복지정책을 추진하고 있으며, 다함께돌봄센터와 방과후학교, 초등돌봄교실, 늘봄학교는 이러한 정책적 방향 속에서 가족의 돌봄 부담을 경감하고 아동의 전인적 성장을 지원하기 위해 설립되었다. 초기에는 시범 운영 형태로 추진되었으나, 그 효과가 입증된 이후 전국적으로 확대되었으며, 현재는 지자체와 민간기관의 협력을 통해 운영되고 있다(박준서, 2024).

이러한 돌봄기관은 중앙정부의 정책적 지침에 따라 지자체가 주도적으로 설립 및 운영하며, 민간기관과의 협력을 통해 아동 돌봄 서비스를 제공하는 구조로 운영된다. 중앙정부는 보건복지부, 여성가족부, 교육부 및 한국교육개발원을 통해 운영 기준과 지침을 제공하고, 지자체와 지방교육지원청은 이러한 지침에 따라 지역 내 돌봄기관을 설립하고 예산을 배정한다. 지자체와 지방교육지원청은 다함께돌봄센터, 방과후학교, 초등돌봄교실, 늘봄학교의 관리 및 운영을 책임지며, 필요에 따라 민간기관과 협력하여 돌봄 서비스를 제공한다.

서비스 전달 체계는 세 단계로 나눌 수 있다. 첫째, 중앙정부는 다함께돌봄센터, 방과후학교, 초등돌봄교실, 늘봄학교의 운영에 필요한 법적·제도적 기반을 마련하고 운영 지침을 제공한다(교육부, 한국교육개발원, 2024). 둘째, 지자체와 지방교육지원청은 예산을 배정하고, 지역 내 돌봄기관 설립과 인력 배치를 지원하며, 운영 전반에 대한 감독과 평가를 수행한다(이진희, 허수연, 2024). 셋째, 민간기관과 학교는 지자체 및 지방교육지원청과 협력하여 돌봄 서비스를 제공하며, 일부 돌봄센터는 민간 위탁 방식으로 운영된다. 민간기관은 돌봄 서비스의 질을 높이기 위해 프로그램 개발 및 인력 교육에 기여하고, 이를 통해 아동의 안전하고 건강한 성장을 지원한다.

그러나 다함께돌봄센터와 기타 돌봄기관들은 운영 과정에서 여러 가지 문제점을 드러내고 있다. 첫째, 지역별로 돌봄센터의 설립 및 운영 수준에 불균형이 존재한다. 지자체와 지방교육지원청의 재정 여건에 따라 돌봄센터의 수와 질이 상이하여, 충분한 돌봄 서비스를 제공하지 못하는 지역에서는 여전히 돌봄 공백이 발생하고 있다(이윤진, 2024). 둘째, 돌봄기관의 인력 부족 문제가 지적되고 있다(오레지나, 임선애, 2024). 특히 돌봄 교사의 교육 수준과 근로 조건이 일관되지 않음으로 인해 서비스 질이 저하될 위험이 있으며, 이는 돌봄 서비스의 지속 가능성을 저해할 수 있다.

이러한 문제를 해결하기 위해 다음과 같은 발전 방향이 제시될 수 있다. 첫째, 돌봄기관의 운영 표준을 강화하고, 지역별로 균등한 서비스가 제공될 수 있도록 중앙정부 차원의 재정 지원을 확대해야 한다. 둘째, 돌봄 교사의 근로 조건을 개선하고 전문 교육 프로그램을 확대하여 서비스 질을 높이고 안정적인 인력 확보를 위한 기반을 마련해야 한다. 마지막으로, 학교, 의료기관, 복지기관 등과의 협력을 강화하여 다차원적인 아동 돌봄 지원 체계를 구축해야 하며, 이를 통해 다함께돌봄센터는 지역사회의 일원으로서 더욱 통합적인 아동 돌봄 서비스를 제공할 수 있을 것이다.

참고문헌

강성호(2024). 가구분화에 따른 노인가구의 빈곤 및 소득불평등 추정과 정책 방향. 保健社會硏究, 44(2), 4-29.

고선강, 서지원(2024). 가족센터 실무자의 경험과 요구에 따른 통합적 다문화가족사업의 대안 모색. 가정과삶의질연구, 42(2), 99-117.

고용노동부(2024). 출산전후 휴가 및 급여. https://www.worklife.kr/website/index/m4/worker_pay.asp

고윤순(2021). 한국 아동학대 예방정책의 개선방안: 아동보호체계 공공화를 중심으로. 교정복지연구, 73, 1-26.

교육부, 한국교육개발원(2024). 늘봄학교. https://www.afterschool.go.kr/intro/care/careInfo1s3.do

김남욱(2017). 저출산 · 고령사회에 따른 지방세제의 합리적 개편방안. 지방자치법연구, 17(1), 231-264.

김담이, 오세현, 박성희(2022). 아동학대 조사 공공화 정책 이후 아동보호전문기관 상담원의 근무 경험에 대한 현상학 연구. 한국사회복지학, 74(4), 153-187.

김미영, 손서희(2018). 중소규모 기업의 가족친화경영 및 가족친화인증 인식에 대한 탐색적 연구. 한국융합학회논문지, 9(12), 301-311.

김민호, 이현경(2024). 노인 행정복지서비스 사각지대의 유형 구분에 관한 연구. 한국지리정보학회지, 27(1), 67-80.

김상용(2024). 아동학대처벌법상 피해아동보호명령 제도의 도입—성과와 한계. 중앙법학, 26(4), 85-118.

김선숙, 조소연, 진재찬(2024). 한국의 다문화정책, 어떠한 변화가 필요한가? : C시 가족센터 경험을 중심으로. 현대 사회와 다문화, 14(2), 1-29.

김수정(2024). 차별경험이 한부모가족 가구주의 우울에 미치는 영향. 가족자원경영과 정책, 28(3), 17-27.

김억(2025). AI 기반 비전 센서를 활용한 노인 돌봄 서비스 디자인. 문화예술산업연구, 25(1), 9-18.

김유진(2018). 「독거노인 친구만들기」를 통해 살펴본 '숨겨진 이웃', 사회적 고립이 심각한 노인 1인 가구에 대한 사회복지사의 인식과 경험에 관한 연구. 한국노년학, 38(4), 1149-1171.

김은지(2022). 한부모가족정책 기본계획 수립 연구. 여성가족부.

김현숙, 노승현, 정덕진(2024). 고령장애인을 위한 정책 방향과 과제. 장애인복지연구, 15(2), 27-52.

남보영, 김담이, 이진영(2023). 맞벌이 워킹맘의 육아정책 이용 경험과 인식에 대한 질적 연구: 코로나19 이전과 코로나19 시기의 육아정책은 실효성이 있었는가? 사회복지연구, 54(4), 67-114.

남예지, 김유정, 홍세희(2024). 다문화 청소년의 다문화가족정책 참여 여부가 삶의 만족도에 미치는 영향: 성취동기 변화 유형에 따른 차이. 한국청소년연구, 35(2), 111-136.

다누리(2024). 다문화가족지원센터. https://www.liveinkorea.kr/portal/KOR/main/main.do

독거노인종합지원센터(2024). 노인맞춤돌봄지원사업. https://www.1661-2129.or.kr/main/index.do

류재린, 유현경(2019). 부양가족연금제도의 개선방안 연구: 가족부양지원제도와의 중복성 검토를 중심으로. 사회복지정책, 46(3), 229-258.

박준서(2024). 다차원 정책분석모형을 적용한 늘봄학교 정책 분석. 교육비평, 55, 267-310.

백옥미(2023). 독거노인의 디지털정보 활용 수준이 삶의 질에 미치는 영향 및 통합력의 조절효과. 문화와융합, 45(10), 673-681.

보건복지부(2024a). 2024년 보육사업안내.

보건복지부(2024b). 2024년 부모급여안내.

보건복지부(2024c). 노인장기요양보험제도란?. https://www.mohw.go.kr/menu.es?mid=a10712030100

서울특별시(2024). 공동육아방 · 공동육아나눔터, 우리동네 키움센터.

설진아(2024). 능동적인 노년층(Active Senior)의 디지털 정보화 교육에 관한 탐색 연구. 노년교육연구, 10(1), 23-49.

손병덕(2012). 다문화 사회와 사회통합: 중앙정부, 지방자치단체, 지역민간기관의 역할. 한국케어매니지먼트 연구, 7, 67-85.

손병덕(2020). 사회복지정책론. 학지사.

아동권리보장원(2024). 중앙아동보호전문기관. https://www.ncrc.or.kr/ncrc/main.do

여성가족부(2024). 2024년 가족사업안내.

오레지나, 임선애(2024). 경북형 늘봄학교 교육전문강사 인력양성체계. 한국무용교육학회지, 35(4), 47-60.

유애정, 최재우, 방효중, 박현경, 이현지(2024). 지자체 본청 담당자의 노인 의료-돌봄 통합지원 시범사업 참여경험에 관한 연구. 한국지역사회복지학, 89, 113-135.

이양수, 이미숙(2024). 노년기 세대의 내·외적 요인이 주관적 웰빙에 미치는 영향: 상-하향 확산이론을 중심으로. 지역정책연구, 35(2), 67-92.

이용재(2024). 고령화 시대 수요자 중심 노인돌봄강화를 위한 장기요양요원지원센터 운영실태와 편익분석. 한국지역사회복지학, 89, 1-22.

이윤진(2024). 돌봄갈등 극복을 위한 거버넌스 회복 방안:늘봄학교정책을 제도적 정착을 중심으로. 한국정책과학학회보, 28(3), 89-112.

이준우, 김현숙, 강이슬(2023). 노인복지관 이용 노인들의 돌봄 욕구 분석. 사회과학리뷰, 8(4), 149-173.

이지민, 박정윤, 김정은, 한은주, 강복정(2024). 가족센터의 가족상담서비스 개선방안에 대한 연구: 우수기관 인증 가족센터 실무자 대상 초점집단면접을 중심으로. 한국가족관계학회지, 29(3), 23-44.

이진, 소순창(2016). 한국 가족복지전달 체계 개선방안에 대한 연구: 전달 체계의 적절성·통합성·지속성을 중심으로. 지방정부연구, 20(1), 81-108.

이진희, 허수연(2024). 다함께돌봄센터 센터장의 직무경험에 관한 근거이론 연구—서울, 경기지역을 중심으로—. 한국사회복지행정학, 26(3), 57-96.

임선미, 김계현(2024). 의료·요양 등 지역 돌봄의 통합지원에 관한 법률의 의미와 과제. 사회법연구, 54, 583-609.

임종린(2016). 우울형 여성독거노인의 참여활동에 관한 현상학적 연구: 독거노인친구만들기 프로그램 체험을 중심으로. 노인복지연구, 71(4), 9-33.

장역동, 민경훈(2024). 노인 친화적 커뮤니티 공공 공간에 관한 연구. 한국디자인리서치, 9(2), 223-232.

전미현, 김경제(2024). 다문화가족지원사업 민간위탁방식의 개선방안. 법학연구, 76, 25-55.

전혜인, 김라경, 구정아(2020). 발달장애아동 부모교육에 대한 부모와 전문가의 경험과 요구 탐색. 특수교육교과교육연구, 13(3), 295-313.

정경윤(2024). 남성 노동자의 육아휴직 사용 격차와 차별_남성 노동자 육아휴직 경험 설문조사 분석 결과. 워킹페이퍼, 2024(4), 1-36.

정상기, 정윤수(2010). 다문화가족지원센터의 서비스에 관한 실태분석. 한국거버넌스학회보, 17(2), 229-255.

정숙경(2024). 노인 돌봄의 특징과 현실, 정책의 전환: 지역공동체 디지털 돌봄을 위하여. 가족과 커뮤니티, 10, 349-366.

조현순, 정은(2008). 가족정책의 효율적 전달 체계 운영을 위한 종합사회복지관의 가족복지사업과 건강가정지원센터사업의 비교연구. 한국비영리연구, 6(3), 63-99.

진재찬, 김선숙, 조소연(2024). 가족센터 실무자의 가족중심실천이 가족의 대처능력에 미치는 영향: A시 가족센터 사례를 중심으로. 사례관리연구, 15(2), 21-44.

차선자(2023). 아동복지를 위한 양육수당 관련법의 검토—양육지원 수당을 중심으로—. 사회복지법제연구, 14(1), 33-68.

최수연, 오락성(2025). 지역사회 기반 노인 의료서비스 개선을 위한 ICT 융합 기술 연구. 문화기술의 융합, 11(1), 773-780.

최숙희, 김지현(2024). 여성 경제활동, 생산성 및 소득 불평등과 출산율의 관계: 국제비교. 여성경제연구, 21(1), 49-70.

최진희, 양윤이(2024). 다함께돌봄센터 종사자의 특성이 전문성인식과 역할수행에 미치는 영향. 방과후학교연구, 11(3), 107-139.

최효미(2024). 아동수당 지원이 영유아 양육비용에 미친 영향. 여성경제연구, 21(1), 23-48.

추교정, 조상윤(2021). 국내외 아동보호전문기관과 노인보호전문기관의 운영체계 고찰을 통한 개선방안 연구. 안전문화연구, 12, 59-74.

한국건강가정진흥원(2024). 가족센터. https://www.familynet.or.kr/web/index.do

한송이, 안현정(2024). 원장-교사 교환관계와 부모-교사 협력관계가 교사-유아 상호작용에 미치는 영향. 한국영유아보육학, 147, 1-19.

홍근석, 임정빈(2021). 사회복지 국고보조사업의 차등보조율제도 개선방안 연구: 영유아보육료와 아동수당을 중심으로. 지방정부연구, 24(4), 389-415.

홍지연, 이승연(2024). 돌봄 서비스 정책에 대한 영유아복지 관점에서의 고찰. 육아지원연구, 19(1), 85-114.

황미경(2012). 다문화가족지원센터 인력의 다문화 역량과 서비스 질에 관한 연구—서울 · 경기지역 다문화가족지원센터 중심으로—. 다문화교육연구, 5(2), 115-146.

황민지(2023). 아동수당제도 도입 현황과 시사점: OECD 국가를 중심으로. 한국육아지원학회 학술대회지, 2023(5), 180-180.

황현정, 황용석(2017). 노인집단내 정보격차와 그에 따른 삶의 만족도 연구: 가구구성형태 효과를 중심으로. 사회과학연구, 24(3), 359-386.

Gilbert, N., & Terrell, P. (2013). *Dimensions of Social Welfare Policy*. Pearson.

Kim, H., & Kwon, S. (2021). A decade of public long-term care insurance in South Korea: Policy lessons for aging countries. *Health Policy, 125*(1), 22-26.

제 5 장

가족복지 관련법

학습 목표

1. 가족복지와 관련된 주요 법령의 개념과 주요 내용을 설명할 수 있다.
2. 각 법령의 대상과 급여, 서비스 전달 체계 및 재원 구조를 분석하여 가족복지정책에서의 역할을 이해할 수 있다.
3. 미국, 영국, 일본 등 주요 국가의 가족복지 관련 법제와 우리나라의 법제를 비교 · 분석할 수 있다.
4. 가족복지 관련 법률이 제기하는 정책과제와 발전 방향을 설명하고, 법적 · 제도적 개선 방안을 제안할 수 있다.

이 장에서는 가족복지와 관련된 주요 법령들을 포괄적으로 분석하고, 각 법령의 개념, 대상, 주요 내용, 주요 국가와 우리나라의 법령 비교, 및 정책적 과제를 심도 있게 탐구한다. 분석 대상 법령으로는 「사회보장기본법」 「한부모가족지원법」 「아동복지법」 「노인복지법」 「남녀고용평등과 일 · 가정 양립 지원에 관한 법률」 「영유아보육법」 그리고 「가정폭력방지 및 피해자보호 등에 관한 법률」을 포함한다.

「사회보장기본법」은 국가의 사회보장 체계를 총괄하는 법률로, 기본적인 사회복지서비스를 보장하고 이를 통해 사회적 안전망을 구축하는 데 중점을 둔다. 이 법령은 사회적 약자를 보호하고 경제적 불안정성을 완화하기 위한 정책적 틀을 제공하며, 이를 통해 모든 국민이 최소한의 인간다운 생활을 영위할 수 있도록 지원한다.

「한부모가족지원법」은 한부모가족의 생활 안정과 자립을 도모하는 것을 목적으로 하며, 자녀 양육비 지원, 주거 지원, 교육 및 건강 지원 등 다양한 복지 혜택을 포함하고 있다. 이 법은 한부모가족이 경제적 어려움을 극복하고 자립할 수 있도록 필요한 자원을 제공하는 데 중점을 두고 있다.

「아동복지법」은 아동의 복지와 권리를 보호하기 위한 법적 기반을 마련하며, 아동의 안전과 건강한 발달을 위한 다양한 정책을 포함한다. 이 법은 아동학대 예방, 보호 서비스, 교육적 지원 등을 규정하며, 아동의 전반적인 복지 증진을 위한 종합적인 체계를 제공한다.

「노인복지법」은 고령화 사회에서 노인의 생활 안정과 권리 보장을 위한 법적 근거를 제공한다. 이 법은 노인의 기본적 생활을 보장하고, 건강 유지 및 돌봄 서비스와 같은 사회적 지원을 강화하기 위한 정책적 틀을 마련하며, 노인의 삶의 질 향상을 목표로 다양한 복지 프로그램을 포함한다.

「남녀고용평등과 일·가정 양립 지원에 관한 법률」은 고용 과정에서 성평등을 실현하고, 모든 근로자가 일과 가정의 균형을 유지할 수 있도록 지원하기 위한 법적 근거를 제공한다. 이 법은 남녀 차별 금지, 육아휴직 권리 보장, 근로시간 단축 등 가족친화적인 근무 환경을 구축하기 위한 제도를 규정하여, 성평등과 가족의 삶의 질 향상을 도모한다.

「영유아보육법」은 영유아의 건강한 발달과 부모의 양육 부담 경감을 목적으로, 보육 서비스의 질적 보장을 위한 법적 체계를 마련하고 있다. 이 법은 보육시설의 운영 기준, 보육 프로그램의 질 관리, 부모에 대한 재정적 지원 등을 포함하여, 영유아 보육 환경의 전반적인 질 향상을 도모하고 부모의 직장 생활과 양육의 양립을 지원한다.

「가정폭력방지 및 피해자보호 등에 관한 법률」은 가정폭력 예방 및 피해자 보호를 위한 법적 장치를 제공한다. 이 법은 가정폭력의 발생을 예방하고, 피해자에게 신속하고 적절한 보호 및 지원을 제공함으로써 피해자의 안전과 권리를 보장하며, 재발 방지를 위한 교육 및 상담 프로그램 등을 규정한다.

이와 같은 가족복지 관련법들을 체계적으로 분석함으로써 각 법령의 목적과 한계를 명확히 이해하고, 주요 국가와의 비교를 통해 정책적 개선 방안을 도출하고자 한다. 이를 통해 보다 포괄적이고 실효성 있는 가족복지정책을 모색하고, 궁극적으로 가족의 삶의 질 향상에 기여하는 기초 자료를 제공하는 것이 이 장의 목표다.

1. 「사회보장기본법」과 사회보장제도

1) 사회보험제도

「헌법」 제34조 제1항은 “모든 국민은 인간다운 생활을 할 권리를 가진다.”라고 규정하여, 모든 국민이 최소한의 인간다운 삶을 영위할 수 있는 권리를 보장하고 있다. 같은 조 제2항에서는 “국가는 사회보장 · 사회복지의 증진에 노력할 의무를 진다.”라고 명시하여, 국가가 사회보장과 복지를 증진하기 위해 적극적으로 노력해야 할 책무를 강조하고 있다. 또한 같은 조 제5항은 “신체장애자 및 질병 · 노령 기타의 사유로 생활능력이 없는 국민은 법률이 정하는 바에 의하여 국가의 보호를 받는다.”라고 규정하여, 사회적 약자를 보호하고 지원할 국가의 의무를 명확히 하고 있다.

사회보장제도는 크게 공공부조, 사회복지, 사회보험으로 구분되며(「사회보장기본법」, 2021), 그중에서도 사회보험은 인간의 생활을 위협하는 다양한 위험에 대비하여 생활보장 급여를 제공하는 공적 제도다(사회보장위원회, 2025). 사회보험은 모든 사회 구성원을 대상으로 하며, 강제적으로 적용되는 성격과 더불어 질병, 폐질, 사망, 노령, 실업 등과 같은 사회적 부양성을 가진 위험으로부터 보호하기 위한 공적 제도로서의 특성을 지닌다. 사회보험의 대표적인 체계는 질병의 치료 및 예방을 위한 건강보험체제와 노후 생활 안정을 위한 연금보험체제로 구분할 수 있다.

사회보험제도는 국민에게 발생할 수 있는 사회적 위험에 대해 보험 방식을 통해 대처함으로써 국민의 건강과 소득을 보장하는 데 목적이 있다(사회보장위원회, 2025). 여기서 사회적 위험이란 질병, 장애, 노령, 실업, 사망 등을 의미하며, 이러한 위험은 사회 구성원 개인뿐만 아니라 부양가족의 경제적 생활에 부정적인 영향을 미치는 요인이다. 따라서 사회보험제도는 이러한 위험을 예상하고 이에 대처함으로써 국민의 경제생활을 보호하고자 하는 소득보장적 성격을 지닌다. 대한민국의 4대 사회보험제도로는 산업재해보상보험, 건강보험, 연금보험, 고용보험이 있다(사회보장위원회, 2025).

4대 사회보험제도의 급여 형태는 다음과 같이 구분된다. 국민연금은 노령연금, 장애연금, 유족연금과 같은 월정액 연금급여와 반환일시금, 사망일시금 등의 일시금급여로 구성되어 있다(「국민연금법」, 2024). 건강보험은 주로 현물급여의 형태로 요양급여, 건강검진, 요양비, 출산비, 장애인 보장구 급여비, 장제비 등이 있으며(「국민건강보험법」, 2023), 현금급여로 본인부담액 보상금이 있다. 고용보험은 실업급여, 재직근로자 훈련 지원, 실업자 훈련 지원, 육아휴직급여,

출산전후휴가급여 등으로 구성되어 있으며(「고용보험법」, 2024), 산재보험은 요양급여, 휴업급여, 장해급여, 유족급여, 상병보상연금, 간병급여, 직업재활급여, 장의비 등 다양한 급여를 포함한다(「산업재해보상보장법」, 2024).

사회보험료는 각 보험의 목적과 대상에 따라 그 부담 방식이 상이하다. 국민연금의 경우, 보험료(국가법령정보센터, 2025)는 근로소득의 9%에 해당하는 금액을 근로자와 사용자 각각 4.5%씩 부담하며, 자영업자 및 임의가입자는 보험료 전액을 본인이 부담한다. 농어업인은 일정 조건을 충족할 경우 국고에서 일부 보험료를 지원받을 수 있다. 건강보험의 보험료율은 5.99%로, 근로자와 사용자가 각각 절반씩 부담한다(국가법령정보센터, 2025). 고용보험의 보험료율은 경제 상황과 보험수지 추이를 고려하여 고용안정 및 직업능력개발사업과 실업급여 보험료율로 구분되며, 고용안정 · 직업능력개발사업 보험료는 사업주가 전액 부담하고, 실업급여 보험료는 노사 각각 절반씩 부담한다(국가법령정보센터, 2025). 산재보험료는 사업주가 전액 부담하며, 보험료는 사업장 내 근로자의 보수 총액에 산업별로 적용되는 보험료율을 곱하여 산정된다(국가법령정보센터, 2025).

사회보험제도는 국가의 헌법적 책무에 근거하여 국민의 생존권을 보장하고, 사회적 위험으

표 5-1 사회보험의 종류

구분	국민연금	건강보험	고용보험	산재보험
시행 연도	1988년	1977년 (노인장기요양보험 2008. 7. 1. 실시)	1995년	1964년
법률	「국민연금법」	「국민건강보험법」	「고용보험법」	「산업재해보상보험법」
기본 성격	소득보장 장기보험	의료보장 단기보험	실업고용 중기보험	산재보상 단기보험
급여 방식	현금급여 소득비례	현물급여 균등급여	현금급여 소득비례	현물-균등급여 현금-소득비례
재정 및 관리	수정 적립 방식, 전체 일괄 관리	부과 방식 이원화 (직장 · 지역) 관리	수정 적립 방식	순부과 방식
관리 단위	개인별 관리	사업장 · 세대별 관리	사업	사업장
보험료 관장	보건복지부장관	보건복지부장관	고용노동부장관	고용노동부장관
자격 관리 방식	직장 · 지역	직장 · 지역 통합 관리	사업별 관리 가입자 관리	사업별 관리 가입자 관리
보험료 부과 단위	사업장, 지역(개인별)	사업장, 지역(세대별)	사업	사업

로부터 국민의 경제생활을 보호하기 위한 핵심적 역할을 수행한다. 이를 통해 사회적 연대와 상호부조의 정신을 바탕으로 모든 국민이 인간다운 생활을 영위할 수 있도록 지원하는 공적 안전망으로 자리매김하고 있다.

2) 공공부조

공공부조는 각 국가에서 서로 다른 명칭으로 불리고 있다. 우리나라와 일본, 미국에서는 법률상 공공부조 또는 공적부조(public assistance)로 표현되고 있으며, 영국에서는 국가부조(national assistance), 프랑스에서는 사회부조(social assistance)라는 용어를 사용하고 있다. 우리나라에서도 이전에는 '공적부조'라는 용어가 사용되었으나, 1995년 「사회보장기본법」 제정을 통해 '공공부조'로 변경되었다. 공공부조는 저소득층, 장애인, 노인 등 사회적 보호가 필요한 집단에게 국가 또는 공공부문이 경제적 지원을 제공하여 국민의 기본 생활권을 보장하기 위한 제도적 장치다(사회보장위원회, 2025). 이 제도는 사회적 요보호자를 사회에 복귀시키고 빈곤을 최소화하려는 인도주의적 목적을 지니고 있다.

1961년 제정된 「생활보호법」을 통해 노령, 질병, 근로능력의 상실 등으로 생활 유지가 어려운 자에게 생계, 의료, 해산, 상장 보호를 제공하기 시작하였으며, 이후 근로능력에 관계없이 최저생계비 이하의 저소득층에게 기초생활보장을 국가가 책임지는 방향으로 발전하였다. 이러한 변화에 따라 2000년에는 국민기초생활보장제도가 마련되었으며, 저소득층을 위한 의료보호제도 또한 발전을 거듭해 왔다. 다만, 의료보호 대상자에게는 진료 지역과 진료일수에 제한이 있었고, 지정된 진료기관에서만 진료가 가능해 의료 이용에 상당한 제약이 존재하였다. 이러한 문제를 개선하기 위해 2001년에는 「의료보호법」이 「의료급여법」으로 개정되면서 의료급여의 보장성이 한층 강화되었다. 2003년에는 2종 수급자의 본인 부담 보상제, 진료 절차 개선 및 급여 사후 연장 승인 제도 등이 도입되어 저소득층의 탈빈곤을 위한 자활과 지원 체계가 강화되었다.

공공부조는 국가 및 지자체의 비용 부담으로 생활 유지 능력이 없거나 어려운 국민에게 경제적 지원을 제공함으로써 이들의 최저 생활을 보장하고 자립을 촉진하는 것을 목적으로 한다(사회보장위원회, 2025). 이는 빈곤한 생활을 하는 이들에게 무기여 방식으로 보호를 제공하는 제도로, 수혜자의 부담 없이 국가 또는 지방자치단체가 그 비용을 전액 부담하는 특징을 지닌다. 이러한 공공부조는 건강하고 문화적인 최소한의 생활을 유지하도록 현금 및 현물 급여를 제공하며, 자립과 자활을 촉진하기 위한 지원 조치를 동반한다.

우리나라의 「사회보장기본법」은 사회적 위험(질병, 장애, 노령, 실업, 사망 등)으로부터 국민을 보호하고 빈곤을 해소하며, 국민 생활의 질을 향상시키기 위해 제공되는 사회보험제도, 공공부조, 사회복지서비스 등 관련 복지 제도를 규정하고 있다. 공공부조는 「사회보장기본법」 제3조에 따라 국가 및 지자체가 책임을 지고 생활 유지 능력이 없거나 생활이 어려운 국민에게 최저 생활을 보장하며 자립을 지원하는 제도로 정의되고 있다. 현재 우리나라에서는 국민기초생활보장제도가 대표적인 공공부조로 시행되고 있으며, 「국민기초생활보장법」에 따라 수급권자들은 의료급여법에 의거하여 의료급여를 받게 된다.

국민기초생활보장제도는 스스로 또는 가족의 힘으로 생계를 유지할 수 없는 최저 생계비 이하의 국민에게 필요한 급여를 제공하고, 근로능력이 있는 자에게는 자활 지원 서비스를 국가가 제공함으로써 기본적인 생활을 보장한다. 의료급여제도는 생활 유지 능력이 없거나 생활이 어려운 국민의 의료 문제를 해결하고, 질병으로 인한 빈곤을 예방하기 위해 국가가 보장하는 제도다. 국민기초생활보장제도는 생계급여, 주거급여, 의료급여, 교육급여, 해산급여, 장제급여, 자활급여 등을 제공하며, 의료급여는 수급권자의 질병, 부상, 출산 등에 대한 진찰, 검사, 처치, 수술, 예방, 재활 등 다양한 의료 서비스를 포함한다.

2024년 8월 기준으로, 기초생활보장 일반 수급자는 2,546,139명, 시설 수급자는 98,578명이며, 기초연금 수급자는 약 701만 명, 장애연금 수급자는 약 50만 명에 달하고 있다(복지로, 2024). 또한 실업급여 수급자는 65만여 명에 달하며(고용행정통계, 2024), 이는 전체 인구의 약 20.8%에 해당한다. 이들은 기초연금, 장애연금, 실업급여 등 여러 형태의 지원을 통해 생활의 안정성을 확보하고 있다.

이러한 공공부조 대상자의 현황은 복지정책의 효과성과 필요성을 평가하는 중요한 지표로 작용한다. 사회보장 체계가 실제로 소외계층의 복지 향상에 얼마나 기여하고 있는지를 분석하는 데 필수적인 자료로 활용되며, 이를 통해 정책의 실효성을 제고하고 사회보장제도의 개선 방향을 모색할 수 있다. 예를 들어, 기초연금의 경우 노인 인구의 증가에 따라 지원 규모와 범위의 조정이 필요할 수 있으며, 장애연금과 실업급여 또한 경제적 변동과 인구 구조 변화에 따른 재정적 부담과 지원 균형을 맞추는 것이 중요한 과제가 된다. 따라서 사회보장 체계의 지속적인 모니터링과 평가가 필요하며, 이를 통해 정책의 실효성을 높이고 보다 포괄적인 복지 체계를 구축할 수 있다. 이러한 분석은 사회적 불평등 해소와 취약계층의 권리 보장에 기여할 수 있으며, 다양한 사회적 요구를 충족시키기 위한 복지정책의 조정과 개선을 가능하게 한다.

3) 사회서비스

국가, 지자체 그리고 민간 부문은 도움이 필요한 국민에게 복지, 보건의료, 교육, 고용, 주거, 문화, 환경 등 다양한 분야에서 인간다운 생활을 보장하고, 상담, 재활, 돌봄, 정보 제공, 시설 이용, 역량 개발, 사회참여 지원 등을 통해 국민의 삶의 질을 향상시키기 위한 사회보장제도를 운영하고 있다(「사회보장기본법」 제3조 제4항). 다음은 보건복지부(2024a)의 내용을 정리한 것이다.

(1) 지역사회서비스

- 사업 목적: 국민의 행복한 삶을 지원하기 위해 아동, 노인, 장애인 등 다양한 계층의 특성을 고려하여, 돌봄, 재활, 사회참여 등 생애주기별 욕구와 지역 특성을 반영한 다양한 서비스를 제공하는 것을 목표로 한다.
- 서비스 대상: 기본적으로 기준 중위소득 140% 이하 가구를 대상으로 하며, 지역 및 서비스 유형에 따라 대상자 기준이 상이하다.

이러한 지역사회서비스는 국민 개개인의 특성과 욕구에 맞춘 맞춤형 서비스를 제공함으로써 지역사회의 자원을 적극적으로 활용하고, 개인과 가정의 삶의 질을 향상시키는 데 기여하고자 한다(김동희, 2020). 이를 통해 국민 누구나 인간다운 삶을 영위할 수 있도록 보장하며, 특히 사회적 취약계층의 복지 향상을 도모하는 중요한 정책적 역할을 수행한다.

표 5-2 지역사회서비스 유형(표준 모델)

구분	서비스 내용	대상	소득기준
영유아 발달 지원 서비스	발달 지연이 우려되는 영유아에게 지연 영역의 발달을 촉진할 수 있는 운동, 언어, 인지, 정서, 사회성 발달중재 서비스 제공	만 0~6세 발달지연 우려 영유아	기준중위소득 140% 이하
아동 · 청소년 정서 발달 지원 서비스	아동 · 청소년의 정서적 · 행동적 문제 해결을 위하여 음악 교육 이론 및 실기와 정서순화 프로그램 제공	만 7~18세 정서행동 문제 우려 아동 · 청소년	기준중위소득 140% 이하
아동 · 청소년 심리 지원 서비스	정서행동 위험 아동 · 청소년에 대한 언어, 놀이, 상담, 음악 · 미술치료 등 조기개입시비스 지원	만 18세 이하 문제행동 위험군 아동 · 청소년	기준중위소득 160% 이하
노인 맞춤형 운동 서비스	고령자 건강상태 점검 및 점검 결과에 따른 수중 또는 유산소 운동 처방 · 지도를 통한 건강 증진	만 65세 이상 (장기요양등급 외 판정자)	기준중위소득 140% 이하

장애인 · 노인을 위한 돌봄 여행 서비스	노인 · 장애인에게 전문 돌봄 인력이 동반하는 여행 서비스 제공	등록장애인(또는 상이 등급자), 만 65세 이상	기준중위소득 140% 이하
장애인 보조기기 렌탈 서비스	장애아동의 성장 단계에 적합한 맞춤형 보조기기 렌탈 서비스	만 24세 이하 장애 아동 · 청소년	소득기준 없음
시각장애인 안마 서비스	근골격계 · 신경계 · 순환계 질환 등의 증상 개선을 위해 시각장애인의 안마, 마사지, 지압 및 자극요법 제공	근골격계 · 신경계 · 순환계 질환이 있는 만 60세 이상, 지체, 뇌병변 등록장애인	기준중위소득 140% 이하 또는 기초연금수급자
정신건강 토탈 케어 서비스	정신질환의 증상과 기능 수준과 욕구에 따라 필요한 프로그램을 선별 또는 혼합하여 제공, 여건에 따라 부가 서비스 병행	정신장애인 또는 정신건강의학과 치료가 필요한 자	기준중위소득 140% 이하
자살 위험군 예방 서비스	자살 고위험군에 대한 조기 선별검사 및 사례관리 서비스 제공	자살위험검사에 의한 자살위험군 해당자	기준중위소득 140% 이하 또는 기초연금수급자
아동 · 청소년 비전 형성 지원 서비스	아동 · 청소년에 자기에 대한 긍정적 인식과 미래비전을 형성하기 위해 리더십 형성 프로그램 및 체험 학습 등 지원	만 7~15세	기준중위소득 140% 이하
장애인 · 산모 등 건강취약계층 운동 서비스	장애인 · 산모 등 건강취약계층의 신체활동지원을 통해 의료비 절감, 건강 증진	장애인, 산모 (임신 3개월 이상)	기준중위소득 140% 이하
비만아동 건강 관리 서비스	경도 이상 비만과 부모에게 건강교육, 운동처방 및 운동지도 등을 통한 체질개선 및 질병 예방	만 5~12세 경도 이상 비만 아동	소득기준 없음
성인 심리 지원 서비스	성인의 심리정서 지원, 건강한 사회 구성원 역할 촉진	만 35세 이상 진단서, 소견서를 제출한 자	기준중위소득 140% 이하
보완대체 의사소통기기 활용 중재 서비스	기기를 활용하여 장애인의 의사소통 능력 증진 및 사회활동 참여 지원	만 24세 미만 지적 · 뇌병변, 자폐성 장애인	기준중위소득 170% 이하

(2) 청년사회서비스사업단

- 사업 목적: 청년사회서비스사업단은 지역별로 청년들로 구성된 조직으로, 청년들이 지역 내 사회서비스를 주체적으로 제공함으로써 청년의 사회활동 참여 기회를 확대하고, 나아가 지역주민의 삶의 질을 향상시키는 것을 목적으로 한다(유태균 외, 2022). 이를 통해 청년이 지역사회에 적극적으로 참여하고 사회적 책임감을 고취하며, 동시에 지역사회의 복지 수준을 높이는 데 기여하고자 한다.
- 서비스 대상:
  - 청년 마음건강 및 신체건강증진 서비스: 만 19세부터 34세까지의 청년을 대상으로 하

며, 청년의 연령 범위는 지역 여건과 지방자치단체의 조례에 따라 변동될 수 있다.

- 초등 돌봄 서비스: 초등학생과 그 보호자를 대상으로 하여, 학교 이후 돌봄이 필요한 아동을 지원한다.
- 일상 돌봄 서비스: 돌봄이 필요한 청년과 중장년층(만 19세에서 64세까지), 그리고 가족 돌봄을 담당하는 청년(만 13세에서 39세까지)을 대상으로 일상생활에서의 돌봄 지원을 제공한다.

• 서비스 내용: 청년사회서비스사업단은 다양한 사회서비스 프로그램을 통해 청년과 지역주민의 복지를 증진하고, 지역사회 내 다양한 돌봄 수요에 대응하는 역할을 수행한다. 이러한 서비스를 통해 청년의 적극적인 사회 참여를 독려하고, 동시에 지역 내 돌봄 공백을 해소함으로써 지역사회의 전반적인 복지 수준을 높이는 데 중점을 둔다.

(3) 청년 마음건강 지원사업

• 사업 목적: 청년의 심리·정서 지원 및 건강성 회복을 통해 삶의 질을 향상시키고, 심리적 문제를 예방(최윤경, 은석, 2005)함으로써 건강한 사회 구성원으로서의 역할을 촉진하는 것을 목표로 한다.

• 서비스 대상: 만 19세 이상 34세 이하의 청년을 대상으로 하며, 소득 기준은 없다(출생연도 기준: 1989~2004년생).

• 서비스 내용:
- 전문심리상담 등 맞춤형 서비스 제공(총 10회기)
- 사전·사후 검사(각 90분) 1회씩 실시
- 전문심리상담 서비스 제공: 1:1 원칙, 주 1회, 50분씩 총 8회 진행
- 종결상담: 마지막 상담 시 제공

표 5-3 청년 마음건강 지원사업

구분	정신건강	신체 건강	초등 돌봄	자체 개발
사업명	청년 마음건강 지원사업	지역사회서비스 투자사업(사업단 한해 시범 참여)		
		청년 신체건강증진 서비스	초등 돌봄 서비스	자체 개발 서비스

(4) 사회서비스 투자펀드 사업

• 사업 목적: 복지기술 기업 등 자금조달이 어려운 사회서비스 분야 혁신 기업을 육성(김동

진, 이성엽, 2024)하기 위해 정부 및 민간 자금으로 투자펀드를 조성한다. 예를 들어, 절단 장애인을 위한 첨단 의족 · 의수, 시각장애인을 위한 점자 디스플레이 장치, 청각장애인을 위해 소리를 글자로 변환하는 장치 등의 개발 지원을 목표로 한다.

- 투자 대상: 다음 조건 중 하나 이상을 충족하는 기업에 약정 총액의 60% 이상을 투자하되, 노인 · 장애인 · 아동 등 돌봄 관련 기업에 약정총액의 20% 이상 투자한다.
  - 디지털 · 첨단 기술 활용을 통해 사회서비스의 품질 제고와 효과적 이용 · 제공에 기여하는 기업으로서, 기술 개발 및 서비스를 제공하거나 기기 · 장비를 개발 또는 상용화하는 기업(복지, 교육, 고용, 주거, 문화 분야에서 국민의 삶의 질 향상 지원)
  - 기술, 콘텐츠, 프로그램 등을 활용해 새로운 사회서비스를 개발하거나 기존 사회서비스를 개선하여 양질의 서비스 제공을 주된 활동으로 하는 기업
- 사회서비스 관련 기업 분야(예시):
  - 새로운 맞춤형 사회서비스 제공
  - 혁신적인 사회서비스 프로그램 · 콘텐츠 제공
  - 통합(융합) 서비스 제공
  - 사회서비스 품질 제고 또는 이용 편의성을 높이는 기술 · 장비 개발
  - 사회서비스 품질 제고 또는 이용 편의성을 높이는 컨설팅 · 정보 제공 등 관련 기업

(5) 긴급돌봄 지원사업

- 사업 목적: 주 돌봄자의 갑작스러운 부재(사망, 입원 등), 질병, 부상 등으로 짧은 기간 동안 일상생활에 다른 사람의 도움이 필요한 경우 돌봄 서비스를 제공하는 것을 목적으로 한다.
- 서비스 대상: 주 돌봄자 부재, 질병, 부상 등으로 인해 긴급하게 돌봄이 필요한 위기 상황이 발생하였으나 타 공공 서비스로 돌봄을 받기 어려운 만 19세 이상 성인을 주 대상으로 한다. 예외적으로 긴급한 지원이 필요한 경우 연령에 관계없이 지원이 가능하다.
  - 소득 기준: 소득 수준에 따른 대상자 기준은 없으며, 건강보험료 기준 중위소득 구간에 따라 본인부담이 차등 부과된다.
  - 본인부담 기본원칙: 수급자 및 차상위 계층은 본인부담이 면제되며, 중위소득 160% 초과자는 전액 본인부담이다. 그 외 구간은 지역별로 상이하므로 확인이 필요하다.
  - 대상 제외: 일반적 아동 양육, 즉시 개입이 필요한 사고, 자연재난 등으로 거주가 불안정한 경우, 자살 시도, 학대 사례 등은 서비스 대상에서 제외된다.
- 서비스 내용: 긴급돌봄 서비스 제공을 통해 단기간 동안 일상생활의 어려움을 지원하며(조

영실, 김형모, 2022; 최복천, 2022), 필요한 경우 지역 자원 및 협력 기관과의 연계를 통해 서비스 제공이 이루어진다.

표 5-4 긴급돌봄 지원사업

구분	서비스 내용
재가 돌봄	목욕 등 신체 청결, 옷 갈아입히기 등 몸단장 식사 도움, 체위 변경 등 신체 수발 지원 및 건강 지원
가사 지원	청소, 설거지, 식사 준비 등 가정 내 일상생활을 위한 가정환경 마련 • 청소: 가구 내 방, 거실, 주방, 화장실 한정 청소 및 쓰레기 배출과 주거 공간 내부 정리 • 세탁: 세탁 및 세탁물 수거(다림질 제외) • 식사 준비: 식재료 준비와 설거지, 밥 짓기, 기본 국이나 반찬 만들기 등
이동 지원	장보기, 은행 방문 등 외출 시 동행하여 이동 지원 및 업무 보조 등 제공

(6) 가사·간병 방문 지원사업

- 사업 목적: 일상생활과 사회활동이 어려운 저소득층을 위해 가사·간병 서비스를 지원(강명희, 2021)함으로써 취약계층의 생활 안정을 도모하고, 가사·간병 방문 제공 인력을 통한 사회적 일자리 창출을 목표로 한다.
- 서비스 대상: 만 65세 미만의 기준 중위소득 70% 이하 계층 중, 다음에 해당하는 사람으로 가사·간병 서비스가 필요한 자
  - 장애 정도가 심한 장애인
  - 6개월 이상 치료를 요하는 중증 질환자: 보건복지부장관이 고시한 중증 질환 상병에 해당하는 자로, 최근 3개월 이내 발행된 진단서 또는 소견서를 첨부
  - 희귀난치성 질환자: 보건복지부장관이 고시한 희귀난치성 질환 상병에 해당하는 자로, 진단서 또는 소견서 첨부. 단, '행복e음'을 통해 산정특례 등록 여부 확인이 가능한 경우 관련 자료로 대체 가능
  - 소년소녀가정, 조손가정, 한부모가정(법정보호세대): 이 경우 서비스 대상자는 자녀·손자녀가 됨
  - 만 65세 미만의 의료급여 수급자 중 장기입원 사례관리 퇴원자
  - 기타 시·군·구청장이 예산의 범위 내에서 가사·간병 서비스가 필요하다고 인정하는 자: 장애 정도가 심하지 않은 장애인, 질환 및 부상으로 인한 장기 치료자 등
- 지원 내용:
  - 신체 수발 지원: 세면, 식사 등 보조

- 신변활동 지원: 체위 변경, 간단한 재활 운동 보조
- 가사 지원: 청소, 식사 준비 등
- 일상생활 지원: 외출 동행, 말벗, 생활 상담 등

4) 미국, 영국, 일본과 우리나라의 사회보장정책 비교

사회보장제도는 각국의 사회적 · 경제적 맥락에 따라 상이하게 설계되며, 각국은 자국의 국민에게 필요한 복지와 안전망을 제공하기 위해 다양한 접근 방식을 채택하고 있다. 미국, 영국, 일본의 사회보장정책을 살펴보고 이를 우리나라의 사회보장정책과 비교함으로써 각국 제도의 특징과 차별성을 분석하고자 한다.

미국의 사회보장제도는 크게 소셜 시큐리티(Social Security), 메디케어(Medicare), 메디케이드(Medicaid)로 구분된다. 소셜 시큐리티는 노령연금, 장애연금, 유족연금 등을 포함하며, 개인의 기여금과 세금에 기반해 운영된다. 이 제도는 개인의 기여 정도에 따라 혜택이 결정되며, 자율성을 제공하는 동시에 복지 수준의 차별화를 초래한다(Social Security Administration, 1997). 메디케어는 65세 이상의 노인과 특정 장애인을 대상으로 한 건강보험으로, 병원 치료 및 의료 서비스 비용을 지원한다. 메디케이드는 저소득층을 위한 건강보험 프로그램으로, 소득에 따라 다양한 형태의 의료 지원을 제공한다. 미국의 사회보장제도는 시장 중심의 접근을 기반으로 하며, 개인의 기여금에 따른 차등적 혜택 구조가 특징이다. 이러한 접근은 개인의 자율성을 강화하지만, 경제적 격차로 인한 복지 수준의 차별화를 유발할 가능성이 있다. 이에 따라 복지 수혜의 불평등이 발생할 수 있다는 한계를 지닌다.

영국의 사회보장정책은 유니버셜 크레딧(Universal Credit) 시스템을 통해 통합적인 복지 혜택을 제공한다. 유니버셜 크레딧은 실업수당, 주거비 보조, 아동수당 등 다양한 복지 수당을 통합하여 제공하며, 소득에 따라 차등 지원이 이루어진다(Beck et al., 2024). 이 시스템은 복지의 포괄성을 높이고 중복 지급을 방지하기 위해 설계되었으며, 중앙집중식 관리 체계를 통해 국가가 주도적으로 운영된다. 영국의 사회보장정책은 보편적 복지와 소득 보조를 통해 경제적 불평등을 완화하고, 모든 계층의 국민에게 기본적인 생활보장을 제공하는 데 중점을 둔다. 이러한 접근은 복지 혜택의 접근성을 확대하고, 사회적 안전망을 강화하는 데 기여하고 있다.

일본의 사회보장제도는 국민연금과 건강보험제도를 통해 노령 및 질병에 대한 위험을 관리한다. 국민연금제도는 모든 국민에게 노후연금, 장애연금, 유족연금 등을 제공하며, 건강보험제도는 국민 전체를 대상으로 포괄적인 의료 보장을 제공한다(홍성민, 2024). 일본의 사회보장

제도는 법적으로 강제되며, 국민의 참여와 기여를 통해 운영된다. 이러한 정책은 국민 모두를 대상으로 한 포괄적 지원을 통해 사회적 안전망을 강화하고, 경제적 불평등을 완화하는 것을 목표로 한다. 특히 고령화 사회에 대응하기 위해 지속적인 제도 개선과 발전을 모색하고 있다는 점에서 주목할 만하다.

우리나라의 사회보장정책은 사회보험제도, 공공부조, 사회서비스로 구성되어 다양한 사회적 위험에 대응하고 있다(손병덕, 2020). 우리나라의 사회보장제도는 기본적인 생활보장을 목표로 하며, 전 국민과 저소득층, 노인, 장애인, 실업자 등 다양한 계층을 지원한다. 국가 주도의 포괄적인 복지 혜택을 통해 사회적 평등을 증진하고, 경제적 불평등을 완화하려는 데 중점을 둔다. 이러한 정책적 특성은 다른 국가들과 유사한 점도 있지만, 우리나라의 사회보장제도는 국가의 재정적 부담과 사회적 요구를 반영하여 지속적으로 개선되고 있다는 점에서 차별성을 갖는다.

이와 같은 각국의 사회보장제도를 비교해 보면, 미국은 개인의 기여를 기반으로 한 자율성과 차별화된 복지를 제공하는 반면, 영국과 일본은 국가 주도의 포괄적 복지를 통해 사회적 안전망을 강화하는 것을 중시한다. 우리나라 역시 국가 주도의 복지정책을 통해 사회적 평등을 지향하지만, 재정적 여건과 국민의 복지 요구를 반영하여 지속적으로 제도를 발전시키고 있다는 점에서 특유의 접근 방식을 보여 준다.

5) 공공부조 대상을 위한 정책 및 법적 과제

공공부조 대상 가족을 위한 정책은 경제적 지원 확대와 서비스 접근성 향상을 주요 목표로 설정하며, 이를 통해 보다 강력한 사회적 안전망을 구축하고 복지서비스의 효과성을 증대시키는 방향으로 나아간다. 특히 통합적 접근 방식을 통해 복지 자원의 효율성을 극대화하고, 다양한 지원이 상호 보완적으로 작동할 수 있도록 해야 한다. 우리나라에서는 이러한 목표를 달성하기 위해 여러 가지 정책적 노력을 기울이고 있으며, 주요한 정책 방향은 다음과 같다.

우리나라 공공부조 정책의 주요 특징은 공공부조 대상 가족의 복지 향상을 위한 다양한 지원 방안을 포함하고 있다. 특히 경제적 지원 확대는 단순히 생활비를 보장하는 차원을 넘어서서, 가족 구성원 전체의 복지 수준을 제고하는 데 중점을 두고 있다. 이러한 경제적 지원은 주거비 보조, 자녀 교육비 지원, 건강 관리 서비스 등 구체적인 형태로 제공되며, 각 가족의 필요에 맞게 설계된다. 또한 서비스 접근성 향상은 특히 취약계층이 필요한 복지서비스를 효과적으로 이용할 수 있도록 하는 데 초점을 맞추고 있다. 이를 위해 통합적 접근을 통해 다양한 복지서비스를 종합적으로 제공하고, 중복된 서비스를 최소화함으로써 자원의 효율적인 분배가 이루어질 수 있도록 해야 한다(최상미 외, 2022).

법적 과제로는 복지 시스템의 포괄성 강화와 서비스 접근의 공정성 제고가 중요하다(윤성원, 2024). 복지 시스템의 포괄성을 강화하기 위해서는 기존의 복지 제도를 보완하고, 새로운 복지 서비스를 도입하여 모든 취약계층 가족이 지원을 받을 수 있도록 해야 한다. 또한 서비스 접근의 공정성을 제고하기 위해 지역적 · 경제적 차별 없이 모든 사회적 위험에 노출된 국민이 동등하게 복지 혜택을 받을 수 있는 체계를 마련해야 한다. 이를 통해 사회 전반에 걸친 복지의 평등성을 높이고, 복지 사각지대를 해소하는 데 기여할 수 있다.

사회적 불평등 해소를 위한 제도적 개선도 중요한 과제다. 불평등의 원인을 다각적으로 분석하고, 그에 맞는 정책적 대응을 통해 실질적인 변화를 이끌어 내야 한다. 법적 · 제도적 차원에서의 개선은 정책의 실효성을 높이는 중요한 수단이며, 이러한 노력을 통해 사회보장 대상 가족의 삶의 질을 실질적으로 향상시키는 데 기여할 수 있다.

2.「한부모가족지원법」

1) 한부모가족의 개념

한부모가족은 한 명의 보호자가 자녀를 양육하는 가족 형태로, 부모의 사별, 이혼, 비혼 출산 등 다양한 이유로 형성된다. 한부모가족의 경우, 보호자가 경제적 · 정서적 · 사회적 책임을 홀로 부담해야 하며, 이는 가정의 모든 자원과 지원이 해당 보호자에게 집중된다는 점에서 경제적 부담과 정서적 스트레스를 증가시키는 경향이 있다(김은지, 2013). 이러한 특성으로 인해 한부모가족은 다양한 사회적 지원과 정책적 관심이 필요하다.

한부모가족이 경제적 안정과 정서적 안녕을 유지하도록 돕기 위해서는 정책적 지원이 필수적이다. 이러한 지원은 경제적 보조, 양육 지원, 심리적 상담 등 다각적인 형태로 이루어진다. 경제적 지원은 금전적 보조와 세제 혜택을 포함하며, 양육 지원은 자녀의 교육비와 보육비 지원, 관련 서비스 제공 등을 포함한다. 또한 심리적 상담 및 정서적 지원 프로그램은 보호자가 겪는 스트레스를 경감하고, 가족의 정서적 복지를 증진하는 데 기여한다(황혜원, 김현수, 2023). 이러한 정책적 접근은 한부모가족의 다양한 필요를 충족시키며, 이들의 생활 환경을 개선하는 데 도움을 준다.

사회복지정책은 한부모가족의 복지를 증진하고 생활 수준을 향상시키기 위해 지속적으로 발전하고 있으며, 일반적으로 한부모가족의 경제적 자립을 지원하고, 양육의 질을 높이며, 정서적 안정성을 제공하는 방향으로 설계된다. 예를 들어, 이러한 정책은 가족의 경제적 부담을 경감하기 위한 다양한 프로그램과 서비스를 도입하고, 보호자가 자녀 양육과 관련된 자원을 보다 효율적으로 활용할 수 있도록 돕는다(장수정 외, 2021). 이러한 정책적 조치는 한부모가족이 겪는 사회적 어려움을 극복하고, 보다 안정적인 생활을 영위할 수 있도록 지원하는 중요한 역할을 수행한다.

2) 한부모가족의 현황

한부모가족의 수는 우리나라에서 최근 몇 년 동안 꾸준히 증가하고 있으며, 2022년 기준 전체 가구의 약 6.5%를 차지하고 있다(통계청, 2023). 이는 한부모가족이 우리나라 사회에서 점점 더 중요한 구성 요소로 자리 잡고 있음을 의미한다. 이러한 증가 추세는 사회적·경제적 변화와 밀접하게 연관되어 있으며, 이러한 변화는 가족 구조와 복지정책에 중요한 영향을 미친다.

한부모가족은 경제적 어려움과 사회적 고립의 문제를 겪고 있다. 경제적 어려움은 단일 보호자가 가정의 주요 경제적 자원을 마련해야 하는 부담에서 비롯되며, 이는 종종 부족한 소득과 높은 생활비로 이어진다. 사회적 고립은 가족 내 지원 체계의 부족과 관련되어 있어 가족의 정서적 안정성에도 부정적인 영향을 미친다(황혜원, 김현수, 2023). 한부모가족은 경제적 부담과 정서적 지지 부족으로 인해 더욱 취약한 상황에 놓이기 쉽다.

이러한 문제를 해결하기 위해서는 다양한 형태의 사회적 지원이 필요하다. 정책적 대응은 경제적 지원, 양육 지원, 사회적 통합 프로그램 등으로 구성될 수 있다. 경제적 지원은 직접적인 보조금 지급과 세제 혜택을 포함하며, 양육 지원은 자녀의 교육비와 보육비를 지원하는 프로그램을 포함한다. 사회적 통합 프로그램은 한부모가족이 사회적 연결망을 형성하고 지역사회와의 연결을 강화할 수 있도록 도와주는 중요한 역할을 한다(강라현, 2024). 이러한 정책적 대응은 한부모가족이 겪고 있는 경제적·사회적 어려움을 완화하고, 이들의 복지를 증진시키는 중요한 수단으로 작용한다.

3) 「한부모가족지원법」의 주요 내용

우리나라의 「한부모가족지원법」은 한부모가족의 복지 향상, 생활 안정, 자립을 목표로 하며,

이를 달성하기 위해 다양한 정책적 조치를 포함하고 있다. 주요 내용은 경제적 지원, 자녀 양육 지원, 그리고 아동양육비 지원으로 구성되어 있으며, 이러한 요소들은 한부모가족의 종합적인 복지를 증진하기 위한 핵심적인 방안으로 설계되었다(「한부모가족지원법」, 2024).

- 경제적 지원: 한부모가족이 소득인정액 기준을 충족할 경우, 생계급여, 의료급여, 주거급여 등 다양한 형태의 경제적 지원을 받을 수 있다. 이 지원은 저소득층 한부모가족의 생활 안정을 돕고, 기본적인 생계와 주거를 보장하기 위해 마련되었다(보건복지부, 2024a).
- 자녀 양육 지원: 저소득층 한부모가족의 자녀에게 아동양육비, 아동교육지원비, 생활보조금 등을 지원하여 아동의 건강한 성장과 가정의 생활 안정을 도모한다. 지원 대상은 세대주인 모 또는 부가 18세 미만 자녀를 양육하는 경우로, 취학 시에는 22세 미만 자녀까지 포함된다. 조부모가 손자녀를 양육하는 조손가족의 경우도 동일한 기준이 적용되며, 고등학교 재학 중인 경우는 22세 미만 자녀까지 지원이 가능하다. 가구 소득인정액이 기준 중위소득의 63% 이하인 경우, 이러한 양육 지원 혜택을 받을 수 있다(여성가족부, 2024).

이러한 정책적 조치는 한부모가족의 경제적 어려움을 경감(성정현, 2022)하고, 자녀의 건강한 성장과 교육을 지원함으로써 한부모가족의 생활 안정을 촉진(장명선, 2016)하는 중요한 역

표 5-5 한부모가족 복지급여 지급기준

지원 종류	지원 대상	지원 금액
아동양육비	소득인정액이 기준 중위소득 63% 이하인 가족의 18세 미만 자녀 * 단, 고등학교 재학(고3 12월까지) 중인 경우 22세 미만 자녀	월 21만 원
추가 아동양육비	소득인정액이 기준 중위소득 63% 이하인 조손 및 35세 이상 미혼 한부모가족의 5세 이하 아동	자녀 1인당 월 5만 원
	소득인정액이 기준 중위소득 63% 이하인 25세 이상 34세 이하 청년 한부모가족의 5세 이하 아동	자녀 1인당 월 10만 원
	소득인정액이 기준 중위소득 63% 이하인 25세 이상 34세 이하 청년 한부모가족의 6세 이상 18세 미만 아동 * 단, 고등학교 재학(고3 12월까지) 중인 경우 22세 미만 자녀	자녀 1인당 월 5만 원
아동교육지원비 (학용품비)	소득인정액이 기준 중위소득 63% 이하인 가족의 중학생 · 고등학생 자녀	자녀 1인당 연 9.3만 원
생계비 (생활보조금)	한부모가족 복지시설에 입소한 가족 중 소득인정액이 기준 중위소득 63% 이하인 가족	가구당 월 5만 원

할을 한다. 이를 통해 한부모가족의 삶의 질을 개선하고, 자립할 수 있는 환경을 조성하고자 하는 것이 「한부모가족지원법」의 핵심 목표이다.

「한부모가족지원법」은 저소득 한부모가족과 조손가족에게 아동양육비를 지원함으로써 아동의 건강한 성장을 돕고 양육 환경을 개선하고자 한다. 소득인정액이 기준 중위소득의 63% 이하인 한부모가족 및 조손가족, 혹은 기준 중위소득의 65% 이하인 청소년 한부모가족이 18세 미만의 아동(고등학교 재학 중인 경우는 22세 미만)을 양육할 경우, 아동 1인당 월 21만 원을 지급한다. 또한 청소년 한부모가족에게는 0~1세 영아의 경우 아동 1인당 월 40만 원, 2세 이상의 자녀에게는 1인당 월 35만 원을 지원한다.

이러한 아동양육비 지원은 한부모가족의 경제적 부담을 줄이고, 자녀의 건강한 성장과 발달을 지원하기 위한 중요한 정책적 조치이다. 이를 통해 「한부모가족지원법」은 한부모가족이 직면한 경제적 어려움을 완화하고, 가족의 안정적 삶을 유지하는 데 기여한다. 「한부모가족지원법」은 이러한 다양한 지원을 통해 한부모가족의 복지 향상과 자립을 촉진하며, 사회적 통합을 도모하는 중요한 역할을 수행하고 있다(「한부모가족지원법」, 2024).

4) 미국, 영국, 일본과 우리나라의 한부모가족 지원 정책 비교

각국의 한부모가족 지원 정책은 해당 국가의 사회적 맥락과 복지 철학에 따라 상이하게 설계되어 있으며, 한부모가족이 직면한 경제적 · 사회적 어려움을 완화하기 위해 다양한 지원 방식을 채택하고 있다. 미국의 한부모가족 지원 정책은 주로 TANF(Temporary Assistance for Needy Families) 프로그램을 통해 이루어진다. TANF는 저소득 한부모가족에게 경제적 지원을 제공하며, 자녀 돌봄 서비스, 직업 훈련, 교육 지원 등 자립을 촉진하기 위한 다양한 서비스를 함께 제공한다. TANF는 일정 기간 동안 금전적 지원을 제공하는 동시에, 자립을 위한 다양한 프로그램을 연계하여 지원의 효과성을 높이고 있다(Booshehri et al., 2018). 미국의 한부모가족 지원 정책은 개인의 자율성과 선택권을 강조하는 특징을 가지며, 지원 혜택은 개인의 기여와 경제적 상황에 따라 결정된다. 이러한 접근 방식은 수급자의 자립을 촉진하는 데 중점을 두는 반면, 지원의 불평등과 복지 사각지대 발생 가능성도 존재한다.

영국은 한부모가족을 포함한 저소득층 가구에 대한 지원으로 유니버셜 크레딧(Universal Credit) 제도를 운영하고 있다. 유니버셜 크레딧은 실업수당, 주거비 보조, 아동수당 등 다양한 복지 수당을 통합하여 제공함으로써 한부모가족의 경제적 안정과 복지 증진에 기여하고 있다. 특히 자녀 교육과 보육에 대한 지원을 포함하여, 가족의 경제적 부담을 경감시키는 데 중점을 두고 있다. 유니버셜 크레딧은 소득에 따라 지원 수준을 조정하는 방식으로 운영되며, 이를 통해 복지의 포괄성을 높이고 복지 혜택의 접근성을 강화하고자 한다(Gov.UK, 2024). 영국의 복지정책은 국가가 주도적으로 복지 혜택을 제공하는 중앙 집중적 방식이며, 사회적 안전망을 강화하는 데 초점을 맞추고 있다.

일본의 한부모가족 지원 정책은 「한부모가족지원법」을 중심으로 이루어지며, 자녀 양육비 지원과 취업 지원, 정신건강 서비스 제공 등을 포함하고 있다. 일본은 한부모가족의 경제적 자립을 돕기 위해 자녀 양육비와 취업 지원을 강화하고 있으며, 동시에 가족 구성원의 정신적 및 정서적 건강을 지원하기 위한 다양한 프로그램을 제공하고 있다(Raymo et al., 2014). 이러한 정책적 접근은 한부모가족이 경제적 어려움과 정서적 고립을 극복할 수 있도록 돕고, 궁극적으로 사회적 통합과 가족복지 향상에 기여하는 것을 목표로 하고 있다.

우리나라의 한부모가족 지원 정책은 경제적 지원, 자녀 양육 지원, 아동양육비 지원 등 종합적인 접근을 통해 한부모가족의 생활 안정과 자립을 도모하고 있다(「한부모가족지원법」, 2024). 우리나라의 정책은 국가 주도의 포괄적 복지 지원을 통해 사회적 평등을 증진하고, 취약한 한부모가족의 복지 향상과 사회적 통합을 목표로 한다. 이러한 정책적 접근은 경제적·정서적·사회적 지원을 종합적으로 제공하여 한부모가족의 복지 수준을 향상시키는 데 기여하고 있다.

각국의 한부모가족 지원 정책은 한부모가족의 경제적 자립과 사회적 통합을 촉진하기 위한 다양한 접근 방식을 채택하고 있으며, 이를 통해 한부모가족의 복지 향상에 기여하고 있다. 미국은 자율성과 선택권을 강조하는 반면, 영국은 중앙 집중적이고 포괄적인 복지 시스템을 통해 경제적 불평등을 완화하고자 하며, 일본은 한부모가족의 경제적·정서적 지원을 강화하는 데 중점을 두고 있다. 한국은 이러한 접근들을 참고하여 종합적이고 포괄적인 한부모가족 지원 정책을 발전시키고 있다.

5) 한부모가족을 위한 정책 및 법적 과제

우리나라에서 한부모가족을 위한 정책과 법적 과제는 경제적 지원 확대와 복지서비스의 통합적 접근에 초점을 맞출 필요가 있다. 한부모가족은 경제적 어려움뿐만 아니라 정서적 고립과 같은 다차원적인 문제에 직면해 있으며, 이를 해결하기 위해서는 보다 실효성 있는 지원 방안이 마련될 필요가 있다. 이러한 지원은 단순히 금전적 지원에 그치지 않고, 자녀 양육, 교육, 건강 관리 등 다양한 분야를 포괄하는 통합적인 복지 시스템 구축을 목표로 해야 한다(김은지, 2013; 장명선, 2016). 이러한 통합적 접근은 한부모가족의 생활 안정과 사회적 통합을 촉진하는 중요한 단계로, 정책의 실효성을 높이고 사회적 안전망을 강화하는 데 기여할 수 있다.

특히 한부모가족이 직면한 경제적 어려움을 완화하기 위해서는 통합적인 복지 시스템의 구축이 필요하다. 현재의 복지정책은 개별적인 지원이 아니라 다양한 복지서비스를 연계하여 제공하는 방향으로 발전해야 하며, 이는 가족 전체의 복지 수준을 향상시키고 정책의 실효성을 높이는 데 중요한 역할을 할 것이다(김은지, 2013; 성정현, 2022). 통합적 복지 시스템은 한부모가족이 복잡한 절차 없이 필요한 지원을 받을 수 있도록 하고, 복지서비스의 중복을 방지하며 자원의 효율적인 배분을 가능하게 한다.

또한 다양한 복지서비스를 제공하는 과정에서 발생할 수 있는 법적·행정적 문제를 해결하기 위한 제도적 개선이 필요하다. 한부모가족 지원 정책의 효과적인 실행을 위해서는 법적·행정적 장치의 정비가 필수적이며, 이는 정책의 일관성을 유지하고 서비스 제공의 공정성을 보장하며, 복지 시스템의 신뢰성을 높이는 데 기여할 것이다(김은지, 2013; 김현숙, 2020). 이러한 제도적 개선은 복지서비스의 접근성을 향상시키고, 수요자의 권리와 요구를 보다 잘 반영하는 정책을 구현하는 데 중요한 역할을 한다.

3.「아동복지법」

1) 아동복지의 개념

아동복지는 아동의 전반적인 복지와 권리를 보장하고 증진하기 위해 설계된 체계적 접근을 의미한다. 이는 단순히 아동을 보호하는 차원을 넘어서, 아동의 전인적 발달을 지원하고 권리를 적극적으로 옹호하는 정책과 프로그램을 포함한다. 아동복지는 신체적·정서적·사회적 발달을 종합적으로 지원하며, 아동이 안전하고 건강한 환경에서 성장할 수 있도록 하는 데 중점을 두고 있다(「아동복지법」, 2024).

아동복지의 주요 목표는 아동의 신체적·정서적·사회적 발달을 지원하는 것이다. 신체적 발달을 지원하기 위해서는 적절한 영양과 건강 관리를 제공하며, 정서적 발달을 위해서는 안정적이고 사랑이 가득한 가정 환경이 필수적이다. 사회적 발달을 촉진하기 위해서는 아동이 건강한 사회적 관계를 형성하고, 사회적 기술을 발달시킬 수 있도록 돕는 것이 중요하다. 이러한 지원은 아동의 기본적인 권리를 보장하고, 그들의 잠재력을 최대한 발휘할 수 있도록 돕기 위한 정책적 노력의 일환으로 이루어진다(「아동복지법」, 2024).

아동복지는 아동의 복지를 향상시키기 위해 종합적인 접근을 필요로 한다. 이는 단순히 보호를 넘어서, 아동이 교육적 · 심리적 지원을 통해 성장할 수 있도록 돕는 것을 목표로 한다. 교육적 지원은 아동의 학습 환경을 개선하고, 심리적 지원은 아동의 정서적 안정과 자아존중감을 증진시키는 방향으로 이루어진다. 이러한 정책적 목표는 아동의 전인적 발달을 보장하고, 사회적 불평등을 완화하는 데 기여한다(「아동복지법」, 2024).

2) 아동복지 대상 아동의 현황

현재 아동복지 대상 아동의 상황은 매우 복잡하나, 크게 취약계층 아동과 사회적 보호 대상 아동으로 구분할 수 있다. 취약계층 아동은 가정 내 폭력, 경제적 어려움, 부적절한 양육 환경 등의 문제로 보호가 필요하며, 이로 인해 신체적 · 정서적 · 사회적 발달에 심각한 영향을 받고 있다. 이러한 환경은 아동의 전반적인 복지와 안전을 위협하는 주요 요인으로 작용하고 있다. 2022년 통계에 따르면, 취약계층으로 분류된 아동은 총 42,256명에 이르며(국민기초생활수급 아동 38,500명, 학대, 이혼, 미혼부모, 가출, 부모 사망, 유기, 부모의 교정시설 입소 등으로 인한 보호 대상 아동 3,756명; 초록우산, 2023), 이러한 수치는 빠르게 증가하고 있다. 특히 사회적 보호 대상 아동의 경우, 아동복지시설에 있는 아동이 10,312명, 가정위탁 보호 아동이 9,330명, 공동생활 가정에 있는 아동이 2,669명(초록우산, 2023), 보호소년 및 위탁소년이 1,192명(통계청, 2024)으로 총 23,503명에 달하고 있다. 이러한 증가 추세는 아동복지 시스템의 강화와 개선이 절실히 필요함을 시사하고 있다.

이와 같은 상황을 개선하기 위해서는 복지 시스템의 전반적인 강화와 취약계층 및 사회적 보호 대상 아동에 대한 복지 향상이 필수적이다. 현재 아동복지 시스템은 다양한 프로그램을 통해 아동의 안전과 복지를 보장하고 있지만, 여전히 해결되지 않은 문제들이 존재한다. 특히 가정 내 폭력과 경제적 어려움은 아동의 건강한 성장과 발달을 저해하는 주요 원인으로, 이러한 문제들에 대한 보다 체계적이고 강력한 대응이 필요하다. 예를 들어, 2023년 아동학대 신고 건수는 48,522건에 달하며, 이 중 25,739건이 학대로 판정되었다(보건복지부, 2022). 이러한 수치는 아동복지 시스템의 실효성 있는 개혁을 시급히 요구하는 근거가 되고 있다(민소영, 한은희, 2023). 따라서 정부와 관련 기관은 복지 시스템을 보다 강화하고, 포괄적이며 실효성 있는 프로그램을 개발하여 아동의 실질적인 필요를 충족시키는 것이 중요하다.

정부와 관련 기관은 취약계층 아동과 사회적 보호 대상 아동의 복지 증진을 위해 다양한 복지 프로그램을 운영하고 있다. 이러한 프로그램은 아동의 안전 보장, 경제적 지원, 심리적 지원을 포함하며, 아동의 양육 환경 개선을 위한 가족 지원 서비스와 상담 서비스도 제공한다. 예를 들어, '아동폭력 방지 및 치유 프로그램'은 아동의 심리적 안정과 재활을 지원하며, '경제적 지원 프로그램'은 저소득층 아동의 생활을 돕기 위해 마련되어 있다. 이러한 복지 프로그램은 아동이 건강하고 안정적인 환경에서 성장할 수 있도록 돕는 중요한 방안으로 평가되며, 지속적인 개선과 발전이 필요하다(민소영 외, 2024).

3)「아동복지법」의 주요 내용

「아동복지법」은 아동의 신체적 · 정서적 학대를 방지하고 보호하는 조치를 명확히 규정함으로써, 아동의 안전을 보장하고 권리를 보호하는 데 중점을 둔다. 이 법은 학대나 방임이 의심되는 경우 신속하고 효과적인 대응을 요구하며, 예방과 개입 조치를 통해 아동이 건강하고 안전한 환경에서 성장할 수 있도록 하는 중요한 기초를 마련하고 있다(최용성, 강동일, 2021).

- 보호조치:「아동복지법」제15조는 시 · 도지사 또는 시장 · 군수 · 구청장이 보호 대상 아동을 발견하거나 보호자의 의뢰를 받은 경우 아동의 최상의 이익을 위하여 보호조치를 취할 것을 명시하고 있다. 이러한 조치에는 보호 대상 아동 또는 그 보호자에 대한 상담 · 지도 제공, 친족에 의한 보호 · 양육, 가정위탁 보호, 아동복지시설 입소, 전문치료기관 입원 등이 포함된다. 이를 통해 아동에게 필요한 보호와 지원을 제공함으로써 아동의 최상의 이익을 실현하고자 한다.
- 아동학대의 예방 및 방지:「아동복지법」제22조는 국가와 지자체가 아동학대 예방과 방지를 위해 정책 수립 및 시행, 아동학대 실태조사, 신고체제 구축, 피해 아동보호와 치료 등을 수행하도록 규정하고 있다. 또한 제29조는 아동보호전문기관의 장이 피해 아동 및 그 가족에게 상담, 교육, 의료적 · 심리적 치료를 제공하여 피해 아동의 안전 확보와 재학대 방지를 도모하도록 명시하고 있다. 이러한 조치들은 아동의 안전을 보장하고, 학대의 재발을 방지하며, 건전한 가정 기능을 유지하는 데 기여한다.
- 아동통합서비스 지원:「아동복지법」제37조에 따라 취약계층 아동에게는 드림스타트를 통해 맞춤형 통합서비스가 제공된다. 이 서비스는 아동의 건강한 성장과 발달을 지원하기 위헤 보건, 복지, 보호, 교육, 치료 등을 종합적으로 제공하는 것으로, 공평한 출발 기회를 보장하여 아동이 건강하고 행복한 사회 구성원으로 성장하도록 돕는 것을 목표로 한다. 통합서비스는 아동의 기초학습과 사회성 발달, 부모 양육지도, 건강검진 등 다양한 분야

에 걸쳐 있으며, 이러한 지원을 통해 취약계층 아동에게 실질적인 혜택을 제공하고자 한다(드림스타트, 2025).

4) 미국, 영국, 일본과 우리나라의 아동복지정책 비교

미국의 아동복지정책은 연방 및 주 정부가 협력하여 운영하는 다양한 프로그램으로 구성되며, 주로 아동의 안전과 복지 보장을 목적으로 한 포괄적인 접근을 취하고 있다. 대표적인 정책으로는 저소득 가정을 지원하는 TANF, 식량 지원을 위한 SNAP, 그리고 아동보호 서비스가 있다(강지원, 2009). TANF는 저소득 가정에 직접적인 경제적 지원을 제공하여 경제적 안정을 도모하며, SNAP은 식량 지원을 통해 가정의 경제적 부담을 경감한다. 아동보호 서비스는 아동학대 및 방임 예방과 피해 아동보호를 위한 조치를 시행하여 아동의 안전을 보장한다. 이러한 정책들은 아동의 기본적인 생활 여건을 개선하고, 안전하고 안정된 환경에서 성장할 수 있도록 지원하기 위해 설계된 것이다. 연방 정부와 주 정부의 협력을 통해 다양한 지역사회의 필요를 충족시키기 위해 조정되는 것이 미국 복지정책의 주요 특징이다.

영국의 아동복지정책은 아동의 권리와 복지를 종합적으로 보장하기 위해 다양한 법률과 프로그램을 포함하고 있다. 대표적인 예로는 「아동보호법(Children Act)」, 유니버설 크레딧, 그리고 한부모가족 지원 프로그램 등이 있다(양소남, 2008). 「아동보호법」은 아동의 권리와 안전을 법적으로 보장하며, 모든 아동이 보호되고 안전한 환경에서 성장할 수 있도록 법적 기반을 제공한다. 자녀 세금 크레딧은 저소득 가정의 경제적 부담을 줄이는 데 기여하며, 한부모가족 지원 프로그램은 한부모가족에 경제적 · 사회적 지원을 제공하여 그들의 복지와 생활 안정을 도모한다. 영국은 이러한 포괄적 정책들을 통해 아동복지의 전반적 강화를 도모하고 있으며, 아동의 권리와 안전을 보장하기 위해 지속적인 노력을 기울이고 있다.

일본의 아동복지정책은 「아동복지법」을 기초로 하여 아동보호와 복지 증진을 위한 다양한 프로그램을 운영하고 있다. 주요 정책으로는 아동 양육 지원금, 아동학대 방지 프로그램, 가정복지서비스 등이 있다(백윤철, 이연숙, 2023). 아동 양육 지원금은 가정의 경제적 부담을 줄이고, 아동 양육을 지원하기 위해 제공되며, 아동학대 방지 프로그램은 학대 및 방임을 예방하고 대응하기 위해 운영된다. 또한 가정 복지서비스는 가족이 아동을 안정적인 환경에서 양육할 수 있도록 지원함으로써 아동의 복지를 강화하고 있다. 일본은 이러한 다양한 지원 프로그램을 통해 아동의 안전과 건강한 성장을 도모하고 있으며, 아동복지의 지속적인 개선을 위해 노력하고 있다.

우리나라의 아동복지정책은 아동복지법을 중심으로 경제적 · 교육적 · 정서적 측면을 포괄하는 종합적 지원을 추구한다. 저소득층 가정 아동을 위한 기초생활보장제도 및 아동수당, 취약가정 아동에 대한 아동학대 예방과 보호 서비스를 제공하며, 한부모가족의 아동에게도 교육 및 돌봄 지원을 확대하고 있다(「아동복지법」, 2025). 취약계층 아동을 위한 지역아동센터, 드림스타트 등 지역사회 기반 프로그램을 통해 아동이 건강하게 성장할 수 있는 환경을 조성하고, 학대 · 방임 예방을 위한 공적 개입을 강화한다. 최근에는 돌봄 사각지대 해소를 위한 온종일 돌봄 체계 확충, 장애 아동을 위한 맞춤형 지원 강화 등 아동권리 중심의 세부 정책도 보완되고 있다(최현임, 손가현, 2021). 우리나라는 이러한 정책들을 통해 아동의 기본적 생활보장과 안전, 발달을 보장하고자 하며, 각 가정의 상황에 따라 다양화된 서비스를 제공함으로써 아동복지의 실질적 향상을 꾀한다. 다만, 재정 확보와 행정 체계 간의 유기적 협력, 지역 간 격차 해소 등은 여전히 개선이 필요한 과제이며, 미국 · 영국 · 일본의 사례에서 시사점을 얻어 보다 포괄적이고 접근성 높은 아동복지정책 체계 구축이 요구된다.

5) 아동복지 대상 아동을 위한 정책 및 법적 과제

아동복지 대상 아동을 위한 정책에서 가장 중요한 과제 중 하나는 아동의 정신적 · 정서적 지원을 확대하는 것이다. 현재 아동의 정서적 안정과 정신적 건강을 보장하기 위해 전문적인 상담 및 치료 서비스의 확대가 절실히 요구된다(이지원 외, 2025). 이러한 서비스는 아동이 정서적 문제를 조기에 발견하고 적절한 지원을 받을 수 있도록 하며, 아동의 전반적인 복지 향상에 중대한 기여를 한다. 상담 서비스는 아동의 정서적 위기를 예방하고, 건강한 정서적 발달을 도모하는 데 핵심적인 역할을 한다.

또한 복지서비스에 대한 접근성을 개선하는 것 역시 중요한 과제다. 특히 취약계층 아동을 대상으로 한 맞춤형 서비스 제공이 필요하며, 이를 통해 모든 아동이 필요한 지원을 신속히 받을 수 있게 하고 복지서비스의 효과성을 극대화할 수 있다(이상정 외, 2017). 접근성 개선은 지역사회 내 복지서비스 제공의 강화 및 서비스 이용 격차 해소에 기여할 것이다. 나아가, 다양한 복지서비스와 자원을 통합하여 아동의 복지 요구를 보다 체계적으로 충족시킬 수 있는 방안을 마련해야 한다.

아동의 법적 권리를 보호하고, 복지 시스템 내에서 법적 보호를 강화하는 것 또한 중요한 과제다(손지영, 세미라, 2015). 법적 보호는 아동의 권리가 침해되지 않도록 보장하며, 복지서비스에 대한 접근과 이용에서 법적 기준을 확립하는 데 필수적이다. 이를 통해 아동의 권리 보장을 위한 법적 기초를 제공하고, 복지 시스템의 투명성과 공정성을 확보할 수 있다. 아동의 권리가 존중받는 환경을 조성하기 위해, 지속적으로 법적 보호 조치를 강화하는 노력이 필요하다.

아동복지에 대한 사회적 인식을 제고하고, 아동보호의 중요성을 강조하여 사회적 지원을 확대하는 것도 필수적이다(하나영, 이경은, 2024). 사회적 인식 개선은 아동복지 문제에 대한 공감대를 형성하고, 복지정책 및 프로그램에 대한 사회적 지지를 강화하는 데 기여할 것이다. 이를 통해 아동복지에 대한 사회적 관심을 높이고 정책적 지원을 확보할 수 있으며, 아동의 권리와 복지를 보장하기 위한 지속적인 노력을 촉진할 수 있다.

4.「노인복지법」

1) 노인복지의 개념

노인복지는 노인의 신체적 · 정신적 · 사회적 건강과 생활의 질을 보장하기 위해 설계된 다양한 제도와 서비스를 아우르는 체계로서, 노인이 자율적이고 품위 있는 삶을 영위할 수 있도록 지원하는 것을 목표로 한다. 이를 위해 주거, 의료, 경제적 지원 등 여러 영역에서 포괄적인 서비스를 제공하며, 노인의 신체적 건강 유지, 정신적 안정, 사회적 고립 방지를 도모하고 있다(보건복지부, 2024a).

주거 지원은 노인이 안전하고 편안한 환경에서 독립적으로 생활할 수 있도록 돕는 중요한 요소로, 노인이 필요할 때 적절한 지원을 받을 수 있는 기반을 마련한다. 의료 지원은 노인의 건강 문제를 조기에 발견하고, 적절한 치료를 통해 건강을 유지하도록 한다. 이러한 의료 서비스는 예방적 차원에서부터 치료적 차원까지 폭넓게 제공되며, 노인의 건강과 전반적인 복지 증진에 기여한다(보건복지부, 2024a). 경제적 지원은 노인이 기본적인 생활을 안정적으로 유지하고 자립적인 삶을 이어나가는 데 필수적인 요소로, 연금과 재정 지원, 기타 경제적 혜택을 통해 노인의 생활 수준을 유지하고 향상시키는 데 이바지한다.

사회적 통합 또한 중요한 역할을 하며, 이는 노인이 사회와의 연결을 유지하고 적극적으로 사회에 참여하도록 돕기 위한 노력이다. 이러한 사회적 통합 활동은 노인의 사회적 고립을 방지하고, 공동체와의 관계를 강화하며, 노인이 삶의 질을 향상시키고 필요한 사회적 지지를 받을 수 있는 환경을 조성하는 데 기여한다(보건복지부, 2024a).

노인복지의 핵심 목표는 노인의 기본적인 생활 안정과 사회적 통합을 증진하는 데 있다. 이를 통해 노인은 자율적으로 생활하면서도 필요할 때 적절한 지원을 받을 수 있으며, 삶의 질이 향상될 수 있다. 노인복지정책은 이러한 목표를 달성하기 위해 지속적으로 발전하고 있으며, 노인의 다양한 필요를 충족시키기 위한 노력을 이어가고 있다(보건복지부, 2024a).

2) 노인복지 대상 노인의 현황

「노인복지법」에 따르면, 노인복지 대상자는 주로 65세 이상의 노인으로 정의된다. 우리나라에서는 2024년 기준으로 65세 이상의 노인이 전체 인구의 약 19.2%를 차지하며, 이는 약 990만 명 이상의 인구에 해당한다(국가통계포털, 2024). 이러한 노인 인구는 급격히 증가하고 있으며, 이에 따라 노인복지의 중요성과 필요성 또한 계속해서 증대하고 있다. 노인복지 대상자는 연금, 건강보험, 장기요양서비스 등 다양한 복지 프로그램을 통해 지원을 받고 있다.

연금제도는 노인에게 기본적인 경제적 안전망을 제공하며, 이를 통해 안정적인 생활을 영위할 수 있도록 한다. 건강보험은 의료비 부담을 줄여 주고, 노인이 필요한 건강 관리를 지속적으로 받을 수 있도록 돕는다. 장기요양서비스는 노인이 일상생활을 독립적으로 수행하기 어려운 경우에 필요한 돌봄을 제공하며, 이와 같은 서비스는 노인의 신체적 · 정서적 안녕을 유지하는 데 중요한 역할을 한다(이수진, 허용훈, 2022).

노인복지 대상자의 지속적인 증가와 더불어 복지서비스의 필요성 또한 크게 늘어나고 있다. 고령화 사회로의 빠른 진입과 이에 따른 노인 인구의 급증은 복지 시스템에 대한 부담을 가중시키며, 이에 따라 복지서비스의 확대와 개선이 절실히 요구된다. 현재의 노인복지 시스템은 노인의 생활 안정과 품위 있는 삶을 보장하기 위해 다양한 정책적 접근과 제도적 개선을 필요로 하며, 이를 통해 고령화 사회의 도전에 효과적으로 대응할 수 있을 것이다.

3) 「노인복지법」의 주요 내용

「노인복지법」은 노인의 질병을 사전 예방하거나 조기 발견하고, 적절한 치료와 요양을 통해 심신의 건강을 유지하며, 노후 생활의 안정을 도모하여 노인의 보건복지 증진에 기여하는 것을 목적으로 한다. 이 법은 노인의 삶의 질 향상을 위해 다양한 조치를 포함하고 있으며, 주요 내용으로는 가족제도의 유지 · 발전, 보건복지 증진의 책임, 안전사고 예방, 그리고 고령친화도시 조성이 있다.

- 가족제도의 유지 · 발전: 「노인복지법」 제3조에 의거하여, 국가와 국민은 전통적인 경로효친의 미덕에 기반한 건전한 가족제도의 유지와 발전을 위해 노력하여야 한다. 이는 노인이 가족 내에서 존중받고 소속감을 느낄 수 있도록 하는 사회적 기반을 제공하는 것이다.
- 보건복지 증진의 책임: 「노인복지법」 제4조에 따르면, 국가와 지자체는 노인의 보건 및 복지 증진에 대한 책임을 지며 이를 위한 정책을 마련하고 추진하여야 한다. 이러한 정책은 노인의 삶의 기본 이념을 반영하도록 구성되며, 노인 관련 사업을 운영하는 자는 해당 사업의 운영 과정에서 노인의 보건복지 향상을 위해 노력할 책임이 있다. 이는 노인의 건강과 복지를 증진시키기 위해 국가적 차원에서의 책임과 민간의 역할을 명확히 규정한 것이다.
- 안전사고 예방: 「노인복지법」 제4조의2에 근거하여, 국가와 지자체는 노인의 안전을 보장하고 낙상과 같은 치명적인 사고를 예방하기 위한 시책을 마련하고 시행하여야 한다. 이와 같은 시책은 「재난 및 안전관리 기본법」에 따른 국가안전관리계획 및 지자체의 안전관리계획과 연계되어야 하며, 노인의 안전을 보호하기 위한 예방적 조치를 포함한다. 이러한 법적 근거는 노인이 안전한 환경에서 생활할 수 있도록 하는 중요한 보호 장치를 제공한다.
- 고령친화도시 조성: 「노인복지법」 제4조의3에 따르면, 국가와 지자체는 노인이 지역정책과 발전 과정에 능동적으로 참여하고, 노인의 역량 강화, 돌봄 및 안전, 건강하고 활력 있는 노후생활을 영위할 수 있도록 정책을 운영하는 고령친화도시를 조성하기 위해 노력하여야 한다. 보건복지부장관은 특별자치시, 특별자치도, 시 · 군 · 구를 고령친화도시로 지정하고 이를 지원할 수 있으며, 이러한 지정은 노인이 지역사회에서 활발히 참여하고 안정된 생활을 영위할 수 있는 환경을 조성하는 중요한 발판이 된다.

4) 미국, 영국, 일본과 우리나라의 노인복지정책 비교

미국은 노인복지 강화를 위해 소셜 시큐리티, 메디케어, 메디케이드를 비롯한 다양한 복지 프로그램을 운영하고 있다. 소셜 시큐리티는 노인의 기본적인 경제적 안정을 보장하는 주요 연금제도로, 정기적인 금전적 지원을 통해 노인의 생활을 지원하고 있다(Social Security Administration, 1997). 메디케어는 노인의 의료비 부담을 경감하기 위한 건강보험 프로그램으로, 병원 치료와 처방 약품에 대한 비용을 지원함으로써 노인의 의료 접근성을 높인다. 메디케이드는 경제적 부담이 큰 저소득 노인을 대상으로 장기요양서비스와 기타 의료 서비스를 지원하는 프로그램으로, 이러한 노인이 필수적인 의료 혜택을 받을 수 있도록 돕는다(Rowland &

Lyons, 1996). 이처럼 미국의 노인복지 프로그램은 경제적 안정과 의료 접근을 중심으로 설계되어 노인의 전반적인 삶의 질을 높이고자 하는 다층적 접근을 특징으로 한다.

영국의 노인복지정책은 유니버셜 크레딧과 스테이트 펜션(State Pension)을 중심으로 포괄적인 지원을 제공한다. 유니버셜 크레딧은 저소득 가구의 소득을 보장하고 경제적 안정을 돕기 위해 설계된 종합적인 소득 지원 제도로, 노인에게도 기본적인 생활비를 지원하여 경제적 안정을 도모하고 있다(Beck et al., 2024). 스테이트 펜션은 일정 나이가 된 노인에게 연금을 제공함으로써 경제적 자립을 보장하는 제도다. 이와 더불어 영국은 다양한 노인복지서비스를 통합적으로 제공하고 있으며, 이러한 서비스는 노인의 생활 안정과 복지 증진을 위한 포괄적 접근을 반영하고 있다. 영국의 정책은 국가 주도의 통합적 시스템을 통해 노인의 사회적 안전망을 강화하고자 하는 특징을 지닌다.

일본의 노인복지정책은 국민연금과 장기요양보험을 통해 노인의 경제적·의료적 지원을 강화하고 있다. 국민연금은 노인에게 안정적인 연금을 제공함으로써 경제적 자립을 돕고, 노후의 생활 안정을 보장하는 역할을 한다(홍성민, 2024). 장기요양보험제도는 신체적·정신적 기능 저하로 인해 일상생활에서 도움을 필요로 하는 노인에게 요양 서비스와 지원을 제공하여 노인의 삶의 질을 높이고 있다. 또한 일본은 지역사회 중심의 노인 서비스 제공을 강화하여 노인이 지역사회에서 자율적이고 품위 있는 삶을 영위할 수 있도록 지원하고 있으며, 이를 통해 사회적 통합과 노인의 존엄성을 보장하고자 한다. 일본의 이러한 접근은 노인복지의 지역사회 기반을 강화하고 노인의 자율적 삶을 지원하려는 의지를 반영하고 있다.

우리나라의 노인정책은 국민연금, 건강보험, 노인장기요양보험 등을 중심으로 경제적·건강적 지원을 병행하며, 중앙정부와 지방자치단체의 협력을 통해 노인복지서비스를 제공한다. 국민연금은 소득 기반 연금으로 노후 소득보장을 도모하며, 건강보험을 통해 의료비 부담 경감 및 검진 서비스를 지원한다. 2008년부터 시행된 노인장기요양보험은 장기요양이 필요한 노인에게 재가 또는 시설 서비스를 제공해 노인들의 일상 기능 유지와 생활 안정을 촉진한다(이용재, 2024). 최근에는 커뮤니티 케어 등 지역사회 중심 돌봄 체계 강화, 디지털 기술을 활용한 독거노인 안전확인 등 다양한 시도(정갑주 외, 2022)를 통해 노인의 자립 및 존엄 있는 삶을 조성하려 하고 있다.

5) 노인복지 대상 노인을 위한 정책 및 법적 과제

노인복지 대상 노인을 위한 정책은 경제적 지원과 복지서비스의 접근성을 증진하는 데 초점을 맞춰야 한다. 우리나라에서 노인복지의 효율성을 높이기 위해서는 다양한 복지서비스와 자원의 통합적 접근이 필수적이며, 이를 통해 노인과 그 가족이 보다 원활하게 필요한 지원을 받을 수 있는 체계를 구축해야 한다(이용재, 2024). 현재의 정책들은 노인의 경제적 자립을 지원하기 위해 연금 및 재정 지원 프로그램을 제공하고 있으나, 서비스 접근성을 향상하기 위해 보다 체계적이고 광범위한 노력이 필요하다(강성호, 2024). 복지서비스의 공정성과 접근성 개선은 노인과 그 가족이 다양한 복지 혜택에 동등하게 접근할 수 있도록 보장하는 중요한 요소이며, 이를 통해 사회적 불평등을 완화하고 복지 체계의 포괄성을 강화할 수 있다(이양수, 이미숙, 2024).

법적 측면에서 노인복지 체계의 포괄성을 강화하는 노력도 필요하다. 현재의 법적 틀은 노인의 권리와 복지를 보호하기 위한 다양한 조치를 포함하고 있으나, 서비스의 질 향상과 포괄적인 지원을 보장하기 위해서는 추가적인 법적 개선이 요구된다. 특히 서비스의 질 향상은 노인이 실제로 받는 지원의 수준을 높이고, 복지 시스템 내에서의 불평등을 해소하기 위해 중요한 과제다(강성호, 2024). 또한 노인복지에 대한 사회적 인식을 제고하여, 노인이 보다 나은 복지서비스를 받을 수 있도록 하는 것도 필요하다. 이는 사회 전반에서 노인의 권리와 복지에 대한 이해를 확산시키고, 사회적 지원을 증진시키는 노력을 포함한다(설진아, 2024). 이러한 접근은 노인이 보다 존엄하고 자립적인 삶을 영위할 수 있는 환경을 조성하는 데 중요한 역할을 할 것이다.

5. 「남녀고용평등과 일 · 가정 양립 지원에 관한 법률」

「남녀고용평등과 일 · 가정 양립 지원에 관한 법률」(약칭 「남녀고용평등법」)은 성별에 따른 고용 차별을 해소하고, 근로자가 일과 가정의 균형을 유지할 수 있는 환경을 조성하기 위한 법적 틀이다. 이 법률의 핵심 목적은 성별에 관계없이 평등한 고용 기회를 보장하고, 근로자가 가족과 직장 생활을 조화롭게 병행할 수 있는 여건을 조성하는 것이다. 이러한 법적 체계는 직장 내 성평등을 촉진하고, 일과 가정의 균형을 지원함으로써 사회 전반의 가족복지를 증진하기 위해 마련되었다(「남녀고용평등법」, 2024).

법률은 성별에 따른 차별을 방지하는 것을 기본 원칙으로 하며, 동등한 직무에 대한 동일한 보상과 성별에 관계없는 채용 및 승진 기회를 보장하고 있다. 이를 통해 근로자들은 직장에서 공정한 기회를 누릴 수 있으며, 성별에 따른 불평등을 해소하는 데 중점을 둔다. 이러한 법적 보호 장치는 근로자의 권리를 보호하고 직장 내 성평등을 실현하는 중요한 역할을 하며, 이를 통해 사회 전체의 평등한 고용 환경을 구축하는 데 기여하고 있다(최정화, 2024). 더 나아가 이 법률은 근로자가 일과 가정을 병행할 수 있도록 지원하는 다양한 정책적 장치를 포함하고 있다. 예를 들어, 부모가 출산이나 육아로 인해 직장에서 불이익을 겪지 않도록 보장하는 유급 육아휴직 제도, 가족 돌봄을 지원하기 위한 유연 근무제, 그리고 일 · 가정 양립을 위한 여러 지원 프로그램이 있다. 이러한 제도들은 근로자가 가족과 직장 사이에서 균형을 맞추며 안정적으로 생활할 수 있도록 돕는다. 특히 유연 근무제와 같은 제도는 근로자가 자녀 양육과 직무를 병행할 수 있게 하여 가족복지를 증진하는 데 중요한 역할을 한다(박수경, 2024).

1) 「남녀고용평등법」 대상 가족의 현황

「남녀고용평등법」은 근로자들이 출산과 육아 기간 동안 유급 지원을 받을 수 있도록 규정하고 있다. 이 법률에 따라 근로자는 출산휴가와 육아휴직을 이용할 수 있으며, 출산휴가 기간 동안 일정 기간의 유급 휴가가 제공되고, 육아휴직 기간 동안에는 급여의 일정 비율이 지급됨으로써 부모가 자녀 양육에 전념할 수 있도록 지원한다(홍세영 외, 2024). 이러한 지원은 근로자가 경제적 부담 없이 자녀 출산과 양육에 집중할 수 있도록 보장하며, 가족복지의 증진에 기여한다.

또한 이 법률은 가족 돌봄 휴가를 유급으로 제공하여 근로자가 가족의 건강 문제로 인해 일시적으로 근무를 중단할 수 있도록 돕고 있다. 이는 근로자가 경제적 불이익 없이 가족의 건강을 돌볼 수 있는 시간을 확보할 수 있도록 보장하는 중요한 제도다(이무선, 2020). 이와 더불어, 법률은 재택근무와 유연근무제를 도입하여 근로자가 일과 가정의 균형을 유지할 수 있도록 지원하고 있다. 이러한 제도는 근로자가 가정의 요구와 직무 요구를 조화롭게 관리할 수 있는 기회를 제공함으로써 일과 가정의 양립을 실현하는 데 핵심적인 역할을 한다.

2) 「남녀고용평등법」의 주요 내용

「남녀고용평등법」은 근로자의 일과 가정의 균형을 지원하고, 성별에 구애받지 않는 평등한 근로 환경을 보장하기 위해 제정된 법적 체계다. 이 법률은 근로자들이 가정과 직장 생활을 효율적으로 병행할 수 있도록 다양한 지원 제도를 마련하여, 가족복지의 증진과 성평등의 촉진을 목표로 한다(이무선, 2020).

출산휴가와 육아휴직은 이 법률에 명시된 핵심적인 지원 조치로서, 근로자가 자녀의 출산과 양육에 필요한 지원을 제공받을 수 있도록 하는 제도다. 출산휴가는 출산 후 일정 기간 동안 유급으로 제공되며, 이를 통해 근로자는 출산 이후 필요한 신체적 회복과 자녀 돌봄을 충실히 이행할 수 있다. 육아휴직은 자녀가 일정 연령에 이를 때까지 부모가 유급 휴직을 통해 자녀 양육에 전념할 수 있도록 지원하는 제도다(「남녀고용평등법」, 2024). 이러한 조치는 근로자가 자녀 양육과 직장 생활을 동시에 관리할 수 있도록 하는 기반을 제공한다.

또한 이 법률은 가족 돌봄 휴가와 유연 근무 제도의 도입을 규정하여, 근로자가 가족의 건강 문제나 기타 긴급 상황으로 인해 근무를 일시적으로 중단하거나 근무 시간을 조정할 수 있는 유연성을 제공한다(「남녀고용평등법」, 2024). 가족 돌봄 휴가는 가족 구성원의 건강 문제로 인해 발생하는 돌봄 필요를 충족하기 위해 유급으로 제공되며, 유연근무제는 근로자가 재택근무나 시간 조정을 통해 일과 가정의 균형을 보다 효과적으로 맞출 수 있도록 돕는다(이윤진, 2024). 이러한 제도는 근로자가 직무와 가정 내 책임을 유연하게 조율할 수 있는 기회를 제공하여, 실질적인 가족복지 증진에 기여한다.

아울러 이 법률은 남녀 근로자 간의 평등한 기회를 보장하고, 성별에 기반한 모든 형태의 차별을 금지하는 규정을 포함하고 있다. 이는 고용 기회와 직장 내 환경에서 성별에 의한 불이익을 방지하고, 모든 근로자가 동등한 권리를 누릴 수 있도록 보장하는 데 중점을 둔다. 성평등의 실현은 근로자가 직장 생활과 가정 생활 간의 균형을 보다 효과적으로 유지하는 데 필수적인 역할을 한다(김순희, 2021).

3) 미국, 영국, 일본과 우리나라의 남녀고용평등 및 일·가정 양립 지원 정책 비교

미국의 남녀고용평등과 일·가정 양립 지원 정책은 연방 법률과 주 법률이 혼합된 구조로 운영되며, 이로 인해 정책의 내용과 지원 수준은 주마다 상이하다. 연방 차원에서는 「가족 및 의료 휴가법(Family and Medical Leave Act: FMLA)」을 통해 부모가 최대 12주 동안 무급 휴가를 받을 수 있는 권리를 보장하고 있으나, 유급 출산휴가나 육아휴직에 대한 명시적인 보장은 포함되어 있지 않다(US Wage and Hour Division, 2024). 이러한 한계로 인해 각 주 및 민간 부문에서는 다양한 접근 방식을 도입하고 있으며, 그 결과 지원의 범위와 수준에 상당한 차이가 존재한다. 특히 저소득층과 비정규직 근로자에 대한 복지 혜택의 부족은 미국의 일·가정 양립 지원 정책의 주요 문제로 지적되고 있다. 이는 저소득층이 자녀 양육과 직장 생활을 동시에 관리하는 데 있어 큰 장애 요소로 작용하며, 고용 불평등을 심화시키는 원인이 된다.

반면, 영국은 상대적으로 포괄적인 남녀고용평등 및 일 · 가정 양립 지원 정책을 시행하고 있다. 영국은 법적으로 유급 출산휴가와 육아휴직을 보장하고 있으며, 출산휴가는 최대 52주까지 제공된다(GOV.UK, 2024). 또한 부모가 자녀 양육 기간 동안 일정 비율의 급여를 지급받을 수 있도록 하는 지원 체계가 마련되어 있어, 부모가 경제적 부담 없이 자녀를 돌볼 수 있는 여건을 조성하고 있다. 영국은 이와 함께 유연 근무 제도 및 가족 돌봄 휴가 제도를 통해 근로자가 가족과 직장 생활 사이에서 균형을 유지할 수 있도록 돕는다. 이러한 정책들은 근로자의 가족복지를 적극적으로 지원하고, 성평등을 실현하기 위한 제도적 기반을 마련하여 가족 지원과 성평등을 동시에 달성하고자 하는 접근을 반영하고 있다(최정화, 2024).

일본 또한 남녀고용평등과 일 · 가정 양립을 위한 포괄적인 정책을 운영하고 있다. 일본의 법률은 출산과 육아를 위한 유급 휴가 제도를 포함하며, 출산휴가는 최대 1년 6개월까지 제공된다(신수정, 2008). 이는 부모가 충분한 기간 동안 자녀의 출산과 양육에 전념할 수 있도록 함으로써 가족의 안정성을 강화하는 데 기여한다. 또한 일본 정부는 육아휴직과 보육 서비스의 확대를 통해 부모가 직장 생활과 자녀 양육을 병행할 수 있도록 지속적으로 지원하고 있다. 기업에 대해서도 성평등 정책의 시행을 요구하고, 직장 내 성 차별을 방지하기 위한 법적 장치를 마련함으로써 성평등을 촉진하고자 한다(이수영, 2019). 이러한 제도적 접근은 부모가 가정과 직장 생활을 균형 있게 유지할 수 있도록 지원하며, 가족복지의 향상과 성평등의 증진에 기여하고 있다.

우리나라는 「남녀고용평등법」을 기반으로 출산휴가, 육아휴직, 그리고 육아기 근로시간 단축 제도 등을 운영하고 있다 출산전후휴가는 90일 유급으로 보장되며, 육아휴직은 부모 각각 최대 1년까지 사용할 수 있다(고용노동부, 2025). 사업장에서 일정 규모 이상이 되면 직장어린이집을 설치하도록 의무화하는 등 근로자의 육아 부담을 줄이려는 노력도 병행된다(「직장어린이집 등 설치 · 운영 규정」, 2023).

그러나 실제 현장에서는 중소기업 · 비정규직 근로자를 중심으로 이러한 제도의 활용이 제한되는 사례가 많고, 제도 인식 부족이나 직장 문화로 인해 휴직 사용에 어려움을 겪는 경우가 많다. 이에 육아휴직 급여 인상, 직장어린이집 설치 지원 확대 등을 통해 일 · 가정 양립 문화를 확산하려 노력하고 있으며, 조직 문화 개선과 함께 여성 · 남성 근로자의 육아 참여를 제도적으로 뒷받침하려는 움직임이 이어지고 있다(이수인, 2023).

4) 「남녀고용평등법」 대상 가족을 위한 정책 및 법적 과제

「남녀고용평등과 일 · 가정 양립 지원에 관한 법률」은 근로자가 직장 내 역할과 가정 내 책임을 균형 있게 수행할 수 있도록 다양한 지원을 제공하는 것을 목적으로 한다. 이 법률의 주요 정책적 구성 요소로는 출산휴가, 육아휴직, 가족 돌봄 휴가 등이 있으며, 이러한 제도들은 근로자가 가정과 직장에서의 역할을 보다 원활하게 조화시킬 수 있도록 설계되었다(「남녀고용평등법」, 2024). 출산휴가는 부모가 자녀 출산 이후 일정 기간 동안 유급으로 휴식을 취할 수 있도록 보장하며, 육아휴직은 자녀 양육을 위해 일정 기간 휴직할 수 있는 제도로 운영된다. 이러한 정책적 지원은 가족복지의 향상과 함께 직장 내 성평등 실현에도 중요한 역할을 수행하고 있다(「남녀고용평등법」, 2024).

그러나 이러한 법률의 운영 과정에서 몇 가지 법적 과제와 개선 요구가 제기되고 있다. 첫째, 비정규직 근로자와 자영업자에 대한 지원 부족 문제가 있다. 현행 법률은 주로 정규직 근로자를 중심으로 설계되어 있어, 비정규직 근로자와 자영업자에 대한 지원은 실질적으로 미흡하다는 지적이 계속되고 있다(이승섭, 2022). 이 문제를 해결하기 위해서는 법적 개정을 통해 근로 형태에 상관없이 모든 근로자에게 동일한 수준의 포괄적인 지원을 제공할 수 있는 체계를 마련해야 할 것이다. 이러한 변화는 취약한 근로 형태로 일하는 근로자들의 생활 안정과 복지 향상에 중요한 기여를 할 수 있을 것이다.

둘째, 정책의 실효성을 제고하기 위한 체계적 평가 및 피드백 시스템의 구축이 시급하다. 현재 법률이 실제로 근로자의 가족복지를 증진하고 있는지를 평가할 수 있는 체계적 방안이 부족하다는 점은 정책 개선의 장애 요인으로 작용하고 있다(이수인, 2023). 정책의 효과를 객관적으로 분석하고, 근로자의 실제 요구와 결과를 반영하여 정책을 개선할 수 있는 체계적 평가 및 피드백 시스템의 도입은 필수적이다. 이를 통해 정책의 실질적 영향력을 강화하고, 가족복지의 개선을 위해 필요한 조정을 적시에 시행할 수 있을 것이다.

셋째, 부모의 다양한 요구를 반영한 맞춤형 지원 방안의 강화가 필요하다. 현행 정책은 일반적인 지원을 제공하는 데 그치고 있으며, 개별 가족의 상황과 특성에 맞춘 세부적인 지원이 부족하다는 점이 문제로 지적되고 있다(김순희, 2013). 각 가정의 고유한 필요와 상황을 고려한 맞춤형 지원이 이루어질 수 있도록 정책 설계 시 더욱 세밀한 접근이 필요하다. 예를 들어, 자녀의 연령, 부모의 근로 형태, 가정 내 돌봄의 필요성 등을 고려한 차별화된 지원 방안을 통해 가족의 다양한 요구를 충족시키고, 근로자가 보다 안정적이고 지속 가능하게 일과 가정을 양립할 수 있도록 하는 것이 중요하다.

6.「영유아보육법」

「영유아보육법」은 자녀의 조기 교육과 양육을 지원하기 위한 법적 체계로, 부모가 자녀 양육에 필요한 다양한 지원을 체계적으로 받을 수 있도록 규정하고 있다. 이 법의 주요 목적은 보육 서비스의 질을 보장하며, 이를 통해 부모가 자녀의 초기 발달 과정을 충분히 지원할 수 있도록 돕는 데 있다.「영유아보육법」은 아동의 발달 단계에 맞춘 맞춤형 보육 서비스를 제공함으로써 부모가 자녀의 조기 교육과 양육에 대해 신뢰하고 맡길 수 있는 환경을 조성하는 데 중점을 두고 있다(「영유아보육법」, 2024). 이러한 법적 체계는 자녀의 전인적 발달을 지원하는 한편, 부모의 양육 부담을 경감시킴으로써 가족 전체의 복지 수준을 향상시키는 데 중요한 기여를 한다.

「영유아보육법」의 핵심 목표 중 하나는 보육 서비스의 질적 수준을 보장하는 것이다(「영유아보육법」, 2024). 이를 위해 법은 보육 기관의 운영 기준을 설정하고, 서비스의 수준을 엄격히 관리하며, 보육 환경이 아동의 건강하고 전인적인 발달을 지원할 수 있도록 중요한 기준을 제공하고 있다. 이러한 규제적 장치는 보육의 품질을 유지하고 개선하기 위한 중요한 기반이 되며, 아동이 안전하고 적절한 환경에서 성장할 수 있도록 보장한다.

또한「영유아보육법」은 부모의 양육 부담을 경감시키기 위해 다양한 정책적 지원을 포함하고 있다. 예를 들어, 보육 서비스 제공을 통해 부모가 자녀 양육과 직장 생활을 병행할 수 있도록 돕는다. 이는 특히 맞벌이 가정에서 부모가 직장에 복귀하거나 경력을 지속하는 데 중요한 역할을 하며, 자녀 양육에 대한 걱정을 줄여 주는 실질적인 효과를 발휘한다. 이러한 지원은 부모의 경제적 부담을 완화하고, 일과 가정의 양립을 촉진하며, 가정 내 안정성을 높이는 데 기여한다.「영유아보육법」은 결국 가족복지의 증진을 목표로 하여 부모와 자녀 모두가 건강하고 균형 잡힌 삶을 영위할 수 있도록 다양한 제도적 장치를 마련하고 있다.

1)「영유아보육법」대상 가족의 현황

「영유아보육법」은 부모가 자녀의 보육 서비스를 이용하는 데 있어 어떠한 어려움도 겪지 않도록 체계적인 지원을 규정하고 있다. 국가와 지자체는 보육시설 설치에 필요한 비용을 확보하고 이를 통해「영유아보육법」의 실행을 적극적으로 뒷받침하며, 어린이집 운영 지원 및 보육교사 처우 개선 등의 정책을 통해 보육 서비스의 질과 접근성을 지속적으로 향상시키고 있다. 이러한 정책들은 부모가 자녀 양육에 필요한 보육 서비스를 안정적으로 이용할 수 있도록 하며, 보육 환경의 전반적인 개선에 중요한 기여를 하고 있다. 「영유아보육법」에 따라 보육시설의 설치는 법적으로 보장되며, 국가와 지자체는 이러한 시설의 설치 비용을 확보할 책임이 있다. 이를 통해 부모는 자녀 양육에 따른 경제적 부담을 덜 수 있는 여건을 갖추게 된다.

보육교사 처우 개선 또한 「영유아보육법」에서 강조하는 중요한 정책적 요소다. 보육교사의 처우를 개선함으로써 보육 서비스의 질을 높이고, 보육 교사가 직업에서 느끼는 만족도를 증진시키는 데 기여하고 있다. 이는 보육 교사의 근무 여건을 향상시켜 보다 안정적이고 질 높은 보육 서비스가 제공될 수 있는 기반을 마련한다. 이와 같은 정책적 지원은 영유아 보육의 질적 향상과 보육 교사의 전문성 강화를 위해 필수적이다.

그러나 「영유아보육법」이 모든 가정에 대해 보육 서비스의 접근성을 보장하려는 의도를 가지고 있음에도 불구하고, 여전히 해결되지 않은 문제들이 존재한다. 특히 보육시설의 지역별 접근성의 차이로 인해 일부 지역에서는 충분한 보육 서비스 제공이 이루어지지 않고 있는 실정이다(이미화 외, 2009). 이는 보육 서비스 이용에 있어 지역적 불평등을 초래하며, 「영유아보육법」의 실효성을 저해하는 주요한 요인 중 하나로 작용하고 있다. 따라서 이러한 불균형을 해소하고 모든 지역에서 균등하게 보육 서비스가 제공될 수 있도록 정책적 노력이 강화되어야 한다. 특히 균형 잡힌 보육 서비스 제공을 위한 정책적 개선과 자원 배분의 효율성을 높이는 방안이 필요하며, 이를 통해 「영유아보육법」의 실효성을 극대화할 수 있을 것이다(홍지연, 이승연, 2024).

2) 「영유아보육법」의 주요 내용

「영유아보육법」은 영유아의 건전한 성장과 발달을 지원하기 위해 국가와 지방자치단체의 역할과 책임을 명확히 규정하고 있으며, 보육환경 개선과 보육 서비스 질 향상을 위한 다양한 정책적 조치를 포함하고 있다.

- **영유아 보육 책임**: 「영유아보육법」 제4조에 따르면, 영유아의 보육에 대한 책임은 모든 국민에게 있다. 국가와 지방자치단체는 보호자와 함께 영유아를 건강하게 보육할 책임을 지며, 필요한 재원을 안정적으로 확보하기 위해 노력하여야 한다. 특별자치시장, 특별자치도지사, 시장, 군수, 구청장은 영유아 보육을 위한 적절한 어린이집을 확보해야 한다. 또한 국가와 지방자치단체는 보육교직원의 양성, 근로 여건의 개선, 권익 보호 등을 위해 노력하고, 지방의 보육 여건을 개선하기 위한 종합적인 시책을 수립하고 지원 방안을 강구

하여야 한다.

- 보호자 교육: 「영유아보육법」 제9조의2는 영유아의 보호자를 위한 교육의 필요성을 명시하고 있다. 국가와 지방자치단체는 보호자에게 영유아의 성장, 양육 방법, 보호자의 역할, 영유아 인권 및 아동학대 예방에 대한 교육을 실시해야 하며, 교육부장관 또는 지방자치단체의 장은 예산 범위 내에서 이러한 교육에 필요한 비용을 보조할 수 있다. 이를 통해 보호자에게 필요한 지식과 역량을 제공함으로써 영유아의 건강한 성장을 도모하고, 아동학대를 예방할 수 있는 여건을 마련하고자 한다.
- 직장어린이집 설치 의무 강화: 직장인의 보육 부담을 경감하기 위해 직장어린이집 설치 의무의 이행률을 높이고, 이를 이행하지 않은 사업장의 명단 공표를 보다 구체화하여 책임을 강화하고 있다. 기존에는 사업장 명칭, 상시 근로자 수, 여성 근로자 수, 보육 대상 영유아 수 및 미이행 사유 등이 공표되었으나, 변화된 규정에 따라 이제는 사업주 성명과 명단 공표 누적 횟수도 포함된다. 이는 직장어린이집 설치 의무 이행에 대한 투명성을 높이고, 사업주로 하여금 보육 의무를 더욱 성실히 이행하도록 독려하는 역할을 한다.
- 영유아 생활지도 범위와 방법의 구체화: 「영유아보육법」은 어린이집 원장 및 보육교사가 학업, 보건, 안전, 인성 및 대인관계 등의 분야에서 조언, 상담, 주의, 훈육 및 훈계를 포함한 다양한 방법으로 영유아를 지도할 수 있도록 규정하고 있다. 이러한 생활지도의 구체적인 범위와 방법은 교육부장관이 정하여 고시하도록 되어 있으며, 이는 생활지도의 일관성을 확보하고 영유아의 발달을 지원하는 효과적인 지침을 제공하는 데 그 목적이 있다.
- 보육교직원 인건비 보조 확대: 보육교직원 인건비 보조는 「영유아보육법」의 중요한 변화 중 하나다. 인건비 보조 대상이 기존의 '보육교사'에서 '보육교직원'으로 확대되었으며, 이를 통해 국가 또는 지자체가 보육교직원 전반에 대해 인건비를 보조할 수 있는 법적 근거를 마련하였다. 이는 보육기관의 운영 여건을 개선하고, 보육교직원들의 처우를 향상시켜 보육 서비스의 질을 높이는 데 기여할 것으로 기대된다(김현숙, 김나영, 2024).

3) 미국, 영국, 일본과 우리나라의 영유아 보육정책 비교

미국, 영국, 일본의 영유아 보육정책은 각기 다른 접근 방식을 통해 영유아 보육을 지원하고 있으며, 우리나라와 비교해 볼 때 각국의 보육정책은 사회적 · 경제적 배경과 정책적 목표에 따라 그 특성이 구분된다.

미국의 영유아 보육정책은 연방 정부와 주 정부 간의 협력을 기반으로 운영되며, 주마다 상이한 보육정책을 시행하고 있다. 연방 차원에서 보육 관련 지원은 주로 보조금 형태로 제공되며, 직접적인 보육비 지원보다는 보육시설에 대한 재정 지원에 그치는 경우가 많다(김교령 외, 2023). 이로 인해 보육 서비스의 질과 접근성에 큰 차이가 발생하며, 부모가 받는 지원의 수준과 범위는 각 주의 정책에 따라 달라진다. 이러한 접근 방식은 각 주의 자율성을 보장하는 한편, 보육 서비스의 불균등 문제를 야기할 수 있다.

영국은 국가 차원에서 모든 아동에게 무상 보육을 제공하는 포괄적인 보육정책을 운영하고 있다. 영국 정부는 보육 서비스의 질을 높이고 접근성을 보장하기 위해 상당한 재정을 투입하고 있으며, 이를 통해 부모의 경제적 부담을 크게 경감시키고 있다(송수빈, 임경란, 2022). 영국의 보육정책은 법적 · 재정적 장치를 통해 보육의 접근성과 질을 보장하고 있으며, 모든 아동이 균등한 보육 기회를 가질 수 있도록 하고 있다. 이러한 보편적 접근은 보육의 공공성을 강화하고, 사회적 평등을 증진하는 데 기여하고 있다.

일본의 영유아 보육정책은 국가와 지방 정부 간의 협력에 기반하여 보육 서비스의 질과 접근성을 높이는 데 중점을 두고 있다. 일본 정부는 보육 서비스에 대한 재정 지원을 확대하고 있으며, 보육시설의 질 향상을 위한 다양한 정책을 시행하고 있다(장영임, 2019). 이러한 정책적 노력은 부모가 안정적이고 질 높은 보육 서비스를 이용할 수 있는 환경을 조성하고 있으며, 자녀의 조기 교육과 양육에 필요한 지원을 보다 원활하게 제공하고 있다. 일본은 또한 지역사회 중심의 보육정책을 통해 부모가 지역 내에서 쉽게 보육 서비스를 받을 수 있도록 하는 것이 특징이다.

우리나라의 영유아 보육정책은 일본과 유사하게 국가와 지자체 간의 협력을 통해 보육 서비스의 질을 높이고, 부모의 경제적 부담을 경감시키는 것을 중점으로 하고 있다. 반면, 영국은 무상 보육을 통해 보편적 접근을 강조하며, 미국은 주별 자율성을 강조하는 동시에 보육 지원의 범위와 수준이 상이하다는 특징을 지닌다. 이러한 비교에서 볼 때, 우리나라의 정책은 영국과 일본의 장점을 취하여 보육 서비스의 공공성과 질을 강화하는 방향으로 나아가고 있으나, 지역별 보육 서비스의 불균등 문제는 여전히 해결해야 할 과제로 남아 있다(홍지연, 이승연, 2024). 따라서 각국의 영유아 보육정책은 각국의 사회적 요구와 정책적 목표에 따라 그 접근 방식과 내용이 다르게 설계되고 있으며, 우리나라는 이러한 국제적 비교를 바탕으로 보육 서비스의 접근성과 질을 더욱 개선할 수 있는 방향을 모색할 필요가 있다.

4) 「영유아보육법」 대상 가족을 위한 정책 및 법적 과제

「영유아보육법」의 주요 정책적 목표는 부모가 자녀의 양육과 직장 생활을 원활히 병행할 수 있도록 지원하는 것이다. 이러한 법적 체계는 부모가 직장 내 의무를 다하면서도 자녀 양육에 필요한 시간과 자원을 확보할 수 있도록 하여 가족 전체의 복지 향상에 기여한다. 특히 직장어린이집의 원활한 이용을 위한 추가적인 법적 조치는 부모가 일과 양육을 효과적으로 병행하는 데 중요한 지원 요소가 된다. 그러나 현재 직장어린이집 설치 및 운영과 관련된 이행률이 낮아 부모가 실질적으로 이 시설을 이용하는 데 어려움을 겪고 있으며, 이에 대한 법적 노력의 강화가 요구된다(공정원, 2019; 홍성희 외, 2021).

또한 보육 서비스의 질 차별 문제도 중요한 과제로 부각되고 있다. 보육 서비스의 질은 지역이나 보육시설에 따라 상당한 차이가 발생하며, 이는 부모가 자녀에게 제공받는 보육 서비스의 수준에 큰 영향을 미친다. 이러한 차별은 지역적 자원 불균형이나 보육시설의 운영 여건의 차이 등으로 인해 발생하며, 부모와 아동의 복지에 부정적인 영향을 미친다. 이러한 문제를 해결하기 위해서는 보육시설에 대한 지속적인 평가와 질 관리가 필요하며, 보육 교사에 대한 적절한 교육과 지원을 강화하는 정책적 노력이 요구된다. 이를 통해 모든 아동이 균등한 수준의 보육 서비스를 받을 수 있도록 하는 것이 중요하다(정경진, 윤혜미, 2024).

법적 개정과 정책 보강은 이와 같은 문제 해결을 위한 필수적 요소로 작용한다. 특히 가족의 다양한 요구를 반영한 맞춤형 지원 방안을 통해 보육 서비스의 형평성과 질을 보장하는 것이 필요하다. 이를 위해 법적 개정을 통해 보육시설의 설치 의무를 강화하고, 보육 교사의 근로 여건과 처우 개선을 법적으로 명시하는 등의 개선이 요구된다. 또한 보육 서비스의 질을 지속적으로 평가하고 개선할 수 있는 체계를 마련하여 보육 서비스의 지역적 격차를 해소해야 한다(이수인, 2023; 정경진, 윤혜미, 2024). 이러한 접근 방식은 「영유아보육법」의 실효성을 높이고, 부모가 직장과 가정에서 균형 잡힌 삶을 영위할 수 있도록 지원하는 데 기여할 것이다. 이를 통해 가족복지를 종합적으로 향상시키며, 부모와 자녀 모두의 생활 만족도를 높이는 데 기여할 수 있다. 가족복지 증진을 위한 법적 · 정책적 개선은 보육 서비스의 공정성을 확보하고, 가족이 안정적인 환경에서 자녀를 양육할 수 있도록 돕는 중요한 기반이 될 것이다.

7. 「가정폭력방지 및 피해자보호 등에 관한 법률」

1) 가정폭력 방지 및 피해자 보호의 개념

가정폭력 방지 및 피해자 보호란 가정 내에서 발생하는 모든 형태의 폭력을 예방하고, 피해자에게 필요한 보호와 지원을 제공하는 법적 및 사회적 노력으로 정의된다. 이 개념은 가정폭력 피해자들이 안전하게 생활할 수 있도록 하며, 폭력의 재발을 방지하기 위해 포괄적인 시스템을 구축하는 데 중점을 둔다. 법적 측면에서는 폭력 피해자를 위한 보호명령 발급과 가해자에 대한 법적 제재 강화 등을 통해 피해자의 권리를 보호하고, 가정폭력의 심각성을 국가적으로 인식하며 대응하는 조치를 포함한다(「가정폭력방지 및 피해자보호 등에 관한 법률」, 2024).

사회적 측면에서는 피해자에게 심리적 · 경제적 지원을 제공하며, 재활과 상담 서비스를 통해 피해자가 사회에 원활히 재통합될 수 있도록 돕는 것이 중요하다. 심리적 지원은 피해자의 정서적 회복을 돕기 위한 상담과 치료 서비스를 제공하며, 경제적 지원은 피해자가 자립할 수 있도록 재정적 안정망을 구축하는 데 목적이 있다. 이러한 지원은 피해자가 가정폭력으로부터 벗어나 삶의 질을 회복하고, 다시 사회 구성원으로서 자리잡을 수 있도록 하는 핵심적인 요소이다.

가정폭력 방지 및 피해자 보호는 법적 · 정책적 · 사회적 차원에서 피해자의 권리를 보호하고 폭력을 예방하기 위한 다각적인 대응을 포함한다. 국가와 지역사회의 협력을 통해 폭력의 예방과 피해자 지원을 강화하는 것이 이 정책의 중요한 목표다. 이를 위해 법률 제정 및 개선, 피해자 지원 프로그램 운영, 공공 교육 및 인식 개선 캠페인 등 다양한 정책적 대응이 필요하다. 예를 들어, 보호명령 제도는 피해자가 가해자로부터 신속하게 보호받을 수 있도록 하며, 피해자 쉼터와 같은 안전한 공간을 제공함으로써 긴급한 상황에서의 안전을 확보한다. 또한 가정폭력에 대한 공공 인식 개선은 사회 전반에서 폭력을 용납하지 않는 문화를 형성하고, 피해자가 차별이나 비난 없이 필요한 지원을 받을 수 있도록 하는 데 기여한다(「가정폭력방지 및 피해자보호 등에 관한 법률」, 2024). 이와 같은 노력을 통해 가정폭력의 근절을 목표로 하며, 피해자가 안전하고 존중받는 환경에서 생활할 수 있도록 하는 것이 가정폭력 방지 및 피해자 보호의 핵심 과제다. 이러한 정책적 접근은 피해자의 권리를 존중하고, 폭력의 재발을 방지하며, 궁극적으로는 가정폭력을 사회적으로 용납하지 않는 문화를 조성하는 데 중요한 역할을 한다.

2) 「가정폭력방지법」 대상 가족의 현황

「가정폭력방지 및 피해자보호 등에 관한 법률」(약칭 「가족폭력방지법」)은 가정폭력 피해자에게 다양한 형태의 지원을 제공하여 피해자의 안전과 복지를 보장하는 것을 목적으로 한다. 이 법률에 따라 피해자는 임시 보호, 상담 서비스, 법적 지원, 주거 지원 등 포괄적인 지원을 받을 수 있다. 임시 보호는 피해자가 폭력으로부터 벗어나 안전한 환경에서 보호받을 수 있도록 시설을 제공하며, 이 시설은 긴급하게 주거지가 필요하거나 가해자와 분리되어야 하는 경우에 중요한 역할을 한다. 상담 서비스는 피해자의 심리적 안정과 회복을 돕기 위해 심리상담 및 정서적 지원을 제공하며, 피해자가 폭력의 트라우마에서 벗어나 일상으로 복귀할 수 있도록 지원한다. 법적 지원은 피해자가 법적 절차에서 자신의 권리를 보호하고 주장할 수 있도록 법률 상담, 대리인 지원, 보호명령 신청 등을 포함하며, 이를 통해 피해자는 법적 절차에서 실질적인 보호를 받을 수 있다. 또한 주거 지원은 피해자가 안정적인 주거 환경을 확보함으로써 새로운 삶을 시작할 수 있도록 지원하는 중요한 제도적 장치다(「가정폭력방지법」, 2024).

우리나라에서는 가정폭력 피해자를 보호하고 지원하기 위해 다양한 법적 · 사회적 지원 체계가 점진적으로 강화되고 있다. 피해자를 위한 임시 보호시설과 상담 서비스가 운영되고 있으며, 이들 서비스는 피해자의 신체적 안전뿐만 아니라 심리적 안정성도 보장하기 위한 종합적인 접근을 제공한다. 이러한 보호시설은 전국적으로 설치되어 있으며, 피해자들이 긴급한 상황에서 안전하게 머물 수 있는 공간을 제공한다. 또한 상담 서비스는 전문 상담사를 통해 피해자의 정서적 회복을 지원하며, 피해자가 자신감을 회복하고 사회에 재통합될 수 있도록 돕는다. 그러나 이러한 지원 체계의 실효성은 여전히 문제점이 존재하며, 지역별로 차이가 발생하고 있는 상황이다. 특히 지원 서비스의 접근성과 질에서 지역 간 불균형이 나타나고 있어 일부 지역에서는 피해자들이 일관되고 충분한 지원을 받기 어려운 현실이 존재한다. 이로 인해 피해자들이 동일한 수준의 지원을 받지 못하고 있으며, 지원의 질적인 부분에서도 차이가 발생하고 있다. 이러한 문제를 해결하기 위해서는 전국적으로 균등한 지원 체계를 구축하고, 각 지역의 특성과 필요에 맞춘 맞춤형 지원 방안을 마련하는 것이 중요하다. 이를 위해 국가와 지자체는 피해자 보호와 지원을 위한 종합적인 계획을 수립하고, 지역사회와의 협력을 통해 보다 효율적인 지원 체계를 구축할 필요가 있다. 가정폭력 방지 및 피해자 보호를 위한 정책의 효과성을 높이기 위해서는 피해자가 일관되고 질 높은 지원을 받을 수 있도록 법적 · 제도적 개선이 필요하며, 특히 피해자의 권리를 보장하고 실질적인 지원을 강화하는 방향으로 정책을 발전시켜야 한다. 이를 통해 가정폭력 피해자들이 폭력으로부터 안전하게 보호받고, 새로운 삶을 시작할 수 있는 기반을 마련할 수 있을 것이다.

3) 「가정폭력방지법」의 주요 내용

- 가정폭력 방지 및 피해자 보호에 관한 포괄적 체계 구축: 「가정폭력방지법」 제4조는 가정폭력의 예방과 피해자의 보호를 위한 포괄적인 지원 체계를 구축하는 것을 명시하고 있다. 이 법은 가정폭력 신고 체계의 구축 및 운영, 예방을 위한 조사 · 연구 · 교육 및 홍보, 피해자 보호시설의 설치 및 운영, 임대주택 우선 입주권 부여, 자립 · 자활을 위한 직업 훈련, 법률구조와 같은 다각적 지원 서비스를 제공하도록 규정하고 있다. 또한 피해자 보호를 위해 긴급전화센터 및 관련 상담소, 보호시설 등의 종사자 신변보호와 가정폭력 피해아동을 위한 상담 · 치료프로그램 제공을 명시하고 있다. 이와 같은 종합적인 법적 조치는 피해자가 신변 노출 없이 안전하게 보호받으며, 피해의 재발을 방지하는 데 중점을 둔다.
- 사법경찰관리의 현장출동: 「가정폭력방지법」 제9조의4에 따르면, 가정폭력범죄의 신고가 접수되면 사법경찰관리는 지체 없이 현장에 출동해야 한다. 이 규정은 가정폭력 현장에서의 즉각적 대응을 통해 피해자의 안전을 최대한 신속히 확보하려는 목적을 가지고 있다.
- 가정폭력 예방교육의 실시: 가정폭력 예방을 위해, 「가정폭력방지법」 제4조의3에 따라 국가기관, 지자체, 각급 학교 등은 가정폭력 예방 및 방지를 위한 교육을 실시할 의무가 있다. 이러한 예방 교육은 가정폭력 문제에 대한 인식을 높이고, 가정 내 폭력의 발생을 미리 차단하기 위한 중요한 수단으로 작용한다.
- 아동의 취학 지원: 「가정폭력방지법」 제4조의4는 가정폭력 피해자와 피해자가 동반한 아동이 주소지 외의 지역에서 취학이 필요할 경우 국가나 지자체가 그 취학이 원활하게 이루어질 수 있도록 지원해야 한다고 규정하고 있다. 이는 피해 아동이 안전한 환경에서 지속적으로 교육을 받을 수 있도록 보장하는 중요한 법적 조치이다.
- 피해자에 대한 불이익처분의 금지: 「가정폭력방지법」 제4조의5는 가정폭력 피해자를 고용하고 있는 자가 피해자에게 해고와 같은 불이익 처분을 하지 못하도록 규정하고 있다. 이 조항은 가정폭력 피해자가 직장에서의 차별이나 불이익 없이 생활을 유지할 수 있도록 하는 중요한 보호 장치로 작용한다.
- 상담소의 설치 · 운영: 「가정폭력방지법」 제5조는 국가와 지자체가 가정폭력 관련 상담소를 설치하고 운영할 수 있도록 규정하고 있다. 이러한 상담소는 피해자에게 심리적 지원과 상담을 제공하는 중요한 기구로, 피해자의 회복과 재통합을 돕는 역할을 한다.

• 보호시설의 설치:「가정폭력방지 및 피해자보호에 관한 법률」 제7조는 국가나 지자체가 가정폭력 피해자를 위한 보호시설을 설치하고 운영할 수 있도록 하여, 피해자가 안전하게 보호받고 회복할 수 있는 환경을 제공한다. 이 보호시설은 피해자가 가해자와 분리되어 보호받으며 새로운 시작을 준비할 수 있도록 돕는다.

4) 미국, 영국, 일본과 우라나라의「가정폭력방지법」 비교

미국에서는「가정폭력방지법」이 연방 및 주 차원에서 다르게 적용된다. 연방 차원에서는 피해자를 보호하기 위한 보호 명령 발부와 법적 지원을 규정하고 있으며, 긴급 보호와 가해자에 대한 법적 제재를 주요한 수단으로 삼고 있다(양세정, 2023). 그러나 각 주마다 법의 적용과 지원 수준에 큰 차이가 존재하여, 피해자가 받는 보호의 질과 범위가 지역에 따라 달라질 수 있다. 이로 인해 일부 주에서는 법적 보호와 지원이 상대적으로 부족하여 전반적인 법적 대응 체계의 통합성이 떨어진다는 비판이 제기되고 있다(송현건, 2020). 이러한 차별적인 접근은 피해자들이 전반적으로 일관된 보호를 받지 못하게 하며, 연방 차원의 통합적 접근이 부족하다는 점이 문제로 지적되고 있다.

영국은 가정폭력 방지를 위한 전국적인 통합 대응 체계를 운영하고 있다. 이 법률은 피해자에게 법적 보호를 제공하며, 피해자의 안전과 권리를 보장하기 위해 다양한 형태의 지원을 제공한다(김학경, 2018). 예를 들어, 피해자는 법원에서 보호 명령을 받을 수 있으며, 정부와 비정부 기관은 피해자에게 상담, 법적 지원, 주거 지원 등을 제공하고 있다(정연주 외, 2023). 또한 영국의 통합적 대응 체계는 다양한 사회적 서비스와 협력하여 피해자에게 포괄적인 지원을 제공하며, 이는 가정폭력 피해자가 안정된 법적 보호와 실질적인 지원을 받는 데 크게 기여하고 있다. 이러한 체계적 접근은 피해자의 안전을 최우선으로 고려하고 있으며, 피해자의 사회적 재통합과 안정적인 삶을 지원하는 데 중점을 두고 있다.

일본은 가정폭력 방지를 위해 「가정폭력방지법」을 제정하고 피해자에게 다양한 지원을 제공하고 있다. 이 법률은 긴급 보호, 법적 지원, 심리적 지원을 포함한 포괄적인 도움을 제공하며, 피해자가 즉각적으로 필요한 보호와 지원을 받을 수 있도록 하고 있다(전여주, 2022). 또한 일본은 지역사회 차원에서의 예방 교육을 강화하고, 가정폭력 문제에 대한 인식을 높이기 위해 다양한 교육 프로그램을 운영하고 있다. 이러한 예방 교육은 가정폭력 발생을 미연에 방지하는 데 중요한 역할을 하며, 법적 대응과 사회적 지원을 동시에 고려한 포괄적인 접근 방식을 특징으로 하고 있다.

미국의 법률은 주별 차이가 크며, 피해자의 보호 수준이 지역에 따라 상이하다는 점이 가장 큰 특징이다. 이는 연방 차원의 통합적 보호와 지원 체계가 부족하다는 문제로 이어지고 있다. 반면, 영국과 일본은 통합적이고 포괄적인 접근을 통해 피해자의 안전과 지원을 강화하고 있으며, 법적 보호와 함께 사회적 지원 시스템을 잘 갖추고 있다. 우리나라의 법률은 피해자의 보호와 예방을 위한 포괄적 시스템을 구축하고 있으며, 영국과 일본과 유사하게 통합적 대응을 강조하고 있다. 그러나 지역별 접근성 차이와 지원의 일관성 문제는 여전히 남아 있으며, 피해자가 모든 지역에서 균등한 지원을 받을 수 있도록 하는 개선이 필요하다.

우리나라의 가정폭력방지법 역시 피해자의 보호와 예방을 목표로 하며, 통합적 대응 체계를 점진적으로 강화해 왔다. 가해자에 대한 접근금지 명령, 피해자 보호명령, 스토킹범죄의 처벌 등 법적 제도를 마련하고, 가정폭력 피해자 보호시설, 의료·상담 지원 체계를 운영하여 피해자의 생활 안정과 사회 복귀를 돕는 포괄적 시스템을 구축하고 있다(이승준, 2023). 우리나라는 영국·일본처럼 통합적 대응을 지향하지만, 일부 지역에서는 인프라 부족으로 인해 지원 수준에 차이가 발생한다(유화정, 김효정, 2024). 피해자 지원 시설의 밀도나 전문 인력 확보가 지역마다 달라, 피해자가 전국 어디서나 균등한 보호와 지원을 받기 어려운 현실이 존재한다.

5) 「가정폭력방지법」 대상 가족을 위한 정책 및 법적 과제

「가정폭력방지법」은 가정폭력 피해자의 안전과 권리 보호를 목표로 다양한 정책적 노력을 기울이고 있다. 이 법은 피해자에게 긴급 보호 조치, 법적 지원, 상담 서비스, 주거 지원 등을 제공하여 폭력으로부터 안전을 보장하고 피해자의 복지를 증진하기 위한 법적 기반을 마련하고 있다. 그러나 이러한 정책의 실효성을 높이기 위해서는 피해자 지원 서비스의 접근성을 확대하고, 법적 지원 체계를 강화하는 추가적인 노력이 필요하다(강보정 외, 2023; 문유석, 2024; 문지선, 2024). 특히 피해자가 필요한 지원을 신속하고 효율적으로 받을 수 있도록 지원 서비스의 접근성을 높이는 것이 중요하다. 피해자들이 지역적 불균형 없이 적시에 보호와 지원을 받을 수 있도록 하는 것은 법적 지원 체계의 필수적인 요소로 자리잡아야 한다. 피해자의 권리 보장을 위한 법적 지원의 강화는 피해자 보호를 실질적으로 가능하게 하며, 이를 위해 법률적 개선이 필요하다.

현재의 법적 체계하에서는 피해자 보호시설의 설치가 '할 수 있다' 정도로 제시되어 있어 임시 보호시설의 확대가 절실히 요구된다(이인선, 김보화, 2024). 임시 보호시설은 가정폭력 피해자가 안전하게 대피할 수 있는 공간을 제공하며, 피해자에 대한 긴급한 보호 조치를 가능하게 한다. 이러한 시설의 확충은 피해자들이 위험으로부터 안전하게 보호받는 데 중요한 역할을 하며, 보다 포괄적인 보호 체계의 구축을 위한 핵심적인 과제다. 또한 가해자에 대한 법적 조치가 보다 엄격하게 이루어져야 하며, 가해자의 재발 방지를 위한 법적 제재 강화가 필요하다(문지선, 2024; 정도희, 2023). 가해자에 대한 엄정한 법적 조치는 피해자의 안전을 보장하고, 가정폭력의 재발을 방지하는 중요한 수단이다. 이를 통해 피해자가 폭력으로부터 보호받는 것은 물론, 가정폭력의 근절을 위한 강력한 메시지를 사회 전반에 전달할 수 있다.

가정폭력 피해자는 일시적인 보호뿐만 아니라 장기적인 회복을 위한 지원이 필요하다. 피해자와 그 자녀들은 가정폭력으로 인한 트라우마로부터 회복하고, 건강한 발달을 도모할 수 있는 지원 정책이 마련되어야 한다. 가정폭력 피해는 일시적인 문제가 아니라 생애 전반에 걸쳐 심각한 영향을 미칠 수 있는 심리적 · 정서적 고통을 초래한다(박소희, 홍가혜, 2024; 이진석, 김준범, 2024; 이혜숙, 오화철, 2024; 조은수, 2024). 따라서 피해자와 자녀들이 지속적이고 체계적인 회복 지원을 받을 수 있도록 장기적인 복지정책이 필수적이다.

법적 과제를 해결하기 위해서는 전반적인 법률 체계의 개선이 필요하다. 이는 피해자 지원 서비스의 효율적인 운영, 임시 보호시설의 충분한 확보, 가해자에 대한 엄정한 법적 조치 등을 포함한다. 법률의 실행과 정책의 실효성을 높이기 위한 지속적인 평가와 개선이 요구되며, 이를 통해 가정폭력 피해자의 보호와 지원이 효과적으로 이루어질 수 있을 것이다. 가정폭력 피해자의 복지 증진은 가족복지의 핵심 요소로서, 이를 달성하기 위해 체계적이고 포괄적인 법적 대응이 필요하다.

참고문헌

가정폭력방지 및 피해자보호 등에 관한 법률(2009). 법률 제97048호. 여성가족부. https://www.law.go.kr/법령/가정폭력방지및피해자보호등에관한법률

고용노동부예규 제107호 직장어린이집 등 설치 · 운영 규정(2025). 예규 제233호. 고용노동부. https://www.law.go.kr/행정규칙/고용노동부예규제107호

고용보험법(2010). 법률 제102650호. 고용노동부. https://www.law.go.kr/법령/고용보험법

국민건강보험법(2019). 법률 제16238호. 보건복지부. https://www.law.go.kr/법령/국민건강보험법

국민연금법(2017). 법률 제15267호. 보건복지부. https://www.law.go.kr/법령/국민연금법

남녀고용평등과 일 · 가정 양립 지원에 관한 법률(2019). 법률 제16558호. 고용노동부. https://www.

law.go.kr/법령/남녀고용평등과일가정양립지원에관한법률
노인복지법(2015). 법률 제13646호. 보건복지부. https://www.law.go.kr/법령/노인복지법
사회보장기본법(2012). 법률 제11238호. 보건복지부. https://www.law.go.kr/법령/사회보장기본법
아동복지법(2019). 법률 제16248호. 보건복지부. https://www.law.go.kr/법령/아동복지법
영유아보육법(2022). 법률 제18653호. 보건복지부. https://www.law.go.kr/법령/영유아보육법
한부모가족지원법(2018). 법률 제15989호. 여성가족부. https://www.law.go.kr/법령/한부모가족지원법

강라현(2024). 비혼모의 자녀 양육비 확보 투쟁에 대한 포토보이스 연구: 비낙인화 전략을 중심으로. **질적탐구**, 10(2), 325-357.
강명희(2021). 노인장기요양보험의 수요자 권익 개선방안. **법제**, 695, 11-40.
강보정, 김소연, 김재경, 이수정(2023). 가정폭력 범죄에 대한 체포우선주의 정책이 여성의 인명 피해 감소에 미친 영향. **被害者學硏究**, 31(2), 1-31.
강지원(2009). 국제비교를 통해서 본 한국의 한부모가족정책. **보건사회연구**, 29(2), 30-54.
고용노동부(2025). 일하는 엄마, 아빠를 위한 육아휴직제도 사용안내서.
고용행정통계(2024). 실업급여수급자수. https://eis.work.go.kr/eisps/rpt/reptDtl.do?menuId=020030010011
공정원(2019). 직장어린이집 설치 · 운영 지원정책 산출분석. **공공정책연구**, 36(1), 121-146.
국가법령정보센터(2025). 근로자 4대 사회보험 보험요율. 법제처. https://www.law.go.kr/정보/근로자4대사회보험보험요율
김동진, 이성엽(2024). 주요국 AI 창업기업 정책 분석을 통한 국내 시사점 연구. **벤처창업연구**, 19(2), 215-235.
김동희(2020). 지역사회서비스투자사업 이용자 모니터링 연구. **인문사회 21**, 11(5), 27-42.
김순희(2013). 여성의 좋은 일자리 제고를 위한 남녀고용평등법 개정 방향. **사회법연구**, 21, 29-53.
김은지(2013). 한부모가족을 위한 양육비 이행확보 지원: 국가간 비교 연구. **가족과 문화**, 25(2), 270-300.
김학경(2018). 영국경찰의 가정폭력범죄 대응권한에 관한 비교법적 고찰. **형사정책연구**, 29(1), 45-74.
김현숙(2020). 미지원 한부모가족의 사회적 배제 수준이 역할 부담을 매개하여 자녀 양육에 미치는 영향: 지원 한부모가족과의 차이를 중심으로. **청소년복지연구**, 22(2), 1-30.
김현숙, 김나영(2024). 유보통합에 따른 표준학교 비용 산정 연구: 인건비 중심으로. **재정학연구**, 17(4), 181-216.
드림스타트(2025). 드림스타트란? https://www.dreamstart.go.kr/contents/sub01_01_01.asp
문유석(2024). 가정폭력에 대한 경찰 대응방식의 개선 방향: 문제지향적 경찰활동 사례를 중심으로. **한국지방자치연구**, 25(4), 117-150.

문지선(2024). 고위험 피해자 안전 보호를 위한 가정폭력범죄 대응 형사법제도 개선방안. 아주법학, 17(4), 173-209.

민소영, 장건우, 김시아(2024). 텍스트마이닝을 활용한 아동정책 이슈 기사문(2012~2023) 분석. 한국아동복지학, 73(2), 87-123.

민소영, 한은희(2023). 업무매뉴얼과 지자체 공무원 경험으로 살펴본 아동학대 대응강화를 위한 공공전달 체계 개선방향탐색. 한국지역사회복지학, 86, 221-257.

박소희, 홍가혜(2024). 가정폭력범죄 피해자의 '매맞는 배우자 증후군(Battered Spouse Syndrome)'. 한국범죄심리연구, 20(2), 21-40.

박수경(2024). 저출산 극복과 일가정양립을 위한 일본의 유연한 일하는 방식 확대에 관한 연구—일본의 육아개호휴업법 개정 동향을 중심으로—. 아주법학, 18(2), 43-74.

백윤철, 이연숙(2023). 일본에서 사회보장의 아동복지에 관한 연구. 한국지방자치연구, 25(3), 65-88.

보건복지부(2024a). 사회서비스사업. https://www.mohw.go.kr/menu.es?mid=a10709020000

보건복지부(2024b). 아동학대 행위자의 86%는 부모, 전년 대비 3.2%p 증가. https://www.mohw.go.kr/board.es?mid=a10503010100&bid=0027&act=view&list_no=1482953&tag=&nPage=1

보건복지부(2025). 연금보험료 부과 및 징수. https://www.mohw.go.kr/menu.es?mid=a10714010100

복지로(2024). 기초생활보장 수급자구분별 수급가구수, 수급자수. https://www.bokjiro.go.kr/ssis-tbu/twatga/sociGuaStat/SociGuaStatDetailIframe.do?datsNo=7&datsClNo=1012&datsClCrit=WS

사회보장위원회(2025). 사회보장정보, 사회보험. 공공부조, 사회서비스.

설진아(2024). 능동적인 노년층(Active Senior)의 디지털 정보화 교육에 관한 탐색 연구—디지털 미디어 제작 교육 경험 대상자를 중심으로—. 노년교육연구, 10(1), 38-64.

성정현(2022). 코로나19(COVID-19)로 인한 저소득 여성한부모가족의 경제적 부담경험과 개선방안. 한국콘텐츠학회 논문지, 22(8), 527-541.

손병덕(2020). 사회복지정책론. 학지사.

손지영, 서미라(2015). 아동의 권리 강화를 위한 입양특례법 개정방안. 사회복지정책과실천, 1, 77-118.

송현건(2020). 미국의 가정폭력범죄 의무체포제도에 대한 연구: 경찰 집행 매뉴얼과 제도 문제점을 중심으로. 치안정책연구, 34(3), 165-198.

신나래, 정선영(2024). 지역사회 특성이 가정폭력 피해경험에 미치는 영향. 사회과학연구, 35(1), 171-189.

신수정(2008). 일본 남녀고용기회균등법의 내용과 시사점. 법학논집, 13(1), 83-95.

양세정(2023). 미국 형사 사법 절차 내의 회복적 사법의 적용: 가정폭력 사례를 중심으로. 국제사회보장리뷰, 25, 109-119.

양소남(2008). 영국의 가족지원(supporting families)정책에 관한 연구:신노동당 정부를 중심으로. 사회복지정책, 33, 7-29.

유태균, 이재원, 서재호, 김경휘, 김다희, 배지윤(2022). 청년사회서비스사업의 운영실태와 개선과제: 사업관계자 FGI와 설문조사 중심의 고찰. 한국사회복지행정학, 24(3), 97-125.

유화정, 김효정(2024). 코로나19 시기를 경유한 가정폭력 피해여성의 경험을 통해 본 피해자 지원시설 운영의 문제점과 개선 방안. 여성학연구, 34(1), 185-220.

윤성원(2024). 한국 공공부조 제도의 현황과 개선과제에 관한 탐색적 연구: 국민기초생활보장제도와 국민취업지원제도를 중심으로. 입법과 정책, 16(1), 243-276.

이무선(2020). 「남녀고용평등과 일 · 가정 양립지원에 관한 법률」의 문제점 및 입법론적 제언. 인문사회과학연구, 28(1), 113-128.

이미화, 이윤진, 이정림(2009). 저소득층 영유아 가정 주양육자들의 정책적 요구 분석. 육아정책연구, 3(1), 87-116.

이상정, 강현아, 노충래, 우석진, 전종설, 정익중(2017). 가정외보호 아동의 보호 만족도에 관한 종단적 연구—양육시설, 그룹홈, 가정위탁 보호의 비교—. 한국사회복지학, 69(3), 97-119.

이수인(2023). 일가정양립제도의 내용과 문제점 및 개선방안. 중앙법학, 25(3), 201-248.

이수진, 허용훈(2022). 우리나라 노인맞춤돌봄서비스 체계의 실태분석과 정책과제. 지방정부연구, 26(1), 195-224.

이승섭(2022). 고용상 성별에 의한 차별적 처우 등에 대한 노동위원회의 시정명령과 정신적 손해의 배상명령. 법학논총, 42(1), 249-300.

이승준(2023). 스토킹범죄의 처벌 등에 관한 법률의 개선방안 -일부개정법률안(의안번호 22784)을 기초로. 형사정책연구, 34(2), 1-34.

이용재(2024). 고령화 시대 수요자 중심 노인돌봄강화를 위한 장기요양요원지원센터 운영실태와 편익분석. 한국지역사회복지학, 89, 1-22.

이윤진(2024). 일가정양립 법제도 영역의 정책조정에 대한 탐색적 연구. 한국지방행정학보, 21(3), 245-266.

이인선, 김보화(2024). 여성폭력 피해자 보호시설 개선방안: 피해여성의 시설 이용 경험을 중심으로. 사회복지연구, 55(1), 153-181.

이지원, 홍기형, 김영태, 오인수, 임동선(2025). 다양한 언어 · 문화적 환경 아동의 사회 통합을 위한 웹 기반 언어 및 정서 행동 발달 지원 시스템 개발 및 사용성 평가. 정보과학회 컴퓨팅의 실제 논문지, 31(1), 13-24.

이진석, 김준범(2024). 아동기 역경경험이 성인기 가정폭력과 아동학대의 중복가해에 미치는 영향: 다중가해 관점 적용. 한국사회복지학, 76(3), 179-199.

이혜숙, 오화철(2024). 장기폭력을 경험한 노년기 여성의 심리적 갈등에 관한 내러티브 연구. 한국기독교상담학회지, 35(3), 191-223.

장명선(2016). 한부모가족 자녀양육을 위한 법제 개선방안. 이화젠더법학, 8(1), 1-35.

장수정, 백경흔, 김병인, 이혜정, 오진방(2021). 한부모여성의 빈곤과 사회권 연구: 노동권과 돌봄권을 중심으로. 한국여성학, 37(1), 75-115.

장영인(2019). '국가책임보육'에 대한 일고: 일본 보육정책을 통해 본 국가의 책임과 역할. 한국영유아보육학, 117, 93-126.

전여주(2022). 일본에서의 가정폭력(Domestic Violence) 방지노력: 가정폭력방지법과 여성 지원에 관한 법률안을 중심으로. 한국여성정책연구원 국제동향. https://www.kwdi.re.kr/research/ftrandView.do?p=3&idx=129809

정갑주, 김우용, 양성규, 신준섭, 백민소, 신유선, 이승엽, 조봉근(2022). 스마트 커뮤니티케어: 플랫폼 및 서비스. 정보과학회 컴퓨팅의 실제 논문지, 28(1), 51-56.

정경진, 윤혜미(2024). 보육교사 소진과 극복 경험에 대한 질적 메타분석. 한국영유아보육학, 147, 89-113.

정도희(2023). 여성폭력 및 여성폭력방지기본법 개선 모색. 圓光法學, 39(1), 263-286.

정연주, 김동식, 김효경. (2023). 가정 내 폭력 피해자의 통합적 지원 및 보호 방안. 한국여성정책연구원.

조세은, 김혜미(2024). 가정폭력 피해 이주여성 지원 제도 및 서비스에 대한 고찰: 문제점과 개선 방안을 중심으로. 복지와 문화다양성연구, 6(1), 33-65.

조숙정, 조일윤(2024). 결혼이주여성에 대한 가정폭력 요인과 법적 제재. 東亞法學, 103, 67-95.

조영실, 김형모(2022). 아동 긴급돌봄서비스 관련 코로나19 대응 지침에 대한 아동영향평가. 한국가족복지학, 69(1), 173-203.

조은수(2024). 가정폭력 목격경험이 청소년의 발달에 미치는 영향 분석. 청소년학연구, 31(4), 267-288.

초록우산(2023). 2023 아동지표. https://www.childfund.or.kr/STH2/upload/file/contentsTheSis/2024/4/16/EAUMIMMEIA_20240416173447.pdf

최복천(2022). 중증 뇌병변장애인 가족의 긴급돌봄시설 요구와 지원에 관한 연구. 지체·중복·건강장애연구, 65(3), 77-104.

최상미, 최재성, 오유경(2022). 공공 및 민간 긴급지원사업의 역할과 과제: 정부 긴급복지지원제도와 민간 긴급지원사업의 내용 및 현황 분석을 바탕으로. 한국사회복지조사연구, 73, 123-153.

최용성, 강동욱(2021). 조두순 사례분석으로 본 아동성폭력범죄의 재범방지제도에 관한 형사정책적 고찰. 치안정책연구, 35(4), 233-265.

최윤경, 은석(2025). 수도권 대학생의 청년정책 인식에 대한 탐색적 연구. 한국콘텐츠학회 논문지, 25(1), 407-420.

최정화(2024). 유럽연합의 가족정책과 유럽연합 회원국의 대응: 일·가정 양립에서 일·생활 균형으로의 전환. EU연구, 73, 83-112.

최현임, 손가현(2021). 아동권리적 초등돌봄서비스 발전방안 탐색—다함께돌봄정책 공공의 역할을 중심으로-. 한국콘텐츠학회 논문지, 21(3), 761-770.

하나영, 이경은(2024). 인권도시 발전방안을 위한 탐색적 연구-광역지자체를 중심으로-. 한국사회복지행정학, 26(1), 55-76.

홍성민(2024). 재원조달방법으로써의 사회보험제도에 관한 고찰-사회보험제도 및 재원조달방법에 관한 일본 학계의 논의를 소재로-. 사회보장법학, 13(1), 1-35.

홍성희, 채혜경, 김선형(2021). 중소기업 직장어린이집 설치 · 운영에 대한 수요자의 인식 및 요구 분석. 학습자중심교과교육연구, 21(22), 635-652.

홍세영, 정국인, 최인선(2014). 돌봄의 재분배적 관점에서 사회복지법에 관한 고찰-영유아 복지법과 남녀고용평등과 일 · 가정 양립지원에 관한 법을 중심으로-. 강원법학, 42, 551-587.

홍지연, 이승연(2024). 돌봄 서비스 정책에 대한 영유아복지 관점에서의 고찰. 육아지원연구, 19(1), 85-114.

황혜원, 김현수(2023). 한부모가정 자녀의 심리사회적 적응과 관련한 영향요인에 관한 메타분석: 부모, 가족, 사회적요인 및 자녀 개인요인을 중심으로. 한국심리학회지: 임상심리 연구와 실제, 9(4), 671-699.

Beck, D., Peters, R., Bridge, G., Poitier, F., & Pearson, B. (2024). Modern welfare in the United Kingdom is a universal (dis)credit to Beveridge: Is it time for a basic income? *Social Policy & Administration, 58*(2), 299-312. https://doi.org/10.1111/spol.12961

Booshehri, L. G., Dugan, J., Patel, F., Bloom, S., & Chilton, M. (2018). Trauma-informed Temporary Assistance for Needy Families (TANF): A randomized controlled trial with a two-generation impact. *Journal of Child and Family Studies, 27*(5), 1594-1604. https://doi.org/10.1007/s10826-017-0987-y

GOV.UK. (2024). *Universal Credit.* https://www.gov.uk/universal-credit

Raymo, J. M., Park, H., Iwasawa, M., & Zhou, Y. (2014). Single motherhood, living arrangements, and time with children in Japan. *Journal of Marriage and Family, 76*(4), 843-861. https://doi.org/10.1111/jomf.12126

Rowland, D., & Lyons, B. (1996). Medicare, Medicaid, and the elderly poor. *Health Care Financing Review, 8*(2), 61-85.

Social Security Administration. (1997). *1997 Social Security/SSI/Medicare Information.* https://www.ssa.gov/legislation/1997factsheet.pdf

Wage and Hour Division, U.S. Department of Labor. (2024). *Family and Medical Leave Act.* https://www.dol.gov/agencies/whd/fmla

제6장

가족복지실천에서의 사례관리

학습 목표

1. 사례관리의 개념과 목적을 설명할 수 있다.
2. 사례관리의 역사적 발달 과정을 주요 국가별 특징과 함께 이해할 수 있다.
3. 사례관리의 구성 요소와 핵심 원칙을 구체적으로 설명할 수 있다.
4. 사례관리의 핵심 기능을 사례 중심으로 분석할 수 있다.
5. 사례관리의 실천 과정을 단계별로 구분하고, 각 단계의 역할과 중요성을 설명할 수 있다.

사례관리는 현대 사회에서 개인이 직면하는 복잡한 문제에 체계적이고 전문적으로 대응하기 위해 발전된 사회복지실천의 방식으로 자리매김하고 있다. 이는 사회적 다양성의 증가와 개별 클라이언트의 복합적인 욕구에 부응하기 위해 설계된 접근으로, 신체적 · 심리적 · 사회적 문제를 포괄적으로 다루고 있다. 사례관리의 궁극적인 목표는 클라이언트가 자주적으로 문제를 해결할 수 있도록 지원하면서, 그들이 필요한 자원을 효과적으로 활용할 수 있게 하는 데 있다. 이러한 과정은 초기 문제의 식별을 시작으로, 종합적인 사정, 실천 계획의 수립, 구체적인 목표 설정, 실행 및 관리 단계를 거치며, 최종적으로는 결과를 평가하고 지속적인 지원을 제공하는 일련의 통합적 접근을 포함한다(Perez, 2023). 이와 같은 통합적 접근은 사회복지 분야에서 발생하는 복잡한 요구를 충족시키는 데 필수적이다.

사례관리는 전통적인 사회복지실천 방식에서 더 나아가, 복잡한 사회적 문제에 전문적으로 대응하는 중요한 도구로서 그 역할이 확대되고 있다. 이 접근은 클라이언트의 고유한 욕구를 충족시키기 위해 맞춤형 지원을 제공함으로써 그들의 삶의 질 향상에 기여하고 있다. 특히 사례관리는 클라이언트가 겪고 있는 다양한 문제들을 해결하기 위해 여러 기관과 자원을 효율적으로 연결하는 역할을 수행한다. 우리나라에서도 사회복지의 패러다임이 지역사회 중심으로 전환됨에 따라, 사례관리가 지역사회복지 현장에서 핵심적인 복지서비스 전달 방식으로 자리 잡고 있다. 이는 지역사회 내 다양한 가족복지 요구를 통합적으로 해결할 수 있는 가족복지실천 모델로서 더욱 주목받고 있다(박미은, 2020; Hudon et al., 2022).

이 장에서는 효과적인 가족복지 사례관리를 위한 주요 구성 요소와 원칙, 사례관리 모델을 이해하여 클라이언트의 자립을 도모하고, 그들의 사회적 기능을 향상시키는 데 활용할 수 있는 역량을 기르는 데 목표를 둔다.

1. 사례관리의 개념과 목적

1) 사례관리의 개념

사례관리는 개인이 직면한 복잡한 문제와 욕구에 효과적으로 대응하기 위한 지역사회복지 실천의 핵심적 전략으로 자리 잡고 있다. 이 접근은 클라이언트가 다양한 사회적 기능을 향상시키고 자립할 수 있도록 돕기 위해 필요한 서비스와 자원을 효율적으로 연계하는 과정을 포함한다. 사례관리는 지역사회복지와 재가복지 모형과 긴밀히 연관되어 있으며, 공식적 보호체계와 비공식적 보호 체계를 통합하고 조정하는 데 중점을 둔다. 이러한 접근은 만성적이고 복합적인 문제를 가진 클라이언트에게 맞춤형 서비스를 제공하여 전반적인 삶의 질을 향상시키는 데 기여한다(최선희, 2023).

사례관리의 실천은 클라이언트의 복잡한 문제와 욕구를 해결하기 위해 통합적인 접근 방식을 적용한다. 이 과정은 클라이언트가 자신의 문제를 해결하는 능력을 갖출 수 있도록 자원을 적절히 연계하고, 이를 효과적으로 활용할 수 있도록 지원하는 데 중점을 둔다. 또한 클라이언트와 지역사회 내 자원 제공자 간의 상호작용을 강화하여, 클라이언트뿐만 아니라 그들의 가족과 지역사회와의 연계를 통해 사회적 기능을 향상시키고 삶의 질을 개선하는 데 기여한다(이준우, 2020).

생태체계적 관점에 기초한 사례관리는 클라이언트와 그를 둘러싼 환경적 요인을 함께 고려하는 실천 방식을 적용한다. 이는 문제를 단순히 개인적 차원에서만 보지 않고, 그 문제와 관련된 사회적 · 환경적 맥락을 통합적으로 분석하는 것이다. 이러한 접근은 클라이언트가 자원을 적절히 활용하고, 이를 통해 자립할 수 있는 능력을 강화하도록 돕는 중요한 역할을 한다(Pincus & Minahan, 1974).

사례관리는 클라이언트의 욕구와 문제를 평가하고 자원을 연결하며, 계획을 실행하고 모니터링하는 광범위한 역할을 수행한다. 사례관리자는 클라이언트의 복잡한 욕구를 해결하기 위해 지역사회 내 다양한 자원을 동원하고, 클라이언트의 필요에 따라 맞춤형 지원을 제공함으로써 클라이언트와 그 가족 및 지역사회에 긍정적인 변화를 가져온다(Rothman et al., 2001). 이러한 다양한 역할과 기능을 통해 사례관리는 클라이언트의 사회적 기능 향상과 자립을 돕는 중요한 수단으로 작용한다.

사례관리에서 임상적 기능은 클라이언트의 전반적인 복지를 증진하기 위해 신체적 · 정신적 · 심리적 · 사회적 요구를 종합적으로 고려한 직접적 개입을 의미한다. 임상적 개입의 주요 요소로는 신뢰 관계 구축, 맞춤형 상담과 치료 계획 수립, 그리고 클라이언트의 상황에 따른 지속적 평가와 개입 계획 조정이 포함된다(Kanter, 1989). 이러한 접근은 클라이언트가 자신의 문제를 적극적으로 해결하고 자립할 수 있도록 돕는 데 중점을 둔다.

행정적 기능은 클라이언트의 문제 해결을 위해 간접적 개입을 수행하며, 사회적 체계와의 상호작용을 개선하고 자원과 서비스를 적절히 연계하는 역할을 담당한다. 사례관리자는 클라이언트가 공공 및 민간 자원, 비공식적 지원망을 통해 필요한 지원을 받을 수 있도록 돕고, 클라이언트와 서비스를 제공하는 기관 간의 협력을 조정하여 서비스 제공의 일관성과 연속성을 보장한다(Mullahy, 2017). 이를 통해 사례관리는 클라이언트의 복잡한 문제 해결에 있어 효율성과 효과성을 동시에 높일 수 있도록 한다.

2) 사례관리의 목적

사례관리는 복잡하고 다양한 문제를 가진 클라이언트의 생활을 안정시키고, 그들이 독립적으로 자원을 활용할 수 있도록 돕는 중요한 사회복지실천 방식이다. 사례관리의 목적은 여러 가지 측면에서 클라이언트의 복지를 증진시키고 자립성을 강화하는 데 초점을 맞추고 있다. 사례관리의 주요 목적 중 하나는 클라이언트의 생활 기술을 증진시키고, 그들이 스스로 필요한 자원과 서비스에 접근할 수 있는 능력을 키우는 것이다. 이는 클라이언트가 독립적이고 자율적인 생활을 영위할 수 있도록 지원하는 데 중점을 둔다. 목슬리(Moxley, 1989)에 따르면, 사례관리는 클라이언트가 자신의 생활을 안정시키고, 자원에 접근할 수 있는 능력을 개발하도록 돕는 것을 목표로 한다. 사례관리는 클라이언트가 사회적 관계망과 대안적 서비스 제공자들의 능력을 활용할 수 있도록 이들의 역량을 개발하는 것을 목표로 한다. 이 과정을 통해 사례관리는 서비스의 질을 높이고, 클라이언트의 삶의 질을 전반적으로 향상시키는 데 기여한다(박정란, 2021).

디닌-그리핀 등(Dineen-Griffin et al., 2019)은 사례관리의 또 다른 중요한 목적을 개인이 직면한 환경적 도전에 대응하는 것으로 설명한다. 사례관리는 개인의 잠재력을 최대화하여 그들이 환경적·사회적 도전들을 극복할 수 있도록 지원한다. 이를 위해 클라이언트와 그들의 가족 또는 일차집단의 돌봄 능력을 강화하고, 공식적 돌봄 체계와 비공식적 자원을 통합하는 역할을 한다. 이는 클라이언트가 보다 효과적으로 사회적 자원을 활용할 수 있도록 돕는 과정으로, 궁극적으로 그들의 삶의 질을 향상시키는 것을 목표로 한다. 사례관리는 공식적 시스템과 비공식적 지원망 간의 상호작용을 촉진하여 개인과 집단의 복지를 증진시키는 데 중요한 역할을 한다. 이 과정에서 클라이언트가 필요한 자원과 서비스를 원활히 연결받을 수 있도록 돕고, 자원 활용의 효율성을 높인다.

루커스미스 등(Lukersmith et al., 2016)에 따르면, 사례관리는 클라이언트의 자립적 기능 향상과 사회복지 시스템의 통합을 촉진하는 데 중요한 역할을 한다. 사례관리는 복잡한 서비스 전달 체계에서 중요한 조정자로서 기능하며, 지역사회의 다양한 자원과 서비스를 클라이언트에게 효과적으로 연결하는 데 핵심적인 역할을 한다. 이를 통해 클라이언트의 삶의 질을 지속적으로 개선하고, 지역사회의 사회적 자원들이 효과적으로 활용될 수 있도록 조정하는 중요한 수단이 된다.

2. 사례관리의 역사적 발달 과정

사례관리는 19세기 영국의 자선조직협회(Charity Organization Society: COS)의 빈민 구제활동에서 그 기원을 찾을 수 있다. 당시 COS는 빈곤가족과 개인에게 포괄적인 지원을 제공하며, 이들의 경제적 문제와 사회적 기능 회복에 중점을 두었다. 이 초기 사례관리 활동은 기초적인 생계 지원과 사회 질서 회복을 주요 목표로 삼았으나, 시간이 지나면서 사회복지 분야의 발전과 함께 사례관리는 점차 체계적이고 전문적인 접근 방식으로 변화하였다(CMSA Detroit, 2024).

초기 사례관리의 목표는 주로 기초적인 생계 지원을 통해 빈곤층의 기본적인 생존을 보장하고, 사회 질서를 회복하는 데 초점을 맞췄다. 빈민 구제 활동은 당시 사회적 필요를 충족시키기 위한 기초적인 접근 방식으로, 사회적 지원이 제한된 시기에 중요한 역할을 하였다. 이러한 초창기 사례관리의 목적은 단순한 물질적 지원을 넘어서, 클라이언트가 사회적 기능을 회복하고 자립적인 삶을 영위할 수 있도록 돕는 데 중점을 두었다(Hudon & Kessler, 2023).

사례관리는 시간이 지남에 따라 현대 사회복지실천의 핵심 요소로 자리 잡게 되었다. 초기의 단순한 지원 방식에서 벗어나, 현대의 사례관리는 복잡한 사회적 문제를 해결하기 위한 체계적이고 전문적인 접근 방식을 채택하고 있다. 이러한 발전은 사례관리의 이론과 실천이 사회적 요구와 환경 변화에 맞춰 진화해 온 결과를 반영한다. 현재의 사례관리 실천은 클라이언트의 복합적인 요구를 효과적으로 해결하기 위해 다양한 사회적 자원과 서비스를 통합적으로 조정하고 연계하는 것을 목표로 하고 있다(Harris & White, 2015).

1) 미국에서의 사례관리 발전

미국에서 사례관리는 1970년대 초 메디케이드(Medicaid)와 메디케어(Medicare) 시범 프로젝트에서 시작되었다고 평가된다(CMSA Detroit, 2024). 초기에는 정신장애인을 지역사회와 연계하고 지속적인 도움을 제공하는 방식으로 발전하였으며, 지역사회 기반의 서비스 제공이 확대되면서 다양한 사회적 문제를 해결하는 도구로서 사례관리가 활발히 사용되기 시작하였다. 이는 대인복지서비스 전반에 걸쳐 새로운 사회복지실천 방법론으로 자리 잡게 되었으며, 클라이언트 중심의 지원을 강조한 변화였다. 특히 1975년 「발달장애인법(Developmental Disabilities Assistance and Bill of Rights Act)」의 제정으로 인해 발달장애인을 위한 서비스에서 사례관리가 의무화되었으며, 장기보호서비스를 중심으로 한 「종합예상조정법(Omnibus Budget Reconciliation Act)」이 이를 더욱 강화하였다. 이 법률들은 장애인과 노인을 포함한 다양한 취약계층이 가정 내 보호와 지역사회 중심의 서비스를 통해 보다 효율적인 복지서비스를 받을 수 있도록 사례관리의 중요성을 강조하였다(CMSA Detroit, 2024).

이와 같은 입법 과정은 사례관리자가 클라이언트를 직접적으로 보호하고 필요한 자원을 연계하며, 복지 프로그램을 관리하는 역할을 수행하도록 하는 데 중점을 두었다. 미국사회복지사협회는 이러한 사례관리의 변화가 단순히 치료적 접근에서 보호 중심의 접근으로 변화하고 있음을 강조하며, 사례관리가 클라이언트를 옹호하고 보호하기 위한 중요한 실천 방법으로 자리 잡았다고 평가하였다. 1987년대에 발간된 『사회사업백과사전(제18판)』(Minahan, 1987)에서는 기존의 '케이스워크(casework)' 대신 '사례관리(case management)'라는 용어가 사용되기 시작하였으며, 이는 사회복지실천의 새로운 흐름을 반영한 변화였다.

미국에서 발전한 사례관리 모델은 전 세계적으로 영향을 미치며, 정신장애, 발달장애, 노인복지 등 다양한 복지 분야에서 그 중요성이 더욱 부각되었다. 특히 사례관리는 지역사회 중심의 복지서비스 전달 체계에서 필수적인 요소로 자리 잡았으며, 통합적이고 지속적인 관리를 통해 클라이언트의 복합적인 문제를 해결하는 역할을 수행하고 있다. 지역사회 기반 사례관리는 단순한 서비스 제공을 넘어, 클라이언트가 스스로 자원을 활용하고 사회적 기능을 회복할 수 있도록 돕는 체계적이고 포괄적인 지원 방식을 제공한다(Moxley, 1989).

사례관리는 미국에서 발전한 모델을 바탕으로 다양한 사회적 문제를 해결하는 주요 도구로 인정받고 있으며, 특히 사회적 자원의 조정과 연계에 중점을 둔다. 사례관리자는 클라이언트의 사회적 기능 회복을 돕기 위해 지역사회 자원과의 연계를 강화하며, 클라이언트가 지속적인 복지서비스를 받을 수 있도록 책임성과 연속성을 보장한다. 이러한 사례관리의 역할은 오늘날에도 복잡한 사회적 문제를 해결하고 취약계층을 위한 통합적 사회복지서비스를 제공하는 데 중요한 기제로서 그 영역을 계속해서 확장하고 있다.

2) 영국에서의 사례관리 발전

1970년대 영국에서 사례관리는 『시봄 보고서(Seebohm Report)』(UK Paliament, 1969)를 기점으로 대인 서비스와 복지서비스, 보건 간의 연계와 조정에 대한 관심 증가를 배경으로 발전하였다. 「시봄 보고서」(1969)는 사회적 보호와 지역사회 기반 접근을 강조하며 복지서비스의 체계화와 일원화를 촉진하고자 하였다(Donnison, 1968). 특히 복지서비스와 보건 간의 연계를 강조하면서 지역사회 중심의 접근 방식을 제안하였으며, 이를 통해 영국 사회복지 시스템에서 지역사회와의 통합적 접근의 필요성을 부각시키고 사례관리의 중요성을 지적하였다. 이러한 배경 속에서 사례관리는 대인 서비스와 복지서비스 간의 연계를 강화하는 중요한 도구로 자리잡기 시작하였다(Donnison, 1968).

1989년에 발행된 정부 백서 『인간을 위한 보호(Caring for People)』(Department of Health, 1989)는 지역사회 보호를 공식적인 정책으로 채택하며 사례관리를 복지서비스 제공의 핵심으로 자리 잡게 하는 계기를 마련하였다(Jones, 2007). 이 백서는 개인의 자립을 촉진하고 불필요한 시설 입소를 방지하는 것을 목표로 삼았으며, 사례관리가 개인의 복지를 향상시키기 위한 중요한 실천 방법으로 자리잡았음을 명시하였다. 이를 통해 사례관리는 복지서비스의 일관성과 연속성을 보장하고, 클라이언트의 개별적 요구에 맞춘 통합적 지원을 제공하는 역할을 하게 되었다(Huxley, 1993).

1987년부터 1989년까지 켄트주에서 시행된 켄트 방식(Kent approach)은 클라이언트 중심의 사례관리 접근법을 실천하는 데 중요한 전환점이 되었다(Simpson et al., 2003). 이 접근법은 클라이언트의 복합적인 요구를 충족하기 위해 사례관리자의 역할과 책임을 강화하며, 클라이언트의 자립과 복지 향상을 목표로 하였다. 1991년부터는 신체 장애인을 대상으로 한 사례관리 시스템이 도입되었으며, 이를 통해 복지서비스 제공에서 클라이언트의 사회적 기능 회복과 자립을 촉진하는 데 중요한 기여를 하였다. 이러한 접근은 영국 내 다양한 대인복지서비스에서 사례관리를 폭넓게 활용하는 토대를 마련하였다(Simpson et al., 2003). 오늘날 영국의 사례관리는 복지서비스의 핵심적인 실천 방식으로 자리 잡고 있으며, 클라이언트 중심의 접근과 지역사회 기반의 지원을 강화하는 데 중점을 두고 있다. 지역사회 내 자원과의 연계를 통해 클라이언트의 자립과 사회적 통합을 지원하고, 복지서비스의 효율성과 포괄성을 제고하는 데 기여하고 있다. 사례관리는 클라이언트의 복합적인 문제를 해결하고 그들의 삶의 질을 향상시키기 위해 체계적이고 통합적인 지원을 제공하는 중요한 실천 방법으로 지속적으로 발전하고 있다.

3) 우리나라에서의 사례관리 발전

우리나라에서의 사례관리는 1980년대부터 본격적으로 논의되기 시작하였으며, 당시 미국에서 사회복지를 배우고 경험을 쌓은 사회복지사들이 사례관리의 개념을 우리나라에 소개하였다. 초기에는 사례관리가 제한적으로 알려졌으나, 1990년대에 들어서면서 사례관리에 대한 관심이 급속히 확대되었고, 사회복지학과 간호학 분야에서 사례관리의 연구와 실천 노력이 본격화됨에 따라 점차 광범위하게 확산되기 시작하였다(최선희, 2023).

1992년에는 전국적으로 144개의 자원봉사센터가 개소되면서 우리나라에서 사례관리 실천이 본격화되었다. 이 시기는 사회복지의 방향이 지역사회 중심으로 전환되고 재가복지서비스가 확대되는 과정에서 사례관리의 중요성이 더욱 부각된 시기였다. 지역사회복지에서는 클라이언트의 다양한 요구에 대응하기 위해 통합적 서비스 제공과 자원의 효과적 관리가 필수적이었으며, 이러한 전환 과정에서 사례관리는 중요한 실천 방법으로 자리 잡게 되었다. 이어서 1995년에는 「정신보건법」이 제정되면서 정신보건 영역에서도 사례관리가 필수적인 사업으로 지정되었고, 정신보건서비스에서 사례관리가 주요 실천 도구로 자리매김하게 되었다(박미은, 2020).

2003년부터는 서울을 비롯하여 전국의 사회복지관에서 사례관리 활동이 더욱 체계적으로 발전하기 시작하였다. 이는 사회복지관 평가 항목에 사례관리가 포함되면서, 지역사회복지관에서 표준화된 절차에 따라 사례관리를 시행하게 된 것이 계기가 되었다. 이를 통해 사회복지관에서는 클라이언트에게 보다 전문적이고 체계적인 사례관리를 제공할 수 있게 되었고, 사례관리는 사회복지실천에서 핵심적인 역할을 맡게 되었다. 이러한 발전은 우리나라 지역사회복지서비스 전달 체계에서 사례관리의 역할을 확고히 하는 데 중요한 기여를 하였다(박미은, 2020).

2005년에는 「사회복지사업법」 개정을 통해 사례관리 개념이 공공 복지 제도 내에서 공식적으로 도입되었다. 개정된 법에 따라 시장 · 군수 · 구청장은 보호 대상자별 보호계획을 작성할 책임을 지게 되었고, 2006년 7월에는 주민생활지원서비스 전달 체계가 개편되면서 주민생활지원국과 동사무소에 주민생활지원팀이 설치되었다. 이를 통해 사회복지전담공무원들은 상담 및 사례관리 업무를 보다 집중적으로 수행할 수 있게 되었고, 공공 복지 영역에서도 사례관리가 필수적인 사회복지실천 방식으로 자리 잡게 되었다(박정란, 2021).

2007년부터는 정부가 공공사례관리를 포함한 주민생활지원서비스를 직접 제공하기 시작하였다. 2010년에는 보건복지부가 「사례관리 사업안내」를 배포하여 공공 차원의 맞춤형 사례관리를 보다 체계적으로 활성화하고자 하였다. 이로 인해 공공 복지서비스 내에서 사례관리가 체계적으로 자리 잡았으며, 다양한 클라이언트의 복합적인 요구에 맞춘 통합적 지원이 가능해졌다. 이러한 과정은 사례관리가 우리나라의 사회복지실천에서 필수적인 도구로 자리 잡는 중요한 계기가 되었고, 민간과 공공 영역 모두에서 사례관리가 주요한 실천 기법으로 발전하게 되었다(김성천, 2022).

3. 사례관리의 구성 요소와 원칙

1) 사례관리의 구성 요소

사례관리는 클라이언트의 복합적 욕구를 해결하기 위한 체계적인 사회복지실천 방법으로, 다양한 구성 요소를 포괄한다. 사례관리가 복잡한 사회적 문제에 대응하는 핵심적인 접근 방식으로 발전해 온 만큼, 그 구성 요소는 매우 중요한 의미를 가진다. 학자들마다 그 구성 요소를 다르게 정의하고 있으나, 이를 통해 사례관리의 본질과 실천 과정에서의 구체적 역할을 이해할 수 있다. 미국의 핀커스와 미나한(Pincus & Minahan, 1974)은 사례관리의 구성 요소를 변화와 매개체제, 클라이언트 체계, 표적 체계, 그리고 행동 체계로 나누어 정의하며, 통합적 사회사업의 기초적 틀을 제시하였다. 반면 장인협(1999a, 1999b)은 클라이언트, 사회자원, 사례관리자, 사례관리기관이라는 네 가지 주요 구성 요소로 사례관리를 설명하였다. 이러한 관점을 바탕으로, 사례관리의 구성 요소를 클라이언트, 사회자원, 사례관리자 및 사례관리기관, 그리고 사례관리 과정으로 나누어 구체적으로 살펴볼 수 있다.

(1) 클라이언트

사례관리에서 클라이언트(대상자)는 그 실천 과정의 중심이 되는 중요한 구성 요소이다. 클라이언트는 일상생활에서 기능이 저하되었거나, 복합적 욕구를 가진 개인을 의미한다(Pincus & Minahan, 1974). 이러한 복합적 욕구는 신체적 · 정신적 · 사회적 · 경제적 영역을 포괄하며, 클라이언트 스스로 이러한 문제를 해결하기 어려운 상태에 처해 있는 경우가 많다. 예를 들어, 고령으로 인해 신체적 기능이 저하된 노인, 중복 장애로 인해 일상적인 생활을 유지하기 힘든 장애인, 만성적인 정신질환을 앓고 있는 환자, 그리고 발달장애를 가진 아동 등이 여기에 포함된다. 이들 클라이언트는 자신에게 필요한 사회자원의 존재를 인지하지 못하거나, 자원을 이용할 방법을 알지 못하는 경우가 많다.

이러한 상황에서 사례관리자는 클라이언트의 복합적인 욕구를 정확히 파악하고, 클라이언트가 필요로 하는 자원과 서비스를 효과적으로 연결해 주는 중재자 역할을 한다. 이를 통해 클라이언트는 자신의 문제를 해결할 수 있는 기회를 얻고, 자신의 삶의 질을 향상시킬 수 있게 된다. 사례관리의 중요한 목표 중 하나는 클라이언트가 자원을 스스로 활용할 수 있는 능력을 키우는 것이며, 이를 위해 사례관리자는 클라이언트와 긴밀한 협력 관계를 구축하고, 지속적인 지원을 제공해야 한다. 이러한 과정은 클라이언트가 독립적으로 자원을 이용하고, 사회적 기능을 회복하는 데 중요한 기여를 한다.

(2) 사회자원

사회자원은 클라이언트의 복합적인 욕구를 해결하는 데 있어 중요한 구성 요소로, 지역사회 내 다양한 자원과 서비스를 포함한다. 이러한 자원들은 클라이언트가 직면한 신체적 · 정신적 · 경제적 문제를 해결하는 데 필수적이다. 예를 들어, 지역사회 내에서 제공되는 건강 관리 서비스, 주거 지원 프로그램, 고용 관련 서비스 등은 클라이언트의 삶의 질을 향상시키는 데 큰 역할을 한다. 이러한 자원들은 클라이언트가 문제를 해결하고 생활의 안정성을 회복하는 데 중요한 지원을 제공한다(Pincus & Minahan, 1974).

사례관리자는 이러한 자원에 대한 정보를 제공하고, 클라이언트가 필요한 자원에 적시에 접근할 수 있도록 조정하며, 자원을 효율적으로 이용할 수 있도록 지원하는 중재자의 역할을 수행한다. 이는 자원의 가용성과 접근성을 높이고, 클라이언트가 직면한 문제를 해결하는 데 필요한 적절한 지원을 받도록 돕는 과정이다. 또한 사례관리자는 자원 사용의 효율성을 높이기 위해 자원 제공 기관들과의 협력 및 조정을 통해 중복되거나 누락되는 자원 제공을 방지하는 역할을 한다. 이러한 역할은 클라이언트가 실질적인 도움을 받고, 문제 해결을 위한 적절한 자원을 확보할 수 있도록 하는 데 기여한다.

(3) 사례관리자 및 사례관리기관

사례관리자는 클라이언트와 사회자원 간의 연결을 담당하는 핵심 역할을 수행하며, 클라이언트의 문제를 사정하고 이를 해결하기 위한 일련의 실천 과정을 관리한다. 이 과정에서 사례관리자는 클라이언트의 욕구를 평가하고, 적절한 자원을 연계하며, 복잡한 문제를 조정하는 역할을 한다. 사례관리자는 또한 클라이언트의 자립을 지원하고, 복지서비스의 연속성을 보장하는 데 중요한 역할을 맡고 있다. 이 역할은 클라이언트의 문제를 효과적으로 해결하고, 자원과 서비스를 적절히 연계하여 클라이언트가 최적의 지원을 받을 수 있도록 하는 데 중점을 둔다(Pincus & Minahan, 1974).

사례관리기관은 이러한 활동이 체계적으로 이루어지는 장소로서, 지역사회 내에서 다양한 자원과 서비스를 조정하고 연결하는 중심적인 역할을 수행한다. 이 기관들은 클라이언트가 필요로 하는 자원을 효과적으로 접근할 수 있도록 돕고, 복지 향상에 기여한다. 예를 들어, 노인복지관, 지역 병원, 비영리 단체 등은 사례관리기관으로서 클라이언트에게 필요한 서비스를 제공하고, 자원의 접근성을 높이기 위해 다양한 서비스를 통합적으로 조정한다. 이러한 기관들은 클라이언트가 맞춤형 지원을 받을 수 있도록 보장하며, 사회적 연대와 지원을 강화하는 데 기여한다. 사례관리자와 사례관리기관의 협력은 클라이언트의 복잡한 문제를 해결하는 데 중요한 기초를 제공하며, 이 과정에서의 체계적인 접근은 클라이언트의 복지와 자립에 실질적인 도움을 준다.

(4) 사례관리 과정

사례관리 과정은 클라이언트의 복합적인 문제를 체계적으로 해결하기 위한 일련의 단계로 구성되어 있으며, 이를 통해 클라이언트에게 필요한 자원을 적시에 제공하고 그들의 복지와 삶의 질을 향상시키는 것을 목표로 한다. 로스먼(Rothman et al., 2001)이 제시한 8단계의 사례관리 과정은 다음과 같다.

- **초기 접수**(intake): 클라이언트의 문제와 필요를 파악하는 단계로, 클라이언트가 사례관리의 적합 대상인지 판단한다. 이 단계에서 클라이언트의 기본 정보를 수집하고, 초기 면담을 통해 문제의 범위와 클라이언트의 욕구를 이해하려고 한다.
- **사정**(assessment): 클라이언트의 상황, 자원, 필요를 심층적으로 분석한다. 이 단계에서는 클라이언트의 신체적 · 정신적 · 사회적 · 경제적 상태를 종합적으로 평가하여, 문제의 원인과 범위를 파악한다.
- **목표 설정**(goal setting): 사정 결과를 바탕으로 구체적인 목표를 설정한다. 클라이언트의 문제를 해결하기 위한 단기 및 장기 목표를 명확히 하고, 이 목표에 따라 개입 계획을 수립한다.
- **개입 계획**(planning): 클라이언트가 필요한 자원을 효과적으로 얻고 문제를 해결할 수 있도록 돕는 실질적인 로드맵을 작성한다. 개입 계획에는 필요한 서비스, 자원, 그리고 그 실행 방법이 포함된다.
- **클라이언트 연결**(linkage): 클라이언트를 적절한 자원과 서비스에 연결한다. 이 과정에서는 클라이언트가 필요한 자원을 실제로 접근할 수 있도록 지원하며, 자원 제공자와의 조정을 통해 연결을 수행한다.
- **점검**(monitoring): 개입 과정에서 발생할 수 있는 문제를 해결하고, 계획의 진행 상황을 확인한다. 이 단계에서는 클라이언트의 반응을 모니터링하고, 필요에 따라 개입 계획을 조정한다.
- **재사정**(re-assessment): 클라이언트의 상황이 변화하거나 계획의 결과를 바탕으로 재평가를 실시한다. 이 과정에서는 초기 목표의 달성 정도를 확인하고, 새로운 문제나 필요를 파악하여 대응 방안을 모색한다.
- **결과 평가**(outcome evaluation): 사례관리의 목표 달성 여부와 클라이언트의 복지 향상 정도를 평가한다. 이 단계에서는 개입의 효과를 분석하고, 클라이언트의 삶의 질이 얼마나 개선되었는지를 검토한다.

이러한 과정은 클라이언트의 상황을 면밀히 분석하고, 맞춤형 계획을 수립한 후 실행과 평가를 통해 서비스의 적절성과 효과를 확인하는 순환적인 절차를 따른다(Rothman et al, 2001). 각 단계는 클라이언트의 복잡한 문제를 체계적으로 해결하고, 자원의 효과적인 활용을 통해 클라이언트의 자립과 복지 향상에 기여하는 데 중점을 둔다.

2) 사례관리의 원칙

사례관리가 효과적으로 실행되기 위해서는 몇 가지 핵심 원칙이 반드시 준수되어야 한다. 이러한 원칙들은 사례관리 과정의 모든 단계에서 클라이언트의 복지 향상과 문제 해결을 지원하며, 사례관리자의 실천 과정에서 지침 역할을 한다. 서비스의 지속성, 서비스의 포괄성, 서비스의 연계성, 서비스의 책임성, 서비스의 개별성, 서비스의 효율성은 사례관리가 클라이언트의 복잡한 요구에 체계적이고 통합적으로 대응할 수 있도록 지침을 제공하며, 클라이언트의 문제 해결과 자립을 지원하는 데 중요한 역할을 한다.

(1) 서비스의 지속성

사례관리의 핵심 원칙 중 하나는 서비스의 지속성(sustainability of services)이다. 이는 클라이언트의 복잡한 욕구를 충족시키기 위해 장기적인 지원을 제공하는 것을 의미하며, 사례관리의 모든 단계에서 중요한 역할을 한다. 서비스의 지속성은 클라이언트와의 초기 접촉부터 서비스 제공의 종결에 이르기까지, 클라이언트가 변화하는 상황에 적절히 대응할 수 있도록 하는 연속적이고 일관된 지원을 보장하는 것이다(Camilleri, 2012; Tushar et al., 2023).

서비스의 지속성은 단순히 일시적인 개입을 넘어서는 포괄적 개념으로, 클라이언트의 문제 해결 과정에서 장기적인 관점을 유지하는 데 중점을 둔다. 많은 경우 클라이언트의 문제가 단기적인 개입만으로는 해결되지 않으며, 이로 인해 지속적인 관리와 지원이 필요하다. 사례관리자는 클라이언트의 상태와 필요를 지속적으로 평가하고, 변화하는 상황에 따라 적절한 서비스를 조정할 책임이 있다(Camilleri, 2012; Tushar et al., 2023).

이 원칙은 클라이언트의 자립을 촉진하고 삶의 질을 향상시키는 데 필수적인 역할을 한다. 클라이언트가 자신의 자원과 서비스를 효과적으로 활용할 수 있도록 지원함으로써 사례관리자는 클라이언트가 직면한 문제를 장기적으로 해결할 수 있는 기반을 제공한다. 따라서 서비스의 지속성은 클라이언트가 복잡한 상황에서 안정적이고 지속적인 지원을 받을 수 있도록 보장하며, 궁극적으로 클라이언트의 자립을 돕는 중요한 요소로 작용한다(Camilleri, 2012; Tushar et al., 2023).

(2) 서비스의 포괄성

서비스의 포괄성(integration of services)은 사례관리의 핵심 원칙 중 하나로, 클라이언트의 다양한 욕구를 종합적으로 충족시키기 위한 접근 방식이다. 클라이언트는 단일한 문제를 겪는 것이 아니라, 신체적 · 정신적 · 경제적 · 사회적 측면에서 복합적인 문제를 경험할 수 있다. 따라서 사례관리자는 클라이언트의 다양한 욕구를 해결하기 위해 소득보장, 주거 지원, 고용 연계, 정신건강 서비스 등 여러 영역에 걸쳐 필요한 자원을 효과적으로 연계하고 통합적으로 제공해야 한다(Hudon et al., 2023; Perez, 2023).

포괄성의 원칙에 따라 사례관리자는 클라이언트의 문제를 단편적으로 다루지 않고, 그들의 삶의 전반적인 측면을 동시에 고려하여 맞춤형 지원을 제공한다. 예를 들어, 경제적 어려움을 겪고 있는 클라이언트는 단순한 재정 지원을 넘어서 주거 안정, 직업 훈련, 정신건강 지원 등 여러 영역에서의 통합적인 서비스가 필요하다. 이러한 접근 방식은 클라이언트의 복잡한 욕구를 보다 효과적으로 충족시키고, 전반적인 복지 향상을 도모하는 데 필수적이다(Hudon et al., 2023; Perez, 2023).

포괄적인 서비스 제공은 클라이언트의 삶의 질을 지속적으로 향상시키는 데 중요한 역할을 하며, 각 분야의 자원이 긴밀하게 연계될 때 그 효과가 극대화된다. 예를 들어, 클라이언트가 주거 불안정을 겪으면서 동시에 정신건강 문제를 경험할 때, 주거 지원과 정신건강 치료가 통합적으로 제공되면 보다 효과적인 문제 해결이 가능하다. 이러한 포괄적인 접근은 클라이언트가 다양한 측면에서 균형 잡힌 지원을 받을 수 있도록 하며, 장기적인 자립과 복지 향상을 이루는 데 기여한다(Hudon et al., 2023; Perez, 2023).

(3) 서비스의 연계성

서비스의 연계성(continuity of services)은 사례관리의 핵심 원칙 중 하나로, 지역사회 내에 분산된 자원과 서비스를 클라이언트에게 적시에 제공하는 데 중점을 둔다. 클라이언트는 다양한 문제와 복합적인 욕구를 지니고 있으며, 이러한 요구를 충족하기 위해 필요한 자원이나 서비스는 여러 기관에 걸쳐 분산되어 있는 경우가 많다(Rothman et al., 2001). 이러한 상황에서 사례관리자는 클라이언트의 요구를 충족하기 위해 지역사회 내의 공식적 · 비공식적 자원을 파악하고, 클라이언트가 필요로 하는 자원에 원활하게 접근할 수 있도록 중재하는 역할을 한다.

서비스의 연계성은 클라이언트가 필요한 자원을 통합적으로 접근할 수 있도록 하며, 이 원칙은 복잡한 서비스 체계를 효과적으로 관리하고 조정하는 데 필수적이다. 사례관리자는 다양한 서비스 제공 기관과 협력하여 자원의 중복이나 누락을 방지하고, 필요한 지원이 적절하게 이루어질 수 있도록 보장해야 한다(Rothman et al., 2001). 이러한 연계성은 지역사회 내 자원과 서비스의 효율적인 조정 및 통합을 통해 클라이언트가 필요한 서비스에 보다 더 쉽게 접근할 수 있도록 한다.

예를 들어, 정신건강 문제를 겪고 있는 클라이언트가 동시에 주거 불안을 경험하는 경우, 사례관리자는 정신건강 치료와 주거 지원을 동시에 제공하는 자원과 서비스를 연결하여 클라이언트가 종합적인 지원을 받을 수 있도록 한다. 이러한 접근은 서비스 제공 기관 간의 조정을 통해 중복되거나 누락되는 서비스를 방지하며, 클라이언트의 전반적인 복지를 크게 향상시키는 중요한 요소로 작용한다(Rothman et al., 2001).

(4) 서비스의 책임성

서비스의 책임성(accountability of service)은 사례관리에서 필수적인 원칙으로, 사례관리자가 제공하는 서비스의 질과 효과를 보장하며, 클라이언트와의 약속을 성실히 이행하는 것을 의미한다. 이 원칙은 사례관리자가 클라이언트의 요구에 적절히 대응하고, 서비스 제공 과정에서 발생할 수 있는 문제를 해결하며, 서비스 결과를 평가하여 개선점을 찾아 지속적인 품질 향상을 도모하는 데 중점을 둔다(Aliotta, 2000).

서비스의 책임성을 실현하기 위해 사례관리자는, 첫째, 클라이언트와의 계약이나 약속을 명확히 하고 이를 충실히 이행해야 한다. 이는 클라이언트의 기대를 관리하고, 서비스 제공의 일관성을 유지하는 데 중요한 역할을 한다. 사례관리자는 서비스 제공 과정에서 발생할 수 있는 문제를 신속히 파악하고, 이를 해결하기 위한 적절한 조치를 취하며, 그 과정과 결과를 클라이언트에게 투명하게 전달해야 한다(Aliotta, 2000).

둘째, 사례관리자는 서비스의 효과성을 평가하고 이를 통해 품질 향상을 도모해야 한다. 서비스 결과를 체계적으로 분석하고, 클라이언트의 피드백을 반영하여 서비스 개선점을 도출하는 과정은 책임성의 핵심이다. 이를 통해 사례관리자는 서비스 제공의 적절성을 확인하고, 클라이언트의 변화하는 요구에 보다 효과적으로 대응할 수 있다(Aliotta, 2000).

셋째, 사례관리자는 자신의 실천 과정에 대해 주기적인 감독과 평가를 받아야 하며, 이를 통해 전문성과 윤리성을 유지하고 서비스의 품질을 보장해야 한다. 이러한 책임성 있는 행동은 클라이언트와의 신뢰를 구축하고, 사례관리의 전반적인 신뢰성을 높이는 데 기여한다(Aliotta, 2000).

(5) 서비스의 개별성

서비스의 개별성(individualization of services)은 사례관리의 핵심 원칙 중 하나로, 각 클라이언트의 고유한 상황과 특성에 맞추어 맞춤형 서비스를 제공하는 것을 목표로 한다. 클라이언트의 신체적·정신적·사회적 상태는 개인마다 다르기 때문에, 사례관리는 획일적인 접근이 아닌 개별 클라이언트의 특성에 맞춘 맞춤형 전략을 요구한다(Cortés-Puch, 2020; Ondeck, 2003). 이러한 접근은 클라이언트의 복잡한 욕구를 보다 정확히 이해하고, 그에 따라 적합한 서비스 계획을 수립하는 것을 포함한다.

개별성의 원칙을 실천하기 위해서는 사례관리자가 클라이언트의 전반적인 상태와 상황을 종합적으로 평가하고, 이를 바탕으로 개별화된 서비스 계획을 개발해야 한다. 예를 들어, 클라이언트가 만성질환을 앓고 있는 경우, 신체적 치료와 함께 정신적 지지 및 사회적 지원을 고려하여 포괄적인 접근을 제공해야 한다(Cortés-Puch, 2020). 이러한 맞춤형 서비스는 클라이언트의 특정 필요와 우선순위에 맞추어 조정되며, 이는 클라이언트의 변화하는 요구에 유연하게 대응할 수 있는 기초를 마련한다.

서비스 제공 과정에서 개별화된 접근은 클라이언트와의 신뢰를 구축하는 데 중요한 역할을 한다. 사례관리자는 클라이언트의 피드백을 지속적으로 반영하고, 서비스 계획을 필요에 따라 수정하며, 클라이언트가 자신의 욕구와 목표를 실현할 수 있도록 지원해야 한다(Cortés-Puch, 2020). 이와 같은 개별화된 접근은 클라이언트의 자존감을 높이고, 삶의 질을 향상시키는 데 기여하며, 궁극적으로 클라이언트가 자립적인 삶을 영위할 수 있도록 돕는다. 개별적인 맞춤 서비스는 클라이언트의 다양한 요구를 효과적으로 충족시키며, 그들의 전반적인 복지와 자립을 위한 기초를 형성한다.

(6) 서비스의 효율성

서비스의 효율성(efficiency of services)은 사례관리에서 중요한 목표 중 하나로, 클라이언트가 필요한 자원을 적시에 제공받을 수 있도록 하며, 서비스 중복을 방지하고 자원을 최적화하는 과정을 의미한다. 이 원칙은 사례관리자가 서비스 제공 과정에서 발생할 수 있는 중복과 누락을 철저히 관리하고 조정함으로써 클라이언트의 다양한 욕구를 충족시키는 것을 목표로 한다(Joo & Huber, 2019). 특히 여러 기관과 자원 제공자 간의 조정을 통해 서비스 중복이나 누락을 방지하여 자원의 낭비를 최소화하고, 클라이언트에게 최적의 서비스를 제공할 수 있도록 한다. 효율적인 서비스 제공은 단순히 비용 절감에 그치지 않고, 클라이언트가 보다 빠르고 효과적으로 필요한 지원을 받을 수 있도록 한다. 이를 통해 사례관리자는 제한된 사회복지 자원을 효과적으로 활용하여 더 많은 클라이언트에게 혜택을 제공할 수 있다(Joo & Huber, 2019). 효율성을 높이기 위한 중요한 요소는 자원 활용의 최적화와 서비스의 통합적 관리다. 예를 들어, 클라이언트가 여러 서비스가 필요할 경우 사례관리자는 각 서비스를 조율하여 중복되는 노력을 줄이고, 통합된 지원을 제공하는 데 중점을 둔다.

서비스의 효율성은 또한 서비스 제공 기관 간의 협력과 자원 배분의 최적화를 통해 달성된다. 사례관리자는 기관 간 원활한 의사소통을 촉진하고, 서비스 제공 과정에서의 비효율성을 줄이기 위해 다양한 전략을 적용한다(Joo & Huber, 2019). 이러한 접근은 클라이언트에게 보다 일관되고 연속적인 지원을 제공하며, 궁극적으로 클라이언트의 전반적인 복지를 증진시키는 데 중요한 역할을 한다.

4. 사례관리의 핵심 기능

사례관리는 클라이언트가 처한 복잡한 문제를 해결하고 그들의 삶의 질을 향상시키기 위해 필수적인 사회복지실천 방법으로 자리 잡고 있다. 사례관리는 클라이언트와 다양한 자원 및 서비스 간의 효과적인 연결을 통해 클라이언트가 필요로 하는 시점에 적절한 서비스를 제공받을 수 있도록 조정하는 기능을 수행한다. 이러한 기능은 사례관리의 전 과정에서 핵심 요소로 작용하며, 클라이언트의 복합적인 욕구를 충족시키고 그들의 사회적 기능을 향상시키는 데 중대한 기여를 한다. 이 절에서는 사례관리의 핵심 기능인 클라이언트와 자원 간의 연결 기능을 다각적으로 분석하고, 이 기능이 클라이언트의 자립과 복지 향상에 미치는 영향을 세밀하게 살펴본다.

1) 클라이언트와 서비스 연결 기능

사례관리의 핵심 기능 중 하나는 클라이언트가 필요로 하는 자원을 효과적으로 탐색하고, 이를 적절한 서비스로 연결하는 것이다. 클라이언트의 다양한 욕구를 이해하고 그에 부합하는 서비스를 제공하는 것은 사례관리의 본질적 역할이다. 특히 복잡한 사회적 · 경제적 문제를 경험하는 클라이언트의 경우 다양한 자원과 서비스에 접근하기 어려운 상황에 처하기 쉽다. 이에 따라, 이러한 자원을 효과적으로 조정하고 연결하는 것은 사례관리자가 수행해야 할 중요한 임무가 된다. 사례관리자는 지역사회 내 자원의 이용 가능성, 수혜 자격 요건, 신청 절차 등을 철저히 이해하고 있어야 하며, 이러한 정보는 클라이언트가 적절한 자원을 수혜하기 위한 필수적인 기초 자료가 된다.

캔터(Kanter, 1989)는 클라이언트가 자원에 접근하는 데 있어서 발생하는 장애물을 제거하고, 필요한 자원을 적시에 제공하는 것이 사례관리의 핵심 기능 중 하나임을 강조하였다. 그는 클라이언트가 자신에게 필요한 자원을 효과적으로 활용할 수 있도록 지원하는 과정이 매우 중요하다고 보았다. 예를 들어, 저소득 가정을 위한 지원 프로그램에 대한 정보를 제공하는 것은 이러한 연결 기능의 대표적인 사례라 할 수 있다. 저소득 가정은 경제적 문제뿐만 아니라 교육, 건강, 주거 등 다양한 측면에서 지원이 필요할 수 있다. 이때 사례관리자는 저소득 가정이 필요한 지원을 받을 수 있도록 자격 요건과 신청 절차에 대한 정보를 제공하고, 자원에 대한 접근을 적극적으로 지원한다. 이러한 접근은 클라이언트가 지원을 통해 자원을 확보할 수 있게 도와준다.

또한 사례관리자는 정신건강 문제를 겪고 있는 클라이언트를 적절한 치료 자원으로 연결하는 데 중요한 역할을 수행한다. 정신건강 문제는 개인의 사회적 · 직업적 기능에 중대한 영향을 미치며, 이를 해결하기 위해서는 다양한 자원과의 연계가 필요하다(Hudon et al., 2022). 사례관리자는 이러한 클라이언트가 적합한 정신건강 서비스에 접근할 수 있도록 지원하고, 지속적인 치료와 관리를 받을 수 있도록 조정한다. 이러한 과정은 궁극적으로 클라이언트의 삶의 질을 향상시키는 데 기여한다.

연결 기능은 사례관리 실천에서 가장 기본적이면서도 중요한 부분이다. 사례관리자는 정보제공자로서, 클라이언트에게 적합한 자원을 탐색하고 이를 제공하는 한편, 클라이언트가 필요한 서비스를 적시에 받을 수 있도록 조정하는 역할을 한다(Camilleri, 2012). 이러한 기능은 클라이언트가 직면한 문제를 해결하고 자립할 수 있도록 돕는 데 중요한 기여를 하며, 사례관리 실천의 성공을 보장하는 핵심 요소라 할 수 있다. 사례관리에서 클라이언트와 자원 간의 연결 기능을 효과적으로 수행함으로써 사례관리는 사회복지실천에서 필수적인 요소로 자리 잡는 원동력이 되고 있다.

2) 사례관리기관 간의 서비스 조정 기능

사례관리에서 중요한 역할 중 하나는 여러 기관 간의 서비스 조정을 통해 클라이언트에게 원활하고 효율적인 지원을 제공하는 것이다. 이는 각 기관이 제공하는 서비스가 중복되거나 누락되지 않도록 관리하며, 클라이언트가 필요한 자원을 적시에 활용할 수 있도록 보장하는 과정을 의미한다. 복합적인 욕구를 가진 클라이언트는 단일 기관의 지원만으로는 충분한 도움을 받기 어려우며, 따라서 다양한 서비스 제공자 간의 협력이 필수적이다. 이러한 맥락에서 사례관리자는 기관 간 조정 기능을 수행하여 클라이언트의 복합적인 요구를 충족하고, 서비스 제공의 효율성을 높이는 역할을 한다.

카밀레리(Camilleri, 2012)는 서비스 조정이 여러 기관 간의 협력을 촉진하여 사례관리의 효율성을 크게 향상시킬 수 있다고 설명하였다. 서비스 조정은 각 기관이 제공하는 서비스를 통합적으로 관리하여, 중복되거나 누락되는 상황을 방지하고, 클라이언트가 필요한 자원을 적시에 활용할 수 있도록 보장하는 중요한 기능이다. 이 조정 과정은 기관 간 협력과 원활한 상호작용을 통해 이루어지며, 클라이언트의 복합적인 요구를 충족하는 데 중대한 기여를 한다.

예를 들어, 주거 지원과 경제적 지원이 모두 필요한 클라이언트에게 하나의 기관이 주기 지원을 담당하고 다른 기관이 경제적 지원을 제공하는 경우, 두 기관 간의 조정이 없다면 클라이언트는 중복된 지원을 받거나 필요한 자원을 누락할 위험이 있다. 이러한 상황은 클라이언트의 삶의 질에 부정적인 영향을 미칠 수 있으므로 사례관리자는 이러한 문제를 방지하기 위해 각 기관 간의 조정을 수행해야 한다.

다양한 기관 간의 서비스 조정은 사례관리에서 필수적인 기능으로 작용한다. 사례관리자는 기관 간 협력을 촉진하고 서비스의 흐름을 조정함으로써 중복되거나 누락되지 않도록 관리하여 클라이언트에게 포괄적이고 적절한 시점에 서비스를 제공할 수 있다. 이러한 기능은 클라이언트의 복합적인 요구를 충족하고, 그들의 삶의 질을 향상시키는 데 중요한 기여를 하며, 사례관리의 성공적 실천을 보장하는 핵심 요소로 작용한다.

3) 비공식적 지원 체계와의 상호작용 촉진 기능

사례관리에서 클라이언트의 복지와 삶의 질을 향상시키기 위해 중요한 역할을 하는 요소 중 하나는 비공식적 지원 체계와의 상호작용을 촉진하는 기능이다. 비공식적 지원 체계는 가족, 친구, 이웃 등 클라이언트의 일차적 사회적 관계망을 포함하며, 이는 클라이언트의 신체적·정신적·경제적 안정 유지에 매우 중요한 역할을 한다. 이러한 비공식적 네트워크는 클라이언트에게 감정적 지지와 실질적인 도움을 제공하며, 공적 자원만으로는 충족하기 어려운 다양한 욕구를 보완하는 데 기여한다.

루커스미스 등(2016)은 비공식적 지원 체계가 클라이언트의 일상생활에서 필요로 하는 다양한 형태의 지지를 제공할 수 있는 중요한 자원이라고 설명하였다. 가족, 친구, 이웃과 같은 일차 집단은 공적 지원 체계가 제공하지 못하는 일상적이고 즉각적인 도움을 제공할 수 있어, 클라이언트의 복잡한 문제 해결에 있어 중요한 역할을 한다. 가족의 정서적 지지나 이웃의 물리적 도움은 클라이언트가 더 안정된 환경에서 생활할 수 있도록 돕는 중요한 요소가 된다.

사례관리자는 이러한 비공식적 지원 체계가 효과적으로 작동할 수 있도록 조정하고 그 과정을 촉진하는 역할을 수행한다. 비공식적 지원 체계는 때로는 기능이 저하되거나 약화될 수 있으며, 이러한 상황에서 사례관리자는 가족 및 친구들과의 관계를 재정립하고 그들이 클라이언트를 지지할 수 있는 방안을 모색해야 한다. 이를 위해 사례관리자는 비공식적 지원 체계와의 상호작용을 촉진하며, 클라이언트의 필요와 문제를 효과적으로 공유하고, 클라이언트가 더 많은 지원을 받을 수 있도록 돕는다. 가족 내에서 역할 분담이 불균형하거나 정서적 지지가 부족한 경우, 사례관리자는 가족 구성원들과 협력하여 그들의 역할을 재정립하고 클라이언트에 대한 지원을 강화할 수 있는 방법을 모색한다. 이러한 조정 과정은 클라이언트가 가족과의 관계를 통해 더 안정된 정서적 · 물리적 지원을 받을 수 있도록 돕는다. 또한 이러한 비공식적 지원 체계의 재구성은 클라이언트가 직면한 문제를 해결하고, 지역사회에서 자립적으로 생활할 수 있는 기반을 제공한다. 사례관리자는 비공식적 지원 체계를 효과적으로 활용하고 조정함으로써 클라이언트의 자립과 사회적 통합을 지원하는 중요한 역할을 수행하며, 이는 클라이언트의 전반적인 삶의 질을 향상시키는 데 중대한 기여를 한다.

4) 상담 기능

사례관리에서 상담 기능은 클라이언트의 문제 해결과 정서적 안정을 유지하는 데 중요한 역할을 한다. 상담은 클라이언트가 자신의 문제를 명확히 이해하고 해결할 수 있는 실질적 방안을 모색할 수 있도록 돕는 중요한 도구로서 기능한다. 이 과정에서 클라이언트는 자신의 문제를 더 깊이 인식하고, 이를 해결하기 위한 구체적인 계획을 수립할 수 있다.

디닌-그리핀 등(2019)에 따르면, 상담은 클라이언트의 욕구와 문제를 효과적으로 이해하는 데 필수적인 역할을 한다. 사례관리자는 상담을 통해 클라이언트의 문제와 욕구를 명확히 파악하고, 이에 맞는 적절한 자원을 제공함으로써 클라이언트의 삶의 질을 향상시키는 방향으로 지원할 수 있다. 상담 과정은 클라이언트가 직면한 문제를 심층적으로 이해하고 문제 해결을 위한 전략을 개발하는 데 기여하며, 단순히 문제 해결을 넘어 클라이언트가 정서적 안정감을 찾고 문제 해결에 대한 동기를 부여받을 수 있는 과정을 제공한다.

많은 클라이언트는 자원 부족뿐만 아니라 정서적 지지와 안정이 필요하다. 상담은 이들의 불안을 완화하고, 문제 해결에 대한 자신감을 심어 주는 중요한 과정이다. 상담을 통해 클라이언트는 자신의 문제를 더 명확히 이해하고 문제 해결에 대한 적극적인 태도를 취하게 된다(Dineen-Griffin et al., 2019).

상담은 사례관리자와 클라이언트 간의 신뢰 관계를 구축하는 중요한 수단이기도 하다. 상담은 클라이언트가 안전한 환경에서 자신의 문제를 공유할 수 있는 기회를 제공하며, 이를 바탕으로 사례관리자는 클라이언트의 욕구와 문제를 더욱 명확히 이해하게 된다. 이 신뢰 관계는 클라이언트가 사례관리 과정에 더 적극적으로 참여하게 하고, 문제 해결 능력을 스스로 개발하는 데 기여한다(Kanter, 1989). 또한 상담은 클라이언트가 필요한 서비스에 접근할 수 있도록 지침을 제공하는 중요한 기능을 수행한다. 많은 클라이언트는 복잡한 서비스 체계 속에서 자신에게 맞는 자원을 찾고 이를 적시에 활용하는 데 어려움을 겪는다. 사례관리자는 상담을 통해 이러한 자원을 찾고 이를 효율적으로 이용할 수 있는 구체적인 정보를 제공하여, 클라이언트가 자립할 수 있도록 돕는다. 이 과정은 서비스 접근성을 높이고, 문제 해결에 필요한 기초를 제공하는 중요한 역할을 한다.

상담 기능은 사례관리에서 필수적인 역할을 수행하며, 클라이언트에게 정서적 안정과 문제해결에 대한 동기를 부여하는 데 중점을 둔다(Dineen-Griffin et al., 2019). 상담을 통해 클라이언트는 자신의 문제를 명확히 인식하고 구체적인 해결 방안을 모색하며, 사례관리자와의 신뢰관계를 통해 자원을 효율적으로 활용할 수 있게 된다. 이러한 상담 과정은 클라이언트의 자립과 삶의 질 향상에 중요한 기여를 한다.

5) 옹호 기능

사례관리에서 옹호 기능은 클라이언트가 직면한 사회적 · 법적 · 정책적 장벽을 극복하고 필요한 자원과 서비스를 받을 수 있도록 지원하는 핵심적인 역할을 한다. 이 기능은 사회복지실천에서 중요한 부분을 차지하며, 특히 취약계층 클라이언트가 공정한 대우를 받을 수 있도록 돕는 데 필수적이다. 옹호 기능은 사례관리자가 클라이언트의 권리와 필요를 충족시키기 위해 능동적으로 활동하는 과정으로, 사회적 불평등이나 차별로 인해 자원 접근이 제한된 클라이언트를 대신하여 그들이 필요한 자원을 획득할 수 있도록 지원하는 중요한 실천 과정이다(Tahan, 2016).

클라이언트가 자신의 권리를 충분히 이해하지 못하거나, 법적 · 정책적 장벽으로 인해 자원에 접근하는 데 어려움을 겪을 때, 사례관리자는 클라이언트의 대변자로서 역할을 수행한다. 사례관리자는 사회적 약자, 특히 장애인, 저소득층, 노인, 이주민 등 다양한 취약계층의 권리와 복지 향상을 위해 적극적으로 옹호 활동을 펼친다. 클라이언트가 복지서비스 신청 과정에서 부당하게 거부당하거나 불평등한 대우를 받았을 때, 사례관리자는 클라이언트의 입장을 대변하고 문제 해결을 위해 법적 지원을 촉구한다. 이러한 옹호 활동은 클라이언트가 자원을 공정하게 사용할 수 있는 기회를 제공하며, 궁극적으로 사회적 평등을 촉진하는 데 중요한 역할을 한다(Tahan, 2016).

취약계층의 클라이언트는 자원이나 서비스에 접근하는 과정에서 경제적 요인뿐만 아니라 사회적 낙인, 제도적 한계 등 다양한 장벽을 경험할 수 있다. 이러한 상황에서 사례관리자는 클라이언트의 권리를 보호하고, 자원과 서비스에 쉽게 접근할 수 있도록 지원하는 역할을 한다. 법적 지원이 필요한 상황에서 클라이언트의 권리를 보장하고 필요한 자원을 획득할 수 있도록 돕는 것은 사례관리의 핵심적인 옹호 기능이다. 클라이언트가 권리 침해를 당하였을 때, 사례관리자는 그들의 목소리를 대신하여 사회적 불의에 대응하고, 이를 통해 클라이언트의 삶의 질을 향상시키는 데 기여한다(Tahan, 2016). 또한 사례관리에서 옹호 기능은 클라이언트가 차별이나 불공정한 대우를 받을 때 중요한 역할을 한다. 클라이언트가 특정 서비스 제공 기관에서 인종, 성별, 연령, 또는 경제적 상황에 따라 차별을 경험할 경우, 사례관리자는 이를 해결하기 위한 중재자로 나선다. 이 과정에서 사례관리자는 클라이언트의 입장을 대변하며, 공정한 자원 배분과 서비스 제공을 보장받을 수 있도록 돕는다. 이처럼 클라이언트의 권리를 보호하고 차별을 방지하며, 공정한 대우를 받을 수 있도록 돕는 옹호 기능은 사회복지실천에서 중요한 윤리적 책임이기도 하다(Tahan, 2016).

사례관리의 옹호 기능은 클라이언트가 필요한 자원과 서비스를 받을 수 있도록 돕는 매우 중요한 역할을 수행한다. 특히 서비스 접근이 어려운 취약계층에 대한 옹호 활동은 클라이언트의 권리를 보호하고, 필요한 자원을 공정하게 제공받을 수 있도록 한다. 이를 통해 사례관리는 사회적 불평등을 완화하고 클라이언트의 삶의 질 향상에 기여하는 중요한 실천 방법으로 자리 잡고 있다.

6) 문제 해결 기능

사례관리에서 가장 중요한 목표 중 하나는 클라이언트가 직면한 다양한 문제를 효과적으로 해결하는 것이다. 문제 해결 기능은 사례관리자가 클라이언트의 복잡한 상황과 어려움을 정확히 파악하고, 이를 해결하기 위해 적절한 자원과 서비스를 연결하는 과정을 포함한다. 클라이언트의 문제는 신체적 · 정신적 · 경제적 · 사회적 측면에서 다양하게 나타날 수 있으며, 이를 해결하기 위한 전략은 사례관리자의 주요 역할로 강조된다. 루와 수(Lu & Xu, 2008)는 사례관리가 클라이언트의 자립을 목표로 하여 문제 해결 능력을 강화하고, 이를 통해 지속적인 자립을 돕는 과정이라고 언급한다.

사례관리자는 클라이언트가 직면한 문제를 정확하게 파악하기 위해 심층적인 사정 과정을 수행한다. 이 과정에서는 클라이언트의 신체적 · 정신적 상태뿐만 아니라, 사회적 · 경제적 요인들도 함께 고려된다. 클라이언트의 문제를 명확히 이해하는 것이 문제 해결의 첫 단계이며, 이를 통해 필요한 자원과 기회를 제공하는 것이 가능해진다. 경제적 어려움을 겪고 있는 클라이언트에게는 재정 지원 프로그램이나 일자리 연계 서비스를 제공할 수 있으며, 심리적 문제를 겪는 클라이언트에게는 상담 서비스나 정신건강 치료 자원을 연결해 주는 것이 필요하다. 이러한 자원의 제공은 클라이언트가 직면한 문제를 체계적으로 해결하는 기반을 마련한다(Guerra, 2015).

문제 해결 기능에서 중요한 또 다른 측면은 클라이언트의 문제 해결 능력을 강화하는 것이다. 이는 클라이언트가 사례관리자의 도움을 통해 스스로 문제를 해결할 수 있도록 필요한 기술과 자원을 제공받는 과정을 의미한다. 사례관리는 단순히 문제를 해결하는 데 그치는 것이 아니라, 클라이언트가 향후 비슷한 문제를 직면하였을 때 자립적으로 대응할 수 있는 능력을 키우는 데 중점을 둔다. 일시적인 재정 지원뿐만 아니라 장기적으로 재정 관리를 할 수 있는 교육 프로그램을 제공하거나, 심리적 어려움을 극복하기 위한 상담 기술을 가르치는 것이 이에 해당한다(Powell & Tahan, 2018).

문제 해결의 최종 목표는 클라이언트가 지속적으로 자립할 수 있는 기반을 마련하는 것이다. 이를 위해 사례관리자는 클라이언트의 강점과 잠재력을 개발하고, 필요한 자원에 대한 접근을 용이하게 한다. 또한 클라이언트가 일상생활에서의 문제를 스스로 해결할 수 있는 능력을 갖추도록 지원하며, 이를 통해 클라이언트가 사회적 기능을 유지하고 향상시킬 수 있도록 돕는다. 이러한 자립 기반을 구축하는 과정은 사례관리의 궁극적인 목표 중 하나로, 클라이언트가 일상적인 삶에서 독립적으로 기능할 수 있도록 하는 데 중요한 역할을 한다(Powell & Tahan, 2018).

사례관리의 문제 해결 기능은 클라이언트가 직면한 복잡한 문제를 체계적으로 해결하고, 자립 능력을 강화하는 데 핵심적인 역할을 한다. 이를 위해 사례관리자는 문제를 파악하고, 필요한 자원을 제공하며, 클라이언트가 장기적으로 자립할 수 있는 기반을 마련하는 과정에 주력한다. 이러한 과정은 클라이언트의 삶의 질을 향상시키는 데 기여하며, 사회복지실천에서 중요한 역할을 수행한다.

5. 사례관리의 실천 과정

사례관리의 실천 과정은 클라이언트의 복잡한 욕구에 맞춰 다양한 방식으로 적용되며, 사회복지실천에서 필수적인 역할을 한다. 이 과정은 단순한 절차를 따르는 것이 아니라, 클라이언트의 상황 변화에 따라 지속적으로 조정되고 반복될 수 있는 순환적인 특성을 지닌다. 사정, 계획, 실행, 점검, 평가 및 종결에 이르기까지 사례관리의 이 실천 과정은 단선적이지 않고 순환적이므로 각 단계가 상황에 따라 반복될 수 있으며, 이를 통해 클라이언트의 욕구에 맞춘 적절한 서비스 제공이 가능해진다. 사례관리의 실천 과정은 다음과 같이 설명할 수 있다. 이어지는 절은 멀라이(Mullahy, 2016), 페레스(Perez, 2023), 파웰과 타한(Powell & Tahan, 2018)의 내용을 정리·보완한 것이다.

1) 사정

사정(assessment) 단계는 사례관리의 핵심적 과정으로, 클라이언트의 현재 상태를 다각적으로 이해하고 주요 욕구와 강점을 분석하는 것을 목표로 한다. 이 단계에서 사례관리자는 클라이언트의 신체적·정신적·사회적·경제적 상태를 포괄적으로 평가하며, 그들이 직면한 문제의 복잡성을 파악하고자 한다. 이러한 평가는 클라이언트의 개인적 정보와 주요 욕구, 강점, 그리고 공식적·비공식적 지지 체계(가족, 친구, 지역사회 네트워크 등)를 철저히 분석함으로써 클라이언트의 전반적인 상황을 깊이 이해하는 데 기여한다.

사정 단계에서 중요한 작업 중 하나는 클라이언트가 사례관리의 대상자로 적합한지를 판단하는 것이다. 만성적이고 복합적인 욕구를 가진 클라이언트의 경우 다양한 자원에서 수집된 정보를 바탕으로 상황을 정확히 진단해야 한다. 이를 위해 사례관리자는 가정 방문이나 지역사회와의 접촉 등 직접적인 방법을 활용하여 클라이언트와 상호작용하며, 환경적·사회적 배경을 고려한 맞춤형 접근을 수행한다. 이러한 접근은 클라이언트의 상황을 종합적으로 이해하고, 문제를 효과적으로 해결할 수 있는 기초를 마련하는 데 필수적이다.

사정 단계는 단순한 정보 수집을 넘어, 클라이언트의 문제를 해결하기 위한 맞춤형 서비스를 제공하기 위한 심층적인 분석을 요구한다. 클라이언트가 직면한 복합적이고 만성적인 문제를 해결하기 위해서는 구체적이고 체계적인 사정이 필요하며, 이러한 체계적 사정은 클라이언트의 필요와 강점을 면밀히 분석하고 그에 맞는 개입 계획을 수립하는 데 기초가 된다. 따라서 사정 단계는 클라이언트의 전반적인 복지 향상과 문제 해결을 위한 중요한 첫걸음이 된다.

2) 계획

계획(planning) 단계는 사례관리의 사정 단계에서 수집된 정보를 바탕으로 클라이언트의 욕구와 강점을 종합적으로 고려하여, 그들의 삶에 긍정적인 변화를 가져오도록 목표를 설정하는 과정이다. 이 단계에서 설정되는 목표는 클라이언트의 현재 상황을 개선하고 긴급한 문제를 해결하는 데 중점을 두며, 클라이언트가 중요하게 인식하는 욕구를 반영하고 즉각적인 위험을 줄이기 위한 실현 가능한 작은 목표들로 구성되어야 한다. 이러한 접근은 클라이언트의 개별적인 필요를 충족시키고, 자율적인 목표 설정과 실천을 돕는 데 목적이 있다.

계획 과정에서 중요한 원칙 중 하나는 클라이언트의 자립 역량을 강화하는 임파워먼트(empowerment) 개념이다. 클라이언트가 스스로 문제를 해결할 수 있도록 지원하기 위해, 사례관리자는 공식적인 서비스와 비공식적인 지지 체계를 모두 고려하여 계획을 세워야 한다. 이를 통해 클라이언트는 제공되는 자원과 서비스를 효율적으로 활용하며, 자신의 상황을 개선할 수 있는 지원을 받는다. 임파워먼트는 클라이언트의 자립적인 역할 수행을 도우며, 장기적으로 자립성과 복지 향상에 기여하는 요소다. 또한 계획 수립 시에는 서비스의 개별화와 포괄성이 중요하다. 개별화된 서비스는 각 클라이언트의 독특한 요구와 상황을 반영하며, 맞춤형 접근을 통해 가장 적합한 지원을 제공한다. 포괄적인 서비스는 클라이언트의 다양한 욕구를 충족시키기 위해 복지, 의료, 심리적 지원 등 여러 영역에 걸쳐 제공되어야 하며, 클라이언트의 요구를 정확히 반영하고 간결하고 명확하게 전달되어야 한다.

계획 단계에서는 또한 클라이언트의 문화적 특수성에 대한 인식이 필수적이다. 클라이언트가 속한 문화적 배경과 사회적 맥락을 이해하고 이를 서비스 계획에 반영함으로써 더욱 효과적이고 적절한 서비스를 제공할 수 있다. 문화적 특수성을 인정하고 존중함으로써 클라이언트는 자신의 문화적 배경과 관련된 요구를 충족시킬 수 있는 지원을 받을 수 있으며, 이는 전반적인 서비스 효과성을 높이는 중요한 역할을 한다. 이러한 계획 단계는 클라이언트가 설정된 목표를 달성하는 데 필요한 구체적인 실행 전략을 마련하고, 지속적인 지원을 통해 자립적이고 주도적인 역할을 수행할 수 있도록 돕는다.

3) 실행

실행(implementation) 단계는 사례관리의 핵심적 과정 중 하나로, 사정과 계획 단계에서 수립된 내용을 바탕으로 구체적인 서비스를 제공하는 역할을 한다. 이 단계에서 사례관리자는 클라이언트가 설정된 목표를 달성할 수 있도록 다양한 개입 방식을 통해 지원한다. 클라이언트의 복합적인 문제 해결을 위해 공식적 서비스와 비공식적 자원을 적절히 조정하고 연계하는 것이 주요한 작업이다.

공식적 자원은 정부기관, 복지기관, 의료기관 등이 제공하는 체계적인 서비스로, 주거 지원, 의료 서비스, 심리 상담, 직업 재활 등 다양한 형태로 클라이언트에게 제공된다. 사례관리자는 이들 자원이 클라이언트의 필요에 맞게 적시에 제공되도록 조정하고, 이를 통해 클라이언트의 장기적인 복지를 위한 기초를 마련한다. 비공식적 자원은 가족, 친구, 이웃 등으로 구성된 클라이언트의 일차적 지지 체계에서 제공되는 자원이다. 이 자원들은 클라이언트에게 심리적·사회적 지지를 제공하며, 클라이언트가 자신의 사회적 네트워크를 활용하여 문제를 해결하고 자립할 수 있도록 돕는다. 이러한 비공식적 자원은 클라이언트의 사회적 네트워크를 강화하며, 자립적인 문제 해결을 지원하는 중요한 역할을 한다.

실행 단계에서는 직접적 개입과 간접적 개입이 모두 이루어진다. 직접적 개입은 사례관리자가 클라이언트와의 상담을 통해 심리적 지지나 문제 해결을 지원하는 활동을 포함한다. 반면 간접적 개입은 서비스 제공자와의 협력을 통해 클라이언트에게 필요한 자원을 연결하고 조정하는 과정이다. 이처럼 직접적·간접적 개입을 결합하는 것은 클라이언트의 다양한 필요를 충족시키기 위한 중요한 접근 방식이다.

실행 단계에서 중요한 요소는 클라이언트의 욕구와 변화하는 상황을 지속적으로 모니터링하고, 필요에 따라 계획을 수정하거나 자원을 재배치하는 유연한 대응이다. 휴돈 등(Hudon et al., 2022)은 이러한 유연성이 클라이언트의 변화에 적절히 대응하고 서비스의 효과성을 극대화하는 데 필수적이라고 강조하였다. 이 단계의 목표 중 하나는 클라이언트가 자립적으로 문제를 해결할 수 있도록 역량을 강화하는 것이다. 사례관리자는 클라이언트가 자신의 사회적 환경에서 자원을 적극적으로 활용하고, 안정적인 지지 네트워크를 형성할 수 있도록 돕는다. 이러한 지원은 클라이언트의 삶의 질을 향상시키는 데 기여하며, 궁극적으로 그들이 자립적이고 안정적인 삶을 영위할 수 있도록 돕는다.

4) 점검

점검(monitoring) 단계는 사례관리에서 필수적인 과정으로, 클라이언트가 설정된 목표를 향해 어떻게 변화하고 있는지를 지속적으로 평가하고, 서비스가 계획대로 진행되고 있는지를 확인하는 중요한 역할을 한다. 이 단계는 단순한 확인에 그치지 않고, 서비스의 효과를 분석하며 필요에 따라 계획을 수정하거나 개입 전략을 재조정하는 기능을 포함한다.

점검 단계에서 사례관리자는 정기적으로 클라이언트의 상태를 검토하고, 서비스 제공자와 협력하여 서비스의 질과 효과를 평가한다. 이 과정은 클라이언트의 변화가 예상한 대로 이루어지고 있는지 확인하며, 만약 변화가 예상과 다르거나 서비스 제공 과정에서 문제가 발생할 경우 즉시 개입하여 이를 해결하도록 한다. 이러한 점검은 클라이언트의 현재 상태와 필요를 반영하여 개입 전략을 조정하거나 새로운 계획을 수립하는 데 기여한다. 또한 점검 단계는 클라이언트의 피드백을 적극 반영하여 기존의 개입 전략을 수정하고, 클라이언트의 새로운 욕구나 문제를 반영하는 재사정 과정으로 이어진다. 이를 통해 클라이언트에게 더 적절하고 효과적인 지원을 제공할 수 있으며, 클라이언트가 스스로 변화할 수 있는 역량을 강화하는 것도 중요한 목표 중 하나다. 이 과정에서 사례관리자는 클라이언트의 자립적인 문제 해결 능력을 향상시키기 위해 노력해야 한다.

서비스 제공의 연속성과 지속성을 보장하는 것도 점검 단계의 중요한 역할이다. 클라이언트의 변화하는 상황에 맞춰 서비스가 지속적으로 조정되며, 클라이언트의 변화가 일관되게 유지될 수 있도록 돕는 것이 핵심 목표이다. 휴돈 등(2020)은 점검 과정이 클라이언트의 장기적인 복지 향상에 매우 중요한 기여를 한다고 강조하며, 사례관리자는 점검을 통해 클라이언트가 설정한 목표에 도달할 수 있도록 지속적인 지원을 제공해야 한다고 설명한다.

점검 단계는 단순한 과정 평가를 넘어서 클라이언트가 목표를 달성할 수 있도록 지속적인 피드백 루프를 형성하고, 문제를 해결하며 변화에 맞춰 대응하는 중요한 단계로 볼 수 있다. 이 과정은 클라이언트의 복지 증진을 위해 필수적이고 역동적인 역할을 수행하며, 효과적인 사례관리를 위한 핵심 요소로 작용한다.

5) 평가 및 종결

평가 및 종결(evaluation and discharge) 단계는 사례관리 프로세스에서 중요한 마지막 단계로, 클라이언트와 서비스 과정에 대한 종합적인 평가를 통해 사례관리를 종료할 적절한 시점을 결정하는 과정이다. 이 단계에서는 사례관리 목표가 얼마나 효과적으로 달성되었는지를 분석하며, 이를 바탕으로 지속적인 사례관리가 필요한지 여부를 판단한다.

평가 과정에서는 클라이언트가 설정된 목표에 얼마나 도달하였는지 확인하고, 서비스가 클라이언트의 욕구와 필요를 얼마나 충족시켰는지 검토한다. 사례관리자는 클라이언트의 성과를 평가하여, 사례관리가 효과적이었는지 여부를 판단하는 중요한 기준을 마련한다. 이러한 평가를 통해 클라이언트의 복지 향상과 목표 달성 정도를 확인하고, 필요한 경우 개입 전략을 수정하거나 서비스를 추가로 제공할 수 있는지 결정한다.

평가 결과를 바탕으로 클라이언트가 설정된 목표를 성공적으로 달성하거나, 현재의 지원이 더 이상 필요하지 않은 경우 사례관리를 종결한다. 종결 단계에서는 클라이언트가 자립적으로 자원을 활용할 수 있도록 준비시키는 것이 중요하다. 이는 클라이언트가 사례관리 이후에도 스스로 문제를 해결하고 필요한 자원에 접근할 수 있도록 돕는 과정이다. 사례관리자는 종결 이후 클라이언트가 자원을 계속해서 활용할 수 있도록 지원하며, 필요한 경우 후속 지원이나 자원 연결을 안내한다. 또한 종결 단계에서는 클라이언트와의 관계를 신중하게 종료하는 것이 중요하다. 이 과정에서 클라이언트가 이룬 성과를 인정하고, 자부심을 가질 수 있도록 지원한다. 사례관리자는 그동안의 성과를 축하하고, 클라이언트가 지속적으로 긍정적인 변화를 유지할 수 있도록 조언과 지침을 제공한다. 이를 통해 클라이언트는 자립적인 삶을 위한 자신감을 얻고, 이후에도 성공적인 삶을 영위할 수 있는 기반을 마련한다.

평가 및 종결 단계는 클라이언트의 장기적인 복지 향상에 기여하고, 사례관리가 클라이언트의 필요와 목표에 얼마나 부합하였는지를 확인하는 중요한 과정이다. 이 단계는 사례관리의 전반적인 성공을 평가할 수 있는 기회를 제공하며, 클라이언트가 자립적인 삶을 영위할 수 있도록 돕는 중요한 역할을 수행한다.

참고문헌

김성천(2022). **사례관리 전문가**. 학지사.

박미은(2020). **사회복지사를 위한 사례관리**. 양서원.

박정란(2021). **사례관리**. 양서원.

이준우(2020). **사례관리론**. 신정.

장인협(1999a). **사회복지실천론 상**. 서울대학교 출판부.

장인협(1999b). **사회복지실천론 하**. 서울대학교 출판부.

최선희(2023). **현장기반 사회복지 사례관리 실제**. 지식터.

Aliotta, S. L. (2000). Focus on case management: Linking outcomes and accountability. *Topics in Health Information Management, 20*(3), 11-16.

Bezeczky, Z., El-Banna, A., Petrou, S., Kemp, A., Scourfield, J., Forrester, D., & Nurmatov, U. B. (2020). Intensive family preservation services to prevent out-of-home placement of children: A systematic review and meta-analysis. *Child Abuse & Neglect, 102*, 104394. https://doi.org/10.1016/j.chiabu.2020.104394

Camilleri, P. (2012). *The practice of case management: Effective strategies for positive outcomes.* Routledge.

Carter, E. A., & McGoldrick, M. (1980). *The family life cycle: A framework for family therapy.* Gardner Press.

Claussen, A. H., Holbrook, J. R., Hutchins, H. J., Robinson, L. R., Bloomfield, J., Meng, L., Bitsko, R. H., O'Masta, B., Cerles, A., Maher, B., Rush, M., & Kaminski, J. W. (2024). All in the family? A systematic review and meta-analysis of parenting and family environment as risk factors for attention-deficit/hyperactivity disorder (ADHD) in children. *Prevention Science, 25*(Suppl 2), 249-271. https://doi.org/10.1007/s11121-022-01358-4

CMSA Detroit. (2024). *History of case management.* https://cmsadetroit.org/History_of_Case_Management

Collins, D., Jordan, C., & Coleman, H. (2023). *An introduction to family social work*(5th ed.). Oxford University Press.

Committee on Family Caregiving for Older Adults, Board on Health Care Services, Health and Medicine Division, National Academies of Sciences, Engineering, and Medicine. (2016). Schulz, R., & Eden, J. (Eds.). *Families caring for an aging America.* National Academies Press. https://www.ncbi.nlm.nih.gov/books/NBK396398/

Connell, R. W. (1987). *Gender and power: Society, the person, and sexual politics.* Stanford University Press.

Cortés-Puch, I., Applefeld, W. N., Wang, J., Danner, R. L., Eichacker, P. Q., & Natanson, C. (2020). Individualized care is superior to standardized care for the majority of critically ill patients. *Critical Care Medicine, 48*(12), 1845-1847. https://doi.org/10.1097/CCM.0000000000004373

Davidson, G. B., Penrod, J. D., Kane, R. A., Moscovice, I. S., & Rich, E. C. (1991). Modeling the costs of case management in long-term care. *Health Care Financing Review, 13*(1), 73-81.

Department of Health. (1989). *Caring for people: Community care in the next decade and beyond*(Cm849). HMSO.

Dineen-Griffin, S., Garcia-Cardenas, V., Williams, K., & Benrimoj, S. I. (2019). Helping patients help themselves: A systematic review of self-management support strategies in primary health care practice. *PLoS One, 14*(8), e0220116. https://doi.org/10.1371/journal.pone.0220116

Donnison, D. V. (1968). Seebohm: The report and its implications. *Social Work (1939-1970), 25*(4), 3-8. http://www.jstor.org/stable/43761014

Ford, N., Newman, M., Malumo, S., Chitembo, L., & Gaffield, M. E. (2021). Integrating sexual and reproductive health services within HIV services: WHO guidance. *Frontiers in Global Women's Health, 2*, 735281. https://doi.org/10.3389/fgwh.2021.735281

Guerra, N. (2015). *Clinical problem-solving case management.* Rowman & Littlefield Publishers.

Hudon, C., Chouinard, M. C., Bisson, M., Brousselle, A., Lambert, M., Danish, A., Rodriguez, C., & Sabourin, V. (2022). Case management programs for improving integrated care for frequent users of healthcare services: An implementation analysis. *International Journal of Integrated Care, 22*(1), 11. https://doi.org/10.5334/ijic.5652

Hudon, C., & Kessler, R. (2023). Integrating case management for patients with complex needs in the ground practice: The importance of context in evaluative designs. *Health Research Policy and Systems, 21*, 9. https://doi.org/10.1186/s12961-023-00960-4

Huxley, P. (1993). Case management and care management in community care. *The British Journal of Social Work, 23*(4), 365-381. http://www.jstor.org/stable/23709478

Jones, R. (2007). A journey through the years: Ageing and social care. *Ageing Horizons, 6*, 42-51.

Joo, J. Y., & Huber, D. L. (2019). Case management effectiveness on health care utilization outcomes: A systematic review of reviews. *Western Journal of Nursing Research, 41*(1), 111-133. https://doi.org/10.1177/0193945918762135

Kanter, J. (1989). Clinical case management: Definition, principles, components. *Hospital and Community Psychiatry, 40*(4), 361-368. https://doi.org/10.1176/ps.40.4.361

Lu, X. W., & Xu, Y. W. (2008). Effectiveness of problem-solving skills in case management on return to work for workers with injuries. *Work, 30*(1), 47-53. https://doi.org/10.3233/WOR-2008-0011

Lukersmith, M., Millington, M., & Salvador-Carulla, L. (2016). What is case management? A scoping and mapping review. *International Journal of Integrated Care, 16*(4). https://doi.org/10.5334/ijic.2477

Minahan, A. (Ed.). (1987). *Encyclopedia of social work: With statistical supplement*(18th ed., Vol. 1-3). Natl Assn of Social Workers Press.

Moxley, D. P. (1989). *Practice of case management*(SAGE Human Services Guides). SAGE.

Mullahy, C. M. (2016). *The case manager's handbook.* Jones & Bartlett Learning.

Naleppa, M. J. (2006). Case management services. In B. Berkman & S. D'Ambruoso (Eds.), *Handbook of social work in health and aging*(pp. 1-24). Oxford University Press. https://doi.

org/10.1093/acprof:oso/9780195173727.003.0045

NASW. (2024). *NASW standards for social work practice with family caregivers of older adults.* https://www.socialworkers.org/Practice/NASW-Practice-Standards-Guidelines/NASW-Standards-for-Social-Work-Practice-with-Family-Caregivers-of-Older-Adults

Perez, R. (2023). *CMSA's integrated case management: A manual for case managers.* Springer Publishing.

Pincus, A., & Minahan, A. (1974). *Social work practice: Model and method.* F.E. Peacock.

Powell, S. K., & Tahan, H. M. (2018). *Case management: A practical guide for education and practice.* LWW.

Reinhard, S. C., Given, B., Petlick, N. H., & Bemis, A. (2008). Supporting family caregivers in providing care. In R. G. Hughes (Ed.), *Patient safety and quality: An evidence-based handbook for nurses*(pp. 1-24). Agency for Healthcare Research and Quality. https://www.ncbi.nlm.nih.gov/books/NBK2665/

Rothman, J., Erlich, J. L., & Tropman, J. E. (2001). *Strategies of community intervention.* P. E. Peacock Publisher.

Simpson, A., Bowers, L., & Miller, C. (2003). The history of the Care Programme Approach in England: Where did it go wrong? *Journal of Mental Health, 12*(5), 489-504. https://doi.org/10.1080/0963823031000160355 5

Steinberg, R. (1982). *Case management and the elderly: A handbook for planning and administration.* Lexington Books.

Tahan, H. M. (2016). Essentials of advocacy in case management: Part 1 Ethical underpinnings of advocacy—Theories, principles, and concepts. *Professional Case Management, 21*(4), 163-179. https://doi.org/10.1097/NCM.0000000000000156

Thomas, P. L. (2008). Case manager role definitions: Do they make an organizational impact? *Professional Case Management, 13*(2), 61-71. https://doi.org/10.1097/01.PCAMA.0000314175.16908.c5

Tushar, S. R., Moktadir, A., Kusi-Sarpong, S., & Ren, L. (2023). Driving sustainable healthcare service management in the hospital sector. *Journal of Cleaner Production, 420*, 138310. https://doi.org/10.1016/j.jclepro.2023.138310

UK Parliament. (1969). *Social services: The Seebohm report.* https://api.parliament.uk/historic-hansard/lords/1969/jan/29/social-services-the-seebohm-report

제 7 장

가족복지실천에서의 임파워먼트

학습 목표

1. 임파워먼트의 개념과 역사적 배경을 설명할 수 있다.
2. 임파워먼트의 주요 접근방법을 구분하고 이해할 수 있다.
3. 임파워먼트의 구성 요소를 설명할 수 있다.
4. 임파워먼트 실천 원칙과 구체적 실천 기술을 이해하고 적용할 수 있다.

임파워먼트(empowerment)는 가족복지실천에서 클라이언트가 자신의 능력과 자원을 인식하고, 스스로 문제를 해결할 수 있도록 지원하는 중요한 실천 기술이다. 이 개념은 개인과 집단이 자립성과 자아존중감을 강화하면서 자신에게 주어진 권리와 자원을 최대한 활용할 수 있도록 돕는 데 초점을 맞춘다. 접근방법으로는 개인 임파워먼트와 집단 임파워먼트가 있으며, 주요 구성 요소로는 자아 인식, 자원 접근, 기술 개발, 그리고 사회적 지지 등이 포함된다.

임파워먼트의 개념은 20세기 중반 사회적 불평등과 권력의 문제를 해결하기 위한 방법으로 등장하였으며, 개인의 사회적 참여와 자율성 증대를 강조한다. 임파워먼트의 종류에는 개인 임파워먼트, 집단 임파워먼트, 그리고 지역사회 임파워먼트가 있으며, 각 접근은 특정 목표와 상황에 맞추어 적용된다. 실천 원칙으로는 클라이언트의 자율성 존중, 참여 촉진, 자원의 효과적 활용, 그리고 지속 가능한 변화를 추구하는 것이 포함된다.

임파워먼트를 위한 실천 기술에는 상담, 교육, 그리고 지원 네트워크 구축이 있으며, 이러한 기술을 통해 클라이언트가 자신의 상황에 대한 통제력을 증대시키고, 문제 해결 능력을 강화할 수 있다. 협력적 임파워먼트 실천 모델은 클라이언트와의 협력을 통해 그들이 변화의 주체가 되도록 지원하는 접근법으로, 클라이언트가 주체적인 역할을 수행하도록 한다. 실천 현장에서의 역량 강화를 위해서는 이러한 원칙과 기술을 효과적으로 적용하는 능력을 배양해야 하며, 이를 통해 클라이언트가 자신의 목표를 성취하고 지속 가능한 변화를 이룰 수 있도록 돕는 것이 중요하다.

1. 임파워먼트의 개념, 접근방법, 구성 요소

1) 임파워먼트 개념

임파워먼트는 사회복지실천에서 매우 중요한 개념으로, 사전적 의미로는 "힘을 부여한다" 또는 "법적 권리를 제공한다"는 의미를 포함한다. 그러나 더 넓은 의미에서 임파워먼트는 개인이나 집단이 자신의 목표를 이루기 위해 필요한 능력과 자원을 갖추도록 돕는 과정을 의미한다. 이는 개인이나 집단이 자신의 삶과 환경을 자율적으로 조정하고 통제할 수 있는 능력을 증진시키는 것을 목표로 한다(Thompson, 2007).

임파워먼트는 그 자체로 사회적 변화를 촉진하는 힘을 가지며, 개인이나 집단이 자신의 삶의 질을 극대화하고, 그들이 속한 지역사회와 사회 구조에도 긍정적인 영향을 미치는 과정을 지원한다. 이러한 임파워먼트 과정은 클라이언트가 자신의 잠재력을 인식하고, 이를 최대한 활용할 수 있는 기회를 제공하는 데 중점을 둔다. 사회복지실천에서는 클라이언트의 자립을 돕기 위해 자원 접근을 지원하고, 클라이언트의 강점을 개발하며, 그들이 속한 사회적 네트워크를 강화하는 방식으로 임파워먼트를 실천한다.

임파워먼트는 또한 조직적 맥락에서도 중요한 개념으로 사용된다. 조직적 임파워먼트는 조직의 구성원들이 자신의 역할이 조직의 성패를 좌우한다는 사명의식을 갖도록 동기 부여하는 것을 목표로 한다. 이를 위해 구성원들에게 자율적 의사결정권을 부여하고, 무력감과 스트레스를 해소하며, 업무에 대한 책임감과 의욕을 높이는 데 중점을 둔다. 이러한 조직적 임파워먼트는 개인의 역량을 강화함으로써 조직 전체의 생산성과 효율성을 극대화하고, 변화하는 환경에 신속하게 대응할 수 있도록 한다(Thompson, 2007).

임파워먼트는 결국 개인과 집단이 스스로 문제를 해결할 수 있도록 힘을 북돋아 주는 것이며, 이를 통해 개인의 자립성과 사회적 참여를 증대시키고, 나아가 사회적 불평등과 권력 불균형을 해소하는 데 중요한 역할을 한다.

2) 임파워먼트 접근방법

임파워먼트 접근방법은 다양한 수준에서 클라이언트와 구성원의 역량 강화를 통해 자율성을 증진하는 데 중점을 두며, 이를 통해 스스로 문제를 해결하고 목표를 달성할 수 있도록 지원한다. 이 접근법은 클라이언트가 필요한 자원과 기회를 제공받아 자기결정권을 존중받으며, 문제 해결의 과정에서 주도적인 역할을 수행할 수 있도록 돕는 것을 목표로 한다. 임파워먼트는 클라이언트가 자신의 삶에 대한 통제권을 가지도록 하여 궁극적으로 자립성과 삶의 질을 향상시키는 데 중요한 기여를 한다.

(1) 개인적 임파워먼트

개인적 임파워먼트(personal empowerment)는 개인이 자신의 문제를 해결하고 삶에 대한 통제권을 갖도록 지원하는 과정을 의미하며, 자존감의 강화, 의사결정 능력의 향상, 그리고 사회적 자원에 대한 접근 증진을 핵심 요소로 한다. 이 접근은 개인이 스스로의 가치를 인식하고, 도전적인 상황에서 자신감을 갖고 문제를 해결할 수 있도록 돕는다(Rosenberg, 1965). 자존감을 높이기 위한 다양한 전략에는 긍정적인 피드백 제공, 성공 경험의 강화, 그리고 개인의 강점에 대한 인식 증진이 포함된다(Adams, 1910). 이를 통해 개인은 자율적으로 목표를 설정하고 이를 달성하는 데 필요한 기반을 마련하게 된다. 또한 의사결정 능력의 강화는 개인적 임파워먼트의 중요한 요소로, 개인이 자신의 문제를 분석하고, 대안을 평가하며, 결과를 예측할 수 있는 능력을 개발하는 과정이다(Bandura, 1997). 이는 개인의 자기효능감을 높이며, 임파워먼트에 긍정적인 영향을 미친다(Wood & Bandura, 1989).

사회적 자원에 대한 접근 증진 역시 개인적 임파워먼트의 중요한 부분으로, 개인이 정보, 지원 네트워크, 교육 기회 등 다양한 사회적 자원에 접근할 수 있도록 돕는다(Kawachi & Berkman, 2001). 이를 위해 정보 제공, 지원 네트워크 형성, 서비스 이용의 장벽 감소 등 전략이 필요하며, 이러한 접근은 개인이 자립적인 생활을 유지하는 데 기여한다.

개인적 임파워먼트는 자존감의 강화, 의사결정 능력의 향상, 사회적 자원에 대한 접근 증진을 통해 개인이 자신의 삶을 자율적으로 관리하고, 주도적으로 변화시킬 수 있는 능력을 갖추도록 지원하는 것이다.

(2) 집단적 임파워먼트

집단적 임파워먼트(collective empowerment)는 집단 구성원들이 협력을 통해 그들의 공동 요구를 충족하고 권리를 주장할 수 있도록 돕는 사회복지실천의 중요한 요소다. 이는 지지 체계 형성과 집단 간 협력을 통해 문제를 해결하는 데 초점을 맞춘다(Smith & Green, 2018). 집단적 임파워먼트는 집단의 모든 구성원이 상호작용하고 협력하는 체계를 통해 공동 목표를 이루기 위해 노력하도록 한다.

지지 체계 형성은 집단 구성원들이 서로 정서적 · 물리적 지원을 제공하면서 공동의 목표를 달성할 수 있도록 하는 기반을 마련한다. 이 과정에서 집단 구성원들은 각자의 강점을 활용하여 상호 지원하며, 자원 공유 및 정보 교환을 통해 문제를 해결하는 협력적 접근을 개발하게 된다(Kreuter et al., 2003). 이러한 지지 체계는 집단 전체의 힘을 증대시키며, 구성원들이 개별적으로는 해결하기 어려운 문제들을 집단의 힘으로 해결할 수 있는 가능성을 높인다. 또한 집단 간 협력을 촉진함으로써 집단적 임파워먼트의 목표를 달성할 수 있다. 다양한 집단 간 협력은 각 집단이 가지고 있는 자원을 통합하고, 공동의 문제를 해결하는 데 필요한 전략을 개발하는 필수적인 과정이다(Himmelman, 2001). 협력을 통해 집단들은 서로 신뢰를 쌓고, 상호 보완적인 역할을 통해 공동 목표를 보다 효율적으로 달성할 수 있다.

집단적 임파워먼트에는 집단적 권리의 주장도 중요한 요소로 포함된다. 이는 집단 구성원들이 자신의 권리와 요구를 명확히 하고, 사회적 또는 정책적 변화를 위해 적극적으로 행동하는 과정을 의미한다(Fawcett et al., 1995). 이를 위해 집단은 명확한 요구 사항을 설정하고, 이를 효과적으로 전달하기 위한 전략을 개발한다. 이러한 권리 주장은 사회적 인식 변화와 정책 개선을 유도하는 데 중요한 역할을 하며, 집단 구성원들이 자신의 권리를 실현할 수 있는 기반을 마련한다.

집단적 임파워먼트는 지지 체계의 형성, 집단 간 협력의 촉진, 집단적 권리의 주장을 통해 집단 구성원들이 자신의 요구를 충족하고 권리를 주장할 수 있도록 돕는 접근이다. 이러한 접근은 집단 구성원들의 자율성과 자립성을 증진시키며, 그들의 사회적 지위를 향상시키는 데 중요한 기여를 한다.

(3) 조직적 임파워먼트

조직적 임파워먼트(organizational empowerment)는 조직 내 구성원들이 자율적 의사결정권을 통해 자신의 업무에 대한 책임감을 갖게 하여 조직 내 생산성과 혁신을 촉진하는 접근법이다(Lee et al., 2021). 이는 구성원들의 전문성 강화와 참여 장려를 통해 조직의 효율성을 높이는 데 초점을 맞춘다.

조직적 임파워먼트의 핵심 요소는 다음과 같다.

- **자율적 의사결정권의 부여**(delegation of autonomy): 구성원들이 자신의 역할과 책임을 스스로 결정할 수 있는 권한을 부여받으면, 업무에 대한 책임감이 증가하고 창의적이고 혁신적인 해결책을 제시할 가능성이 높아진다(Thomas & Velthouse, 1990). 자율성은 직원들이 업무를 주도적으로 관리하고 문제 해결을 위한 다양한 방식을 시도할 기회를 제공한다.
- **전문성의 강화**(enhancement of expertise): 조직적 임파워먼트는 구성원들의 전문성을 강화하는 과정과 밀접하게 연관된다. 이를 위해 조직은 지속적인 교육과 훈련을 제공하며, 구성원들이 전문 지식을 개발할 수 있는 기회를 마련해야 한다(Avolio & Bass, 2004). 이러한 전문성의 강화는 직원들이 자신의 역할을 보다 효과적으로 수행하고, 조직의 목표 달성에 기여하는 중요한 요소다.
- **구성원들의 참여 장려**(promotion of employee participation): 참여는 직원들이 의사결정 과정에 직접적으로 참여하고 자신의 의견을 제시할 수 있는 기회를 제공함으로써 이루어진다(Kanter, 1983). 직원들이 의사결정에 참여할 때, 자신이 조직의 중요한 일원으로 기여하고 있다는 느낌을 가지며, 이는 직무 만족도와 조직에 대한 헌신을 높이는 데 기여한다.

자율적 의사결정권 부여, 전문성 강화, 그리고 참여 촉진은 모두 조직의 효율성을 높이고 조직의 성과와 혁신을 향상시키는 데 중요한 역할을 한다(Kanter, 1983). 이러한 접근법은 조직의 목표를 효과적으로 달성할 수 있는 기반을 마련하며, 장기적인 성공을 지원하는 중요한 역할을 수행한다. 조직적 임파워먼트는 자율적 의사결정권, 전문성 강화, 구성원의 참여 촉진을 통해 조직의 생산성과 혁신을 촉진하고, 조직의 효율성을 높이는 접근이다.

3) 임파워먼트 구성 요소

임파워먼트의 구성 요소는 주로 자원, 의사결정권, 책임감, 기술 개발 등 네 가지 주요 요소로 정의될 수 있다.

(1) 자원

자원(resource)은 임파워먼트의 첫 번째 핵심 요소로, 개인이나 집단이 필요한 자원을 획득하고 이를 효과적으로 활용할 수 있는 능력을 의미한다. 이러한 자원에는 정보, 재정적 자원, 사회적 네트워크 등이 포함된다. 자원에 대한 접근과 활용은 개인의 자율성을 증진시키고, 문제 해결 능력을 강화하는 데 중요한 역할을 한다(Johnson & Smith, 2022).

자원의 주요 구성 요소는 다음과 같다.

- **정보**: 정보(information)에 대한 접근은 개인이나 집단이 의사결정을 내리는 데 필요한 지식을 제공하며, 문제를 해결하기 위한 전략을 개발하는 데 필수적이다(Lee, 2001). 정보의 흐름과 질은 자원 활용의 효과성을 결정하며, 정보의 적시성과 정확성은 임파워먼트의 성공에 직접적인 영향을 미친다.
- **재정적 자원**: 재정적 자원(financial resources)은 개인이나 집단이 목표를 달성하기 위해 필요한 자금을 의미한다. 충분한 재정적 자원은 프로젝트를 추진하고, 서비스를 제공하며, 장기적인 목표를 달성하는 데 필수적이다(Nordin et al., 2024). 재정적 자원의 접근성은 임파워먼트의 실현 가능성을 높이고, 재정적 안정성은 조직의 지속적인 발전을 지원한다.
- **사회적 네트워크**: 사회적 네트워크(social networks)는 개인이나 집단이 다양한 자원과 지원을 받을 수 있는 중요한 경로를 제공한다. 강력한 사회적 네트워크는 협력의 기회를 확대하고, 필요한 지원과 정보를 신속하게 얻을 수 있는 채널을 마련한다(Putnam, 2000). 네트워크를 통한 상호 지원과 자원의 공유는 집단의 문제 해결 능력을 강화하는 데 도움이 된다.

자원을 효과적으로 활용하기 위한 전략도 임파워먼트의 중요한 요소다. 자원 활용의 전략은 자원의 확보, 배분, 지속적인 관리 방안을 포함하며, 이는 자원의 최적화를 통해 목표 달성을 지원한다(Anderson & West, 1998). 자원 관리의 효율성은 임파워먼트의 지속 가능성을 보장하고, 자원의 적절한 활용은 개인과 집단의 자율성과 능력을 강화하는 데 기여한다. 자원은 임파워먼트의 핵심 요소로, 정보, 재정적 자원, 사회적 네트워크에 대한 접근과 활용은 개인의 자율성을 높이고 문제 해결 능력을 강화하는 데 중요한 역할을 한다.

(2) 의사결정권

의사결정권(decision-making power)은 클라이언트 또는 조직 구성원들이 자신의 삶과 관련된 중요한 결정에 능동적으로 참여하고, 스스로의 환경을 변화시킬 수 있는 권한을 의미한다. 이는 자율성을 강화하는 데 있어 중요한 역할을 하며, 개인이 자신의 삶을 통제할 수 있는 능력을 증진시킨다. 의사결정권을 보유한 개인은 환경에 대한 책임감을 느끼고, 변화의 주체로서 적극적으로 그 역할을 수행할 수 있게 된다(Zimmerman, 2000).

의사결정권은 개인의 자율성을 증진하는 핵심적인 요소로 작용한다. 자율성이란 개인이 독립적으로 사고하고 행동하는 능력을 의미하며, 이를 통해 개인은 자기결정권을 실현할 수 있게 된다. 의사결정 과정에 적극적으로 참여하는 것은 개인이 자신의 선택과 행동에 대한 책임을 수반하게 하여, 스스로 주도적인 삶을 영위하도록 돕는다(Zimmerman, 2000). 자율성의 증진은 궁극적으로 개인의 권한을 강화하고, 그들의 삶의 질을 향상시키는 데 기여한다. 또한 의사결정권은 개인이 자신의 환경에 대한 통제감을 높이는 데 필수적인 역할을 수행한다. 통제감은 개인이 자신의 삶을 관리하고 문제를 해결할 수 있는 능력이 있다는 확신을 의미하며, 이는 심리적 안녕과 깊은 관련이 있다(Bandura, 1997). 의사결정 과정에 직접 참여함으로써 개인은 자신의 선택이 결과에 미치는 영향을 경험하고, 이는 개인의 자기효능감을 고양시켜 전반적인 삶의 만족도를 증진시키는 결과로 이어진다. 더 나아가, 의사결정권은 개인이 변화의 주체로서 역할을 수행할 수 있는 기회를 제공한다. 개인이 중요한 결정에 참여하고 자신의 의견을 개진함으로써, 그들은 자신이 속한 환경과 상황을 변화시키는 데 중요한 주체가 된다. 이는 조직이나 공동체의 발전에 기여하며, 개인의 목소리를 반영함으로써 사회적 변화에 동참하게 하는 중요한 요소로 작용한다(Rappaport, 1987).

의사결정권은 개인의 자율성과 통제감을 증진시키며, 변화의 주체로서 역할을 할 수 있도록 돕는 필수적인 권한이다. 이를 통해 개인은 자신의 삶을 보다 적극적으로 이끌어 나갈 수 있으며, 조직과 사회에 긍정적인 변화를 가져오는 중요한 동력이 된다.

(3) 책임감

임파워먼트는 개인이나 집단이 자신의 행동과 결정에 대해 책임을 질 수 있는 능력을 키우는 것과 밀접하게 연관된다. 이는 개인이 자신의 선택과 그에 따른 결과를 받아들이며, 주체적으로 대응할 수 있는 능력을 포함한다. 임파워먼트 과정에서 책임감(responsibility)이 강화될 때, 개인이나 집단은 자신이 속한 조직이나 지역사회에서 더 주체적이고 책임 있는 역할을 수행할 수 있게 된다. 이러한 과정은 사회적 참여를 촉진하고, 공동체 내 긍정적인 변화를 유도하는 데 중요한 기여를 한다(Yang et al., 2017).

임파워먼트는 개인이 자신의 행동과 결정에 대한 책임(accountability for actions)을 지는 능력을 발전시키는 데 중점을 둔다. 책임감이 있는 개인은 자신의 선택이 미치는 영향을 인식하고, 이를 개선하기 위해 적극적으로 노력한다. 이러한 책임감은 개인의 자율성을 강화하며, 그들이 보다 주도적인 역할을 수행할 수 있게 한다. 이는 자신의 행동과 결정이 공동체나 조직에 미치는 영향을 고려하고, 그를 바탕으로 신뢰를 구축하며, 효과적인 사회적 상호작용을 촉진하는 데 중요한 요소로 작용한다(Bandura, 1997).

임파워먼트를 통해 강화된 책임감은 개인이나 집단이 자신이 속한 조직이나 지역사회에서 보다 주체적이고 책임 있는 역할을 수행할 수 있도록 한다. 이는 개인이 자신의 역할을 명확히 이해하고, 그 과정에서 발생할 수 있는 문제에 대해 적극적으로 대응할 수 있는 능력을 제공한다. 주체적인 역할 수행은 조직의 목표 달성에 기여하며, 지역사회의 발전을 촉진하는 데 필수적이다(Yang et al., 2017).

(4) 기술 개발

임파워먼트는 개인이나 집단이 자율적으로 문제를 해결할 수 있는 역량을 개발하고 강화하는 과정으로, 이 과정에서 다양한 기술의 습득과 활용이 필수적이다. 이러한 기술에는 문제 해결 능력, 의사소통 기술, 그리고 리더십 역량 등이 포함된다. 문제 해결 능력은 개인이나 집단이 직면한 문제를 분석하고, 효과적인 해결책을 모색하는 데 필요한 역량으로, 상황을 명확히 파악하고 지속 가능한 해결책을 마련하는 데 기여한다. 의사소통 기술은 자신과 타인 간의 명확하고 효과적인 정보 교환을 가능하게 하여 협력적 관계 형성 및 갈등 해결에 중요한 역할을 한다. 리더십 기술은 집단 내에서 방향을 제시하고, 구성원들을 동기 부여하며, 공동의 목표를 달성하기 위해 조직하는 역량으로, 긍정적인 변화를 주도하고 목표를 효율적으로 달성하는 데 핵심적이다.

임파워먼트 과정에서 문제 해결 능력의 개발은 개인과 집단이 자립적으로 문제를 정의하고, 분석하며, 해결책을 실행할 수 있는 능력을 의미한다. 이러한 능력은 복잡한 상황에서도 지속 가능한 해결책을 찾을 수 있게 하며, 장기적으로 지역사회나 조직의 문제를 효과적으로 해결하는 데 기여한다(Smith et al., 2023). 효과적인 의사소통 기술은 정보의 명확한 전달과 상호작용, 그리고 갈등 해결을 포함하며, 협력적 관계와 팀워크를 촉진하는 데 필수적이다. 이를 통해 개인이나 집단은 필요한 지원과 정보를 적시에 교환하며 공동 목표를 달성할 수 있다(Smith et al., 2023). 또한 리더십 기술은 개인이나 집단이 공동의 목표를 위해 구성원을 조직하고 동기 부여하는 능력으로, 임파워먼트 과정에서 긍정적인 변화를 이끌고 목표 달성을 촉진한다(Smith et al., 2023). 이처럼 임파워먼트는 개인과 집단이 자신의 삶을 통제하고, 사회적 · 경제적 자립을 이룰 수 있도록 돕는 중요한 실천 전략으로, 문제 해결 능력, 의사소통 기술, 리더십 역량의 개발을 통해 개인과 집단의 역량을 극대화한다.

2. 임파워먼트의 등장 배경

사회복지실천에서 권한부여 모델(empowerment model)의 등장은 역사적인 사회개혁 운동과 깊은 관련이 있다. 특히, 미국 시카고학파의 제인 애덤스(Jane Addams)가 주도한 인보관(Settlement House) 운동은 이 모델의 기초를 형성하는 데 중요한 역할을 하였다. 19세기 말 시작된 인보관 운동은 빈곤층과 소외된 계층을 위한 복지실천을 중시하며, 사회적 불평등과 불의를 해결하기 위한 실천을 강조하였다(Addams, 1996). 애덤스는 지역사회의 직접적인 개입을 통해 사회적 정의를 실현하고자 하였으며, 이는 권한부여 실천의 중요한 전환점을 마련하였다. 또한 당시 미국의 흑인 여성들과 소수 민족 집단의 사회개혁 운동도 권한부여 모델의 발전에 크게 기여하였다. 이들 집단은 자신의 권리를 주장하며 사회적 불평등에 맞서 싸웠으며, 이들의 경험과 노력은 권한부여 모델의 핵심 개념에 중요한 영향을 미쳤다(Giddings, 1985). 이러한 사회적 배경은 권한부여 실천이 개인의 자율성과 참여를 강조하는 방향으로 발전하는 데 기여하였다.

초기 집단 사회사업 실천과 급진적인 정신의료 사회사업가였던 레이놀즈(Reynolds)의 활동 또한 권한부여 실천을 더욱 발전시키는 데 중요한 역할을 하였다. 레이놀즈는 정신건강 분야에서 클라이언트에게 권한을 부여하고, 그들이 자신의 문제를 자율적으로 해결할 수 있도록 지원하는 접근 방식을 채택하였다(Reynolds, 1977). 그의 활동은 권한부여 모델의 실천적 응용을 확대하는 데 기여하였으며, 사회복지실천에서의 권한부여 접근법을 더욱 심화시켰다.

애덤스의 사회적 평등과 정의를 추구하는 진보적 세계관은 다양한 문화와 차이에 대한 수용을 강조하며, 사회복지실천에서 권한부여 모델의 기초를 다졌다. 이러한 접근은 클라이언트가 자신의 삶에 대한 통제감을 얻고, 사회적 참여를 통해 변화의 주체가 될 수 있도록 지원하는 데 중점을 두었다(Addams, 1996). 이와 같은 역사적 배경은 현재 권한부여 모델이 사회복지실천에서 널리 채택되고 있는 이유를 이해하는 데 중요한 통찰을 제공한다.

1) 생태체계관점

생태체계관점은 인간과 그들이 속한 물리적·사회적 환경 간의 상호작용을 이해하는 데 중요한 이론적 틀을 제공하며, 인간과 환경을 상호 의존적인 복합 체계로 바라본다. 이는 인간이 환경과 지속적으로 상호작용하며 서로에게 영향을 미치는 호혜적 관계로 이해됨을 의미하며, 클라이언트의 문제를 사정하고 계획을 세우는 사회복지실천에서 그 유용성이 두드러진다

(Bronfenbrenner, 1979). 이 관점에서 인간은 본질적으로 환경과의 상호작용을 통해 적응력을 강화하고 변화를 창출할 수 있는 존재로 낙관적으로 바라보아야 한다. 이러한 접근은 인간과 환경 간 상호작용의 긍정적인 가능성을 강조하며, 이를 통해 개인과 환경 모두가 긍정적인 변화를 이루어낼 수 있다고 본다. 사회복지사는 이를 바탕으로 클라이언트의 문제를 단편적으로 분석하지 않고, 환경적 · 사회적 요인을 종합적으로 고려하여 보다 효과적인 개입 전략을 개발할 수 있다(Gergen, 2001). 생태체계관점에 따르면, 문제 행동은 개인의 결함이 아니라 환경적 자원의 부족이나 스트레스와 같은 외부 요인에서 비롯되는 것으로 이해된다. 이를 해결하기 위해서는 환경적 자원의 접근성과 지원 체계를 강화하여 클라이언트가 보다 안정적인 환경 속에서 문제를 해결할 수 있도록 도와야 한다. 부적응은 고정된 결함이 아닌 변화 가능한 요소로 간주되며, 환경적 개입과 지원을 통해 충분히 개선 가능하다고 본다(Bronfenbrenner, 1979). 이 관점은 사회복지실천에서 클라이언트의 문제를 보다 포괄적이고 환경 중심으로 접근할 수 있는 틀을 제공한다. 클라이언트의 개인적 문제를 단순히 그들만의 책임으로 보지 않고, 환경적 맥락 속에서 발생하는 문제로 이해하며, 이를 개선하기 위해 환경적 자원과 지원 체계의 조정이 필수적이라는 점을 강조한다(Gergen, 2001).

생태체계관점에서는 클라이언트의 강점을 중요한 자원으로 보고 이를 기반으로 변화를 이끌어내는 것을 목표로 한다. 사회복지사는 클라이언트가 보유한 자원, 기술, 역량을 최대한 활용하여 실질적이고 지속적인 변화를 추구할 수 있도록 지원한다. 이러한 접근은 클라이언트를 문제의 중심이 아닌 변화의 주체로 바라보며, 그들의 자원과 능력을 효과적으로 활용하도록 돕는 데 중점을 둔다(Saleebey, 2006). 사회복지사와 클라이언트 간의 협력적 파트너십 역시 생태체계관점의 중요한 요소다. 사회복지사는 클라이언트와 함께 환경과의 상호작용을 변화시키며, 이를 통해 긍정적인 변화를 이끌어 낸다. 클라이언트가 변화의 과정에 적극적으로 참여하고 스스로 책임감을 느끼도록 유도함으로써, 장기적인 자립과 긍정적인 변화를 촉진한다(Rappaport, 1987). 또한 생태체계관점은 인간과 그들이 속한 다양한 사회 체계의 위계와 경계를 이해하는 데 중점을 둔다. 이러한 체계적 이해는 클라이언트와 다양한 사회 자원 간의 연계를 촉진하고, 문제 해결을 위한 종합적이고 체계적인 개입을 가능하게 한다. 사회복지사는 사회체계의 위계적 구조와 경계를 이해하고, 이를 통해 클라이언트가 다양한 사회적 자원을 효과적으로 활용할 수 있도록 지원하는 역할을 수행한다(Germain & Gitterman, 1995).

생태체계관점은 인간과 그들의 환경 간의 상호작용을 이해하고, 이를 통해 클라이언트의 문제를 보다 깊이 있고 포괄적으로 접근하도록 돕는 중요한 사회복지실천 틀이다. 클라이언트의 강점을 활용하고, 사회복지사와 클라이언트 간의 협력적 파트너십을 통해 지속 가능한 변화를 이끌어 내는 것이 생태체계관점의 핵심적인 실천 전략이다.

2) 강점관점

권한부여 모델에서 강점관점은 클라이언트의 문제를 단순한 결핍이나 약점의 결과로 보는 대신, 그들이 가진 내적 자원과 능력을 최대한 활용하여 문제를 해결할 수 있는 잠재력을 가진 존재로 바라본다. 이 관점은 클라이언트가 스스로 변화를 창출할 수 있는 능력과 자원을 보유하고 있다는 신념을 바탕으로 하며, 사회복지사의 역할은 이러한 내적 자원과 능력을 발견하고 강화하는 데 있다.

강점관점은 클라이언트를 수동적인 문제의 대상이 아닌 능동적인 문제 해결의 주체로 간주한다. 사회복지사는 클라이언트의 강점을 발견하고 이를 기반으로 클라이언트가 능동적으로 문제를 해결하고 자신의 삶을 변화시키도록 돕는다. 클라이언트의 과거 성공 경험, 개인적 자질, 사회적 지원 네트워크 등은 문제 해결의 중요한 자원으로 작용할 수 있다(Saleebey, 2006). 이러한 접근은 클라이언트가 스스로의 역량을 인식하고 문제를 해결할 수 있는 효과적인 전략을 개발할 수 있도록 한다. 강점관점에서 사회복지사는 클라이언트가 가진 강점을 최대한 활용하여 문제 해결을 지원한다. 이는 클라이언트의 자기효능감과 자아존중감을 높이는 활동을 통해, 그들이 자신의 자원과 역량을 기반으로 문제를 해결할 수 있도록 하는 과정이다. 예를 들어, 클라이언트가 과거에 어려운 상황을 극복한 경험을 활용하여 현재의 문제에 대응하는 전략을 세울 수 있도록 돕는 것이 포함된다(Rapaport, 1987). 이를 통해 클라이언트는 자신의 삶에 대한 통제력을 되찾고, 문제 해결 과정에서 보다 적극적으로 참여할 수 있는 환경을 조성하게 된다.

강점관점은 또한 클라이언트의 다양성과 독특성을 존중하는 데 중점을 둔다. 사회복지사는 클라이언트의 문화적 배경, 개인적 경험, 가치관 등을 충분히 고려하여, 그들이 가진 강점을 최대한 활용할 수 있는 맞춤형 개입 전략을 모색한다. 이는 클라이언트가 자신만의 독특한 방식으로 문제를 해결하고, 삶의 질을 향상시킬 수 있도록 하는 데 기여한다. 예를 들어, 사회복지사가 다양한 문화적 배경을 가진 클라이언트의 문화적 강점을 이해하고, 이를 바탕으로 그들이 긍정적인 변화를 이루도록 돕는 것이 중요하다(McCashen, 2005). 권한부여 모델에서 강점관점은 클라이언트가 스스로의 내적 자원과 강점을 인식하고, 이를 바탕으로 문제를 해결할 수 있도록 지원하는 중요한 접근이다. 이를 통해 클라이언트는 자신의 삶을 주체적으로 변화시키고, 자율성을 확립하며, 긍정적인 변화를 이루어 나갈 수 있다.

3. 임파워먼트의 종류

임파워먼트는 개인, 관계, 환경의 세 가지 주요 차원에서 실천되며, 각각의 차원은 특정한 요소와 상호작용을 통해 개인의 권한을 강화하는 데 기여한다.

1) 개인 임파워먼트

개인 임파워먼트는 개인이 자신의 능력과 자원을 인식하고 이를 통해 목표를 달성할 수 있는 힘을 갖추도록 돕는 것이다. 이 차원에서는 다음과 같은 요소들이 중요하다.

(1) 자아존중감

자아존중감(self-esteem)은 개인이 자신의 가치와 능력을 긍정적으로 인식하는 심리적 상태로, 이는 개인의 심리적 웰빙과 삶의 목표 달성에 중대한 영향을 미친다. 자아존중감이 높은 사람은 자신의 능력을 신뢰하며 도전적인 목표를 설정하고 이를 달성하려는 자신감을 지니고 있다(Rosenberg, 1965). 이러한 자아존중감은 자아개념과 밀접하게 관련되며, 자기효능감과 문제 해결 능력에도 중요한 역할을 한다. 높은 자아존중감을 가진 개인은 실패를 개인적인 결점으로 해석하기보다는 외부적 요인으로 이해하고, 이를 통해 보다 적극적으로 문제 해결에 임하는 경향이 있다(Bandura, 1997). 이는 목표 달성 과정에서 지속적인 동기 부여와 긍정적 노력을 촉진하는 중요한 요소가 된다.

자아존중감은 또한 사회적 상호작용과 밀접한 연관이 있으며, 긍정적인 자아인식은 대인관계에서 자율성과 리더십을 강화하는 데 기여한다(Deci & Ryan, 2000). 자아존중감이 높은 개인은 자신의 의견을 확립하고 사회적 도전에 맞설 수 있는 능력을 갖추게 되며, 이는 사회적 관계 속에서 자신을 더욱 효과적으로 표현하고 상호작용할 수 있는 기초가 된다. 이러한 자아존중감의 역할은 개인이 사회적 관계에서 적극적으로 자기주장을 하고, 리더십을 발휘하며, 협력적인 대인관계를 구축하는 데 필수적이다.

자아존중감을 증진시키기 위한 개입은 개인이 목표를 달성할 가능성을 높이고, 자기주장을 효과적으로 하며 긍정적인 사회적 관계를 형성할 수 있도록 돕는다(Kernis, 2003). 이를 통해 자아존중감 증진은 개인의 전반적인 삶의 질 향상에 기여하며, 개인이 자율적이고 만족스러운 삶을 영위하는 데 중요한 기반을 제공한다.

(2) 자기효능감

자기효능감(self-efficacy)은 특정 상황에서 자신이 효과적으로 행동할 수 있다는 신념을 의미하며, 이는 개인의 목표 달성 및 문제 해결 능력에 중요한 영향을 미친다. 자기효능감이 높은 사람은 도전적인 상황에 직면하였을 때 적극적으로 대응하며, 높은 성과를 달성할 가능성이 높다(Bandura, 1997). 자기효능감은 밴듀라(Bandura)의 사회인지 이론에서 중요한 개념으로, 개인이 자신의 능력에 대한 신념을 형성하는 과정을 설명한다. 높은 자기효능감은 개인이 장애물에 대한 두려움을 줄이고, 문제 해결을 위한 전략을 효과적으로 개발하도록 돕는다. 이는 또한 개인의 동기 부여를 증진시키며, 목표를 달성하기 위해 필요한 지속적인 노력과 인내심을 유지하는 데 중요한 역할을 한다(Bandura, 1997).

자기효능감은 여러 요소에 의해 영향을 받는다. 과거의 성공 경험은 자기효능감을 강화하고, 반대로 실패 경험은 이를 약화시킬 수 있다. 또한 타인의 성공적인 모델링이나 긍정적인 피드백은 개인의 자기효능감을 증진시키는 데 기여한다(Bandura, 1997). 자기효능감의 증진은 교육적 · 직업적 · 그리고 개인적 도전에서 효과적인 문제 해결과 성과 향상에 기여할 수 있다(Zimmerman, 2000). 자기효능감을 강화하는 것은 개인이 도전에 효과적으로 대응하고 목표를 달성하는 데 중요한 전략적 요소로 작용한다. 이러한 자기효능감 증진은 개인의 자아존중감과 전반적인 심리적 웰빙을 높이는 데도 긍정적인 영향을 미친다(Bandura, 1997).

(3) 직위

개인의 사회적 또는 직업적 위치는 임파워먼트의 정도에 중대한 영향을 미친다. 직위(position)는 개인이 자원과 권한에 접근할 수 있는 범위를 결정하며, 높은 직위를 가진 개인은 일반적으로 더 많은 자원과 권한을 보유하게 된다. 이러한 접근 가능성은 임파워먼트 과정에서 중요한 역할을 한다. 직위가 높은 개인은 더 넓은 네트워크와 다양한 형태의 지원을 받을 수 있으며, 이는 의사결정 과정에서 영향력을 발휘하고 자원을 보다 효율적으로 동원할 수 있는 기회를 제공한다. 높은 직위는 또한 개인이 자신의 의견을 반영하고 정책 결정에 참여하는 데 유리한 조건을 마련해 준다(Pfeffer, 1981).

반면, 직위가 낮은 개인은 자원과 권한에 대한 접근이 제한되어 있으며, 이는 개인의 임파워먼트를 저해하는 요소로 작용할 수 있다. 낮은 직위의 개인들은 자신의 권리와 자원을 확보하기 위해 추가적인 노력이 필요하며, 이를 통해 사회적 및 직업적 위치를 개선하기 위한 전략을 마련해야 한다(Kanter, 1983). 직위의 차이는 또한 사회적 구조 내에서의 불평등을 반영하며, 이러한 불평등은 임파워먼트의 불균형을 초래할 수 있다. 따라서 임파워먼트를 증진하기 위해서는 직위에 따른 자원과 권한의 불균형을 해소하려는 노력이 필요하며, 이를 통해 모든 개인이 자신의 사회적 · 직업적 위치에 관계없이 공평한 임파워먼트 기회를 가질 수 있도록 해야 한다(Ridgeway & Smith-Lovin, 1999).

(4) 성취욕구

성취욕구(need for achievement)는 개인이 목표를 달성하고 성공을 추구하려는 강한 욕망을 나타내며, 이는 개인이 자신의 능력을 효과적으로 활용하고 지속적으로 발전하는 데 중요한 역할을 한다. 높은 성취욕구를 가진 사람은 도전적인 목표를 설정하고, 이를 달성하기 위해 필요한 노력과 자원을 투입하는 경향이 있다(McClelland, 1961).

성취욕구는 개인의 동기 부여와 직무 성과에 긍정적인 영향을 미치며, 개인이 장애물을 극복하고 높은 목표를 설정하는 데 도움을 준다. 특히 직업적 성과와 개인적 성취를 추구하는 상황에서 성취욕구는 중요한 요소로 작용한다(Schmidt & Hunter, 1998). 성취욕구가 높은 사람은 자신의 능력을 믿고, 명확한 목표를 설정하며, 이를 달성하기 위한 전략을 효과적으로 수립한다. 이러한 성취욕구는 자기효능감과도 밀접하게 관련되어 있으며, 이는 개인이 자신의 능력을 신뢰하고 도전적인 상황에 직면하였을 때 적극적으로 해결책을 모색하게 한다(Bandura, 1997).

성취욕구는 개인의 발전과 목표 달성을 위한 중요한 동기 요소로 작용하며, 이를 통해 개인은 자신의 잠재력을 최대한 발휘할 수 있게 된다. 또한 성취욕구의 강도는 직무 만족도와 직무 성과에 직접적인 영향을 미치며, 조직 내에서의 성공적인 경로를 만들어 가는 데 중요한 요소로 작용할 수 있다(Robinson & Judge, 2007).

(5) 전문적 지식과 기술

특정 분야에서의 전문적 지식과 기술(professional knowledge and skills)은 개인이 자신의 역할을 효과적으로 수행하고 권한을 강화하는 데 필수적이다. 전문적 지식과 기술은 개인의 업무 효율성과 정확성을 높이며, 이로 인해 자신의 역할을 명확히 이해하고 효과적으로 수행할 수 있게 한다(Teece, Pisano, & Shuen, 1997).

전문적 지식은 문제를 분석하고 해결하는 데 필요한 정보를 제공하며, 기술적 능력은 이러한 지식을 실제 작업에 적용하는 능력을 포함한다. 이 두 가지 요소는 함께 작용하여 개인의 직무 성과를 높이고, 전문적 신뢰성을 구축하는 데 기여한다(Avolio, Zhu, & Sosik, 2016). 전문가가 된다는 것은 단순히 이론적 지식 습득에 그치지 않고, 현장에서의 경험을 통해 지식과 기술을 연마하여 더 효과적인 문제 해결과 의사결정이 가능해짐을 의미한다(Drucker, 2001). 전문적 지식과 기술의 강화는 개인의 권한을 확대하는 데 중요한 역할을 한다. 이는 개인이 특정 분야에서 권위를 갖추고, 상위 직위나 전문적 역할을 수행하는 데 필요한 신뢰와 권한을 확보하는 데 기여한다(Bennis & Nanus, 1985). 이러한 전문성은 조직 내에서의 역할을 확립하고, 리더십 및 의사결정 과정에서 영향력을 강화하는 데 필수적이다(Kotter, 1990). 따라서 개인의 전문적 지식과 기술은 직무 수행 능력을 향상시키고, 조직 내에서의 역할을 확고히 하며, 권한을 강화하는 데 핵심적인 역할을 한다.

2) 관계 임파워먼트

관계 임파워먼트(relational empowerment)는 사회적 상호작용과 관계에서 권한을 확보하고 강화를 의미하며, 이는 특히 직무수행과 관련된 관계에서 중요하다. 관계 임파워먼트를 강화하는 과정은 다음과 같은 요소들을 포함한다.

(1) 요구와 지원

사회복지사나 개인이 직무 수행과 관련하여 필요한 자원을 다른 직원이나 관계자에게 요청할 수 있는 능력은 임파워먼트의 핵심 요소 중 하나로, 직무 수행에 직접적인 영향을 미친다(Zimmerman, 2000). 이를 통해 개인은 자신의 필요를 명확히 표현하고, 필요한 자원을 확보함으로써 업무의 효율성을 높일 수 있다. 사회적 상호작용에서 요구와 지원의 과정은 개인의 자율성과 권한을 강화하는 데 중요한 역할을 한다. 요구를 효과적으로 전달하고 적절한 지원을 받는 능력은 개인의 업무 목표 달성을 지원하며, 이를 통해 사회복지사는 역할을 보다 효과적으로 수행할 수 있다(Cohen & Prusak, 2001). 이러한 과정은 조직 내에서 신뢰와 협력 관계를 강화하는 데 기여하며, 상호 협력의 기반을 마련한다(Kanter, 1983). 사회복지사는 필요한 자원을 요청하고 이를 확보하는 과정에서 자신의 필요를 명확히 표현하고, 관계자들과의 소통을 강화하게 된다(Granovetter, 1973). 이러한 과정은 조직 내에서 효율적인 업무 수행을 촉진하고, 협력적인 작업 환경 조성에도 긍정적인 영향을 미친다(Putnam, 2000). 요구와 지원의 능력은 개인의 직무 수행 능력뿐 아니라 조직 내 관계와 협력의 질을 높이는 데 중요한 역할을 한다.

(2) 상호관계의 정도

상호관계의 정도(degree of interpersonal relationships)는 직무 수행과 관련된 상호작용의 질

과 범위가 임파워먼트에 미치는 중요한 영향을 설명하는 요소다. 이러한 상호관계의 질과 정도는 개인의 권한 강화와 직무 만족도에 직접적으로 기여하며, 임파워먼트를 촉진하는 데 필수적이다.

긍정적이고 협력적인 관계(positive and collaborative relationships)가 유지될 때, 개인의 권한이 강화되고 직무 만족도가 높아지는 경향이 있다. 이러한 긍정적인 상호관계는 개인이 필요한 자원에 쉽게 접근할 수 있도록 하고, 협력적인 지원을 통해 직무 수행을 원활하게 만든다(Schruijer, 2020). 협력적인 관계 속에서 개인은 자신감을 갖고 자신의 역할을 보다 효과적으로 수행할 수 있으며, 이는 직무 성과 향상과 직무 만족도의 증진으로 이어진다. 또한 상호 신뢰와 지지적인 관계는 개인의 자기효능감을 높여 임파워먼트의 긍정적인 결과를 강화하는 데 중요한 역할을 한다. 따라서 직무 수행에서의 상호관계의 질은 개인의 권한 강화와 전반적인 직무 성과에 중대한 영향을 미치며, 이를 통해 긍정적이고 협력적인 조직 문화를 형성할 수 있는 기반을 제공한다.

(3) 상호관계의 질과 권한 강화

상호관계의 질(quality of relationships)은 개인의 임파워먼트에 직접적인 영향을 미치는 중요한 요소다. 질 높은 상호관계는 신뢰와 지지를 바탕으로 형성되며, 이를 통해 개인은 자신의 역할을 보다 효과적으로 수행할 수 있다(Burt, 2005). 이러한 신뢰와 지지는 개인이 자신의 의견을 자유롭게 표현하고, 필요한 자원을 확보하며, 문제 해결에 있어 적극적인 자세를 취할 수 있도록 도와준다.

또한 협력적인 상호관계는 업무 환경에 긍정적인 분위기를 조성하는 데 기여하며, 이는 개인의 권한을 강화하고 직무 만족도를 높이는 역할을 한다(Groot & Abma, 2018). 상호관계의 질이 긍정적일수록 개인은 자신의 직무에 대한 만족도가 높아지는 경향이 있으며, 협력적이고 지원적인 관계는 직무 수행 과정에서의 스트레스를 줄이고 직무 만족도를 증가시킨다(Judge & Bono, 2001). 이러한 긍정적인 관계는 개인이 직무에 대한 동기를 유지하고, 조직에 대한 헌신을 강화하는 데 중요한 요소로 작용한다(Locke, 1976). 직무 수행과 관련된 상호관계의 질과 정도는 임파워먼트와 직무 만족도에 중요한 영향을 미친다. 긍정적이고 협력적인 관계를 구축하는 것은 개인의 권한을 강화하고, 직무 만족도를 높이는 데 필수적인 요소로 작용하며, 궁극적으로 직무 성과와 조직의 성과 향상에 기여한다.

3) 환경 임파워먼트

환경 임파워먼트는 개인이 자신이 속한 환경과 자원을 얼마나 통제할 수 있는지를 의미한다. 이 차원에서는 다음과 같은 요소들이 포함된다.

(1) 자원에 대한 통제력

환경 임파워먼트는 개인이 자신이 속한 환경과 자원을 얼마나 통제할 수 있는지를 의미하며, 이는 임파워먼트의 중요한 차원 중 하나이다. 자원에 대한 통제력(control over resources)은 사회복지사나 개인이 접근할 수 있는 자원의 관리와 활용 능력에 직접적인 영향을 미친다. 자원의 통제력은 개인의 업무 수행 성공과 직결되며, 이는 다음과 같은 요소들을 포함한다.

- **자원 접근성**(accessibility of resources): 사회복지사나 개인이 필요한 자원에 얼마나 쉽게 접근할 수 있는지는 임파워먼트의 핵심 요소다. 자원의 접근성은 직무 성과를 향상시키고, 자원의 효율적인 활용을 통해 업무를 성공적으로 수행하는 데 기여한다(Zimmerman, 2000). 자원에 대한 통제력이 강화되면, 개인은 필요한 자원을 적시에 확보할 수 있으며, 이는 직무의 질과 결과에 긍정적인 영향을 미친다(Cohen & Wills, 1985).
- **자원의 효과적 활용**(effective utilization of resources): 자원을 단순히 접근하는 것에서 나아가, 이를 효과적으로 활용할 수 있는 능력은 임파워먼트의 중요한 측면이다. 자원을 효과적으로 활용하는 능력은 문제 해결과 목표 달성에 필수적이다(Bandura, 1997). 자원의 효율적인 관리와 활용은 개인이 자신의 직무를 성공적으로 수행할 수 있도록 도와준다(Hochschild, 1997).
- **환경에 대한 통제**(control over environment): 개인이 자신의 환경을 얼마나 잘 통제할 수 있는지도 중요한 요소다. 이는 자원에 대한 통제와 밀접하게 연결되어 있으며, 환경에 대한 통제력은 개인이 직무를 효과적으로 수행할 수 있는 기회를 제공한다(Kreisberg, 1992). 자원을 통제하고 관리할 수 있는 능력은 직무 만족도와 성과를 높이는 데 기여한다(Rappaport, 1987).

자원에 대한 통제력은 임파워먼트를 결정하는 핵심 요소이며, 자원의 접근성과 효과적인 활용 능력, 환경에 대한 통제력은 개인의 직무 수행과 성과에 중요한 영향을 미친다. 이러한 요소들은 개인이 자신이 속한 환경에서 보다 효과적으로 기능할 수 있도록 지원한다.

(2) 의사결정의 위임

의사결정의 위임(delegation of decision-making)은 개인이나 집단이 의사결정을 내릴 수 있는 권한과 자율성의 정도를 의미하며, 이는 임파워먼트의 핵심 요소 중 하나다. 권한 부여는 개인이나 집단이 자율적으로 의사결정을 내리고, 그 결과에 책임을 질 수 있는 기회를 제공함으로써 임파워먼트를 증진시킨다. 이 과정은 다음과 같은 요소들을 포함한다.

- **권한과 자율성**: 개인이나 집단이 의사결정을 내릴 수 있는 권한과 자율성(authority and autonomy)은 임파워먼트를 크게 좌우한다. 권한이 위임된 개인이나 집단은 스스로의 선택에 따라 행동할 수 있는 자유를 가지며, 이는 직무 만족도와 성과를 높이는 데 기여한다(Arnold, 2005). 자율성은 개인이 자신의 역할을 주도적으로 수행할 수 있도록 지원하며, 이는 작업 효율성과 창의성 향상에 기여한다(Ryan & Deci, 2000).
- **의사결정 참여의 기회**: 의사결정 과정에 참여할 수 있는 기회(opportunities for decision-making participation)는 임파워먼트를 증가시키는 중요한 요소다. 참여는 개인이나 집단이 자신의 의견을 표현하고, 결정 과정에 영향을 미칠 수 있는 기회를 제공함으로써 권한을 강화한다(Vroom & Yetton, 1973). 참여는 또한 직무에 대한 책임감과 소속감을 증진시키며, 이는 조직 내에서의 동기 부여와 협력성을 높이는 데 기여한다(Hackman & Oldham, 1976).
- **책임의 부여**: 의사결정 권한이 위임될 때, 해당 개인이나 집단은 그 결정의 결과에 대한 책임도 지게 된다. 이는 책임감을 증진시키고, 결과에 대한 주인의식을 강화함으로써 임파워먼트를 더욱 강화한다(Gibson, Ivancevich, Donnelly, & Konopaske, 2003). 책임의 부여(responsibility assignment)는 개인이 자신의 역할을 더욱 신뢰하고, 자발적으로 참여하도록 유도한다(Lawler, 1986).

의사결정의 위임은 개인이나 집단의 권한과 자율성을 강화하고, 결정 과정에 참여할 기회를 제공하며, 책임감을 부여하는 중요한 요소다. 이러한 요소들은 임파워먼트를 증진시키고, 직무 만족도와 성과를 향상시키는 데 중요한 역할을 한다.

4. 임파워먼트 실천 원칙과 기술

1) 임파워먼트 실천 원칙

(1) 전체적 관점 유지

개인의 문제를 단편적으로 바라보는 것이 아니라, 그들이 속한 사회적 · 경제적 · 환경적 배경을 포괄적으로 고려하는 것이 중요하다. 전체적 관점(holistic perspective)은 개인의 문제를 이해하는 데 있어 보다 효과적인 접근 방식을 제공하며, 문제 해결에 있어 보다 포괄적이고 지속 가능한 해결책을 제시하는 데 기여한다.

- 문제의 사회적 배경 이해(understanding the social background of problems): 개인의 문제를 사회적 맥락에서 이해하는 것은 중요하다. 사회적 배경은 개인의 문제를 형성하고 영향을 미치는 중요한 요인이다. 사회적 요인은 개인의 문제를 더 깊이 이해하고, 사회적 구조와 제도가 어떻게 개인의 삶에 영향을 미치는지를 분석하는 데 필수적이다. 이를 통해 사회적 불평등과 구조적 문제를 해결하는 방안을 모색할 수 있다(Sen, 1990).
- 경제적 배경의 분석(analysis of economic background): 개인의 문제를 경제적 맥락에서 분석하는 것도 중요하다. 경제적 배경은 개인의 생활 수준, 자원 접근성, 그리고 경제적 기회에 영향을 미친다. 경제적 분석은 자원의 불균형과 경제적 어려움이 개인의 문제에 어떻게 영향을 미치는지를 파악하는 데 도움이 된다(Piketty, 2014).
- 환경적 요인의 고려(consideration of environmental factors): 환경적 요인은 개인의 삶의 질과 문제 해결에 중요한 영향을 미친다. 환경적 요인은 주거 환경, 지역사회의 안전성, 그리고 물리적 자원 등의 요소를 포함한다. 환경적 요인을 고려함으로써, 개인의 문제를 해결하는 데 있어 환경적 제약과 기회를 명확히 하고, 이를 통해 보다 실질적이고 효과적인 해결책을 제시할 수 있다(Wilson, 1987).
- 전체적 접근의 효과(effectiveness of a holistic approach): 전체적 관점은 개인의 문제를 단편적으로 해결하는 것이 아니라, 문제를 포괄적으로 이해하고 다각적인 접근 방식을 통해 해결책을 제시한다. 이는 개인의 문제를 해결하는 데 있어 보다 지속 가능하고 효과적인 전략을 개발하는 데 기여하며, 문제의 근본 원인을 해결하는 데 도움을 준다(Howard et al., 2023).

전체적 관점을 유지하는 것은 개인의 문제를 보다 깊이 이해하고 효과적인 해결책을 제시하는 데 중요한 접근 방식이다. 사회적 · 경제적 · 환경적 배경을 포괄적으로 고려함으로써 보다 효과적인 문제 해결을 도모할 수 있다.

(2) 자립 가능성 인식

스스로 임파워먼트를 실현할 수 있다는 신념을 갖는 것이 중요하며, 이를 통해 자신의 능력을 강화할 수 있는 지원을 제공하는 것이 핵심이다. 자립 가능성 인식(recognition of self-sufficiency)은 자신의 능력과 자원을 활용하여 독립적으로 문제를 해결하고 목표를 달성할 수 있다는 믿음을 갖게 하는 과정이다. 이는 임파워먼트의 기본 원칙 중 하나로, 개인과 공동체의 자율성을 증진시키며, 지속 가능한 변화와 성장을 도모하는 데 기여한다.

- **자립 가능성의 신념 형성**(formation of belief in self-sufficiency): 자립 가능성의 신념은 자신의 문제를 해결하고 목표를 달성할 수 있는 능력을 믿게 만드는 과정이다. 이 신념은 외부의 도움에 의존하기보다는 스스로 문제를 해결하고 자원을 효과적으로 활용하도록 격려한다. 자립 가능성의 신념을 형성하기 위해서는 자신과 지지자들에게 성공적인 사례와 경험을 제공하고, 그들이 자신의 능력을 확인할 수 있는 기회를 마련하는 것이 중요하다(Zimmerman, 2000).
- **능력 강화와 지원 제공**(enhancement of capacities and provision of support): 자립할 수 있도록 지원하는 것은 클라이언트의 능력을 강화하는 데 중점을 두어야 한다. 이 과정에서는 필요한 기술과 지식을 제공하고, 자원을 확보할 수 있는 경로를 안내하는 것이 중요하다. 자립 가능성을 지원하기 위해 지역사회 조직과 정부 기관은 교육 프로그램, 상담 서비스, 자원 연결 등의 지원을 제공할 수 있다(Kieffer, 1984).
- **자립 가능성의 중요성**(importance of self-sufficiency): 자립 가능성은 클라이언트의 삶을 스스로 관리하고, 사회적 · 경제적 도전에 효과적으로 대응할 수 있는 능력을 갖추게 하는 중요한 요소다. 자립 가능성의 증진은 지역사회 내에서 적극적으로 참여하고, 클라이언트의 권리와 요구를 주장할 수 있도록 돕는다. 이는 지역사회의 전반적인 임파워먼트를 강화하는 데 기여하며, 지속 가능한 변화와 발전을 이끌어 내는 데 중요한 역할을 한다(Rappaport, 1987).

자립 가능성 인식은 스스로 임파워먼트를 실현할 수 있다는 신념을 가지도록 하고, 그들의 능력을 강화할 수 있는 지원을 제공하는 데 중점을 둔다. 이는 개인의 자율성과 지역사회의 임파워먼트를 증진시키는 중요한 접근 방식이다.

(3) 집단 형성 지원

집단 형성 지원(support for group formation)은 공통된 욕구나 목표를 가진 사람들 사이에서 집단을 형성하고, 그들이 서로 협력하고 지지할 수 있도록 지원하는 과정이다. 이는 임파워먼트 실천에서 핵심적인 역할을 하며, 집단적 힘이 개인의 힘을 증대시키는 데 기여할 수 있다. 집단 형성 지원은 개인의 능력과 자원을 집단적으로 통합하여 보다 강력한 영향력과 자원을 창출하는 데 초점을 맞춘다.

- **집단의 형성과 협력 증진**(formation and enhancement of group cooperation): 공통된 욕구를 가진 개인들 사이에서 집단을 형성하는 것은 그들이 공동의 목표를 향해 협력할 수 있는 기회를 제공한다. 집단 형성 과정에서는 구성원들이 서로의 경험과 자원을 공유하고, 공동의 문제를 해결하기 위한 전략을 개발하는 데 중점을 둔다. 이러한 협력적 접근은 개인들이 집단의 힘을 통해 더 큰 변화를 이끌어 낼 수 있도록 돕는다(Gibson et al., 2003).
- **집단적 힘의 증대**(enhancement of collective power): 집단적 힘은 개인의 힘을 증대시키는 중요한 요소로 작용한다. 집단 내의 협력적 노력은 개별 구성원들이 보다 강력한 목소리를 내고, 자원을 효과적으로 활용할 수 있게 한다. 이를 통해 집단은 사회적 · 정치적 · 경제적 영향력을 증가시키고, 공동의 목표를 실현할 수 있는 가능성을 높인다(Gibson, 2006). 집단적 힘의 증대는 또한 집단 구성원들이 자신의 역할을 더욱 효과적으로 수행할 수 있게 하고, 공동의 목표를 달성하기 위한 동기를 부여한다(Rappaport, 1987).
- **지원의 제공과 집단의 지속 가능성**(provision of support and sustainability of groups): 집단이 형성되고 협력적으로 활동하기 위해서는 적절한 지원과 자원이 필요하다. 지역사회복지실천가는 집단의 형성과 활동을 지원하기 위해 자원, 교육, 조정 등을 제공해야 한다. 또한 집단의 지속 가능한 활동을 보장하기 위해서는 지속적인 지원과 피드백을 통해 집단의 역량을 강화하고, 목표 달성을 위한 전략을 지속적으로 조정하는 것이 중요하다(Zimmerman, 2000).

집단 형성 지원은 개인들이 공통된 욕구를 바탕으로 협력하고 서로 지지할 수 있는 환경을 조성하며, 이를 통해 집단적 힘을 키우고 지속 가능한 변화를 이루는 데 중요한 역할을 한다.

(4) 상호 지원과 호혜적 관계

상호 지원과 호혜적 관계(mutual assistance and reciprocal relationships)는 지역사회 내에서 지원과 연대감을 증진시키기 위한 중요한 전략이다. 이러한 관계는 공동체의 강화를 촉진하고, 구성원들 간의 협력을 기반으로 한 공동의 목표 달성을 지원한다.

- 상호 지원과 호혜적 관계의 중요성(importance of mutual assistance and reciprocal relationships): 상호 지원은 공동체의 유대감을 강화하고, 구성원들 사이의 신뢰를 구축하는 데 중요한 역할을 한다. 상호 지원은 개인들이 자원을 공유하고 문제를 함께 해결함으로써 공동체의 역량을 증진시키는 데 기여한다. 호혜적 관계는 의사소통을 개선하고, 공동의 목표를 향한 협력적인 노력을 강화하는 데 중요한 요소로 작용한다(Putnam, 2000).
- 상호 지원의 증진(enhancement of mutual assistance): 상호 지원을 증진시키기 위해서는 서로의 필요를 인식하고 지원할 수 있는 기회를 제공해야 한다. 이는 자원 공유, 지식 전수, 그리고 감정적 지원을 포함하며, 공동체 내에서 상호 의존적인 관계를 형성하는 데 기여한다. 이러한 관계는 개인의 자원을 집단적으로 활용하고, 공동의 문제를 해결하기 위한 협력적 접근을 촉진한다(Warren, 1999).
- 호혜적 관계의 구축(building reciprocal relationships): 호혜적 관계는 상호작용에서 신뢰와 존중을 기반으로 구축된다. 이러한 관계는 공동체 내에서의 상호작용을 원활하게 하고, 서로의 의견과 필요를 존중하면서 협력할 수 있도록 한다. 호혜적 관계는 지역사회의 연대감을 증진시키고, 공동체의 응집력을 강화하는 데 기여한다(Warren, 1999).

상호 지원과 호혜적 관계의 강화는 주민들 간의 연대감을 증진시키고, 공동체 내에서의 협력적인 노력을 촉진하는 데 필수적이다. 이러한 관계는 공동체의 역량을 강화하고, 공동의 목표를 달성하기 위한 기반을 마련하는 데 중요한 역할을 한다.

(5) 주민의 언어로 소통

주민의 언어로 소통하는 것(communicating in the residents' language)은 지역사회 내에서 자신들의 경험과 필요를 자유롭게 표현할 수 있도록 하는 중요한 과정이다. 이는 자신의 문화적 배경과 경험을 바탕으로 자신을 표현할 수 있는 기회를 제공하며, 지역사회의 참여와 임파워먼트를 촉진하는 데 기여한다.

- **주민의 언어와 표현 방식 존중**(respect for residents' language and expression): 주민의 언어와 표현 방식을 존중하는 것은 그들의 자율성과 주도성을 강화하는 중요한 요소이다. 주민들이 자신의 언어로 소통할 수 있도록 지원하는 것은 그들이 자신의 삶의 경험을 보다 정확하게 전달할 수 있는 기회를 제공하며, 이는 지역사회 내에서 그들의 목소리가 제대로 반영될 수 있도록 한다(Haviland et al., 2010). 이는 또한 주민들의 참여를 증진시키고, 그들이 지역사회의 변화 과정에 더 적극적으로 참여하도록 유도한다.
- **주민의 주도적 이야기 기회 제공**(providing opportunities for residents to lead their narratives): 주민들이 자신의 삶을 주도적으로 이야기할 수 있도록 하는 것은 임파워먼트의 핵심 요소다. 주민들이 자신의 언어와 표현 방식을 통해 이야기를 할 수 있는 기회를 제공함으로써, 그들은 자신의 문제와 필요를 보다 명확하게 전달할 수 있으며, 이는 지역사회 문제 해결에 중요한 정보를 제공한다. 이러한 접근은 주민들의 자율성을 증진시키고, 그들이 지역사회의 변화 과정에 보다 적극적으로 참여하게 한다(McKinnon, 2022).

주민의 언어로 소통하는 것은 지역사회 내에서 주민들이 자신의 경험과 필요를 보다 효과적으로 표현할 수 있도록 하며, 이는 주민들의 참여와 임파워먼트를 증진시키는 중요한 전략적 접근이다. 주민들이 자신의 이야기를 주도적으로 할 수 있는 기회를 제공함으로써 지역사회 내에서의 적극적인 참여와 협력을 촉진할 수 있다.

(6) 승리자 의식 유지

자신의 삶에서 피해자가 아니라 변화의 주체이자 승리자로 인식하도록 돕는 것은 지역사회 임파워먼트의 핵심 요소다. 이러한 인식은 자신의 문제를 단지 해결해야 할 과제가 아니라, 변화와 성취를 이룰 수 있는 기회로 보는 데 기여한다.

- **자아존중감과 자기효능감 증진**(enhancing self-esteem and self-efficacy): 승리자 의식을 유지하는 것은 자아존중감과 자기효능감을 높이는 데 중요한 역할을 한다. 자신을 피해자가 아닌, 변화의 주체로 인식할 때, 그들은 자신의 능력에 대한 신뢰를 가지게 되며, 이는 개인의 자아존중감과 자기효능감을 강화하는 데 도움을 준다(Bandura, 1997). 이러한 긍정적인 자아 인식은 도전적인 상황에서도 적극적으로 문제를 해결하고, 지역사회 내에서의 역할을 강화하는 데 기여한다(Rosenberg, 1965).
- **변화의 주체로서의 인식**(recognition as agents of change): 자신의 삶에서 주도적으로 변화를

이끌어 낼 수 있는 능력을 인식하도록 돕는 것은 임파워먼트 과정에서 매우 중요하다. 이를 통해 자신이 스스로의 삶을 변화시킬 수 있는 능력을 가진 주체로서 자신감을 얻고, 이는 지역사회의 변화와 발전에 긍정적인 영향을 미친다(Zimmerman, 2000). 승리자 의식은 지역사회 문제를 해결하기 위해 적극적으로 참여하고, 자신의 역량을 최대한 발휘할 수 있는 동기를 부여한다.

승리자 의식을 유지하는 것은 자신의 역할을 긍정적으로 인식하고, 자아존중감과 자기효능감을 강화하는 데 중요한 전략이다. 변화의 주체로서 자신을 인식할 수 있도록 지원함으로써, 그들은 지역사회의 발전에 적극적으로 기여할 수 있다.

(7) 사회변화에 초점

개인의 문제가 아닌 사회 구조와 시스템의 변화를 통해 장기적인 해결을 추구하는 것은 지역사회 임파워먼트의 핵심 전략이다. 이는 개인의 문제를 개별적으로 해결하기보다는 사회 전반의 구조적 변화를 통해 보다 근본적인 해결책을 찾는 접근방법을 의미한다.

- **구조적 접근의 중요성**(importance of structural approaches): 개인의 권한을 강화하고 지속 가능한 변화를 이루기 위해서는 사회 구조와 시스템의 변화가 필수적이다. 개인이 직면하는 문제들은 종종 구조적 불평등이나 시스템의 결함에서 기인하기 때문에, 이러한 문제들을 해결하기 위해서는 사회 구조적 개혁이 필요하다(Kieffer, 1984). 구조적 접근은 개인의 권한을 강화하고, 시스템의 결함을 수정하여 장기적인 해결을 모색할 수 있도록 한다(Minkler & Wallerstein, 2011).
- **권한 강화와 사회적 변화**(empowerment and social change): 사회적 변화는 개인의 권한을 강화하는 데 기여할 수 있다. 사회 구조와 시스템이 변화하면, 이는 개인이 더 많은 자원과 기회를 활용할 수 있는 환경을 제공하며, 개인의 권한을 더욱 확장시키는 데 도움을 준다(Wallerstein & Duran, 2010). 이러한 변화는 지역사회 구성원들이 자신들의 권리를 주장하고, 더 나아가 지역사회의 발전에 기여할 수 있는 기반을 마련해 준다.
- **장기적 해결을 위한 전략**(strategies for long-term solutions): 개인의 문제를 사회적 맥락에서 이해하고, 구조적 해결을 추구하는 것은 장기적인 변화를 이루기 위한 중요한 전략이다. 사회 구조와 시스템의 변화를 통해 개인의 권한을 강화하고, 지속 가능한 해결책을 모색함으로써 지역사회는 보다 포괄적, 지속적인 발전을 이룰 수 있다(Sampson et al., 1997).

사회변화에 초점을 맞추는 것은 개인의 권한을 강화하고, 지역사회의 지속 가능한 발전을 도모하는 데 필수적인 접근 방식이다. 이를 통해 장기적인 해결을 추구하고, 개인과 지역사회의 권한을 동시에 강화할 수 있다.

(8) 억압에 도전하는 방법 개발

실천가는 다양한 형태의 억압에 도전하기 위한 임파워먼트 접근방법을 개발하고 적용하는 데 지속적으로 노력해야 한다. 이는 지역사회 구성원들이 직면하는 구조적 · 제도적 억압을 효과적으로 대응하기 위한 핵심적인 과정이다.

- **억압에 대한 접근 방식**(approaches to oppression): 억압에 도전하기 위해서는 다양한 접근 방식을 사용해야 한다. 실천가는 사회적 · 경제적 · 정치적 맥락에서 억압의 근본 원인을 분석하고, 이를 해결하기 위한 전략을 개발해야 한다(Freire, 1970). 이러한 접근은 단순히 억압의 표면적인 문제를 해결하는 것을 넘어, 구조적 불평등과 권력 관계를 변화시키는 것을 목표로 한다.
- **임파워먼트 접근방법 개발**(developing empowerment approaches): 실천가는 임파워먼트 접근방법을 통해 억압에 대응하는 전략을 마련해야 한다. 이는 개인과 집단이 자신의 권리를 인식하고, 자원과 기회를 활용하여 억압에 맞서 싸울 수 있도록 지원하는 과정이다(Zimmerman, 2000). 이러한 접근방법은 지역사회의 다양한 요구를 반영하며, 참여적이고 협력적인 방식으로 억압에 도전할 수 있는 기반을 마련해 준다.
- **지속적인 노력과 적용**(ongoing efforts and application): 억압에 도전하는 방법을 개발하는 것은 지속적인 노력을 필요로 한다. 실천가는 변화하는 사회적 · 정치적 환경에 맞추어 임파워먼트 접근방법을 지속적으로 조정하고, 다양한 형태의 억압에 적절히 대응할 수 있는 전략을 개발해야 한다(Tilly, 2006). 이러한 지속적인 노력은 지역사회 구성원들이 자신의 권리를 주장하고, 억압에 맞서 싸울 수 있는 능력을 강화하는 데 기여한다.

억압에 도전하는 방법을 개발하는 것은 임파워먼트 실천의 핵심 요소로, 실천가는 다양한 형태의 억압에 효과적으로 대응하기 위해 지속적으로 노력해야 한다. 이를 통해 개인과 집단의 권한을 강화하고, 구조적 불평등을 변화시킬 수 있는 기반을 마련할 수 있다.

(9) 조직 내 의사결정

사회복지기관 내부의 의사결정 과정은 직원들과의 대화와 상호합의를 통해 이루어져야 한다. 이는 조직 내에서의 민주적 참여를 촉진하고, 결정 과정에 대한 직원들의 몰입과 책임감을 높이는 데 기여한다.

- **민주적 참여의 중요성**(importance of democratic participation): 의사결정 과정에서 직원들의 참여를 확대하는 것은 조직의 민주적 거버넌스를 강화하는 핵심 요소다. 직원들이 의사결정 과정에 적극적으로 참여함으로써, 그들의 의견과 우려를 반영할 수 있으며, 이는 조직의 결정이 보다 포괄적이고 균형 잡히게 이루어지도록 한다(Smith, 1993). 민주적 참여는 직원들이 자신의 역할과 책임을 명확히 이해하고, 조직 목표에 대한 헌신을 높이는 데 도움을 준다(Katz & Kahn, 1978).
- **대화와 상호합의의 과정**(process of dialogue and consensus): 효과적인 의사결정은 대화와 상호합의를 통해 이루어진다. 대화는 직원들이 서로의 의견을 이해하고, 다양한 관점을 고려할 수 있는 기회를 제공한다(Argyris, 1993). 상호합의는 조직 내 다양한 이해관계를 조율하고, 공통의 목표를 향해 나아갈 수 있는 공동의 기반을 마련한다(Senge, 1990). 이러한 과정은 의사결정의 품질을 높이고, 직원들의 참여를 통해 조직의 결정을 실행 가능하게 만든다.
- **조직 내 의사결정의 효과**(effectiveness of decision-making in organizations): 의사결정 과정에 직원들이 참여함으로써 조직은 더 나은 정보와 다양한 관점을 반영할 수 있으며, 이는 결정의 질을 향상시키고, 조직의 목표 달성에 기여한다(Heifetz, 1994). 민주적 참여는 또한 조직 내 신뢰와 협력의 문화를 강화하며, 직원들의 직무 만족도와 성과를 높이는 데 중요한 역할을 한다(Hackman & Oldham, 1980).

사회복지기관의 의사결정 과정에서 직원들과의 대화와 상호합의를 통한 민주적 참여는 조직의 효과성을 높이고, 직원들의 몰입과 책임감을 증진시키는 데 기여한다. 이러한 접근은 조직의 목표를 달성하는 데 중요한 전략적 요소로 작용한다.

(10) 서비스 이용자의 표현 촉진

서비스 이용자들이 자신의 경험, 인식, 소망을 최대한 표현할 수 있도록 촉진하고, 그들의 선택을 실현할 수 있도록 격려하는 것은 사회복지실천에서 중요한 역할을 한다. 이 과정은 이용자들이 자신의 목소리를 높이고, 개인적 욕구와 필요를 명확히 전달할 수 있는 기회를 제공하며, 그들의 자율성과 참여를 증진시키는 데 기여한다.

- **이용자의 표현 권한 부여**(empowering client expression): 서비스 이용자들이 자신의 경험과 감정을 자유롭게 표현할 수 있는 환경을 조성하는 것은 그들의 자율성과 자아존중감을 강화하는 데 필수적이다(Rappaport, 1987). 표현 권한 부여는 이용자들이 자신의 문제와 필요를 스스로 정의하고, 문제 해결 과정에 적극적으로 참여할 수 있도록 한다(Wallerstein, 1999). 이는 이용자들이 서비스 제공자와의 상호작용에서 주체적인 역할을 수행하게 하며, 그들의 선택과 결정이 실현될 수 있도록 돕는다(Minkler & Wallerstein, 2011).
- **지원과 격려의 역할**(role of support and encouragement): 이용자들이 자신의 선택을 실현할 수 있도록 지원하고 격려하는 것은 이들의 권한 강화를 위한 중요한 전략이다(Greenwood et al., 1996). 이를 통해 서비스 이용자들은 자신의 필요와 소망을 보다 적극적으로 표현하며, 이러한 표현이 실제 서비스 제공 및 지원에 반영되도록 한다(Gibson, 2005). 또한 서비스 이용자들에게 필요한 정보와 자원을 제공하여, 스스로 결정을 내릴 수 있도록 하는 것이 중요하다.
- **커뮤니케이션 기술의 활용**(utilization of communication skills): 효과적인 커뮤니케이션 기술은 서비스 이용자들이 자신의 경험과 인식을 명확히 표현할 수 있도록 돕는 데 중요한 역할을 한다(Lanning et al., 2022). 상담과 면담에서 개방적이고 지지적인 대화를 통해 이용자들은 자신의 감정을 표현하고, 서비스 제공자와의 신뢰 관계를 구축할 수 있다. 이러한 접근은 서비스 이용자들의 자아효능감을 향상시키고, 그들의 선택과 요구가 서비스 계획에 포함될 수 있도록 한다(Lanning et al., 2022).

서비스 이용자들이 자신의 경험과 소망을 최대한 표현할 수 있도록 촉진하고, 그들의 선택을 실현할 수 있도록 격려하는 것은 사회복지실천에서 중요한 역할을 하며, 이용자 중심의 서비스를 구현하는 데 필수적인 요소다.

2) 임파워먼트 기술

임파워먼트 기술은 지역사회의 개인이나 집단이 자신의 문제를 인식하고, 자원과 권한을 확보하여 스스로 문제를 해결할 수 있도록 돕는 다양한 방법과 전략을 포함한다. 이 과정에는 의식 제고, 자기주장 표출, 공공의제로 만들기, 힘 · 권력 키우기, 역량 개발, 그리고 사회적 자본의 창출이 필요하다.

(1) 의식 제고

의식 제고(consciousness-raising)는 지역사회 임파워먼트 실천에서 핵심적인 역할을 하는 기술로, 개인이나 집단이 자신들의 문제를 보다 넓은 사회적 및 구조적 맥락에서 이해하도록 돕는 과정이다. 이 과정은 클라이언트가 문제의 원인을 개인적 결점이나 책임으로 인식하는 대신, 그 원인이 사회적 구조와 제도적 요인에서 비롯된 것임을 이해하게 하는 것을 목표로 한다. 이를 통해 클라이언트는 문제의 근본 원인을 파악하고, 이를 해결할 수 있는 주체로서의 자신감을 얻게 된다. 이는 자아효능감을 증진시키고, 스스로 적극적인 변화를 추구하도록 동기를 부여하는 데 중요한 역할을 한다(Freire, 1970).

의식 제고는 특히 사회적 불평등이나 구조적 억압을 경험하는 집단에서 중요한 실천적 의미를 가진다. 클라이언트가 문제의 원인을 개인적 결함으로만 이해하는 경우, 그들은 스스로 문제를 해결할 수 없는 한계를 느끼게 된다. 이러한 상황에서 의식 제고는 문제의 원인이 구조적이고 제도적인 불평등에 있음을 깨닫도록 도와준다. 이를 통해 클라이언트는 사회적 변화를 통해 자신의 상황을 개선할 수 있는 잠재력과 능력을 인식하게 되며, 더 이상 수동적인 피해자가 아닌 변화의 주체로 자리 잡게 된다(Minkler & Wallerstein, 2011).

의식 제고 과정은 교육적 활동, 집단 토론, 사례 연구 등의 다양한 접근을 통해 이루어진다. 이러한 접근은 클라이언트가 문제를 더 넓은 사회적 맥락에서 분석하고, 자신의 경험을 반성하며, 이를 해결하기 위한 전략을 개발하는 데 도움을 준다. 의식 제고는 단순히 정보를 전달하는 것을 넘어서, 클라이언트가 자신의 문제를 이해하고 해결하기 위한 능력을 개발하도록 돕는 데 중점을 둔다. 이를 통해 클라이언트는 자신의 문제 해결을 위한 내적 동기를 강화하고, 외부 자원과 지원을 활용할 수 있는 준비를 갖추게 된다(Laverack, 2012).

의식 제고는 클라이언트가 문제를 개인적인 수준이 아닌 구조적인 맥락에서 이해하도록 돕는 강력한 실천 도구다. 이를 통해 클라이언트는 자신을 변화의 주체로 인식하며, 문제를 해결하기 위한 자원과 전략을 적극적으로 모색하고 활용하게 된다. 이 과정은 클라이언트의 자아효능감과 자율성을 높이며, 궁극적으로 지역사회의 긍정적인 변화를 이끌어 내는 데 중요한 역할을 한다.

(2) 자기주장 표출

자기주장 표출(self-assertion)은 지역사회 임파워먼트 실천에서 중요한 기술로, 개인이 자신의 권리와 필요를 공개적으로 표현할 수 있도록 돕는 과정이다. 이 기술은 개인이 자신의 문제의 원인과 본질을 명확히 이해하고, 두려움이나 위축 없이 자신의 의견과 요구를 표현할 수 있도록 돕는 데 중점을 둔다. 이를 통해 클라이언트는 자신의 목소리를 내며, 문제 해결의 주체로서 더 적극적인 역할을 수행하게 된다(Rogers, 1961).

자기주장은 개인의 자아존중감과 자율성을 강화하는 데 핵심적인 역할을 한다. 개인이 자신의 의견을 명확하고 단호하게 표현할 수 있을 때, 이는 그들이 자신의 권리를 주장하고 사회적 변화를 이끌어 내는 데 필요한 자신감을 강화하는 데 기여한다(Alpert, 1978). 이러한 과정은 개인이 지역사회 내에서 자신의 요구를 보다 효과적으로 전달할 수 있는 능력을 개발하게 하며, 지역사회 문제 해결의 주체로서의 역할을 강화한다. 이를 위해 지역사회복지실천가는 클라이언트가 자신의 감정과 의견을 명확히 표현할 수 있도록 지원하는 다양한 접근방법을 사용할 수 있다. 예를 들어, 클라이언트에게 자신의 감정을 표현하는 훈련을 제공하거나, 대화 기술을 연습할 수 있는 워크숍을 마련하는 등 다양한 방식을 통해 자기주장 기술을 개발하도록 돕는다(Gordon, 2001). 이러한 지원은 클라이언트가 공적 장소에서 자신의 목소리를 낼 수 있게 하며, 필요한 변화를 촉구하는 데 중요한 역할을 한다.

자기주장 표출은 또한 사회적 변화를 위한 중요한 수단으로 작용한다. 개인이 자신의 문제와 요구를 공개적으로 표출하면, 이는 지역사회 내의 다른 구성원들에게 문제를 인식하게 하고, 필요한 자원과 지원을 모색하는 데 도움을 준다. 이와 같은 자기주장은 지역사회 내에서 문제의 중요성을 인식시키고, 이에 대한 공동의 대응을 촉진하는 역할을 하며, 궁극적으로 지역사회의 문제 해결 능력을 향상시키고 임파워먼트를 실현하는 데 기여한다(Graig & Mayo, 1995; Baker & Wright, 2017). 자기주장 표출은 지역사회 임파워먼트에서 개인의 권리와 요구를 명확히 전달하는 데 필요한 핵심 기술이며, 이를 통해 클라이언트는 더 큰 자율성과 자신감을 얻게 되고, 지역사회 내에서 변화의 주체로서의 역할을 강화할 수 있다.

(3) 공공의제로 만들기

공공의제(agenda)로 만들기는 지역사회 임파워먼트 실천에서 중요한 전략 중 하나로, 특정 이슈를 사회적 또는 정치적 논의의 중심에 놓아 공공의제로 부각시키는 과정을 의미한다. 이 과정은 문제의 원인과 본질을 체계적으로 정리하여 대중에게 알리고, 이슈에 대한 관심과 논의를 촉진하기 위한 효과적인 방법을 모색하는 것을 포함한다(Kingdon, 1984). 공공의제로 만들기는 지역사회 내 문제를 공론화하고, 이에 대한 정책적 대응이나 사회적 변화를 이끌어 내기 위한 중요한 수단으로 작용한다.

지역사회복지실천가는 문제의 심각성을 강조하고, 이를 해결하기 위한 구체적인 방안을 제시함으로써 대중의 관심을 유도하고 사회적 압력을 생성할 수 있다(Coburn, 2006). 이를 위해 다양한 공공의제 설정 전략을 활용할 수 있다. 예를 들어, 대중 매체를 통해 이슈를 알리는 캠페인이나 집회와 시위와 같은 활동은 대중의 참여와 관심을 이끌어 내는 데 효과적이다(McAdam, 2000). 이러한 활동은 문제의 심각성을 널리 알리고, 정책 결정자에게 문제 해결을 촉구하는 데 중요한 역할을 한다. 또한 공공의제로 만들기는 문제를 구조적이고 체계적인 수준에서 해결하려는 접근을 가능하게 하며, 이를 통해 정책 변화나 자원 배분의 재조정을 유도할 수 있다. 지역사회복지실천가는 공공의제 설정 과정에서 이해관계자 및 지역사회 구성원과 협력하여, 문제 해결을 위한 구체적인 계획과 요구 사항을 명확히 하고, 이를 통해 지역사회의 권익을 옹호하는 데 중요한 역할을 한다. 따라서 공공의제로 만들기는 지역사회의 문제를 널리 알리고 사회적 변화를 이끌어 내기 위한 중요한 전략으로, 대중의 참여를 촉진하고 문제 해결을 위한 정책적 개입을 유도하는 과정에서 핵심적인 역할을 한다. 이를 통해 지역사회 문제를 사회적 관심사로 부각시키고, 필요한 자원과 정책적 지원을 확보하는 데 기여할 수 있다.

(4) 힘 · 권력 키우기

힘 · 권력 키우기(power building)는 지역사회 임파워먼트의 핵심 요소로, 지역사회 구성원들의 권력을 강화하고 자원 동원과 조직화를 통해 집단의 힘을 증대시키는 과정이다. 이 과정에서 구성원들의 수적 우세와 열정이 중요한 힘의 원천으로 작용하며, 법적 행동, 전문성, 그리고 힘의 위협 등이 권력 강화에 기여할 수 있다(Gaventa, 2006). 힘의 구축을 통해 지역사회는 자신들의 요구와 권리를 보다 효과적으로 주장하고, 자원을 동원하여 지속 가능한 변화를 이끌어 낼 수 있다.

지역사회복지실천가는 이러한 힘의 구축을 위해 다양한 전략을 활용할 수 있다. 예를 들어, 지역사회 조직화를 통해 구성원들이 공동의 목표를 설정하고 행동할 수 있도록 촉진하며, 자원 동원 활동을 통해 지역사회의 요구에 맞는 자원을 확보할 수 있도록 돕는다. 또한 법적 조치를 통해 구성원들의 권리를 옹호하고 보호하며, 전문적 지원을 통해 문제 해결에 필요한 기술과 지식을 제공한다(Wallerstein & Duran, 2010). 이러한 접근은 지역사회가 자립적으로 문제를 해결하고, 장기적으로 지속 가능한 변화를 이끌어 내기 위한 기반을 마련하는 데 필수적이다. 힘 · 권력 키우기는 단순히 단기적인 문제 해결에 그치지 않고, 구성원들이 스스로 조직하고 힘을 키워 나갈 수 있도록 돕는 장기적인 변화를 지향한다. 이를 통해 지역사회는 외부 자원의 의존을 줄이고, 스스로의 역량을 강화하여 자립적인 지역사회를 구축하는 데 기여한다. 힘 · 권력 키우기는 지역사회 내 구성원들의 권한과 영향력을 증대시켜, 그들이 보다 강력하게 문제를 해결하고 변화의 주체가 될 수 있도록 지원하는 중요한 실천 요소다. 이를 통해 구성원들은 자신들의 권리를 실현하고, 지역사회가 직면한 문제를 해결할 수 있는 능력을 배양하게 된다.

(5) 역량 개발

역량(capacity) 개발은 지역사회 임파워먼트의 중요한 실천 전략 중 하나로, 개인이나 집단이 자신의 능력을 향상시키고 목표를 달성할 수 있도록 지원하는 과정이다. 이 과정은 대상자의 역량을 강화하고, 조직의 성공에 대한 신념을 확립하는 데 중점을 두며, 지역사회가 자율적으로 문제를 해결하고 지속 가능한 변화를 이끌어 낼 수 있도록 돕는 중요한 전략적 접근이다(Morgan, 2006).

역량 개발의 핵심 요소로는 교육, 기술 개발, 자원 제공, 그리고 조직의 성공에 대한 신념을 강화하는 것이 있다. 교육과 기술 개발을 통해 지역사회 구성원들은 자신의 잠재력을 최대한 발휘할 수 있는 지식과 능력을 습득하게 되며, 이는 개인의 성장을 넘어서 지역사회의 전반적인 역량을 증진시키는 데 기여한다(Baser & Morgan, 2008). 예를 들어, 기술적 지원과 교육 프로그램을 통해 지역사회 구성원들이 필요한 지식과 기술을 습득함으로써 그들이 자신의 목표를 효과적으로 달성하고 지역사회 발전에 기여할 수 있도록 한다. 이러한 과정은 개인이 자신의 역할을 자각하고 보다 효과적으로 임파워먼트를 실현하도록 도와준다. 또한 조직의 성공에 대한 신념을 확립하는 것도 역량 개발의 중요한 요소다. 이는 지역사회 구성원들이 변화의 주체로서 자신감을 가지고 활동에 참여하도록 돕는다(Zimmerman, 2000). 신념의 강화는 공동체 내 구성원들이 더 큰 책임감을 가지고 목표를 설정하고 이를 달성하기 위한 노력을 기울이도록 유도하며, 결과적으로 집단적인 성공을 이루는 데 중요한 원동력이 된다.

역량 개발은 지역사회 내의 자원과 네트워크를 강화하고, 조직의 지속 가능성을 높이는 데도 기여한다. 자원의 효과적인 활용과 네트워크의 강화는 지역사회가 외부의 지원에 의존하지 않고, 스스로 문제를 해결할 수 있는 능력을 갖추게 하는 중요한 기반이 된다(Kenny, 2007). 이는 장기적으로 지역사회의 자립성과 효율성을 증진시키는 데 핵심적인 역할을 한다.

역량 개발은 단기적인 해결책을 넘어 장기적으로 지속 가능한 변화를 도모하며, 개인과 집단이 자립적이고 주체적으로 문제를 해결하고 지역사회 발전을 이끌어 갈 수 있는 역량을 길러 주는 중요한 임파워먼트 전략이다. 이를 통해 지역사회는 자원 활용과 네트워크 강화를 통해 더욱 효과적으로 문제를 해결하고 지속 가능한 발전을 이루어 나갈 수 있다.

(6) 사회적 자본의 창출

사회적 자본(social capital)의 창출은 지역사회 임파워먼트와 개발에서 필수적인 전략으로, 지역사회 구성원 간의 사회적 관계와 네트워크를 자원으로 활용하는 것이다. 사회적 자본은 신뢰, 협력, 연대감을 증진시키며, 이러한 요소들을 통해 지역사회의 통합성과 유대감을 강화하는 데 기여한다(Putnam, 2000).

사회적 자본 창출의 핵심은 지역사회 구성원 간 신뢰와 상호작용을 촉진하고, 공동의 목표를 달성하기 위해 협력적 노력을 강화하는 것이다. 사회적 자본을 형성하기 위해 지역사회복지실천가는 지역사회 구성원들 간의 관계를 증진하고, 공동체 의식을 고취하는 활동을 중요하게 다룬다. 이를 통해 지역사회는 더욱 긴밀하게 연결되고, 공동의 문제를 해결하기 위한 집단적 노력이 강화된다. 이러한 과정을 통해 지역사회의 연대감과 협력 정신이 증대되며, 공동의 목표를 향한 집단적 노력이 가능해진다(Putnam, 2000). 예를 들어, 지역사회 내에서 네트워크를 활성화하고 구성원들 간 신뢰를 구축하는 활동을 통해 상호 지원 시스템을 개발하는 것이 있다. 이러한 사회적 자본 형성 과정은 구성원들 사이의 신뢰와 협력 관계를 강화하여 지역사회의 복원력과 자율성을 증진시키는 데 기여한다(Woolcock & Narayan, 2000). 이러한 신뢰와 협력의 토대는 지역사회가 스스로 문제를 해결하고 긍정적인 변화를 창출하는 힘의 원천이 된다.

사회적 자본의 창출은 지역사회 복지와 개발에서 지속 가능한 변화를 이루는 중요한 요소다. 사회적 자본이 풍부한 지역사회는 문제 해결 능력이 향상되고, 자원과 지원을 효과적으로 공유할 수 있는 기반이 마련된다. 이는 지역사회가 외부 자원에 의존하지 않고도 스스로 문제를 해결하고, 장기적으로 긍정적인 변화를 이끌어 내는 데 중요한 기초를 제공한다(Fukuyama, 1995).

5. 협력적 임파워먼트 실천 모델

1) 협력적 임파워먼트 실천에 영향을 주는 요인

협력적 임파워먼트 실천 모델에서 주요 영향을 미치는 요인들은 개인 및 집단의 특성, 지역사회 환경, 그리고 개입을 통한 임파워먼트 능력 및 성과와 관련이 있다.

(1) 개인 및 집단 요인

지역사회 임파워먼트의 성공적인 실행은 개인과 집단 요인에 크게 의존하며, 이러한 요인들은 지역사회 구성원 간의 상호작용과 협력을 통해 임파워먼트를 실현하는 데 중요한 역할을 한다. 주요 요인들은 다음과 같다.

- **개인 및 집단의 결합과 능력 수준**: 지역사회 내 각 개인과 집단은 서로 다른 결합력과 능력 수준을 지니고 있으며, 이는 지역사회의 변화를 이끄는 데 중요한 영향을 미친다. 개인의 역량과 집단의 조직적 능력은 임파워먼트의 성공 여부를 좌우할 수 있다. 능력 있는 지도자와 조직화된 집단은 지역사회 변화를 실질적으로 촉진하는 데 중요한 역할을 한다 (Wallerstein & Duran, 2010).
- **핵심 인물과의 접촉**: 지역사회 변화를 주도하는 핵심 인물들과의 접촉은 임파워먼트를 극대화하는 데 필수적이다. 핵심 인물들은 지역 문제에 대해 깊이 이해하고 있으며, 그들의 리더십과 참여는 자원 동원, 전략 개발, 지역사회 참여를 촉진하는 데 중요한 역할을 한다 (Wallerstein & Duran, 2010).
- **동기 부여와 역량 강화**: 개인과 집단의 동기 부여는 지역사회 변화 가능성을 높이고, 지속적인 협력 노력을 통해 임파워먼트의 성과를 증대시킨다. 역량 강화는 개인과 집단이 자신의 역할을 보다 효과적으로 수행할 수 있도록 도와주며, 이를 통해 자율적인 문제 해결과 목표 달성이 가능해진다(Rappaport, 1987).
- **협력적 노력**: 개인과 집단의 협력적 노력은 지역사회 임파워먼트의 중요한 요소로, 다양한 자원을 활용하고 공동의 목표를 설정하며 상호 지원을 통해 성과를 극대화한다. 협력적 접근을 통해 지역사회는 집단적 목표 달성을 위한 효과적인 방법을 도출하고, 긍정적인 변화를 유도할 수 있다(Rappaport, 1987).

이와 같은 개인 요인 및 집단 요인은 지역사회 임파워먼트의 성공적인 실행을 위한 필수적인 기초를 제공하며, 지역사회 내에서 긍정적인 변화를 일으키는 데 중요한 역할을 한다.

(2) 지역사회 환경 요인

지역사회 환경 요인은 지역사회 임파워먼트의 성공적인 실행에 중요한 영향을 미치며, 이러한 요인들은 다양한 측면에서 지역사회의 변화와 발전에 기여하거나 방해할 수 있다. 주요 요소들은 다음과 같다.

- **문화적 가치**: 지역사회의 문화적 가치는 지역사회 구성원들의 행동과 신념, 지역사회 문제에 대한 인식을 형성하는 데 중요한 역할을 한다. 이러한 가치들은 지역사회 변화의 방향과 우선순위를 결정짓는 데 영향을 미칠 수 있다. 문화적 가치는 임파워먼트 과정에서 촉진 요소가 될 수 있지만, 전통적 관행이나 가치관이 변화에 저항하여 임파워먼트를 방해하는 요소로 작용할 수도 있다(Gibson, 2006).
- **정책과 제도**: 지역사회의 정책과 제도는 지역사회의 필요와 우선순위를 반영하고, 문제 해결을 위한 프레임워크를 제공하는 중요한 요소다. 적절한 정책과 제도는 임파워먼트 과정을 촉진하며, 자원의 효과적인 배분을 가능하게 한다. 이러한 정책적 지원이 있으면 지역사회의 참여가 활발해지고, 지역사회 임파워먼트가 강화될 수 있다(Gibson, 2006).
- **재정적 지원**: 재정적 지원은 지역사회 프로그램과 정책 실행을 가능하게 하는 필수적인 자원을 제공한다. 충분한 재정적 지원은 자원 동원과 프로그램 운영, 지속 가능성을 보장하는 데 중요한 역할을 하며, 임파워먼트의 기반을 마련한다. 반대로 재정적 자원이 부족하면 임파워먼트 노력이 제한될 수 있다(Kieffer, 1984).
- **환경 요인의 이해와 활용**: 지역사회 환경 요인을 이해하고 이를 적절히 활용하는 것은 지역사회 임파워먼트의 성공을 위한 중요한 전략적 요소다. 환경 요인을 효과적으로 활용함으로써 지역사회 내의 자원과 기회를 극대화하고, 긍정적인 변화를 도출할 수 있다(Kieffer, 1984).

이와 같은 지역사회 환경 요인들은 임파워먼트 과정의 성공 여부를 결정짓는 중요한 요소로, 지역사회의 지속 가능한 발전을 위해 이러한 요인들을 신중히 고려하고 적절히 활용하는 것이 필요하다.

(3) 개입을 통한 임파워먼트 능력과 성과 요인

개입을 통한 임파워먼트는 지역사회의 변화와 발전에 중요한 역할을 하며, 이러한 개입이 가지는 효과성과 성과는 다양한 요소를 포함한다.

- **임파워먼트 능력의 향상**: 개입은 지역사회의 역량을 강화하여 지역사회 구성원들이 스스로

문제를 인식하고 해결책을 찾도록 돕는다. 이 과정에서 지역사회 구성원들은 문제 해결에 필요한 기술과 지식을 습득하고, 자신의 요구와 목표를 효과적으로 표현할 수 있는 능력을 기르게 된다(Sampson et al., 1997). 이를 통해 자원의 활용 능력과 협력적인 접근 방식이 강화되며, 결과적으로 지역사회의 자율성과 자기효능감이 향상된다.

- **정책 및 프로그램 실행의 성공**: 개입은 정책과 프로그램의 실행 가능성을 높이며, 지역사회가 변화에 효과적으로 대응할 수 있는 기반을 제공한다. 역량이 강화된 지역사회는 정책과 프로그램의 설계 및 실행 과정에서 지역사회 구성원들이 적극적으로 참여하고, 이들의 의견이 정책 결정에 반영될 수 있도록 한다. 이는 프로그램의 성공적인 실행을 촉진하고, 지역사회 변화의 효과를 극대화하는 데 기여한다(Sampson et al., 1997).
- **파트너십 역량 강화**: 개입은 지역사회 내에서 파트너십 역량을 강화하는 중요한 역할을 한다. 협력적 네트워크를 구축하고, 다양한 이해당사자가 공동의 목표를 달성하기 위해 협력할 수 있는 기반을 마련한다. 이러한 파트너십은 자원의 효율적 분배와 상호 지원을 가능하게 하여, 지역사회의 지속 가능한 변화를 이루는 데 기여한다(Baker & Wright, 2017).
- **지속 가능한 변화의 촉진**: 개입을 통한 임파워먼트는 지역사회가 지속 가능한 변화를 이끌어 낼 수 있는 능력을 갖추도록 돕는다. 지역사회 역량이 강화되면 구성원들은 변화를 지속적으로 추진하고 새로운 도전과 문제에 대응할 수 있는 능력을 갖게 된다. 이는 지역사회의 장기적인 발전과 안정성을 확보하는 데 중요한 역할을 한다(Graig & Mayo, 1995; Baker & Wright, 2017).

이와 같은 개입을 통한 임파워먼트 능력과 성과 요인은 지역사회 변화의 추진력을 높이고, 실질적인 발전을 이루는 데 필수적인 역할을 한다.

2) 협력적 임파워먼트 실천 활동

협력적 임파워먼트 실천 모델은 지역사회의 변화를 촉진하고 임파워먼트를 강화하기 위한 전략적 접근 방식을 제시하며, 각 활동 범주는 지역사회 내에서 효과적인 협력과 변화를 이끌어내기 위한 필수적인 단계로 구성된다.

(1) 실천 경험과 능력 강화 단계

- **목표**: 실천 경험과 능력의 강화를 통해 지역사회는 현재 상황을 명확히 이해하고, 향후 전

략을 세우기 위한 기초를 마련할 수 있다. 이는 협력적 임파워먼트의 초기 단계에서 필수적인 활동으로, 지역사회의 역량을 극대화하는 데 중요한 역할을 한다.

- 활동 내용:
  - 이슈 및 자원 분석: 지역사회는 현재 직면하고 있는 문제, 이용 가능한 자원, 잠재적 장벽, 그리고 이전에 시도된 해결책 등을 체계적으로 분석해야 한다. 이를 통해 지역사회가 직면한 위험 요소와 기회를 명확히 파악하고, 실질적인 해결 방안을 모색할 수 있다 (Minkler & Wallerstein, 2011).
  - 협력적 파트너십 개발: 지역사회 지도자와 조직들은 자연스러운 모임이나 회의를 통해 협력적인 파트너십을 구축해야 한다. 이러한 모임에서 지역사회의 이슈, 관심사, 자원, 장벽, 그리고 문제의 빈도에 대해 논의하고 정보를 공유함으로써 협력의 기반을 다지고 실질적인 해결책을 함께 모색할 수 있다(Gibson et al., 2003).
  - 정보 수집 및 공유: 지역사회 활동가와 지도자들이 협력하여 문제를 체계적으로 분석하고 정보를 수집하여 공유하는 과정이 중요하다. 이러한 정보 공유는 공동의 목표와 전략을 수립하는 데 필수적이며, 이를 통해 지역사회의 문제 해결 역량을 강화할 수 있다.
  - 잠재적 변화 논의: 공유된 정보를 바탕으로 지역사회 활동가와 지도자들은 잠재적인 변화를 논의하며 구체적인 전략과 해결책을 마련해야 한다. 이를 통해 지역사회의 실질적인 문제 해결을 촉진하고, 변화의 가능성을 극대화할 수 있다.

(2) 집단구조와 능력 강화 단계

- 목표: 집단구조와 능력 강화는 지역사회의 성공적인 변화를 위해 기존 조직들을 효율적으로 재구성하고 강화하는 것을 목표로 한다. 이는 지역사회의 복잡한 요구를 충족시키기 위한 필수적인 전략적 접근법으로, 조직의 역량을 극대화하고 공동의 목표를 달성하는 데 중점을 둔다.
- 활동 내용:
  - 조직 재구성 및 파트너십 형성: 집단구조와 능력 강화를 위한 첫 번째 단계는 지역사회 내 다양한 조직들과의 활발한 교류와 협의를 통해 이루어진다. 이러한 과정을 통해 지역사회 지도자와 조직은 자연스러운 모임이나 회의를 통해 협력적 파트너십을 형성하고, 기초적인 위원회나 모임을 설립할 수 있다. 이를 통해 지역사회의 다양한 자원과 목표, 그리고 맥락을 반영하는 조직 구조를 만들며, 이는 지역사회의 요구와 도전에 효과적으로 대응할 수 있는 강력한 기반을 마련한다(Kieffer, 1984).

- **위원회 구성 및 자원 통합**: 각 위원회는 지역사회의 다양한 자원과 목표를 체계적으로 반영할 수 있도록 구성되어야 한다. 이는 지역사회의 복잡한 요구를 충족시키기 위한 핵심 전략으로, 각 위원회가 실질적인 문제 해결을 위해 필요한 자원과 목표를 통합하는 역할을 한다. 이러한 과정은 다양한 자원과 목표를 협력적으로 조율하고, 공동의 목표 달성을 위한 실질적인 기틀을 제공한다(Baker & Wright, 2017).
- **협력 기반 구축**: 지역사회의 구성원들은 위원회를 통해 서로 다른 자원과 목표를 통합하며, 공동 목표 달성을 위한 협력적 기반을 구축할 수 있다. 이 협력적 기반은 지역사회의 다양한 이해관계자가 함께 협력하여 지역사회 변화를 촉진하는 데 필수적인 역할을 하며, 지역사회의 전반적인 역량을 강화하는 데 기여한다.

(3) 사회적·환경적 장벽 제거 단계

- **목표**: 사회적 및 환경적 장벽 제거는 지역사회 임파워먼트에서 중요한 활동으로, 장애 요소를 식별하고 이를 해결함으로써 지역사회의 자율성과 참여를 촉진하는 데 중점을 둔다.
- **활동 내용**:
  - **내부 지지층 강화**: 외부 장벽을 직접적으로 제거하기보다는 지역사회의 내부 지지층을 강화하는 것이 더 효과적일 수 있다. 내부 지지층 강화를 통해 지역사회 구성원들이 스스로의 역량을 키우고 문제 해결 능력을 발전시키는 데 집중할 수 있다. 이러한 접근은 내적 자원을 활용하여 장벽을 극복할 수 있는 기초를 마련하는 데 기여한다(Sampson et al., 1997).
  - **반대 세력 대응**: 반대 세력의 영향력을 줄이기 위해 캠페인과 미디어를 활용하여 참여를 촉진하고 의견을 조율하는 것이 필요하다. 지역사회는 이러한 도구들을 통해 반대 세력의 주장을 분석하고 대응하며, 다양한 의견을 수렴하고 조정함으로써 공감대를 형성할 수 있다. 이는 지역사회의 참여를 확대하고 다양한 관점을 효과적으로 반영하는 데 기여한다(Wallerstein & Duran, 2010).
  - **캠페인 및 미디어 활용**: 지역사회 활동가들은 캠페인 및 미디어를 통해 사회적·환경적 장벽에 대한 인식을 높이고 참여를 촉진하는 전략을 개발할 수 있다. 이러한 전략은 지역사회의 장벽에 대한 정보를 널리 퍼뜨리고, 지역사회 구성원들의 목소리를 널리 알리는 데 기여함으로써 참여와 연대감을 증진시키고 장벽을 효과적으로 제거하는 데 중요한 역할을 한다.

(4) 환경적 지지와 지원 강화 단계

- 목표: 환경적 지지와 지원을 강화하여 지역사회 변화와 성과를 지속적으로 유지하고 발전시키는 것은 임파워먼트의 성과를 장기적으로 확장하는 데 필수적이다.
- 활동 내용:
  - 적절한 환경 조성: 지역사회가 변화된 조건에 적응하고 새로운 도전에 대응할 수 있는 기반을 마련하기 위해 적절한 환경을 조성하는 것이 필요하다. 이를 통해 지역사회는 자원을 효과적으로 활용하고, 지속 가능한 성과를 달성하는 기반을 갖출 수 있다. 적절한 환경은 변화와 성과를 유지하기 위한 전략적 요소로 기능한다(Minkler & Wallerstein, 2011).
  - 자원 강화: 지역사회의 성과를 장기적으로 유지하기 위해 재정적 · 인적 · 물리적 자원을 강화하는 것이 중요하다. 이러한 자원 강화를 통해 지역사회는 안정적이고 효과적인 프로그램과 활동을 지속적으로 운영할 수 있으며, 자율성을 높이고 임파워먼트의 성과를 확장하는 데 기여한다(Minkler & Wallerstein, 2011).
  - 지속 가능한 변화 달성: 환경적 지지와 지원은 지속 가능한 변화를 달성하고 임파워먼트의 성과를 장기적으로 확장하는 데 필수적이다. 이러한 지원은 지역사회의 자원을 효과적으로 관리하고, 장기적인 성과를 유지하는 데 중요한 역할을 하며, 지역사회가 변화에 대한 지속적인 대응과 적응을 통해 성과를 유지하고 발전하도록 돕는다(Minkler & Wallerstein, 2011).

참고문헌

Adams, R. (1996). *Social work and empowerment*. Springer.

Addams, J. (1910). *Twenty years at Hull-House*. Macmillan.

Anderson, S. R., & West, M. A. (1998). Measuring climate for work group innovation: Development and validation of the team climate inventory. *Journal of Organizational Behavior, 19*(3), 235-258. https://doi.org/10.1002/(SICI)1099-1379(199805)19:3<235::AID-JOB837>3.0.CO;2-C

Argyris, C. (1993). *Knowledge for action: A guide to overcoming barriers to organizational change*. Jossey-Bass.

Arnold, J. (2016). *Work psychology: Understanding human behaviour in the workplace* (6th ed.). Pearson

Education.

Arnstein, S. R. (1969). A ladder of citizen participation. *Journal of the American Institute of Planners, 35*(4), 216-224. https://doi.org/10.1080/01944366908977225

Avolio, B. J., & Bass, B. M. (2004). *Multifactor leadership questionnaire: Manual and sampler set*(3rd ed.). Mindgarden Inc. http://dx.doi.org/10.1207/s1532754xjprr1602_2

Baker, C., & Wright, W. E. (2017). *Foundations of bilingual education and bilingualism*(6th ed.). Multilingual Matters. https://doi.org/10.1007/978-3-319-02258-1_2

Bandura, A. (1997). *Self-efficacy: The exercise of control*. W H Freeman/Times Books/ Henry Holt & Co.

Baser, H., & Morgan, P. (2008). *Capacity, change and performance*. European Centre for Development Policy Management.

Bass, B. M., & Avolio, B. J. (1994). Transformational leadership and organizational culture. *International Journal of Public Administration, 17*(3-4), 541-554. https://doi.org/10.1080/01900699408524907

Beck, U., & Beck-Gernsheim, E. (1995). *The normal chaos of love*. Wiley.

Bennis, W., & Nanus, B. (1985). *Leaders: Strategies for taking charge*. Harper & Row.

Bronfenbrenner, U. (1981). *The ecology of human development: Experiments by nature and design*. Harvard University Press.

Burt, R. S. (2005). *Brokerage and closure: An introduction to social capital*. Oxford University Press.

Carter, E. A., & McGoldrick, M. (1980). *The family life cycle: A framework for family therapy*. Gardner Press.

Coburn, D. (2009). Inequality and health. *Socialist Register*, 39-58. https://socialistregister.com/index.php/srv/article/view/6763/3916

Cohen, D., & Prusak, L. (2001). *In good company: How social capital makes organizations work*. Ubiquity. https://doi.org/10.1145/358974.358979

Cohen, S., & Wills, T. A. (1985). Stress, social support, and the buffering hypothesis. *Psychological Bulletin, 98*(2), 310-357.

Coleman, D., & Cressey, D. R. (1984). *Social problems*. Harper & Row.

Connell, R. W. (1987). *Gender and power: Society, the person and sexual politics*. Stanford University Press.

Connell, R. W. (2005). *Masculinities*(2nd ed.). University of California Press.

Drucker, P. F. (2001). The effective decision. *InHarvard Business Review on decision-making*. Harvard Business School Press.

Fawcett, S. B., Paine-Andrews, A., Francisco, V. T., Schultz, J. A., Richter, K. P., Lewis, R. K., Williams, E. L., Harris, K. J., Berkley, J. Y., & Fisher, J. L., et al. (1995). Using empowerment theory in collaborative partnerships for community health and development. *American Journal of Community Psychology, 23*(5), 677-697. https://doi.org/10.1007/BF02506987

Freire, P. (1970). *Pedagogy of the oppressed*. Continuum.

Fukuyama, F. (1995). *Trust: The social virtues and the creation of prosperity*. Free Press.

Gaventa, J. (2009). Finding the spaces for change: A power analysis. *IDS Bulletin, 37*(6), 23-33.

Gergen, K. J. (2001). *Social construction in context*. Sage Publications.

Germain, C. B., & Gitterman, A. (1995). Ecological perspective. In R. L. Edwards (Ed.), *The encyclopedia of social work*(19th ed., pp. 816-824). National Association of Social Workers.

Gibson, J. L., Donnelly Jr., J. H., Ivancevich, J. M., & Konopaske, R. (2003). *Organizations: Behavior, structure and processes*. Irwin McGraw-Hill.

Giddens, A. (2006). *Sociology*(5th ed.). Polity Press.

Giddings, P. (1985). *When and where I enter: The impact of Black women on race and sex in America*. Bantam.

Goffman, I. (1959). *The presentation of self in everyday life*. Anchor.

Gordon, T. (2001). *Leader effectiveness training* (L.E.T.). TarcherPerigee.

Graig, G., & Mayo, M. (1995). *Community empowerment: A reader in participation and development* (Experiences of grassroots development). Zed Books.

Granovetter, M. S. (1973). The strength of weak ties. *American Journal of Sociology, 78*(6), 1360-1380.

Greenwood, R., & Hinings, C. R. (1996). Understanding radical organizational change: Bringing together the old and the new institutionalism. *The Academy of Management Review, 21*(4), 1022-1054. https://doi.org/10.2307/259163

Groot, B., & Abma, T. (2018). Partnership, collaboration, and power. *InEthics in participatory research for health and social well-being: Cases and commentaries*. Springer International Publishing. https://doi.org/10.4324/9781315106847

Gunn, W. B., Jr., Haley, J., Prouty, A. M., & Robertson, J. (2015). Systemic approaches: Family therapy. In H. T. Prout & A. L. Fedewa (Eds.), *Counseling and psychotherapy with children and adolescents: Theory and practice for school and clinical settings*(5th ed., pp. 317-355). John Wiley & Sons Inc.

Hackman, J. R., & Oldham, G. R. (1976). Motivation through the design of work: Test of a theory. *Organizational Behavior and Human Performance, 16*(2), 250-279.

Hackman, J. R., & Oldham, G. R. (1980). *Work redesign*. Addison-Wesley.

Haviland, W. A., Prins, H. E. L., McBride, B., & Walrath, D. (2010). *The human challenge*. Cengage Learning.

Heifetz, R. A. (1998). *Leadership without easy answers*. Harvard University Press.

Hepworth, D. H., Rooney, R. H., Rooney, G. D., & Strom, K. (2016). *Empowerment series: Direct social work practice: Theory and skills*(10th ed.). Cengage Learning.

Himmelman, A. (2001). On coalitions and the transformation of power relations: Collaborative betterment and collaborative empowerment. *American Journal of Community Psychology, 29*, 277-284. https://doi.org/10.1023/A:1010334831330

Hochschild, A. R. (1997). *The time bind: When work becomes home and home becomes work*. Metropolitan Books.

Hooks, b. (2000). *Feminism is for everybody: Passionate politics*. South End Press.

Horwitz, B. N., Neiderhiser, J. M., Ganiban, J. M., Spotts, E. L., Lichtenstein, P., & Reiss, D. (2010). Genetic and environmental influences on global family conflict. *Journal of Family Psychology, 24*(2), 217-220. https://doi.org/10.1037/a0019064

Howard, A., Rawsthorne, M., Joseph, P., Terare, M., Sampson, D., & Harris, M. K. (2023). *Social work and human services responsibilities in a time of climate change: Country, community and complexity*. Routledge.

Howard, M., Pfaff, K., Sattler, D., Dolovich, L., Marshall, D., Zwarenstein, M., & Upshur, R. (2022). Achieving holistic, quality-of-life focused care: Description of a Compassion Care Community initiative in Canada. *Health Promotion International, 37*(3), daac067. https://doi.org/10.1093/heapro/daac067

Hudon, C., Chouinard, M. C., Bisson, M., Brousselle, A., Lambert, M., Danish, A., Rodriguez, C., & Sabourin, V. (2022). Case management programs for improving integrated care for frequent users of healthcare services: An implementation analysis. *International Journal of Integrated Care, 22*(1), 11. https://doi.org/10.5334/ijic.5652

Johnson, M., & Smith, K. (2022). Evolving consumer behavior in a digital world. *Journal of Consumer Behavior, 40*(1), 15-28. https://doi.org/10.1002/cb.1857

Judge, T. A., & Bono, J. E. (2001). Relationship of core self-evaluations traits—Self-esteem, generalized self-efficacy, locus of control, and emotional stability—with job satisfaction and job performance: A meta-analysis. *Journal of Applied Psychology, 86*(1), 80-92. https://doi.org/10.1037/0021-9010.86.1.80

Kanter, R. M. (1983). Frontiers for strategic human resource planning and management. *Human*

Resource Management, 22, 9–21. https://doi.org/10.1002/hrm.3930220104

Katz, D., & Kahn, R. L. (1978). The social psychology of organizations. Wiley.

Kawachi, I., & Berkman, L. (2001). Social ties and mental health. *Journal of Urban Health, 78*, 458–467. https://doi.org/10.1093/jurban/78.3.458

Kenny, M. (2007). Gender, institutions and power: A critical review. *Politics, 27*(2), 91–100. https://doi.org/10.1111/j.1467-9256.2007.00284.x

Kernis, M. H. (2003). Toward a conceptualization of optimal self-esteem. *Psychological Inquiry, 14*, 1–26. https://doi.org/10.1207/S15327965PLI1401_01

Kieffer, C. H. (1984). Citizen empowerment: A developmental perspective. *Prevention in Human Services, 3*(2–3), 9–36. https://doi.org/10.1300/J293v03n02_03

Kingdon, J. W. (1984). *Agendas, alternatives and public policies.* Little, Brown and Company.

Koh, P. (2015). The oppression remedy—Clarifications on boundaries. *Journal of Corporate Law Studies, 15*(2), 407–415. https://doi.org/10.1080/14735970.2015.1044768

Kreisberg, S. (1992). *Transforming power: Domination, empowerment and education.* State University of New York Press.

Kreuter, M. W., Lukwago, S. N., Bucholtz, R. D., Clark, E. M., & Sanders-Thompson, V. (2003). Achieving cultural appropriateness in health promotion programs: Targeted and tailored approaches. *Health Education and Behavior, 30*, 133–146. https://doi.org/10.1177/1090198102251021

Lanning, K., Warfel, E. A., Wetherell, G., Perez, M., Boyd, R., & Condon, D. M. (2022). The personality of American nations: An exploratory study. *Personality Science, 3*(1). https://doi.org/10.5964/ps.7811

Laverack, G. (2012). *Health promotion practice: Power and empowerment.* SAGE Publications Ltd.

Lawler, J. J. (1986). Union growth and decline: The impact of employer and union tactics. *Journal of Occupational Psychology, 59*(3), 217–230. https://doi.org/10.1111/j.2044-8325.1986.tb00226.x

Lee, H. W., Hays, N. A., & Johnson, R. E. (2021). To thine own (empowered) self be true: Aligning social hierarchy motivation and leader behavior. *Journal of Applied Psychology, 106*(7), 1033–1048. https://doi.org/10.1037/apl0000813

Lee, J. A. B. (2001). *The empowerment approach to social work practice*(2nd ed.). Columbia University Press.

Locke, E. A. (1976). The nature and causes of job satisfaction. In M. D. Dunnette (Ed.), *Handbook of industrial and organizational psychology*(Vol. 1, pp. 1297–1343).

Luecke, R. (2003). *Harvard business essentials: Managing creativity and innovation*. Harvard Business

Press.

McAdam, D. (2000). Culture and social movements. In L. Crothers & C. Lockhart (Eds.), *Culture and politics*(pp. xxx–xxx). Palgrave Macmillan. https://doi.org/10.1007/978-1-349-62397-6_14

McCashen, W. (2005). *The strengths approach: A strength-based resource for sharing power and creating change*. St Luke's Innovative Resources.

McClelland, D. C. (1961). *The achieving society*. Van Nostrand.

McKinnon, A. M. (2022). The sociology of conversion narratives: A conundrum, a theory, and an opportunity. *Journal of Contemporary Religion, 37*(1), 89–105. https://doi.org/10.1080/13537903.2021.2012980

Minkler, M., & Wallerstein, N. (2011). *Community-based participatory research for health: From process to outcomes*. Jossey-Bass.

Morgan, G. (2006). *Images of organization*(Updated ed.). Sage Publications.

Nordin, N., Khatibi, A., & Azam, S. M. F. (2024). Nonprofit capacity and social performance: Mapping the field and future directions. *Management Review Quarterly, 74*, 171–225. https://doi.org/10.1007/s11301-022-00297-2

Pfeffer, J. (1981). *Power in organizations*. Pitman Publishing.

Phelps, S., & Austion, N. (2002). *The assertive woman*. Impact.

Piketty, T. (2014). Capital in the twenty-first century: A multidimensional approach to the history of capital and social classes. *British Journal of Sociology, 65*(4), 736–747. https://doi.org/10.1111/1468-4446.12115

Putnam, R. D. (2000). Bowling alone: America's declining social capital. In L. Crothers & C. Lockhart (Eds.), *Culture and politics*. Palgrave Macmillan. https://doi.org/10.1007/978-1-349-62965-7_12

Rappaport, J. (1987). Terms of empowerment/exemplars of prevention: Toward a theory for community psychology. *American Journal of Community Psychology, 15*, 121–148. https://doi.org/10.1007/BF00919275

Reynolds, B. S. (1977). Psychological treatment models and outcome results for erectile dysfunction: A critical review. *Psychological Bulletin, 84*(6), 1218–1238. https://doi.org/10.1037/0033-2909.84.6.1218

Ridgeway, C. L., & Smith-Lovin, L. (1999). The gender system and interaction. *Annual Review of Sociology, 25*, 191–216. https://doi.org/10.1146/annurev.soc.25.1.191

Robbins, S. P., & Judge, T. A. (2007). *Organizational behavior*(12th ed.). Pearson Prentice Hall.

Rogers, C. R. (1961). *On becoming a person: A therapist's view of psychotherapy.* Houghton Mifflin.

Rosenberg, M. (1965). *Society and the adolescent self-image*. Princeton University Press.

Ryan, R. M., & Deci, E. L. (2000). Self-determination theory and the facilitation of intrinsic motivation, social development, and well-being. *American Psychologist, 55*(1), 68-78. https://doi.org/10.1037/0003-066X.55.1.68

Saleebey, D. (2006). *Strengths perspective in social work practice*(4th ed.). Pearson.

Sampson, R. J., Raudenbush, S. W., & Earls, F. (1997). Neighborhoods and violent crime: A multilevel study of collective efficacy. *Science, 277*(5328), 918-924. https://doi.org/10.1126/science.277.5328.918

Schmidt, F. L., & Hunter, J. E. (1998). The validity and utility of selection methods in personnel psychology: Practical and theoretical implications of 85 years of research findings. *Psychological Bulletin, 124*(2), 262-274. https://doi.org/10.1037/0033-2909.124.2.262

Schruijer, S. (2020). Developing collaborative interorganizational relationships: An action research approach. *Team Performance Management, 26*, 17-28.

Sen, A. (1990). Gender and cooperative conflict. In I. Tinker (Ed.), *Persistent inequality*(pp. 123-148). Oxford University Press.

Senge, P. (1990). *The fifth discipline: The art and practice of the learning organization*. Doubleday/Currency.

Smith, A. M., & Green, M. (2018). Artificial intelligence and the role of leadership. *Journal of Leadership Studies, 12*(3), 85-87.

Smith, S. A., Carbone, E. T., & Logan, R. A. (2023). Health literacy and empowerment in the COVID-19 era. *Information Services and Use, 43*(2), 89-100. https://doi.org/10.3233/ISU-230186

Smith, T. (1993). Making the world safe for democracy. *The Washington Quarterly, 16*(4), 197-214. https://doi.org/10.1080/01636609309477730

Strier, R., & Binyamin, S. (2010). Developing anti-oppressive services for the poor: A theoretical and organisational rationale. *British Journal of Social Work, 40*(6), 1908-1926. https://doi.org/10.1093/bjsw/bcp122

Teece, D. J., Pisano, G., & Shuen, A. (1997). Dynamic capabilities and strategic management. *Strategic Management Journal, 18*, 509-533. http://dx.doi.org/10.1002/(SICI)1097-0266(199708)18:7<509::AID-SMJ882>3.0.CO;2-Z

Thomas, K. W., & Velthouse, B. A. (1990). Cognitive elements of empowerment: An "interpretive" model of intrinsic task motivation. *Academy of Management Review, 15*, 666-681.

Thompson, N. (2007). *Power and empowerment* (Theory into practice). Russell House Publishing.

Tilly, C. (2006). *The Oxford handbook of contextual political analysis*. Oxford University Press.

Vroom, V., & Yetton, P. (1973). *Leadership and decision-making*. University of Pittsburgh Press. https://doi.org/10.2307/j.ctt6wrc8r

Wallerstein, N., & Duran, B. (2010). Community-based participatory research contributions to intervention research: The intersection of science and practice to improve health equity. *American Journal of Public Health, 100*, S40-S46. https://doi.org/10.2105/AJPH.2009.184036

Warren, M. (1999). *Democracy and trust*. Cambridge University Press. https://doi.org/10.1017/CBO9780511659959

Wilson, W. J. (1987). *The truly disadvantaged: The inner city, the underclass and public policy*. University of Chicago Press.

Wood, R., & Bandura, A. (1989). Social cognitive theory of organizational management. *Academy of Management Review, 14*, 361-384.

Woolcock, M., & Narayan, D. (2000). Social capital: Implications for development, theory, and policy. *World Bank Research Observer, 15*, 225-249. https://doi.org/10.1093/wbro/15.2.225

Yang, S., Ye, H., & Zhu, Q. (2017). Do peer firms affect firm corporate social responsibility? *Sustainability, 9*(11), 1967. https://doi.org/10.3390/su9111967

Young, J. E. (1990). *Cognitive therapy for personality disorders: A schema-focused approach*. Professional Resource Exchange, Inc.

Zimmerman, B. J. (2000). Attaining self-regulation: A social cognitive perspective. In M. Boekaerts, P. R. Pintrich, & M. Zeidner (Eds.), *Handbook of self-regulation*(pp. 13-39). Academic Press. https://doi.org/10.1016/B978-012109890-2/50031-7

제8장

가족 리질리언스의 이해와 실천

학습 목표

1. 가족 리질리언스의 개념과 이론적 중요성을 설명할 수 있다.
2. 가족 리질리언스의 신념 체계, 긍정적 시각, 체계적 관점 등 주요 관점을 이해할 수 있다.
3. 가족 리질리언스를 구성하는 핵심 요소를 설명할 수 있다.
4. 가족 리질리언스 접근방법과 그 실천적 적용 방안을 구분하고 이해할 수 있다.
5. 가족 리질리언스 강화에 중요한 지역사회 자원 및 사회적 지지망의 역할을 설명할 수 있다.

이 장에서는 가족복지실천에서 개인과 가족의 역량 강화를 통해 가족 리질리언스를 증진시키는 방안을 모색하고자 한다. 이를 위해 자존감 회복, 사회적 지지망 확대, 긍정적 자원의 활용을 극대화하는 접근을 중심으로 가족 리질리언스의 개념과 그 이론적 중요성을 논의한다. 또한 리질리언스의 관점, 접근방법, 조직 유형, 체계별 리질리언스 및 주요 구성 요소를 다루며, 이러한 이론적 개념을 실천에 어떻게 적용할 수 있을지 탐구한다. 나아가 리질리언스 접근의 한계를 분석하고, 이를 기반으로 가족복지실천에서의 적용 방안을 모색하는 데 초점을 둔다. 이를 통해 가족이 직면한 위기와 도전을 성장과 회복의 기회로 전환할 수 있는 구체적인 방법을 제시하고, 가족의 자립 능력을 강화하며 장기적 복지 증진을 목표로 할 수 있을 것이다.

1. 리질리언스의 정의와 가족 리질리언스

리질리언스(resilience)는 사회복지 분야에서 개인과 집단이 직면하는 다양한 역경과 도전에 대응하는 능력을 설명하는 핵심 개념으로, 그 이론적 중요성이 크다. 이는 단순히 외부의 어려움으로부터 회복하는 능력에 그치지 않고, 그 과정에서 더욱 강력한 자원과 전략을 구축해 가는 복합적 과정을 포함한다. 리질리언스는 개인의 내적 자원뿐만 아니라 사회적 맥락에서 제공되는 외부 자원의 상호작용을 통해 발현되며, 이를 통해 개인은 지속적인 성장을 추구할 수 있는 토대를 마련하게 된다(Masten et al., 2009). 이 개념은 정신건강, 공동체 회복력, 사회적 지지의 중요성과 연결되어 사회적 복지와 심리적 회복에서 중요한 역할을 하고 있다(Masten, 2014a).

리질리언스는 역경에서 다시 일어나 더욱 강해지는 능력으로 정의된다. 이는 단순한 회복(resilience)을 넘어 역경을 통해 새로운 자원을 축적하고 발전시키는 과정으로 해석된다. 심리적 회복 외에도 개인과 집단은 역경을 통해 더 강한 사회적 자본을 형성하고, 관계 네트워크가 강화될 수 있다. 매스턴(Masten, 2014b)은 리질리언스가 단순히 과거 상태로 돌아가는 것이 아니라, 그 이상의 성장과 발달을 의미한다고 강조한다. 이는 개인이 역경을 통해 새로운 학습을 하고, 자신의 내적 자원을 더 확장시키며, 이를 기반으로 새로운 역량을 발휘할 수 있도록 하는 중요한 성장 기회를 제공한다는 점에서 그 의미가 깊다. 리질리언스를 통해 역경을 극복한 개인들이 더욱 강력한 자원을 구축하고, 이전보다 높은 수준의 적응력을 보인다는 결과를 보여 준다(Cicchetti, 2010).

리질리언스는 위기와 도전 상황에서 인내하고 자정하며 성장해 나가는 역동적인 과정으로 설명된다. 이는 단순히 외부 충격을 견디는 능력이 아니라, 그 과정을 통해 자신을 재정립하고 더 나은 방향으로 나아가는 역동적 변화를 포함한다. 개인의 리질리언스가 발휘되는 과정은 고정된 것이 아니라, 다양한 외부 자원과의 상호작용을 통해 지속적으로 변화하고 발달한다는 점에서 유동적이다(Luthar et al., 2000). 특히 사회적 지지 체계는 개인의 리질리언스 향상에 중요한 역할을 하며, 이러한 상호작용은 개인의 회복과정뿐만 아니라 공동체 전체의 회복력을 증진시킨다. 예를 들어, 자연재해나 경제 위기 상황에서 공동체가 상호 협력하며 회복해 가는 과정은 개별 개인의 리질리언스를 촉진시킬 수 있는 중요한 경험이 된다(Masten & Narayan, 2012). 이러한 집단적 경험은 공동체의 복원력을 증대시키며, 사회적 유대감과 협력 관계를 강화하는 데 기여한다.

리질리언스는 경험에 대한 개방성과 타인들과의 상호 의존을 통해 더욱 강화된다. 개인이 자신이 겪는 경험에 대해 개방적인 태도를 취할수록, 그리고 타인과의 협력과 상호 의존을 효율적으로 구축할수록 리질리언스의 수준은 향상된다(Masten et al., 2009). 특히 사회적 관계에서의 상호 의존성은 리질리언스를 강화하는 중요한 요인으로 작용한다. 이는 개인이 자신의 경험을 다른 사람들과 공유하고 그 과정에서 심리적 지지와 문제 해결에 대한 새로운 통찰을 얻게 되기 때문이다. 타인과의 상호작용을 통해 자신의 경험을 확장하고 해석하는 능력은 리질리언스를 강화하는 데 매우 중요한 역할을 한다. 사회적 지지 체계와 상호작용이 활발한 개인은 스트레스를 보다 효과적으로 관리하고, 새로운 상황에 대한 대처 능력을 발달시킬 수 있다(Luthar et al., 2000). 이러한 경험은 리질리언스의 사회적 기반을 제공하며, 개별적 차원을 넘어 공동체와의 연계 속에서 더욱 발전하게 된다.

리질리언스는 단순히 역경을 이겨 내는 능력이 아니라, 개인적 · 사회적 자원을 통합하여 도전과 위기 상황에 적응하고 지속적인 성장을 목표로 하는 복합적이고 다차원적인 개념이다. 이를 통해 인간은 더 강력한 내적 강인함과 사회적 자원을 구축할 수 있으며, 이러한 과정에서 공동체와의 상호작용은 매우 중요한 역할을 한다. 결국 리질리언스는 개인적 회복력을 넘어선 사회적 · 공동체적 자원과의 상호작용을 통해 강화되며, 이는 사회복지에서 필수적인 이론적 틀로 자리 잡고 있다(최선희, 강성율, 2021). 따라서 리질리언스 개념은 사회적 · 심리적 지원을 제공하는 프로그램과 정책을 수립하는 데 중요한 역할을 하며, 개인과 공동체의 전반적인 복지 증진을 위한 토대를 마련한다는 점에서 지속적인 관심이 필요하다.

가족 리질리언스(family resilience)는 가족이라는 기능적 단위 내에서 발생하는 대처와 적응 과정을 설명하는 중요한 개념이다(박혜란, 전귀연, 2012). 이는 가족이 직면하는 위기와 도전을 어떻게 극복하고, 나아가 발전할 수 있는지를 탐구하며, 가족 구성원 간의 상호작용과 지지 체계가 이러한 과정에서 중요한 역할을 한다는 점을 강조한다. 가족 리질리언스는 단순한 생존을 넘어, 위기 상황에서 가족이 새로운 역량을 개발하고 성장하는 과정을 의미한다(Walsh, 2016). 이 개념은 가족 내 상호작용을 통해 발전된 적응력과 복원력을 통해 위기 상황에서도 건강한 기능을 유지하고자 하는 가족의 능력을 중심으로 논의된다.

가족은 기능적 단위로서 대처와 적응을 경험하는 장이다. 가족 구성원은 개인이 아니라 하나의 집단으로서 함께 어려움을 해결하고, 이를 통해 가족의 전반적인 리질리언스를 강화한다(정민자, 2016). 이는 단순히 외부의 도전에 대한 반응이 아니라, 가족 내에서 서로에게 지지와 도움을 제공하며 함께 해결책을 모색하는 상호작용의 과정을 포함한다(McCubbin & Patterson, 1983). 이 과정에서 가족은 서로의 강점과 자원을 동원하여 대처 전략을 개발하고, 위기를 극복해 나간다. 특히 가족 구성원 간의 의사소통, 문제 해결 능력, 정서적 지지는 가족 리질리언스를 높이는 핵심 요소로 작용한다(Walsh, 2016). 이러한 기능적 단위로서의 가족 내 상호작용은 가족이 위기 상황에서도 안정성을 유지하고, 나아가 성장할 수 있는 기반이 된다.

가족의 정상성과 건강에 대한 관점은 사회적으로 구성된 건강한 가족 기능의 임상적 사정과 목표에 영향을 미친다(김안자, 2009). 가족 리질리언스에 대한 개념은 종종 건강한 가족 기능에 대한 사회적 규범과 기대와 밀접하게 연결되어 있다. 즉, 어떤 가족이 정상적으로 기능하고 있는지, 혹은 위기 상황에서 적절하게 대응하고 있는지는 사회적으로 구성된 규범에 따라 판단된다(Walsh, 2003). 건강한 가족이란 사회적으로 받아들여지는 기준을 충족하며, 이러한 기준은 가족 리질리언스의 임상적 사정과 목표 설정에 큰 영향을 미친다. 임상적 사정에서 가족의 강점과 약점을 평가할 때, 그들이 사회적으로 요구되는 정상성을 얼마나 충족하고 있는지에 대한 고려가 포함된다. 가족 내 의사소통의 효율성, 역할 분담의 명확성, 정서적 지지 등이 중요한 평가 요소로 작용하며, 이러한 요소들은 가족의 리질리언스를 평가하는 기준이 된다(McCubbin & Figley, 1983).

역경에 처한 가족의 강점은 그들이 위기와 지속적인 도전을 다루는 능력으로 발전해 간다. 전통적으로 가족의 위기 상황은 취약성의 증거로 간주되었지만, 현대 가족 리질리언스 이론에서는 이러한 위기가 오히려 가족의 강점을 드러내는 기회로 여겨진다(Walsh, 2016). 가족이 위기 상황에서 보여 주는 강점은 그들이 위기를 어떻게 처리하고, 새로운 상황에 적응하는가에 따라 결정된다. 위기를 경험하는 동안, 가족은 더 나은 문제 해결 능력을 개발하고, 가족 내 관계가 더욱 강화되며, 이를 통해 지속적인 도전을 극복하는 데 필요한 자원을 구축할 수 있다(Masten, 2014a). 경제적 어려움이나 질병과 같은 위기는 가족 구성원이 서로를 더욱 지지하고 협력하는 기회를 제공하며, 이 과정에서 가족의 리질리언스는 강화된다.

이처럼 가족 리질리언스는 가족이 기능적 단위로서 함께 위기 상황에 대처하고 적응하는 과정을 의미한다. 이 과정에서 가족은 단순한 생존을 넘어 성장과 발전을 목표로 하며, 가족 내 상호작용과 강점은 중요한 자원이 된다. 사회적으로 구성된 건강한 가족 기능에 대한 기준은 리질리언스의 임상적 사정과 목표에 영향을 미치며, 역경에 처한 가족은 위기를 통해 새로운 능력을 발휘하고 더 강력한 단위로 변화할 수 있다.

2. 리질리언스 관점

1) 신념 체계

가족 리질리언스는 가족이 위기와 도전 속에서 어떻게 함께 대응하고 성장할 수 있는지를 설명하는 중요한 개념이다(김소희, 박미현, 2012). 이러한 리질리언스의 본질과 정신은 가족의 신념 체계에 깊이 뿌리내려 있으며, 가족이 서로 협력하고 신뢰하며 역경을 대처하는 방식에 중요한 영향을 미친다. 신념 체계는 가족이 위기를 어떻게 인식하고, 그에 맞서 어떻게 적응하는지를 결정하는 중요한 틀을 제공한다(Walsh, 2016). 협력, 신뢰, 결속감과 같은 가치들은 가족 리질리언스의 핵심이며, 이를 바탕으로 가족은 위기 상황에서 강한 회복력을 발휘할 수 있다.

첫째, 협력의 가치에 기초한 리질리언스는 가족이 서로 협력하여 문제를 해결하고, 각 구성원이 자신의 역할을 충실히 수행함으로써 위기 상황에 대응하는 방식을 강조한다. 가족 리질리언스는 단순히 개인의 회복력이 아니라, 가족 전체의 협력을 통해 더 큰 힘을 발휘할 수 있는 능력이다(McCubbin & Patterson, 1983). 가족 내에서 각자의 역할이 명확하고 서로를 돕기 위한 협력적인 자세가 강할수록, 위기 상황에서 가족은 더욱 단단한 결속력을 바탕으로 대응할 수 있다. 이러한 협력은 위기뿐만 아니라 일상적인 도전에도 가족이 효과적으로 적응하고 성장할 수 있도록 돕는다.

둘째, 위기를 공유된 도전으로 인식하는 것은 가족 리질리언스의 중요한 부분이다. 가족이 위기를 개별적 문제가 아니라 공동의 도전으로 인식할 때, 그들은 더 큰 단결력을 발휘한다(Walsh, 2003). 위기를 가족 전체가 공유하는 도전으로 보는 것은 각 구성원이 자신의 역할을 넘어서 가족의 일원으로서 적극적으로 참여하게 만들며, 이를 통해 가족 내에서 서로를 지지하고 협력할 수 있는 환경을 조성한다. 경제적 어려움이나 질병 · 재난과 같은 상황에서 가족이 이를 하나의 공유된 문제로 인식할 때, 그들은 보다 효과적으로 협력하고 함께 해결책을 모색하게 된다.

셋째, 신뢰의 기초는 가족 리질리언스를 강화하는 중요한 요소다. 가족 구성원들 간의 신뢰는 위기 상황에서 서로를 의지하고 지원할 수 있는 기반을 제공한다(Walsh, 2016). 신뢰는 가족 내에서의 정서적 안정감을 높이며, 어려운 상황에서 서로가 믿을 수 있는 존재라는 확신을 심어 준다. 특히 신뢰는 가족이 위기를 해결하는 과정에서 서로에게 솔직하게 의사소통할 수 있게 하고, 필요한 지원을 요청하거나 제공하는 데 있어 중요한 역할을 한다.

넷째, 역경과 재난에 대한 개념화 및 정상화는 가족이 위기를 더 이상 피할 수 없는 재앙으로

만 보지 않고, 인간 경험의 일부로 받아들이는 과정을 의미한다. 이러한 개념화는 위기를 보다 객관적으로 이해하게 하며, 이를 정상적인 삶의 일부로 인식하게 만든다(Boss, 2006). 이를 통해 가족은 위기를 지나치게 두려워하지 않고, 오히려 이를 관리하고 해결할 수 있는 능력을 개발하는 데 집중할 수 있다. 이러한 정상화 과정은 가족이 위기에서 지나치게 불안해지거나 무력감을 느끼는 것을 방지하며, 보다 적극적인 문제 해결 태도를 갖추게 한다.

다섯째, 결속감은 가족 리질리언스에서 가장 중요한 요소 중 하나로, 가족 구성원 간의 유대와 상호 지지가 위기를 극복하는 데 필수적이다(McCubbin & Patterson, 1983). 결속감이 강한 가족은 위기 속에서도 서로에게 의지하며, 단합된 힘으로 문제를 해결할 수 있다. 이러한 결속감은 가족이 함께 위기 상황을 헤쳐 나가면서 더욱 강화되며, 가족의 정서적 안정과 상호 신뢰를 높이는 데 기여한다.

여섯째, 위기를 의미 있고, 이해할 수 있으며, 다룰 수 있는 도전으로 보는 것은 가족 리질리언스의 핵심적인 신념이다. 가족이 위기를 단순한 고통이나 어려움으로만 보는 것이 아니라, 그 안에서 의미를 찾고 이를 극복할 수 있는 도전으로 해석할 때, 가족은 더 높은 수준의 리질리언스를 발휘할 수 있다(Walsh, 2016). 이는 가족 구성원들이 위기 상황에서 무력감을 느끼지 않고, 그 도전 속에서 새로운 기회와 교훈을 찾을 수 있는 능력을 개발하는 데 중요한 역할을 한다.

위기, 고통, 재난, 회복을 개방적으로 평가하는 것은 가족 리질리언스에서 중요한 역할을 한다. 개방적인 태도는 위기에 대한 솔직한 논의와 평가를 가능하게 하며, 억압된 감정이나 문제를 표출하는 대신 이를 공유하고 해결책을 찾을 수 있도록 돕는다(Boss, 2006). 가족이 위기나 고통을 억압하지 않고 개방적으로 논의할 때, 그들은 더 효과적으로 문제를 해결할 수 있으며, 회복 과정에서도 서로에게 지지와 위안을 제공할 수 있다.

이처럼 가족 리질리언스는 협력, 신뢰, 결속감, 그리고 위기를 의미 있는 도전으로 보는 신념 체계에 기반을 두고 있다. 이러한 신념 체계는 가족이 위기 상황에서 더욱 강해지고, 서로를 지원하며, 함께 성장할 수 있는 능력을 제공한다. 가족이 공유된 도전과 협력을 바탕으로 위기에 대처할 때, 그들은 더 높은 수준의 리질리언스를 발휘할 수 있다.

2) 긍정적 시각

가족 리질리언스는 가족이 직면하는 위기와 도전 속에서도 긍정적인 태도를 유지하고, 문제를 해결해 나가는 능력을 의미한다(양무희, 윤경자, 2012). 긍정적인 시각은 가족이 어려운 상황을 극복하는 데 중요한 역할을 하며, 이를 통해 가족 구성원들은 심리적 · 정서적 안정감을 유지할 수 있다. 가족 리질리언스의 긍정적 시각은 특히 적극적 주도성과 인내, 용기와 권면, 희망과 낙관적 관점이라는 세 가지 핵심 요소에 의해 강화된다(Walsh, 2016).

첫째, 적극적 주도성과 인내는 가족 리질리언스에서 중요한 요소로 작용한다. 위기 상황에서 가족 구성원들이 수동적으로 문제를 기다리기보다는 적극적으로 대처하고, 인내심을 가지고 문제 해결에 임하는 자세는 위기 극복의 중요한 원동력이 된다. 적극적 주도성은 가족이 문제를 해결하기 위해 스스로 할 수 있는 부분을 찾아내고, 이를 행동으로 옮기는 능력을 말한다(Boss, 2006). 경제적 어려움에 처한 가족이 더 나은 재정 계획을 세우거나, 자원을 찾아내기 위해 적극적으로 행동할 때 그들은 더 높은 수준의 리질리언스를 발휘하게 된다. 인내는 위기 상황에서 단기적인 해결책을 찾기보다는 장기적인 관점에서 문제를 견디며 해결해 나가는 자세를 의미한다. 인내는 특히 어려운 상황이 장기화될 때 더욱 중요한 요소로 작용하며, 가족이 함께 문제를 해결해 나가며 그 과정에서 배울 수 있도록 돕는다(Masten, 2014b).

둘째, 용기와 권면은 가족 리질리언스에서 정서적 지지와 상호 격려의 역할을 강조한다. 용기는 어려운 상황 속에서도 두려움에 굴하지 않고 문제에 직면하는 능력이다(Walsh, 2016). 가족 구성원들이 서로에게 용기를 북돋아 주고, 어려운 상황을 함께 견디는 것은 가족 리질리언스를 강화하는 중요한 요소다. 가족 중 한 명이 질병이나 심각한 문제를 겪고 있을 때, 다른 가족 구성원들이 그에게 용기를 주고 긍정적인 태도를 유지하도록 권면하는 것은 가족 전체의 회복력에 큰 도움이 된다. 권면은 가족 구성원들 간에 상호 지지를 제공하는 것을 의미하며, 서로가 처한 어려움을 이해하고 격려하는 과정을 통해 가족은 더 큰 심리적 안정감을 얻을 수 있다(Boss, 2006). 이러한 용기와 권면의 과정은 가족이 위기 상황에서 더 나은 결정을 내리고, 감정적으로 안정된 상태를 유지하는 데 기여한다.

셋째, 희망과 낙관적 관점의 유지는 가족 리질리언스에서 필수적인 요소로 작용한다. 희망은 미래에 대한 긍정적인 기대와 신념을 유지하는 것으로, 가족이 어려운 상황에서도 앞으로 나아갈 수 있는 동기를 제공한다(McCubbin & Patterson, 1983). 희망을 잃지 않는 가족은 위기 속에서도 해결책을 찾고, 상황을 개선할 수 있다는 믿음을 가지고 행동한다. 낙관적 관점은 현재의 상황을 부정적으로만 보지 않고, 그 안에서 긍정적인 요소를 찾아내는 능력을 의미한다(Walsh, 2016). 자연재해나 경제적 위기와 같은 상황에서도 긍정적 태도를 견지할 수 있도록 가족이 서로를 지지하고 격려하며 희망을 잃지 않는다면, 그들은 더 높은 수준의 회복력을 발휘할 수 있다. 낙관적 관점을 유지하는 것은 가족이 감정적으로 무너지지 않고, 도전을 새로운 기회로 바라볼 수 있도록 돕는다.

가족 리질리언스에서 긍정적인 시각은 적극적 주도성과 인내, 용기와 권면, 그리고 희망과 낙관적 관점이라는 요소들에 의해 강화된다. 이러한 긍정적 태도는 가족이 위기 상황에서도 서로를 지지하고 함께 성장할 수 있는 기반을 제공하며, 가족 구성원들이 심리적 안정감을 유지하고 어려움을 극복할 수 있는 중요한 자원이 된다.

3) 체계적 관점

리질리언스는 전통적으로 개인의 능력에 초점을 맞추어 정의되었으나, 현대 연구에서는 개인을 넘어서는 체계적 관점으로 확장되어 이해되고 있다(권혜민, 최송식, 2019). 이러한 체계적 관점에서는 리질리언스가 더 이상 단순한 개인적 적응력의 문제가 아니라, 개인이 속한 다양한 사회적 · 환경적 맥락과의 상호작용 속에서 발현되는 복잡한 과정으로 여겨진다. 리질리언스는 개인의 능력뿐만 아니라 그가 속한 관계, 사회 체계, 환경적 요인 등과 밀접한 연관을 맺고 있으며, 이는 생태학적 · 발달적 관점에서 심도 있게 분석될 필요가 있다.

2인 관계에서 체계적 관점으로의 확장은 리질리언스를 단순히 개인과 개인 간의 상호작용에서만 바라보는 것이 아니라, 보다 넓은 사회적 맥락에서의 상호작용(이재은, 2018)을 통해 개인이 어떻게 적응하고 변화하는지를 분석하는 시각을 제공한다. 개인은 가족, 친구, 직장, 그리고 지역사회와 같은 다양한 사회적 네트워크와 상호작용하면서 자신의 적응력을 키워 간다(Bronfenbrenner, 1981). 이러한 체계적 관점은 개인이 속한 사회적 환경과의 교환 과정에 초점을 맞추며, 리질리언스는 이 교환 과정에서 상호작용을 통해 강화되거나 약화될 수 있다. 예를 들어, 가족과의 긴밀한 유대감은 개인의 리질리언스를 강화시키는 중요한 요인이 될 수 있으며, 사회적 지원이 적절히 제공될 때 개인은 더 나은 대처 능력을 발휘할 수 있다(Masten, 2014a). 따라서 리질리언스는 단순한 개인적 특성으로 설명될 수 없으며, 복합적인 사회적 체계와의 상호작용 속에서 발현된다.

생태체계관점에서는 리질리언스가 개인의 일생에 걸쳐 경험하는 다양한 위험 요소와 상호작용하면서 변화하고 발달하는 과정을 설명한다(Bronfenbrenner, 1986). 이 관점에서는 가족, 동료 집단, 학교, 직장, 지역사회 등 다양한 환경적 요인이 리질리언스에 영향을 미치는 중요한 요소로 작용한다. 개인은 이러한 다양한 사회적 환경 속에서 수많은 도전과 위험을 직면하게 되며, 이 과정에서 적응력을 키우거나 약화시킬 수 있다. 특히 학교나 직장과 같은 사회적 환경은 개인의 리질리언스 발달에 중요한 역할을 한다(Luthar et al., 2000). 이러한 맥락에서 생태체계관점은 개인이 어떤 환경적 요인들과 상호작용하면서 어떻게 위험에 대처하고 회복력을 키워가는지를 이해하는 데 매우 유용한 틀을 제공한다.

발달적 관점에서는 리질리언스가 고정된 속성으로 보지 않고, 시간에 걸쳐 지속적으로 변화하는 다중 결정 과정으로 이해된다(Cicchetti, 2010). 이는 개인이 특정 시점에서 보여 주는 적응력이나 대처 능력이 영구적인 것이 아니라, 시간에 따라 발전하거나 변화할 수 있음을 강조한다(강현아, 2010). 어린 시절의 리질리언스는 성인이 되어 직면하는 새로운 도전들에 따라 변화할 수 있으며, 개인이 겪는 다양한 경험과 학습을 통해 점차 강화될 수 있다(Masten, 2014a). 발달적 관점에서는 또한 리질리언스가 일련의 고정된 성질이나 특성이 아니라, 다양한 경험과 상호작용 속에서 끊임없이 조정되고 재구성되는 과정으로 본다. 이는 개인의 적응력이 시간에 걸쳐 다양한 요인에 의해 다중적으로 결정되며, 각 시점에서의 경험이 미래의 적응력에 영향을 미친다는 점에서 중요하다.

리질리언스는 개인적 특성에서 시작되지만, 체계적 관점에서 보다 넓은 사회적 · 생태학적 · 발달적 맥락 속에서 이해될 때 그 의미가 더욱 깊어진다. 개인은 단순히 자신의 내부 자원만으로 어려움을 극복하는 것이 아니라, 자신을 둘러싼 사회적 네트워크와 환경적 요인과의 상호작용을 통해 적응력을 발달시킨다. 이러한 과정에서 리질리언스는 시간과 환경에 따라 끊임없이 변화하며, 이를 이해하기 위해서는 체계적 관점과 발달적 관점의 통합적 접근이 필요하다.

4) 강력한 리더십

강력한 리더십은 가족 내에서 아동이나 취약한 구성원을 양육하고 보호하며, 그들에게 방향을 제시하는 중요한 역할을 한다. 부모나 가족 내의 주요 구성원이 책임감을 가지고 아동과 취약한 구성원을 돌보는 것은 가족 리질리언스의 핵심 요소다. 이 과정에서 리더십은 보호와 안내를 제공하며, 이를 통해 가족은 위기 속에서도 안정감을 유지하고, 구성원 모두가 필요한 지원을 받을 수 있게 된다(Boss, 2006).

현대 사회에서 다양한 가족 형태가 존재하며, 이러한 가족들은 협동적 양육과 보호를 통해 리질리언스를 강화할 수 있다(정민자, 2016). 핵가족을 넘어서는 확장된 가족 구성이나, 가구 내 여러 세대가 함께 생활하는 상황에서 협력적인 양육과 보호는 가족 리질리언스를 강화하는 중요한 요소다. 이러한 협동적인 구조는 여러 가족 구성원이 아동과 취약한 가족을 돌보는 데 참여함으로써 보호와 지원의 네트워크를 확장시킨다(Walsh, 2016). 또한 이러한 공동체적인 양육과 보호는 가족의 결속력을 높이며, 위기 상황에서도 보다 강한 회복력을 발휘할 수 있게 한다.

부부와 공동부모 관계에서의 동등한 파트너십은 가족 리질리언스의 중요한 기초가 된다. 부부나 공동부모가 서로를 동등한 파트너로 존중하고 공동의 책임을 나누어 가질 때, 그들은 가족 내에서 안정성과 협력적인 관계를 유지할 수 있다(김미혜, 윤경자, 2013). 이러한 파트너십은 자녀 양육에 있어서도 중요한 역할을 하며, 부모가 서로 협력하여 일관된 양육 방침을 제공할 때, 자녀는 안정된 환경 속에서 성장할 수 있다(Walsh, 2016). 이 과정에서 부모 간의 상호 존중과 협력은 가족 전체의 리질리언스를 강화하는 데 중요한 요소로 작용한다.

위기 상황에서 재결합과 고통스러운 관계의 화해를 탐색하는 것은 가족 리질리언스에서 중요한 단계다. 가족 구성원 간에 갈등이 발생할 때, 그 관계를 치유하고 화해하려는 노력이 이루어질 때, 가족은 더 강한 결속을 회복할 수 있다(이미애, 손명희, 2012). 용서와 과거의 경험을 돌아보는 회상은 가족이 고통스러운 경험을 극복하고, 더 나은 관계로 나아갈 수 있는 기회를 제공한다(Boss, 2006). 이러한 과정은 감정적 치유와 회복을 촉진하며, 가족 내에서 더 깊은 연결성을 형성하는 데 중요한 역할을 한다.

가족이 위기 상황에서 성공적으로 대응하고 회복하기 위해서는 사회적 · 경제적 자원이 필수적이다(이재은, 2018; 김영수, 2023). 경제적 안정은 가족이 스트레스를 덜 받고, 더 나은 결정을 내릴 수 있는 환경을 조성하며, 사회적 자원은 가족이 외부로부터의 지원을 통해 위기를 극복하는 데 중요한 역할을 한다(McCubbin & Patterson, 1983). 예를 들어, 지역사회 네트워크, 정부 지원 프로그램, 그리고 경제적 자원은 가족이 어려운 상황에서 필요한 도움을 얻고 회복할 수 있게 하는 중요한 자원들이다.

가족 연결성은 상호 지지, 협력, 그리고 책임감을 통해 가족 리질리언스를 강화하며, 가족 내에서 서로의 차이점과 경계를 존중하면서도 강력한 리더십과 협력적인 보호 구조를 통해 안정성을 유지한다. 다양한 가족 형태에서의 협력적 양육과 동등한 파트너십은 가족이 위기 상황에서 강한 회복력을 발휘하는 데 중요한 역할을 하며, 재결합과 화해를 통해 가족 내 결속력을 더욱 강화할 수 있다.

3. 리질리언스 접근방법

리질리언스 접근은 단순히 고통이나 어려움을 극복하는 능력에 초점을 맞추기보다는 회복 과정과 성장 잠재력을 중시하는 특징을 지닌다(권기범 외, 2017). 이는 위기 상황을 단순히 견뎌 내는 것에서 한 걸음 더 나아가 그 과정을 통해 지속적인 성장과 발달을 추구하는 데 중점을 둔다. 리질리언스 접근은 개인의 성장과 발달을 지원하는 환경적 요인의 중요성을 강조하며, 개인이 역경을 극복하는 과정에서 더 강력한 자원을 개발하고, 더 높은 수준의 기능을 발휘할 수 있도록 돕는다(Cutuli & Masten, 2009). 이러한 접근은 개인의 내적 회복력뿐만 아니라, 그를 둘러싼 사회적 자원과 환경적 지지가 상호작용하며 회복력을 강화하는 방식에 주목한다.

가족 리질리언스 접근은 가족이 위기 상황에서 서로를 지지하고, 변화하는 환경에 적응하며, 공동의 목표를 달성하는 데 있어 핵심적인 역할을 한다(장수미, 2021). 이는 가족이 단순히 위기에서 회복하는 것 이상의 의미를 지니며, 위기 속에서 새로운 자원을 개발하고 구성원 간의 결속력을 강화하는 데 중점을 둔다(Walsh, 2016). 가족 리질리언스는 단순한 생존 능력이 아닌, 위기 속에서도 가족의 구조와 기능이 어떻게 발전하고 성장할 수 있는지를 설명하는 중요한 개념이다. 특히 응집력(cohesion), 책임성(responsibility), 적응성(adaptability), 의사소통(communication) 등과 같은 요소는 가족 구성원 간의 상호작용이 어떻게 조직화되고, 이를 통해 리질리언스가 발휘되는지를 결정짓는다. 응집력은 가족 구성원들이 서로에 대한 지지를 기반으로 강한 유대감을 형성하고, 책임성은 각 구성원이 자신의 역할을 충실히 수행하며 위기에 대응하는 능력을 의미한다(최정숙 외, 2015). 적응성은 가족이 변화하는 상황에 유연하게 대처하는 능력을 뜻하며, 의사소통은 구성원 간에 명확한 정보와 정서적 교류가 이루어질 때 가족의 문제 해결 능력을 강화한다(김은정, 김형모, 2010). 이러한 상호작용 요소들은 가족이 위기 상황을 효과적으로 관리하고, 그 속에서 새로운 기회를 발견하며 더욱 강한 공동체로 나아갈 수 있도록 하는 중요한 기반이 된다.

예방적 차원에서의 리질리언스 접근은 위기 발생 이전에 개인과 가족이 강력한 내적 자원과 사회적 지원 체계를 마련하여 잠재적인 위험에 미리 대비하는 데 중점을 둔다. 이는 단순히 위기 후 회복을 목표로 하는 것이 아니라, 가족과 개인이 위기를 사전에 관리하고 미래의 도전에 대비할 수 있도록 돕는 체계적 접근을 의미한다. 예방적 리질리언스는 리스크 관리와 회복력 강화라는 두 가지 차원에서 중요하다(Luthar, Cicchetti, & Becker, 2000).

첫째, 예방적 차원에서의 리질리언스 접근은 내적 자원을 강화하는 데 중점을 둔다(이미애, 손명희, 2012). 이는 가족 구성원들이 자신의 정서적 · 심리적 강점을 파악하고, 이를 통해 자기효능감을 향상시키는 것을 포함한다. 자기효능감은 미래의 위기 상황에서 더 주도적으로 대처하고, 스트레스를 효과적으로 관리하는 능력을 증진시킨다. 이러한 자원은 개인의 회복력뿐만 아니라 가족 전체의 회복력을 높이는 중요한 기반이 된다.

둘째, 예방적 리질리언스는 사회적 지원 체계 구축을 강조한다. 이는 가족 내뿐만 아니라 지역사회 및 외부 자원과의 연결성을 포함한다. 강력한 사회적 지원 네트워크는 위기 상황에서 정서적 · 물질적 지원을 제공하며, 가족 구성원들이 외부의 도움을 적극적으로 활용할 수 있게 한다(조성, 2018). 이는 가족이 외부 스트레스 요인에 더 유연하게 대응하고, 공동의 목표를 향해 협력할 수 있도록 한다. 예방적 리질리언스 접근은 가족 구성원들이 미래의 위기에 대비해 더 나은 결정을 내리고, 스트레스를 효과적으로 관리할 수 있는 환경을 조성하는 데 기여한다. 이를 통해 가족은 위기를 단순히 극복하는 것에 그치지 않고, 지속 가능한 성장과 발전을 위한 기반을 마련하게 된다.

1) 리질리언스 이론의 실천적 적용

리질리언스 접근방법은 가족복지실천에서 중요한 틀로 작용하며, 다양한 방식으로 개인과 가족의 역량을 강화하는 데 기여한다. 이 접근방법은 단순히 위기 극복을 넘어서 긍정적인 자원을 활용하여 개인과 가족이 회복력을 높이고 더 나은 삶을 영위할 수 있도록 돕는 데 중점을 둔다. 특히 자존감 회복, 사회적 지지망의 확대, 그리고 긍정적 자원의 활용은 리질리언스 접근의 핵심 요소로 작용한다(Walsh, 2016).

첫째, 위기 상황에 처한 개인과 가족에게 긍정적인 자원을 활용하도록 돕는 것은 리질리언스 접근의 중요한 시작점이다(이미애, 손명희, 20122). 가족복지실천에서 이는 개인의 내적 자원뿐만 아니라, 가족 내 정서적 지원과 문제 해결 능력을 동원하여 위기 상황을 보다 능동적으로 대처할 수 있도록 돕는다. 경제적 어려움에 직면한 가족이 재정적 관리 능력을 개선하거나 외부 자원을 연결하여 상황을 개선하는 방안은 리질리언스 실천의 대표적인 예다.

둘째, 자존감의 회복은 리질리언스 접근의 또 다른 중요한 목표다. 위기 상황에서 개인과 가족은 자존감이 약화되기 쉽지만, 이를 회복함으로써 긍정적인 자기 인식과 문제 해결 능력을 증진시킬 수 있다. 가족사회복지사는 내담자가 자신을 보다 주체적이고 능동적인 존재로 인식할 수 있도록 돕는 역할을 하며, 이를 통해 내담자의 자존감 회복을 촉진한다. 자존감이 회복되면 개인은 위기를 극복할 수 있는 내적 힘을 재발견하고, 더 나은 선택을 할 수 있는 능력을 얻게 된다(Walsh, 2016).

셋째, 사회적 지지망의 확대는 리질리언스 접근에서 필수적인 요소다. 사회적 지지망은 개인과 가족이 위기 상황에서 외부의 지원을 받는 중요한 기반이며, 이를 통해 내담자는 정서적 안정감과 물리적 지원을 얻는다(김현아, 2015). 가족사회복지사는 개인과 가족이 지역사회 네트워크를 확장하고, 지원 서비스에 접근할 수 있도록 돕는 중재자로서 역할을 수행한다. 이를 통해 내담자는 고립을 피하고, 더 넓은 사회적 관계망 속에서 안정적으로 성장할 수 있게 된다.

리질리언스 접근방법은 가족복지실천에서 개인과 가족이 위기 상황을 효과적으로 대처하고 자원을 활용하여 자존감 회복과 사회적 지지망 확대를 이루도록 돕는 중요한 도구로 작용한다. 이를 통해 내담자는 더 나은 자아 인식을 바탕으로 지속적인 성장과 안정적인 삶을 추구할 수 있다.

2) 사회적 지지망 구축

가족사회복지사는 리질리언스 접근을 통해 클라이언트가 가족이나 지역사회와의 연결성을 강화함으로써 사회적 지지망을 확대하는 데 중요한 역할을 한다. 이는 클라이언트가 위기 상황에서 정서적·물질적 자원을 효과적으로 활용하여 회복력을 높일 수 있도록 지원하는 과정이다. 사회적 지지망은 클라이언트가 스트레스와 어려움을 극복하는 데 있어 중요한 자원으로 작용하며, 정서적 안정감과 실질적인 도움을 제공할 수 있다(Masten, 2014a).

가족사회복지사는 클라이언트가 자신을 둘러싼 가족 구성원이나 지역사회의 자원을 보다 잘 인식하고, 이를 적극적으로 활용할 수 있는 능력을 개발하도록 돕는다(김영수, 2023). 이러한 과정은 단순히 일시적인 위기 해결을 넘어, 클라이언트가 더 큰 유연성을 발휘하고 더 넓은 자원을 발굴하여 장기적으로 자립할 수 있도록 하는 중요한 전략적 개입이다.

가족사회복지사는 가족 내 대화를 촉진하고, 지역사회의 지원 프로그램이나 커뮤니티 네트워크에 접근할 수 있는 방법을 제시함으로써 클라이언트가 스스로 문제를 해결할 수 있는 역량을 키울 수 있도록 돕는다(김소희, 박미현, 2012). 이러한 지원은 클라이언트가 위기 상황에서도 긍정적인 변화를 추구하고, 지속적으로 성장할 수 있는 기반을 제공한다. 가족사회복지사는 리질리언스 접근을 통해 클라이언트가 사회적 연결성을 강화함으로써 위기 대응력을 높이고, 더 나아가 자원 활용 능력을 극대화할 수 있도록 중요한 촉진자로서의 역할을 수행할 수 있다.

3) 문제 해결 전략 개발

리질리언스 접근은 문제 해결 전략을 개발하는 데 있어 매우 효과적으로 적용될 수 있다. 사회복지사는 클라이언트와 협력하여 구체적인 대처 전략을 세우고, 이를 통해 클라이언트가 자신의 내적 자원과 외부 지원망을 강화할 수 있도록 돕는다. 특히 위기 상황에서 클라이언트가 어떤 방식으로 대응할 것인지를 명확히 계획하는 과정은 단순한 문제 해결을 넘어 성장과 학습의 기회로 전환하는 데 필수적이다(Walsh, 2016).

이 과정에서 가족사회복지사는 체계적인 평가를 통해 클라이언트의 강점과 잠재력을 파악하고, 이를 바탕으로 실질적이고 구체적인 대처 방안을 제시한다(강현아, 2010). 클라이언트가 경제적 어려움을 겪고 있다면, 가족사회복지사는 재정 관리 교육이나 지출 계획 수립을 통해 클라이언트가 보다 나은 재정적 결정을 내릴 수 있는 전략을 마련하도록 지원할 수 있다. 이러한 전략은 단기적 문제 해결뿐 아니라, 장기적으로 자원 관리 능력을 강화하는 데 중점을 둔다.

또한 문제 해결 과정에서 가족사회복지사는 클라이언트가 위기를 성장 기회로 인식하도록 돕는다(김인자, 2009). 위기를 단순한 부정적 경험이 아니라, 자신의 역량을 확장하고 새로운 자원을 개발할 수 있는 계기로 바라보게 함으로써 클라이언트는 도전에 대한 심리적 저항력을 키우고 자신감을 회복할 수 있다. 이는 자신의 능력에 대한 신뢰를 형성하며, 앞으로의 도전 과제에서도 더 나은 대처 능력을 발휘할 수 있는 기반이 된다.

리질리언스 접근을 통한 문제 해결 전략 개발은 클라이언트의 자립 능력을 증대시키고, 장기적인 복지 향상에 기여하는 중요한 사회복지실천의 한 축이 된다. 이는 클라이언트가 위기 상황을 능동적으로 대처하고, 지속적인 성장을 이루도록 하는 중요한 전략적 개입이다.

4. 리질리언스의 구성 요소

1) 가족의 신념 체계

가족 리질리언스를 이해하는 데 있어 가족의 신념 체계는 중요한 역할을 한다. 신념 체계는 가족이 직면하는 도전과 역경을 어떻게 해석하고 대응할 것인지를 결정짓는 심리적·정서적 기반을 제공하며, 이를 통해 가족은 위기 속에서도 단결하고 성장할 수 있는 기회를 얻게 된다. 신념 체계는 가족 내의 가치와 신념, 의미 부여 방식에 따라 다양하게 형성되며, 이는 가족 리질리언스를 촉진하는 중요한 요소로 작용한다(Walsh, 2016).

첫째, 역경에 대한 의미 부여는 가족 리질리언스의 핵심 요소 중 하나로, 가족이 겪는 도전과 위기를 단순히 불행으로만 여기지 않고 그 안에서 의미를 찾는 과정을 말한다(Walsh, 2003). 가족이 직면하는 어려움을 하나의 성장 기회로 재구성하고, 이를 통해 새로운 교훈이나 강점을 발견하는 것은 가족의 회복력을 높이는 데 중요한 역할을 한다(양무희, 윤경자, 2012). 재난이나 질병과 같은 위기는 단순히 피해를 보는 상황으로만 여겨지지 않고, 가족이 서로를 지지하고 협력하며 더 단단한 유대감을 형성할 수 있는 기회로 해석될 수 있다(McCubbin & Patterson, 1983). 이러한 의미 부여 과정은 가족 내에서 각 구성원의 역할과 관계를 재정립하고, 위기 상황에서도 가족이 긍정적인 방향으로 나아갈 수 있도록 돕는다.

둘째, 긍정적 시각은 가족 리질리언스에서 중요한 역할을 하는 요소다(권기범 외, 2017). 가족이 위기 상황에서도 낙관적이고 긍정적인 시각을 유지하는 것은 그들이 상황을 더 유연하게 받아들이고, 효과적인 대처 전략을 개발할 수 있게 만든다(Walsh, 2016). 긍정적 시각은 단순한 낙관주의를 넘어서 어려움 속에서도 해결책을 찾고, 도전 과제를 더 잘 극복할 수 있는 심리적 에너지를 제공한다. 부부가 관계에서 갈등을 겪더라도 이를 서로에 대한 이해를 증진시키는 기회로 바라보면, 그 갈등은 부정적 경험에서 긍정적 변화로 전환될 수 있다(Walsh, 2003). 가족의 긍정적 시각은 가족 구성원 모두가 위기 상황을 새로운 기회로 바라볼 수 있도록 돕는 강력한 심리적 자원이 된다.

2) 초월과 영성

가족 리질리언스는 가족이 위기와 도전에 직면하였을 때 이를 극복하고 성장할 수 있는 능력을 의미한다. 이 과정에서 초월과 영성은 가족이 위기를 더 큰 맥락에서 바라보고, 그 안에서 의미와 목적을 발견하게 하는 중요한 요소로 작용한다. 초월과 영성은 단순히 종교적인 믿음에 국한되지 않으며, 삶에서 더 깊은 가치와 연결된 신념 체계로서 가족의 회복력을 강화한다. 이러한 초월적 관점은 위기 상황에서 가족이 더 큰 목적을 발견하고, 서로를 지지하며 새로운 가능성을 열어 나가는 중요한 동력이 된다(Walsh, 2016).

첫째, 보다 큰 가치와 목적은 가족이 위기를 극복할 때 개인적 차원을 넘어서는 의미를 발견하게 하는 중요한 요소다(김소희, 박미현, 2012). 가족이 겪는 어려움을 더 큰 맥락에서 이해하고, 이를 통해 삶의 목적과 가치를 재정립하는 과정은 리질리언스를 높이는 데 기여한다. 질병이나 상실을 겪은 가족이 이를 단순히 고통으로만 받아들이지 않고, 그 경험을 통해 가족 간의 유대와 사랑을 재확인하거나, 공동체에 기여할 방법을 찾을 때, 그들은 더 큰 의미를 발견하게 된다(McCubbin & Patterson, 1983). 이러한 과정은 가족이 위기 속에서도 내적 힘을 유지하고, 서로에게 정서적 · 영적 지지를 제공하는 데 중요한 역할을 한다.

둘째, 영성은 믿음과 친교의식을 통해 가족이 위기 상황에서 내적 평화와 지지를 얻는 중요한 요소다. 영성은 종교적 믿음에서 비롯될 수도 있지만, 더 넓은 의미에서 개인이나 가족이 신뢰하는 가치와 원칙에 기반한 신념 체계로 이해될 수 있다(김안자, 2009). 가족이 어려운 상황에서도 믿음을 유지하고, 서로의 신념을 공유하는 친교의식을 통해 정서적 지지를 주고받을 때, 그들은 위기를 극복할 수 있는 강력한 내적 자원을 구축하게 된다(Walsh, 2016). 영성은 가족이 위기 속에서도 희망과 평화를 유지할 수 있게 하며, 이를 통해 가족은 더 단단한 유대감을 형성한다.

셋째, 영감과 새로운 가능성 계획은 위기 상황을 통해 가족이 새로운 방향을 모색하고, 더 나은 미래를 계획하는 과정을 의미한다. 가족이 위기를 단순히 극복해야 할 문제로만 보지 않고, 그 안에서 새로운 가능성을 발견하며, 삶을 재구성하는 기회로 받아들일 때, 그들은 더 높은 수준의 리질리언스를 발휘하게 된다(Walsh, 2003). 경제적 어려움을 겪은 가족이 이를 계기로 새로운 재정 계획을 수립하거나, 직업적인 변화에 도전하는 것은 가족의 회복력과 적응력을 증진시키는 과정이 될 수 있다(이미애, 손명희, 2012). 이러한 영감은 가족이 위기 상황에서도 긍정적인 변화를 만들어 내고, 더 나은 삶을 향한 새로운 계획을 세우는 데 기여한다.

넷째, 변화는 위기 상황을 통해 가족이 학습하고 성장하는 과정을 의미하며, 이를 통해 삶의 우선순위를 재사정하고 변화시키는 중요한 기회를 제공한다. 위기는 종종 가족이 기존의 생활 방식을 다시 돌아보고, 무엇이 중요한지를 재평가하게 만드는 계기가 된다(McCubbin & Patterson, 1983). 이러한 변화는 가족이 더 깊은 유대와 가치관을 재정립하는 데 기여하며, 새로운 우선순위를 설정하고 삶을 재구성하는 과정에서 중요한 역할을 한다. 가족이 위기 속에서 서로를 더욱 소중히 여기고, 공동의 목표를 설정하여 새로운 방향으로 나아가는 것은 리질리언스를 강화하는 중요한 학습 과정이다(김안자, 2009).

초월과 영성은 가족 리질리언스에서 중요한 역할을 하며, 이를 통해 가족은 위기를 단순한 문제로 바라보지 않고, 그 안에서 더 큰 목적과 의미를 찾을 수 있다. 영성은 가족이 정서적·정신적 안정을 유지하는 데 중요한 역할을 하며, 새로운 가능성을 계획하고, 위기로부터 학습하여 성장하는 과정은 가족 리질리언스를 강화하는 핵심 요소로 작용한다. 이를 통해 가족은 위기 속에서도 더 단단한 결속력을 유지하며, 지속적인 성장을 도모할 수 있게 된다.

3) 의사소통 과정

가족 리질리언스는 가족 구성원 간의 효과적인 의사소통을 통해 크게 강화될 수 있다. 의사소통 과정은 가족이 위기와 도전에 직면하였을 때 어떻게 대처하고 협력할 것인지를 결정짓는 중요한 요소로 작용한다. 가족 내에서 명확한 의사소통, 개방적인 정서 표현, 그리고 협력적인 문제 해결이 이루어질 때, 가족은 위기를 더욱 효과적으로 극복하고 성장할 수 있다(Walsh,

2016). 이러한 의사소통 과정은 가족 리질리언스의 핵심적인 기반을 형성하며, 가족 구성원들이 서로를 이해하고 지원하는 데 중요한 역할을 한다.

첫째, 명확성은 가족 내 의사소통 과정에서 중요한 요소다. 명확한 의사소통은 가족 구성원들이 서로의 생각, 감정, 기대를 정확하게 전달하고 이해하는 과정을 의미한다(이혜숙, 2015). 명확한 의사소통은 오해를 방지하고, 가족 내에서 혼란이나 갈등을 줄이는 데 도움을 준다(Boss, 2006). 위기 상황에서 가족 구성원들이 각자의 역할과 책임을 명확히 이해하지 못하면, 갈등이 발생할 가능성이 높아진다. 반면, 명확한 의사소통이 이루어지면 각 구성원이 자신이 해야 할 일을 정확히 알고, 가족 전체가 효과적으로 대응할 수 있다(Walsh, 2016). 이러한 명확성은 가족 리질리언스를 강화하는 데 중요한 역할을 하며, 가족 구성원들이 위기 상황에서도 함께 협력할 수 있는 기반을 마련한다.

둘째, 개방적인 정서 표현은 가족 구성원들이 자신의 감정을 솔직하게 표현하고, 다른 사람의 감정을 이해하면서 수용하는 과정을 의미한다(최정숙 외, 2015; 전정화, 엄태환, 2019). 가족이 위기 상황에서 서로의 감정을 억누르거나 회피하지 않고 개방적으로 표현할 수 있을 때, 구성원 간의 정서적 유대감은 강화된다(Boss, 2006). 특히 개방적인 정서 표현은 가족 구성원들이 스트레스와 불안을 더 쉽게 관리할 수 있도록 돕고, 서로에게 정서적인 지지를 제공하는 데 기여한다. 부모가 자녀에게 자신의 걱정이나 두려움을 개방적으로 표현하고, 자녀 또한 자신의 감정을 솔직하게 말할 수 있는 환경을 제공한다면, 가족 구성원들 간의 신뢰와 유대감은 더욱 강화될 것이다(Walsh, 2016). 이처럼 개방적인 정서 표현은 가족 리질리언스에서 중요한 요소로 작용하며, 가족이 위기 상황에서도 감정적으로 단합할 수 있는 힘을 제공한다.

셋째, 협력적인 문제 해결은 가족이 위기 상황에서 함께 해결책을 찾고, 서로 협력하여 문제를 극복하는 과정을 의미한다. 협력적인 문제 해결은 가족 구성원들이 각자의 의견을 존중하고, 함께 최선의 결정을 내리기 위해 협력하는 데 기반을 둔다(Walsh, 2016). 이러한 과정에서 가족은 각자의 강점을 발휘하고, 서로의 역할을 조정하여 문제를 해결할 수 있다. 협력적인 접근은 가족이 더 나은 결정을 내리고, 위기를 극복하는 데 필요한 자원을 효과적으로 활용하는 데 기여한다(Boss, 2006). 또한 협력적인 문제 해결은 가족 내에서의 유대감을 강화하며, 위기 상황에서 구성원들이 더욱 단합하고 상호 지원할 수 있는 기반을 제공한다.

가족 리질리언스의 의사소통 과정은 명확성, 개방적인 정서 표현, 그리고 협력적인 문제 해결을 통해 강화된다. 이러한 의사소통 과정은 가족이 위기 상황에서도 효과적으로 협력하고, 정서적으로 지지할 수 있도록 돕는다. 가족 내에서 의사소통이 원활하게 이루어질 때 가족은 어려움 속에서도 함께 성장하고 발전할 수 있는 능력을 발휘할 수 있다.

4) 의사소통의 명확화

가족 리질리언스는 가족이 위기 상황에서 어떻게 상호작용하고 서로를 지지하며 문제를 해결하는가에 대한 중요한 개념이다. 가족이 효과적으로 위기를 극복하고 성장하기 위해서는 명료한 의사소통과 개방적인 정서적 표현이 필수적이다. 이를 통해 가족 구성원들은 서로를 더 깊이 이해하고, 위기 상황에서도 정서적 안정과 협력을 유지할 수 있다(Walsh, 2016).

명료성(clarity)은 가족 리질리언스에서 핵심적인 요소로, 위기 상황에서 혼란을 줄이고 구성원들이 각자의 역할을 명확하게 인식할 수 있도록 돕는다. 가족 내에서 명확하고 직접적인 메시지는 의사소통의 혼란을 줄이고, 가족 구성원들이 문제의 본질을 정확히 이해하게 한다(Boss, 2006). 특히 위기 상황에서의 명확한 행동과 메시지는 구성원들이 서로에게 기대하는 바를 명확하게 전달하고, 그 기대가 지속될 수 있도록 한다. 경제적 위기나 건강 문제와 같은 위급한 상황에서 부모가 자녀에게 명확한 설명과 행동 지침을 제시하면, 가족 구성원 모두가 위기 상황에서 더 안정적인 역할을 수행할 수 있다(정민자, 2016).

위기 상황의 명료화는 불확실성과 혼란을 줄이고, 가족이 문제를 효과적으로 이해하고 대응할 수 있게 한다. 명확하고 지속적인 메시지는 가족 구성원들이 상황을 정확하게 파악할 수 있도록 돕고, 그로 인해 문제 해결을 위한 협력이 원활하게 이루어진다. 가족 구성원들이 자신의 역할과 책임을 명확하게 이해할 때 그들은 더 나은 의사결정을 내리고, 가족 전체가 위기를 극복하는 데 더 큰 힘을 발휘할 수 있다.

5) 개방적인 정서적 표현

개방적인 정서적 표현은 가족 구성원들이 서로의 감정을 솔직하게 표현하고, 그것을 공감적으로 받아들이는 것을 의미한다. 위기 상황에서 가족 구성원들이 서로의 감정과 생각을 자유롭게 공유할 수 있을 때 그들은 정서적 안정감을 얻고, 서로에 대한 이해를 깊게 할 수 있다. 정서의 감정 이입적 공유는 가족 내에서 신뢰를 형성하고, 서로를 지지하는 환경을 조성하는 데 중요한 역할을 한다(Walsh, 2016). 부모가 자녀의 두려움이나 불안을 공감적으로 받아들일 때, 자녀는 자신이 안전하고 지지받고 있다는 느낌을 받을 수 있다.

차이와 부정적 정서에 대한 따뜻한 관용은 가족 구성원들이 서로의 감정적 차이를 존중하고, 부정적인 감정도 자연스럽게 받아들이는 능력을 의미한다(이미애, 손명희, 2012). 가족 내에서 갈등이나 부정적 감정은 피할 수 없는 요소이지만, 이러한 감정들이 따뜻하게 받아들여지고 존중될 때, 가족은 그 갈등을 해결할 수 있는 기반을 마련할 수 있다. 특히 부모나 배우자가 서로의 감정을 이해하고 존중할 때, 그 관계는 더욱 깊어지며, 부정적 감정도 긍정적인 방향으로 전환될 수 있다(Boss, 2006).

부부간 의사소통과 친밀감은 가족 리질리언스의 중요한 기초다. 부부가 서로의 감정을 솔직하게 나누고, 서로를 이해하는 과정에서 그들은 가족 내에서 중요한 정서적 지지 체계를 구축할 수 있다. 부부간의 명료한 의사소통은 갈등을 줄이고, 상호 존중과 신뢰를 강화하는 데 필수적이다(최정숙 외, 2015). 부부가 서로의 감정과 생각을 개방적으로 표현할 때 그들은 어려운 상황에서도 더 단단한 관계를 유지할 수 있으며, 가족 전체의 안정성과 회복력도 강화된다(Walsh, 2016).

긍정적인 상호작용을 조장하는 것은 가족 리질리언스를 강화하는 또 하나의 중요한 요소다. 위기 상황에서 가족 구성원 간의 상호작용이 부정적이거나 적대적일 경우, 문제 해결이 어려워지고 스트레스가 증가할 수 있다. 그러나 긍정적이고 지지적인 상호작용은 스트레스를 줄이고, 가족 내에서 협력과 신뢰를 강화하는 데 기여한다(Masten, 2014a). 가족이 서로를 격려하고 어려운 상황 속에서도 유머나 긍정적인 태도를 유지할 때, 그들은 위기를 극복할 수 있는 더 큰 힘을 얻게 된다(장수미, 2021).

긍정적인 상호작용은 또한 가족 내에서 개방적 의사소통을 촉진하고, 갈등을 예방하는 데 기여한다. 가족이 서로에게 긍정적인 피드백을 주고 서로의 노력을 인정할 때, 그들은 더 높은 수준의 협력과 유대를 형성할 수 있다.

이처럼 명료한 의사소통과 개방적인 정서적 표현은 가족 리질리언스에서 핵심적인 역할을 한다. 명확하고 지속적인 메시지 전달은 가족이 위기 상황에서 혼란을 줄이고 효과적으로 대응할 수 있게 하며, 개방적인 정서적 표현은 감정적 지지를 통해 가족 구성원 간의 신뢰와 유대를 강화한다. 부부간 의사소통과 친밀감은 가족 전체의 안정성과 회복력을 높이는 데 중요한 요소이며, 긍정적인 상호작용은 가족이 위기를 극복하고 더 강한 관계를 형성하는 데 기여한다.

6) 상호 협력적 문제 해결

가족 리질리언스는 가족이 위기와 도전 속에서도 협력하여 문제를 해결하고, 더 강한 유대감을 형성하는 과정을 포함한다. 상호 협력적 문제 해결은 가족이 위기를 극복하는 데 있어 중요한 역할을 하며, 이를 통해 가족은 스트레스를 줄이고 보다 효과적인 대응 방식을 개발할 수 있다(Walsh, 2016). 상호 협력적 문제 해결은 가족이 문제를 명확하게 규명하고, 창조적인 대안을 모색하며, 공동의 의사결정을 통해 목표를 달성하는 과정을 포함한다.

- 문제와 관련된 스트레스 요인의 구체화: 위기 상황에서 첫 번째 단계는 문제와 관련된 스트레스 요인을 구체화하는 것이다. 이는 문제의 본질을 명확히 이해하고, 가족 구성원들이 그 문제로 인해 겪는 스트레스를 확인하는 과정이다(Boss, 2006). 가족은 이러한 스트레스 요인을 명확히 인식할 때, 그 문제에 대해 더 효과적으로 대응할 수 있다. 예를 들어, 재정적 어려움을 겪는 가족이 그 원인이 단순한 소득 부족인지, 아니면 불필요한 지출 때문인지를 명확히 파악하면, 더 적합한 해결책을 찾을 수 있다.
- 창조적 브레인스토밍: 창조적 브레인스토밍은 문제를 해결하기 위한 다양한 대안을 모색하는 과정이다. 이 과정에서 가족 구성원들은 모든 아이디어를 자유롭게 제시하고, 그 아이디어가 효과적일지에 대해 논의할 수 있다(Walsh, 2016). 브레인스토밍은 가족 내에서 모든 구성원이 문제 해결 과정에 참여하도록 독려하며, 그로 인해 더 창의적이고 실현 가능한 해결책을 발견할 수 있다. 이 과정은 가족이 서로 다른 관점을 존중하고, 새로운 접근 방식을 탐색하는 기회를 제공한다.
- 의사결정 공유(협상, 타협, 상호성): 의사결정 공유는 가족 구성원들이 협력하여 문제를 해결하는 데 중요한 과정이다. 이는 협상, 타협과 상호성을 바탕으로 한 의사결정 과정을 의미한다. 가족 구성원들이 문제 해결을 위한 협상 과정에 참여할 때, 그들은 각자의 입장을 존중하며 상호 이익을 도모할 수 있다(Walsh, 2016). 타협은 갈등 상황에서 모든 구성원이 일부 양보하여 공동의 목표를 달성하는 방법이며, 상호성은 모든 구성원이 서로에게 공정하고 상호 이익을 줄 수 있는 결과를 도출하는 것을 목표로 한다. 이를 통해 가족은 더 나은 결정을 내리고, 갈등을 효과적으로 해결할 수 있다.
- 달성할 수 있는 목적들에 초점 두기(구체적 단계 밟기): 달성할 수 있는 목적에 초점을 두고 구체적 단계 밟기는 가족이 현실적이고 실현 가능한 목표를 설정하고, 이를 단계적으로 실행하는 과정을 의미한다. 가족이 위기를 극복하기 위해 실현 가능한 목표를 설정할 때, 그들은 혼란을 줄이고 더 체계적으로 문제를 해결할 수 있다. 구체적 단계를 밟아가는 과정은 가족에게 명확한 방향을 제공하며, 이를 통해 각 구성원은 자신의 역할을 명확히 인식하고 책임을 다할 수 있다(Masten, 2014a).
- 성공 위에 세우기(실패로부터 배우기): 성공 위에 세우기와 실패로부터 배우기는 가족 리질리언스에서 중요한 원칙이다. 가족이 과거에 성공적으로 해결한 문제나 경험을 바탕으

로 새로운 문제를 해결할 때, 그들은 더 강한 회복력을 발휘할 수 있다. 또한 실패로부터 배우는 과정은 가족이 더 나은 해결책을 모색하고, 실수를 반복하지 않도록 도와준다(Walsh, 2016). 이 과정에서 가족은 실패를 단순히 부정적인 경험으로 보지 않고, 학습과 성장의 기회로 받아들인다.

- 예방적 자세 취하기(문제 예방과 위기 전환): 예방적 자세는 가족이 문제 발생 전이나 초기 단계에서 이를 예방하거나, 위기 상황을 효과적으로 전환하기 위한 태도를 의미한다. 가족이 미리 위기에 대비하고 잠재적인 문제를 예방하기 위한 계획을 세울 때, 그들은 위기가 발생하였을 때 더 신속하게 대응할 수 있다(Boss, 2006). 예방적 자세는 위기 상황을 사전에 방지하거나, 최소한의 피해로 전환하는 데 중요한 역할을 한다. 가족이 미래의 도전에 대비하는 태도는 장기적으로 가족 리질리언스를 강화하는 데 기여한다.

상호 협력적 문제 해결은 가족 리질리언스에서 핵심적인 역할을 하며, 이를 통해 가족은 위기를 극복하고 더 강한 유대감을 형성할 수 있다. 문제와 관련된 스트레스 요인의 구체화, 창조적 브레인스토밍, 의사결정 공유, 구체적인 단계 밟기, 그리고 성공과 실패로부터 배우기는 가족이 위기를 극복하는 데 중요한 과정이다. 또한 예방적 자세 취하기는 문제를 사전에 예방하고, 위기를 더 나은 방향으로 전환하는 데 기여한다. 이러한 과정을 통해 가족은 더 높은 수준의 회복력과 적응력을 발휘할 수 있다.

7) 재정 보장 확립과 일과 가족 간 긴장의 조화

가족 리질리언스의 중요한 요소 중 하나는 재정 보장과 일과 가족 간 긴장의 조화다. 가족이 위기와 도전에 직면하였을 때, 안정적인 재정 기반을 확립하고, 일과 가족 생활 간의 긴장을 효과적으로 관리하는 것은 가족의 회복력과 적응 능력에 중대한 영향을 미친다. 일과 가족의 조화를 유지하면서도 재정적 안정성을 확보하는 것은 가족이 위기 속에서도 심리적·정서적 안정감을 유지하는 데 기여한다(Walsh, 2016).

재정적 보장은 가족이 위기 상황을 효과적으로 관리하고 회복하는 데 있어 중요한 기반이다. 경제적 불안정은 가족의 스트레스를 증가시키고, 문제 해결 능력을 저해할 수 있다(권희경, 2009). 그러나 안정적인 재정 기반을 갖춘 가족은 경제적 스트레스에 덜 노출되고, 그로 인해 더 나은 의사결정을 내릴 수 있으며, 자원을 적절히 배분할 수 있다(Masten, 2014a). 예를 들어, 한 가족이 재정적 불안정으로 인해 자녀의 교육이나 건강 관리에 대한 부담을 덜고 더 나은 선택을 할 수 있게 된다면, 그 가족의 리질리언스는 자연스럽게 강화된다.

일과 가족 간 긴장의 조화는 현대 사회에서 매우 중요한 문제로, 가족이 직면하는 주요 도전 중 하나다. 일과 가정의 요구가 충돌할 때, 구성원들 간에 스트레스가 증가하고 가족 내 상호작용에 부정적인 영향을 미칠 수 있다(김안자, 2009). 그러나 일과 가족의 균형을 유지하고 그 긴장을 조화롭게 관리하는 가족은 더 높은 수준의 리질리언스를 발휘할 수 있다(Walsh, 2016). 일과 가정 사이에서 적절한 시간을 배분하고 서로의 필요를 이해하는 의사소통이 이루어질 때, 가족은 더 효과적으로 협력하며 도전을 극복할 수 있다.

재정 보장 확립과 일과 가족 간 긴장의 조화는 가족 리질리언스에서 중요한 역할을 하며, 이를 통해 가족은 더 강한 회복력과 적응력을 발휘할 수 있다. 또한 명확하고 일관된 의사소통 과정은 가족 기능을 활성화하고, 구성원 간의 신뢰와 이해를 증진시키는 데 필수적이다. 이러한 요소들이 결합될 때 가족은 위기 상황에서도 서로를 지지하고 함께 성장할 수 있는 능력을 갖추게 된다.

5. 체계에 따른 리질리언스

1) 탄력적 개인

탄력적 개인(resilient individuals)이란 스트레스와 도전에 직면하였을 때도 효과적으로 대처하고, 심리적 안정성과 성장의 기회를 만들어 내는 사람을 일컫는다(윤정미 외, 2024). 이러한 사람들의 특성은 단순히 타고난 자질에만 국한되지 않으며, 그들의 사회적 관계와 환경적 맥락에서도 중요한 영향을 받는다. 사회복지 분야에서 탄력성은 특히 개인이 어떻게 사회적 지지, 자기 인식, 그리고 문제 해결 능력을 활용하여 위기를 극복하고 더 나아가 성장할 수 있는지에 대한 통합적 이해를 제공한다.

개인 특성에 있어 탄력적 개인은 종종 느긋한 마음 상태와 높은 지능을 지니고 있다. 이러한 특성은 문제 상황에서 더 긍정적인 반응을 유도하며, 대처 전략과 문제 해결 능력을 촉진하는 경향이 있다(Masten, 2014a). 지능이 높은 사람들은 복잡한 문제를 더 쉽게 분석하고, 더 나은 해결책을 찾는 경향이 있다. 또한 느긋하고 침착한 태도는 스트레스가 많은 상황에서도 이성적으로 행동할 수 있는 능력을 키워 준다(Cicchetti, 2010). 이러한 심리적 안정성은 개인이 어려운 상황에서도 긍정적인 사고를 유지하고, 실패나 좌절에서 회복할 수 있는 자원을 제공한다. 따라서 탄력성은 단순히 외부 상황에 대한 반응이 아닌, 내적 성향과 능력의 조합으로 이루어진다.

개인의 리질리언스는 관계적 맥락에서 중요한 영향을 받는다. 자아존중감(self-esteem)과 자기효능감(self-efficacy)은 탄력성을 높이는 중요한 요소로 작용하며, 이는 특히 지지적 관계를 통해 강화된다(Luthar et al., 2000). 자아존중감은 자신이 가치 있는 존재라고 느끼는 감정으로, 사회적 관계 속에서 다른 사람들의 인정과 지지를 받을 때 더욱 증진된다. 또한 자기효능감은 자신의 능력에 대한 신뢰를 의미하며, 사회적 지지 체계에서 오는 격려와 피드백을 통해 강화된다(Bandura, 1997). 이러한 관계적 맥락은 개인의 리질리언스에 있어서 중요한 자원이 된다. 사회적 지지 체계는 특히 위기 상황에서 개인이 자신의 자원을 동원하고, 스트레스와 압박에 대처할 수 있도록 도와주는 중요한 역할을 한다(Masten et al., 2009).

탄력적 개인의 특성과 관계 맥락은 상호작용을 통해 더욱 강화된다. 개인의 심리적 특성이 강할수록 그들은 더 나은 관계를 형성할 가능성이 높아지고, 이 관계는 다시 그들의 리질리언스를 강화하는 순환적 과정을 형성한다(Luthar et al., 2000). 이러한 과정에서 개인은 어려움을 극복할 수 있는 도구와 자원을 지속적으로 축적하며, 이는 궁극적으로 더 높은 수준의 심리적·사회적 탄력성을 형성하는 데 기여한다. 탄력적 개인의 특성은 고유한 심리적 자질과 더불어 사회적 관계와의 상호작용을 통해 발전된다. 이들의 느긋한 마음 상태와 높은 지능은 스트레스 상황에서 긍정적인 반응을 이끌어 내며, 지지적인 사회적 관계는 자아존중감과 자기효능감을 촉진하여 개인의 탄력성을 더욱 강화한다. 이러한 개인적·관계적 자원은 위기 상황에서도 개인이 성장을 도모할 수 있는 중요한 요소로 작용한다.

2) 가족

가족 리질리언스는 복잡한 체계적 상호작용 속에서 발현되는 복합적인 과정으로, 책임, 응집성, 적응성, 의사소통, 연결성, 초월과 영성, 자원 관리와 같은 다양한 요소가 긴밀하게 연결되어 있다. 이러한 요소들은 가족이 위기나 도전 상황에서 어떻게 상호작용하고 협력하여 위기를 극복하고, 더 나아가 성장할 수 있는지에 대한 중요한 통찰을 제공한다.

(1) 책임

가족 리질리언스에서 책임(responsibility)은 각 가족 구성원이 자신에게 맡겨진 역할과 의무를 인식하고, 그에 따라 책임을 다하는 능력을 의미한다(김안자, 2009). 가족체계 내에서 구성원들은 특정한 역할을 맡게 되며, 이 역할이 명확하게 정의되고 이행될 때, 가족은 위기 상황에서 더욱 효과적으로 대응할 수 있다(Walsh, 2016). 책임감은 가족의 기능을 원활하게 유지하며, 각 구성원이 자신의 역할을 충실히 수행할 때, 가족 전체의 안정성과 응집력이 강화된다.

책임은 가족 구성원이 서로에게 기대하는 역할과 행동을 규정하는 중요한 요소로, 가족이 복잡한 상황에 처할 때 이를 극복하는 데 중요한 기반이 된다. 책임의 개념은 각 구성원이 자신의 역할을 인식하고, 이를 충실히 이행하는 데서 출발한다(권희경, 2009). 가족 내에서 명확한 책임의 분배는 역할 갈등을 줄이고, 위기 상황에서 더 나은 결정을 내릴 수 있도록 돕는다. 부모는 자녀의 양육과 보호를 책임지며, 이러한 책임이 충실히 이행될 때 자녀는 정서적 안정감을 느끼고, 가족 내 응집력이 강화된다(Boss, 2006).

책임 있는 행동은 가족 내 신뢰와 응집력을 강화한다. 각 구성원이 자신의 역할에 충실할 때, 가족 내에서 상호 신뢰가 형성되고, 이는 위기 상황에서도 가족이 하나로 뭉치는 데 중요한 기초가 된다(McCubbin & Patterson, 1983). 가족 구성원들이 자신의 책임을 다할 때, 다른 구성원들도 그들의 역할을 충실히 이행하게 될 가능성이 높아진다. 이러한 상호작용은 가족 내의 협력과 응집력을 강화하며, 이는 궁극적으로 가족의 회복력과 적응력을 높이는 데 기여한다.

책임의 명확한 정의와 의사소통은 가족 리질리언스에서 필수적이다. 구성원 간에 역할과 책임이 명확하지 않으면, 위기 상황에서 갈등이 발생할 수 있다(박혜란, 전귀연, 2012). 가족 내에서 각자의 역할과 책임이 명확히 규정되고, 이를 서로에게 명확히 전달할 수 있는 의사소통 구조가 마련되어야 한다(Walsh, 2016). 이러한 명확한 책임 분담과 의사소통은 갈등을 예방하고, 가족이 더 나은 결정을 내리며 문제를 해결할 수 있도록 돕는다.

책임은 가족 구성원들이 공동의 목표를 달성하기 위해 협력하는 과정에서 중요한 역할을 한다. 각 구성원이 자신의 역할에 충실할 때, 가족은 공동의 목표를 보다 효과적으로 달성할 수 있으며, 이러한 과정에서 가족 내의 유대감과 협력 정신이 강화된다(김소희, 박미현, 2012). 책임을 다하는 행동은 가족 구성원 간의 신뢰를 높이며, 공동의 목표를 위해 협력하는 데 필요한 기반을 제공한다(Boss, 2006). 자녀가 학업에서 성공하기 위해 필요한 지원을 제공하는 부모의 책임감 있는 행동은 가족 전체의 성공과 성장을 촉진하는 중요한 요소가 된다.

책임은 가족 리질리언스에서 필수적인 요소로, 각 구성원이 자신의 역할을 인식하고 이를 충실히 이행할 때 가족은 더 큰 회복력과 응집력을 발휘할 수 있다. 위기 상황에서는 명확한 책임 분담이 질서와 안정성을 유지하는 데 중요한 역할을 하며, 이를 통해 가족은 어려움을 효과적으로 극복할 수 있다. 책임감 있는 행동은 가족 내 신뢰를 강화하고, 공동 목표를 달성하기 위한 협력을 촉진하는 데 필수적인 기초를 제공한다.

(2) 응집성

응집성(cohesion)은 가족 리질리언스에서 중요한 개념으로, 가족 구성원 간의 정서적 유대감, 상호 지지, 집단적 결속을 의미한다(김안자, 2009). 응집성은 가족이 위기 상황에서 함께 결속하여 문제를 해결하는 능력에 영향을 미치는 중요한 요소다. 특히 응집성이 높은 가족은 어려운 상황에서도 서로를 신뢰하고 지지하며, 구성원 간의 관계가 깊어질수록 가족 내 리질리언스는 더욱 강화된다(Walsh, 2016). 응집성은 가족의 정서적 결속력, 문제 해결 능력, 협력적 대처를 촉진하며, 이를 통해 가족은 더욱 단단한 공동체로서 기능할 수 있다.

가족 응집성은 구성원 간의 상호 의존과 정서적 유대감을 의미하며, 이는 가족이 위기 상황에서도 강한 결속력을 유지하는 중요한 기제다. 응집성은 가족 구성원 간의 신뢰, 지원, 책임감과 밀접한 관련이 있으며, 구성원 간의 감정적 연결이 강할수록 위기 상황에서 더 효과적으로 대응할 수 있다(Cicchetti & Rogosch, 1997). 응집성은 가족이 서로를 존중하고, 위기 상황에서도 강력한 지지 체계를 유지하는 데 필수적이다. 특히 응집성이 높은 가족은 어려움을 함께 이겨내는 과정에서 더 깊은 유대감을 형성한다.

응집성의 핵심 요소 중 하나는 정서적 유대감이다(김안자, 2009). 가족 구성원 간의 정서적 연결이 강할수록 그들은 위기 상황에서 서로에게 더 큰 심리적 지지와 안정감을 제공할 수 있다(Boss, 2006). 정서적 유대감은 가족 구성원들이 서로를 이해하고 감정을 공유하는 데 중요한 역할을 하며, 이를 통해 가족 내 갈등을 줄이고 상호 협력을 증진시킬 수 있다. 예를 들어, 부모와 자녀 간의 정서적 유대감이 강할 때, 자녀는 부모로부터 필요한 지지와 이해를 받으며, 이는 자녀의 정서적 안정성에 긍정적인 영향을 미친다.

가족 응집성은 문제 해결 능력과도 깊은 관련이 있다. 응집성이 높은 가족은 위기 상황에서 구성원들이 힘을 합쳐 문제를 해결하려는 의지가 강하며, 각 구성원이 자신의 역할을 이해하고 그 책임을 다하는 경향이 있다(Walsh, 2016). 가족 구성원들이 서로를 신뢰하고 의지할 수 있을 때 그들은 위기 상황에서도 더 강한 결속력을 발휘하며, 이를 통해 문제 해결 과정에서 더욱 창의적이고 효과적인 방안을 찾을 수 있다(정민자, 2016). 또한 응집성이 높은 가족은 구성원 간의 상호 소통과 협력을 통해 보다 빠르고 유연하게 대처할 수 있다.

응집성은 가족 내 상호 협력을 촉진하는 중요한 요소다. 가족 구성원들이 서로의 필요를 이해하고, 그 필요를 충족시키기 위해 협력할 때, 응집성은 강화된다(장수미, 2021). 특히 위기 상황에서는 가족 구성원들이 각자의 역할을 수행하면서도 서로를 돕고 지지하는 방식으로 협력해야 한다(Masten & Reed, 2002). 응집성은 이러한 상호 협력 과정을 촉진하며, 가족 내에서 갈등이 발생하더라도 그 갈등을 효과적으로 관리하고 해결할 수 있는 능력을 제공한다.

응집성은 여러 요인에 의해 형성되며, 특히 가족 내 의사소통, 정서적 지지, 역할 명확성이 응집성 형성에 중요한 역할을 한다(장수미, 2021). 가족 구성원 간의 명확하고 개방적인 의사소통은 상호 신뢰를 증진시키며, 정서적 지지는 위기 상황에서 가족이 서로를 지지하는 기제를 제공한다(Walsh, 2016). 또한 각 구성원이 자신의 역할을 명확히 이해하고 그 책임을 다할 때 가족 내 응집성은 더욱 강해지며, 위기 상황에서도 안정성을 유지할 수 있다.

응집성은 가족이 위기 상황에서 집단적 대응력을 발휘할 수 있게 해 주는 중요한 요소다. 응집성이 강한 가족은 단순히 위기를 이겨 내는 데 그치지 않고, 그 과정에서 성장하고 발전할 수 있는 기회를 찾는다(Cicchetti & Rogosch, 1997). 응집성은 가족 구성원들이 상호 지원과 협력을 통해 더 나은 대처 전략을 세울 수 있게 하며, 이를 통해 가족은 더 높은 수준의 회복력과 적응력을 발휘할 수 있다.

응집성은 가족이 외부 사회적 자원을 더 효과적으로 활용할 수 있게 하는 중요한 기제이기도 하다(이재은, 2018). 응집성이 강한 가족은 필요할 때 외부의 도움을 적절히 요청하고, 그 도움을 통해 더 나은 결정을 내릴 수 있다(McCubbin & Patterson, 1983). 또한 응집성이 강한 가족은 사회적 네트워크를 통해 얻은 지원을 가족 내부에서 잘 활용할 수 있으며, 이를 통해 위기 상황에서 더 큰 회복력을 발휘할 수 있다.

응집성은 가족이 위기 상황에서도 기능적 지속성을 유지하는 데 중요한 역할을 한다. 응집성이 강할수록 가족은 위기 속에서도 일상적인 기능을 유지하며, 가족의 역할과 책임이 명확하게 분배될 수 있다(Walsh, 2016). 이는 가족이 위기 속에서 흔들리지 않고 안정적으로 대응할 수 있게 하며, 이를 통해 가족은 더 강한 단위로 성장할 수 있다.

응집성은 가족 리질리언스의 중요한 요소로, 정서적 유대감, 문제 해결 능력, 상호 협력 등을 통해 가족이 위기 상황에서 결속력을 유지하고 효과적으로 대처할 수 있게 한다. 응집성은 가족 구성원 간의 신뢰와 지지를 기반으로 하며, 이를 통해 가족은 위기를 극복할 뿐만 아니라 그 과정에서 성장하고 발전할 수 있다. 응집성이 강한 가족은 더 나은 자원 활용과 지속적인 기능을 유지하며, 위기 상황에서도 안정성과 회복력을 발휘할 수 있다.

(3) 적응성

적응성(adaptability)은 가족 리질리언스의 핵심 개념 중 하나로, 변화하는 환경과 상황에 유연하게 대응하고 적절한 전략을 통해 위기를 극복하는 가족의 능력을 의미한다(양무희, 윤경자, 2012). 가족은 다양한 위기와 도전에 직면하며, 이를 극복하기 위해서는 구성원 간의 협력과 변화에 대한 능동적인 수용이 필수적이다. 적응성은 이러한 변화에 맞춰 가족 구조, 역할, 규칙을 재구성하는 능력으로 정의되며, 이를 통해 가족은 더 나은 회복력과 문제 해결 능력을 발휘할 수 있다(Masten & Reed, 2002).

적응성은 가족 내 변화에 대한 유연한 대응을 의미하며, 이는 위기 상황에서 가족이 어떻게 대처하고 새로운 환경에 적응하는지를 결정짓는 중요한 요소다(Walsh, 2016). 특히 예기치 않은 사건이나 스트레스 요인이 발생할 때, 적응성이 높은 가족은 기존의 패턴을 고수하기보다는 변화에 맞춰 역할을 재정립하고 새로운 전략을 마련할 수 있다. 이처럼 적응성은 가족이 위기 상황을 효과적으로 관리하고, 변화된 상황에서도 안정성을 유지하는 데 중요한 역할을 한다(양무희, 윤경자, 2012). 적응성의 중요한 요소 중 하나는 가족 구조의 유연성이다. 가족 구조는 부모, 자녀, 조부모 등 여러 구성원이 서로의 역할을 명확히 이해하고 수행하는 관계망을 형성한다. 위기 상황에서는 이러한 역할이 고정적이지 않고 상황에 따라 변화할 필요가 있다(Boss, 2006). 부모 중 한 명이 질병으로 인해 역할을 수행할 수 없는 상황에서는 다른 가족 구성원이 임시로 그 역할을 맡아야 하며, 이를 통해 가족 내 기능을 유지하고 안정감을 제공할 수 있다. 적응성이 높은 가족은 이러한 구조적 변화를 유연하게 받아들이며, 상황에 따라 역할을 조정할 수 있는 능력을 보인다.

적응성은 또한 역할과 책임의 재조정과 관련이 있다. 가족 내 각 구성원은 고유한 역할을 담당하고 있지만, 위기 상황에서는 그 역할이 상황에 맞게 조정될 필요가 있다(Walsh, 2016). 특히 경제적 위기나 건강 문제와 같은 상황에서는 가족 내 역할 분담이 기존과 다르게 이루어져야 할 수 있다(정민자, 2016). 부모가 실직한 상황에서 자녀가 가사일에 참여하거나, 다른 가족 구성원이 재정적 책임을 함께 나누는 등 새로운 역할 분담이 필요할 수 있다. 이러한 유연한 역할 재조정은 가족 내에서 적응성을 높이고 위기 극복에 기여하는 중요한 요소다.

적응성은 또한 가족 내 규칙과 의사결정 방식의 유연성과 밀접한 관계가 있다. 규칙과 의사결정 과정이 경직되어 있으면 가족이 새로운 상황에 맞춰 변화하는 데 어려움을 겪을 수 있다(김미옥, 2008). 적응성이 높은 가족은 필요에 따라 규칙을 수정하고, 위기 상황에 적합한 새로운 의사결정 방식을 도입할 수 있다(Boss, 2006). 가정에서 기존의 재정 관리 방식이 위기 상황에 맞지 않으면, 새로운 재정 계획을 세우고 이에 맞춰 가족 내 의사결정 과정을 변경하는 것이 필요하다. 이러한 유연성은 가족이 더 나은 선택을 하고 위기 상황을 효과적으로 극복하는 데 도움을 준다.

적응성은 단순히 구조적 변화에 대한 대응뿐만 아니라, 정서적 적응성에도 중요한 역할을 한다. 가족 구성원들이 변화하는 상황에 대해 정서적으로 어떻게 반응하느냐에 따라 적응성의 수준이 결정될 수 있다(Walsh, 2016). 위기 상황에서 가족 구성원들이 스트레스와 불안에 휩싸

일 수 있지만, 정서적 적응성을 발휘하는 가족은 서로의 감정을 이해하고, 이를 지지하는 방식으로 반응할 수 있다(김안자, 2009). 특히, 부모와 자녀 간의 정서적 유대가 강할수록 위기 상황에서도 심리적 안정감을 유지하며, 더 나은 대처 방안을 모색할 수 있다.

적응성은 또한 문제 해결 능력과도 깊이 연결되어 있다. 위기 상황에서는 기존의 문제 해결 방식이 효과적이지 않을 수 있으며, 새로운 전략을 모색해야 할 필요성이 커진다(Walsh, 2016). 적응성이 높은 가족은 문제 해결 과정에서 더 많은 대안을 제시하고, 창의적인 방법을 시도(권혜민, 최송식, 2019)하며, 이를 통해 새로운 해결책을 찾아낼 수 있다. 가족이 직면한 경제적 위기를 해결하기 위해 재정적인 측면뿐만 아니라 가족 구성원의 교육, 건강, 직업 선택 등 여러 요소를 고려하여 종합적인 대처 방안을 마련하는 것이 필요할 수 있다(김미옥, 2008).

적응성은 사회적 차원에서도 중요한 역할을 한다. 가족이 외부의 자원과 지원을 어떻게 활용하느냐에 따라 적응성의 수준이 달라질 수 있다(McCubbin & Patterson, 1983). 적응성이 높은 가족은 사회적 네트워크와 지역사회의 자원을 적극적으로 활용(김소희, 박미현, 2012)하여 위기 상황에서 도움을 받을 수 있으며, 이를 통해 위기를 효과적으로 극복할 수 있다. 가족이 지역사회 프로그램이나 정부 지원 정책을 적절히 이용하여 경제적 지원을 받는 것은 가족의 적응성을 높이는 중요한 요인이다.

적응성은 가족이 단순히 위기를 극복하는 데 그치는 것이 아니라, 지속 가능한 발전을 도모하는 데 중요한 역할을 한다. 적응성이 높은 가족은 위기를 통해 새로운 교훈을 얻고, 그 경험을 바탕으로 더 나은 미래를 준비할 수 있다(Masten & Reed, 2002). 이는 단순한 생존이 아니라, 위기를 성장과 발전의 기회로 전환하는 능력을 의미한다. 한 번의 위기를 극복한 가족은 그 경험을 바탕으로 향후 발생할 수 있는 유사한 위기에 더 잘 대비하고, 더욱 강한 가족 단위로 성장할 수 있다.

적응성은 가족 리질리언스의 중요한 구성 요소로, 변화하는 환경과 상황에 유연하게 대응하는 능력을 의미한다. 가족 내 구조적 변화, 역할과 책임의 재조정, 규칙과 의사결정의 유연성, 정서적 적응성, 그리고 사회적 자원의 활용 등을 통해 적응성은 강화된다. 이러한 적응성은 가족이 위기 상황을 단순히 극복하는 것을 넘어 성장과 발전의 기회로 삼게 하며, 이를 통해 가족은 더 높은 수준의 리질리언스를 발휘할 수 있다.

(4) 의사소통

의사소통(communication)은 가족 리질리언스의 중요한 구성 요소로, 가족 구성원 간의 관계를 유지하고 강화하는 데 필수적인 역할을 한다. 위기 상황에서 가족이 어떻게 소통하는지는 그들의 회복력과 적응력에 큰 영향을 미치며, 개방적이고 명확한 의사소통은 가족 구성원이 서로를 이해하고 지지하는 데 중요한 역할을 한다(Walsh, 2016). 의사소통은 단순한 정보 전달을 넘어, 정서적 유대감과 신뢰 형성, 문제 해결의 기초가 되며, 가족 내에서의 상호작용을 조정하고 강화하는 기능을 담당한다.

의사소통은 가족 구성원들이 서로의 생각, 감정, 요구를 명확하게 표현하고 이해하는 과정이다. 위기 상황에서는 서로의 감정과 의견을 솔직하게 나누는 것이 필수적이며, 이를 통해 가족 구성원 간의 신뢰와 유대감이 강화된다(Masten & Reed, 2002). 가족이 위기 상황에서 효과적으로 소통할 수 있다면, 구성원들은 서로의 역할과 책임을 명확히 이해하고, 위기에 대한 공동 대응 전략을 수립할 수 있다. 이는 단순히 정보를 교환하는 것 이상의 의미를 가지며, 정서적 지지와 공감을 통해 가족 구성원들이 함께 위기를 극복하는 데 필요한 힘을 제공한다.

정서적 의사소통은 가족 구성원 간의 감정을 교환하고, 서로의 감정을 공감하는 과정에서 이루어진다. 특히 위기 상황에서는 가족 구성원들이 서로의 감정을 이해하고, 이를 적절하게 받아들이는 능력이 중요하다(Walsh, 2016). 정서적 의사소통이 잘 이루어질 때 가족은 서로에게 더 큰 지지를 제공할 수 있으며, 위기 상황에서도 감정적 안정감을 유지할 수 있다(김민경, 2012). 부모와 자녀 간, 또는 배우자 간의 정서적 의사소통은 위기 상황에서 심리적 회복력을 높이는 중요한 요소다. 자녀가 학교에서의 어려움을 부모에게 털어놓고, 부모가 이를 공감하며 지지할 때, 자녀는 심리적으로 안정을 찾을 수 있다.

의사소통은 말뿐만 아니라 비언어적 의사소통을 통해서도 이루어진다. 가족 구성원 간의 표정, 몸짓, 눈 맞춤 등은 중요한 비언어적 신호로 작용하며, 이는 말로 표현되지 않는 감정이나 의도를 전달하는 데 도움을 준다(김은정, 김형모, 2016). 특히 어린 자녀나 의사소통에 어려움을 겪는 구성원에게 비언어적 의사소통은 중요한 역할을 한다(Boss, 2006). 부모가 자녀에게 따뜻한 미소를 보내거나 손을 잡아 주는 것은 말보다 더 강한 정서적 지지를 전달할 수 있다.

의사소통은 가족 리질리언스에서 핵심적인 역할을 하며, 개방적이고 명확한 의사소통은 위기 상황에서 가족 구성원이 서로를 이해하고 지지하는 데 중요한 기반이 된다. 정서적 의사소통을 통해 감정적 지지를 제공하고, 문제 해결을 위한 의사소통을 통해 갈등을 줄이며, 예방적 의사소통을 통해 잠재적인 문제를 예방할 수 있다. 이러한 의사소통 과정은 가족이 위기 상황을 효과적으로 극복하고, 더 강한 유대감을 형성할 수 있도록 돕는다.

(5) 연결성

연결성(connectedness)은 가족 리질리언스의 중요한 구성 요소 중 하나로, 가족 구성원들 간의 상호 의존적 관계와 이를 통한 상호 지원, 정서적 유대감을 강화하는 역할을 한다. 연결성은 가족이 위기와 도전 속에서 서로를 지지하고 함께 문제를 해결하는 데 필요한 강력한 기초를 제공한다. 가족 구성원들이 서로에게 감정적 · 심리적 · 실질적 지지를 제공할 때 그들은 복잡한 문제를 보다 쉽게 극복하고, 그 과정에서 더 강한 가족 유대감을 형성할 수 있다.

연결성은 가족 구성원들이 서로와 긴밀하게 연결되어 상호 의존적 관계를 맺고, 이러한 관계를 통해 서로를 지지하는 능력을 의미한다(Walsh, 2016). 이는 단순히 가족 구성원들이 가까이 존재하는 것뿐만 아니라 정서적으로 깊이 연결되어 있으며, 위기 상황에서 서로를 보호하고 지지할 수 있는 능력으로 설명된다. 연결성은 가족이 어려움을 극복하는 데 있어 중요한 자원으로 작용하며, 가족 내에서 서로가 어떤 역할을 하고 어떻게 상호작용하는지에 따라 강해진다.

연결성은 또한 가족 내에서 상호 지지, 협력, 책임감을 촉진한다. 가족 구성원들이 서로의 감정적 · 신체적 필요를 이해하고 지원할 때, 그들은 어려운 상황 속에서도 서로에게 의지할 수 있는 강력한 기반을 형성하게 된다. 이러한 상호 의존적 관계는 가족이 위기 상황에서 더 나은 결정을 내리고, 더 빠르게 회복할 수 있도록 돕는다(McCubbin & Patterson, 1983).

가족 내 연결성의 중요한 한 측면은 정서적 유대감을 기반으로 한 상호 지지이다. 가족 구성원들이 서로의 감정과 욕구를 이해하고 공감할 때, 그들은 위기 상황에서 서로에게 중요한 정서적 지지자가 된다(김안자, 2009). 정서적 연결성은 가족이 불안이나 두려움과 같은 부정적 감정을 관리하는 데 도움을 주며, 서로에게 안전한 심리적 공간을 제공한다(Walsh, 2016).

상호 협력은 가족 구성원들이 공동의 목표를 위해 협력하는 과정에서 더욱 강화된다. 협력은 가족이 복잡한 문제를 해결할 때 필요한 자원을 제공하고, 서로의 역할을 조정하여 위기 상황에서 효율적으로 대응할 수 있도록 돕는다(이미애, 손명희, 2012). 가족 구성원들이 서로를 존중하고 공정하게 대우할 때, 그들은 상호 간의 신뢰를 강화하고 더 나은 협력 관계를 구축할 수 있다(Walsh, 2016).

연결성은 단순히 가족 내에서만 작용하는 것이 아니라, 가족이 외부의 사회적 관계와 맺는 연결성에도 중요한 역할을 한다. 가족은 종종 외부의 친척, 친구, 이웃 그리고 지역사회와의 관계를 통해 추가적인 지원을 받는다. 이러한 사회적 연결망은 가족이 고립되지 않도록 하고, 그들이 필요할 때 더 큰 자원을 동원할 수 있게 돕는다(Walsh, 2003).

사회적 연결망을 통해 가족은 정서적 · 물질적 · 정보적 지원을 받을 수 있으며, 이를 통해 더 나은 결정을 내리고 위기 상황에서 신속하게 대응할 수 있다(강현아 외, 2012). 친척이나 친구들이 제공하는 정서적 지지와 실질적 도움은 가족이 위기 상황에서도 안정감을 유지하고, 문제를 보다 효과적으로 해결할 수 있도록 돕는다(McCubbin & Patterson, 1983).

연결성은 가족 리질리언스에서 핵심적인 역할을 한다. 정서적 유대감, 상호 협력, 개방적인 의사소통을 통해 가족은 위기 상황에서 서로를 지지하고, 더 나은 결정을 내릴 수 있는 환경을 조성한다. 사회적 연결망을 통해 가족은 외부로부터 추가적인 지원을 받을 수 있으며, 이러한 연결성을 유지하기 위한 의도적인 노력이 가족 리질리언스를 더욱 강화할 수 있다.

(6) 초월과 영성

가족 리질리언스의 중요한 구성 요소 중 하나는 초월(transcendence)과 영성(spirituality)이다. 초월과 영성은 가족이 위기와 도전에 직면할 때 내적 평화와 의미를 찾을 수 있도록 돕는 심리적 · 정서적 자원을 제공한다. 이 요소는 단순히 종교적 믿음에 국한되지 않으며, 삶에서 더 깊은 의미와 목적을 발견할 수 있도록 하는 역할을 한다. 초월적 경험과 영적 신념은 가족 구성원들이 고난을 극복하고, 더욱 단단한 결속력을 유지하며, 새로운 가능성을 모색하는 데 있어 중요한 동력이 된다.

초월은 개인이나 가족이 자신들의 일상적 경험을 넘어서는 더 큰 관점에서 삶을 바라보고, 어려움 속에서도 의미와 목적을 찾는 과정이다(이혜숙, 2015). 가족이 위기 상황을 단순한 고난으로만 인식하는 것이 아니라, 그 안에서 새로운 가치를 발견하고 이를 통해 성장을 도모할 때 초월적 경험은 중요한 역할을 한다. 이 과정에서 가족은 자신들이 겪는 어려움을 삶의 전체 맥락 속에서 재해석하고, 그것을 더 큰 도전이나 성취의 일부로 받아들인다(Walsh, 2016).

초월적 경험은 종종 가족이 위기 상황에서 느끼는 무력감을 극복하는 데 중요한 역할을 한다. 가족은 고통이나 상실을 겪을 때 그것을 하나의 삶의 필연적인 일부로 받아들이고, 그 안에서 배우고 성장할 수 있는 기회를 모색하게 된다(양무희, 윤경자, 2012). 중대한 질병이나 사망과 같은 위기 상황에서 가족이 초월적 관점을 취할 수 있다면, 그들은 단순한 고통에서 벗어나 새로운 의미를 찾고 서로를 지지하는 방식으로 위기를 극복할 수 있다(McCubbin & Patterson, 1983).

영성은 가족 구성원들이 어려운 상황 속에서 내면의 평화를 찾고, 그 과정에서 서로를 지지하며, 정서적으로 안정감을 얻는 중요한 요소다. 영성은 종교적 신념뿐만 아니라, 인간의 삶에 대한 깊은 이해와 의미를 추구하는 모든 과정을 포괄한다. 가족이 어려운 상황 속에서도 영적 자원을 통해 자신을 치유하고 서로를 도울 수 있을 때, 그들은 더 강한 회복력을 발휘할 수 있다(Boss, 2006). 영성은 가족 내에서 중요한 역할을 하는 심리적 지지 체계를 형성한다. 영적 신념은 가족 구성원들이 상실이나 고통 속에서도 희망을 잃지 않고 서로를 지지할 수 있게 하는 강력한 힘을 제공한다. 종교적인 의식이나 믿음을 통해 가족은 위기 상황에서도 심리적·정서적 안정을 찾을 수 있다(이정관, 2024). 이러한 영적 신념은 가족이 자신들이 처한 상황을 새로운 관점에서 재해석하고, 그것을 성장의 기회로 삼는 데 중요한 역할을 한다(Walsh, 2003).

영성은 또한 가족이 외부의 영적 공동체나 사회적 지지 체계를 통해 더 강력한 리질리언스를 발휘할 수 있도록 돕는다. 종교적 또는 영적인 공동체는 가족이 위기 상황에서 필요한 정서적·물질적 지지를 제공할 수 있으며, 이를 통해 가족은 외부로부터의 강력한 지원을 받을 수 있다(Masten, 2014a). 영적 공동체는 가족이 고립되지 않도록 돕고, 그들이 겪는 어려움을 함께 나누며 더 넓은 공동체 속에서 치유와 회복을 경험할 수 있게 한다(이정관, 2024). 이러한 사회적 지지 체계는 가족이 심리적 부담을 덜고, 더 나은 해결책을 모색할 수 있는 기회를 제공한다. 예배나 기도와 같은 활동은 가족 구성원들이 정서적 안정을 찾고 서로를 지지하는 중요한 과정이 될 수 있다. 이러한 영적 활동은 가족의 내면적 회복력을 높이고, 그들이 더 나은 의사결정을 내리는 데 기여한다(Walsh, 2016). 가족 내에서 영적 신념은 구성원들이 어려운 상황에서도 긍정적인 태도를 유지하고, 이를 통해 회복력을 강화하는 데 중요한 역할을 한다. 특히 위기 상황에서 영적 신념은 가족 구성원들이 희망과 용기를 잃지 않고 문제를 해결할 수 있도록 돕는다. 영적 신념을 통해 가족은 고통을 더 큰 목적의 일부로 받아들이고, 그것을 극복하는 과정을 통해 더욱 강해질 수 있다(Boss, 2006).

이처럼 영적 신념은 또한 가족 구성원들이 서로를 더 깊이 이해하고 지지할 수 있는 환경을 조성한다. 이러한 신념은 가족이 위기 상황에서 서로의 감정을 공유하고 공감하는 과정을 통해 더욱 단단한 결속력을 형성하게 한다. 영성은 가족이 단순한 문제 해결을 넘어, 더 큰 차원에서 서로의 존재를 존중하고 함께 성장할 수 있는 기회를 제공한다(McCubbin & Patterson, 1983).

가족 리질리언스에서 초월과 영성은 상호 보완적인 역할을 한다. 초월적 경험을 통해 가족은 자신들이 직면한 위기를 더 큰 관점에서 바라보게 되고, 영성은 그 과정에서 심리적·정서적 안정을 찾는 데 도움을 준다. 이 두 가지 요소는 함께 작용하여 가족이 위기 상황에서 새로운 가능성을 모색하고, 서로를 지지하며 성장할 수 있는 기반을 마련한다(Walsh, 2003). 초월과 영성은 가족 리질리언스에서 중요한 심리적·정서적 자원으로 작용하며, 가족이 어려운 상황 속에서도 희망과 내적 평화를 유지할 수 있게 돕는다. 이 요소들은 가족 구성원들이 서로를 더 깊이 이해하고, 위기를 극복하는 과정에서 더욱 강력한 결속력을 형성하게 한다. 영성과 초월을 통해 가족은 더 넓은 의미와 목적을 발견하고, 그로 인해 더 큰 회복력을 발휘할 수 있다.

(7) 자원 관리

가족 리질리언스에서 자원 관리(resource management)는 가족이 위기 상황에서 효과적으로 대처하기 위해 사용할 수 있는 물리적·심리적·사회적 자원을 적절하게 관리하고 분배하는 능력을 의미한다. 이는 가족의 생존과 번영을 위해 필수적인 요소로, 자원의 적절한 관리는 위기 상황에서 회복력을 증대시키는 중요한 기제가 된다. 특히 가족 구성원들이 보유한 자원들이 잘 관리되고 활용될 때, 가족은 어려움 속에서도 더 강한 유대감과 적응력을 발휘할 수 있다(Walsh, 2016).

자원은 물리적·경제적·정서적·사회적 자원을 포함하는 광범위한 개념으로, 각 자원은 가족의 회복력에 중요한 역할을 한다. 물리적 자원은 재정적 자원과 같은 경제적 지원, 주거, 의료 서비스 등 기본적인 생존에 필요한 요소들을 포함한다. 정서적 자원은 가족 구성원 간의 감정적 지지와 안정감을 제공하며, 사회적 자원은 친구, 친척, 지역사회 네트워크와 같은 외부 지원 체계를 의미한다(Masten & Reed, 2002). 이러한 자원들은 가족이 위기를 극복하고, 일상적인 스트레스를 관리하는 데 중요한 역할을 한다.

가족 리질리언스에서 자원 관리는 위기 상황에서 가족이 더 나은 결정을 내리고 문제를 해결할 수 있게 하는 중요한 도구다. 효과적인 자원 관리는 가족이 보유한 자원을 어떻게 조직하고 배분할지에 대한 전략적 선택을 포함한다. 위기 상황에서 자원이 부족하거나 적절히 관리되지 않으면 가족은 더 큰 스트레스에 직면하고, 문제를 해결하는 데 어려움을 겪을 수 있다(Boss, 2006). 반면 자원이 적절히 관리될 경우, 가족은 더 빠르고 효과적으로 문제를 해결할 수 있으며, 위기에서 회복하는 과정에서 더욱 강해진다. 자원의 동원은 위기 상황에서 중요한 역할을 한다. 가족이 필요할 때 자원을 신속하게 확보하고 사용할 수 있는 능력은 그들의 회복력에 큰 영향을 미친다. 자원의 동원은 내부 자원뿐만 아니라 외부 자원을 포함하며, 이 과정에서 가족은 다양한 자원을 동원하여 위기를 극복한다(McCubbin & Patterson, 1983). 예를 들어, 가족이 재정적 어려움을 겪을 때 경제적 자원을 확보하는 동시에 사회적 지원 네트워크를 통해 필요한 도움을 받을 수 있다면, 그들은 위기를 더 쉽게 극복할 수 있을 것이다.

물리적 자원 관리는 가족이 경제적 안정성을 유지하고, 필요한 물리적 자원을 적절히 배분하는 과정이다. 경제적 자원은 가족의 안정성과 회복력에 중요한 기초를 제공하며, 재정 관리가 효과적으로 이루어질 때 가족은 스트레스를 줄이고 문제 해결에 더 많은 에너지를 집중할 수 있다(Walsh, 2016). 가족이 물리적 자원을 적절히 관리하지 못할 경우, 위기 상황에서 재정적 압박이 증가하고, 이는 가족의 응집력과 정서적 안정성을 해칠 수 있다.

정서적 자원은 가족이 위기 상황에서 서로를 지지하고 안정감을 제공하는 데 중요한 역할을 한다(Boss, 2006). 정서적 자원 관리는 가족 구성원들이 서로의 감정적 필요를 인식하고, 이를 충족시키는 과정에서 이루어진다. 정서적 자원은 가족 내의 신뢰와 유대를 강화하는 데 필수적이며, 가족이 위기 상황에서도 감정적 안정감을 유지할 수 있도록 돕는다.

사회적 자원은 가족이 외부에서 얻을 수 있는 도움과 지원을 의미한다. 지역사회, 친구, 친척 등의 사회적 지원 체계는 가족이 위기 상황에서 필요한 자원을 확보하는 데 중요한 역할을 한다(Masten & Reed, 2002). 사회적 자원의 동원은 가족이 고립되지 않도록 돕고, 필요한 물질적·정서적 지원을 제공받을 수 있게 한다(윤정미 외, 2024). 특히 위기 상황에서 가족이 사회적 네트워크와 긴밀하게 연결되어 있을 때, 그들은 더 많은 자원을 동원할 수 있으며, 회복력도 향상된다.

자원 관리는 가족이 협력적 문제 해결을 이끄는 데 필수적인 요소다. 가족 구성원들이 각자의 역할을 이해하고 자원을 공유할 때, 가족은 위기를 보다 효과적으로 극복할 수 있다(정민자, 2016). 협력적 문제 해결은 자원 관리 과정에서 발생하는 갈등을 줄이고, 자원을 효율적으로 사용하여 더 나은 결정을 내릴 수 있게 한다(Walsh, 2016). 자원의 분배와 관리는 가족 내에서 투명하게 이루어져야 하며, 구성원들 간의 상호 신뢰를 바탕으로 이루어질 때 더 효과적이다.

자원 관리에서 중요한 또 다른 측면은 적응성이다. 가족은 상황에 따라 자원을 유연하게 관리하고, 필요에 맞게 재분배할 수 있어야 한다(윤정미 외, 2024). 경제적 상황이 급변하거나 건강 문제가 발생하였을 때, 가족은 기존의 자원 관리 방식을 재평가하고, 새로운 자원 활용 전략을 세워야 한다. 이러한 적응적 관리는 가족이 변화하는 환경 속에서도 안정성을 유지하고, 위기에 적응할 수 있는 능력을 제공한다(McCubbin & Patterson, 1983).

자원 관리는 가족 리질리언스의 핵심적인 요소로, 위기 상황에서 가족이 생존하고 번영하는 데 필요한 물리적·정서적·사회적 자원을 효과적으로 관리하는 과정이다. 자원의 적절한 관리와 동원은 가족이 위기 상황에서 더 나은 결정을 내리고, 문제를 해결하는 데 중요한 역할을 하며, 이를 통해 가족의 회복력과 적응력을 향상시킨다. 자원 관리가 잘 이루어질 때 가족은 위기 상황에서도 더 강한 유대감과 안정성을 유지할 수 있다.

3) 지역사회

(1) 확대된 친척과 사회적 지지의 동원

가족 리질리언스에서 중요한 요소 중 하나는 확대된 친척과 사회적 지지의 동원이다. 이는 가족이 위기 상황에서 가까운 친척뿐만 아니라 외부의 사회적 네트워크와 관계를 통해 강력한 지지 체계를 구축하는 것을 의미한다. 이러한 지지 체계는 위기 상황에서 가족이 더 큰 안정성과 회복력을 발휘할 수 있도록 도와준다. 확대된 친척과 사회적 지지는 가족 리질리언스의 중요한 자원으로, 이를 통해 가족은 어려운 상황에서도 서로를 지지하고 새로운 해결책을 모색할 수 있다(Walsh, 2016).

가족이 위기 상황에서 역할 모델(role models)과 멘토를 통해 지지를 받는 것은 가족 리질리언스 강화에 중요한 역할을 한다. 역할 모델은 가족 구성원들이 본받을 수 있는 긍정적인 역할을 수행하는 사람들로, 가족 내외의 친척, 지역사회 인물 등이 될 수 있다(연성진, 2013). 역할 모델은 가족에게 위기를 극복하는 방법을 보여 주며, 긍정적인 태도와 전략을 제시한다. 멘토는 특정 가족 구성원 또는 전체 가족을 돕기 위해 조언을 제공하고, 실질적인 도움을 줄 수 있는 사람들이다. 멘토는 가족 구성원들이 자신의 상황을 이해하고, 더 나은 방향으로 나아갈 수 있도록 지지하는 중요한 역할을 한다(이창대, 박재혁, 2015; McCubbin & Patterson, 1983).

가족 리질리언스에서 지역사회망의 확립은 매우 중요하다. 가족은 지역사회 내에서 다양한 자원과 지지를 통해 안정성을 유지하고, 필요할 때 적절한 도움을 받을 수 있는 구조를 만들어야 한다(Walsh, 2016). 지역사회는 가족에게 정서적 · 물질적 · 정보적 자원을 제공하며, 이러한 네트워크는 가족이 위기 상황에서 더 빠르고 효과적으로 대응할 수 있게 만든다(조영석, 이재은, 2021). 지역사회의 교회, 학교, 비영리 단체, 이웃 등이 제공하는 자원과 지원은 가족의 회복력을 높이는 데 중요한 역할을 한다.

중요한 지역사회망의 확립은 가족이 단순히 문제를 외면하는 것이 아니라, 지역사회의 도움을 통해 더 큰 자원을 동원할 수 있게 하는 과정이다. 이러한 네트워크는 가족이 고립되지 않도록 도와주며, 공동체와의 연결을 통해 가족은 더 큰 힘을 발휘할 수 있게 된다. 특히 지역사회가 제공하는 교육 프로그램, 심리 상담, 재정 지원 등은 가족이 위기 상황에서 적절한 대응을 할 수 있도록 도와주는 중요한 자원이다(Masten, 2014a).

지역사회망은 또한 가족 구성원들이 서로를 더 잘 이해하고, 지역사회 내에서 보다 적극적으로 참여하게 하여 가족 리질리언스를 강화하는 데 기여한다. 지역사회와의 긴밀한 관계를 유지하는 가족은 외부에서 제공되는 다양한 자원을 효과적으로 활용하여 위기를 극복할 수 있다.

확대된 친척과 사회적 지지의 동원은 가족 리질리언스의 중요한 축을 이루며, 이를 통해 가족은 위기 상황에서도 강력한 지지 체계를 구축하고 회복할 수 있다. 역할 모델들과 멘토는 가족이 문제를 직면하고 해결책을 모색하는 데 긍정적인 역할을 하며, 중요한 지역사회망은 가족이 외부의 자원을 활용할 수 있도록 도와준다. 이러한 확대된 지지 체계는 가족이 더 나은 결정을 내리고, 위기 속에서도 긍정적인 변화를 이루는 데 중요한 역할을 한다.

(2) 타인을 돕는 헌신과 사회적 책임감

가족 리질리언스는 단순히 가족이 위기를 극복하고 회복하는 데 그치지 않고, 더 나아가 타인과 공동체를 돕는 헌신과 사회적 책임감을 포함한다(최성문, 정순둘, 2023). 가족이 어려움을 겪을 때 그들의 내적 회복력은 외부로 확장되어, 타인을 돕고 공동체에 기여하는 과정에서 더욱 강해진다. 이러한 헌신과 사회적 책임감은 가족 리질리언스의 중요한 구성 요소로 작용하며, 이를 통해 가족은 자신들의 경험을 바탕으로 다른 사람들에게 긍정적인 영향을 미칠 수 있다(Walsh, 2016). 이는 가족의 위기 극복 과정에서 자연스럽게 형성되는 조직적 과정으로, 가족이 단순히 자신만을 보호하는 것이 아니라, 더 큰 공동체와 사회적 관계 속에서 상호작용을 통해 회복력을 강화하는 중요한 전략이다.

타인을 돕는 헌신과 사회적 책임감은 가족이 단순히 자신의 문제에만 집중하는 것이 아니라, 그 문제를 해결하는 과정에서 더 넓은 사회적 맥락 속에서 행동하고 기여하는 것을 의미한다(최성문, 정순둘, 2023). 어려움을 극복한 가족은 그들의 경험을 통해 다른 사람들에게 도움을 줄 수 있는 기회를 발견하게 된다. 예를 들어, 심각한 경제적 위기를 극복한 가족이 경제적 어려움을 겪는 이웃에게 재정 관리 방법을 공유하거나, 질병을 겪은 가족이 지역사회에서 건강 관련 교육 활동에 참여하는 것이 그 예가 될 수 있다(Masten, 2014a). 이러한 과정은 가족 리질리언스를 강화하는 동시에, 그들이 속한 공동체에도 긍정적인 영향을 미치게 된다.

타인을 돕는 헌신과 사회적 책임감은 가족 리질리언스에서 중요한 역할을 하며, 이를 통해 가족은 자신들의 회복력을 강화할 뿐만 아니라, 더 큰 사회적 공동체에도 긍정적인 영향을 미친다. 가족 리질리언스는 단순히 개인적 차원의 회복을 넘어서, 사회적 책임감을 통해 더 큰 사회적 리질리언스를 구축하는 데 기여할 수 있다.

참고문헌

강현아(2010). 시설 퇴소청소년의 레질리언스에 영향을 미치는 요인. **청소년학연구, 17**(2), 155-179.

강현아, 노충래, 전종설, 정익중(2012). 가정외보호 청소년의 부정적 사건 경험이 우울 및 불안에 미치는 영향과 보호요인의 조절효과. **청소년학연구, 19**(3), 193-222.

권기범, 최하나, 정종화(2017). 중도 시각장애인의 레질리언스에 관한 근거이론 적용. **한국장애인복지학, 35**(35), 303-329.

권혜민, 최송식(2019). 알코올중독자가 지각하는 가족레질리언스에 영향을 미치는 요인–생태체계관점을 중심으로-. 사회과학연구, 26(3), 103-134.

권희경(2009). 가족 외부 지원의 경제적 압박 완화 효과: "경제적 압박에 따른 가족 스트레스 모델"을 중심으로. 가족과 문화, 21(2), 111-131.

김미옥(2008). 중도장애인의 레질리언스(Resilience) 과정에 관한 연구. 한국사회복지학, 60(2), 99-129.

김미혜, 윤경자(2013). 기혼남녀의 가족레질리언스와 결혼안정성과의 관계에 영향을 미치는 외도경험 대처방식의 매개효과. 한국가족관계학회지, 17(4), 15-39.

김민경(2012). 국제결혼한 한국남성의 가족스트레스, 부정적 정서와 사회부적응--레질리언스의 매개효과를 중심으로. 한국가족복지학, 17(3), 101-123.

김소희, 박미현(2012). 재난피해가족의 레질리언스 강화를 위한 사회복지실천 개입전략 탐색. 사회과학연구, 38(3), 101-122.

김안자(2009). 가족레질리언스가 가족 건강성에 미치는 영향. 한국가족복지학, 27, 73-102.

김영수(2023). 재난법상 시민의 생활회복과 지방자치단체의 역할에 관한 고찰. 중앙법학, 25(4), 269-296.

김은정, 김형모(2010). 가족 레질리언스가 위탁아동의 심리사회적 적응에 미치는 영향. 아동과 권리, 14(4), 633-655.

김현아(2015). 북한이탈주민 PTSD의 연구동향 분석 : 2001년-2015년까지. 미래사회, 6(1), 39-54.

박혜란, 전귀연(2012). 가족 레질리언스에 대한 선행연구 고찰: 현황과 과제. 한국생활과학회지, 21(6), 1059-1081.

양무희, 윤경자(2012). 암환자와 그 가족의 가족레질리언스 강화 프로그램 개발과 효과성 검증. Human Ecology Research, 50(1), 121-139.

연성진(2013). 출소자 사회복귀를 위한 지역사회회복 모델-사회적기업을 중심으로. 교정담론, 7(1), 35-62.

윤정미, 곽의현, 심민영(2024). 재난 정신건강 회복을 위한 개인 및 지역사회 회복탄력성 요인 검토. 한국심리학회지: 건강, 29(3), 417-440.

이미애, 손명희(2012). 여성결혼이민자의 가족레질리언스가 심리적 안녕감에 미치는 영향. 사회복지실천과 연구, 9, 5-28.

이재은(2018). 재난 레질리언스 강화-한국의 안전공동체 거버넌스 개혁을 위한 혁신 방안-. Crisisonomy, 14(3), 75-90.

이정관(2024). MZ 세대의 사회적 · 신앙적 위기와 기독교 교육적 돌봄과 회복탄력성. 기독교교육 논총, 80, 29-48.

이창대, 박지혁(2015). 동료멘토(peer mentor) 프로그램이 뇌졸중 환자의회복에 미치는 영향: 연구 프로토콜. 재활치료과학, 4(2), 84-91.

장수미(2021). 휴먼서비스 인력의 공감만족과 공감피로의 관계에서 레질리언스와 사회적 지지의 효과:

노숙인시설 종사자를 중심으로. 한국사회복지행정학, 23(2), 141-166.

전정화, 엄태완(2019). 미혼모의 체험에 대한 현상학 연구. 인문사회 21, 10(6), 1469-1484.

정민자(2016). 저소득층 조손가족의 십대 손자녀가 지각한 역경과 가족 레질리언스에 관한 질적 분석. 복지상담교육연구, 5(1), 21-41.

조성(2018). 재난대비활동과 지방정부 재난조직 레질리언스의 관계—구조방정식 모형을 중심으로—. 한국지방행정학보, 15(3), 223-242.

조영석, 이재은(2021). 지역사회 재난 레질리언스 강화를 위한 코어시스템적 접근—COVID-19 팬데믹을 중심으로—. Crisisonomy, 17(10), 1-27.

최선희, 강성율(2021). 정신건강사회복지사의 직무수행 경험에 관한 질적 연구. 인문사회 21, 12(1), 2279-2294.

최성문, 정순둘(2023). 중 · 고령자의 이중돌봄 책임 및 이중돌봄 스트레스와 주관적 웰빙. 사회복지실천과 연구, 20(2), 145-188.

최정숙, 전명희, 양혜원, 김희수(2015). 이혼가족의 가족레질리언스 강화를 위한 가족캠프 프로그램 개발 연구. 가족과 가족치료, 23(1), 23-53.

Bandura, A. (1997). *Self-efficacy: The exercise of control.* W.H. Freeman.

Boss, P. (2006). *Loss, trauma, and resilience: Therapeutic work with ambiguous loss.* W.W. Norton & Company.

Bronfenbrenner, U. (1981). *The ecology of human development: Experiments by nature and design.* Harvard University Press.

Bronfenbrenner, U. (1986). Ecology of the family as a context for human development: Research perspectives. *Developmental Psychology, 22*(6), 723-742.

Cicchetti, D. (2010). Resilience under conditions of extreme stress: A multilevel perspective. *World Psychiatry, 9*(3), 145-154.

Cicchetti, D., & Rogosch, F. A. (1997). The role of self-organization in the promotion of resilience in maltreated children. *Development and Psychopathology, 9*(4), 797-815.

Luthar, S. S., Cicchetti, D., & Becker, B. (2000). The construct of resilience: A critical evaluation and guidelines for future work. *Child Development, 71*(3), 543-562. https://doi.org/10.1111/1467-8624.00164

Masten, A. S. (2014a). Global perspectives on resilience in children and youth. *Child Development, 85*(1), 6-20. https://doi.org/10.1111/cdev.12205

Masten, A. S. (2014b). *Ordinary magic: Resilience in development.* Guilford Press.

Masten, A. S., Cutuli, J. J., Herbers, J. E., & Reed, M.-G. J. (2009). Resilience in development. In S.

J. Lopez & C. R. Snyder (Eds.), *Oxford handbook of positive psychology* (2nd ed., pp. 117-131). Oxford University Press.

Masten, A. S., & Narayan, A. J. (2012). Child development in the context of disaster, war, and terrorism: Pathways of risk and resilience. *Annual Review of Psychology, 63*, 227-257. https://doi.org/10.1146/annurev-psych-120710-100356

Masten, A. S., & Reed, M. J. (2002). Resilience in development. In C. R. Snyder & S. J. Lopez (Eds.), *Handbook of positive psychology*(pp. 74-88). Oxford University Press.

McCubbin, H. I., & Figley, C. R. (1983). *Stress and the family: Coping with normative transitions*. Routledge.

McCubbin, H. I., & Patterson, J. M. (1983). The family stress process: The double ABCX model of adjustment and adaptation. *Marriage & Family Review, 6*, 7-37. https://doi.org/10.1300/J002v06n01_02

Walsh, F. (2003). Family resilience: A framework for clinical practice. *Family Process, 42*(1), 1-18. https://doi.org/10.1111/j.1545-5300.2003.00001.x

Walsh, F. (2016). *Strengthening family resilience*(3rd ed.). Guilford Press.

제9장

가족치료 1:

가족치료의 개념과 역사, 정신분석적 가족치료, 체계적 가족치료, 행동주의적 가족치료

학습 목표

1. 가족치료의 개념과 역사적 발전 과정을 설명할 수 있다.
2. 정신분석적 가족치료의 주요 개념과 치료 과정을 이해할 수 있다.
3. 체계적 가족치료의 주요 개념과 치료 과정을 이해할 수 있다.
4. 행동주의적 가족치료의 주요 개념과 행동 수정 과정을 이해할 수 있다.
5. 정신분석적 가족치료, 체계적 가족치료, 행동주의적 가족치료의 공통점과 차이점을 비교하여 가족복지 현장에서 적합한 치료 모델을 제안할 수 있다.

이 장은 가족치료의 개념과 역사, 그리고 초기 가족치료 방법에 해당하는 정신분석적 가족치료, 체계적 가족치료, 행동주의적 가족치료 등의 개념과 등장 배경, 전제, 치료 방법, 치료 효과, 현대적 적용을 시도하였다.

1. 가족치료의 개념

가족치료는 개인의 심리적·정서적 문제를 그 개인이 속한 가족이라는 사회적 시스템 내에서 이해하고 치료하는 접근을 의미한다. 이는 개인을 가족의 일원으로 간주하여, 문제의 원인을 단순히 개인의 내적 요인에서 찾기보다는 가족 구조와 상호작용의 맥락 속에서 분석하는 것을 목표로 한다. 즉, 가족치료는 개인의 심리적 문제나 증상이 가족 구성원 간의 상호작용 과정에서 발생하거나 악화될 수 있음을 강조하며, 이를 해결하기 위해서는 가족 전체의 기능적 역학을 개선하는 데 초점을 맞춘다.

가족치료는 역사적으로 다양한 이론적 접근과 개념적 변화를 거쳐 발전해 왔다. 초기의 정신분석적 가족치료는 프로이트(Freud, 1917)의 이론을 바탕으로, 개인의 무의식적 갈등과 어린 시절 경험이 현재의 가족 관계에 미치는 영향을 탐색하며, 가족 구성원 간의 무의식적 역동성을 중시하였다. 이후 보웬(Bowen, 1987)의 체계적 가족치료는 가족을 하나의 정서적 시스템으로 보고, 세대 간 전이되는 정서 패턴과 개인의 분화 수준을 분석하며, 개인의 자율성과 가족 간 상호 의존성 간의 균형을 강조하였다. 행동주의적 가족치료는 관찰 가능한 행동과 그에 따른 강화 요인에 주목하여, 학습 이론과 행동 수정 기법을 통해 문제 행동을 변화시키고 긍정적인 행동을 강화하는 데 중점을 두었다(Minuchin, 1974). 또한 구조적 가족치료는 가족의 위계, 경계, 하위체계 등의 구조가 가족 상호작용과 문제에 미치는 영향을 중시하며, 비기능적 가족 구조를 재편성하여 건강한 상호작용을 촉진한다. 경험적 가족치료는 가족 구성원의 주관적 경험과 감정 표현을 통해 개인의 성장과 가족의 변화를 촉진하며, 예술 치료나 역할극을 통해 내면의 감정을 표현하고 정서적 유대를 강화한다(Satir, 1983). 전략적 가족치료는 가족 내 문제를 유지시키는 상호작용 패턴을 파악하고 이를 변화시키기 위한 구체적이고 직접적인 전략을 사용하여, 단기간 내 문제 해결을 목표로 한다(Haley, 1977).

해결중심 가족치료는 문제 그 자체보다 해결책과 미래의 가능성에 초점을 맞추며, 클라이언트의 강점과 자원을 활용하여 원하는 변화를 이끌어 내고 성공 경험을 통해 해결책을 모색한다. 이야기 치료는 개인과 가족이 자신의 이야기를 재구성하여 문제를 새로운 시각에서 바라보고, 문제를 외재화하여 대안적이고 긍정적인 이야기를 형성함으로써 정체성과 관계를 재정립한다(De Shazer, 1985). 마지막으로, MRI 모델은 현재 문제를 유지하는 상호작용 패턴에 초점을 맞추어 최소한의 개입으로 변화를 유도하며, 작은 변화가 전체 시스템에 큰 영향을 미칠 수 있다는 원리 하에 전략을 설계한다(Watzlawick et al., 1974).

가족치료의 개념은 초기에는 개인의 내적 갈등을 탐구하는 데에서 출발하였으나, 이후 가족 시스템의 구조와 상호작용, 관찰 가능한 행동 변화, 주관적 경험과 감정 표현, 문제 해결을 위한 전략적 개입, 긍정적인 미래에 대한 초점, 개인과 가족의 서사 재구성, 그리고 현재 문제를 유지하는 상호작용 패턴의 변화로 점차 확장되고 통합되었다. 이러한 개념적 발전은 가족 문제에 대한 다차원적이고 통합적인 접근을 가능하게 하였으며, 사회복지실천에서도 다양한 이론과 방법을 적용하여 내담자의 복지를 증진시키는 데 중요한 기여를 하고 있다.

2. 가족치료의 연대기적 역사

가족치료는 20세기 중반에 등장한 심리치료의 한 분야로, 개인의 정신적 문제를 가족 내 상호작용과 관계 속에서 이해하고 해결하려는 접근으로 출발하였다. 당시 주류를 이루던 정신분석과 개인 중심의 심리치료는 가족 내 상호작용을 충분히 고려하지 않는다는 비판을 받았고, 이에 대한 대안으로 가족치료의 필요성이 제기되었다. 가족치료는 개인의 문제를 가족이라는 사회적 맥락 속에서 다루어 보다 포괄적인 치료 효과를 도모하는 혁신적 접근으로 자리잡았다.

가족치료의 초기 단계는 정신분석적 가족치료로 대표된다. 이 접근법은 프로이트의 정신분석 이론을 가족 관계에 적용하여, 가족 내 억압된 감정과 갈등이 개인의 문제에 미치는 영향을 탐색하였다. 애커만(Ackerman, 1966)은 개인의 정신적 문제를 가족 내 억압된 정서와 상호작용의 결과로 이해하였으며, 가족 구성원의 무의식적 갈등을 분석함으로써 가족 기능의 회복을 목표로 하였다.

1960년대에 보웬은 체계적 가족치료를 도입하면서 가족치료의 새로운 지평을 열었다. 보웬(1978)은 가족을 하나의 정서적 단위로 보고, 가족 내 정서적 관계와 세대 간 전이되는 갈등을 중점적으로 다루었다. 보웬의 체계적 가족치료는 개인이 가족 내에서 정서적으로 독립된 자아를 형성하는 능력인 분화(differentiation)를 강조하며, 개인이 독립적으로 기능할 수 있도록 돕는 데 중점을 두었다.

1970년대에는 행동주의적 가족치료가 등장하여, 행동 수정의 원리를 가족치료에 적용하였다. 제이콥슨과 마틴(Jacobson & Martin, 1976)은 가족 구성원의 문제 행동을 강화하거나 약화시키는 환경적 요인을 분석하고, 긍정적 행동 변화를 유도하는 데 초점을 맞추었다. 이 접근법은 가족 내 상호작용 패턴을 분석하고 행동 수정 기술을 통해 가족 기능을 향상시키려 하였다.

미누친(Minuchin, 1974)은 구조적 가족치료를 개발하여, 가족을 여러 하위체계로 나누어 분석하고, 가족 내 경계(boundaries)와 권력 구조가 가족 기능에 미치는 영향을 강조하였다. 구조적 가족치료는 가족의 구조적 재편성을 통해 건강한 상호작용을 촉진하고 문제 해결을 도모하였다.

휘태커(Whitaker)와 사티어(Satir)는 경험적 가족치료를 발전시켰다. 이 접근법은 감정의 자유로운 표현과 체험을 중시하며, 가족 구성원 간의 억압된 감정과 갈등을 표출함으로써 성장을 도모하였다(Satir, 1983). 사티어는 의사소통과 정서적 교류를 통해 긍정적인 상호작용을 촉진하고자 하였으며, 휘태커는 깊은 감정 교류를 통해 가족이 진정으로 서로를 이해하고 성장할 수 있다고 주장하였다.

헤일리(Haley)와 마다네스(Madanes)는 전략적 가족치료를 도입하며, 문제 해결을 위한 구체적 전략과 단기적 개입을 통해 가족 상호작용의 신속한 변화를 목표로 하였다(Haley, 1977). 이 접근법은 가족 구성원 간의 권력 관계와 의사소통 패턴을 분석하고, 변화 촉진을 위한 명확한 전략을 제시하였다.

1980년대에 드 세이저(De Shazer)와 김인수(Insoo Kim Berg)는 해결중심 가족치료를 발전시켰다. 이 접근은 문제보다는 해결책에 집중하며, 가족이 이미 가지고 있는 자원을 활용해 문제를 해결할 수 있다고 보았다(De Shazer, 1985). 해결중심 가족치료는 미래의 성공과 긍정적 변화를 위한 해결책 모색에 중점을 두었다.

1990년대에는 화이트와 엡스턴(White & Epston, 1990)이 이야기 치료를 발전시켰다. 이야기 치료는 가족이 자신의 삶에 대한 이야기를 재구성하고, 문제를 외부화하여 새로운 관점을 형성하도록 돕는다. 이를 통해 가족은 더 건강한 상호작용을 촉진하고, 보다 긍정적인 정체성을 재구성할 수 있다.

미국의 정신연구소(Mental Research Institute)에서 개발한 MRI 모델은 바츠라비크 등(Watzlawick et al., 1974)에 의해 개발되었으며, 가족 내 비효율적인 상호작용 패턴을 변화시킴으로써 문제를 해결하는 데 중점을 두었다. MRI 모델은 문제의 원인보다는 현재의 상호작용 패턴을 신속하게 변화시키는 단기 치료를 지향하였다.

가족치료는 정신분석적 접근을 시작으로 이후 체계적 · 행동주의적 · 구조적 · 경험적 · 전략적 · 해결중심적 · 이야기 치료 등으로 확장되며 다양한 이론적 틀을 제공하였다. 이러한 접근들은 각기 다른 관점에서 가족 내 상호작용과 문제를 분석하고 해결하는 방법을 제시하였으며, 가족복지실천에 중요한 기여를 하고 있다. 특히 가족치료는 가족이 보다 건강하게 기능하도록 돕는 중요한 심리치료 기법으로 자리매김하고 있으며, 사회복지의 가치와 실천에서도 필수적인 도구로 평가받고 있다.

3. 정신분석적 가족치료

1) 정신분석적 가족치료의 등장 배경과 개념

정신분석적 가족치료(psychoanalytic family therapy)는 개인의 무의식적 갈등과 가족 내 심리적 역동성을 탐구하여 가족 구성원 간의 관계를 개선하고 개인의 정신건강을 증진시키는 심리치료 접근법이다. 이 모델은 전통적인 정신분석 이론을 가족 시스템에 적용하여, 가족 내 상호작용과 관계 패턴이 개인의 심리적 문제에 미치는 영향을 중요하게 다룬다. 정신분석적 가족치료는 가족치료의 발전과 다양한 이론적 통합을 통해 현대 심리치료에서 중요한 위치를 차지하고 있다.

정신분석적 가족치료의 이론적 토대는 프로이트의 정신분석 이론에 뿌리를 두고 있으며, 초기에는 개인의 무의식적 갈등과 방어기제를 탐구하는 데 초점을 맞추었다(Freud, 1917). 이후 1950년대와 1960년대에는 에릭슨(Erikson, 1950)과 같은 학자들이 개인의 발달이 가족 내 관계와 상호작용하는 방식에 주목하여 정신분석적 접근을 가족치료에 통합하려는 시도를 하였다. 이러한 시도는 가족 구성원 간의 관계와 그들 사이의 무의식적 갈등이 개인의 정신건강에 어떻게 영향을 미치는지 이해하는 중요한 계기를 마련하였다. 1970년대에는 미첼(Mitchell, 1974)과 같은 정신분석가들이 가족 구성원 간의 상호작용 패턴을 분석하고 이를 치료적으로 개입하는 방법을 발전시키며, 정신분석적 가족치료의 이론적 기틀을 더욱 강화하였다.

정신분석적 가족치료의 주요 개념을 설명하자면 다음과 같다.

- 무의식: 정신분석적 가족치료의 핵심 개념 중 하나는 무의식(unconscious)이다. 무의식은 개인이 의식하지 못하는 생각, 감정, 기억 등이 저장된 정신의 영역을 의미하며, 이러한 무의식적 갈등이 가족 구성원 간의 상호작용에 영향을 미친다고 본다(Freud, 1989). 무의식적 갈등을 이해하고 해소하는 것이 치료의 중요한 목표이다.
- 전이와 역전이: 전이(transference)는 가족 구성원이 치료자에게 과거의 중요한 인물과의 관계를 무의식적으로 재현하는 현상을 의미하며, 역전이(countertransference)는 치료자가 가족 구성원들에게 무의식적으로 반응하는 것을 의미한다(Bowman, 1978). 이 두 가지는 치료 과정에서 중요한 역할을 하며, 치료자는 이를 통해 가족 내 무의식적 갈등을 깊이 탐구하고 효과적으로 개입할 수 있다.
- 방어기제: 방어기제(defense mechanisms)는 개인이 무의식적으로 자신을 보호하기 위해

사용하는 심리적 전략을 말한다(Freud, 1926). 가족치료에서는 가족 구성원들이 사용하는 방어기제를 식별하고 이를 분석하여 무의식적 갈등을 이해하려 한다. 예를 들어, 부정(denial), 투사(projection), 전이 등이 주요 방어기제로 다루어진다.

- 가족 역동성: 가족 역동성(family dynamics)은 가족 구성원 간의 상호작용과 관계 패턴을 의미하며, 개인의 정신건강에 영향을 미친다(Mitchell, 1974). 정신분석적 가족치료는 이러한 역동성을 분석하여 가족 구성원 간의 무의식적 갈등과 역할 분담을 이해하고 건강한 상호작용을 촉진하는 것을 목표로 한다.
- 통합적 접근: 정신분석적 가족치료는 다양한 이론적 요소를 통합하여 보다 포괄적이고 효과적인 치료를 지향한다. 전통적인 정신분석 이론에 더해 체계이론(systems theory), 인간중심 치료(person-centered therapy) 등 다른 심리치료 이론들을 통합하여 다양한 문제에 대응하고자 한다(Freud, 1989; Minuchin, 1974).

이러한 정신분석적 가족치료의 개념들은 가족 구성원 간의 상호작용에서 무의식적 갈등을 탐구하고 해결하는 데 도움을 주며, 가족 전체의 기능 회복과 개인의 정신건강 증진을 목표로 한다. 사회복지실천에서도 정신분석적 가족치료는 내담자와 그 가족의 역동성을 이해하고 이를 바탕으로 개입하는 데 중요한 역할을 한다.

2) 정신분석적 가족치료의 치료 과정

정신분석적 가족치료 과정은 체계적이고 단계적인 접근을 통해 무의식적 갈등을 표면화하고 해결하여 가족 전체의 기능을 향상시키는 것을 목표로 한다. 정신분석적 가족치료의 치료 과정은 다음과 같은 주요 단계를 포함한다.

① 초기 평가 및 치료적 유대 형성

치료 과정의 첫 번째 단계는 가족 구성원들과 신뢰 관계를 형성하고, 치료의 목표와 절차를 설명하는 것이다. 치료자는 가족 구성원들과 개별 또는 집단으로 만나 가족의 역사, 구성원 간의 관계, 현재의 문제 등을 종합적으로 평가한다(Mitchell, 1974). 초기 평가는 가족 내 무의식적 갈등과 심리적 역동성을 이해하는 데 중요한 정보를 제공하며, 치료 계획의 기초를 마련한다. 이 단계에서 치료자는 가족 구성원들이 치료에 적극적으로 참여할 수 있도록 유도하고, 안전하고 개방적인 환경을 조성한다.

② 무의식적 갈등의 탐구

두 번째 단계에서는 가족 구성원들의 무의식적 갈등을 탐구한다. 이는 자유연상(free association), 꿈 분석(dream analysis), 전이 분석(transference analysis) 등의 정신분석적 기법을 통해 이루어진다(Freud, 1989). 가족 구성원들은 자신의 내면의 갈등과 감정을 자유롭게 표현함으로써 무의식적 갈등을 표면화한다. 치료자는 이러한 표현을 통해 가족 구성원들이 자신의 무의식적 갈등을 인식하고 이해할 수 있도록 돕는다. 이 과정에서 치료자는 가족 내 억압된 감정이나 갈등이 현재 상호작용에 어떻게 영향을 미치는지를 분석한다.

③ 전이와 역전이의 관리

정신분석적 가족치료에서 전이와 역전이는 중요한 역할을 한다. 전이는 가족 구성원들이 치료자에게 과거 중요한 인물과의 관계를 재현하는 현상이며, 역전이는 치료자가 가족 구성원들에게 무의식적으로 반응하는 것을 의미한다(Ackerman, 1962). 치료자는 이러한 전이와 역전이를 인식하고 관리함으로써 가족 내 무의식적 갈등을 더 깊이 탐구하고 효과적으로 개입한다. 예를 들어, 부모가 자녀에게 투사한 감정이 치료자에게도 투사될 경우, 치료자는 이를 인식하고 가족 구성원들이 이러한 전이 과정을 이해하도록 돕는다.

④ 방어기제의 식별 및 수정

방어기제는 개인이 무의식적으로 자신을 보호하기 위해 사용하는 심리적 전략을 의미한다(Freud, 1926). 정신분석적 가족치료에서는 가족 구성원들이 사용하는 다양한 방어기제를 식별하고, 이를 통해 무의식적 갈등을 이해하고 해결하려 한다(Ackerman, 1962). 치료자는 가족 구성원들이 자신의 방어기제를 인식하고, 이를 건강한 심리적 전략으로 수정할 수 있도록 지원함으로써 무의식적 갈등을 해소하고 긍정적인 상호작용을 촉진한다. 예를 들어, 부정이나 투사와 같은 방어기제를 식별하고 이를 건강한 방식으로 표현하도록 유도한다.

⑤ 가족 내 상호작용 패턴의 분석

다섯 번째 단계에서는 가족 내 상호작용 패턴과 관계 역동성을 면밀히 분석한다(Mitchell, 1974). 이는 가족 구성원 간의 의사소통 방식, 갈등 해결 전략, 역할 분담 등을 체계적으로 관찰하고 기록하는 과정을 포함한다. 치료자는 이러한 분석을 통해 가족의 문제를 유지하거나 악화시키는 구조적 요인을 파악하고, 이를 개선하기 위한 구체적인 개입 전략을 개발한다. 예를 들어, 부모와 자녀 간의 권력 구조나 감정적 유대감의 불균형이 가족 내 갈등의 원인이 될 수 있으며, 치료자는 이를 분석하고 개선하기 위한 전략을 설계한다.

⑥ 정서적 통합과 재구성

여섯 번째 단계는 가족 구성원들의 정서적 통합과 재구성을 촉진하는 것이다. 가족 구성원들이 자신의 감정을 인식하고 이를 건강하게 표현하도록 돕는다(Mitchell, 1988). 치료자는 가족 구성원들이 서로의 감정을 이해하고 지지하는 환경을 조성함으로써 정서적 연결을 강화한다. 이는 가족 구성원들이 서로에게 신뢰를 가지게 하고, 긍정적인 상호작용을 통해 가족 전체의 정서적 안정을 도모하게 한다(Nichols & Schwartz, 2004).

⑦ 재구조화 및 행동 변화 유도

치료의 마지막 단계에서는 가족 구조를 재구성하고, 건강한 상호작용 패턴을 형성하도록 유도한다. 치료자는 가족 구성원들이 새로운 역할을 습득하고, 기존의 비효율적인 상호작용 패턴을 수정하도록 돕는다(Mitchell, 1974). 이는 가족 내 권력 구조를 조정하고, 경계를 명확히 하며, 하위 시스템 간 건강한 상호작용을 촉진하는 것을 포함한다. 재구조화 과정은 가족 전체의 기능을 향상시키고, 장기적인 관계의 안정성을 증진시키는 중요한 역할을 한다.

⑧ 통합 및 유지 단계

치료의 마지막 단계에서는 가족 구성원들이 치료 과정에서 배운 새로운 상호작용 방식을 통합하고 이를 유지할 수 있도록 지원한다(Mitchell, 1974). 이는 치료 종료 후에도 가족 구성원들이 지속적으로 건강한 상호작용을 유지할 수 있도록 후속 상담이나 지원을 제공하는 것을 포함한다. 치료자는 가족 구성원들이 변화된 상호작용 패턴을 유지하고, 새로운 문제 상황에 직면하였을 때 효과적으로 대처할 수 있도록 후속 지원을 제공한다.

3) 정신분석적 가족치료의 현대적 적용

정신분석적 가족치료는 프로이트의 정신분석 이론을 기반으로 가족 내 상호작용과 무의식적 갈등을 분석하는 치료 접근으로, 애커만에 의해 가족치료로 발전하였다(Ackerman, 1966). 이 접근은 가족 내 상호작용에서 발생하는 무의식적 감정과 갈등을 분석하고, 억압된 감정을 표면화하여 가족 내 문제를 해결하는 데 중점을 둔다. 오늘날 정신분석적 가족치료는 다양한 가족 형태와 문제를 다루는 데 여전히 중요한 역할을 하며, 현대적 맥락에서 적용되고 있다.

① 무의식적 갈등과 현대 가족 문제의 이해

현대 사회에서는 다양한 스트레스 요인과 복잡한 가족 구조로 인해 무의식적 갈등이 가족 내에서 더 빈번하게 나타날 수 있다. 부모의 스트레스나 가족 간의 역할 변화는 가족 내에서 억압된 감정을 증가시켜 무의식적 갈등이 심화될 가능성이 크다. 애커만(1966)은 이러한 갈등이 가족 내에서 해결되지 않으면 구성원 간의 관계에 부정적인 영향을 미칠 수 있다고 지적하였다. 오늘날 정신분석적 가족치료는 이러한 무의식적 갈등을 해결하는 데 중점을 두며, 부모와 자녀 간의 복잡한 정서적 상호작용을 분석하여 가족 문제의 근본 원인을 파악하는 데 기여하고 있다. 현대의 정신분석적 가족치료는 특히 감정적 유대와 갈등을 깊이 분석하며, 가족 구성원들이 자신의 무의식적 감정을 인식하고 이를 통해 상호작용의 질을 개선할 수 있도록 돕는다. 예를 들어, 부모가 자녀에게 지나치게 기대하거나 자신이 해결하지 못한 정서적 갈등을 자녀에게 투사하는 경우, 자녀가 정서적 부담을 느끼며 문제가 발생할 수 있다. 정신분석적 가족치료는 이러한 투사적 반응을 분석하고, 가족 구성원들이 자신의 감정적 반응을 재구성하도록 돕는다.

② 억압된 감정의 표면화와 해결

정신분석적 가족치료에서 억압된 감정의 표면화는 가족 문제 해결의 핵심 요소다. 현대 가족은 다양한 이유로 감정 표현에 어려움을 겪으며, 억압된 감정이 가족 구성원 간의 관계에 부정적인 영향을 미칠 수 있다. 예를 들어, 부모와 자녀 간의 의사소통 부족이나 정서적 단절은 가족 내 갈등을 심화시키는 요인이 될 수 있다. 정신분석적 가족치료는 이러한 억압된 감정을 표면화하여 가족 구성원들이 솔직하고 개방적으로 감정을 표현할 수 있도록 돕는다. 현대적 맥락에서 정신분석적 가족치료는 청소년 문제나 부부 갈등에서 억압된 감정을 분석하고 해소하는 데 효과적으로 적용될 수 있다(기쁘다, 이수란, 2024). 청소년의 경우, 부모와의 정서적 갈등이나 억압된 감정이 반항적 행동이나 정서적 불안으로 표출될 수 있으며, 이는 가족 내 상호작용 패턴에 큰 영향을 미친다(조아라 외, 2018). 정신분석적 가족치료는 이러한 청소년 문제를 해결하기 위해 가족 내 무의식적 갈등을 분석하고, 청소년이 자신의 감정을 건강하게 표현할 수 있도록 돕는다.

③ 현대적 치료 도구의 활용과 적용

정신분석적 가족치료는 현대 치료 환경에서 심리학적 평가 도구와 결합하여 더욱 정교하게 발전하고 있다. 가족 내에서 무의식적 갈등과 억압된 감정을 분석하는 과정에서 심리검사나 투사적 기법을 활용하여 가족 구성원들이 자신의 무의식적 동기를 명확하게 인식하도록 돕는다(이혜숙, 2010). 이러한 도구들은 가족 구성원들이 서로의 감정적 반응을 깊이 이해하고, 억압된 상황을 해소하는 데 중요한 역할을 한다. 또한 오늘날 정신분석적 가족치료는 다양한 문화적 배경을 가진 가족에게도 효과적으로 적용된다(이형하, 2023). 가족 간 정서적 갈등은 종종 문화적 차이에서 비롯되며, 이러한 차이가 억압된 감정으로 나타날 수 있다. 정신분석적 가족치료는 이러한 문화적 요인을 고려해 가족 내 정서적 문제를 분석하고 이를 해소하는 데 기여한다. 특히 재혼가족이나 동거가족과 같은 다양한 가족 형태에서도 유용한 접근법으로 적용될 수 있다. 이러한 가족들은 복잡한 감정적 역동성을 가지며 무의식적 갈등이 표출될 가능성이 높다. 정신분석적 가족치료는 이러한 가족의 정서적 갈등을 해결하고, 구성원 간의 건강한 상호작용을 촉진하는 데 중요한 도구로 사용된다.

정신분석적 가족치료는 무의식적 갈등과 억압된 감정을 분석하고 해결하는 과정을 통해 가족 내에서 발생하는 문제를 해결하는 중요한 접근법이다. 현대 사회에서는 가족 구성원 간의 복잡한 정서적 관계와 다양한 가족 형태로 인해 무의식적 갈등이 빈번하게 발생할 수 있으며, 정신분석적 가족치료는 이러한 갈등을 해결하는 데 효과적으로 적용되고 있다. 가족 구성원들이 자신의 무의식적 감정을 인식하고 이를 통해 상호작용의 질을 개선할 수 있도록 돕는 정신분석적 가족치료는 오늘날에도 여전히 중요한 치료적 도구로 자리 잡고 있다.

4. 체계적 가족치료

1) 체계적 가족치료의 등장 배경과 개념

체계적 가족치료는 미국의 정신과 의사 머레이 보웬(Murray Bowen)이 1950년대 후반에 개발한 이론으로, 가족을 하나의 감정적 단위로 바라보는 체계적 접근법이다. 보웬은 가족 내 상호작용과 관계가 개인의 정신건강에 미치는 영향을 깊이 연구하였다. 그의 이론은 기존의 개인 중심 치료나 문제 중심 치료에서 벗어나, 가족 전체의 역동성과 상호작용 패턴을 분석하고 이해하는 데 중점을 둔다. 보웬은 가족 내 대인관계와 상호작용이 개인의 정서적 안정을 유지하는 데 중요한 역할을 한다고 보았다. 그는 가족을 하나의 체계로 간주하며, 이 체계 내에서 발생하는 변화가 전체 체계에 영향을 미친다고 주장하였다. 이러한 관점은 일반 체계 이론

(systems theory)의 영향을 받았으며, 보웬은 가족 내 상호작용 패턴을 이해하고 이를 통해 개인의 문제를 해결하려고 하였다.

보웬의 이론은 당시 널리 퍼져 있던 행동주의나 정신분석적 접근과 차별화된 새로운 패러다임을 제시하였다. 그는 가족치료가 단순히 문제의 원인을 찾는 데 그치지 않고, 가족 구성원 간의 관계를 개선하고, 개인의 자아 분화를 촉진함으로써 장기적인 변화를 이끌어 낼 수 있다고 주장하였다. 이러한 접근은 가족치료의 효율성과 효과성을 높이는 데 기여하였으며, 보웬의 체계적 가족치료는 현대 가족치료 이론의 중요한 기반이 되었다.

2) 체계적 가족치료의 치료 과정

가족치료는 개인의 문제를 가족 시스템 내에서 발생하는 정서적 과정의 결과로 간주하며, 가족 구성원들의 자아 분화 수준을 향상시키고 세대 간 전이되는 정서 패턴을 이해하는 데 초점을 맞춘다(Kerr & Bowen, 1988). 체계적 가족치료의 치료 과정은 다음과 같은 주요 단계를 포함한다.

① 가족 평가

치료자는 가족의 역사와 구조를 평가한다(Bowen, 1978). 이를 위해 가족 구성원들의 세대 간 관계, 가족 내 역할, 정서적 연결 및 거리 등을 탐색한다(Goldenberg & Goldenberg, 2013). 치료자는 가계도(genogram)를 활용하여 가족의 세대 간 패턴과 중요한 사건들을 시각적으로 나타내고 분석한다(McGoldrick, Gerson, & Petry, 2008). 이러한 평가 과정은 가족 내에서 반복되는 문제의 근원을 이해하고 개입 전략을 수립하는 데 중요하다(Titelman, 2014).

② 자아 분화 수준 파악

가족 구성원들의 자아 분화 수준을 파악한다(Kerr & Bowen, 1988). 자아 분화는 개인이 자신의 감정과 사고를 구분하고, 가족의 정서적 압력에 휘둘리지 않으면서 자율성을 유지하는 능력을 의미한다(Bowen, 1978). 낮은 자아 분화 수준은 가족 내 정서적 융합으로 이어져 개인의 불안을 증가시키고, 문제 행동을 야기할 수 있다(Sklar, 2017). 치료자는 각 구성원의 자아 분화 수준을 평가하여 개입의 초점을 결정한다(Brown, 1999).

③ 삼각관계 탐색

가족 내 삼각관계를 탐색한다(Bowen, 1978). 삼각관계는 두 사람 사이의 긴장을 완화하기 위해 제3자를 개입시키는 관계 패턴으로, 가족 내 불안을 분산시키지만 문제를 해결하지 못하고 유지시키는 역할을 한다(Kerr & Bowen, 1988). 치료자는 이러한 삼각관계를 인식하고, 가족 구성원들이 직접적인 상호작용을 통해 문제를 해결하도록 돕는다(Goldenberg & Goldenberg, 2013). 이는 가족 내 의사소통 개선과 정서적 융합 감소에 기여한다(Titelman, 2015).

④ 세대 간 전이 과정 이해

세대 간 전이 과정을 이해한다(Bowen, 1978). 이는 부모의 정서적 패턴이 자녀에게 전이되어 세대를 거쳐 반복되는 과정을 의미한다(McGoldrick et al., 2008). 치료자는 가족의 역사와 패턴을 분석하여 이러한 전이 과정을 파악하고, 가족 구성원들이 이를 인식하여 변화할 수 있도록 지원한다(Haefner, 2014). 이는 가족 내에서 반복되는 문제의 근원을 이해하고 끊어 내는 데 중요하다(Brown, 1999).

⑤ 정서적 단절 다루기

정서적 단절(emotional cutoff)을 다룬다(Bowen, 1978). 이는 가족 내 갈등이나 불안을 회피하기 위해 가족 구성원 간의 정서적 교류를 차단하는 현상이다(Kerr & Bowen, 1988). 치료자는 가족 구성원들이 이러한 단절을 극복하고 건강한 정서적 연결을 회복하도록 돕는다(Goldenberg & Goldenberg, 2013). 이를 통해 가족 내 의사소통을 개선하고 정서적 지지를 강화한다(Titelman, 2015).

⑥ 자아 분화 촉진

가족 구성원들의 자아 분화를 촉진한다(Bowen, 1978). 치료자는 가족 구성원들이 자신의 감정과 사고를 명확히 구분하고, 가족의 정서적 압력에 독립적으로 대처할 수 있는 능력을 개발하도록 지원한다(Kerr & Bowen, 1988). 이를 위해 개인 상담, 교육, 역할 연습 등을 활용하여 자기 인식과 자율성을 강화한다(Brown, 1999). 이는 개인의 불안을 감소시키고, 가족 내 건강한 상호작용을 촉진한다(Haefner, 2014).

⑦ 사회적 정서 과정 이해

사회적 정서 과정(societal emotional process)을 이해한다(Bowen, 1978). 이는 사회적·문화적

요인이 가족 시스템에 미치는 영향을 고려하는 것으로, 사회적 스트레스나 변화가 가족의 정서적 역동성에 어떤 영향을 미치는지 분석한다(Goldenberg & Goldenberg, 2013). 치료자는 이를 통해 가족 문제가 개인이나 가족 내 요인뿐만 아니라 사회적 맥락에서도 발생할 수 있음을 인식하고 개입한다(McGoldrick et al., 2008).

체계적 가족치료에서 치료자는 중립적이고 비개입적인 자세를 유지하면서 가족 시스템의 역동성을 이해하고, 가족 구성원들이 스스로 변화를 이끌어 낼 수 있도록 돕는다(Bowen, 1978). 치료자는 자신의 가족체계에서 비롯된 감정을 인식하고, 이를 치료 과정에 투사하지 않도록 자기 분화를 유지해야 한다(Kerr & Bowen, 1988). 또한 치료자는 교육자이자 코치로서 가족 구성원들이 자아 분화를 향상시키고 건강한 관계를 구축하도록 지원한다(Brown, 1999).

체계적 가족치료는 가족 내 정서적 패턴과 세대 간 전이에 초점을 맞추어 가족 문제의 근본적인 원인을 이해하고 개입할 수 있게 한다(Goldenberg & Goldenberg, 2013). 사회복지사는 이 접근법을 활용하여 가족 구성원들의 자아 분화를 촉진하고, 가족의 건강한 상호작용을 지원함으로써 내담자의 복지 증진에 기여할 수 있다(McGoldrick et al., 2008). 또한 사회적 정서 과정을 고려하여 내담자의 환경과 사회적 요인을 통합적으로 이해하고 개입할 수 있다(Haefner, 2014).

3) 체계적 가족치료의 현대적 적용

체계적 가족치료는 현대 가족치료에서 여전히 중요한 기반으로 작용하고 있다. 그의 이론에서 제시된 분화와 세대 간 전이 개념은 가족 구성원 간의 정서적 관계와 상호작용을 깊이 이해하는 데 필수적인 틀로 사용되고 있으며, 이를 바탕으로 다양한 치료 모델이 발전해 왔다. 보웬의 이론은 가족 구성원들이 감정적 독립성을 유지하면서 동시에 서로를 지지하고 건강한 관계를 형성하는 데 초점을 맞추는 치료적 목표로 지속적으로 활용되고 있다.

① 분화의 현대적 적용

보웬의 분화 개념은 현대 가족치료에서도 중요한 개념으로 남아 있으며, 정서적 건강과 자율성을 촉진하는 데 핵심적인 역할을 하고 있다. 분화는 개인이 가족 내에서 자신의 정체성을 유지하면서도 독립적으로 사고하고 행동할 수 있는 능력을 의미하며, 이는 가족 구성원 간의 정서적 융합을 방지하는 데 필수적이다. 분화 수준이 높은 사람은 자신의 감정을 명확하게 인식하고 타인의 감정과 혼동하지 않으며, 독립적인 결정을 내릴 수 있다(Bowen, 1978). 이러한 능력은 현대 가족치료에서도 매우 중요한 요소로 간주되며, 가족 구성원들이 자신의 감정을 객관적으로 바라보고 타인의 기대나 요구에 과도하게 반응하지 않는 독립성을 확립하는 데 중점을 둔다(남순현, 한성열, 2002). 반면 분화 수준이 낮은 개인은 가족 내에서 정서적 융합에 쉽게 빠지고 자신의 감정과 타인의 감정을 구분하는 데 어려움을 겪는다. 이는 갈등 상황에서 과도한 감정적 반응이나 자아 억압으로 이어질 수 있다. 현대 가족치료에서는 이러한 문제를 해결하기 위해 가족 구성원들이 정서적 거리를 두고 자신의 자아를 확립할 수 있도록 돕는 것을 강조한다(김명화, 송정아, 2014). 치료자는 각 구성원이 자신의 감정을 명확히 인식하고 타인의 감정과 혼동하지 않도록 돕는 역할을 한다. 이를 통해 개인은 자율성을 확립하고 독립적으로 기능하며, 가족 내 상호작용을 개선하고 보다 건강한 관계를 형성할 수 있게 된다.

② 세대 간 전이의 현대적 적용

보웬의 세대 간 전이 개념은 가족 내에서 정서적 패턴이 한 세대에서 다음 세대로 어떻게 전달되는지를 이해하는 데 중점을 둔다. 이 개념은 현대 가족치료에서도 중요한 치료적 도구로 사용되어 가족 내에서 반복되는 문제를 해결하는 데 기여하고 있다. 세대 간 전이는 가족 구성원들의 정서적 상호작용을 시각적으로 나타내어 가족 내 갈등이나 문제의 근원을 파악하는 데 유용하다(하상희, 정혜정, 2008). 현대 치료자들은 이러한 정서적 부담을 해결하고, 가족 구성원들이 이를 벗어나 독립적으로 기능하도록 돕는다(김혜원, 2013). 이 과정에서 가족 구성원들은 현재의 갈등이 단순히 개인적 문제가 아니라 가족 시스템 전체의 문제라는 것을 인식하게 되며, 세대 간 전이를 통해 부모 세대에서 자녀 세대로 이어지는 정서적 부담과 갈등을 해결하는 데 집중한다(Bowen, 1978).

③ 현대 가족치료에서 체계적 가족치료의 역할

체계적 가족치료는 현대 가족치료에서 여전히 중심적인 역할을 하고 있으며, 가족 구성원 간의 정서적 독립성과 가족 시스템 내 상호작용을 강조한다. 보웬(1978)은 가족이 단순히 여러 개인의 집합체가 아니라 정서적 단위로 작용하며, 가족 구성원 간의 정서적 역동성이 개인의 심리적 건강에 중요한 영향을 미친다고 주장하였다. 이러한 접근을 통해 가족 구성원들은 정서적으로 성숙하고 독립적인 관계를 형성하게 되며, 이는 궁극적으로 가족 내 갈등을 줄이고 건강한 상호작용을 유지하는 데 기여한다. 현대의 많은 가족치료 모델은 보웬의 분화 개념을 중심으로 발전하였으며, 이는 가족 구성원들이 자신의 감정과 타인의 감정을 명확히 구분하고 독립적인 정체성을 유지하면서도 상호 의존적인 관계를 유지할 수 있도록 돕는다(김병화, 송정아, 2014). 세대 간 전이되는 정서적 패턴을 분석하고 이를 해결하는 과정에서 보웬의 이론은 중요한 치료적 틀을 제공한다(하상희, 정혜정, 2008). 가족 내에서 해결되지 않은 갈등이나 스트레스가 다음 세대로 전이될 때, 이는 자녀 세대에서 더 큰 심리적 부담으로 나타날 수 있다. 보웬 이론을 적용한 치료는 이러한 정서적 부담을 해소하고, 세대 간 전이되는 패턴을 변화시켜 가족 내에서 더 건강한 정서적 상호작용을 구축하는 데 기여한다(김혜원, 2013).

이처럼 체계적 가족치료 이론은 오늘날에도 가족 구성원들이 정서적 부담을 해결하고 세대 간 전이되는 감정적 패턴을 극복하도록 돕는 치료적 개입의 핵심으로 사용되고 있다. 이 이론은 가족치료의 여러 모델에서 정서적 건강과 자율성을 촉진하는 중요한 원리로 적용되며, 가족 구성원들이 더 나은 정서적 경계를 설정하고 갈등 상황에서 독립적으로 대처할 수 있도록 돕는 데 중요한 역할을 한다(이주은, 박태영, 2018). 체계적 가족치료는 현대 가족치료 이론과 실천에서 중요한 기초를 제공하며, 가족 구성원 간의 정서적 관계와 세대 간 전이를 이해하는 데 필수적인 개념으로 자리 잡고 있다. 분화와 세대 간 전이의 개념은 현대 치료자들에게 가족 구성원들이 정서적 독립성을 유지하면서도 건강한 상호작용을 유지할 수 있도록 돕는 중요한 도구로 계속 사용되고 있다. 보웬의 이론적 기초는 가족치료의 중요한 원리로 남아 있으며, 이를 통해 가족 구성원들은 더 성숙하고 건강한 정서적 관계를 형성할 수 있다.

5. 행동주의적 가족치료

1) 행동주의적 가족치료의 등장 배경과 개념

행동주의적 가족치료(behavioral family therapy)는 20세기 초반 심리학 분야에서 등장한 행동주의 이론을 기반으로 하여, 인간의 행동을 과학적으로 연구하고 치료하는 데 중점을 둔다. 행동주의는 주로 존 왓슨(John B. Watson)과 버러스 스키너(Burrhus F. Skinner)의 연구를 통해 발전하였다. 왓슨은 1913년에 발표한 논문「행동주의(Psychology as the Behaviorist Views It)」에서 심리학이 객관적이고 실험적인 방법으로 인간의 행동을 연구해야 한다고 주장하였으며, 인간의 행동이 환경에 의해 형성되며, 내부적인 정신 상태보다는 외부에서 관찰 가능한 행동에 초점을 맞추어야 한다고 강조하였다.

스키너는 스키너 상자(Skinner Box)를 이용한 실험을 통해 조작적 조건화(operant conditioning)

의 개념을 발전시켰다(Skinner, 1938). 그는 강화(reinforcement)와 처벌(punishment)을 통해 행동을 변화시킬 수 있다고 주장하였으며, 이를 통해 학습과 행동 수정의 메커니즘을 체계적으로 이해하고자 하였다. 행동주의적 치료는 이러한 이론적 토대를 바탕으로, 개인의 부적응적 행동을 수정하고 긍정적인 행동을 강화함으로써 심리적 문제를 해결하는 데 적용되었다.

행동주의적 가족치료의 등장은 당시 널리 퍼져 있던 정신분석학의 한계를 보완하려는 노력에서 비롯되었다. 정신분석학이 무의식적인 동기와 과거의 경험을 중시하는 반면, 행동주의는 현재의 행동과 환경적 요인에 초점을 맞추어 보다 실용적이고 단기적인 치료 방법을 제공하였다(Watson, 1913). 이러한 차별화된 접근 덕분에 행동주의적 치료는 심리치료 분야에서 빠르게 확산되었으며, 다양한 심리적 문제를 해결하는 데 중요한 역할을 하게 되었다.

2) 행동주의적 가족치료에서의 치료 과정

행동주의적 가족치료는 관찰 가능한 행동과 그에 따른 강화 요인에 초점을 맞추며, 가족 내에서 발생하는 문제 행동의 원인을 이해하고 변화시키는 데 중점을 둔다(Patterson, 1974).

① 평가 및 목표 설정

치료자는 가족의 현재 기능 수준과 문제 행동을 평가한다(Dattilio & Epstein, 2005). 이를 위해 행동 관찰, 자기보고서, 질문지 등을 활용하여 가족 구성원 간의 상호작용 패턴과 강화 요인을 파악한다(Sanders & Turner, 2015). 평가 결과를 바탕으로 구체적이고 측정 가능한 치료 목표를 설정하며, 이는 가족 구성원들과의 협의를 통해 합의된다(Kazantzis et al., 2010).

② 행동 분석 및 기능적 평가

문제 행동의 유지 요인을 파악하기 위해 행동 분석과 기능적 평가를 실시한다(Haynes & O'Brien, 2000). 이는 선행 조건(Antecedents), 행동(Behavior), 결과(Consequences)의 ABC 모델을 적용하여 문제 행동의 발생 원인과 결과를 이해하는 과정이다(Cooper, Heron, & Heward, 2019). 이를 통해 문제 행동을 유지시키는 강화 요인과 환경적 요인을 식별한다(Kearney & Graczyk, 2014).

③ 행동 수정 기법 적용

식별된 요인을 바탕으로 행동 수정 기법을 적용한다(McGinnis & Goldstein, 2003). 주요 기법으로는 다음과 같다.

- **긍정적 강화**(positive reinforcement): 원하는 행동을 보상하여 해당 행동의 빈도를 증가시킨다(Skinner, 1953). 예를 들어, 자녀가 과제를 완료하면 칭찬이나 보상을 제공한다(Kazdin, 2005).
- **부적 강화**(negative reinforcement): 불쾌한 자극을 제거하여 원하는 행동을 강화한다(Cooper et al., 2020). 예를 들어, 부모가 자녀의 올바른 행동에 대해 잔소리를 줄이는 것이다(Sanders & Turner, 2019).
- **소거**(extinction): 문제 행동에 대한 강화 요인을 제거하여 해당 행동의 빈도를 감소시킨다(Miltenberger, 2016). 예를 들어, 부적절한 행동에 대한 주의나 반응을 줄인다(Patterson, 1974).
- **모델링**(modeling): 바람직한 행동을 시범으로 보임으로써 학습을 촉진한다(Bandura, 1977). 부모가 올바른 의사소통 방식을 보여 줌으로써 자녀가 이를 따라하게 한다(Hersen & Ammerman, 2000).

④ 의사소통 및 문제 해결 기술 훈련

가족 구성원들의 의사소통과 문제 해결 능력을 향상하기 위한 훈련을 실시한다(Dattilio & Epstein, 2005). 의사소통 및 문제 해결 기술 훈련에는 적극적 경청, 명료한 표현, 감정 조절 등의 기술을 포함하며(Gottman & Gottman, 2015), 가족 내 갈등을 감소시키고 긍정적인 상호작용을 촉진한다(Sexton & Alexander, 2003). 의사소통 기술 훈련(Communication Skills Training: CST)은 가족 구성원들이 보다 명확하고 건설적인 방식으로 의사소통하도록 돕는 기법으로, 가족 간의 오해를 줄이고 감정적 갈등을 효과적으로 조절하는 데 중요한 역할을 한다. 의사소통 기술 훈련에는 적극적 경청, '나' 메시지 사용, 비언어적 의사소통, 차례대로 말하기, 긍정적 강화의 활용을 포함한다(Halford et al., 2016). 문제 해결 기술 훈련(Problem-Solving Skills Training: PSST)은 가족 구성원들이 갈등이나 어려운 상황을 보다 체계적이고 합리적인 방법으로 해결할 수 있도록 돕는 기법으로, 가족 내 스트레스 관리와 협력 강화 및 문제 해결 능력 향상에 기여한다. 문제 해결 기술 훈련에는 문제 인식 및 정의, 목표 설정 및 합의, 대안 탐색, 대안 평가 및 최선의 해결책 선택, 해결책 실행 및 피드백을 포함한다(Jacobson & Margolin, 2015).

⑤ 과제 부여 및 실생활 적용

치료 세션에서 배운 내용을 일상생활에서 적용할 수 있도록 과제를 부여한다(Kazantzis et al., 2010). 이는 행동 변화를 지속시키고 일반화하는 데 중요하다(Miltenberger, 2016). 예를 들어, 가족 구성원들에게 한 주 동안 긍정적 강화 기법을 활용하여 서로를 칭찬하도록 과제를 줄 수 있다(Sanders & Turner, 2019).

⑥ 진행 모니터링 및 피드백 제공

치료자는 진행 상황을 모니터링하고 가족에게 피드백을 제공한다(Haynes & O'Brien, 2000). 이는 치료 목표 달성도를 평가하고 필요한 경우 개입 전략을 수정하기 위함이다(Kazdin, 2005). 치료자는 가족의 노력과 성취를 인정하고, 지속적인 동기 부여를 돕는다(Dattilio & Epstein, 2005).

⑦ 유지 및 예방 전략 수립

치료 목표가 달성되면 변화된 행동을 유지하고 재발을 예방하기 위한 전략을 수립한다(Miltenberger, 2016). 이는 가족이 스스로 문제를 관리하고 대처할 수 있는 능력을 강화하는 데 기여한다(Kearney & Graczyk, 2014). 필요에 따라 추후 지원이나 추가적인 자원에 대한 정보를 제공한다(Hersen & Hasselt, 2001).

행동주의적 가족치료에서 치료자는 교육자이자 코치로서의 역할을 수행한다(Sexton & Alexander, 2003). 치료자는 행동 원리와 기법을 가족에게 교육하고, 적용 과정을 안내하며, 피드백을 제공한다(Dattilio & Epstein, 2005). 또한 치료자는 가족의 강점을 활용하여 긍정적인 변화를 촉진한다(Kazdin, 2005).

사회복지실천에서 행동주의적 가족치료는 아동 행동 문제, 부부 갈등, 정신건강 문제 등 다양한 영역에서 활용될 수 있다(Sanders & Turner, 2019). 이는 실증적인 근거에 기반한 효과적인 개입 방법으로서, 내담자의 복지 증진에 기여한다(Kazdin, 1985). 사회복지사는 이 접근법을 통해 가족의 기능 향상과 역량 강화를 도모할 수 있다(Hersen & Hasselt, 2001).

행동주의적 가족치료는 관찰 가능한 행동과 강화 요인에 초점을 맞추어 가족 구성원들의 문제 행동을 수정하고 긍정적인 상호작용을 촉진하는 효과적인 접근법이다(Patterson, 1971). 치료자는 행동 분석과 수정 기법을 활용하여 가족의 기능 향상과 복지 증진에 기여하며, 이는 사회복지실천에서 유용하게 적용될 수 있다(Dattilio & Epstein, 2005).

3) 행동주의적 가족치료의 현대적 적용

오늘날 행동주의적 가족치료는 다양한 가족 문제를 다루는 데 있어 효과적인 치료 접근으로 자리 잡고 있으며, 특히 행동 수정 원칙을 적용한 방법은 부부 갈등, 부모-자녀 관계 개선, 청소년 행동 문제 해결 등 여러 가족 내 갈등 상황에서 널리 사용되고 있다. 행동주의적 가족치료는 가족 구성원 간의 문제 행동을 외부적 환경 요인과 상호작용의 결과로 이해하며, 구체적인 행동 변화를 목표로 치료 계획을 세운다. 이러한 접근법은 복잡한 심리적 갈등보다는 관찰 가능한 행동을 중점적으로 다루어 빠르고 실질적인 변화를 촉진하는 데 중점을 둔다(Jacobson & Martin, 1976).

현대 가족치료에서 행동주의적 접근은 인지행동치료(Cognitive Behavioral Therapy: CBT)와 결합되어 더욱 발전된 형태로 적용되고 있다. 인지행동치료는 가족 구성원들의 행동뿐만 아니라, 그들이 가진 인지적 패턴과 신념 체계도 함께 다루는 방식으로, 가족 내에서 발생하는 문제를 더욱 통합적으로 해결하고자 한다(유지선, 박형근, 2024). 이 통합적 접근은 행동 변화뿐만 아니라, 가족 구성원들이 문제를 어떻게 인식하고 해석하는지에 대한 인식도 향상시켜 장기적으로 더 긍정적인 결과를 가져온다(Beck, 1995). 가족 구성원들이 자신의 생각과 감정을 더 잘 이해하고, 이러한 인식이 행동에 어떻게 영향을 미치는지를 깨달음으로써, 가족 내 갈등을 근본적으로 해결할 수 있는 토대를 제공한다.

특히 부모-자녀 관계에서 행동주의적 가족치료는 효과적인 개입 도구로 사용된다. 부모는 자녀의 행동 문제를 다루기 위한 구체적인 기술을 학습하고, 이를 실생활에서 적용하여 자녀의 행동을 긍정적으로 변화시킬 수 있다(권희연, 박중휘, 2018). 부모가 자녀의 문제 행동을 강화하지 않도록 주의하고, 자녀가 적절한 행동을 보일 때 이를 즉각적으로 보상함으로써 긍정적인 상호작용을 유도한다. 이러한 과정은 자녀가 자신의 행동에 대한 피드백을 명확하게 이해하도록 도와 장기적으로 더 나은 행동 선택을 할 수 있게 한다(Sanders & Mazzucchelli, 2014).

또한 부부 갈등에서도 행동주의적 가족치료는 매우 유용한 도구로 사용된다. 부부는 서로의 행동에 대한 부정적인 패턴을 인식하고, 더 나은 의사소통과 상호작용을 위한 구체적인 전략을 학습할 수 있다(박미진, 강지현, 2012). 부부는 자신의 감정을 표현하는 방식을 개선하고, 갈등 상황에서 과거의 부정적 반응을 반복하지 않도록 훈련을 받게 된다. 이를 통해 부부는 더 건강한 의사소통을 할 수 있으며, 갈등을 해결하는 과정에서 서로에게 더 지지적인 태도를 취하게 된다(Heyman, 2001).

현대 가족치료에서 행동주의적 접근은 실용적이고 단기적인 성과를 목표로 하지만, 이를 통해 가족 구성원들은 장기적으로 긍정적인 상호작용을 지속할 수 있는 기회를 얻게 된다. 이러한 치료적 도구는 오늘날에도 여전히 유효하며, 인지적 요소를 함께 다루는 치료적 통합을 통해 더 깊이 있는 가족 문제 해결에 기여하고 있다.

참고문헌

권회연, 박중휘(2016). 행동주의적 가족중재 프로그램의 국내 적용 가능성 탐색: 시각장애아동의 가족을 중심으로. 시각장애연구, 32(4), 117-135.

기쁘다, 이수란(2024). 부부갈등과 정신건강의 관계: 자녀수반 자기가치감과 부정적 양육행동의 순차적 매개효과. 한국가족관계학회지, 28(4), 25-46.

김금자(2012). 이혼위기 부부의 가족치료경험에 관한 문화기술적 사례연구. 가족과 가족치료, 20(2), 275-301.

김병화, 송정아(2014). 부부의 자기분화가 가족분화와 결혼만족도 및 결혼안정성에 미치는 영향. 한국기독교상담학회지, 25(3), 47-70.

김혜원(2013). 모녀간 자기분화의 세대 간 전이와 여대생의 자기분화, 세대 간 가족관계가 자아존중감 및 주관적 안녕감에 미치는 영향. 한국심리학회지: 일반, 32(1), 23-43.

남순현, 한성열(2002). 가족분화수준, 가족관계의 질 및 친밀감간의 관계. 한국심리학회지: 문화 및 사회문제, 8(2), 33-49.

문정화, 박태영(2023). 집단따돌림 피해 청소년이 인식하는 가족갈등 과정에서의 피해 경험 및 가족치료 개입에 관한 질적 사례 연구. 한국가족복지학, 70(4), 73-105.

박미진, 강지현(2012). 유아의 기질, 부부갈등, 부모 양육행동이 유아의 외현화 문제행동에 미치는 영향. 정서·행동장애연구, 28(4), 331-352

박순천, 윤경자(2017). 자녀의 등교거부 및 폭력적 행동으로 위기에 직면한 가족에 대한 Minuchin의 구조적 가족치료 사례연구 : 가족평가 4단계 모델의 활용. 한국아동심리치료학회지, 12(3), 49-72.

박태영, 문정화(2013). 분노조절이 안 되는 초혼 남편과 재혼 부인의 결혼초기 부부갈등 해결을 위한 부부치료 사례연구. 가족과 가족치료, 21(1), 23-56.

유지선, 박형근(2024). 자살행동 감소를 위한 인지행동치료의 효과에 대한 국내 연구 개관: 체계적 문헌고찰 연구. 인지행동치료, 24(1), 43-69.

이미옥(2004). 동적가족화에 의한 청소년의 가족지각과 가족체계와의 관련성 연구—Minuchin의 구조적 가족치료 이론에 기초하여—. Human Ecology Research, 42(5), 145-160.

이주은, 박태영(2018). 자녀 학대행위에 영향을 미친 요인과 그 요인 간 순환성에 관한 연구: 가족치료 사례를 중심으로. 놀이치료연구, 22(1), 89-106.

이화자(2016). 공황장애 아내의 부부치료 사례연구: 구조적 가족치료 이론 및 취약성-스트레스 모델을 기반으로. 가족과 가족치료, 24(4), 573-598.

이형하(2023). 다문화청소년 어머니의 정신건강 유형과 부모효능감에 관한 연구: 잠재프로파일분석(LPA)을 중심으로. 한국컴퓨터정보학회논문지, 28(3), 137-148.

이혜순(2010). 청소년의 자아분화 수준 및 가족기능이 정신건강에 미치는 영향. Child Health Nursing Research, 16(4), 297-303.

조아라, 양명숙, 전지경(2018). 부모의 부부갈등이 청소년의 정신건강에 미치는 영향: 회복탄력성의 매개효과. 디지털융복합연구, 16(1), 177-186.

조영아, 김연희, 김현아(2011). 북한이탈 청소년의 문제행동과 외상 후 스트레스 증상 영향 요인. 청소년학연구, 18(7), 33-57.

조용길, 유명이. 박태영(2008). 가족치료 대화의 구조와 기능에 대한 대화분석적 연구. 한국사회복지학, 60(4), 253-276.

하상희, 정혜정(2008). 원가족 건강성과 자기분화의 세대간 전이. 상담학연구, 9(2), 789-806.

Ackerman, N. W. (1962). Family psychotherapy and psychoanalysis: The implications of a difference. *Family Process, 1*(1), 30-43. https://doi.org/10.1111/j.1545-5300.1962.00030.x

Ackerman, N. W. (1966). *Treating the troubled family*. Basic Books.

Bandura, A. (1977). *Social learning theory*. Prentice-Hall.

Beck, A. T. (1995). *Cognitive therapy: Basics and beyond*. Guilford Press.

Bowen, M. (1978). *Family therapy in clinical practice*. Jason Aronson.

Bowen, M., & Kerr, M. E. (1988). *Family evaluation: An approach based on Bowen theory*. Norton & Co.

Brown, J. (1999). Bowen family systems theory and practice: Illustration and critique. *Australian and New Zealand Journal of Family Therapy, 20*(2), 94-103. https://doi.org/10.1002/j.1467-8438.1999.tb00363.x

Chenail, R. J., Reiter, M. D., Torres-Gregory, M., & Ilic, D. (2020). Postmodern family therapy. In K. S. Wampler, R. B. Miller, & R. B. Seedall (Eds.), *The handbook of systemic family therapy: The profession of systemic family therapy*(pp. 417-442). Wiley Blackwell. https://doi.org/10.1002/9781119790181.ch18

Cooper, J., Heron, T., & Heward, W. (2019). *Applied behavior analysis*. Pearson.

Dattilio, F. M., & Epstein, N. B. (2005). Introduction to the special section: The role of cognitive-behavioral interventions in couple and family therapy. *Journal of Marital and Family Therapy,*

31(1), 7-13. https://doi.org/10.1111/j.1752-0606.2005.tb01539.x

De Shazer, S. (1985). *Keys to solution in brief therapy*. Norton & Company.

DeRoma, V. (2006). Family therapy: Structural and Bowenian perspectives. In W. M. Nelson III, A. J. Finch Jr., & K. J. Hart (Eds.), *Conduct disorders: A practitioner's guide to comparative treatments*(pp. 49-97). Springer Publishing Company.

Erikson, E. H. (1950). *Childhood and society*. W. W. Norton & Company.

Freud, A. (1927). *An autobiographical study*. Hogarth Press.

Freud, A. (1989). *Introductory lectures on psychoanalysis*. Liveright.

Freud, S. (1926). Inhibitions, symptoms and anxiety. In J. Strachey & A. Freud (Eds.), *The standard edition of the complete psychological works of Sigmund Freud*(pp. 77-175). Hogarth Press.

Goldenberg, H., & Goldenberg, I. (2013). *Family therapy*(8th ed.). Cengage Learning.

Gottman, J. M., & Gottman, J. S. (2015). Gottman couple therapy. In A. S. Gurman, J. L. Lebow, & D. K. Snyder (Eds.), *Clinical handbook of couple therapy*(5th ed., pp. 129-157). The Guilford Press.

Gunn, W. B., Jr., Haley, J., Prouty, A. M., & Robertson, J. (2015). Systemic approaches: Family therapy. In H. T. Prout & A. L. Fedewa (Eds.), *Counseling and psychotherapy with children and adolescents: Theory and practice for school and clinical settings*(5th ed., pp. 317-355). John Wiley & Sons Inc.

Haefner, J. (2014). An application of Bowen family systems theory. *Issues in Mental Health Nursing, 35*(11), 835-841. https://doi.org/10.3109/01612840.2014.921257

Haley, J. (1977). *Problem-solving therapy: New strategies for effective family therapy*(The Jossey-Bass social and behavioral science series). Jossey-Bass.

Halford, W. K., Petch, J., & Bate, K. (2016). Empirically based couple relationship education. In K. T. Sullivan & E. Lawrence (Eds.), *The Oxford handbook of relationship science and couple interventions*(pp. 193-209). Oxford University Press.

Haynes, S. N., & O'Brien, W. H. (2000). Principles and strategies of behavioral observation. *In Principles and practice of behavioral assessment*(pp. 203-222). Springer. https://doi.org/10.1007/978-0-306-47469-9_12

Hersen, M., & Hasselt, V. B. (2001). *Advanced abnormal psychology*(2nd ed.). Springer.

Heyman, R. E. (2001). Observation of couple conflicts: Clinical assessment applications, stubborn truths, and shaky foundations. *Psychological Assessment, 13*(1), 5-35. https://doi.org/10.1037/1040-3590.13.1.5

Jacobson, N. S., & Margolin, G. (2015). *Marital therapy: Strategies based on social learning and behavior exchange principles*. Routledge.

Jacobson, N. S., & Martin, B. (1976). Behavioral marriage therapy: Current status. *Psychological Bulletin, 83*(4), 540-556. https://doi.org/10.1037/0033-2909.83.4.540

Johnson, S. M., & Greenberg, L. S. (1985). Emotionally focused couples therapy: An outcome study. *Journal of Marital and Family Therapy, 11*(3), 313-317. https://doi.org/10.1111/j.1752-0606.1985.tb00624.x

Johnson, S. M., & Greenberg, L. S. (1987). Emotionally focused marital therapy: An overview. *Psychotherapy: Theory, Research, Practice, Training, 24*(3S), 552-560. https://doi.org/10.1037/h0085753

Kazantzis, N., Whittington, C., & Dattilio, F. (2010). Meta-analysis of homework effects in cognitive and behavioral therapy: A replication and extension. *Clinical Psychology: Science and Practice, 17*(2), 144-156. https://doi.org/10.1111/j.1468-2850.2010.01204.x

Kazdin, A. E. (1987). Treatment of antisocial behavior in children: Current status and future directions. *Psychological Bulletin, 102*(2), 187-203. https://doi.org/10.1037/0033-2909.102.2.187

Kazdin, A. E. (2005). *Parent management training: Treatment for oppositional, aggressive, and antisocial behavior in children and adolescents*. Oxford University Press.

Kearney, C. A., & Graczyk, P. A. (2014). A response to intervention model to promote school attendance and decrease school absenteeism. *Child & Youth Care Forum, 43*(1), 1-25. https://doi.org/10.1007/s10566-013-9222-1

Kerr, M. E., & Bowen, M. (1988). *Family evaluation: An approach based on Bowen theory*. Norton & Co.

Knight, C. (2022). Family therapy. In K. Wheeler (Ed.), *Psychotherapy for the advanced practice psychiatric nurse: A how-to guide for evidence-based practice*(3rd ed., pp. 495-537). Springer Publishing Company.

Maslow, A. H. (1954). *Motivation and personality*. Harper & Row.

McGinnis, E., & Goldstein, A. P. (2003). *Skillstreaming in early childhood: New strategies and perspectives for teaching prosocial skills*. Research Press Publication.

McGoldrick, M., & Hardy, K. Y. (2008). Introduction: Re-visioning family therapy from a multicultural perspective. In M. McGoldrick & K. V. Hardy (Eds.), *Re-visioning family therapy: Race, culture, and gender in clinical practice*(2nd ed., pp. 3-24). The Guilford Press.

McGoldrick, M., Gerson, R., & Petry, S. (2008). *Genograms: Assessment and intervention*(3rd ed.). W. W. Norton & Company.

Miltenberger, R. G. (2016). *Behavior modification: Principles and procedures*(6th ed.). Cengage

Learning.

Minuchin, S. (1974). *Families and family therapy*. Harvard University Press.

Mitchell, S. A. (1988). *Relational concepts in psychoanalysis*. Harvard University Press.

Nichols, M. P., & Schwartz, R. C. (2004). *The essentials of family therapy*. Pearson Education, Inc. / Allyn & Bacon.

Patterson, G. R. (1974). Retraining of aggressive boys by their parents: Review of recent literature and follow-up evaluation. *The Canadian Psychiatric Association Journal, 19*(2), 142-158.

Pavlov, I. P. (1927). *Conditioned reflexes: An investigation of the physiological activity of the cerebral cortex*. Oxford University Press.

Sanders, M. R., & Mazzucchelli, T. G. (2018). How parenting influences the lives of children. In M. R. Sanders & T. G. Mazzucchelli (Eds.), *The power of positive parenting: Transforming the lives of children, parents, and communities using the Triple P system*(pp. 5-31). Oxford University Press. https://doi.org/10.1093/med-psych/9780190629069.003.0002

Sanders, M. R., & Turner, K. M. T. (2019). The Triple P System: Parenting support for every family. In B. H. Fiese, M. Celano, K. Deater-Deckard, E. N. Jouriles, & M. A. Whisman (Eds.), *APA handbook of contemporary family psychology: Family therapy and training*(pp. 409-424). American Psychological Association. https://doi.org/10.1037/0000101-025

Satir, V. (1983). *Conjoint family therapy*. Science and Behavior Books.

Schwartz, R. C. (1997). *Internal family systems therapy*. The Guilford Press.

Sexton, T. L., & Alexander, J. F. (2002). Functional family therapy for at-risk adolescents and their families. In F. W. Kaslow & T. Patterson (Eds.), *Comprehensive handbook of psychotherapy: Cognitive-behavioral approaches*(Vol. 2, pp. 117-140). John Wiley & Sons, Inc.

Sexton, T. L., & Alexander, J. F. (2003). Functional family therapy: A mature clinical model for working with at-risk adolescents and their families. In T. L. Sexton, G. R. Weeks, & M. S. Robbins (Eds.), *Handbook of family therapy: The science and practice of working with families and couples*(pp. 323-348). Brunner-Routledge.

Skinner, B. F. (1938). *The behavior of organisms: An experimental analysis*. Appleton-Century.

Skinner, B. F. (1953). *Science and human behavior*. Macmillan.

Titelman, P. (Ed.). (2015). *Differentiation of self: Bowen family systems theory perspectives*. Routledge.

Watson, J. B. (1913). *Psychology as the behaviorist views it. Psychological Review, 20*(2), 158-177. https://doi.org/10.1037/h0074428

Watzlawick, P., Bavelas, J. B., & Jackson, D. D. (1967). *Pragmatics of human communication: A study of interactional patterns, pathologies, and paradoxes*. W. W. Norton & Company.

Watzlawick, P., Weakland, J. H., & Fisch, R. (1974). *Change: Principles of problem formation and problem resolution*. Norton.

White, M., & Epston, D. (1990). *Narrative means to therapeutic ends*. Norton.

Zatloukal, L., Matulayová, T., Jurníčková, P., Matulayová, N., Doležel, J., & Šlechtová, H. (2023). Using solution-focused coaching in social work practice with the long-term unemployed to promote their well-being. *International Journal of Environmental Research and Public Health, 20*(6), 5180. https://doi.org/10.3390/ijerph20065180

제 10 장

가족치료 2:

구조적 가족치료, 경험적 가족치료, 전략적 가족치료, 해결중심 가족치료, 이야기 치료, MRI 모델

학습 목표

1. 구조적 가족치료, 경험적 가족치료, 전략적 가족치료, 해결중심 가족치료, 이야기 치료 및 MRI 모델의 주요 개념과 치료 과정을 이해할 수 있다.
2. 구조적 가족치료, 경험적 가족치료, 전략적 가족치료, 해결중심 가족치료, 이야기 치료, MRI 모델의 차이점과 공통점을 이해하고 설명할 수 있다.

이 장에서는 제9장에서 살펴본 정신분석적 가족치료, 체계적 가족치료, 행동주의적 가족치료에 이어 등장한 구조적 가족치료, 경험적 가족치료, 전략적 가족치료, 해결중심 가족치료, 이야기 치료, MRI 모델의 개념과 등장 배경, 전제, 치료 방법, 치료 효과, 현대적 적용을 시도하였다.

행동주의적 가족치료는 개별 행동에만 집중하여 가족체계의 복잡한 구조를 충분히 다루지 못한다는 한계가 있었다. 이에 따라 가족 내 위계, 경계, 하위체계 등 구조적인 요소가 가족 문제에 미치는 영향을 고려한 구조적 가족치료가 등장하였다. 이 접근법은 가족의 조직과 상호작용 패턴을 분석하여 기능적인 변화를 추구한다. 치료자는 가족 구성원의 위치와 역할을 재조정하여 건강한 가족 구조를 구축하고자 한다. 이를 통해 가족 전체의 역동성을 개선하여 문제 해결을 도모한다.

행동주의적 접근이 정서와 개인의 주관적 경험을 충분히 반영하지 못한다는 비판으로 경험적 가족치료가 등장하였다. 경험적 가족치료는 가족 구성원 간의 진솔한 감정 표현과 경험 공유를 통해 관계를 회복하고 강화한다. 치료 과정에서 예술, 놀이, 역할극 등 다양한 기법을 활용하여 구성원의 내적 감정을 이끌어 낸다. 이는 개인의 자아 성장과 가족의 정서적 연결을 촉진하는 데 중점을 둔다. 결과적으로, 가족 내 신뢰와 이해를 높여 문제 해결에 기여한다.

복잡한 가족 문제를 신속하고 효율적으로 해결하려는 요구에 따라 전략적 가족치료가 개발되었다. 전략적 가족치료는 문제를 유지시키는 가족의 상호작용 패턴을 파악하고, 이를 변화시키기 위한 구체적인 전략을 제시한다. 치료자는 지시, 과제 부여 등 직접적인 개입을 통해 가족의 행동 변화를 유도한다. 이는 단기간 내에 명확한 결과를 얻는 것을 목표로 하며, 치료자의 적극적인 역할이 강조된다. 가족체계보다는 문제 해결 자체에 초점을 맞춘 것이 특징이다.

문제보다 해결책과 미래의 가능성에 집중하는 접근이 필요하다는 인식에서 해결중심 가족치료가 등장하였다. 해결중심 가족치료는 내담자의 강점과 자원을 활용하여 원하는 변화를 이끌어 낸다. 치료자는 과거의 실패나 문제 원인 분석보다 성공 경험과 잠재력을 발견하는 데 주력한다. 이를 통해 가족은 스스로 해결책을 찾아내고 긍정적인 미래를 상상하며 행동하게 된다. 단기 치료에 적합하며 효율성과 효과성을 중시한다.

개인이 자신의 삶을 구성하는 이야기가 정체성과 문제에 영향을 미친다는 관점에서 이야기치료가 발전하였다. 이야기 치료는 내담자의 문제를 별개의 존재로 분리하고, 부정적인 이야기를 재구성하여 새로운 의미를 부여한다. 치료자는 대화와 질문을 통해 내담자가 자신의 경험을 재해석하도록 돕는다. 이를 통해 개인은 자기 삶의 주도권을 회복하고, 긍정적 변화를 이끌어 낼 수 있다. 사회적 구성주의에 기반한 이 접근은 문화와 담론의 영향을 중시한다.

미국의 정신연구소에서 개발한 MRI 모델은 문제의 복잡한 원인보다 현재 유지되는 문제 행동 패턴에 초점을 맞추었다. MRI 모델은 문제가 지속되는 악순환을 식별하고, 이를 끊기 위한 최소한의 개입을 시행한다. 치료자는 구체적인 행동 변화를 유도하는 전략을 사용하며, 가족의 저항을 최소화한다. 이는 단기적이고 해결 지향적인 접근으로, 신속한 문제 해결을 목표로 한다. 문제 자체보다 문제를 유지시키는 상호작용에 주목하는 것이 특징이다.

1. 구조적 가족치료

1) 구조적 가족치료의 등장 배경과 개념

구조적 가족치료(Structural Family Therapy: SFT)는 1960년대 초반 미국의 정신과 의사 살바도르 미누친(Salvador Minuchin)에 의해 개발된 가족치료 이론이다. 미누친은 기존의 개인 중심 치료법이나 심리분석학적 접근이 가족 내 복잡한 상호작용과 관계 패턴을 충분히 이해하고 다루지 못한다고 판단하였다. 당시 가족치료는 주로 개인의 심리적 문제에 초점을 맞추었으나, 미누친은 가족을 하나의 상호작용하는 시스템으로 보고, 가족 구성원 간의 구조적 역동성이 개인의 심리적 안녕에 중요한 영향을 미친다고 주장하였다(Minuchin, 1974).

미누친은 다양한 임상 사례를 통해 기존 치료법의 한계를 체감하였고, 이를 극복하기 위해 가족 구조를 분석하고 재구성하는 새로운 치료 접근법을 개발하였다. 그는 특히 가족 내 경계 설정, 하위 시스템의 역할, 권력 구조 등의 요소가 가족 전체의 기능과 문제 해결에 중요한 역할을 한다는 점을 강조하였다. 이러한 관점은 시스템 이론(systems theory)의 영향을 받았으며, 가족치료에 구조적 접근을 도입함으로써 더 효과적인 치료 결과를 도출하고자 하였다(Minuchin, 1974).

2) 구조적 가족치료의 치료 과정

구조적 가족치료는 가족을 하나의 체계로 보고 구성원 간의 상호작용과 구조적 관계를 분석하여 문제를 해결하는 데 중점을 둔다(Minuchin, 1974). 가족의 상호작용 패턴과 구조적 요소를 이해하고, 이를 변화시켜 가족 전체의 기능 향상을 목표로 한다(Colapinto, 2019).

① 가족 구조 평가

치료자는 초기 단계에서 가족의 위계, 경계, 하위체계 등을 평가하여 가족 내 역동성과 문제의 원인을 파악한다(Colapinto, 2019; Minuchin & Fishman, 1981). 예를 들어, 부모화나 부부 소원 등 문제를 식별하고 가족의 강점과 자원을 활용한 개입 방향을 설정한다(Nichols & Davis, 2020).

② 상호작용 패턴 관찰

치료자는 세션에서 가족 구성원의 상호작용을 면밀히 관찰하여 의사소통 방식과 정서적 반응 등을 파악하고, 삼각관계나 연합 등 문제를 분석한다(Goldenberg & Goldenberg, 2017; Minuchin, 1974). 이를 통해 비효율적인 상호작용을 식별하고 개선 방안을 모색한다(Nichols & Davis, 2020).

③ 치료 목표 설정

치료자는 가족과 협력하여 현실적이고 달성 가능한 치료 목표를 설정하며, 부모 권위 회복, 경계 설정, 하위체계의 역할 명확화 등 구조적 변화를 지향한다(Nichols & Davis, 2020). 이 과정에서 가족의 문화적 배경과 강점을 반영해 목표를 수립한다(McGoldrick et al., 2008).

④ 구조적 개입

치료자는 연합 재조정, 경계 설정, 역할 재정의 등 개입 기법을 통해 가족 구조를 재편성한다(Minuchin, 1974; Nichols, 2013). 예를 들어, 부모와 자녀 간 과도한 연합을 완화하고 부부 연합을 강화하거나, 자녀가 부모 갈등에 개입하지 않도록 경계를 명확히 한다(Minuchin & Fishman, 1981). 이를 통해 가족 구성원의 역할을 재정의하고, 기능적이고 건강한 가족 구조를 구축한다(Goldenberg & Goldenberg, 2017).

⑤ 상호작용 패턴 수정

가족의 상호작용 패턴을 수정한다(Colapinto, 1991). 치료자는 세션에서 역할극(role-playing), 과제 부여(homework assignments), 지시(directives) 등을 통해 가족 구성원들이 새로운 상호작용 방식을 시도하도록 유도한다(Nichols & Davis, 2020). 예를 들어, 가족 구성원들에게 서로의 감정을 직접적으로 표현하거나, 갈등 상황에서 새로운 대처 방법을 적용하도록 과제를 부여한다(Goldenberg & Goldenberg, 2017). 또한 치료자는 가족 구성원들에게 피드백을 제공하여 긍정적인 변화를 강화한다(Nichols & Davis, 2020). 이는 가족이 새로운 상호작용 패턴을 지속적으로 실천하고 내재화하도록 돕는다(Minuchin & Fishman, 1981). 치료자는 변화 과정에서 발생할 수 있는 저항이나 어려움을 함께 논의하고, 필요한 지원을 제공한다(Aponte, 1994).

⑥ 변화 강화 및 치료 종결

치료자는 긍정적인 변화를 강화하고 치료를 종결한다(Minuchin & Fishman, 1981). 가족이 새로운 구조와 상호작용 방식을 일상생활에서 지속적으로 적용할 수 있도록 지원하며, 필요한 경우 추가적인 자원이나 지원을 안내한다(Nichols, 2013). 치료자는 가족 구성원들이 스스로 문제를 해결하고 대처할 수 있는 역량을 갖추었는지 확인한다(Nichols & Davis, 2020).

치료 종결 후에도 가족이 지속적인 성장을 이어 나갈 수 있도록, 가족 회의나 정기적인 대화 시간을 가지는 등의 구체적인 방안을 제안할 수 있다(Goldenberg & Goldenberg, 2017). 또한 지역사회 자원과의 연결을 통해 가족의 사회적 지지망을 강화한다(McGoldrick et al., 2008).

구조적 가족치료에서 치료자는 가족 구조의 변화를 이끌어 내는 적극적인 개입자 역할을 수행한다(Minuchin, 1974). 치료자는 가족 내 권력 구조를 변화시키기 위해 일시적으로 권위를 행사하거나 특정 구성원과 연합하며, 도전적인 질문이나 피드백을 통해 자각을 촉진한다(Colapinto, 2019; Nichols & Davis, 2020). 또한 치료자는 가족의 문화적 배경과 가치관을 존중하여 개입이 문화적 맥락에 부합하도록 하고, 내담자의 권리와 자기결정권을 준수한다(Hardy & Laszloffy, 2006; Reamer, 2013).

사회복지실천에서 구조적 가족치료는 다양한 가족 문제에 효과적으로 적용될 수 있다(Goldenberg & Goldenberg, 2013). 예를 들어, 아동복지에서 부모의 역할 회복과 가족 기능 향상을 위해 활용되며, 청소년 비행이나 가족 갈등 문제에서도 유용하다(Nichols, 2013). 또한 정신건강 문제, 예를 들어 우울증이나 불안 장애가 있는 가족 구성원에게도 구조적 개입을 통해 치료 효과를 높일 수 있다(Minuchin, Rosman, & Baker, 1978). 사회복지사는 이 접근법을 통해 가족의 역량을 강화하고 복지를 증진할 수 있다(Aponte & VanDeusen, 1981). 구조적 가족치료는 가족의 강점과 자원을 활용하여 자립성과 회복력을 높이는 데 기여하며, 지역사회 자원과의 연계를 통해 지속적인 지원을 제공한다(Nichols & Davis, 2020).

구조적 가족치료는 가족 구조의 재편성과 상호작용 패턴의 변화를 통해 가족 기능을 향상시키는 효과적인 접근법이다(Minuchin, 1974). 치료자는 가족의 구조적 문제를 식별하고 적극적인 개입을 통해 건강한 가족체계를 구축하도록 돕는다(Nichols & Davis, 2020). 사회복지실천에서 이 접근법은 다양한 가족 문제에 적용될 수 있으며, 내담자의 복지 증진에 기여한다(Goldenberg & Goldenberg, 2017). 그러나 윤리적 고려와 문화적 민감성을 유지하며 내담자의 권리를 존중하는 것이 중요하다(Reamer, 2013). 사회복지사는 구조적 가족치료의 이론과 기술을 숙지하여 효과적인 개입을 실천하고, 가족의 복지와 기능 향상에 기여해야 한다(Nichols &

Davis, 2020).

3) 구조적 가족치료의 현대적 적용

구조적 가족치료는 현대 가족치료 이론과 실천에서 여전히 중요한 위치를 차지하며, 다양한 가족 문제를 해결하는 데 효과적으로 적용되고 있다. 미누친(1974)이 제시한 이 접근법은 가족을 하나의 유기적 시스템으로 보고, 그 내부에서 발생하는 상호작용 패턴과 구조적 문제를 분석하고 재구성하는 것을 목표로 한다. 이를 통해 부부 갈등, 부모-자녀 간의 문제, 청소년 비행, 그리고 가족 내 권력 구조의 불균형 등 다양한 문제를 다루는 데 매우 유용한 치료 도구로 자리 잡았다. 이 접근법은 부모-자녀 간의 문제나 부부간의 갈등(이화자, 2016)뿐만 아니라, 청소년의 행동 문제와 같은 다양한 가족 문제에 적용될 수 있다(박순천, 윤경자, 2017). 치료 과정에서 가족 구성원들은 서로의 역할을 명확히 인식하고, 건강한 상호작용을 통해 문제를 해결하는 방법을 배우게 된다(조용길 외, 2008). 이를 통해 가족은 단순히 갈등을 해결하는 것을 넘어, 장기적으로 더 건강한 관계를 형성하고 유지할 수 있다.

구조적 가족치료는 가족 내에서 발생하는 문제를 단순히 표면적인 갈등으로만 보는 것이 아니라, 그 이면에 있는 구조적 요인을 파악하고 이를 변화시키는 데 중점을 둔다(이미옥, 2004). 오늘날에도 구조적 접근은 다양한 가족 문제를 해결하는 데 효과적으로 사용되며, 가족 구성원 간의 유대감을 강화하고, 가족 내에서의 긍정적인 상호작용을 촉진하는 데 기여한다.

2. 경험적 가족치료

1) 경험적 가족치료의 등장 배경과 개념

경험적 가족치료(experimental family therapy)는 칼 휘태커(Carl Whitaker)와 버지니아 사티어(Virginia Satir)에 의해 발전된 치료 접근법으로, 가족 구성원의 감정 표현과 체험을 통해 갈등과 문제를 해결하는 데 중점을 둔다. 이 접근법은 20세기 중반의 심리학적·사회적 변화에 대응하여 등장하였으며, 전통적인 치료 방식에서 벗어나 감정과 체험의 중요성을 강조한다.

1950~1960년대는 가족치료 분야가 급격히 발전하던 시기로, 심리학과 정신의학의 다양한 새로운 접근법이 등장하였다. 당시 전통적인 정신분석적 접근과 행동주의 치료법이 주류를 이

루었지만, 감정 표현과 체험의 중요성이 간과되면서 가족 내 갈등 해결에 한계를 드러냈다. 이러한 배경에서 경험적 가족치료는 감정과 체험을 중시하는 새로운 접근법으로 등장하게 되었다. 경험적 가족치료의 주요 개념은 다음과 같다.

- **감정 표현**: 억압된 감정이나 갈등을 자유롭게 표현함으로써 가족 구성원들이 서로의 감정을 더 잘 이해하고 관계를 개선할 수 있다고 본다. 휘태커(1989)는 감정이 억압될 경우 심리적 문제와 갈등이 심화될 수 있다고 지적하며, 감정의 자유로운 표현이 중요하다고 강조한다.
- **체험 중심의 접근**: 감정의 체험을 통해 가족 구성원들이 자신의 정서적 상태를 인식하고, 과거의 상처나 갈등을 치유할 기회를 제공한다. 휘태커(1996)는 가족이 감정을 깊이 체험하고 이를 통해 성장할 수 있으며, 이러한 과정이 가족 내 정서적 역동성을 변화시킬 수 있다고 주장한다.
- **긍정적 상호작용 촉진**: 사티어(1983)는 건강한 의사소통과 감정적 교류의 중요성을 강조하며, 가족 구성원들이 서로의 감정을 존중하고 솔직하게 대화할 수 있는 환경을 조성함으로써 긍정적인 상호작용과 문제 해결을 촉진할 수 있다고 본다. 경험적 가족치료는 이러한 원칙을 바탕으로 가족 내 의사소통을 개선하고 건강한 상호작용을 촉진하는 데 중점을 둔다.
- **자기 이해와 공감**: 가족 구성원들이 자신과 타인의 감정을 이해하고 공감할 수 있는 능력을 개발하도록 돕는다. 이를 통해 가족 내 정서적 유대감이 강화되고, 갈등을 보다 효과적으로 해결할 수 있게 된다. 공감을 통해 가족 관계의 질이 향상되며, 신뢰와 존중이 증진된다.

휘태커는 가족 내 억압된 감정이 구성원들의 성장과 발전을 방해한다고 보았다. 감정 표현을 통해 가족 구성원들이 억압된 문제를 외부화하고, 새로운 방식으로 다룸으로써 가족 역동이 개선될 수 있다고 주장하였다(Whitaker, 1996). 사티어는 가족 구성원 간의 의사소통을 통해 감정적 연결을 촉진하고, 상호 간의 신뢰와 존중을 강화하는 것이 중요하다고 강조하였다.

2) 경험적 가족치료의 치료 과정

경험적 가족치료는 가족 구성원들의 감정 표현과 개인적 경험을 강조하여 가족체계의 변화를 도모하는 치료 접근법으로, 사티어와 휘태커 등의 선구자들에 의해 발전되었다(Satir, 1983; Keith & Whitaker, 1981). 이 접근법은 가족 내 의사소통의 진실성과 자발성을 증진시키고, 개인의 자기실현과 성장에 초점을 맞추며, 가족 구성원들이 억압된 감정을 해소하고 진정한 자아를 발견하도록 돕는다(Moon, 2010).

① 치료 관계 형성

치료자는 가족과의 진솔하고 인간적인 관계를 구축한다(Barnes & Moon, 2006). 이는 치료자가 자신의 감정과 생각을 솔직하게 표현하며, 가족 구성원들도 편안하게 자신의 감정을 나눌 수 있도록 하는 과정이다(Whitaker, 1996). 치료자는 전문적인 역할보다는 인간 대 인간으로서의 만남을 추구하며, 이를 통해 가족 구성원들과의 신뢰와 친밀감을 형성한다(Kempler, 1981). 이러한 관계 형성은 치료의 효과성을 높이고, 가족 구성원들이 변화에 대한 동기를 갖도록 지원한다(Satir, 1983). 치료자는 가족에게 진정한 관심과 존중을 보여 주며, 비판단적인 태도로 접근한다(Moon, 2010). 이는 가족 구성원들이 자신의 감정과 경험을 안전하게 표현할 수 있는 환경을 조성한다(Barnes & Moon, 2006). 또한 치료자는 유머와 창의성을 활용하여 가족과의 상호작용을 촉진하고, 긴장된 분위기를 완화한다(Whitaker & Bumberry, 1988).

② 감정 표현과 자각 촉진

치료자는 가족 구성원들이 억압된 감정을 표출하고 자각하도록 돕는다(Satir, 1983). 이를 위해 미술, 음악, 역할극 등 다양한 창의적 기법을 활용하여 내면의 감정을 외부로 표현하게 한다(Greenberg & Johnson, 1988). 예를 들어, 가족 조각(family sculpting) 기법은 가족 구성원들이 자신의 감정과 관계를 시각적으로 표현하도록 도와준다(Papp, 1980). 이러한 과정은 가족 구성원들이 자신의 감정을 인식하고 수용함으로써 개인의 성장과 가족 관계의 개선을 촉진한다(Bowen, 1978). 감정 표현은 개인의 자아 인식과 타인에 대한 이해를 높이는 데 중요하다(Satir, 1983). 치료자는 가족 구성원들이 부정적인 감정뿐만 아니라 긍정적인 감정도 자유롭게 표현하도록 격려한다(Whitaker & Bumberry, 1988). 이는 가족 내에서 감정적 유대를 강화하고, 신뢰와 공감을 증진시킨다(Greenberg & Johnson, 1988).

③ 가족 역동성과 의사소통 패턴 탐색

치료자는 가족의 역동성과 의사소통 패턴을 심층적으로 탐색한다(Barnes & Moon, 2006). 치료자는 가족 내에서 발생하는 상호작용과 의사소통 방식을 관찰하고, 이를 가족 구성원들과 함께 논의한다(Satir, 1983). 이 과정에서 가족의 규칙, 역할, 권력 구조 등이 어떻게 감정 표현과 관계 형성에 영향을 미치는지 파악한다(Whitaker & Bumberry, 1988). 예를 들어, 가족 내에서 특정 구성원이 희생자 역할을 지속적으로 수행한다면, 이는 가족 전체의 역동성에 부정적인 영향을 미칠 수 있다(Bowen, 1978). 치료자는 의사소통의 명확성과 일관성을 강조하며, 가족 구성원들이 비난이나 회피 대신 직접적이고 정직한 의사소통을 할 수 있도록 돕는다(Satir, 1983). 또한 비언어적 의사소통의 중요성을 인식하고, 표정, 몸짓, 톤 등 비언어적 신호를 통해 전달되는 메시지를 탐색한다(Whitaker, 1996).

④ 새로운 경험과 상호작용 촉진

치료자는 가족에게 새로운 경험과 상호작용을 촉진한다(Greenberg & Johnson, 1988). 이는 가족 구성원들이 기존의 패턴에서 벗어나 새로운 방식으로 서로를 이해하고 소통하도록 돕는 것이다(Satir, 1983). 예를 들어, 역할 교환을 통해 부모와 자녀가 서로의 입장을 경험해 보거나, 가족 조각을 통해 가족 내 관계를 재구성해 볼 수 있다(Papp, 1980). 이러한 기법은 가족 구성원들이 고정된 역할에서 벗어나 새로운 시각으로 관계를 바라볼 수 있게 한다(Barnes & Moon, 2006). 또한 치료자는 가족 구성원들이 자신의 욕구와 감정을 직접적으로 표현하도록 격려하며, 이를 통해 상호 이해와 지지를 촉진한다(Keith & Whitaker, 1981). 예를 들어, 가족 세션에서 구성원들이 서로에게 감사를 표현하거나 미안함을 전달하는 시간을 가질 수 있다(Moon, 2010).

⑤ 개인의 성장과 자아실현 지원

치료자는 개인의 성장과 자아실현을 지원한다(Satir, 1983). 치료자는 가족 구성원들이 자신의 욕구와 가치를 인식하고, 이를 실현하기 위한 목표를 설정하도록 돕는다(Whitaker & Bumberry, 1988). 이는 가족 내에서 개인의 자율성과 자기표현을 존중하고, 건강한 가족 관계를 구축하는 데 기여한다(Barnes & Moon, 2006). 개인의 성장은 가족 전체의 기능 향상과도 연결된다(Bowen, 1978). 치료자는 가족 구성원들이 자신의 감정과 욕구를 책임감 있게 표현하고, 타인의 감정과 욕구를 존중하도록 교육한다(Satir, 1983). 이를 통해 가족 내에서 상호 존중과 협력이 증진된다(Moon, 2010).

⑥ 치료 종결 및 지속적 성장 지원

치료 종결 단계에서 가족이 지속적으로 성장할 수 있도록 지원한다(Whitaker & Bumberry,

1988). 치료자는 가족 구성원들이 변화된 관계와 의사소통 방식을 일상생활에서 유지할 수 있도록 격려하고, 필요한 경우 추가적인 자원이나 지원을 안내한다(Satir, 1983). 또한 가족이 스스로 문제를 해결하고 대처할 수 있는 역량을 갖추었는지 확인한다(Barnes, 1998). 치료 종결 후에도 가족이 지속적인 성장을 이어 나갈 수 있도록, 가족 회의나 정기적인 대화 시간을 가지는 등의 구체적인 방안을 제안할 수 있다(Moon, 2010). 이는 가족이 스스로 성장하고 발전하는 역동적인 시스템으로 기능하도록 돕는다(Keith & Whitaker, 1981).

경험적 가족치료에서 치료자는 촉매제(catalyst)로서 가족의 감정 표현과 상호작용 변화를 유도한다(Whitaker, 1996). 치료자는 자신의 감정을 솔직하게 표현하고, 가족 구성원들과 깊은 인간적 관계를 형성하며, 이를 통해 가족의 변화 과정을 촉진한다(Kempler, 1981). 치료자는 권위적인 전문가의 역할보다는 가족과 함께 성장하는 동반자로서의 역할을 수행한다(Satir, 1983). 또한 치료자는 가족에게 새로운 경험을 제공하고, 안전한 환경에서 감정을 탐색하도록 지원한다(Greenberg & Johnson, 1988). 치료자는 가족 구성원들의 감정과 반응에 민감하게 대응하며, 필요한 경우 도전적인 질문이나 피드백을 제공하여 깊은 자각을 촉진한다(Whitaker & Bumberry, 1988).

사회복지실천에서 경험적 가족치료는 가족 구성원들의 감정적 유대 강화와 의사소통 개선에 효과적이다(Barnes & Moon, 2006). 이는 가족의 역량 강화와 복지 증진을 추구하는 사회복지의 가치와 부합한다(Moon, 2010). 경험적 가족치료는 다양한 창의적 기법을 활용하여 문화적 다양성을 존중하고, 내담자 중심의 개입을 실천할 수 있다(Satir, 1983). 예를 들어, 아동복지 분야에서 트라우마를 경험한 가족과의 작업에서 경험적 가족치료는 감정 표현과 상호 이해를 촉진하여 가족의 회복력을 강화할 수 있다(Greenberg & Johnson, 1988). 또한 청소년 비행이나 가족 갈등 등의 문제에서도 경험적 접근은 가족 구성원들의 내면적 갈등을 이해하고 해결하는 데 도움이 된다(Bowen, 1978).

경험적 가족치료에서는 개인의 감정 표현과 자아 탐색이 강조되므로, 치료 과정에서 발생할 수 있는 정서적 불편감이나 저항에 대해 윤리적 고려가 필요하다(Reamer, 2013). 치료자는 내담자의 자율성과 자기결정권을 존중하고, 개입의 목적과 방법에 대해 충분히 설명하여 동의를 구해야 한다(NASW, 2025). 또한 문화적 민감성을 유지하며, 내담자의 문화적 배경과 가치관을 존중하는 것이 중요하다(Sue & Sue, 2016).

경험적 가족치료는 다양한 연구를 통해 그 효과성과 실천적 유용성이 입증되었다(Greenberg & Johnson, 1988). 연구에 따르면 경험적 접근은 가족 내 의사소통 개선, 감정적 유대 강화, 개인의 자아존중감 향상 등에 긍정적인 영향을 미친다(Moon, 2010). 특히 정서중심치료(emotionally focused therapy)는 부부치료와 가족치료에서 높은 효과성을 보였다(Greenberg & Johnson, 1988). 이러한 연구 결과는 경험적 가족치료가 사회복지실천에서 유용한 도구임을 뒷받침한다.

경험적 가족치료는 가족 구성원들의 감정 표현과 개인적 성장을 통해 가족체계의 변화를 도모하는 접근법으로, 가족 내의 진정한 만남과 상호 이해를 촉진한다(Keith & Whitaker, 1981). 치료자는 진솔한 인간적 관계를 바탕으로 가족의 감정 탐색과 새로운 상호작용을 촉진하며, 이를 통해 가족의 기능 향상과 복지 증진에 기여한다(Satir, 1983). 사회복지사는 이 접근법을 활용하여 내담자의 자아실현과 건강한 가족 관계 구축을 지원할 수 있으며, 다양한 문제 상황에서 효과적인 개입을 실천할 수 있다(Moon, 2010). 그러나 윤리적 고려와 문화적 민감성을 유지하며 내담자의 권리를 존중하는 것이 중요하다(Reamer, 2013).

3) 경험적 가족치료의 현대적 적용

경험적 가족치료는 현대 가족치료의 중요한 접근법으로 자리 잡았다. 이 치료법은 특히 감정 표현과 체험을 통해 가족 구성원 간의 정서적 연결과 성장을 촉진하며, 오늘날에도 다양한 가족 문제를 효과적으로 해결하는 데 적용되고 있다.

① 감정 표현과 체험의 현대적 중요성

현대 사회에서는 스트레스, 갈등, 의사소통 부족으로 인해 가족 내 감정 표현이 억압되거나 왜곡되는 경우가 많다. 경험적 가족치료는 이러한 문제를 해결하기 위해 가족 구성원이 자신의 감정을 자유롭게 표현할 수 있는 안전한 환경을 조성하는 데 중점을 둔다(문정화, 박대영, 2023). 사티어(1983)가 강조한 감정적 교류와 의사소통의 중요성은 오늘날에도 여전히 유효하며, 경험적 가족치료는 정서적으로 솔직한 의사소통을 통해 억눌린 감정을 해소하도록 돕는다. 이는 부모-자녀 관계에서도 중요하며, 자녀가 자신의 감정을 자유롭게 표현할 수 있도록 정서적 환경을 조성해 정서적 건강과 가족 내 유대감을 증진시킨다.

② 의사소통 기술과 상호작용 패턴의 현대적 적용

사티어(1983)가 강조한 의사소통의 중요성은 오늘날 경험적 가족치료에서도 핵심적인 역할을 한다. 경험적 가족치료는 의사소통 기술을 체계적으로 발전시켜 가족 구성원들이 감정을 명확하고 효과적으로 전달하도록 돕는다(김금자, 2012). 이 과정에서 구성원들은 자신의 감정적 반응을 더 잘 인식하고, 감정적으로 균형 잡힌 상호작용을 형성하게 된다. 갈등이 발생할 때 즉각적인 해결보다는 서로의 감정을 인정하고 이해하는 과정에 중점을 두며, 이를 통해 가족의 정서적 유대와 문제 해결의 가능성을 높인다.

③ 다양한 가족 형태에서의 적용

현대 사회에서는 재혼가족, 다문화가족, 북한이탈가족 등 다양한 가족 형태와 복잡한 역동성을 가진 가족들이 존재한다(박태영, 문정화, 2013; 조영아 외, 2011). 경험적 가족치료는 이들에게도 효과적으로 적용될 수 있으며, 가족 간의 감정적 연결을 강화하고 감정적 갈등을 해결하는 데 필요한 도구를 제공한다. 예를 들어, 다문화가족의 경우 서로 다른 문화적 배경에서 오는 감정적 단절을 해소하고 공통의 정서적 기반을 형성하는 데 경험적 접근이 유용하며, 재혼가족의 경우 의사소통 문제와 역할 혼란을 해결하는 데 중점을 둔다(박태영, 문정화, 2013).

④ 경험적 가족치료의 현대적 과제

경험적 가족치료는 현대 사회의 새로운 가족 문제와 변화에 대응하기 위해 몇 가지 과제도 직면하고 있다. 디지털 기술의 발전으로 가족 간 물리적 거리가 커짐에 따라 정서적 연결이 약화되는 경우가 많다. 이에 대응하여 경험적 가족치료는 모바일 앱을 사용한 치료를 통해 가족 간 정서적 교류를 촉진하고 있다(김진아, 최연실, 2020). 또한 경험적 가족치료는 감정적 스트레스와 정신건강 문제의 예방적 접근으로도 확장되어 가족 구성원이 정서적 문제를 일찍 인식하고 해결할 수 있도록 돕는다.

경험적 가족치료는 감정 표현과 체험을 통해 가족 성장을 촉진하며, 가족이 더 건강하고 상호 지원적인 관계를 형성하도록 돕는다. 휘태커와 사티어 접근법은 가족 구성원이 억눌린 감정을 해소하고, 정서적으로 솔직한 의사소통을 통해 긍정적인 상호작용을 이루도록 지원하여 현대 가족치료에서 중요한 역할을 하고 있다.

3. 전략적 가족치료

1) 전략적 가족치료의 등장 배경과 개념

전략적 가족치료(strategic family therapy)는 1970년대 초 마다네스와 헤일리(Madanes & Haley)에 의해 체계적으로 개발되었다. 기존 가족치료 모델들이 가족 문제 해결에 있어 심리적 탐색과 긴 치료 과정을 요구한 것에 비해, 전략적 가족치료는 보다 신속하고 실용적인 접근을 지향한다(Madanes & Haley, 1977). 전통적인 치료 모델들은 문제의 근본 원인을 깊이 분석하고 장기적인 치료 과정을 통해 해결하려는 경향이 있었으나, 이는 종종 시간이 오래 걸리고 경제적 부담이 크다는 한계가 있었다.

마다네스와 헤일리(1977)는 전통적인 접근법이 현대 사회의 빠르게 변화하는 가족 구조와 요구에 적합하지 않다고 판단하고, 보다 실용적이고 단기적인 치료가 필요하다고 보았다. 이들은 가족 내 상호작용을 신속하게 변화시키기 위한 전략적 접근을 제시하여 현대 가족이 직면한 문제들을 효과적으로 해결할 수 있는 방법을 개발하였다. 전략적 가족치료는 명확한 목표 설정과 구체적인 개입을 통해 가족 내 상호작용을 빠르게 변화시키는 데 중점을 둔다.

이 치료 접근법의 핵심은 치료자가 가족 구성원 간의 상호작용 패턴을 분석하고, 이를 변화시키기 위한 전략적 개입을 설계하는 것이다. 마다네스와 헤일리(1977)는 치료자가 가족 내 권력 관계와 의사소통 패턴을 면밀히 분석하여, 문제의 본질을 파악하고 이를 해결하기 위한 실질적인 개입 전략을 개발해야 한다고 보았다. 치료자는 가족 구성원들에게 구체적인 과제를 부여하거나 특정 행동을 유도함으로써 가족 내 역동성을 변화시키고, 가족이 문제 해결에 적극적으로 참여하도록 돕는다. 이러한 전략적 접근은 단기간 내에 가족 문제를 해결하는 데 효과적이며, 치료 과정이 구조화되고 목표 지향적이라는 특징을 가지고 있다.

2) 전략적 가족치료의 치료 과정

전략적 가족치료는 가족의 문제를 유지시키는 현재의 상호작용과 의사소통에 초점을 맞추며, 치료자는 적극적이고 지시적인 개입을 통해 가족 구성원들의 행동 변화를 유도한다(Nichols & Schwartz, 2006). 이 접근법은 시스템 이론과 의사소통 이론을 바탕으로 가족을 하나의 체계로 이해하고, 그 안에서 발생하는 역동적 관계를 개입 대상으로 삼는다(Watzlawick, Beavin, & Jackson, 1967).

① 문제 식별 및 목표 설정

치료자는 초기 면담을 통해 가족과 함께 구체적인 문제를 식별하고 명확한 치료 목표를 설정한다(Madanes & Haley, 1977). 가족 구성원 각자의 관점을 경청하여 문제에 대한 다양한 이해를 수집하고(Nichols, 2010), 가족 내 갈등의 원인과 문제 유지 요인을 파악하여 모든 구성원이 동의할 수 있는 목표를 수립한다(Madanes, 2019). 예를 들어, 청소년의 비행 행동이 문제라면 해당 행동의 빈도 감소나 가족 간 의사소통 개선 등이 목표가 될 수 있다(Goldenberg & Goldenberg, 2013).

② 가족 구조와 상호작용 패턴 분석

치료자는 가족의 구조와 상호작용 패턴을 심층적으로 분석한다(Madanes, 2019). 가족 내 위계질서, 하위체계, 경계, 연합, 삼각관계 등을 파악하여 문제가 어떻게 유지되고 있는지 이해하는 데 중점을 둔다(Minuchin, 1974). 예를 들어, 부모 간의 갈등이 자녀의 문제 행동으로 전이되는 경우 이러한 상호작용 패턴을 식별하고 개입을 계획한다(Nichols & Schwartz, 2005). 또한 가족 간 의사소통 유형과 패턴을 분석하여 메시지 전달 방식과 그로 인한 오해나 갈등을 파악한다(Watzlawick et al., 1967).

③ 전략적 개입 설계

치료자는 문제 유지 메커니즘을 파악한 후 구체적인 개입 전략을 설계한다(Madanes & Haley, 1977). 이는 가족의 저항을 최소화하고 변화를 촉진하기 위한 지시적이고 해결 지향적인 개입을 포함한다(Fisch, Weakland, & Segal, 1982). 대표적인 전략적 개입 기법으로는 역설적 지시(paradoxical directive), 증상 처방(symptom prescription), 재구조화(restructuring) 등이 있으며(Madanes, 1981), 예를 들어 역설적 지시는 문제 행동을 지속하도록 지시함으로써 행동의 의미를 재고하게 하고 변화를 유도한다(Weeks & L'Abate, 1982).

④ 개입 실행 및 변화 촉진

치료자는 설계된 전략을 실행하여 가족의 행동 변화를 유도한다(Haley, 1977). 세션 중 적극적으로 개입하여 가족 구성원들에게 지시를 내리고, 과제를 부여하며 상호작용을 재구성한다(Nichols, 2010). 이 과정에서 가족의 저항을 예상하고 이를 활용하여 변화를 촉진한다(Madanes, 2019). 예를 들어, 부모에게 자녀의 반항적인 행동에 대해 이전과 다른 방식으로 대응하도록 지시하여 상호작용 패턴을 변화시킨다(Goldenberg & Goldenberg, 2013). 또한 가족 구성원들이 새로운 상호작용 방식을 시도하도록 격려하고 그 과정을 면밀히 관찰한다(Nichols & Schwartz, 2005).

⑤ 변화 평가 및 전략 조정

치료자는 개입 효과를 지속적으로 평가하고 필요에 따라 전략을 조정한다(Fisch et al., 1982). 가족의 반응과 변화를 면밀히 관찰하여 긍정적 변화는 강화하고 예상치 못한 부정적 결과가 나타날 경우 개입 방식을 수정한다(Madanes, 2019). 이는 가족의 특수한 상황에 맞춰 치료 과정을 유연하게 유지하고 최적화하기 위함이다(Nichols, 2010). 예를 들어, 초기 개입이 효과적이지 않다면 다른 전략적 기법을 도입하거나 기존 전략을 조정하여 변화를 촉진한다(Gurman & Kniskern, 1992).

⑥ 치료 종결 및 추후 지도

치료 목표가 달성되었을 때 치료를 종결하고, 가족이 새로운 상호작용 패턴을 지속할 수 있도록 지원한다(Haley, 1997). 치료자는 가족 구성원들이 스스로 문제를 해결하고 대처할 역량을 갖추었는지 확인하며(Nichols & Schwartz, 2005), 필요시 추가 자원이나 지원 서비스를 안내하여 가족의 지속적인 복지를 도모한다(Reamer, 2013). 치료 종결 후에도 가족이 변화된 패턴을 유지할 수 있도록 추후 관리를 계획한다(Madanes, 2019).

전략적 가족치료에서 치료자는 지휘자처럼 가족의 변화 과정을 적극적으로 이끈다(Madanes & Haley, 1977). 치료자는 가족의 저항을 예상하고 이를 활용하여 개입 전략을 설계하며(Madanes, 2019), 가족 구성원들의 상호작용을 면밀히 관찰하고 필요한 순간에 개입하여 변화의 기회를 만든다(Nichols, 2010). 이러한 지시적이고 권위적인 접근은 가족 내 기존 역학을 변화시키는 데 효과적일 수 있으나, 내담자의 자기결정권을 존중해야 하는 윤리적 고려가 필요하다(Reamer, 2013). 전략적 가족치료는 단기간 내에 효과적 변화를 이끌어 낼 수 있어, 시간과 자원이 제한된 사회복지 현장에서 유용하게 활용될 수 있다(Fisch et al., 1991). 특히 위기 상황에 처한 가족이나 빠른 개입이 필요한 경우에 적합하다(Haley, 1977). 사회복지사는 이 접근법을 활용해 가족의 역동성을 이해하고, 구체적인 개입을 통해 가족 기능을 회복시킬 수 있다(Nichols & Schwartz, 2006). 예를 들어, 청소년 비행, 부부 갈등, 아동학대 등의 문제에서 전략적 가족치료는 효과적인 개입 방법이 될 수 있다(Madanes, 2019).

치료 과정에서 치료자의 지시적 역할은 내담자의 자기결정권을 침해할 수 있으므로, 윤리적 고려가 필요하다(Reamer, 2013). 사회복지사는 내담자의 권리를 존중하고 개입의 목적과 방법을 충분히 설명하여 동의를 구해야 한다(NASW, 2021). 또한 문화적 다양성과 개인의 고유성을 고려하여 개입하는 것이 필요하다(Sue & Sue, 2016). 이는 치료가 내담자의 문화적 배경과 가치관에 부합하고, 효과적이며 윤리적인 실천이 되도록 보장한다(Nichols, 2013).

전략적 가족치료는 다양한 연구를 통해 그 효과성과 실천적 유용성을 입증받았다(Goldenberg & Goldenberg, 2013). 연구에 따르면 이 접근법은 가족 내 의사소통 개선, 갈등 감소, 문제 행동 수정 등에 긍정적인 영향을 미친다(Gurman & Kniskern, 2014). 또한 단기 치료로서의 효율성과 효과성이 높아, 자원이 제한된 상황에서 유용하게 활용될 수 있다(Fisch et al., 1982). 그러나 치료자의 지시적 접근이 모든 내담자에게 적합한 것은 아니므로, 사회복지사는 내담자의 특성과 필요에 맞게 접근법을 선택하고 적용해야 한다(Nichols & Schwartz, 2006).

현대 사회에서 문화적 다양성이 증가함에 따라 사회복지사는 전략적 가족치료를 적용할 때 내담자의 문화적 배경을 고려해야 한다(Sue & Sue, 2016). 이는 가족의 가치관, 신념, 의사소통 방식 등이 문화에 따라 다를 수 있기 때문이다(Nichols, 2010). 문화적 민감성을 갖춘 개입은 치료 효과를 높이고 내담자와의 신뢰 관계를 구축하는 데 도움이 된다(Reamer, 2013). 따라서 사회복지사는 문화적 역량을 개발하고 지속적으로 학습해야 한다(NASW, 2025).

전략적 가족치료는 가족 상호작용 패턴을 변화시켜 문제를 해결하는 데 효과적인 접근법이다(Haley, 1977; Madanes, 2019). 치료자는 적극적인 개입과 전략적 기법을 통해 가족 구성원의 행동 변화를 유도하고, 가족 기능 향상을 도모한다(Nichols & Schwartz, 2005). 사회복지실천에서 이 접근법은 다양한 가족 문제에 적용될 수 있으며, 내담자의 복지 증진에 기여한다(Goldenberg & Goldenberg, 2013). 그러나 윤리적 고려와 문화적 민감성을 유지하며 내담자의 권리를 존중하는 것이 중요하다(Reamer, 2013). 사회복지사는 전략적 가족치료의 이론과 기술을 숙지하여 효과적인 개입을 실천하고, 가족의 복지와 기능 향상에 기여해야 한다(NASW, 2025).

3) 전략적 가족치료의 현대적 적용

전략적 가족치료는 현대 사회의 빠르게 변화하는 요구에 부응하며 단기적 개입의 효율성을 크게 향상시키고 있다. 마다네스와 헤일리의 접근법은 문제 해결을 단기간 내에 이루는 것을 목표로 하여, 시간과 자원의 제약 속에서도 효과적인 결과를 도출하도록 한다(Madanes & Haley, 1977). 현대 가족들은 바쁜 일상과 다양한 스트레스 요인으로 인해 긴 치료 기간을 감당하기 어려운 경우가 많다. 이러한 상황에서 전략적 가족치료는 짧은 시간 안에 실질적인 변화를 유도해 가족들이 문제를 신속히 인식하고 해결할 수 있도록 돕는다. 특히 경직된 가족 구조나 복잡한 문제를 겪는 가족들에게 전략적 가족치료는 단기 개입을 통해 빠르게 변화를 이끌어 내는 유용한 도구로 자리 잡고 있다. 예를 들어, 부모와 자녀 간의 의사소통 문제가 심각한 경우, 치료자는 단기 개입을 통해 부모가 자녀의 의견을 존중하고 개방적인 대화를 촉진하도록 유도함으로써 문제를 해결할 수 있다(전혜성, 2022; Madanes & Haley, 1976). 이와 같은 접근은 가족 구성원들이 신속히 문제를 해결하도록 돕는 동시에, 치료 과정에서 발생할 수 있는 경제적 부담을 줄이는 데 기여한다.

전략적 가족치료는 디지털 플랫폼과 원격 치료의 도입으로 더욱 확장되며, 치료의 접근성과 효율성을 크게 높이고 있다. 디지털 기술의 발전은 원격으로 치료를 제공하거나 온라인으로 세션을 진행할 수 있는 환경을 제공하여, 가족들이 지리적 제약 없이 치료에 접근할 수 있도록 한다(McGoldrick et al., 2008; Lattie et al., 2022). 이러한 변화는 특히 도시 외곽이나 농촌 지역에 거주하는 가족들에게 중요한 혜택을 제공하며, 가족 구성원들이 물리적으로 떨어져 있어도 효과적인 치료를 받을 수 있도록 한다. 원격 치료의 도입은 전략적 가족치료의 적용 범위를 넓히고 다양한 가족이 치료에 참여할 수 있는 유연성을 제공한다. 예를 들어, 이동이 어려운 가족 구성원이나 시간적 제약이 있는 가족들은 온라인 플랫폼을 통해 실시간으로 치료에 참여할 수 있으며, 이는 치료의 지속성과 일관성을 유지하는 데 큰 도움이 된다. 또한 디지털 기술을 활용한 치료는 치료자가 개입을 보다 정밀하게 조정할 수 있는 가능성을 제공하며, 가족 구성원 간의 상호작용을 실시간으로 모니터링하고 피드백을 제공함으로써 치료 효과를 극대화할 수 있다(McGoldrick et al., 2008; Lattie et al., 2022).

현대의 전략적 가족치료는 다양한 문제에 효과적으로 응용되고 있다. 초기에는 행동 문제나 갈등 해결을 중심으로 발전하였지만, 현재는 우울증, 불안, 복잡한 가족 역동성 등 광범위한 문제에도 적용되고 있다. 마다네스와 헤일리는 치료자가 가족 내 복잡한 상호작용과 구조적 문제를 분석하고 이를 해결하기 위한 맞춤형 전략을 제시함으로써 현대의 다양한 문제를 효과적으로 해결할 수 있다고 보았다(Madanes & Haley, 1977). 예를 들어, 가족 구성원 중 한 명이 우울증을 겪는 경우, 치료자는 가족 전체의 상호작용을 분석하고, 우울증의 원인이 되는 상호작용 패턴을 수정하여 문제를 해결한다(이양희, 최희경, 2022). 또한 전략적 가족치료는 재혼가족, 동거가족, 다문화가족, 북한이탈가족 등 다양한 가족 구조에도 효과적으로 적용될 수 있다. 이러한 가족들은 고유한 갈등과 문제를 겪으며, 전략적 가족치료는 이들이 정서적 연결을 강화하고 갈등을 해결하는 데 필요한 도구를 제공한다(엄태환, 2007; McGoldrick et al., 2008).

전략적 가족치료는 현대 가족의 다양한 요구에 맞추어 유연하고 실용적인 개입을 제공하는 중요한 치료적 접근법으로 자리 잡았다. 이는 가족이 서로의 감정과 요구를 더 잘 이해하고, 이를 바탕으로 긍정적인 상호작용을 형성해 가족 전체의 기능과 안정성을 향상시킨다.

4. 해결중심 가족치료

1) 해결중심 가족치료의 등장 배경과 개념

해결중심 가족치료(Solution-Focused Family Therapy: SFFT)는 1980년대 초반에 스티브 드 세이저(Steve De Shazer)와 김인수(Insoo Kim Berg)를 중심으로 발전한 접근법으로, 전통적인 문제 중심의 가족치료 모델에 대한 반발과 새로운 치료 패러다임의 필요성에서 비롯되었다. 당시의 가족치료는 주로 가족 내 문제의 원인을 심층적으로 분석하고, 장기적인 치료 과정을 통해 문제를 해결하려는 경향이 강하였다(Swartz, 1999). 그러나 이러한 접근법은 때때로 비효율적이고 시간이 많이 소요되며, 가족 구성원들이 일상생활로 복귀하기 전에 문제 해결이 이루어지지 않는 한계를 지니고 있었다.

드 세이저와 김인수는 이러한 한계를 극복하고자 보다 실용적이고 단기적인 치료 방식을 모색하였다. 그들은 가족이 문제를 해결하는 데 필요한 자원을 스스로 가지고 있으며, 치료자는 이를 발견하고 촉진하는 역할을 해야 한다고 주장하였다(De Shazer et al., 1986). 이러한 관점은 문제에 집중하기보다는 해결책과 목표 달성에 중점을 두는 새로운 치료 패러다임을 제시하였다. 이로 인해 해결중심 가족치료는 가족 구성원들이 문제를 인식하고 해결하는 데 필요한 긍정적인 변화를 촉진하는 데 초점을 맞추게 되었다.

해결중심 가족치료는 기존 문제 중심의 가족치료 모델에 대한 반발과 새로운 치료 패러다임의 필요성에서 등장하였다. 당시 전통적인 가족치료는 주로 문제의 원인을 심층 분석하고 장기적 치료 과정을 통해 문제를 해결하려는 경향이 있었지만(Swartz, 1999), 이는 시간이 많이 소요되고 비효율적인 경우가 많았다. 이러한 한계를 극복하기 위해 드 세이저와 김인수는 가족이 스스로 문제 해결에 필요한 자원을 가지고 있다는 점을 강조하고, 치료자가 이를 발견하고 촉진하는 역할을 해야 한다고 주장하였다(De Shazer et al., 1986).

해결중심 가족치료는 문제보다 해결책과 목표 달성에 중점을 두며, 가족 구성원들이 현재와 미래의 긍정적인 변화를 이루도록 지원한다. 이 치료법은 다음과 같은 주요 개념들을 포함한다.

- **해결책 중심 접근**: 문제의 원인을 분석하는 대신, 문제 해결을 위한 구체적이고 실용적인 전략을 개발하고 적용하는 데 초점을 맞춘다. 치료자는 가족 구성원들이 스스로 해결책을 찾을 수 있도록 돕고, 이를 통해 가족 내 긍정적 변화를 촉진한다(De Shazer et al., 1986).
- **미래 지향적 목표 설정**: 가족 구성원들이 원하는 미래의 모습을 상상하고 이를 달성하기 위한 목표를 설정하도록 한다. '기적 질문(miracle question)'과 같은 기법을 사용해 가족 구성원들이 이상적인 미래를 구체적으로 정의하고, 그에 따른 단계적 목표를 설정하도록 지원한다(Madenes, 2019).
- **강점 기반 접근**: 해결중심 가족치료는 가족 구성원들이 이미 가지고 있는 강점과 자원을 발견하고 이를 활용하는 데 중점을 둔다. 긍정적 특성과 성공적 경험을 기반으로 문제를 해결하도록 유도함으로써 자존감을 높이고 지속 가능한 변화를 이끌어 낸다(Corcoran & Pillai, 2009).
- **짧은 치료 기간**: 비교적 짧은 기간 내에 효과적인 결과를 목표로 하여, 가족들이 신속하게 문제를 인식하고 해결할 수 있도록 돕는다. 이는 치료 과정에서 발생할 수 있는 경제적 부담도 줄여준다(De Shazer et al., 1986).
- **협력적 치료자 역할**: 치료자는 가족 구성원들과 협력하여 목표를 설정하고 문제 해결을 위한 전략을 개발하는 파트너로서 역할을 수행한다. 이러한 협력적 접근은 가족 구성원들의 참여와 치료 효과를 극대화하는 데 중요한 요소다(Gan, 2020).

2) 해결중심 가족치료의 치료 과정

해결중심 가족치료는 문제의 원인보다는 해결책과 미래의 가능성에 초점을 맞추는 단기적이고 효율적인 치료 모델이다(De Shazer et al., 1986; Berg & De Jong, 1996). 이 치료 모델은 사회구성주의에 기반하여 내담자가 자신의 삶에서 원하는 변화를 이끌어 낼 수 있는 능력을 이미 갖추고 있다고 가정하며(De Jong & Berg, 2012), 치료자는 내담자의 강점과 자원을 활용하여 긍정적인 변화를 촉진하는 역할을 한다(Corcoran & Pillai, 2009).

① 치료 관계 형성

치료자는 가족과 협력적인 치료 관계를 형성하여 신뢰를 구축한다(Berg & Miller, 1992). 이를 위해 가족의 이야기를 경청하고 그들의 관점을 존중하며, 비판단적 태도로 접근한다(De Jong

& Berg, 2013). 이러한 협력적인 관계는 가족이 자신의 문제와 목표를 자유롭게 이야기하도록 돕고, 치료자가 가족의 필요와 기대를 깊이 이해하는 기반을 마련한다(Trepper et al., 2006).

② 치료 목표 설정

치료자는 가족과 함께 명확하고 달성 가능한 목표를 설정한다(De Shazer, 1985). 목표는 구체적이고 긍정적으로 표현되며, 가족이 원하는 미래의 모습을 상세하게 그려보도록 한다(Berg & De Jong, 1996). 예를 들어, "갈등을 줄이고 서로의 의견을 존중하는 가족이 되고 싶다."와 같은 목표는 문제 중심의 사고에서 벗어나 목표 지향적인 태도를 형성하게 하며, 치료의 방향성을 제공한다(O'Hanlon & Weiner-Davis, 1989).

③ 예외 상황 탐색

치료자는 가족이 과거에 문제를 경험하지 않거나 덜 심각하였던 예외적 상황을 탐색한다(De Shazer, 1988). 이러한 예외 상황은 가족이 문제 해결에 필요한 자원을 이미 갖추고 있음을 보여 주며, 이를 통해 가족의 자아효능감을 높인다(Berg & Dolan, 2001). 예를 들어, "문제가 발생하지 않았던 때는 언제인가요?" 또는 "상황이 더 나았던 때는 어떤 점이 달랐나요?"와 같은 질문을 통해 성공 경험을 이끌어 내고, 이를 현재의 문제 해결에 적용하도록 돕는다(De Jong & Berg, 2012).

④ 기적 질문 사용

기적 질문을 통해 가족이 원하는 미래를 구체화한다(De Shazer, 1988). 예를 들어, "만약 밤사이에 기적이 일어나 문제가 사라진다면, 어떤 변화가 있을까요?"라고 질문하여 가족이 문제 없는 미래를 상상하고 그에 따른 행동과 변화를 구체적으로 생각하게 한다(De Jong & Berg, 2012). 이는 가족이 목표를 명확히 하고, 이를 달성하기 위한 동기를 부여하는 데 도움이 된다(Trepper et al., 2006).

⑤ 척도 질문 활용

척도 질문(scaling question)을 사용해 가족 구성원이 현재 상태와 목표 간의 차이를 평가한다(Berg & De Jong, 1996). 예를 들어, "현재 상태를 0에서 10까지 점수로 매긴다면 몇 점인가요?"라고 묻고, "한 단계 높이기 위해 무엇을 할 수 있을까요?"와 같은 질문을 한다(De Jong & Berg, 2012). 이를 통해 작은 변화의 중요성을 인식하고 실천 가능성을 높인다(Bannink, 2007).

⑥ 강점과 자원 확인 및 강화

가족의 강점과 자원을 확인하고 강화하는 과정은 매우 중요하다(Saleebey, 2006). 치료자는 가족 구성원들이 가진 긍정적 면과 과거 성공 경험을 강조함으로써 가족의 자기 신뢰를 회복하도록 돕는다(Berg & Dolan, 2001). 또한 가족 내 지지 체계와 외부 자원을 활용하도록 격려하여 변화의 지속성을 높인다(De Jong & Berg, 2012).

⑦ 긍정적 피드백 제공 및 과제 부여

세션 말미에 치료자는 가족에게 긍정적 피드백을 제공하고, 다음 세션까지 실천할 수 있는 작은 과제를 부여한다(Miller & De Shazer, 2000). 피드백은 가족의 노력과 성취를 인정하고, 긍정적 변화를 지지하는 내용으로 구성된다(Bannink, 2007). 과제는 가족이 일상 속에서 변화를 경험하고 이를 지속할 수 있도록 돕는다(O'Hanlon & Weiner-Davis, 1989).

⑧ 변화 평가 및 치료 종결

치료자는 가족과 함께 변화를 평가하고 목표 달성 여부를 확인한다(Corcoran & Pillai, 2009). 척도 질문을 다시 사용해 초기 평가와 비교하고 달성한 변화를 구체적으로 논의한다(Berg & De Jong, 1996). 목표가 달성되면 치료를 종결하고, 가족이 스스로 문제를 해결할 수 있는 역량을 갖추었음을 확인한다(Trepper et al., 2006). 또한 미래에 문제가 발생할 때 대처할 수 있는 전략을 마련해 가족의 자립성을 강화한다(De Jong & Berg, 2012).

해결중심 가족치료에서 치료자는 촉진자로서 가족의 변화를 지원한다(De Shazer et al., 1986). 치료자는 가족의 전문가로서 지시하거나 조언하는 대신, 가족이 자신의 목표와 해결책을 발견하도록 돕는다(Berg & Miller, 1992). 이는 가족의 자율성과 자기결정권을 존중하는 사회복지의 가치와 일치하며(Saleebey, 2006), 긍정적인 언어와 태도를 사용하여 가족의 희망과 가능성을 강조한다(Corcoran & Pillai, 2009).

해결중심 가족치료는 다양한 가족 문제에 적용될 수 있으며, 특히 시간과 자원이 제한된 사회복지 현장에서 효과적이다(Gingerich & Eisengart, 2000). 예를 들어, 아동복지, 정신건강, 부부 갈등, 약물 남용 등 다양한 영역에서 활용되며(Kim, 2008), 내담자의 강점을 강조하고 문화적 다양성을 존중하는 접근법이기 때문에 다양한 배경의 가족과 작업하는 데 유용하다(Corcoran & Pillai, 2009). 사회복지사는 해결중심 가족치료를 통해 내담자의 복지 증진과 문제해결을 효과적으로 지원할 수 있다(Trepper et al., 2006).

해결중심 가족치료의 효과성과 효율성은 다양한 연구를 통해 입증되었다(Kim, 2008). 메타분석 결과에 따르면 해결중심 치료는 여러 문제 영역에서 긍정적인 효과를 보였으며, 특히 단기 치료로서의 효용성이 높게 평가되었다(Gingerich & Peterson, 2013). 이는 제한된 자원으로 최대 효과를 얻고자 하는 사회복지실천의 요구에 부합하며(Corcoran & Pillai, 2009), 사회복지사는 이러한 근거 기반의 접근법을 통해 내담자에게 질 높은 서비스를 제공할 수 있다.

해결중심 가족치료는 단기간 내에 가족의 긍정적인 변화를 이끌어 내는 효과적인 접근법으로, 가족의 강점과 자원을 활용하고 미래에 대한 희망과 가능성을 강조한다(Berg & De Jong, 1996). 치료자는 가족과 협력하여 목표를 설정하고, 예외 상황과 강점을 탐색하며, 기적 질문과 척도 질문 등의 기법을 활용해 가족의 자아효능감을 높인다(De Jong & Berg, 2013). 이러한 과정은 가족의 기능 향상과 복지 증진에 기여하며, 사회복지실천에서 유용하게 적용될 수 있다(Corcoran & Pillai, 2009).

3) 해결중심 가족치료의 현대적 적용

① 가상현실, 온라인 치료, 체계적인 데이터 관리 분석

현대 사회에서 디지털 기술의 발전은 해결중심 가족치료의 적용 방식을 혁신적으로 변화시키고 있다. 가상현실(Virtual Reality: VR)과 같은 첨단 기술을 활용한 치료 기법은 가족 구성원들이 실제와 유사한 가상 환경에서 몰입감 있게 치료 과정을 경험하도록 하여, 물리적 제약을 극복하고 효과적인 상호작용을 촉진한다(Gan & Begali, 2020). VR 기반 접근은 가족들이 다양한 시뮬레이션 상황 속에서 문제 해결 과정을 체험할 수 있게 함으로써, 전통적인 치료 방식보다 더욱 실질적이고 직관적인 개입을 가능하게 한다. 온라인 치료 참여를 통한 치료 진행 상황의 실시간 모니터링, 체계적인 데이터 관리 및 분석 등 혁신적 환경을 제공(Akgül-Gündoğdu & Selçuk-Tosun, 2023)함으로써 가족치료의 새로운 패러다임을 제시하고 있다.

② 다문화가족에 대한 적용

현대 사회의 다문화적 특성은 다양한 문화적 배경을 가진 가족들이 공존하는 상황을 만들고 있으며, 해결중심 가족치료는 이러한 다문화가족에게 효과적으로 적용될 수 있다. 다문화가족은 문화적 차이로 인한 갈등과 의사소통 문제를 겪기 쉬운데, 해결중심 접근법은 가족 구성원의 문화적 특성과 강점을 존중하며 이를 치료 과정에 통합함으로써 긍정적인 변화를 유도한다(Schwartz, 1997). 각 가족의 문화적 가치와 전통을 이해하고 존중하는 과정을 통해 가족 구성원 간의 상호 이해와 협력을 촉진할 수 있다(최종진, 2014). 이러한 접근은 다문화가족이 고유한 정체성을 유지하면서도 건강한 가족 관계를 형성하도록 돕는다(Corcoran & Pillai, 2009).

③ 긴밀한 협력과 통합적 치료 모델

현대의 해결중심 가족치료는 인지행동치료(CBT)와 같은 다른 치료 모델과의 긴밀한 협력을 통해 통합적 치료를 지향하고 있다. 인지행동치료와의 통합은 가족 구성원들이 자신의 생각과 감정을 인식하고 조절하는 데 도움을 주며, 해결중심 접근법은 이러한 과정에서 긍정적인 변화를 촉진하는 역할을 한다(McNamee & Gergen, 1992; 정민선 외, 2022). 또한 생태계적 접근(ecological approach)과의 통합을 통해 가족이 속한 사회적 · 경제적 환경을 고려한 종합적인 치료가 가능해졌다(송대광, 2022). 이러한 통합적 모델은 가족의 여러 측면을 동시에 다루어 보다 효과적인 문제 해결과 가족의 전반적인 기능 향상을 도모한다(Doss et al., 2023).

④ 예방적 접근과 교육적 응용

해결중심 가족치료는 예방적 접근과 교육적 응용에서도 중요한 역할을 하고 있다. 예방적 접근은 가족 구성원들이 잠재적인 갈등을 미리 인식하고, 이를 효과적으로 관리할 수 있는 능력을 개발하도록 돕는다. 이를 통해 가족은 미래의 문제를 예방하고, 건강한 의사소통과 협력적 관계를 유지할 수 있게 된다(Corcoran & Pillai, 2009). 교육적 응용 측면에서는 학교나 지역사회 센터에서 해결중심 접근법을 활용하여 청소년과 그 가족들이 긍정적인 변화를 경험하도록 지원한다(김희정, 2007). 이는 가족 구성원들이 자신의 강점과 자원을 인식하고 이를 통해 문제 해결 능력을 향상시키는 데 기여한다(De Shazer et al., 1986).

⑤ 정신건강 문제와의 통합 치료

현대 사회에서는 우울증, 불안, 중독 등 다양한 정신건강 문제가 가족 내에서 발생할 수 있으며, 해결중심 가족치료는 이러한 문제들을 다루기 위한 통합적 접근에서도 효과적이다. 해결중심 접근법은 가족 구성원들이 자신의 감정과 생각을 명확히 표현하고, 이를 통해 정신건강 문제를 해결하기 위한 지원을 제공하는 데 중점을 둔다(Corcoran & Pillai, 2009). 예를 들어, 가족 구성원 중 한 명이 우울증을 겪고 있는 경우 치료자는 가족 전체의 상호작용을 분석하고, 우울증의 원인이 되는 상호작용 패턴을 변경함으로써 문제를 해결하도록 돕는다(박태영, 문정화, 2010). 이러한 통합적 접근은 가족 전체의 정서적 유대감을 강화하고, 정신건강 문제의 지속적인 관리를 가능하게 한다(Doss et al., 2023).

해결중심 가족치료는 현대 사회의 다양한 도전과 복잡성을 반영하며 진화하고 있으며, 디지털 기술의 통합, 다문화적 접근, 다양한 치료 모델과의 협력, 예방적 관점의 적용 등 다양한 측면에서의 발전을 통해 가족의 복지와 기능 향상을 도모하고 있다.

5. 이야기 치료

1) 이야기 치료의 등장 배경과 개념

이야기 치료(narrative therapy)는 1980년대 후반 마이클 화이트(Michael White)와 데이비드 엡스턴(David Epston)에 의해 체계적으로 개발된 접근법으로, 전통적인 심리치료 모델에 대한 대안으로 등장하였다(White & Epston, 1990). 기존의 심리치료는 주로 개인의 문제를 내부적인 요인으로 설명하고, 문제의 원인을 심층적으로 분석하는 데 초점을 맞추었다. 이러한 접근은 종종 치료 기간이 장기화되고, 개인의 자율적 문제 해결 능력을 간과하는 한계를 지니고 있었다. 화이트와 엡스턴은 이 같은 한계를 극복하기 위해, 개인의 이야기를 중심으로 문제를 재구성하고, 개인이 자신의 삶의 주체로서 문제 해결에 나설 수 있도록 돕는 새로운 치료 패러다임을 제시하였다. 이들은 개인의 경험과 이야기가 그 자체로 의미를 가지며, 이를 통해 긍정적인 변화를 이끌어 낼 수 있다고 보았다. 이 접근법은 개인이 자신의 이야기를 재구성하고 문제를 새로운 시각에서 바라보도록 함으로써, 치료 과정의 효율성과 효과성을 높이는 데 기여하였다.

이야기 치료는 개인이 자신의 삶을 이야기함으로써 문제를 인식하고 해결하는 과정을 중시하는 치료 접근법이다. 이 치료법의 주요 개념은 다음과 같다.

- 외부화: 이야기 치료의 핵심 개념 중 하나는 문제를 개인의 일부가 아닌 외부의 요소로 인식하는 것이다. 이를 통해 개인은 문제와 자신을 분리하여 보다 객관적으로 문제를 바라보고, 문제 해결을 위한 새로운 방법을 모색할 수 있게 된다(White & Epston, 1990). 예를 들어, '나는 실패자다.'라는 생각을 '실패라는 문제가 나를 방해하고 있다.'로 외부화(externalization)함으로써, 개인은 문제를 보다 유연하고 창의적인 방식으로 다룰 수 있다. 이러한 외부화 과정을 통해 내담자는 문제로부터 거리를 두고 문제를 더 효과적으로 다루는 능력을 키울 수 있다.

- 대안적 이야기 개발: 이야기 치료는 내담자가 기존의 문제 중심적인 이야기에서 벗어나, 긍정적이고 희망적인 대안적 이야기를 개발(developing alternative narratives)하도록 돕는다. 이를 통해 내담자는 자신의 강점과 자원을 재발견하고, 새로운 삶의 방향을 설정할 수 있다(White & Epston, 1990). 이러한 대안적 이야기는 내담자가 자신의 삶에서 긍정적인 변화를 이루는 데 필요한 동기와 방향성을 제공하며, 개인의 자존감과 자아효능감을 높이는 데 기여한다.
- 권력과 영향력의 재분배: 이야기 치료는 개인이 자신의 삶의 주체로서 권력을 회복하고, 자신의 이야기를 재작성(reauthoring)하도록 돕는 과정이다. 이는 개인이 자신의 경험과 선택에 대한 책임을 지고, 이를 통해 삶의 질을 향상시키는 데 기여한다(White, 2007). 치료자는 내담자가 자신의 이야기를 재작성할 수 있도록 지지하며, 내담자가 자신의 삶에 대한 새로운 시각을 갖도록 구체적인 질문과 대화를 통해 이끌어 간다. 이러한 재작성 과정은 개인의 자기결정권을 강화하고, 내담자가 자신의 삶에 대한 통제력을 회복하도록 돕는다.
- 이야기 공동 창작: 이야기 치료에서는 치료자와 내담자가 함께 이야기를 만들어 가는 협력적 과정을 중요시한다. 공동 창작(co-authoring)은 치료자가 내담자의 이야기에 적극적으로 참여하며, 내담자가 자신의 경험을 자유롭게 표현할 수 있는 안전한 환경을 조성하는 데 중점을 둔다(Madanes, 2019). 이러한 협력적 과정은 내담자가 자신의 이야기를 주도적으로 재구성하고, 긍정적인 변화를 이끌어 내는 데 중요한 역할을 한다. 치료자는 내담자의 이야기에서 긍정적인 요소를 찾아내고, 이를 확대하여 내담자가 자신의 강점을 활용할 수 있도록 돕는다.

이야기 치료는 사회복지적 실천에서 매우 유용한 도구로 활용될 수 있다. 사회복지사는 이야기 치료의 원칙을 적용하여 내담자의 자율성과 자기결정권을 강화하고, 내담자가 자신의 삶에 대한 주체성을 회복하도록 지원할 수 있다. 이러한 과정은 내담자가 자신의 문제를 보다 능동적으로 해결하고, 지속 가능한 긍정적 변화를 이루는 데 중요한 기여를 한다.

2) 이야기 치료를 사용한 가족치료 과정

이야기 치료는 가족 구성원들이 자신이 겪는 문제를 새로운 관점에서 재구성하고, 이에 대한 새로운 의미를 부여하여 긍정적인 변화와 성장을 도모하는 치료적 접근법이다(White &

Epston, 1990). 사회구성주의(social constructionism)에 기반하여, 이야기 치료는 개인과 가족이 자신의 이야기를 통해 현실과 정체성을 구성한다는 가정에 기초한다(Gergen, 1994). 이를 통해 이야기 치료는 가족 구성원들이 부정적인 내러티브에서 벗어나 자신들의 강점과 자원을 재발견하도록 돕는다(Morgan, 2000).

① 문제의 외재화

첫 번째 단계에서는 가족이 직면한 문제를 개인이나 가족의 특성으로 보는 대신, 문제를 외부의 요소로 개념화한다(Epston & White, 1990). 이를 통해 가족 구성원들은 문제와 자신을 분리하여 문제를 객관적으로 바라볼 수 있게 된다(Freedman & Combs, 1996). 예를 들어, 자녀의 반항적인 행동을 '반항'이라는 문제로 외재화함으로써 가족은 그 문제를 함께 다룰 수 있게 된다(White, 2007). 치료자는 이 과정에서 질문을 통해 문제의 영향력과 작동 방식을 탐색하도록 돕고(Carr, 1998), 이러한 외재화는 가족 구성원 간의 비난과 낙인을 방지하고 협력적인 문제 해결을 촉진한다(Morgan, 2000).

② 문제의 영향 탐색

두 번째 단계에서는 문제가 가족과 각 구성원에게 미치는 영향을 탐색한다(Freedman & Combs, 1996). 이 과정에서 문제로 인한 어려움뿐만 아니라 문제로부터 얻은 교훈이나 통찰도 다룬다(Denborough, 2014). 이를 통해 가족은 문제의 부정적인 영향뿐만 아니라 잠재적인 성장 기회를 인식하게 된다(Morgan, 2000). 또한 가족 구성원들은 서로의 경험과 감정을 공유하며 공감과 이해를 증진하고, 가족 내 의사소통을 개선한다(Payne, 2006).

③ 예외 탐색 및 대안적 이야기 구성

세 번째 단계에서는 문제의 영향에서 벗어난 예외적인 순간이나 긍정적인 경험을 탐색한다(O'Hanlon & O'Hanlon, 1992). 이러한 예외는 가족이 가진 자원과 강점을 발견하는 데 도움이 되며, 대안적 이야기를 구성하는 기반이 된다(White, 2007). 치료자는 "문제가 없었던 때는 언제인가요?" 또는 "어떻게 그 상황에서 문제를 극복할 수 있었나요?"와 같은 질문을 통해 가족의 성공 경험을 이끌어 낸다(Freedman & Combs, 1996). 이를 통해 가족 구성원들은 자신의 역량과 가능성을 재인식하고 새로운 정체성을 형성하도록 지원받는다(Denborough, 2014). 이 과정에서 문화적·사회적 맥락을 고려하여 가족의 고유한 이야기를 존중하는 것이 중요하다(Morgan, 2000).

④ 새로운 이야기 강화

마지막 단계에서는 구성된 대안적 이야기를 강화하고 지속하는 노력을 한다(White & Epston, 1990). 가족 구성원들은 새로운 이야기에 기반한 행동 변화를 시도하며, 이를 통해 긍정적인 변화를 경험한다(Morgan, 2000). 치료자는 가족이 새로운 이야기를 지속적으로 발전시킬 수 있도록 지지하고 격려하며, 필요시 외부의 지지 체계를 활용하도록 돕는다(Payne, 2006). 예를 들어, 가족이 새로운 이야기를 공유할 수 있는 사회적 네트워크를 형성하거나, 상징적인 의례를 통해 새로운 이야기를 공고히 하는 방법을 사용할 수 있다(Denborough, 2014). 이러한 과정은 가족의 자아효능감을 향상시키고 장기적인 변화를 촉진한다(White, 2007).

이야기 치료에서 치료자는 가족의 전문가가 아닌, 가족이 자신의 이야기를 탐색하고 재구성하도록 돕는 협력자(co-author)로서의 역할을 수행한다(Freedman & Combs, 1996). 치료자는 개방적이고 호기심 많은 태도로 가족의 이야기를 경청하고, 비판단적인 자세로 가족 구성원의 경험과 관점을 존중한다(Morgan, 2000). 질문을 통해 가족이 자신의 경험을 재해석하고 새로운 의미와 가능성을 발견하도록 유도하며(White, 2007), 가족의 문화적 맥락과 사회적 영향력을 고려해 개입한다. 또한 억압이나 차별과 같은 사회적 이슈를 탐색하는 데 주의를 기울여서 이야기 치료의 접근이 가족의 자율성과 자기결정권을 강조하도록 한다(Payne, 2006).

이야기 치료는 내담자 중심의 접근을 강조하며, 내담자의 강점과 자원을 활용하는 점에서 사회복지와 잘 부합한다(Morgan, 2000). 이는 가족이 자신의 문제를 해결할 수 있는 역량을 갖추고 있음을 인정하며, 자율성과 자기결정권을 존중하는 사회복지의 가치와 일치한다(Payne, 2006). 또한 이야기 치료는 문화적 다양성과 억압의 이슈를 다루는 데 효과적이므로, 다양한 배경의 가족들과 작업하는 데 유용하다(White, 2007). 예를 들어, 이민자가족이나 소수자 집단과의 작업에서는 그들의 문화적 특성과 경험을 존중하고 반영할 수 있다(Denborough, 2014). 더 나아가 이야기 치료는 개인과 가족뿐 아니라 지역사회와 조직의 변화에도 적용될 수 있어, 사회복지실천의 범위를 확대한다(Freedman & Combs, 1996).

이야기 치료는 다양한 연구를 통해 그 효과와 적용 가능성이 입증되고 있다(Carr, 1998). 연구에 따르면 이야기 치료는 가족 내 의사소통 개선, 갈등 해소, 정서적 유대 강화 등에 긍정적인 영향을 미친다(Etchison & Kleist, 2000). 또한 이야기 치료는 정신건강 문제, 부부 갈등, 청소년 비행 등 다양한 문제 영역에서 효과적인 개입 방법으로 활용되고 있다(Gardner & Poole, 2009). 이러한 연구 결과는 이야기 치료가 사회복지실천에서 유용한 도구임을 뒷받침한다.

이야기 치료의 가족치료 과정은 문제의 외재화, 문제의 영향 탐색, 예외 탐색 및 대안적 이야기 구성, 새로운 이야기 강화의 단계를 거치며, 가족이 자신의 이야기를 재구성하여 긍정적인 변화를 이루도록 돕는다(White & Epston, 1990). 이는 가족의 강점과 자원을 강조하고, 치료자가 협력자로서 가족과 함께 작업함으로써 가족의 복지와 기능 향상을 도모한다(Morgan, 2000). 사회복지실천에서 이야기 치료는 내담자의 자율성과 문화적 다양성을 존중하는 접근으로서, 다양한 가족과의 작업에서 유용한 도구가 될 수 있다(Payne, 2006). 따라서 사회복지사는 이야기 치료의 이론적 지식과 실천 기술을 습득하여 내담자의 복지 증진에 기여할 수 있다.

3) 이야기 치료의 현대적 적용

① 디지털 기술 통합을 통한 이야기 치료 접근

디지털 기술의 비약적 발전은 이야기 치료의 적용 방식을 혁신적으로 변화시키고 있다. 온라인 플랫폼과 화상 회의를 통한 원격 치료는 지리적 제약을 뛰어넘어 다양한 배경의 개인들이 치료에 접근할 수 있도록 지원한다. 베리힐 등(Berryhill et al., 2020)과 심프슨과 레이드(Simpson & Reid, 2019)는 비대면 심리치료가 우울증 등 여러 정신건강 문제에 효과적으로 적용될 수 있음을 체계적으로 검토하였다. 라주 등(Raju et at., 2024)은 팬데믹 상황에서도 이야기 치료가 온라인 환경에서 효과적으로 시행될 수 있음을 보여 주었다. 이러한 디지털 통합은 치료 과정의 유연성을 높이는 동시에, 내담자가 자신에게 익숙한 환경에서 자신의 이야기를 보다 편안하게 공유할 수 있도록 돕는다. 케인 등(Kane et al., 2022)도 디지털 도구를 활용한 치료가 기록 관리와 진행 상황의 모니터링을 용이하게 하여, 전체 치료의 효율성과 효과성을 증대시킨다는 점을 강조하였다.

② 다문화가족을 위한 이야기 치료 전략

다양한 문화적 배경을 가진 개인과 가족이 공존하는 다원적 환경으로 진화하는 상황에서 이야기 치료는 각 구성원의 고유한 삶의 서사를 중심으로 진행되어, 문화 간의 차이를 존중하고 민감하게 다루는 효과적인 치료 모델로 자리매김하고 있다.

다문화가족이 직면하는 복잡한 갈등과 문제들을 전통적인 이야기 치료 전략 논의(White & Epston, 1990)에서 출발하여, 각 가족 구성원이 가진 고유한 문화적 경험과 정체성을 인식하고, 이를 치료 과정에 적극 반영함으로써 구성원들 간의 조화로운 상호작용을 촉진한다.

코코란과 필라이(Corcoran & Pillai, 2009)의 연구는 이러한 치료 전략이 다문화가족 내에서 건강한 관계 형성과 긍정적 상호작용을 강화하는 데 기여할 수 있음을 시사한다. 요컨대, 이야기 치료는 다문화가족의 구성원들이 각자의 문화를 잃지 않으면서도 서로를 이해하고 조화롭게 소통할 수 있도록 돕는 중요한 도구로 평가된다.

③ 조직 및 공동체 내 이야기 치료

이야기 치료는 개인과 가족치료를 넘어 조직 및 공동체 내에서도 그 적용 가능성을 보여 주고 있다. 조직 내에서의 이야기 치료는 직원들의 경험과 이야기를 통해 조직 문화를 개선하고, 갈등을 해결하며, 긍정적인 변화를 촉진하는 데 사용된다(White, 2007). 공동체 내에서는 이야기 치료가 사회적 문제를 해결하고, 공동체 구성원 간의 유대감을 강화하는 데 기여할 수 있다. 이는 공동체 구성원들이 자신의 이야기를 공유하고, 공동의 목표를 설정하며, 이를 통해 사회적 통합을 이루는 데 중요한 역할을 한다(White & Epston, 1990).

④ 통합적 치료 모델과의 결합

현대의 이야기 치료는 다른 치료 모델과의 통합을 통해 그 효과를 더욱 극대화하고 있다. 인지행동치료(CBT)와의 결합은 개인이 자신의 생각과 감정을 재구성하고, 이를 통해 행동 변화를 이루는 데 도움을 준다(Madanes, 2019). 또한 생태계적 접근(ecological approach)과의 결합을 통해 개인의 사회적·환경적 요인을 고려한 종합적인 치료가 가능해졌다. 이러한 통합적 모델은 개인의 다양한 측면을 동시에 다루며, 보다 효과적인 문제 해결과 삶의 질 향상을 도모한다(McNamee & Gergen, 1992). 예를 들어, 인지행동치료와 이야기 치료의 통합은 개인이 자신의 부정적인 사고 패턴을 인식하고 이를 긍정적인 이야기로 재구성함으로써, 정신건강 문제를 효과적으로 관리할 수 있도록 한다(White, 2007).

⑤ 예방적 치료 전략과 교육 현장에 이야기 치료 적용

현대 사회에서 가족 구성원들이 잠재적인 갈등을 조기에 인식하고 효과적으로 관리할 수 있도록 돕는 예방적 치료 전략은 점점 더 중요한 과제로 대두되고 있다. 이야기 치료는 가족 구성원들이 각자의 개인적 및 공유된 서사를 탐색하고 재구성함으로써 상호작용의 근본적인 패턴을 인식하도록 유도한다. 이를 통해 가족은 건강한 의사소통과 협력적 관계를 형성하며, 미래에 발생할 수 있는 갈등을 미연에 방지할 수 있다(Jorring & Gjessing, 2018). 이야기 치료는 학교와 지역사회 센터 등 교육 현장에서도 긍정적인 변화를 유도하는 데 활용되고 있다. 청소년과 그 가족들이 자신의 강점과 자원을 인식하도록 돕는 구조화된 스토리텔링 개입은, 학생들이 스트레스와 갈등을 건강하게 대처할 수 있는 실질적인 도구를 제공한다. 이러한 교육 프로그램은 개인의 회복 탄력성을 강화하고, 감정 조절 및 긍정적 행동 변화를 촉진하는 데 기여하는 것으로 나타났다(Ramamurthy et al., 2024).

⑥ 가족 정신건강 문제에 이야기 치료 응용

치료 현대 사회에서는 우울증, 불안, 중독 등 다양한 정신건강 문제가 가족 내에서 발생할 수 있으며, 이야기 치료는 이러한 문제들과의 통합 치료에서도 효과적으로 활용되고 있다. 이야기 치료는 개인의 이야기를 통해 정신건강 문제의 원인을 이해하고, 이를 해결하기 위한 긍정적인 변화를 유도하여(Rajael & Jensen, 2020), 개인이 자신의 감정과 경험을 재구성함으로써 정신건강 문제를 효과적으로 관리할 수 있도록 돕는다. 가족 구성원 중 한 명이 우울증을 겪고 있을 경우에 치료자는 가족 전체의 상호작용을 분석하고, 우울증의 원인이 되는 상호작용 패턴을 변경함으로써 문제를 해결할 수 있도록 지원한다. 가족 정신건강 문제에 이야기 치료 응용을 통해 가족 전체의 정서적 유대감을 강화하고, 정신건강 문제의 지속적인 관리를 가능하게 한다(DeMille & Montgomery, 2017).

⑦ 지속 가능한 변화와 회복력 증진

이야기 치료는 개인과 가족의 지속 가능한 변화를 지원하고, 회복력을 증진시키는 데 중요한 역할을 한다. 개인은 자신의 이야기를 재구성하고, 이를 통해 긍정적인 변화를 이루면서 회복력을 강화하게 된다(De Shazer et al., 1986). 이는 개인이 스트레스 상황에서도 유연하게 대처할 수 있는 능력을 배양하고, 지속적으로 성장할 수 있는 기반을 마련해 준다(White, 2007). 또한 이야기 치료는 개인이 자신의 삶에서 지속 가능한 변화를 유지할 수 있도록 지원함으로써 장기적인 삶의 질 향상에 기여한다(Halfon et al., 1993). 예를 들어, 개인이 자신의 이야기를 통해 긍정적인 변화를 이루었다면, 이는 미래의 문제 상황에서도 긍정적인 대처 방식을 유지하는 데 도움이 된다(White & Epston, 1990).

6. MRI 모델

1) MRI 모델의 등장 배경과 개념

MRI(Mental Research Institute: MRI) 모델은 1950년대 후반에서 1960년대 초반 사이 미국 캘

리포니아주 팔로 알토에 위치한 정신연구소에서 개발된 접근법이다. 이 모델은 당시 개인의 심리적 문제를 주로 내부 요인으로 설명하고 장기적인 치료를 통해 문제를 해결하려는 전통적 심리치료의 한계를 극복하기 위해 등장하였다(Watzlawick et al., 1972). 기존 접근법이 치료 과정이 지나치게 길고 효과가 제한적이라는 비판을 받는 가운데, MRI 모델은 보다 효율적이고 실용적인 치료 방법을 제안하였다.

MRI 연구소의 창립 멤버인 파울 바츨라빅(Paul Watzlawick), 줄리안 위클랜드(Julian Weakland), 벤 피쉬(Ben Fisch)는 문제를 시스템적인 관점에서 다루며, 가족 및 개인의 문제를 발생시키는 커뮤니케이션 패턴과 상호작용의 역동성을 강조하였다(Watzlawick et al., 1972). 이 접근법은 문제의 원인을 심층적으로 분석하기보다는 문제를 유발하는 상호작용 패턴을 변화시키는 데 초점을 맞추었다. MRI 모델의 주요 개념은 다음과 같다.

- **커뮤니케이션 패턴의 분석**: MRI 모델은 가족 내 또는 개인 간의 커뮤니케이션 패턴을 면밀히 분석하여 문제가 발생하는 구조적 요인을 파악한다(Watzlawick et al., 1972). 비효율적이거나 갈등을 유발하는 의사소통 방식을 식별하고, 이를 개선하기 위한 전략을 개발한다.
- **문제 해결 지향적 접근**: MRI 모델은 문제의 원인보다는 문제 해결에 중점을 둔다. 치료자는 가족 구성원들이 문제를 인식하고, 이를 해결하기 위한 구체적인 행동 변화를 유도하는 데 집중한다(Weakland et al., 1972).
- **전략적 개입**: MRI 모델은 전략적 개입을 통해 가족 내 상호작용을 변화시키는 것을 목표로 한다. 비전통적인 기법을 사용하여 가족 구성원들의 행동 패턴을 재구성하고, 긍정적인 변화를 촉진한다(Watzlawick et al., 1972).
- **짧은 치료 기간**: MRI 모델은 단기 치료를 지향하며, 비교적 짧은 기간 내에 효과적인 문제 해결을 목표로 한다. 이는 치료 과정의 효율성을 높이고, 가족 구성원들이 신속하게 일상생활로 복귀할 수 있도록 돕는다(Weakland et al., 1972).
- **유머와 비유의 사용**: 치료 과정에서 유머와 비유를 활용하여 가족 구성원들이 문제를 새로운 시각에서 바라볼 수 있도록 한다. 이는 가족 구성원들이 문제를 유연하게 인식하고, 긍정적인 변화를 수용하는 데 도움을 준다(Watzlawick et al., 1972).

MRI 모델의 특징과 장점은 다음과 같다.

- **체계적 접근**: 개인과 가족을 하나의 시스템으로 간주하여 전체적인 상호작용과 패턴을 분

석하고, 문제의 본질을 이해하며 해결책을 모색한다.

- 효율적인 문제 해결: 단기 치료와 전략적 개입을 통해 짧은 시간 내에 실질적인 변화를 이끌어내며, 치료 과정의 효율성을 높인다.
- 유연한 치료 기법: 다양한 비전통적 기법을 활용하여 가족 구성원들의 행동 패턴을 재구성하고, 긍정적인 변화를 촉진한다.
- 가족 구성원 간의 협력 강화: 치료 과정에서 가족 구성원들이 서로 협력하고, 긍정적인 상호작용을 형성하도록 유도함으로써 가족 전체의 기능을 향상시킨다.

MRI 모델은 이러한 특징을 바탕으로 가족치료와 개인 치료 모두에서 효과적인 결과를 도출하며, 현대 심리치료의 중요한 이론적 기반 중 하나로 자리매김하였다.

2) MRI 모델을 사용한 가족치료 과정

MRI 모델은 기존의 장기 정신분석적 치료의 한계를 극복하고, 보다 효율적이고 효과적인 치료를 제공하기 위해 개발되었다. 이 접근은 문제의 원인을 과거에서 찾는 대신, 현재의 상호작용 및 커뮤니케이션 패턴을 변화시키는 데 중점을 둔다. 이를 통해 치료자는 가족체계 내의 변화를 유도하며, 전략적인 개입을 통해 효율적인 문제 해결을 목표로 한다(Fisch, Weakland, & Segal, 1982). MRI 모델의 치료 과정은 다음과 같은 단계로 구성되어 있다.

① 문제 정의 및 목표 설정

첫 번째 단계는 가족과 함께 현재 문제를 구체적으로 정의하고 명확한 치료 목표를 설정하는 것이다(Watzlawick et al., 1974). 이 과정에서 치료자는 가족 구성원들이 공통적으로 인식하는 문제를 행동적이고 관찰 가능한 용어로 정의하도록 돕는다. 이는 가족 구성원들이 문제 해결에 대한 공통의 이해와 동기를 가지도록 지원하며, 문제의 맥락과 그에 따른 영향을 파악하여 치료의 초점을 명확히 한다(Weakland et al., 1972).

② 문제 유지 메커니즘 분석

두 번째 단계는 가족 내 상호작용 패턴과 의사소통 방식을 분석하여 현재 문제가 어떻게 유지되고 있는지를 파악하는 것이다(Weakland et al., 1972). 치료자는 가족 구성원들이 문제 해결을 위해 시도한 행동들이 오히려 문제를 지속시키는 '시도된 해결책'으로 작용하는지 파악한다(Watzlawick et al., 1972). 예를 들어, 자녀의 반항적인 행동을 억제하기 위해 부모가 엄격한 통제를 시도할 경우, 이러한 통제가 오히려 자녀의 반발을 강화하는 악순환이 형성될 수 있다. 치료자는 이러한 역동을 인식하고 가족에게 새로운 관점을 제시하여 변화를 촉진한다(Fisch et al., 1982).

③ 변화 목표 설정 및 개입 전략 수립

세 번째 단계는 발견된 문제 유지 메커니즘에 대응하기 위한 개입 전략을 수립하는 것이다(Fisch et al., 1991). 치료자는 최소한의 변화로 최대의 효과를 얻을 수 있는 전략을 고안하며, 역설적 개입, 재정의(reframing), 증상 처방(symptom prescription) 등의 기법을 사용한다(Watzlawick et al., 1967). 이러한 기법들은 가족의 저항을 최소화하고 새로운 상호작용 패턴을 촉진하는 데 기여한다.

④ 개입 실행 및 변화 촉진

네 번째 단계에서는 치료자가 설계된 전략을 실행하여 가족 구성원들이 새로운 상호작용 방식을 시도하도록 지원한다(Weakland et al., 1972). 치료자는 구체적인 행동 지침을 제시하고, 중립적이고 지지적인 자세를 유지하여 가족의 저항을 최소화하며, 변화의 과정을 격려한다. 예를 들어, 자녀의 반항적 행동에 대해 부모가 보다 유연하게 반응하도록 과제를 부여함으로써 새로운 상호작용 패턴을 유도한다(Fisch et al., 1991).

⑤ 변화 평가 및 전략 수정

다섯 번째 단계는 개입의 효과를 평가하고 필요한 경우 전략을 수정하는 것이다(Watzlawick et al., 1967). 치료자는 가족의 반응과 변화를 면밀히 관찰하며, 긍정적인 변화를 강화하고, 부정적인 결과가 발생할 경우 개입 전략을 조정함으로써 치료의 유연성을 유지하고 개입을 최적화한다(Fisch et al., 1991).

⑥ 종결 및 추후 지도

마지막 단계는 치료 목표가 달성되었을 때 치료를 종결하고, 가족이 새로운 상호작용 패턴을 지속할 수 있도록 추후 지원을 제공하는 것이다(Weakland et al., 1972). 치료자는 가족 구성원들이 문제를 해결하고 대처할 수 있는 역량을 갖추었는지 확인하며, 추가적인 자원이나 지원 서비스에 대한 정보를 제공함으로써 가족의 지속적인 복지를 도모한다(Fisch et al., 1991).

MRI 모델은 문제를 가족 시스템의 상호작용 패턴의 결과물로 보고, 이러한 패턴을 변화시키는 것을 문제 해결의 핵심으로 본다(Watzlawick et al., 1967). 특히 가족 구성원이 문제 해결을 위해 시도한 노력이 오히려 문제를 지속시키는 '시도된 해결책'의 개념은 MRI 모델의 중요한 특징이다(Fisch et al., 1991). 또한 작은 변화가 전체 시스템에 큰 영향을 미칠 수 있다는 '시스템적 변화'의 원리를 적용하여, 가족 내 변화가 복지에 미치는 긍정적 영향을 극대화한다(Weakland et al., 1972). 치료자는 가족 내 상호작용의 촉진자로서 가족의 상호작용과 의사소통을 면밀히 분석하고, 전략적 개입을 통해 긍정적 변화를 유도한다(Watzlawick et al., 1974). 이를 통해 가족의 저항을 최소화하며, 가족의 동기를 높이기 위해 협력적이고 비판단적인 태도를 유지한다(Fisch et al., 1991). 치료자의 역할은 가족이 스스로 변화를 일으킬 수 있는 환경을 조성하고, 그 과정을 지원하는 것이다.

MRI 모델은 단기간 내에 효과적인 변화를 이끌어 낼 수 있는 실용적인 접근법으로, 시간과 자원이 제한된 사회복지 현장에서 유용하게 적용될 수 있다(Weakland et al., 1972). 예를 들어, 위기 상황에 처한 가족이나 신속한 개입이 필요한 상황에서 MRI 모델은 효율적인 해결책을 제공한다. 또한 가족의 강점을 활용하고 스스로 변화할 수 있는 역량을 강화하여 자존감과 자기효능감을 높이는 데 기여한다(Watzlawick et al., 1967). 이를 통해 사회복지사는 가족의 기능 회복과 장기적인 복지 향상을 도모할 수 있다.

3) MRI 모델의 현대적 적용

MRI 모델은 시스템 이론을 바탕으로 한 가족치료 접근법으로, 현대 사회에서도 다양한 분야에서 그 적용 가능성과 효과성을 입증하고 있다. 다음은 MRI 모델이 현대 사회에서 어떻게 활용되고 있는지에 대한 주요 사례들이다.

① 원격 치료 플랫폼, 클라우드 기반 데이터 관리 시스템, 그리고 인공지능 기반 분석 도구와의 통합

최근 디지털 기술의 비약적 발전과 사회적 변화는 전통적인 MRI 모델 기반 가족치료의 적용 범위를 획기적으로 확장시키고 있다. MRI 모델은 시스템 이론을 토대로 가족 내 상호작용의 구조와 패턴을 분석하여 문제 해결을 도모하는 접근법으로, 그 핵심 원리는 높은 효과성을 입증하고 있다. 원격 치료 플랫폼, 클라우드 기반 데이터 관리 시스템, 그리고 인공지능 기반 분석 도구 등의 첨단 기술이 MRI 모델의 치료 과정을 보완(Stewart & Davis, 2016; Quaak et al.,

2021)하며, 내담자들이 지리적 · 시간적 제약 없이 전문적인 개입을 받을 수 있도록 지원할 수 있다. 코로나19 팬데믹 이후 MRI 모델은 디지털 환경에서도 가족 구성원 간의 커뮤니케이션 패턴을 효과적으로 파악하고, 맞춤형 개입 전략을 실행할 수 있는 것으로 나타났다(Su et al., 2022). MRI 모델은 전통적인 가족치료의 강점을 유지하면서도 현대 사회의 요구에 부응하는 혁신적 접근법으로 재구성되고 있다.

② 다문화와 다양성 존중

현대 사회의 문화적 다양성은 MRI 모델이 가족 구성원의 문화적 차이와 강점을 포용하는 방식으로 효과적으로 적용되는 중요한 배경이 되고 있다(Watzlawick et al., 1967). 다문화가족은 서로 다른 문화적 · 언어적 · 사회경제적 배경을 가진 구성원들이 모여 있어, 전통적인 가치관과 역할 기대가 상이하게 나타난다. MRI 모델은 이러한 문화적 차이를 배경으로 나타나는 상호작용의 불균형과 갈등 구조를 파악함으로써, 다문화가족 내에서 발생하는 문화적 충돌을 시스템적 관점에서 접근하고 해결할 수 있는 토대를 마련한다(Pospishil, 2008). MRI 모델은 특정 문화나 환경에 고정되지 않고, 가족의 독특한 상호작용 패턴에 맞춰 유연하게 적용할 수 있는 장점을 가진다. 현대 다문화가족은 고유의 문화적 배경과 경험을 토대로 각기 다른 문제를 나타내므로, MRI 모델의 유연한 개입 방식은 다양한 가족 구성원의 요구를 반영하여 맞춤형 치료 전략을 개발하는 데 효과적이다(Rosen et al., 2015).

③ 조직 및 공동체 내의 적용

MRI 모델은 가족치료를 넘어 조직 및 공동체 내에서도 그 적용 가능성을 보여 주고 있다(Watzlawick et al., 1967). 조직 내에서는 직원 간의 의사소통을 개선하고, 팀워크를 강화하며, 갈등을 해결하는 데 MRI 모델이 사용되고 있다. 이러한 개입은 조직의 효율성과 생산성을 향상시키는 데 기여한다. 공동체 내에서는 사회적 문제를 해결하고, 공동체 구성원 간의 유대감을 강화하기 위해 MRI 모델이 활용된다. 공동체 구성원들이 자신의 이야기를 공유하고, 공동의 목표를 설정하며, 이를 통해 사회적 통합을 이루는 데 중요한 역할을 한다.

④ 예방적 접근과 교육적 응용

MRI 모델은 예방적 접근과 교육적 응용에서도 중요한 역할을 하고 있다(Watzlawick et al., 1967). 예방적 접근은 가족 구성원들이 잠재적인 갈등을 사전에 인식하고 이를 관리할 수 있는 능력을 개발하도록 돕는다. 이를 통해 가족은 미래의 문제를 예방하고, 건강한 의사소통과 협력적 관계를 유지할 수 있게 된다. 또한 학교나 지역사회 센터에서는 MRI 모델을 적용하여 청소년과 그 가족이 긍정적인 변화를 경험하도록 지원한다. 이는 가족 구성원들이 자신의 강점을 인식하고 이를 통해 문제 해결 능력을 향상시키는 데 기여한다.

⑤ 정신건강 통합치료 연계

MRI 모델은 현대 정신건강 통합치료 영역에서 탁월한 적응력을 보인다. MRI 모델은 가족을 하나의 역동적 시스템으로 이해하여 문제를 유지시키는 상호작용 패턴에 초점을 맞추고, 짧은 시간 안에 효과적인 변화 전략을 제시한다(이상미, 2024). 이러한 문제 중심의 실용적 접근은 다학제적 협업이 이루어지는 정신건강 통합치료 환경에서 유용한데, 의사, 심리학자, 사회복지사 등 다양한 전문직 종사자가 MRI 모델의 간결한 개입 기법을 활용함으로써 개별 가족의 복합적인 요구에 빠르게 대응할 수 있다(Hale & Van Frusha, 2016). 또한 치료 과정에서 가족 구성원 간의 긍정적 상호작용을 촉진하는 MRI 모델의 특성은 통합치료 팀이 제공하는 약물치료, 개인상담, 지역사회 자원 연계 등과도 쉽게 결합되어 전체적인 치료 효과를 극대화할 수 있다(Eubanks, 2002).

⑥ 지속 가능한 변화와 회복력 증진

MRI 모델은 개인과 가족의 지속 가능한 변화를 지원하고, 회복력을 증진시키는 데 중요한 역할을 한다(Watzlawick et al., 1967). 문제 해결 과정을 통해 개인과 가족 구성원들은 회복력을 강화하게 되며, 이는 스트레스 상황에서도 유연하게 대처할 수 있는 능력을 길러 준다(Chaban et al., 2024). 또한 치료자는 변화 과정을 지속적으로 모니터링하며, 필요시 추가적인 지원을 제공하여 장기적인 삶의 질 향상과 가족 안정성을 증진시킨다.

MRI 모델은 현대 사회의 다양한 요구와 변화에 맞춰 발전하고 있으며, 디지털 기술 통합, 다문화적 접근, 조직 및 공동체 내 적용, 예방적 접근, 정신건강 문제와의 통합 치료, 지속 가능한 변화와 회복력 증진 등 다양한 방식으로 활용되고 있다. 이러한 적용 사례들은 MRI 모델이 시간과 자원이 제한된 사회복지 현장에서 실질적인 변화를 이끌어 내는 중요한 도구로 자리매김하고 있음을 보여 준다. 사회복지사는 MRI 모델의 이론적 이해와 실천적 적용을 통해 가족과 개인의 복지 향상에 기여할 수 있으며, 이를 통해 다양한 사회적 문제에 효율적으로 대응할 수 있다.

참고문헌

김진아, 최연실(2020). 가족치료사를 위한 CBFT 기반의 디지털 치료도구로서의 모바일 앱 개발: 탐색적 연구. **가족과 가족치료, 28**(4), 471-501.

김희정(2007). 문제아동을 위한 해결중심 가족치료의 효과에 관한 연구. **가족과 가족치료, 15**(2), 277-300.

류창현(2022). 청소년 ADHD와 CD를 위한 가상현실(VR) 활용 심리치료 효과의 함의. **한국중독범죄학회보, 12**(1), 25-55.

박태영, 문정화(2010). 이혼위기로 인한 부인의 우울증과 아들의 학습문제 해결을 위한 가족치료 사례연구. **가족과 가족치료, 18**(1), 27-61.

송대광(2022). 진찰방해행위를 하는 ADHD 아동과 어머니에 대한 해결중심단기치료를 이용한 가족치료. 가족과 가족치료, 30(3), 401-415.

엄태완(2007). 북한이탈주민의 심리사회적 위기대처 향상 전략: 난민과 이주민 모델의 적용을 통하여. **통일정책연구, 16**(2), 173-197.

이상미(2024). 어머니의 우울이 청소년의 외현화 문제에 미치는 영향: 청소년의 우울과 스마트폰 과의존의 매개경로를 중심으로. **한국학교보건학회지, 37**(2), 73-82.

이향희, 최희경(2022). 가정폭력 관련 상담치료 프로그램의 효과 분석-가정폭력 피해여성, 행위자, 부부, 가족 대상 개인 및 집단 상담치료 프로그램을 중심으로. **여성학연구, 32**(2), 39-85.

전혜성(2022). 파괴적 · 충동조절 및 품행장애 아동의 가족을 위한 의료가족치료 전략 모색. **가족과 가족치료, 30**(1), 173-193.

정민선, 서진희, 최연실(2022). 인지행동치료의 최근 동향과 부부 · 가족치료적 함의-수용-전념치료(ACT)와 통합적 행동 부부치료(IBCT)를 중심으로-. **가족과 가족치료, 30**(1), 69-91.

최중진(2014). 다문화가족청소년의 역량강화를 위한 해결중심 치료의 활용. **청소년학연구, 21**(11), 199-222.

Akgül-Gündoğdu, N., & Selçuk-Tosun, A. (2023). Effect of solution-focused approach on problematic internet use, health behaviors in schoolchildren. *Journal of Pediatric Nursing, 68*, e43-e49. https://doi.org/10.1016/j.pedn.2022.11.002

Aponte, H. J. (1994). *Bread and spirit: Therapy with the new poor: Diversity of race, culture, and values*. W. W. Norton & Company.

Aponte, H. J., & VanDeusen, J. M. (1992). Structural family therapy. In A. S. Gurman & D. P. Kniskern (Eds.), *Handbook of family therapy*(pp. 116-127). Brunner/Mazel.

Bannink, F. P. (2007). Solution-focused brief therapy. *Journal of Contemporary Psychotherapy, 37* (2), 87-94. https://doi.org/10.1007/s10879-006-9040-y

Barker, R. L. (2013). *The social work dictionary*(6th ed.). NASW Press.

Barnes, G. G., & Moon, S. M. (1998). *Family therapy in changing times*. Macmillan Pub Ltd.

Berg, I. K., & De Jong, P. (1996). Solution-building conversations: Co-constructing a sense of competence with clients. *Families in Society, 77*(6), 376-391. https://doi.org/10.1606/1044-3894.953

Berg, I. K., & Dolan, Y. (2001). *Tales of solutions: A collection of hope-inspiring stories*. W. W. Norton & Company.

Berg, I. K., & Miller, S. D. (1992). *Working with the problem drinker: A solution-focused approach*. W. W. Norton & Company.

Berryhill, M. B., Culmer, N., Williams, N., Halli-Tierney, A., Betancourt, A., Roberts, H., & King, M. (2019). Videoconferencing psychotherapy and depression: A systematic review. *Telemedicine and e-Health, 25*(6), 435-446. https://doi.org/10.1089/tmj.2018.0058

Bowen, M. (1978). Family therapy in clinical practice . Jason Aronson.

Carr, A. (1998). Michael White's narrative therapy. *Contemporary Family Therapy, 20*(4), 485-503. https://doi.org/10.1023/A:1021694318571

Chaban, Y. V., Vosshenrich, J., McKee, H., Gunasekaran, S., Brown, M. J., Atalay, M. K., ... & Hanneman, K. (2024). Environmental sustainability and MRI: Challenges, opportunities, and a call for action. *Journal of Magnetic Resonance Imaging, 59*(4), 1149-1167. https://doi.org/10.1002/jmri.28994

Colapinto, J. (2019). Structural family therapy. In B. H. Fiese, M. Celano, K. Deater-Deckard, E. N. Jouriles, & M. A. Whisman (Eds.), *APA handbook of contemporary family psychology: Family therapy and training*(pp. 107-121). American Psychological Association. https://doi.org/10.1037/0000101-007

Corcoran, J., & Pillai, V. (2009). A review of the research on solution-focused therapy. *British Journal of Social Work, 39*(2), 234-242. https://doi.org/10.1093/bjsw/bcm098

De Jong, P., & Berg, I. K. (2012). *Interviewing for solutions*(4th ed.). Brooks/Cole.

DeMille, S. M., & Montgomery, M. J. (2017). A case study of narrative family therapy in an outdoor treatment program with a struggling adolescent. In J. D. Christenson & A. N. Merritts (Eds.), *Family therapy with adolescents in residential treatment: Intervention and research*(pp. 29-48). Springer. https://doi.org/10.1007/978-3-319-51747-6_3

Denborough, D. (2014). *Retelling the stories of our lives: Everyday narrative therapy to draw inspiration and transform experience*. W. W. Norton & Company.

De Shazer, S. (1985). *Keys to solution in brief therapy*. W. W. Norton & Company.

De Shazer, S. (1988). *Clues: Investigating solutions in brief therapy*. W. W. Norton & Company.

De Shazer, S., Berg, I. K., Lipchik, E., Nunnally, E., Molnar, A., Gingerich, W., & Weiner-Davis, M. (1986). *Brief therapy: Focused solution development. Family Process, 25*(2), 207-221. https://doi.org/10.1111/j.1545-5300.1986.00207.x

Doss, B. D., Knopp, K. C., Wrape, E. R., & Morland, L. A. (2023). Telehealth and digital couple interventions. In J. L. Lebow & D. K. Snyder (Eds.), *Clinical handbook of couple therapy*(6th ed., pp. 656-676). The Guilford Press.

Etchison, M., & Kleist, D. M. (2000). Review of narrative therapy: Research and utility. *The Family Journal, 8*(1), 61-66. https://doi.org/10.1177/1066480700081009

Eubanks, R. A. (2002). The MRI reflecting team: An integrated approach. *Journal of Systemic Therapies, 21*(1), 10-19. https://doi.org/10.1521/jsyt.21.1.10.23098

Fisch, R., Weakland, J. H., & Segal, L. (1991). *The tactics of change: Doing therapy briefly*. Jossey-Bass.

Freedman, J., & Combs, G. (1996). *Narrative therapy: The social construction of preferred realities*. W. W. Norton & Company.

Haley, J. (1977). *Problem-solving therapy: New strategies for effective family therapy* (The Jossey-Bass social and behavioral science series). Jossey-Bass.

Jørring, N. T., & Gjessing Jensen, K. (2018). Treatment efficacy of narrative family therapy for children and adolescents with diverse psychiatric symptomatology. *Scandinavian journal of child and adolescent psychiatry and psychology, 6*(2), 107-114. https://doi.org/10.21307/sjcapp-2018-012

Kempler, W. (1981). *Experiential psychotherapy within families*. Brunner-Routledge.

Kim, J. S. (2008). Examining the effectiveness of solution-focused brief therapy: A meta-analysis. *Research on Social Work Practice, 18*(2), 107-116. https://doi.org/10.1177/1049731507307807

Lattie, E. G., Stiles-Shields, C., & Graham, A. K. (2022). An overview of and recommendations for more accessible digital mental health services. *Nature Reviews Psychology, 1*, 87-100. https://doi.org/10.1038/s44159-021-00003-1

Lukka, L., Karhulahti, V. M., & Palva, J. M. (2023). Factors affecting digital tool use in client interaction according to mental health professionals: Interview study. *JMIR Human Factors, 10*, e44681. https://doi.org/10.2196/44681

Madanes, C. (1981). *Strategic Family Therapy*. Jossey-Bass.

Madanes, C. (2019). Strategic family therapy. In J. L. Lebow, A. L. Chambers, & D. C. Breunlin (Eds.), *Encyclopedia of couple and family therapy*. Springer. https://doi.org/10.1007/978-3-319-49425-8_333

Madanes, C., & Haley, J. (1977). Dimensions of family therapy. *Journal of Nervous and Mental Disease, 165*(2), 88-98. https://doi.org/10.1097/00005053-197708000-00002

McGoldrick, M., Gerson, R., & Petry, S. (2008). *Genograms: Assessment and intervention*(3rd ed.). W. W. Norton & Co.

McNamee, S., & Gergen, K. J. (Eds.). (1992). *Therapy as social construction* . Sage Publications.

Miller, G., & de Shazer, S. (2000). Emotions in solution-focused therapy: A re-examination. *Family Process, 39* (1), 5-23.

Minuchin, S. (1974). *Families and family therapy*. Harvard University Press.

Minuchin, S., & Fishman, H. C. (1981). *Family therapy techniques* . Harvard University Press.

Minuchin, S., Rosman, B. L., & Baker, L. (1978). *Psychosomatic families: Anorexia nervosa in context*. Harvard University Press. https://doi.org/10.4159/harvard.9780674418233

Moon, C. H. (2010). A history of materials and media in art therapy. In C. H. Moon (Ed.), *Materials and media in art therapy: Critical understandings of diverse artistic vocabularies*(pp. 3-47). Routledge.

Morgan, A. (2000). *What is narrative therapy*. http://dulwichcentre.com/au/alicearticle.htm

NASW. (2025). *The code of ethics*. https://www.socialworkers.org/About/Ethics/Code-of-Ethics/Code-of-Ethics-English

Nichols, M. P. (2010). *Essentials of family therapy*(5th ed.). Allyn & Bacon, Inc.

Nichols, M. P., & Davis, S. (2020). *Family therapy: Concepts and methods*. Pearson.

Nichols, M. P., & Schwartz, R. C. (2005). *Family therapy: Concepts and methods*. Allyn & Bacon.

O'Hanlon, P. H., & O'Hanlon, B. (1992). *Rewriting love stories: Brief marital therapy*. W. W. Norton.

O'Hanlon, W. H., & Weiner-Davis, M. (1989). *In search of solutions: A new direction in psychotherapy*. W. W. Norton & Co.

Papp, P. (1980). The Greek chorus and other techniques of paradoxical therapy. *Family Process, 19*, 45-57.

Payne, M. (2006). *Narrative therapy: An introduction for counsellors*(2nd ed.). Sage Publications.

Pospishil, C. (2008). A review of: "Haley, J., & Richeport-Haley, M. (2007) Directive Family Therapy. New York: The Haworth Press." *Journal of Family Social Work, 11* (2), 222-223. https://doi.org/10.1080/10522150802175167

Quaak, M., van de Mortel, L., Thomas, R. M., & van Wingen, G. (2021). Deep learning applications for the classification of psychiatric disorders using neuroimaging data: Systematic review and meta-analysis. *NeuroImage: Clinical*, 102584. https://doi.org/10.1016/j.nicl.2021.102584

Rajaei, A., & Jensen, J. F. (2020). Empowering patients in integrated behavioral health-care settings: A narrative approach to medical family therapy. *The Family Journal, 28* (1), 48-55. https://doi.org/10.1177/1066480719893958

Raju, A. S., le Roux, H. E., & Pretorius, P. J., & Aluko, O. (2024). Psychologists' experiences with telepsychology during the COVID-19 pandemic in South Africa. *Health SA, 29*, 2392. https://doi.org/10.4102/hsag.v29i0.2392

Ramamurthy, C., Zuo, P., Armstrong, G., & Andriessen, K. (2024). The impact of storytelling on building resilience in children: A systematic review. *Journal of Psychiatric and Mental Health Nursing, 31* (4), 525-542. https://doi.org/10.1111/jpm.13008

Reamer, F. G. (2013). *Social work values and ethics*. Columbia University Press.

Rosen, K. H., Lechtenberg, M. M., & Stith, S. M. (2015). Strategic family therapy. In J. L. Wetchler & L. L. Hecker (Eds.), *An introduction to marriage and family therapy*(2nd ed., pp. 155-181). Routledge.

Saleebey, D. (1996). The strengths perspective in social work practice: Extensions and cautions. *Social Work, 41* (3), 296-305.

Satir, V. (1983). *Conjoint family therapy*. Science and Behavior Books.

Schwartz, R. C. (1997). *Internal family systems therapy*. The Guilford Press.

Schwartz, R. C. (1999). The internal family systems model. In J. Rowan & M. Cooper (Eds.), *The plural self: Multiplicity in everyday life*(pp. 238-253). Sage Publications.

Sexton, T. L., & Alexander, J. F. (2003). Functional family therapy. In T. L. Sexton, G. R. Weeks, & M. S. Robbins (Eds.), *Handbook of family therapy*(pp. 323-348). Brunner-Routledge.

Stewart, R., & Davis, K. (2016). Big data in mental health research: Current status and emerging possibilities. *Social Psychiatry and Psychiatric Epidemiology, 51* (8), 1055-1072.

Su, C., Xu, Z., Pathak, J., & Wang, F. (2022). Deep learning in mental health outcome research: A scoping review. *Translational Psychiatry, 10* (1), 116. https://doi.org/10.1038/s41398-020-0780-3

Sue, D. W., & Sue, D. (2016). *Counseling the culturally diverse: Theory and practice*(7th ed.). John Wiley & Sons.

Trepper, T. S., Dolan, Y., McCollum, E. E., & Nelson, T. (2006). Steve de Shazer and the future of solution-focused therapy. *Journal of Marital and Family Therapy, 32* (2), 133-139.

Von Bertalanffy, L. (1968). *General system theory: Foundations, development*. George Braziller.

Watzlawick, P., Bavelas, J. B., & Jackson, D. D. (1967). *Pragmatics of human communication*. W. W. Norton & Company.

Weakland, J. H., Fisch, R., & Watzlawick, P. (1972). *Pragmatics of human communication*. Norton.

Weeks, G. R., & L'Abate, L. (1982). *Paradoxical psychotherapy: Theory & practice with individuals, couples & families*. Routledge.

Whitaker, C. A. (1996). The symbolic-experiential family therapy model. In J. K. Zeig (Ed.), *The evolution of psychotherapy*(pp. 150-167). Routledge.

Whitaker, C. A., & Bumberry, W. M. (1988). *Dancing with the family: A symbolic-experiential approach*. Brunner/Mazel.

White, M. (2007). *Maps of narrative practice*. W. W. Norton.

White, M., & Epston, D. (1990). *Narrative means to therapeutic ends*. W. W. Norton.

제11장

빈곤가족, 한부모가족과 가족복지실천

학습 목표

1. 빈곤가족과 한부모가족의 개념 및 법적 근거를 설명할 수 있다.
2. 빈곤가족과 한부모가족의 현황과 당면한 경제적 · 심리적 · 사회적 어려움을 다각적으로 설명할 수 있다.
3. 빈곤가족과 한부모가족 지원을 위한 가족복지실천 방안을 구체적으로 제안할 수 있다.

이 장에서는 빈곤가족과 한부모가족의 개념을 명확히 정의하고, 이들이 현재 우리 사회에서 어떠한 현황을 보이고 있는지 체계적으로 분석하고자 한다. 이를 통해 빈곤가족과 한부모가족이 직면한 다양한 사회복지적 어려움을 심층적으로 조명하고, 이들이 일상생활에서 겪는 구체적인 문제들을 파악한다. 이러한 분석을 바탕으로, 경제적 · 심리적 · 사회적 측면에서 이들 가족이 직면한 도전 과제를 다각도로 고찰하여 해결 방안을 모색하고자 한다.

다음으로, 정부와 지자체가 빈곤가족과 한부모가족을 지원하기 위해 시행 중인 다양한 정책과 지원 서비스의 현황을 종합적으로 검토하고, 이러한 정책들이 실제로 가족들에게 제공하는 도움의 정도를 평가한다. 이를 통해 현재 정책의 효과성과 그 한계점을 명확히 식별하고, 개선을 위한 구체적인 방안을 제안함으로써 빈곤가족과 한부모가족을 위한 보다 효과적인 지원 체계를 구축하고자 한다. 또한 이들 가족을 지원하기 위한 정책 및 서비스 과제를 도출하고, 이를 기반으로 가족복지실천 방안을 모색한다. 이러한 과제는 정책적 개선뿐만 아니라 현장에서의 실질적인 지원 방안까지 포함하여, 이들 가족이 건강하고 안정된 삶을 영위할 수 있도록 돕는 데 초점을 맞추고 있다. 예를 들어, 맞춤형 상담 프로그램, 긴급 지원 서비스, 장기 재활 프로그램 등 다양한 복지서비스의 필요성을 강조하고, 이를 효과적으로 운영하기 위한 전략을 제시한다.

마지막으로, 빈곤가족과 한부모가족을 위한 구체적인 가족복지실천 방안을 제안함으로써 이들이 직면한 문제를 효과적으로 해결하고, 사회 전체의 건강과 복지를 향상시키는 데 기여하고자 한다. 이러한 제안을 통해 빈곤가족과 한부모가족이 보다 안정적이고 지속 가능한 생활을 영위할 수 있도록 지원하는 전략을 구체적으로 모색한다.

1. 빈곤가족과 가족복지실천

1) 빈곤가족의 정의

빈곤가족은 「국민기초생활보장법」에 의해 저소득가구로 정의되며, 이 법은 소득과 재산의 기준을 설정하여 해당 기준에 부합하는 가구에게 다양한 복지 혜택을 제공한다(「국민기초생활보장법」, 2024). 이 법은 가구의 소득인정액이 기준 중위소득의 일정 비율 이하인 경우를 기초생활수급자로 규정하고 있으며, 이들에게 생계비, 주거비, 의료비, 교육비 등의 지원을 제공하여 기본적인 생활을 유지할 수 있도록 돕는다(보건복지부, 2024a). 이러한 지원은 단순한 경제적 도움을 넘어서, 빈곤가족의 사회적 통합과 경제적 자립을 촉진하는 다양한 프로그램과 연계되어 운영된다.

「국민기초생활보장법」의 주요 목적은 빈곤가족이 사회적 안전망을 통해 최소한의 생활 기준을 유지하도록 보장하는 것이다(「국민기초생활보장법」, 2024). 이 법은 빈곤가족에 대한 포괄적인 지원을 명시하고 있으며, 이를 통해 경제적 자립뿐만 아니라 사회적 자립을 지원하는 것을 목표로 한다. 법적 지원의 구체적인 조치로는 직업 훈련 프로그램, 자립 준비 교육, 재정 관리 교육 등이 포함되어 있어, 빈곤가족이 경제적으로 자립할 수 있는 기반을 마련해 준다. 또한 이러한 지원은 가족 구성원 각자의 역량을 강화하고, 장기적으로 지속 가능한 생활을 영위할 수 있도록 도와준다. 이를 통해 빈곤가족은 사회적 배제를 경험하는 대신, 경제적 · 사회적 자립을 향해 나아갈 수 있는 기회를 얻게 된다. 따라서 「국민기초생활보장법」은 빈곤 문제에 대한 국가적 차원의 대응 방안으로서 중요한 역할을 수행하고 있다(「국민기초생활보장법」, 2024).

빈곤가족에게 제공되는 지원은 단순히 생계비에 그치지 않고, 경제적 자립을 위한 다양한 프로그램과 연계되어 있으며, 이는 빈곤가족이 지속 가능한 생활을 영위할 수 있도록 돕는 중요한 요소다. 예를 들어, 빈곤가족 구성원들이 직업을 얻을 수 있도록 돕는 직업 훈련 프로그램은 이들이 노동 시장에서 경쟁력을 가질 수 있는 기회를 제공한다. 이러한 프로그램들은 단순히 기술 습득에 그치지 않고, 빈곤가족의 사회적 관계 형성과 정서적 안정에도 기여한다. 이처럼 포괄적인 접근은 빈곤가족이 단기적인 지원을 넘어 장기적으로 자립할 수 있도록 돕는 데 중요한 역할을 한다.

「긴급복지지원법」은 갑작스러운 경제적 위기나 재난 상황에 처한 가구를 대상으로 일시적인 생계 지원과 복지서비스를 제공하여 이들이 긴급한 어려움을 극복할 수 있도록 돕는다(「긴급복지지원법」, 2024). 이 법은 자연재해, 질병, 실직 등 예기치 못한 상황에서 생계를 유지하기 어려운 가구에게 신속한 지원을 제공함으로써 사회적 안전망을 강화하는 역할을 한다. 「긴급복지지원법」의 주요 목적은 위기 상황에 빠른 대응을 가능하게 하여 가구의 생계 유지와 안정을 보장하는 것이다(「긴급복지지원법」, 2024). 이 법은 단순히 재정적 지원에 그치지 않고, 필요에 따라 주거, 의료, 교육 등 다양한 분야에서의 지원을 포함하여 위기에 처한 가구가 전반적인 생활 안정을 찾을 수 있도록 돕는다(보건복지부, 2023b).

예를 들어, 실직으로 인한 급작스러운 소득 상실, 중대한 질병이나 사고, 자연재해 등의 상황에서 이 법은 긴급한 경제적 지원뿐만 아니라, 심리적 안정과 사회적 복귀를 위한 지원을 제공하여 피해 가구가 일상으로의 복귀를 도모할 수 있도록 지원한다. 「긴급복지지원법」은 이러한 긴급 상황에서 빠르게 대응할 수 있는 체계적이고 포괄적인 지원 방안을 제시하며, 이는 사회적 위기 상황에 적절히 대응할 수 있는 중요한 법적 기초를 제공한다(「긴급복지지원법」, 2024). 이 법에 따라 제공되는 다양한 지원 프로그램은 위기 상황에 처한 가구가 신속하고 효과적으로 위기를 관리하고 극복할 수 있도록 설계되어 있으며, 사회적 포용과 경제적 안정성을 증진하는 데 기여한다. 이를 통해 「긴급복지지원법」은 사회적 위기에 처한 가구의 복지 향상과 사회 통합을 촉진하는 중요한 법적 장치로 자리매김하고 있다.

2) 「국민기초생활보장법」과 「긴급복지지원법」에 따른 지원 대상 현황

2023년 기준으로 「국민기초생활보장법」에 따라 지원을 받는 기초생활수급자는 약 255만 명에 달하며, 이는 전체 인구의 약 4.9%를 차지하고 있다(보건복지부, 2024b). 이 통계는 국민기초생활보장법이 상당수의 가구에 영향을 미치며, 국가 사회 안전망의 중요한 역할을 수행하고 있음을 시사한다. 특히 기초생활수급자 중 많은 수가 노인, 장애인, 한부모가족 등 사회적 취약계층에 속하고 있어 이들에 대한 국가적 지원은 필수적이다. 국민기초생활보장제도는 단순히 생계 보조에 그치지 않고 빈곤 퇴치와 사회적 통합을 촉진하는 핵심적인 수단으로 기능하고 있다. 이 제도를 통해 제공되는 다양한 지원은 수급자들이 기본적인 생활을 유지할 수 있도록 돕는 동시에 사회적 · 경제적 기회를 확장할 수 있는 발판을 제공한다. 이로써 빈곤가족의 자립을 돕고, 빈곤의 세대 간 대물림을 차단하는 중추적 역할을 함으로써 사회 안정과 복지 수준의 향상에 기여하고 있다(박규범, 2024).

기초생활수급자 중 다자녀가구의 경우 자녀 교육비와 생활비 부담이 상대적으로 큰 것으로 나타나고 있으며, 이는 빈곤가족이 자녀 양육에 필요한 자원이 부족해 교육의 질과 자녀의 사회적 이동성에 부정적인 영향을 미칠 가능성을 시사한다(박규범, 2024). 교육비 부담은 특히 빈곤가족에서 두드러지며, 이로 인해 자녀들은 질 높은 교육 기회를 놓칠 수 있으며, 이는 이들의 장기적인 경제적 안정성과 사회적 이동성에도 영향을 미칠 수 있다(이희연, 유경훈, 2023). 교육은 개인의 경제적 자립과 사회적 이동을 가능하게 하는 중요한 수단 중 하나이기 때문에, 교육비 지원의 확대는 이러한 가구의 장기적 안정과 사회 통합에 핵심적인 요소로 작용한다.

기초생활수급자에 대한 복지 지원은 단순히 재정적 도움에 국한되지 않고 주거 안정성, 교육 지원, 의료 서비스 등 다양한 분야에서의 종합적 지원이 필요하다(보건복지부, 2024a). 이는 빈곤가족이 경제적 문제뿐만 아니라 다양한 생활상의 어려움에 직면하고 있음을 반영하며, 이에 대한 정책적 대응 역시 다각적이고 통합적인 접근이 필요함을 강조한다. 종합적인 복지 지원은 기초생활수급자들이 장기적으로 자립하고 삶의 질을 개선하는 데 있어 매우 중요한 역할을 한다(김수정, 2024). 이러한 통합적 접근은 단순한 경제적 지원을 넘어서 가구의 다면적인 필요를 충족시키며, 사회적 안전망의 효과성을 크게 증대시킨다.

한편, 「긴급복지지원법」에 따른 지원 대상은 갑작스러운 경제적 위기 상황에 처한 가구로, 이들은 실직, 자연재해, 가정 내 위기 등으로 인해 생계 유지가 곤란한 상태에 처해 있다(「긴급복지지원법」, 2024). 이러한 가구들은 일시적인 생계 지원이 절실히 필요하며, 긴급복지지원은 이들에게 신속하고 적절한 도움을 제공하는 중요한 제도로 자리 잡고 있다(보건복지부, 2024b). 긴급복지지원제도는 위기 상황에 있는 가구가 더 큰 경제적 파탄으로 이어지지 않도록 예방하고 안정적으로 생활을 유지할 수 있도록 보장함으로써 사회적 문제의 확산을 막는 데 기여한다(「긴급복지지원법」, 2024). 이 제도는 효과적인 사회 안전망의 일환으로, 사회적 안정과 개인의 존엄성 유지를 돕는 역할을 하며, 이에 따라 이러한 제도의 지속적인 개선과 확장은 더욱 중요한 과제가 된다(보건복지부, 2024b).

긴급복지지원은 장기적인 빈곤 문제를 해결하는 직접적인 수단이라기보다는 일시적인 어려움을 겪는 가구에게 신속한 지원을 제공함으로써 위기 상황을 완화하는 역할을 한다(「긴급복지지원법」, 2024). 이 지원은 위기 상황에서 가구의 즉각적인 필요를 충족시키며, 가구가 안정적으로 일상생활을 되찾고 자립을 위한 기반을 마련할 수 있도록 돕는다(보건복지부, 2024b). 긴급복지지원은 일시적이지만 심각한 경제 위기에 처한 가구들에게 필수적인 지원을 제공하여 경제적 어려움을 극복하고 사회로의 재통합을 촉진하는 역할을 한다. 이러한 지원은 특히 사회적 안전망을 강화하고 빈곤가족의 위기 상황에 보다 효과적으로 대응할 수 있도록 돕는 역할을 하며, 단순한 경제적 도움을 넘어 가구의 전반적인 생활 안정과 복지 향상에 기여하여 이들이 사회의 일원으로서 기능을 회복하고 장기적으로 자립할 수 있는 기반을 마련한다(「긴급복지지원법」, 2024). 이에 따라 긴급복지지원의 지속적 강화와 확장은 사회적 위기 상황에 민감하게 대응할 수 있는 체계를 구축하고, 모든 시민이 인간으로서의 존엄성을 유지할 수 있는 사회를 조성하는 데 중요한 역할을 한다.

3) 빈곤가족의 사회복지적 어려움

(1) 경제적 빈곤의 포괄적 영향

빈곤가족은 경제적 불안정성으로 인해 복합적인 사회복지적 어려움에 직면하고 있다. 이러한 경제적 빈곤은 단순히 생활비의 부족에 그치지 않고, 자녀의 교육 기회 및 건강 관리 전반에 걸쳐 심대한 영향을 미친다. 연구에 따르면, 경제적 어려움은 빈곤가족의 자녀에게 학업 성취도 저하와 건강 관리의 제한을 초래하는 주요 원인 중 하나로 작용한다(유혜경, 2024). 이는 빈곤가족에서의 경제적 제약이 단순한 일시적 어려움이 아니라 자녀의 전반적 발달을 저해하며, 빈곤이 세대를 통해 대물림될 수 있음을 시사한다. 빈곤가족은 기본적인 생계비조차 충당하기 어려워 자녀에게 학습 자원과 활동 기회를 제공하는 것이 제한되며, 이러한 상황은 자녀의 학습 환경을 열악하게 만들고 교육의 기회를 축소시킨다. 결국 자녀의 학업 성취와 사회적 이동성이 저하되며, 이는 장기적으로 이들 가정의 사회경제적 위치를 고착화하는 결과를 낳을 수 있다.

경제적 빈곤은 가정의 생활 수준과 기회를 제한하는 단기적 영향을 넘어, 가족 구성원들의 장기적인 삶의 질에까지 중대한 영향을 미치는 광범위한 결과를 초래한다. 특히 빈곤 상황은 자녀들의 교육과 건강이라는 기본 인권을 심각하게 침해하며, 세대 간 빈곤의 악순환을 촉진하는 요인으로 작용한다(신나래, 이영수, 2023). 이러한 문제를 해결하기 위해 정부와 사회복지기관은 빈곤가족에 대한 지원을 단순한 금전적 지원에서 벗어나 종합적인 교육 및 건강 지원으로 확장할 필요가 있다. 이러한 포괄적 접근은 빈곤가족이 겪는 다양한 어려움을 깊이 이해하고, 이들에 맞는 효과적 지원 방안을 마련하는 데 필수적이다. 교육과 건강 지원을 통한 사회적 통합 및 경제적 자립 촉진은 빈곤가족의 삶의 질을 개선하고, 사회 전체의 경제적 부담을 경감시키는 중요한 투자로 기능할 수 있다(보건복지부, 2024a).

① 빈곤가족의 자녀의 교육적 기회 제한과 사회적 이동성 저하

빈곤가족의 자녀는 교육적 기회가 제한되면서 사회적 이동성 저하의 문제를 겪고 있다. 경제적 자원이 부족한 가정에서는 자녀에게 필요한 학습 자원과 외부 활동 기회를 제공하는 것이 어려워지며, 이는 자녀의 학습 성과와 사회적 자본 형성에 부정적인 영향을 미칠 수 있다(황선재, 2023). 이러한 교육적 제한은 빈곤가족의 자녀의 학업 성취도 저하뿐만 아니라, 장기적으로 미래 직업 기회와 경제적 자립 가능성에도 심각한 부정적 영향을 미친다. 교육은 사회적 이동성을 향상시키는 중요한 수단이므로, 빈곤가족의 자녀가 공정하고 질 높은 교육 기회를 보장받는 것은 이들의 장기적 성공과 사회적 통합에 매우 중요한 역할을 한다.

빈곤가족의 자녀가 겪는 교육적 기회 부족은 단순히 지식 습득의 문제를 넘어서, 이들이 사회적 네트워크를 형성하고 자아 실현의 기회를 누릴 가능성을 저해한다. 따라서 빈곤가족의 자녀가 교육적으로 발전할 수 있는 기회를 확대하는 것이 사회적 불평등을 완화하고, 이들의 사회적 이동성을 증진하는 중요한 요소로 작용한다. 이러한 문제를 해결하기 위해 정부와 관련 기관들은 빈곤층 자녀에 대한 교육적 지원을 강화하고, 교육의 질을 향상시키기 위한 다양한 정책을 적극적으로 추진해야 한다(보건복지부, 2024a). 이는 교육 자원의 공정한 분배, 학습 지원 프로그램의 확대, 교육적 성취를 지원하는 사회적 기반 시설의 개선 등을 포함할 수 있다. 또한 지역사회와 학교 간의 협력을 통해 빈곤가족 자녀에게 다양한 교육 기회와 개발 기회를 제공함으로써 이들이 자신의 잠재력을 최대한 발휘할 수 있도록 도와야 한다.

② 건강 관리 접근성의 문제와 빈곤가족의 삶의 질

빈곤가족은 건강 관리에 필요한 자원을 충분히 확보하지 못하여 신체적·정신적 건강이 악화되는 경향이 있다(박찬희 외, 2024). 이는 가족 구성원 전체의 삶의 질을 저하시키는 중요한 원인 중 하나로 작용하고 있다. 경제적 제약으로 인해 필요한 의료 서비스와 예방적 건강 관리에 대한 접근이 제한되며, 이는 건강 문제를 악화시키고 빈곤가족의 전반적인 생활 수준에 부정적인 영향을 미친다. 건강 관리의 부족은 또한 가족 구성원의 정서적 안정성을 저하시켜 사회적 참여를 제한하며, 이로 인해 빈곤가족은 사회적 지지 네트워크를 형성하는 데 어려움을 겪게 된다. 이러한 상황은 빈곤가족이 건강 관리에 대한 접근성을 개선하고 포괄적인 지원을 받을 필요가 있음을 시사한다.

건강은 단순한 신체적 웰빙을 넘어 경제적 자립, 교육적 성취, 사회적 통합과도 밀접하게 연결되어 있으므로, 건강 관리에 대한 접근성을 향상시키는 것은 빈곤 퇴치 및 사회적 격차 해소에도 중요한 영향을 미친다(주소희, 이경은, 2024). 따라서 정부와 지자체는 빈곤가족에 대한 건강 지원을 확대해야 하며, 이는 의료 서비스 접근성의 개선, 예방적 건강 관리 프로그램의 제공, 경제적 부담을 덜어 줄 수 있는 저렴한 건강보험 옵션 등을 포함해야 한다(보건복지부, 2024a). 이러한 조치들은 빈곤가족이 신체적 · 정신적 건강 문제를 효과적으로 관리하고 사회에 적극적으로 참여할 수 있는 기회를 제공함으로써 이들의 전반적인 삶의 질을 향상시키는 데 중요한 역할을 할 수 있다.

(2) 사회적 낙인과 차별의 심리적 영향

빈곤가족은 경제적 어려움 외에도 사회적 낙인과 차별로 인해 심각한 도전에 직면하고 있으며, 이러한 사회적 낙인은 빈곤가족이 경제적 어려움으로 인해 사회적으로 소외되고 부정적인 시각을 받는 상황을 의미한다(이용희, 2023). 빈곤가족이 경험하는 사회적 낙인은 이들이 필요한 사회적 자원과 네트워크에 접근하는 것을 방해하고, 자존감 저하와 심리적 스트레스를 증가시키는 요인으로 작용한다(김윤민, 2024). 이러한 부정적 사회적 인식은 빈곤가족이 경제적 자립을 위한 자원을 효율적으로 활용하지 못하게 하며, 가족 구성원 간의 관계 형성과 사회적 통합에도 장애물이 된다. 사회적 낙인과 차별은 빈곤가족의 자존감을 떨어뜨리고 정신적 스트레스를 높여, 빈곤의 악순환을 강화하는 주요 원인으로 기능한다(김윤민, 2023).

① 자존감 저하와 정신적 스트레스

빈곤가족이 경험하는 사회적 낙인과 차별은 이들 가족 구성원의 자존감을 저하시키고 정신적 스트레스를 유발하는 중요한 원인으로 작용한다. 빈곤가족은 자신들의 경제적 어려움과 이를 둘러싼 부정적인 사회적 시각 때문에 낮은 자존감을 경험하며, 이는 개인의 자아존중감을 훼손하고, 사회적 네트워크 형성과 유지에 어려움을 겪게 한다(김윤민, 2023). 자존감 저하는 빈곤가족이 외부로부터의 도움을 요청하거나 사회적 자원에 접근하는 것을 회피하게 만들며, 이는 가족 구성원 간의 관계를 악화시키고 사회적 통합을 어렵게 만든다(박상규, 이병하, 2004). 이처럼 사회적 낙인에 의한 정신적 스트레스는 경제적 어려움과 맞물려 빈곤가족의 심리적 웰빙을 저하시킴으로써, 빈곤의 악순환을 더욱 심화시킨다(박규범, 2024).

② 사회적 자원의 효율적 활용과 사회적 통합 저해

빈곤가족에 대한 사회적 낙인과 차별은 이들이 사회적 자원을 효율적으로 활용하는 것을 방해하며, 이는 가족의 사회적 통합과 경제적 자립을 어렵게 만드는 요인으로 작용한다(박규범, 2024). 사회적 낙인으로 인해 빈곤가족은 다양한 복지서비스와 지원 프로그램에 접근하는 데 어려움을 겪고, 이는 가족 구성원들이 필요한 도움을 받지 못하게 하는 주요 원인이다(신나래, 이영수, 2023). 이로 인해 가족 구성원 간의 사회적 연대와 지지가 약화되며, 사회적 차별은 빈곤가족이 복지서비스를 충분히 활용하지 못하게 하여 장기적으로 빈곤 문제의 해결을 더욱 어렵게 만든다(박승억, 2024). 따라서 빈곤가족이 겪는 사회적 낙인과 차별을 해소하기 위한 사회적 인식 개선과 지원 체계의 개선이 필요하다.

(3) 주거 불안정의 심각한 영향

주거 불안정은 빈곤가족의 생활 안정성에 심각한 영향을 미치는 문제로, 가족 구성원의 정신적 스트레스와 갈등을 증가시키는 주요 원인이다(임세희, 2024). 주거 환경의 불안정으로 인해 빈곤가족은 지속적으로 주거지를 옮겨야 하는 상황에 처하게 되며, 이는 자녀의 교육적 연속성과 가족 내 정서적 유대에 부정적인 영향을 미친다(이소민 외, 2024). 안정적인 주거 환경의 부족은 가족 구성원들의 삶의 질을 저하시킬 뿐만 아니라, 자녀의 학업 성취도와 사회적 적응에도 부정적인 영향을 미치며, 결과적으로 가족 내 불안을 가중시킨다(나윤도, 2024).

① 자녀의 교육적 연속성 방해와 학업 성취도 저하

주거 불안정은 자녀의 교육적 연속성을 방해하며, 이로 인해 학업 성취도와 사회적 적응이 저하되는 결과를 초래한다(박환수 외, 2023). 빈곤가족이 주거지를 자주 이동하게 되면 자녀는 새로운 학교에 적응하는 데 반복적으로 어려움을 겪으며, 이는 학습 환경의 연속성을 저해하고 학업 성과에도 부정적인 영향을 미친다(박환수 외, 2023). 자녀의 교육적 연속성이 부족할 경우 학업 성취도 저하와 함께 정서적 안정성에도 악영향을 미치며, 이로 인해 사회적 적응 능력이 감소하게 된다(전지영, 임재만, 2023). 안정적인 주거 환경은 자녀가 학업적으로 발전하고 정서적 안정을 유지하는 데 중요한 요소이므로, 주거 불안정 문제의 해결이 시급히 필요하다.

② 가족 내 정서적 유대 약화와 사회적 자본 감소

주거 불안정은 가족 구성원의 정신건강 문제를 유발하며, 이는 가족 내 갈등과 불화를 증가시키는 주요 원인이 된다(이소민 외, 2024). 불안정한 주거 환경은 가족 구성원 간의 스트레스와 갈등을 심화시키며, 이러한 갈등은 가족 내 정서적 유대를 약화시키고 가족의 사회적 자본을 감소시킨다. 가족 간의 정서적 유대가 약화될 경우, 가족 구성원들은 상호 지원과 이해를 받지 못하게 되어 가족의 전반적인 삶의 질이 저하될 수밖에 없다(김윤민, 2023). 주거 불안정은 또한 가족이 안정된 사회적 관계망을 구축하는 것을 어렵게 만들어, 장기적인 빈곤 문제 해결을 더욱 어렵게 만들며 사회적 통합을 저해하는 요인으로 작용한다. 이러한 문제를 해결하기 위해서는 빈곤가족에게 안정적인 주거 환경을 제공하고, 가족 내 정서적 유대와 사회적 자본을 강화하기 위한 정책적 지원이 필요하다.

4) 빈곤가족 지원 정책 및 서비스의 과제

(1) 경제적 자립 지원 강화

빈곤가족의 경제적 자립을 위해서는 현재의 생계비 지원을 넘어 장기적인 소득 증대를 목표로 하는 통합적 지원이 요구된다. 기존 생계비 지원은 주로 단기적인 경제적 어려움을 완화하는 데 초점을 맞추고 있으나, 빈곤가족의 지속 가능한 경제적 자립을 위해서는 근본적인 소득 증대를 위한 지원이 필수적이다(보건복지부, 2024a). 이를 위해 직업 훈련 프로그램의 확대와 고용 기회의 다양화가 필수적이며, 특히 청년층과 여성 한부모가족을 대상으로 한 맞춤형 프로그램이 필요하다(백근영 외, 2024). 이러한 맞춤형 프로그램은 빈곤가족이 보다 안정적이고 지속 가능한 소득을 확보할 수 있도록 돕는 데 초점을 맞추며, 이들이 노동 시장에서 경쟁력을 갖추도록 지원해야 한다. 예를 들어, 청년층을 위한 기술 기반의 직업 훈련이나 여성 한부모가족을 위한 유연근무제를 도입한 맞춤형 직업 훈련이 포함될 수 있다(최하영 외, 2022). 이를 통해 빈곤가족 구성원들이 노동 시장에서 더 높은 수준의 소득을 얻을 수 있는 기반을 마련하고, 나아가 경제적 자립을 실현할 수 있을 것이다. 또한 이러한 프로그램들은 경제적 자립을 돕는 데 그치지 않고, 개인의 자아존중감과 가족 전체의 생활 만족도를 높이는 데 기여해야 한다.

(2) 주거 안정성 확보

빈곤가족의 주거 안정성을 확보하기 위해서는 공공임대주택의 공급 확대와 주거 지원 프로그램의 강화가 필요하다(고은아, 2023). 현재 주거 지원 시스템은 빈곤가족의 안정된 주거 환경을 확보하는 데 초점을 두고 있지만, 이 시스템은 늘어나는 빈곤가족의 수요를 충족하기에 충분하지 않을 수 있다. 따라서 공공임대주택 공급의 확대는 필수적이며, 이를 통해 빈곤가족이 장기적으로 안정된 주거 환경을 확보할 수 있도록 해야 한다. 안정적인 주거 환경은 가족 구성원의 생활 안정뿐만 아니라, 정신건강에도 긍정적인 영향을 미친다(이한나, 김승희, 2021). 연구에 따르면, 안정된 주거는 가족 구성원 간의 정서적 유대와 정신적 건강을 증진시켜 주거 불안정이 가정 내 갈등과 스트레스를 유발하는 주요 원인임을 시사한다. 주거 지원 프로그램은 빈곤가족이 단순히 주거 공간을 제공받는 것을 넘어, 주거 환경의 질 향상과 지역사회의 통합을 촉진하기 위한 다양한 지원을 포함해야 한다. 이를 통해 빈곤가족의 주거 안정성을 높이고, 장기적으로 생활 안정과 사회적 통합을 촉진할 수 있다.

(3) 사회적 낙인 해소

빈곤가족이 겪는 사회적 낙인과 차별을 해소하기 위해 대국민 인식 개선 캠페인의 확대가 필수적이다(이용희, 2023). 빈곤가족에 대한 부정적인 편견과 차별은 이들이 사회적으로 통합되기 어렵게 하며, 정신건강에도 부정적인 영향을 미친다(김윤민, 2024). 대국민 인식 개선 캠페인은 빈곤가족에 대한 부정적 인식을 개선하고, 이들이 사회적 네트워크를 형성하고 유지하는 데 도움을 줄 수 있다. 이를 통해 빈곤가족의 자존감 저하와 같은 심리적 문제를 완화하고, 보다 긍정적인 사회적 환경에서 생활할 수 있도록 도와야 한다. 또한 법적 권리 보장을 통해 빈곤가족이 사회적 차별 없이 동등한 사회적 권리를 누릴 수 있도록 하고, 정책적 노력을 통해 빈곤가족이 불리한 사회적 위치에서 벗어나 공정한 기회를 가질 수 있도록 지원해야 한다.

(4) 교육 기회 확대

빈곤가족의 자녀가 교육에서 뒤처지지 않도록 특별한 교육 지원 프로그램의 제공이 필수적이다. 이는 학업 성취도를 높이고, 장기적으로 사회적 불평등을 해소하는 데 중요한 역할을 한다(박환수 외, 2024). 이러한 교육 지원 프로그램은 빈곤가족 자녀가 교육을 통해 더 나은 미래를 설계할 수 있도록 돕고, 사회적 이동성을 촉진하는 데 중점을 두어야 한다(황선재, 2023). 교육 기회 확대는 빈곤가족 자녀가 필요한 학습 자원과 활동 기회를 충분히 제공받는 것을 목표로 하며, 이를 통해 학업 성취도와 직업 기회를 확대하고 사회적 계층 이동을 지원하는 데 중요하다. 또한 학교 내 멘토링 프로그램과 학습 지원 서비스는 빈곤가족 자녀의 학업 성취도를 높이고 학교 생활에서의 스트레스를 줄이는 데 도움을 줄 수 있다(한혜정, 양병찬, 2022). 멘토링 프로그램은 빈곤가족 자녀가 학업적 어려움에 효과적으로 대응하도록 돕고, 자아존중감과 학교 적응력을 높이는 데 기여한다. 학습 지원 서비스는 개인 맞춤형 교육을 통해 자녀가 학업에서 겪는 어려움을 극복하고 교육의 질을 향상시키는 데 중요한 역할을 한다.

(5) 빈곤가족 지원을 위한 종합적 사회복지적 개입의 필요성

빈곤가족은 경제적 · 사회적 · 심리적 측면에서 다양한 어려움에 직면하고 있으며, 이는 가족 구성원 전체의 삶의 질을 저하시킨다(신나래, 이영수, 2023). 경제적 어려움은 단순한 소득 부족을 넘어 주거 불안정, 자녀 교육비 부담, 의료비 부담 등 다양한 문제로 나타난다(보건복지부, 2024a). 사회적 측면에서는 빈곤가족이 사회적 낙인과 편견에 직면하여 사회적 통합에 어려움을 겪고, 이는 정신적 스트레스와 자존감 저하로 이어진다(김윤민, 2024). 심리적 측면에서는 지속적인 스트레스와 정서적 부담이 가족 구성원의 정신건강에 부정적인 영향을 미치며, 이는 가정 내 갈등과 불화를 증폭시키는 원인이 된다(이소민 외, 2024). 이러한 복합적인 문제들은 단순한 경제적 지원을 넘어 심리적 안정과 사회적 통합을 위한 포괄적인 사회복지 개입이 필요함을 시사한다.

현재의 지원 서비스는 주로 단기적인 생계 유지에 초점을 맞추고 있으나, 빈곤가족의 장기적인 경제적 자립을 위해서는 지속적이고 체계적인 지원이 필요하다(보건복지부, 2024a). 빈곤가족이 경제적으로 자립할 수 있도록 돕기 위해서는 직업 훈련, 재취업 프로그램, 소득 창출 활동 지원 등의 다양한 서비스가 제공되어야 한다(백근영 외, 2024). 이러한 자립 지원 프로그램은 빈곤가족이 노동 시장에서 요구하는 기술과 지식을 습득할 수 있도록 돕고, 나아가 경제적 자립을 이루는 데 중요한 기반이 된다. 또한 주거 안정성을 확보하고, 빈곤가족의 주거 환경의 질을 향상시키기 위한 주거 지원 프로그램의 강화는 가족의 생활 안정에 기여하며, 이는 가족 구성원의 정신적 안정과 직결된다(임세희, 2024). 사회적 낙인 해소를 위한 인식 개선 캠페인과 법적 권리 보장은 빈곤가족이 차별 없이 동등한 권리를 누릴 수 있는 환경을 조성하는 데 중요한 역할을 한다.

빈곤가족을 위한 종합적인 사회복지 개입은 경제적 지원, 주거 안정성 확보, 사회적 낙인 해소, 교육 기회 확대 등의 다양한 과제를 포함하며, 이를 통해 빈곤가족의 다차원적인 문제를 효과적으로 해결할 수 있다. 이러한 접근은 빈곤가족의 경제적 자립과 사회적 통합을 돕고, 가족 구성원이 심리적 안정을 유지하며 장기적으로 안정된 생활을 영위할 수 있도록 한다. 이를 통해 빈곤가족의 삶의 질이 개선되고, 사회적 불평등이 해소되며, 나아가 전체 사회의 안정성과 복지 수준을 향상시키는 데 기여할 수 있을 것이다.

2. 한부모가족과 가족복지실천

1) 한부모가족의 정의

한부모가족은 「한부모가족지원법」 제4조에 의거해 부모 중 한 명이 자녀를 단독으로 양육하는 가족을 말하며, 여기에는 배우자의 사망, 이혼, 별거, 미혼부모 등의 다양한 상황에서 자녀를 홀로 키우는 경우가 포함된다(「한부모가족지원법」, 2024). 이러한 정의는 전통적인 가족 형태의 범위를 넘어 다양한 이유로 단독 양육을 하게 된 가구를 포괄하고 있으며, 이는 다양한 한부모가족의 권리와 복지를 보호하기 위한 법적 기반을 제공하고 있다. 예를 들어, 미혼모나 미혼부는 경제적 어려움과 사회적 낙인 속에서도 자녀를 양육하는 부담을 떠안고 있으며, 이들을 위한 법적 보호와 지원이 필수적이다. 「한부모가족지원법」은 이러한 가족들의 경제적 자립과 사회적 안정성 확보를 위해 다양한 형태의 지원을 명시하고 있으며, 한부모가족의 생활 여건을 개선하고 자녀의 복지를 보장하기 위해 제도적 장치를 마련하는 데 목적을 두고 있다(「한부모가족지원법」, 2024). 이를 통해 한부모가족이 안정적인 환경에서 자녀를 양육하며 자립할 수 있도록 지원하고, 나아가 이들의 사회적 통합을 촉진하는 복지적 기반을 구축하고 있다.

2) 한부모가족의 현황

통계청(2023)의 자료에 따르면, 우리나라의 한부모가족 수는 약 149만 4천 가구로, 전체 가구의 약 6.5%를 차지하고 있다. 한부모가족 중 대다수는 여성가구주로서 이는 여성 한부모 가구가 특히 경제적 어려움과 사회적 부담을 더 많이 겪고 있음을 시사한다. 여성 한부모 가구는 가정의 주된 소득원이 여성임에도 불구하고, 경제적 불안정성과 사회적 편견으로 인해 자녀 양육과 경제적 자립에 상당한 도전을 경험하고 있다(김은지, 2022). 이러한 현실은 여성 한부모 가구의 특수한 상황과 이에 따른 지원의 필요성을 강조하며, 이들의 경제적 자립을 돕고 자녀의 건강한 성장을 지원하기 위한 정책적 개입의 필요성을 명확히 보여 준다. 이와 같은 통계 자료는 한부모가족의 특수한 복지적 요구를 이해하고, 보다 효과적인 사회복지정책을 수립하는 데 있어 중요한 기초 자료로 작용하고 있다. 이를 바탕으로 정부와 지자체는 한부모가족의 안정적인 생활을 보장하고 자립을 돕기 위한 맞춤형 지원 서비스를 강화하는 등 실질적인 복지 개선 방안을 모색하고 있다.

3) 한부모가족의 사회복지적 어려움

(1) 한부모가족이 직면한 경제적 빈곤의 심각성

한부모가족이 직면하는 가장 큰 문제 중 하나는 경제적 빈곤으로, 이는 이들의 생활의 질뿐 아니라 자녀의 교육, 건강 등 다방면에 걸쳐 영향을 미치고 있다. 많은 한부모가족이 저소득층으로 분류되며, 안정된 일자리를 확보하지 못하는 데 따른 경제적 어려움은 가정 내의 심각한 재정적 불안정을 초래하고 있다(김영수, 이재훈, 2021). 이러한 경제적 어려움은 생활비 부족을 넘어, 가족 구성원 전체의 삶의 질을 저하시킬 수 있는 심각한 문제로 작용한다. 특히 한부모가족의 상당수는 불규칙하고 불안정한 소득원을 갖고 있어, 기본적인 생활비조차 충당하기 어려운 상황에 처해 있다(김영수, 이재훈, 2021). 정부정책 보고에 따르면, 한부모가족의 약 45%가 주거비, 의료비, 교육비 등 기본적인 필요를 충족하는 데 어려움을 겪고 있는 것으로 나타났으며, 이는 장기적으로 자녀의 학업 성취도와 사회적 이동성에도 부정적인 영향을 미칠 가능성이 높다(김은지, 2022).

경제적 어려움은 특히 자녀의 교육에 심각한 영향을 미친다. 학습에 필요한 교재나 환경을 충분히 제공받지 못하는 한부모가족의 자녀들은 방과 후 학습이나 다양한 교육적 기회에서 소외되며, 이는 학업 성취도 저하로 이어진다(이래혁, 2024). 한부모가족 자녀의 학업 성취도는 일반 가정의 자녀보다 낮은 경향을 보이며, 이러한 교육적 기회의 제한은 미래의 취업 기회와 사회적 이동성에도 큰 장애물로 작용할 수 있다(이래혁, 2024). 교육 기회의 부족은 사회적 불평등을 심화시키고, 자녀들이 빈곤에서 벗어날 수 있는 가능성을 저하시킬 수 있다.

또한 경제적 빈곤은 건강 관리에도 부정적인 영향을 미친다. 한부모가족은 경제적 이유로 인해 의료 서비스 접근이 어려워 자녀와 부모 모두 신체적 · 정신적 건강 관리에 어려움을 겪고 있다(고선강 외, 2023). 경제적 어려움으로 인해 필요한 의료 서비스를 제때 받지 못하면 건강 문제는 더욱 악화될 가능성이 높고, 이는 가족 전체의 삶의 질을 저하시키는 주요 요인으로 작용하게 된다(고선강 외, 2023). 이러한 건강 문제는 가족의 경제적 상황을 더욱 악화시키며, 빈곤의 악순환을 초래할 수 있다.

경제적 빈곤이 한부모가족에게 미치는 다차원적인 영향은 매우 심각하다. 첫째, 경제적 불안정은 가정 내 갈등과 스트레스를 유발하며, 부모가 자녀에게 충분한 시간을 할애하지 못하게 함으로써 가족 관계의 악화를 초래한다. 둘째, 경제적 제약은 한부모가족이 사회적 자원과 네트워크에 접근하는 데 어려움을 겪게 하며, 이는 사회적 고립과 낮은 자존감으로 이어진다(박구용, 2023). 셋째, 경제적 빈곤은 부모와 자녀의 정신건강에도 부정적인 영향을 미쳐 지속적인 경제적 스트레스가 우울증과 불안장애 등 다양한 정신건강 문제로 나타날 수 있다(유수정, 송인한, 2023). 이러한 경제적 문제를 해결하기 위해서는 다양한 정책적 과제가 고려되어야 한다. 첫째, 자립 지원 프로그램의 강화를 통해 한부모가족이 안정적인 일자리를 확보하고 경제적으로 자립할 수 있는 기반을 마련하는 것이 중요하다(김은지, 2022). 둘째, 주거 안정성의 확보는 가족 구성원 전체의 심리적 안정을 도모하며, 경제적 자립을 위한 기반을 제공할 수 있다(김나영, 2023). 셋째, 한부모가족에 대한 사회적 편견과 차별을 줄이기 위한 교육 프로그램과 인식 개선 캠페인도 필요하며, 이를 통해 사회적 통합을 촉진해야 한다(김정희, 2024). 넷째, 교육 기회의 확대를 통해 한부모가족의 자녀가 평등한 학습 기회를 얻을 수 있도록 지원해야 하며, 이를 위해 지역사회와 지자체가 협력하여 다양한 교육 지원 프로그램을 마련하는 것이 필요하다. 이러한 종합적인 접근은 한부모가족이 경제적 자립과 사회적 통합을 이룰 수 있도록 돕는 중요한 역할을 한다.

(2) 사회적 낙인과 편견의 현상

한부모가족은 경제적 어려움 외에도 심각한 사회적 낙인과 편견을 경험하며, 이러한 사회적 낙인은 이들의 자존감과 사회적 통합에 큰 영향을 미친다. 사회적 낙인은 한부모가족이 경제적 어려움이나 개인적 이유로 인해 부정적으로 인식되는 현상을 말하며, 이는 가족 구성원들이 사회적으로 소외감을 느끼게 만드는 중요한 요인이다(김정희, 2024). 이러한 낙인은 한부모가족이 사회적 네트워크를 형성하고 유지하는 데 어려움을 겪게 하며, 결과적으로 정신건강과 자존감에 부정적인 영향을 미친다(이이나, 이창배, 2023). 사회적 낙인은 일상생활 속에서 반복적으로 경험되는 미묘한 차별과 편견에서 비롯되며, 이는 한부모가족이 자신들의 정체성을 긍정적으로 형성하는 데 방해가 된다.

사회적 낙인은 특히 한부모가족 자녀에게 심리적 스트레스와 자존감 저하를 초래한다. 연구에 따르면 한부모가족 자녀는 학교나 지역사회에서 차별과 따돌림을 경험할 가능성이 높으며, 이는 정서적 불안정과 학업 성취도 저하로 이어질 수 있다(황혜원, 김현수, 2023). 이러한 정서적 어려움은 자녀가 미래에 사회적으로 적응하고 자립할 수 있는 능력을 저해하며, 장기적으로 사회적 이동성을 낮추는 결과를 초래한다. 따라서 자녀가 건강한 정서적 발달을 이루고 학업에서 성공할 수 있도록 지원하기 위한 학교와 지역사회의 적극적인 노력이 필요하다(김가연, 박정윤, 2023).

사회적 낙인은 한부모가족이 경제적 자립과 사회적 통합을 이루는 데 중요한 장애물로 작용하며, 장기적으로 이들이 사회적 자원에 접근하는 것을 어렵게 만든다(황혜원, 김현수, 2023).

이러한 사회적 배제는 가족 구성원의 전반적인 복지 수준을 저하시킬 수 있으며, 결과적으로 사회적 불평등을 심화시킬 가능성이 높다. 따라서 한부모가족에 대한 사회적 낙인을 해소하기 위해서는 대국민 인식 개선 캠페인과 교육 프로그램을 통한 사회적 인식 변화가 필요하다(장수정 외, 2023). 이를 통해 한부모가족이 사회적으로 통합되고 자립할 수 있는 환경을 조성해야 하며, 이는 한부모가족의 전반적인 삶의 질을 향상시키고 사회적 불평등을 줄이는 데 기여할 것이다.

4) 한부모가족 지원 정책 및 서비스

(1) 「국민기초생활보장법」에 따른 지원

정부는 「국민기초생활보장법」에 따라 한부모가족에게 다양한 지원 서비스를 제공하며, 이를 통해 이들의 경제적 안정과 전반적인 삶의 질을 높이기 위해 노력하고 있다(「국민기초생활보장법」, 2024). 한부모가족은 배우자의 부재로 인해 경제적 · 정서적으로 많은 부담을 안고 생활하고 있으며, 이를 해결하기 위해 정부는 다각적인 접근을 시도하고 있다. 이러한 지원 서비스는 경제적 지원에 국한되지 않고, 교육, 주거, 의료 등 다양한 분야에서 포괄적인 지원을 포함하고 있으며, 가족 구성원의 삶의 질 향상에 중점을 두고 있다. 특히 정부는 한부모가족의 경제적 불안정성을 완화하고, 이들이 사회에 잘 통합될 수 있도록 지속적인 노력을 기울이고 있으며, 이를 통해 한부모가족의 장기적인 자립을 촉진하고 있다.

(2) 정부의 통합적 지원 서비스 제공

정부는 한부모가족이 직면한 다양한 문제를 해결할 수 있도록 통합적이고 포괄적인 지원 체계를 구축하여 서비스를 제공하고 있다. 「한부모가족지원법」에 따라 제공되는 복지서비스는 단순한 생계비 지원에 그치지 않고, 교육 지원과 심리 상담, 주거 안정 지원 등을 포함하여 다차원적인 문제를 동시에 해결하고자 한다(「한부모가족지원법」, 2024). 이러한 통합적 지원 체계는 한부모가족이 경제적 · 사회적 · 심리적 어려움을 극복하는 데 중요한 역할을 하고 있으며, 이들이 전반적으로 안정적인 생활을 영위할 수 있도록 돕고 있다(박미진, 2023).

정부의 교육 지원 프로그램은 자녀들이 학업에서 뒤처지지 않도록 다양한 학습 자원과 멘토링 서비스를 제공하며, 심리 상담 서비스는 한부모와 자녀가 겪는 정서적 스트레스를 완화하는 데 중점을 두고 있다(김은지, 2022). 이를 통해 한부모가족은 경제적 자립뿐만 아니라 정서적 안정과 사회적 통합을 이루는 데 필요한 기반을 마련할 수 있다. 또한 한부모가족 지원센터는 생계, 양육 상담, 교육 지원 등을 통합적으로 제공하여 한부모가족의 복지 향상에 기여하고 있으며, 지역사회와의 연계를 통해 추가적인 자원과 네트워크를 제공함으로써 한부모가족이 보다 지속 가능한 생활을 할 수 있도록 돕고 있다(여성가족부, 2024).

정부는 이러한 통합적 지원 체계를 지속적으로 강화하고 확장하여 한부모가족이 자립할 수 있는 능력을 개발하고, 경제적 어려움뿐만 아니라 사회적 낙인과 편견을 극복할 수 있는 환경을 조성하고자 한다(여성가족부, 2024). 이러한 정책적 노력은 한부모가족이 사회의 일원으로서 안정적으로 자립할 수 있는 환경을 마련하는 데 중요한 역할을 하고 있다.

(3) 심리적 스트레스 경감을 위한 상담 서비스의 중요성

한부모가족의 심리적 스트레스를 경감하기 위해 정부와 지역사회복지기관은 다양한 심리 상담 서비스를 제공하고 있으며, 자녀와의 관계 개선을 위한 상담 프로그램도 운영하고 있다(엄연주, 김수영, 2016). 이러한 상담 서비스는 한부모가족의 정서적 안정과 자녀의 건강한 발달을 지원하는 데 중요한 역할을 한다. 연구에 따르면, 심리 상담을 받은 한부모들은 정서적 안정과 스트레스 감소를 경험하였고, 이는 가족 간의 관계 개선에도 긍정적인 영향을 미쳤다(이은희, 최광선, 2012). 이러한 상담 서비스는 가족 구성원 각자가 겪는 정서적 문제를 이해하고 해결하는 데 중요한 역할을 하며, 전반적인 심리적 웰빙을 증진시킨다.

또한 자녀를 위한 상담 프로그램은 학교와 지역사회에서의 스트레스와 정서적 문제를 해결하는 데 기여하며, 건강한 정서 발달을 촉진한다(이종택, 심이승, 2015). 자녀들이 상담 프로그램에 참여한 경우, 학교에서의 스트레스 수준이 감소하고 학업 성취도와 정서적 웰빙이 향상되는 긍정적인 결과가 나타났다(최혜경, 유은경, 2023). 이러한 프로그램은 자녀들이 자신의 감정을 이해하고 관리하는 능력을 키우는 데 도움을 주며, 장기적으로 자녀의 정서적 건강과 사회적 적응을 지원한다.

심리 상담 서비스와 가족 관계 개선 프로그램은 단순히 개인과 가족의 문제를 해결하는 것을 넘어 사회 전체의 복지 수준을 높이는 데 기여한다(이중엽, 2024). 이러한 프로그램은 한부모가족이 정서적 안정을 유지하고, 사회에 더 잘 통합될 수 있도록 지원하며, 이는 한부모가족에 대한 사회적 낙인과 편견을 해소하고, 이들이 사회의 일원으로서 안정적인 삶을 영위할 수 있는 환경을 조성하는 데 중요한 역할을 한다(장미, 김진숙, 2023).

5) 한부모가족 지원 정책 및 서비스의 과제

(1) 경제적 자립을 위한 장기적 지원의 필요성

한부모가족의 경제적 자립을 위해서는 단순한 생계비 지원을 넘어 장기적인 소득 증대를 위한 지속 가능한 지원이 필요하다. 현재의 생계비 지원은 기본적인 생활 유지에 기여하지만, 진정한 경제적 자립을 위해서는 보다 포괄적이고 구조적인 지원이 필수적이다(박미진 외, 2023). 특히 직업 훈련 프로그램의 확대와 고용 기회의 다양화가 중요한데, 이는 한부모가족이 안정적인 일자리를 확보하고 지속적인 소득 증가를 통해 경제적 자립을 실현하도록 지원하는 데 중점을 두어야 한다(장수정 외, 2023).

한부모가족의 경제적 자립을 실현하기 위해서는 지속 가능한 소득 창출을 목표로 하는 포괄적인 지원 체계가 필요하다. 이를 통해 한부모가족이 안정적인 소득 기반을 마련하고 경제적 독립을 달성할 수 있도록 지원해야 한다(김은지, 2022). 이러한 접근은 단순한 재정적 지원을 넘어서 한부모가족의 경제적 역량을 강화하고 자립을 위한 다양한 자원을 제공하는 것을 포함한다. 예를 들어, 직업 훈련 프로그램은 한부모가족이 노동 시장에서 필요한 기술과 지식을 습득할 수 있도록 지원하며, 이를 통해 더 높은 소득을 올릴 수 있는 기회를 제공한다(김은지, 2022). 또한 고용 기회의 다양화는 한부모가족이 다양한 산업과 직무에 접근할 수 있게 하여 고용 안정성과 소득 증대를 도모한다(장수정 외, 2023).

지속 가능한 소득 증대를 위해서는 정부와 사회복지기관이 협력하여 한부모가족을 위한 맞춤형 지원 정책을 개발하고 실행해야 한다(박지수, 최민정, 2022). 이러한 지원은 일시적인 재정 지원에 그치지 않고 한부모가족의 장기적인 경제적 자립을 돕는 다양한 프로그램을 포함해야 한다. 예를 들어, 창업 지원 프로그램을 통해 한부모가족이 자신의 사업을 시작하고 성장시킬 수 있는 기회를 제공하며, 금융 교육 프로그램은 재정 관리 능력을 향상시켜 장기적인 경제적 안정을 도모할 수 있도록 돕는다(여성가족부, 2024).

경제적 자립을 위해서는 구조적인 지원이 필수적이다. 이는 한부모가족이 경제적 어려움을 극복하고 지속적으로 성장할 수 있는 환경을 조성하는 것을 의미한다(김은지, 2022). 구조적 지원에는 주거 안정성 확보, 교육 기회 확대, 의료 서비스 접근성 향상 등이 포함되며, 이러한 요소들은 한부모가족이 안정적인 생활을 유지하고 경제적으로 자립할 수 있는 기반을 마련하는 데 중요한 역할을 한다(김은지, 2022). 예를 들이, 주거 지원 프로그램은 한부모가족이 안전하고 안정된 주거 환경에서 생활할 수 있도록 돕고, 이를 통해 경제적 부담을 줄이며 교육과 직업 활동에 집중할 수 있는 환경을 제공한다(임하라 외, 2023).

따라서 한부모가족의 경제적 자립을 위해서는 종합적인 지원 체계의 구축이 필요하다. 경제적 지원, 교육 및 직업 훈련, 주거 안정성, 의료 서비스 접근성 등 다양한 요소를 통합적으로 제공함으로써 한부모가족의 다양한 필요를 충족시키고 이들의 지속 가능한 자립을 도울 수 있다(임하라 외, 2023). 정부와 사회복지기관이 협력하여 포괄적이고 지속 가능한 지원을 제공함으로써 한부모가족이 경제적으로 자립할 뿐만 아니라 사회적으로도 통합되고 발전할 수 있는 환경을 조성해야 한다(김은지, 2022).

(2) 주거 안정성 확보의 중요성

한부모가족의 주거 안정성을 확보하기 위해 공공임대주택의 공급을 확대하고 주거 지원 프로그램을 강화할 필요가 있다(임하라 외, 2023). 주거 안정성은 단순한 물리적 주거 환경을 넘어 가족의 전반적인 생활 안정성과 정신적 건강에 직결되는 중요한 요소이다(조은빈, 권오정, 2023). 안정된 주거 환경은 가족 구성원에게 안전감을 제공하며, 이는 가족의 심리적 안정과 직결된다(김나영, 2023). 특히, 안정된 주거 환경은 부모와 자녀 모두에게 예측 가능한 생활 리듬을 제공하여 일상생활에서의 스트레스를 감소시키고, 가족 구성원 간의 긍정적인 상호작용을 촉진한다(황혜원, 김현수, 2023). 이러한 환경은 자녀의 정서적 안정과 학업 성취도 향상에도 직접적인 영향을 미치며, 가족 전체의 삶의 질을 높이는 데 기여한다.

공공임대주택의 공급 확대는 한부모가족의 주거 안정성을 확보하는 데 중요한 역할을 한다(임하라 외, 2023). 공공임대주택은 상대적으로 저렴한 비용으로 안정적인 주거 환경을 제공함으로써 한부모가족이 지속적으로 안정된 생활을 영위할 수 있도록 돕는다(임하라 외, 2023). 이는 특히 저소득층 한부모가족에게 필수적인 지원으로, 높은 임대료로 인해 주거 불안을 겪는 가구들에게 큰 도움이 된다. 또한 공공임대주택은 안전하고 쾌적한 생활 환경을 제공하여 가족 구성원의 신체적·정신적 건강을 증진시키는 데 기여한다(임하라 외, 2023). 따라서 주거 지원 프로그램은 한부모가족이 안전하고 안정된 주거 환경을 유지할 수 있도록 돕는 데 중점을 두어야 하며, 주거 비용 지원, 월세 지원, 주거 환경 개선 등의 다양한 자원을 제공함으로써 가족 구성원의 생활 수준을 향상시키고 주거 불안을 줄이는 데 기여해야 한다.

주거 안정성의 확보는 한부모가족의 전반적인 복지 향상과 밀접하게 연관되어 있다(임하라 외, 2023). 안정된 주거 환경은 가족 구성원 모두에게 심리적 안정을 제공하고, 가족 간 긍정적인 상호작용과 정서적 유대를 강화하는 데 기여한다(임하라 외, 2023). 이는 가족 전체의 삶의 질을 높이는 중요한 요소로 작용하며, 장기적으로 한부모가족의 경제적 자립과 사회적 통합을 촉진하는 데 기여한다. 또한 주거 안정성은 가족의 경제적 부담을 줄이는 동시에 자녀의 교육과 건강 관리에 대한 접근성을 높이는 데 중요한 역할을 한다(이래혁, 2024). 안정된 주거 환경은 자녀들이 학습에 집중할 수 있는 환경을 제공하며, 부모는 안정된 직업을 유지할 수 있는 기반을 마련하게 된다(이래혁, 2024). 따라서 정부와 지자체는 한부모가족의 주거 안정성을 보장하기 위해 지속적인 지원과 프로그램 강화를 통해 이들의 전반적인 복지 향상을 도모해야 한다.

(3) 사회적 낙인 해소의 필요성

한부모가족이 겪는 사회적 낙인과 차별을 해소하기 위해서는 대국민 인식 개선 캠페인이 필요하다(김정희, 2024). 이러한 캠페인은 한부모가족에 대한 사회적 편견을 줄이고, 이들이 사회적으로 원활하게 통합될 수 있도록 지원하는 중요한 역할을 한다(김정희, 2024). 사회적 낙인은 한부모가족이 부정적인 인식을 받으며, 이로 인해 가족 구성원들이 사회적 소외감을 경험하는 현상이다. 이러한 낙인은 이들이 사회적 네트워크를 형성하고 유지하는 데 어려움을 초래하며, 정신적 건강과 자존감에도 부정적인 영향을 미친다(이이나, 이창배, 2023). 인식 개선 캠페인은 한부모가족에 대한 사회적 편견을 줄이고, 이들이 사회적 관계망을 구축하고 유지하는 데 도움을 줄 수 있다. 이러한 교육과 캠페인은 한부모가족의 자존감을 높이고, 심리적 문제를 완화하는 데 기여할 수 있다. 또한 일반 대중에게 한부모가족의 현실과 그들이 겪는 어려움을 알리는 중요한 역할을 하며, 이는 궁극적으로 사회적 낙인을 줄이고 한부모가족이 보다 긍정적으로 평가받을 수 있는 환경을 조성하는 데 기여한다.

법적 권리 보장을 강화함으로써 한부모가족이 차별받지 않고 동등한 사회적 권리를 누릴 수 있도록 해야 한다(김은지, 2022). 법적 보호는 한부모가족이 사회적 자원에 접근하는 데 필요한 제도적 지원을 제공하며, 이들이 차별이나 부당한 대우를 받지 않도록 한다. 이러한 법적 보호는 한부모가족이 교육, 고용, 주거 등 다양한 분야에서 동등한 기회를 가질 수 있도록 보장하며, 이는 이들이 사회적으로 통합되고 경제적으로 자립할 수 있는 기반을 마련해 준다.

법적 권리 보장을 강화하는 정책은 한부모가족이 겪는 심리적 스트레스를 줄이는 데도 기여할 수 있다(「한부모가족지원법」, 2024). 법적 보호를 통해 한부모가족이 법적으로 인정받고 그들의 권리가 보장됨으로써 사회적 낙인을 줄이고, 이들이 자신의 권리를 적극적으로 행사할 수 있도록 지원해야 한다. 이는 한부모가족의 자존감을 높이고, 이들이 사회적으로 더 긍정적인 역할을 수행할 수 있도록 돕는 중요한 요소다. 따라서 법적 권리 보장의 강화는 한부모가족의 사회적 통합과 경제적 자립을 촉진하고, 궁극적으로 이들의 전반적인 복지 수준을 향상시키는 데 필수적인 역할을 한다.

(4) 특별한 교육 지원 프로그램의 제공 필요성

한부모가족의 자녀가 교육에서 뒤처지지 않도록 하기 위해서는 특별한 교육 지원 프로그램의 제공이 필수적이다(임은희, 2023). 이러한 프로그램은 학업 성취도를 높이는 데 그치지 않고, 자녀들이 교육을 통해 자신의 잠재력을 최대한 발휘할 수 있도록 돕는 데 중점을 둔다(김소희, 김영롱, 2023). 예를 들어, 방과 후 학습 프로그램, 튜터링 서비스, 멘토링 프로그램 등이 포함될 수 있으며, 이는 자녀들이 학교 수업 외에도 추가적인 학습 기회를 얻을 수 있도록 지원한다. 이러한 지원은 자녀들의 학업 성취도를 높이는 동시에 자신감을 가지고 학습에 임할 수 있는 환경을 조성하는 데 중요한 역할을 한다. 이러한 교육 지원 프로그램은 장기적으로 사회적 불평등을 줄이는 데 기여할 수 있다(임은희, 2023). 한부모가족의 자녀는 빈곤으로 인한 자원 부족과 제한된 교육 기회로 인해 학업 성취도가 낮을 수 있으며, 이는 미래의 경제적 기회와 사회적 이동성에 심각한 영향을 미친다(박구용, 2023). 교육 기회 확대는 이러한 자녀들이 교육을 통해 더 나은 미래를 설계할 수 있도록 돕는 데 중점을 두어야 하며, 이는 궁극적으로 사회적 이동성을 촉진하고 경제적 불평등을 완화하는 데 기여한다(김은지, 2022). 고등교육 진학률이 증가함에 따라 한부모가족 자녀들은 더 높은 소득을 올릴 수 있는 직업에 접근할 가능성이 높아지며, 이는 경제적 자립을 도모하는 데 중요한 역할을 한다.

또한 학교 내에서의 멘토링 프로그램과 학습 지원 서비스는 자녀들의 학업 성취도를 높이고 학교 생활에서의 스트레스를 줄이는 데 도움을 줄 수 있다(성정현, 2022). 멘토링 프로그램은 학생들에게 필요한 학습 도구와 정서적 지원을 제공하며, 이는 학업적 성공과 정서적 안정성에 긍정적인 영향을 미친다(어경준, 2021). 이러한 프로그램은 자녀들이 학업에 집중할 수 있는 환경을 제공함으로써 학업 성취도를 높이는 동시에 정서적 안정성을 유지할 수 있도록 돕는다(김현숙, 2021). 따라서 한부모가족의 자녀들에게 맞춤형 멘토링과 학습 지원 프로그램을 제공함으로써 이들의 교육적 성과를 극대화하고 교육적 격차를 해소하는 데 기여할 수 있다(김소희, 김영롱, 2023). 또한 경제적 지원과 교육 자원의 확보는 교육 기회를 확대하는 데 중요한 요소로 작용한다(정이윤, 전미양, 2023). 한부모가족이 직면하는 경제적 어려움은 자녀의 교육에 직접적인 영향을 미치며, 이로 인해 자녀들이 필요한 학습 도구와 환경을 갖추지 못하게 된다. 따라서 교육 기회를 확대하기 위한 노력은 교육 지원 프로그램을 넘어서 경제적 지원과 교육 자원의 접근성을 향상시키는 데도 초점을 맞춰야 한다(박미진, 2023). 경제적 지원과 교육 자원의 확보는 자녀들이 교육적 기회를 최대한 활용할 수 있도록 도와주며, 이는 장기적으로 이들의 사회적 · 경제적 성공에 기여할 수 있다. 예를 들어, 학습 도구 지원, 장학금 제공, 교육 관련 정보 제공 등이 포함될 수 있으며, 이는 자녀들이 교육에 집중하고 성공적으로 학업을 마칠 수 있도록 돕는다(성정현, 2022).

경제적 자립을 위한 장기적 지원의 일환으로 정부와 사회복지기관은 종합적인 교육 지원 체계를 구축해야 한다(김은지, 2022). 이는 교육 지원 프로그램과 경제적 지원을 통합적으로 제공함으로써 한부모가족 자녀들이 교육에서 뒤처지지 않고 지속적으로 성장할 수 있는 환경을 조성하는 것을 목표로 한다(이정림, 2021). 예를 들어, 학교와 지역사회가 협력하여 학습 지원 센터를 운영하고, 한부모가족의 자녀에게 필요한 학습 자료와 멘토링 서비스를 제공하는 것이 포함될 수 있다(어경준, 2021). 이러한 종합적인 접근은 한부모가족의 자녀가 학업에서 성공하고 사회적으로도 성공적으로 통합될 수 있도록 돕는 중요한 기반을 마련할 수 있을 것이다.

참고문헌

국민기초생활보장법(2011). 법률 제10507호. 보건복지부. https://www.law.go.kr/법령/국민기초생활보장법

긴급복지지원법(2006). 법률 제07959호. 보건복지부. https://www.law.go.kr/법령/긴급복지지원법

한부모가족지원법(2024). 법률 제20548호. 여성가족부. https://www.law.go.kr/법령/한부모가족지원법

고선강, 송혜림, 강은주(2023). 한부모가족의 특성에 따른 가족건강성 차이. **가족자원경영과 정책**, 27(1), 25-39.

고은아(2023). 중장년층 1인가구 주거빈곤이 우울에 미치는 영향. **인문사회 21**, 14(3), 3663-3678.

김가연, 박정윤(2023). 청소년 자녀를 둔 한부모의 그릿에 영향을 미치는 요인: 개인적 자원과 가족자원을 중심으로. **가족자원경영과 정책**, 27(2), 49-62.

김나영(2023). 한부모 이주여성의 사회적 관계망 양상 및 지역사회와의 연결성 강화 방안. **한국사회복지교육**, 61, 85-120.

김소희, 김영롱(2023). 핵심 인재 역량에 대한 잠재프로파일 분석: 삼성꿈장학재단 교육소외 학생 교육지원사업을 중심으로. **핵심역량교육연구**, 8(1), 49-69.

김수정(2024). 국민기초생활보장제도에서 제도적 개인화의 쟁점. **한국가족복지학**, 71(1), 171-198.

김영수, 이재훈(2021). 빈곤가족의 경제적 자립을 위한 지원 방안 연구. **사회복지연구**, 52(3), 99-120.

김윤민(2023). 국민기초생활보장 수급자의 낙인 경험에 대한 질적 연구. **비판사회정책**, 79, 155-189.

김은지(2022). 한부모가족정책 기본계획 수립 연구. 여성가족부.

김정희(2024). 차별경험이 한부모가족 가구주의 우울에 미치는 영향. **가족자원경영과 정책**, 28(3), 17-27.

김현숙(2021). 한부모 자녀의 가정 내 교육적 지원과 학교에서의 교육적 경험이 학업성취에 미치는 영향: 학생의 교육적 경험의 매개효과 및 양부모 자녀와의 다집단 분석. 학교사회복지, 53, 211-239.

나윤도(2024). 잠재계층분석(LCA)을 활용한 1인가구 주거빈곤 유형의 영향요인과 유형에 따른 생활만족도. 한국주거학회 논문집, 35(4), 29-42.

박구용(2023). 코로나 팬데믹 이후 여성 한부모가족의 탈빈곤과 돌봄의 질 개선에 대한 고찰: 함께 돌봄과 돌봄 복지국가. 문화산업연구, 23(2), 1-12.

박규범(2024). 국민기초생활보장제도 수급 가구의 소득, 재산, 공제 및 부채에 따른 유형과 특성에 관한 연구. 한국사회복지학, 76(1), 39-63.

박미진(2023). 한부모가족의 다차원 빈곤 현황과 대응방안. ISSUE PAPER, 1-10.

박미진, 정성미, 정수연, 조미라(2023). 한부모 가구의 일-생활 균형 정책 개선방안 연구. 한국여성정책연구원 연구보고서, 1-160.

박상규, 이병하(2004). 빈곤층의 심리적 특성에 관한 연구. 한국심리학회지: 상담 및 심리치료, 16(4), 813-824.

박승억(2024). 인식틀 전환의 화용론적 효과: 주체성의 빈곤과 돌봄 문제. 횡단인문학, 17, 51-70.

박지수, 최민정(2022). 지역사회 기반 빈곤가족 지원 프로그램의 효과성 분석. 지역사회복지학, 15(2), 77-98.

박찬희, 장혜인, 김지범, 박태영, 황혜선(2024). 빈곤누적위험과 청년층의 자살행동의 관계: 비자살적 자해와 습득된 자살잠재력의 순차매개효과. 한국심리학회지 건강, 29(4), 567-599.

박환수, 조강현, 이재수(2023). 초등 이하 및 중 · 고등 자녀가구의 주거이동 패턴과 이동 요인 비교 분석. 도시부동산연구, 14(4), 89-106.

백근영, 김내영, 주영선(2024). 빈곤가구에서 성장한 청년의 자립과정: 근거이론을 활용하여. 청소년학연구, 31(8), 301-331.

보건복지부(2024a). 2024년 국민기초생활보장 사업안내. 보건복지부.

보건복지부(2024b). 국민기초생활보장 수급현황. e-나라지표. https://www.index.go.kr/unity/potal/main/EachDtlPageDetail.do?idx_cd=2760:contentReference[oaicite:17]{index=17}

보건복지부(2024c). 2024년 긴급복지지원 사업안내. 보건복지부.

성정현(2022). 코로나19 시기 저소득 여성한부모가족의 자녀양육과 교육경험. 한국가족복지학, 69(3), 123-159.

손상호(2016). 서민금융의 시장기능 활성화 방안. KIF 정책보고서, 2016(3), 1-237.

신나래, 이영수(2023). 자산 빈곤의 종단적 궤적이 아동학대와 방임에 미치는 영향. 한국사회복지학회 학술대회 자료집, 2023(10), 170-179.

어경준(2021). 한부모 모자가정 결혼이주여성의 자녀양육 경험에 관한 연구. 문화교류와 다문화교육, 10(1), 159-186.

엄연주, 김수영(2016). 한부모가족 청소년 자녀의 스트레스와 우울의 관계: 자아존중감, 가족관계의 질, 지역사회지지의 조절효과. 한국가족복지학, 21(3), 367-392.

여성가족부(2024). 한부모가족자녀양육지원. https://www.mogef.go.kr/sp/fam/sp_fam_f006.do

유수정, 송인한(2023). 양육 어려움이 여성 한부모 임금근로자의 우울감에 미치는 영향: 고용형태의 조절효과. 한국사회복지조사연구, 77, 29-52.

이경은, 주소희(2024). 빈곤가정 부모의 자녀 양육에 관한 질적 연구. 동아인문학, 67, 245-265.

이래혁(2024). 한모가 된 후 부정적 삶의 변화가 양육 스트레스에 미치는 영향: 저소득 여부에 따른 우울의 조절된 매개효과를 중심으로. 스트레스研究, 32(2), 85-93.

이소민, 신자현, 최하영, 천화진(2024). 주거 빈곤을 경험하는 후기 청년의 성인기 과업 이행과정 탐색: 고시원 거주 청년을 중심으로. 청소년복지연구, 26(1), 133-158.

이용희(2023). 지역아동센터 이용 초기 청소년이 지각한 사회적 낙인감이 학교생활적응과 우울에 미치는 영향. 청소년상담학회지, 4(4), 105-122.

이은희, 최광선(2012). 여성 한부모가족 가구주의 자립의지에 영향을 미치는 생태체계적 요인에 관한 연구. 한국산학기술학회논문지, 13(7), 2983-2990.

이이나, 이창배(2023). 한부모가족 양육자의 차별 피해 경험의 영향 요인. 한국공안행정학회보, 32(2), 221-246.

이종택, 심미승(2015). Gilbert Terrell 분석틀을 활용한 한부모가족지원사업에 관한 연구: 광주광역시를 중심으로. 한국정책연구, 15(4), 285-305.

이중엽(2024). 이혼으로 인한 한부모가족에 대한 법적 · 사회복지적 접근. 가족과 문화, 36(2), 259-286.

이한나, 김승희(2021). 주거빈곤아동의 주거만족 영향요인에 따른 주관적 행복감의 차이: 강원도 18개 시 · 군의 주거빈곤아동을 대상으로. 사회과학연구, 60(3), 403-422.

이희연, 유경훈(2021). 미래교육체제 수립을 위한 유형별 주요 의제 분석: 11. 모든 학생의 행복한 성장을 위한 교육복지 실현. 한국교육개발원.

임세희(2024). 가구유형별 주거빈곤 규모 비교. 미래사회, 15(2), 1-14.

임하라, 박진슬, 김석경(2023). 공공임대주택 거주 한부모가족의 주거만족도에 영향을 미치는 주거환경 특성 분석 연구. 한국주거학회 논문집, 34(1), 77-92.

임하라, 박진슬, 김석경(2023). 공공임대주택 거주 한부모가족의 주거만족도에 영향을 미치는 주거환경 특성 분석 연구. 한국주거학회논문집, 34(1), 77-92.

장미, 김진숙(2023). 한부모가정 아동을 대상으로 한 집단 프로그램의 효과에 대한 메타분석. 청소년학연구, 30(9), 253-280.

장수정, 백경흔, 김병인(2023). 한부모여성의 일자리지원 참여 경험에 대한 연구: 취성패와 자활프로그램을 중심으로. 한국여성학, 39(1), 63-100.

전지영, 임재만(2023). 주거불안정지수 개발과 영향요인 분석. 不動産學硏究, 29(3), 21-32.

정이윤, 전미양(2023). 복지급여와 정책학습: 한부모에게 지급된 준보편적 현금급여와 공공부조 경험 비교. 한국사회정책, 30(2), 87-125.

주소희, 이경은(2024). 빈곤가정 부모의 자녀 양육에 관한 질적 연구. 동아인문학, 67, 245-265.

최하영, 이소민, 이은형(2022). 빈곤 가구 청년의 자립과정과 빈곤을 벗어난 이후의 삶에 관한 사례연구. 한국청소년연구, 33(2), 29-55.

최혜경, 유은경(2023). 여성 한부모가족 당사자 간 멘토링 프로그램 참여 경험에 관한 질적 연구. 사회복지정책과실천, 9(2), 129-181.

통계청(2023). 한부모가족비율. https://www.index.go.kr/unity/potal/main/EachDtlPageDetail.do?idx_cd=1578

한혜정, 양병찬(2022). 빈곤지역 마을교육공동체 형성을 위한 참여실천연구: 지역교육네트워크 화월주의 '마을협의체 프로젝트'를 중심으로. 미래교육연구, 12(4), 27-54.

황선재(2023). 불평등과 빈곤 이해를 통한 사회적 치유의 가능성: 김윤태 엮음, 한국의 불평등: 현황, 이론, 대안 (한울엠플러스, 2022) 이성균, 『한국사회 불평등과 빈곤 현실』(박영스토리, 2022). 경제와 사회, 139, 372-378.

황혜원, 김현수(2023). 한부모가정 자녀의 심리사회적 적응과 관련한 영향요인에 관한 메타분석: 부모, 가족, 사회적요인 및 자녀 개인요인을 중심으로. 한국심리학회지: 임상심리 연구와 실제, 9(4), 671-699.

제12장

가정폭력가족, 중독가족과 가족복지실천

학습 목표

1. 가정폭력가족과 중독가족의 개념 및 법적 정의를 설명할 수 있다.
2. 가정폭력가족과 중독가족의 현황 및 사회복지적 어려움을 이해하고 설명할 수 있다.
3. 가정폭력가족과 중독가족의 지원을 위한 가족복지정책과 지원 서비스의 실천 방안과 개선 방안을 모색할 수 있다.

이 장에서는 먼저 가정폭력가족과 중독가족의 개념적 정의를 명확히 하고, 이러한 가족 유형들이 현재 우리 사회에서 어떠한 현황을 보이고 있는지 체계적으로 분석한다. 이를 통해 가정폭력과 중독이 가족 구성원들에게 미치는 다양한 영향을 조명하고, 이들이 일상생활 속에서 직면하는 문제점들을 구체적으로 파악한다. 이어서 이러한 가족들이 겪고 있는 사회복지적 어려움에 대해 심층적으로 논의하며, 경제적 · 심리적 · 사회적 측면에서의 도전 과제를 다각적으로 고찰한다.

다음으로, 정부와 지자체가 이들 가족을 지원하기 위해 시행하고 있는 다양한 정책과 지원 서비스의 현황을 종합적으로 검토하고, 이러한 정책들이 실제로 가족들에게 어떠한 도움을 제공하고 있는지 평가한다. 이를 통해 현행 정책의 효과성과 한계점을 식별하고, 이를 개선하기 위한 구체적인 방안을 제안함으로써 가정폭력가족과 중독가족을 위한 보다 효과적인 지원 체계 구축에 기여하고자 한다. 또한 가정폭력가족과 중독가족을 지원하기 위한 정책 및 서비스 과제를 도출하여, 이를 바탕으로 가족복지실천 방안을 모색한다. 이러한 과제는 정책적 개선뿐만 아니라 현장에서의 실질적인 지원 방안까지 포괄하여, 이들 가족이 건강하고 안정된 삶을 영위할 수 있도록 돕는 데 중점을 두고 있다. 예를 들어, 맞춤형 상담 프로그램, 긴급 지원 서비스, 장기 재활 프로그램 등 다양한 복지서비스의 필요성과 이를 효과적으로 운영하기 위한 전략을 제시한다.

가정폭력가족과 중독가족을 위한 가족복지실천 방안을 구체적으로 제안함으로써, 이들 가족이 직면한 문제를 효과적으로 해결하고, 사회 전체의 건강과 복지를 향상시키는 데 기여하고자 한다. 이를 통해 가정폭력과 중독으로 어려움을 겪는 가족들에게 실질적이고 지속 가능한 복지 지원을 제공할 수 있는 전략을 모색한다.

1. 가정폭력가족과 가족복지실천

1) 가정폭력가족의 정의

「가정폭력방지 및 피해자보호 등에 관한 법률」(약칭 「가정폭력방지법」)에 따르면, 가정폭력가족이란 가족 구성원 간에 신체적 · 성적 · 정서적 폭력이 발생하는 경우를 의미한다(「가정폭력방지법」, 2024). 이 법은 가정폭력의 예방과 피해자 보호를 목적으로 하여, 폭력 상황에 대한 다양한 법적 · 사회적 개입 조치를 규정하고 있다. 특히 폭력을 행사한 가해자에 대한 치료와 교정을 포함한 재발 방지 프로그램을 마련하고, 피해자에게는 긴급 보호 조치와 심리 상담, 법적 지원을 통해 실질적인 도움을 제공하고자 한다. 이러한 법적 장치는 피해자 보호와 가해자 교정이라는 두 축을 중심으로 운영되며, 피해자가 안전한 환경에서 회복할 수 있도록 돕는 동시에 가해자의 행동을 변화시켜 가정폭력의 악순환을 끊는 것을 목표로 하고 있다. 또한 피해자의 회복을 위해 법적 조치뿐만 아니라 다양한 사회복지서비스와의 연계를 강화함으로써 가정폭력에 대한 포괄적이고 체계적인 지원 체계를 구축하고 있으며, 이러한 통합적 접근을 통해 피해자의 삶의 질 향상과 가정 내 평화를 이루고자 한다.

2) 가정폭력가족의 현황

가정폭력가족의 수는 지속적으로 증가하고 있으며, 2022년 여성가족부의 '가정폭력실태조사'에 따르면, 가정폭력 피해 경험률은 신체적 · 성적 · 경제적 · 정서적 폭력 중 하나라도 경험한 응답자의 비율이 7.6%, 신체적 · 성적 · 경제적 · 정서적 폭력과 통제 중 하나라도 경험한 응답자의 비율이 27.5%에 이를 정도로 심각한 수준으로 나타난다(지표누리, 2024). 경찰청 통계에 따르면 가정폭력 검거 건수가 2023년에 44,525건에 달하는 것으로 조사되었으며(경찰청, 2023), 이는 가정 내 갈등과 폭력 문제가 여전히 심각한 사회적 이슈임을 반영한다. 이와 같은 통계는 가정폭력 문제의 증가 추세(경찰청, 2023)를 보여 주며, 이에 대한 사회적 관심과 대응의 필요성을 강조한다.

가정폭력 피해자는 대부분 여성과 아동으로, 이들은 폭력의 직접적인 피해뿐만 아니라 심각한 정신적 · 신체적 후유증을 겪는다(김혁진, 이수정, 2023). 피해자들은 정서적 안정성의 상실, 우울증, 불안장애 등 심리적 어려움을 흔히 경험하며, 이러한 문제들은 일상생활과 사회적 관계에 부정적인 영향을 미친다. 특히 피해자들은 폭력 상황에서 벗어나는 데 있어 심리적 어려움과 더불어 사회적 고립의 위험에 직면하게 되는데, 이는 가족 내에서 신뢰와 안정성을 무너뜨리는 주요한 요인으로 작용한다(송정애, 박유범, 2023; 한선미, 이영순, 2023).

또한 많은 가정폭력 피해자는 경제적 의존성으로 인해 폭력 상황에서 벗어나기 어려운 현실에 처해 있다(이인선, 김보화, 2024). 이들은 경제적 자립이 부족하여 안전한 환경으로의 이동이나 독립적인 생활을 유지하는 데 제약을 받게 되며, 이는 결과적으로 피해자가 폭력 상황에 지속적으로 노출되게 하는 주요 원인 중 하나로 작용한다. 이러한 경제적 의존성은 피해자가 가정폭력의 굴레를 벗어나는 데 큰 장애물이 되며, 사회적 지원이 절실히 요구되는 지점이다.

가정폭력 피해자를 위한 지원과 개입이 매우 중요한 이유는 이러한 폭력이 단순히 개인적 문제가 아니라, 가족 전체의 기능과 구성원들의 삶의 질에 치명적인 영향을 미치는 구조적 문제라는 데 있다. 피해자가 겪는 신체적 · 정신적 고통과 경제적 의존성 문제는 그들로 하여금 가정폭력의 악순환에서 벗어나기 어렵게 만들며, 사회 전체의 공공 건강과 안정을 저해하는 요소로 작용하고 있다. 이와 같은 상황에서 가정폭력 피해자를 위한 법적 · 경제적 · 심리적 지원이 필요하며, 사회적 연대와 정책적 개입을 통해 피해자가 안전한 환경에서 재기할 수 있도록 돕는 것이 필수적이다.

3) 가정폭력가족의 사회복지적 어려움

가정폭력 피해 여성의 70% 이상이 심각한 정신적 스트레스를 경험하며, 이로 인해 우울증, 불안장애 등 다양한 정신건강 문제가 빈번하게 발생하고 있다(한선미, 이영순, 2023). 또한 아동

피해자의 경우 학업 성취도 저하, 사회적 고립, 정서적 불안정 등이 주요 문제로 나타나며, 이는 장기적으로 아동의 전반적인 발달과 사회적 적응에 부정적인 영향을 미친다(김현정, 2020; 조은수, 2024). 이러한 어려움은 피해자가 일상생활을 영위하고 사회에 통합되는 데 큰 장애물이 되며, 종합적인 지원과 개입이 절실히 요구된다.

(1) 심리적·신체적 후유증

가정폭력 피해자는 폭력으로 인한 신체적 부상뿐만 아니라 지속적인 심리적 고통을 겪는다(한선미, 이영순, 2023). 신체적 부상은 즉각적인 치료가 필요하지만, 심리적 후유증은 시간이 지나도 완전히 치유되지 않는 경우가 많다. 피해자들은 지속적인 공포감, 트라우마, 수면 장애 등을 경험하며, 이는 일상생활과 사회적 관계 형성에 큰 지장을 초래한다(박소희, 홍가혜, 2024). 특히 정서적 불안정은 피해자가 사회적으로 고립되고, 도움을 요청하는 것을 주저하게 만드는 주요 요인으로 작용한다(박소희, 홍가혜, 2024). 이러한 심리적 후유증은 피해자가 자존감을 회복하고 정상적인 생활로 복귀하는 데 큰 장애물이 되며, 장기적인 정신건강 관리가 필수적임을 시사한다(정연주, 2023). 또한 신체적 부상으로 인한 장기적인 재활과 지속적인 건강 관리는 경제적 부담을 가중시키는 요인이 된다.

(2) 경제적 의존성과 탈출의 어려움

많은 가정폭력 피해자가 경제적 의존성으로 인해 폭력 상황에서 벗어나기 어려운 현실에 직면해 있다(김혁진, 이수정, 2023). 경제적 자립이 부족한 경우 피해자는 안전한 환경으로의 이동이나 독립적인 생활을 유지하는 데 큰 어려움을 겪게 된다. 특히 비정규직이나 저임금 노동에 종사하는 피해자의 경우 소득의 불안정성이 높아, 경제적 자립을 이루기 위한 지원이 절실히 필요하다(박현정, 정익중, 2024). 이러한 경제적 어려움은 피해자가 폭력 상황에서 벗어나기 위해 필요한 자원을 확보하는 것을 더욱 어렵게 만들며, 빈곤의 악순환을 초래한다(정연주, 2023). 경제적 의존성은 피해자가 가해자와의 관계를 단절하고 새로운 생활을 시작하는 데 있어 주요한 장애물이 되며, 이는 사회적 지원 시스템의 부족으로 더욱 심화된다.

(3) 사회적 낙인과 심리적 고립

가정폭력 피해자는 사회적 낙인과 편견으로 인해 추가적인 심리적 고통을 겪을 수 있다(이인선, 김보화, 2024). 사회적 낙인은 피해자가 사회적으로 소외되고 타인으로부터 부정적인 시선을 받는 상황을 의미하며, 이는 피해자의 자존감 저하와 사회적 고립을 초래한다(유화정,

2024). 이러한 낙인은 피해자가 필요한 도움을 받는 것을 방해하며, 심리적 스트레스를 더욱 가중시킨다(김민수, 이창현, 2024). 또한 사회적 고립은 피해자가 지원 네트워크를 형성하고 유지하는 데 어려움을 겪게 하여, 장기적인 회복 과정을 더욱 복잡하게 만든다(김민수, 이창현, 2024). 이러한 사회적 낙인을 해소하기 위해서는 대국민 인식 개선 캠페인과 교육 프로그램을 통해 일반 대중의 인식을 변화시키는 것이 필요하며, 이는 피해자가 보다 긍정적으로 평가받을 수 있는 사회적 환경을 조성하는 데 기여할 것이다. 가정폭력 피해자의 신체적 · 정신적 · 경제적 어려움을 해결하기 위해서는 다양한 사회복지적 개입과 지원이 절실히 요구된다. 법적 보호와 함께 심리적 상담, 경제적 자립 지원, 사회적 낙인 해소를 위한 인식 개선 활동 등 종합적인 접근이 필요하며, 이를 통해 피해자가 안전하고 안정된 환경에서 다시 일어설 수 있도록 돕는 사회적 노력이 필요하다.

4) 가정폭력가족 지원 서비스

가정폭력 피해 가족을 지원하기 위해 정부와 민간 단체는 다양한 서비스와 프로그램을 제공하며(「가정폭력방지법」, 2024), 이들 지원은 피해자의 안전과 복지를 종합적으로 보장하기 위해 설계되었다. 주요 지원 영역은 피해자 보호시설 제공과 가정폭력 피해자 지원을 위한 전문 상담 센터 운영으로 구분된다.

(1) 피해자 보호시설 제공

가정폭력 피해자를 위한 보호시설은 피해자가 즉각적으로 안전을 확보하고 회복할 수 있는 공간을 제공하는 데 중점을 두며, 긴급 피신과 장기적 보호를 동시에 지원한다. 이러한 보호시설의 주요 기능은 다음과 같다.

① 긴급 피신 및 보호

피해자가 위험한 상황에서 벗어날 수 있도록 24시간 운영되는 긴급 보호시설을 제공한다(「가정폭력방지법」, 2024; 강보정 외, 2023; 고은정, 신나래, 2023; 문유석, 2024; 문지선, 2024). 이 시설은 피해자가 폭력의 즉각적인 위험에서 벗어나 안전한 환경을 확보할 수 있도록 돕는다. 또한 피해자가 법적 절차를 진행할 수 있도록 법적 상담 및 보호 명령을 지원하여 피해자의 법적 안전을 보장한다(「가정폭력방지법」, 2024).

② 심리적 · 정서적 지원

피해자의 정서적 안정과 심리적 회복을 위해 전문 심리상담사와 치료사를 통해 심리 상담 서비스를 제공한다(「가정폭력방지법」, 2024). 이를 통해 피해자가 폭력으로 인한 정신적 상처를 치유하고, 장기적인 정신건강 회복을 도모할 수 있도록 한다.

③ 기본 생활 지원

보호시설에서는 피해자에게 기본적인 생활 필수품과 식사를 제공하여 생활의 기본적인 필요를 충족시킨다(「가정폭력방지법」, 2024). 또한 피해자의 건강 관리를 위해 필요한 의료 서비스와 치료를 제공함으로써 신체적 및 정신적 건강 회복을 지원한다.

④ 자립 지원 및 재활 프로그램

피해자가 보호시설에서 안정적인 생활을 한 후 경제적으로 자립할 수 있도록 직업 훈련, 취업 지원 프로그램 등을 운영하여 피해자의 자립 기반을 마련한다(「가정폭력방지법」, 2024). 피해자가 사회로 복귀할 때 필요한 재활 서비스도 제공하며, 주거지 찾기, 경제적 지원 등을 통해 피해자의 사회적 재통합을 지원한다.

⑤ 가족 및 자녀 지원

피해자의 가족, 특히 자녀를 대상으로 한 가족치료 프로그램을 통해 가족 간의 관계 회복을 돕고, 자녀의 정서적 안정을 지원한다(「가정폭력방지법」, 2024). 보호시설 내에서 자녀에게 학습 지원 및 돌봄 서비스를 제공하여 자녀들이 학업에 집중하고 정서적 안정을 유지할 수 있도록 한다.

(2) 가정폭력 피해자 지원을 위한 전문 상담 센터

가정폭력 피해자를 지원하기 위한 전문 상담 센터는 피해자의 심리적 회복과 사회적 재통합을 돕는 중요한 역할을 한다(「가정폭력방지법」, 2024). 주요 지원 내용은 다음과 같다.

① 전문 상담 서비스

개인 상담을 통해 피해자의 개별 상황을 이해하고 맞춤형 상담을 제공하여 피해자의 심리적 치유를 돕는다(「가정폭력방지법」, 2024). 또한 비슷한 경험을 가진 피해자들과의 그룹 상담을 통해 상호 지원과 공감을 제공하며, 이를 통해 사회적 고립감을 줄이고 심리적 회복을 촉진한다.

② 교육 및 정보 제공

법률 및 권리 교육을 통해 피해자가 자신의 법적 권리를 이해하고 필요한 법적 절차를 진행할 수 있도록 지원하여 피해자가 법적 보호를 효과적으로 받을 수 있도록 한다(「가정폭력방지법」, 2024).

③ 사회적 재통합 지원

피해자가 지역사회와 연결을 강화하고 사회적 네트워크를 형성할 수 있도록 커뮤니티 연계 프로그램을 운영한다(「가정폭력방지법」, 2024). 또한 피해자가 필요한 자원과 서비스를 쉽게 접근할 수 있도록 다양한 기관과 협력하여 자원 연계 서비스를 제공한다.

이와 같이 가정폭력 피해 가족을 지원하는 서비스는 피해자의 안전을 보장하고, 자립 및 사회적 재통합을 돕는 포괄적인 지원을 제공하는 것을 목표로 한다. 이를 통해 피해자는 보다 안전하고 안정된 환경에서 회복할 수 있으며, 장기적인 재활과 자립을 이루어갈 수 있게 된다.

5) 가정폭력가족 지원 정책 및 서비스의 과제

가정폭력 피해 가족을 효과적으로 지원하기 위해서는 여러 정책과 서비스의 개선이 필요하며(정연주, 2024), 주요 과제로는 피해자 보호의 지속성과 안전성 확보, 가해자에 대한 효과적인 재교육 프로그램 개발, 피해 가족의 사회 복귀를 돕는 종합적 지원 체계 구축, 그리고 가정폭력 예방 교육의 일반화가 있다. 이러한 과제들은 가정폭력의 근본적인 문제를 해결하고 피해자와 그 가족들이 건강하고 안정된 삶을 영위할 수 있도록 하는 데 필수적인 요소들이다.

(1) 피해자 보호의 지속성과 안전성 확보

피해자 보호의 지속성과 안전성 확보는 가정폭력 지원 정책의 핵심 과제 중 하나로, 피해자가 지속적으로 안전한 환경에서 생활할 수 있도록 하는 것을 목표로 한다(문유석, 2024). 이를 위해 보호시설의 확충과 운영의 효율성이 중요하며(조세은, 김혜미, 2024), 보호시설의 수를 늘리고 지역별로 균등하게 분포시켜 피해자가 신속하게 피신할 수 있도록 해야 한다. 또한 보호시설 내에서 제공되는 서비스의 질을 향상시키기 위해 전문 인력의 배치와 지속적인 교육이 필요하다(이인선, 김보화, 2024). 법적 지원 또한 중요한 요소로, 피해자가 법적 절차를 원활하게 진행할 수 있도록 법률 상담과 지원을 강화해야 한다(전소영 외, 2017). 이를 통해 피해자가 장기적으로 안전을 확보하고 재발을 방지할 수 있는 기반을 마련할 수 있다.

(2) 가해자에 대한 효과적인 재교육 프로그램 개발

가해자에 대한 효과적인 재교육 프로그램 개발은 가정폭력의 재발을 방지하고 사회적 안전을 강화하는 데 중요한 역할을 한다(조희원, 도광조, 2024). 현재 많은 재교육 프로그램이 단기적인 개입에 그치고 있으며, 지속적인 변화 유도를 위한 체계적인 접근이 부족하다(조희원, 도광조, 2024). 따라서 가해자에 대한 재교육 프로그램은 심리적 상담과 행동 교정을 포함한 통합적인 접근이 필요하다. 예를 들어, 인지행동치료(CBT)를 통해 가해자의 폭력적 사고 패턴을 변화시키고 감정 조절 및 갈등 해결 능력을 향상시키는 프로그램이 효과적일 수 있다(조희원, 도광조, 2024). 또한 재교육 프로그램은 단순한 처벌을 넘어 가해자가 사회적으로 책임을 지고 긍정적인 변화를 이루도록 돕는 데 중점을 두어야 하며, 이를 위해 정부와 민간 단체는 협력하여 지속 가능한 재교육 모델을 개발하고 이를 전국적으로 확산시켜야 한다.

(3) 피해 가족의 사회 복귀를 돕는 종합적인 지원 체계 구축

피해 가족의 사회 복귀를 돕는 종합적인 지원 체계 구축은 피해자가 가정폭력의 피해를 극복하고 사회적으로 정상적인 생활을 영위할 수 있도록 돕는 데 필수적이다(정연주, 2023). 이는 경제적 지원, 주거 안정성, 교육 및 직업 지원, 심리 상담 등을 포함하는 다차원적인 접근을 필요로 한다(정연주, 2023). 예를 들어, 피해자가 경제적으로 자립할 수 있도록 직업 훈련과 취업 지원 프로그램을 제공하고 안정된 주거 환경을 마련해 주는 것이 중요하다(유화정, 김효정, 2024). 또한 가족 구성원 모두의 심리적 회복을 위해 전문적인 상담 서비스와 지원 집단을 운영하여 가족 간의 신뢰를 회복하고 건강한 관계를 형성할 수 있도록 해야 한다(이진석, 김준범, 2024; 이호정, 이창배, 2024). 지역사회와의 연계를 강화하여 피해자가 사회적 연결망을 형성하고 유지할 수 있도록 지원하는 것도 중요한 과제다(이혜숙, 오화철, 2024; 최백만, 2023). 이러한 종합적인 지원 체계는 피해 가족이 사회적으로 재통합되고 안정된 삶을 영위하는 데 중요한 기반을 제공한다.

(4) 가정폭력 예방 교육의 일반화

가정폭력 예방 교육의 일반화는 가정폭력의 근본적인 원인을 해결하고 사회 전반에서 가정폭력을 예방하는 데 중요한 역할을 한다(고은정, 신나래, 2023; 조세은, 김혜미, 2024). 이는 교육기관, 직장, 지역사회 등 다양한 장소에서 가정폭력 예방 교육을 실시하여 폭력의 심각성과 예방의 중요성을 인식시키는 것을 목표로 한다(고은정, 신나래, 2023). 예를 들어, 학교 교육과정에 가정폭력 예방 교육을 포함시켜 학생들이 조기부터 폭력의 부정적인 영향을 이해하고 건강한 인간관계를 형성할 수 있도록 돕는 것이 중요하다(임재연, 2024). 또한 직장 내에서의 예방 교육을 통해 성차별적 문화와 폭력적인 행동을 근절하고 안전한 근무 환경을 조성할 수 있도록 해야 한다(정찬영, 이승길, 2024). 지역사회에서는 대국민 인식 개선 캠페인을 통해 일반 대중의 인식을 변화시키고 가정폭력에 대한 사회적 낙인을 줄이는 노력이 필요하다. 이러한 예방 교육의 일반화는 가정폭력의 발생을 줄이고 건강하고 안전한 사회를 만드는 데 기여할 것이다.

가정폭력 지원 정책과 서비스의 개선은 피해자와 가족의 안전과 복지 향상을 위해 필수적이며, 이를 통해 가정폭력 문제를 근본적으로 해결하고, 피해자와 가족들이 안정된 생활을 할 수 있는 환경을 조성하는 데 기여해야 한다.

2. 중독가족과 가족복지실천

중독은 특정 물질이나 행동에 대한 통제력을 상실하여, 반복적 사용으로 인해 심리적 · 신체적 의존성을 가지며 사회적 · 직업적 기능이 현저히 저하되는 상태(성수영, 2025)를 의미하며, 이는 개인뿐만 아니라 가족과 사회 전반에 심각한 부정적 영향을 미치는 복합적인 사회 문제로 인식된다. 알코올, 도박, 인터넷, 마약 중독은 현대 사회에서 특히 문제가 되는 중독 유형들로, 각각의 중독은 그 특성에 따라 정의, 위험성, 발생 원인, 예방 및 치료 서비스, 정책적 과제가 달리 요구된다(National Institute on Drug Abuse, 2023). 중독은 단순히 개인의 의지 부족이 아니라, 심리적 · 사회적 요인이 복합적으로 작용한 결과로, 체계적이고 종합적인 접근이 필요하다.

알코올 중독은 지속적인 음주로 인해 신체적 · 정신적 · 사회적 문제가 심각해지고, 통제력을 상실하여 일상 기능이 저하되는 상태를 말한다(김서희, 2024). 알코올 중독은 간경변, 심혈관 질환, 우울증 등 심각한 건강 문제를 초래하며, 가족 내 갈등과 사회적 문제를 야기한다(World Health Organization, 2018). 도박 중독은 도박을 통제하지 못해 재정적 파탄과 정신적 고통을 초래하며, 사회적 고립과 범죄를 유발하는 등 개인과 사회에 심각한 부정적 영향을 미친다(Ghinassi & Casal, 2023). 인터넷 중독은 청소년과 청년층에서 두드러지며, 장시간의 인터넷 사용으로 신체적 건강이 악화되고, 학업 성취도 저하와 사회적 관계의 악화를 초래한다(Chang & Lee, 2024). 마약 중독은 신체적 · 정신적 · 사회적 기능의 저하를 가져오며, 사회적으로는 범죄 증가와 가족 파탄 등 심각한 문제를 유발한다(United Nations Office on Drugs and Crime, 2024).

중독은 개인의 신체적 · 정신적 건강에 부정적인 영향을 미치고, 가족과 사회 전반에 다양한 문제를 일으킨다. 신체적 중독은 개인의 건강을 저하시켜 의료비 증가와 경제적 부담을 초래하며, 정신적 중독은 우울증, 불안 등 심리적 문제를 유발하여 일상생활과 대인관계에 부정적인 영향을 미친다. 가족 내에서는 갈등과 심리적 부담이 증가하며, 사회적으로는 생산성 저하와 범죄 증가, 사회적 비용 증가 등의 문제를 일으킨다.

중독 문제 해결을 위해서는 예방과 치료 서비스가 중요하다. 예방 서비스는 중독의 발생 원인을 이해하고 예방하기 위한 교육과 홍보를 통해 중독 위험성을 알리는 데 중점을 둔다(MacKillop et al., 2018). 치료 서비스는 상담, 심리치료, 의료적 치료, 재활 프로그램 등 중독자들이 중독에서 회복하도록 돕는 다양한 지원을 포함하며, 이를 통해 중독 문제의 심각성을 감소시키고 사회적 복귀를 촉진한다. 이를 효과적으로 수행하기 위해서는 중독의 예방, 치료, 사회적 지원을 포함한 종합적이고 체계적인 정책적 접근이 필요하다.

1) 알코올 중독

(1) 알코올 중독의 정의와 위험성

알코올 중독은 개인이 반복적인 과도한 음주로 인해 신체적 및 정신적 건강이 심각하게 악화되고, 음주를 조절할 수 있는 능력을 상실하게 되는 상태를 의미한다(World Health Organization, 2024). 이러한 중독 상태는 단순히 음주의 양적 문제를 넘어서 신체의 다양한 시스템에 광범위한 영향을 미치며, 이는 개인의 전반적인 건강과 삶의 질을 크게 저하시킨다. 특히, 장기간의 알코올 섭취는 간경변, 간암, 심혈관 질환과 같은 심각한 신체적 질환을 유발하며, 이러한 질환들은 개인의 신체 기능을 위협하는 중요한 요인으로 작용한다. 또한 알코올 중독은 우울증, 불안장애 등 다양한 정신적 문제를 동반하며, 이는 개인의 일상생활과 사회적 관계에 부정적인 영향을 미친다(김종훈, 2024). 이와 같이 알코올 중독은 신체적 · 정신적 건강에 심각한 손상을 끼치며, 이는 개인의 전반적인 삶의 질뿐만 아니라 사회적 기능에도 부정적인 영향을 미치는 복합적 문제로 나타난다.

알코올 중독은 사회적 차원에서도 중대한 문제를 초래하며, 특히 가정 내 폭력 증가와 같은 사회적 문제로 이어질 수 있다. 알코올 의존은 가족 관계를 파괴하고 가정 내 갈등을 심화시켜

폭력적인 상황을 유발할 가능성을 높인다(이소담, 신소라, 2023). 이러한 가정 내 폭력은 피해자뿐만 아니라 가해자와 주변인에게도 심각한 신체적 · 심리적 피해를 초래하며, 가족 구성원 간의 신뢰와 유대감을 약화시키는 요인으로 작용한다. 또한 알코올 중독으로 인한 경제적 부담은 가족의 재정적 안정을 해치고, 이는 자녀의 교육 및 복지에도 부정적인 영향을 미친다. 사회적 차원에서는 알코올 중독으로 인해 발생하는 의료비 증가, 생산성 저하, 범죄율 상승 등 다양한 경제적 및 사회적 비용이 국가의 사회복지 시스템에 부담을 준다(홍미연, 2024). 알코올 중독 문제는 단순히 개인의 의지 부족으로 설명될 수 없는 복합적 문제로, 심리적 · 생리적 · 사회적 요인들이 상호작용하여 발생함을 이해하는 것이 중요하다(National Institute on Drug Abuse, 2024). 개인의 심리적 스트레스, 유전적 소인, 사회적 압력 등이 알코올 중독의 발생에 기여하며, 사회적 환경에서는 음주 문화의 확산, 접근성 용이성, 스트레스 많은 생활환경 등이 알코올 소비를 촉진하는 요소로 작용한다. 따라서 알코올 중독의 효과적인 예방과 치료를 위해서는 이러한 다양한 요인을 종합적으로 고려한 접근이 필요하다. 최근 연구에 따르면, 알코올 중독 관리 및 예방을 위한 포괄적 접근 방식이 개인과 가족, 그리고 사회 전반의 건강을 개선하는 데 효과적이라는 결과가 나타난다(Knox et al., 2019). 이러한 접근은 다양한 치료 방법과 예방 프로그램을 포함하며, 알코올 중독 문제를 해결하는 데 필수적인 요소로 작용한다. 예방 프로그램은 알코올 소비의 위험성을 교육하고 건강한 음주 습관을 장려함으로써 중독 발생을 줄이는 데 기여하며, 치료 프로그램은 중독자들이 심리적 안정과 사회적 재통합을 이룰 수 있도록 지원을 제공한다. 이러한 종합적 접근은 알코올 중독의 재발을 방지하고 중독자들이 건강하고 안정된 삶을 영위할 수 있도록 돕는 데 필수적이다.

(2) 알코올 중독의 현황

우리나라의 알코올사용장애 유병률은 평생 유병률 11.6%, 1년 유병률 2.6%로, 이는 국민 중 약 598만 명이 평생 한 번 이상 알코올 중독을 경험할 수 있음을 의미하며, 알코올로 인한 사회적 비용은 약 20조 원에 달하는 것으로 보고되었다(보건복지부정신건강센터, 2022; 이선미 외, 2008). 이러한 통계는 알코올 중독이 단순한 개인 건강 문제를 넘어 경제적 부담과 사회적 비용을 유발하는 심각한 사회 문제임을 시사한다. 특히 알코올 중독으로 인한 의료비 지출과 생산성 손실은 국가 경제에 큰 부담을 주며, 이는 장기적으로 사회복지 시스템의 안정성에도 부정적인 영향을 미친다. 우리나라의 음주 문화는 이러한 중독 현상의 확산과 밀접하게 연관되어 있으며, 이는 개인뿐만 아니라 가족, 직장 등 여러 사회적 관계에 부정적인 영향을 미치고 있다. 우리나라에서는 음주가 사회적 교류의 중요한 수단으로 자리잡고 있어 음주 빈도와 양이 증가하는 경향을 보이며, 이러한 문화적 배경은 알코올 중독의 확산을 촉진하는 주요 요인 중 하나로 작용한다. 특히 직장 내 음주 문화는 알코올 중독의 주요 원인으로 지목되며, 이는 노동 생산성 저하와 노동 환경 악화로 이어진다(김희영 외, 2024). 직장 내 음주는 종종 동료 간의 친목 도모나 스트레스 해소의 수단으로 이용되지만, 실제로는 업무 효율성을 저하시킬 뿐 아니라 직원 간 갈등과 불화를 증폭시키는 결과를 초래한다. 이러한 음주 문화는 조직 전체의 건강한 업무 환경을 저해하며, 장기적으로는 기업의 경쟁력에도 부정적인 영향을 미친다. 조직 내 음주 문화는 권위적 구조와 연계되어 음주가 조직 내 권위에 대한 복종이나 동료 간 유대 강화를 위한 수단으로 사용되기도 하며, 이는 직원들이 개인의 건강을 희생하면서까지 음주에 참여하게 만드는 요인이 된다. 이러한 문화는 업무 성과와 조직의 지속 가능성에 심각한 위협을 초래하며, 음주로 인한 피로와 집중력 저하는 업무 효율성을 저하시켜 조직의 목표 달성에 장애가 된다. 더불어 음주로 인한 건강 문제와 결근은 인적 자원 관리에 추가적인 부담을 주며, 이는 조직 운영 비용을 증가시키는 요인이 된다. 따라서 직장 내 음주 문화를 개선하기 위한 정책적 노력이 필요하며, 이를 통해 알코올 중독 문제를 효과적으로 해결할 수 있는 기반을 마련해야 한다.

(3) 알코올 중독의 원인

알코올 중독은 여러 복합적인 요인이 상호작용하여 발생하는 현상으로, 그 원인은 크게 유전적 요인, 사회적 압력과 스트레스, 그리고 음주 문화와 환경적 요인으로 나누어 설명할 수 있다. 먼저, 유전적 요인은 알코올 중독의 주요한 발생 원인 중 하나로, 개인의 알코올 대사 효소의 기능, 알코올에 대한 내성 및 중독 취약성을 결정짓는 중요한 생물학적 요소로 작용한다(조영윤, 김태연, 2023). 유전적 변이는 알코올 섭취 후 신체의 반응을 조절하며, 이는 특정 개인이 알코올에 더욱 민감하게 반응하거나 빠르게 내성을 형성하게 한다. 이로 인해 가족 내 유전적 요인을 공유하는 구성원들 사이에서 알코올 중독의 발생률이 증가하는 경향이 나타난다. 이러한 유전적 특성은 알코올 중독의 예방과 치료에 있어 개인 맞춤형 접근이 필요함을 시사하며, 유전적 취약성을 고려한 치료 전략이 개발될 필요가 있다.

다음으로, 사회적 압력과 또래 집단의 영향도 알코올 중독 발생의 중요한 원인으로 작용한다. 청소년과 청년에게 또래 집단의 음주 문화는 음주를 유도하는 주요한 동기로 작용하며, 이는 중독의 위험성을 높이는 요소로 작용한다(김종훈, 2024). 사회적 압력은 소속감과 사회적 수용을 얻기 위해 음주에 참여하게 만들며, 음주를 통한 대인관계 형성 및 유대감 강화의 경향을 증가시킨다. 또한 현대 사회의 경쟁과 스트레스가 심화되면서 음주는 스트레스 해소의 수단으로 여겨지는 경향이 있다(김종훈, 2024). 스트레스 관리 능력이 부족한 개인은 장기적으로 알코올에 의존하게 될 가능성이 커지며, 이는 결국 알코올 중독으로 이어질 수 있다. 따라서 사회적 압력과 스트레스 관리는 알코올 중독 예방을 위한 중요한 요소로 다루어져야 한다.

알코올 중독 문제를 효과적으로 해결하기 위해서는 유전적 요인, 사회적 압력과 스트레스, 음주 문화 등 다양한 원인을 종합적으로 고려한 예방 및 개입 전략이 필요하다(김민석, 2023). 이러한 종합적 접근은 중독의 발생 원인을 다각적으로 분석하고, 개별 상황에 맞춤형 지원을 제공함으로써 예방과 치료의 효과성을 높이는 데 기여할 수 있다. 예를 들어, 유전적 취약성이 높은 개인에게는 조기 개입과 맞춤형 치료 프로그램을 제공하고, 사회적 압력과 스트레스가 큰 환경에서는 스트레스 관리와 음주 문화 개선을 위한 교육 프로그램을 도입하는 것이 효과적일 수 있다. 또한 가족 단위의 지원 프로그램을 통해 가족 내 갈등을 해소하고 건강한 대인관계 형성을 돕는 것도 중요한 전략 중 하나이다. 이러한 종합적인 예방 및 개입 전략은 알코올 중독 문제를 근본적으로 해결하고, 개인과 사회 전반의 건강과 복지를 향상시키는 데 중요한 역할을 한다.

(4) 알코올 중독 예방 및 치료 서비스

알코올 중독의 예방 및 치료를 위해 현행 정부에서는 보건복지부 산하의 중독관리통합지원센터를 중심으로 다양한 지원 서비스를 제공하고 있으며, 이들은 알코올 중독 문제에 대해 종합적이고 통합적인 지원을 목표로 한다(보건복지부, 2024b). 중독관리통합지원센터는 알코올 중독자의 초기 진단 및 치료를 지원하는 핵심 기관으로, 중독자의 회복을 돕기 위해 다양한 치료 서비스를 제공하고 있다. 이 센터는 중독자 개별의 상황과 필요를 반영한 맞춤형 치료 계획을 통해 중독 문제에 대응하며, 이를 통해 중독자의 신체적 · 정신적 건강 회복을 목표로 한다.

중독관리통합지원센터는 개인 상담, 가족 상담, 심리 치료, 해독 치료 등을 포함한 포괄적인 프로그램을 운영하여 알코올 중독 문제를 다각도로 다루고 있다. 이러한 치료 프로그램은 알코올 중독의 원인을 분석하고, 심리적 지원과 행동 교정을 포함한 종합적인 접근을 통해 중독자의 재발 방지를 목표로 한다(보건복지부, 2024b). 예를 들어, 인지행동치료(CBT)를 통해 중독자의 부정적 사고 패턴을 변화시키고 긍정적인 행동을 유도하는 프로그램이 효과적으로 운영되고 있다. 또한 그룹 치료 세션을 통해 중독자들 간의 상호 지지와 경험 공유를 촉진함으로써 회복 과정에서의 정서적 지원을 강화하고 있다(김민석, 2023; 박은하, 2023). 개인 상담은 중독자가 자신의 문제를 인식하고 대처 방법을 찾는 데 중요한 도움을 주며, 가족 상담은 가족 구성원들이 중독자의 회복 과정에서 효과적으로 지원할 수 있도록 돕는 역할을 한다. 또한 심리

치료는 알코올 중독과 동반된 정신건강 문제, 예컨대 우울증이나 불안장애와 같은 문제들을 해결하는 데 필수적이다(강경림, 김성재, 2023; 이솔지, 윤기혁, 2023).

중독관리통합지원센터는 중독 문제의 조기 발견과 빠른 개입을 통해 중독자의 회복을 돕는 데 중점을 두며, 맞춤형 프로그램을 제공하여 개인의 특성과 필요에 따른 치료를 지원하고 있다(보건복지부, 2024b). 예를 들어, 직업 재활 프로그램을 통해 중독자가 경제적으로 독립하고 사회로 성공적으로 재진입할 수 있도록 돕는 한편, 지속적인 정신건강 관리 서비스를 통해 중독의 재발을 방지하고 건강한 삶을 유지할 수 있도록 지원한다.

중독관리통합지원센터의 역할과 더불어, 정부는 알코올 중독 예방 및 치료를 위한 정책적 지원을 강화하고 있다. 이는 중독 문제의 심각성을 인식하고, 효과적인 대응 방안을 마련하는 데 중점을 둔다. 정부는 중독 관리 프로그램의 효과성을 지속적으로 평가하고, 최신 연구 결과를 반영하여 예방 및 치료 전략을 업데이트하고 있다(보건복지부, 2024b). 또한 중독 예방 교육과 사회적 인식 개선 캠페인을 통해 알코올 중독에 대한 낙인을 줄이고, 예방적 접근을 확산시키기 위한 노력을 기울이고 있다. 이러한 정책적 지원은 중독자의 회복뿐만 아니라, 사회 전반의 건강과 복지 수준을 향상시키는 데 중요한 기여를 한다(보건복지부, 2024a).

또한 지역사회 기반의 지원 프로그램은 중독자의 사회적 재통합을 돕고, 가족 단위의 지원을 통해 중독의 악순환을 끊는 데 중요한 역할을 하고 있다(보건복지부, 2024a). 이러한 프로그램은 지역사회 내에서 알코올 중독을 예방하고, 중독자가 사회적 지지망을 형성할 수 있도록 돕는다. 특히, 가족 상담 프로그램은 중독자와 가족 간의 의사소통을 개선하고, 가족 구성원이 중독 문제를 이해하며 중독자를 효과적으로 지원할 수 있는 방법을 제공함으로써, 건강한 가족 관계 회복을 돕는 데 중점을 둔다(보건복지부, 2024a). 이와 함께, 지역사회의 자원과 연계하여 중독자가 필요한 지원을 적시에 받을 수 있도록 돕는 것도 중요한 요소이다.

알코올 중독 예방 및 치료를 위해서는 중독관리통합지원센터와 같은 전문기관의 역할뿐만 아니라, 정부의 정책적 지원과 지역사회 기반의 프로그램이 종합적으로 운영되어야 한다. 이를 통해 중독자의 회복을 돕고, 사회 전반의 건강과 복지를 향상시키는 체계적인 접근이 이루어질 수 있다.

(5) 알코올 중독 관련 정책 및 서비스의 과제

알코올 중독 예방 및 치료를 위한 정책과 서비스의 개선을 위해서는 조기 개입 프로그램 강화와 접근성 향상, 가족 단위의 상담 및 맞춤형 프로그램 확대, 재활 과정에서의 사회적 지원과 고용 기회 제공 등이 주요 과제로 제시된다. 이러한 과제들은 알코올 중독 문제를 보다 체계적으로 관리하고, 중독자의 회복과 재통합을 효과적으로 지원하는 데 중점을 요한다.

① 조기 개입 프로그램 강화와 접근성 향상

알코올 중독 문제를 해결하기 위해 가장 중요한 정책적 과제 중 하나는 조기 개입 프로그램을 강화하고 그 접근성을 향상시키는 것이다(김민석, 2023). 조기 개입은 중독의 초기 단계에서 중독자를 지원하여 문제의 심화와 만성화를 방지하는 중요한 역할을 한다. 이를 위해 정부는 중독 예방 교육 프로그램의 확대와 중독 관련 정보의 접근성을 높이는 노력이 필요하다. 학교, 직장, 지역사회 센터 등 다양한 장소에서 중독 예방 교육을 실시함으로써 중독의 위험성을 조기에 인식하고 예방할 수 있는 환경을 조성해야 한다. 또한 디지털 매체를 활용한 정보 제공과 홍보 활동을 통해 알코올 중독에 대한 인식을 개선하고, 중독에 대한 낙인을 줄이는 것이 중요하다. 더불어 치료의 접근성을 높이기 위해 치료 시설을 확충하고, 지역사회 기반의 지원 체계를 강화함으로써 더 많은 중독자가 효과적인 치료를 받을 수 있도록 해야 한다(보건복지부, 2024a). 특히 농어촌이나 소외된 지역에서도 쉽게 접근 가능한 치료 시설을 마련하고, 모바일 치료 프로그램이나 온라인 상담 서비스를 도입하여 시간과 장소에 구애받지 않고 치료를 받을 수 있는 환경을 조성해야 한다.

② 가족 단위의 상담 및 맞춤형 프로그램 확대

가족 단위의 상담과 맞춤형 프로그램 확대는 중독자의 회복에 필수적인 요소로 작용한다(조영윤, 2023). 가족 상담은 중독자의 회복 과정에서 가족 구성원의 역할을 이해하게 하고, 가족 모두가 중독 문제를 효과적으로 관리할 수 있도록 돕는다. 예를 들어, 가족 상담 프로그램을 통해 가족 구성원들이 중독자의 문제를 이해하고 이를 통해 가족 간의 의사소통을 개선하며, 상호 지지를 강화할 수 있다. 이는 중독자가 회복 과정에서 겪는 심리적 부담을 경감시키고, 가족의 안정성을 높이는 데 중요한 역할을 한다. 또한 맞춤형 프로그램은 중독자의 개별적 상황과 필요에 맞춘 지원을 제공하여 회복을 돕는 데 기여한다(박은하, 2023; 조영윤, 2023). 특정 중독자의 경우 심리적 지원이 더 필요할 수 있으며, 다른 경우에는 경제적 지원이나 직업 재활 프로그램이 더 중요할 수 있다. 이러한 맞춤형 접근은 중독자의 회복과 재발 방지에 효과적이다.

③ 재활 과정에서의 사회적 지원과 고용 기회 제공

알코올 중독자의 재활을 돕기 위해서는 사회적 지원과 고용 기회를 제공하는 것이 중요하다(보건복지부, 2024a). 사회적 지원은 중독자가 사회적 관계를 회복하고, 긍정적인 인간관계를 형성하며, 사회적 고립을 방지하는 데 기여한다(김희영 외, 2024). 이를 위해 지역사회 기반의 지원 집단이나 자원봉사 프로그램을 통해 중독자가 사회와의 연결을 유지하고, 사회적 재통합을 촉진할 수 있도록 돕는 것이 필요하다. 고용 기회를 제공함으로써 중독자가 경제적 자립을 이루는 것도 중요한 요소다. 이를 위해 정부와 민간 단체는 직업 재활 프로그램을 운영하고, 중독자가 직업을 찾고 유지할 수 있도록 취업 지원 서비스를 제공해야 한다. 직업 훈련 프로그램을 통해 중독자가 새로운 기술을 습득하고 이를 바탕으로 안정적인 직업을 찾을 수 있도록 지원하는 것이 필요하다. 또한 직장 내 지원 프로그램을 통해 중독자가 직장에서 안정적으로 일하고 성장할 수 있는 환경을 조성하는 것도 중요하다. 이러한 통합적 접근은 중독자의 회복과 사회적 재통합을 돕는 데 중요한 역할을 한다.

알코올 중독 문제의 효과적인 해결을 위해서는 조기 개입, 가족 단위의 상담 및 맞춤형 프로그램, 그리고 재활 과정에서의 사회적 지원과 고용 기회를 포함한 다각적인 접근이 필요하다(조영윤, 김태연, 2023). 이러한 정책적·서비스적 과제들은 중독자의 전반적인 회복을 돕고, 중독 문제의 재발을 방지하며, 사회 전체의 건강과 복지를 향상시키는 데 중요한 기여를 할 것이다.

2) 도박 중독

(1) 도박 중독의 정의와 위험성

도박 중독은 개인이 도박 행위를 스스로 조절할 수 없는 상태로, 이는 심리적·사회적 기능에 심각한 장애를 초래하는 복합적인 문제를 의미한다(American Psychiatric Association, 2013). 도박 중독은 미국정신의학회(APA)의 『정신질환 진단 및 통계 편람 제5판(DSM-5)』에서 '도박장애'로 정의되며, 이는 도박 행위로 인해 개인의 일상생활이 파괴되고 삶의 질에 부정적인 영향을 미치는 상태를 설명한다. 중독자는 도박을 통해 일시적인 만족감이나 스트레스를 해소하려 하지만, 그 결과로 경제적 손실, 대인관계의 악화, 직업 기능 저하와 같은 심각한 부작용을 경험하게 된다(박선태, 2023). 이러한 중독 상태는 경제적 안정성과 사회적 지위에 타격을 입히고, 장기적으로 사회적 고립과 정신건강 문제를 유발한다.

도박 중독은 여러 가지 심각한 위험성을 내포하며, 이는 개인뿐만 아니라 사회 전반에도 부정적인 영향을 미친다. 그중 가장 두드러진 위험성은 경제적 파탄이다. 도박 중독자는 도박에 대한 통제력을 상실하고 무리한 도박으로 인해 큰 재정적 손실을 경험하며, 이는 파산으로 이어질 수 있다(이정덕, 2024). 경제적 파탄은 중독자의 신용도 저하뿐 아니라 가족 구성원에게도 경제적 부담을 안기며, 가족 내 갈등과 관계 붕괴를 초래할 수 있다. 또한 도박 중독으로 인해 발생한 경제적 문제는 중독자가 절도, 사기와 같은 불법 행위에 빠지게 만드는 경우도 많아 사회적 안전에도 위협이 된다(이정덕, 2024).

도박 중독은 심리적 문제와 정신건강에도 심각한 영향을 미친다. 중독자는 지속적인 도박으로 인해 우울증, 불안장애, 스트레스 증가와 같은 정신적 문제를 겪으며, 이는 삶의 질 저하와 사회적 기능 악화로 이어진다(김세원, 2023). 심리적 스트레스는 직장 성과 저하와 대인관계의 약화를 초래하며, 중독자의 사회적 고립을 심화시킨다(김희영 외, 2024). 도박 중독은 가족 내 갈등을 일으키고, 이는 가족 구성원 간의 신뢰와 유대감을 약화시키며, 가정폭력과 같은 사회적 문제로 이어질 수 있다(김성은, 2024). 이러한 문제들은 중독자의 사회적 회복을 방해하며, 전문적인 개입과 지원이 절실히 요구된다.

(2) 도박 중독의 현황

도박 중독의 현황을 살펴보면, 도박 중독으로 인한 피해는 지속적으로 증가하고 있으며, 2020년 기준으로 도박 중독 유병률이 5.3%로 조사되었다(보건복지부정신건강센터, 2022). 이 통계는 도박 중독이 단순한 개인의 문제가 아닌, 사회 전반에 걸쳐 큰 영향을 미치고 있음을 시사한다. 도박 중독으로 인해 개인은 재정적 파탄과 가족 붕괴를 경험하며, 이는 가족복지 차원에서도 심각한 문제로 다루어져야 한다. 특히 청소년과 젊은 성인 사이에서 도박 중독의 증가가 심각한 사회적 문제로 대두되고 있으며, 이는 장기적으로 사회의 안정성을 위협할 수 있다(김희진, 홍지선, 2024). 청소년기와 청년기에 도박 행위가 습관화될 경우 성인기까지 이어져 장기적인 경제적 문제와 사회적 문제를 유발할 수 있다. 이는 도박 중독 문제에 대한 조기 개입과 예방 노력이 얼마나 중요한지를 강조하며, 예방 프로그램의 강화가 시급히 요구된다(조제성, 김다은, 2024).

도박 중독 문제를 해결하기 위해서는 개인과 가족뿐만 아니라 사회적 차원에서의 다각적인 접근이 필요하다. 조기 개입을 통해 도박 중독 문제의 심화와 만성화를 방지하고, 중독자와 그 가족이 효과적으로 문제를 극복할 수 있도록 지원하는 것이 중요하다. 이를 위해 예방 교육 프로그램과 사회적 지원 시스템의 강화가 필요하며, 중독자에 대한 전문적인 치료와 사회 복귀를 위한 통합적인 지원이 필수적이다.

(3) 도박 중독의 원인

도박 중독의 원인은 경제적 압박, 스트레스 해소를 위한 도박 의존, 온라인 도박의 접근성 증가, 그리고 가족 내 불화와 같은 다양한 요인이 복합적으로 작용하여 중독 문제를 심화시키고 있다. 이러한 원인들은 개인의 심리적·사회적 상태에 영향을 미치며, 도박 중독의 악순환을 강화하는 데 중요한 역할을 한다. 도박 중독을 예방하고 치료하기 위해서는 각 원인에 대한 종합적이고 다각적인 접근이 필요하다.

먼저, 경제적 압박은 도박 중독의 중요한 원인으로 작용한다. 갑작스러운 실직, 부채 증가, 의료비 부담 등과 같은 재정적 스트레스는 개인이 빠른 재정 회복을 시도하도록 도박에 의존하게 만든다(나지훈, 2024). 이러한 상황에서 개인은 일시적인 경제적 이익을 기대하지만, 도박으로 인한 손실은 장기적으로 더 큰 재정적 문제를 초래하고, 결국 경제적 안정성을 심각하게 위협한다. 이와 함께 스트레스 해소를 위해 도박에 의존하는 경향도 도박 중독의 주요 원인 중 하나로 작용한다. 현대 사회의 빠른 생활 속도와 경쟁적인 환경은 개인에게 지속적인 스트레스를 유발하며, 도박은 이러한 스트레스를 일시적으로 해소하는 수단으로 활용된다(김희영 외, 2024). 그러나 이러한 도박 의존은 점차 도박 행위의 빈도와 강도를 증가시키고, 중독의 악순환을 형성하게 된다.

온라인 도박의 접근성 증가는 도박 중독의 확산을 가속화하는 중요한 요인이다. 인터넷과 스마트폰의 보급으로 개인들이 언제 어디서나 도박에 접근할 수 있는 환경이 조성되었으며, 온라인 도박은 시간과 장소의 제약 없이 쉽게 참여할 수 있는 특성 때문에 중독의 위험을 높인다(조제성, 김다은, 2024). 이러한 접근성의 용이성은 중독 문제의 조기 발견과 개입을 어렵게 만들며, 개인이 자신의 중독 문제를 인식하기 어렵게 한다. 더욱이 온라인 도박은 프라이버시 보호가 용이해 도박 행위를 숨기기 쉬운 환경을 제공하여, 중독의 악화를 초래할 수 있다(박선태, 2023).

도박 중독은 가족 내 불화와 밀접하게 연관되어 있으며, 중독으로 인한 경제적 손실은 가족 간의 갈등을 증가시키고, 구성원 간의 신뢰와 유대감을 약화시킨다(나지훈, 2024). 이러한 가족 내 갈등은 중독자의 심리적 부담을 더욱 가중시키며, 도박 중독을 악화시키는 요인으로 작용한다. 이로 인해 가정폭력과 같은 심각한 문제로 이어질 수 있으며, 가족 전체의 안정성을 해치게 된다(박은경, 전종설, 2023). 따라서 도박 중독 문제를 해결하기 위해서는 개인의 치료뿐만 아니라 가족 단위의 상담과 지원이 함께 이루어져야 한다.

경제적 압박과 스트레스 해소를 위한 도박 의존이 누적될수록 개인은 도박을 통해 문제를 해결하려는 경향이 강화되어 도박에 대한 의존도가 더욱 높아지게 된다(나지훈, 2024). 이러한 상황은 개인의 경제적 안정성을 위협하고, 도박 중독의 악순환을 강화하는 주요 요인으로 작용한다. 도박으로 인한 재정적 손실은 자존감을 저하시킬 뿐만 아니라, 더욱 큰 재정적 어려움을 초래하여 다시 도박에 의존하게 만드는 악순환을 형성한다. 이는 결국 사회적 기능 저하와 고립으로 이어져, 도박 중독의 악화를 더욱 가속화시킨다.

도박 중독 문제를 효과적으로 해결하기 위해서는 경제적 압박, 스트레스 관리 부족, 온라인 도박의 접근성 등 다양한 원인을 종합적으로 고려한 예방 및 개입 전략이 필요하다(나지훈, 2024). 경제적 압박을 완화하기 위한 재정 상담과 지원 프로그램, 스트레스 관리를 위한 심리적 지원 서비스, 온라인 도박 접근성 제한을 위한 규제 강화 등이 포함되어야 한다. 또한 가족 단위의 상담과 지원을 통해 가족 간의 의사소통을 개선하고, 중독자가 건강한 가족 관계를 회복할 수 있도록 돕는 것이 중요하다. 이러한 종합적인 예방 및 개입 전략은 도박 중독 문제의 근본적인 해결을 가능하게 하며, 개인과 사회 전반의 건강과 복지를 향상시키는 데 필수적인 요소로 작용한다.

(4) 도박 중독 예방 및 치료 서비스

도박 중독은 개인뿐만 아니라 가족과 사회 전체에 심각한 부정적 영향을 미치는 문제로, 이를 예방하고 치료하기 위한 종합적 접근이 필수적이다. 도박 중독 예방 및 치료 서비스는 중독의 조기 발견과 개입, 치료, 재활, 그리고 사회적 재통합을 포함하는 포괄적인 프로그램으로, 개인의 회복과 사회적 안정을 도모하는 데 중점을 둔다. 이를 위해 다음과 같은 주요 예방 및 치료 서비스가 도입되고 있다.

① 도박 중독 예방 서비스

이 서비스는 공공 캠페인과 교육 프로그램의 확대를 통해 도박 중독 문제에 대한 인식을 높이고, 중독 예방에 필수적인 교육을 제공하는 데 초점을 맞춘다(이혜선, 나은영, 2023). 공공 캠페인은 도박 중독의 위험성과 예방 방법을 널리 알리기 위한 도구로, 이를 통해 사회 전반의 경각심을 높이고 도박 중독의 발생을 예방하는 데 중요한 역할을 한다(송민호, 2014). 텔레비전 광고, 소셜 미디어 캠페인, 공공장소에서의 포스터 및 전단지 배포와 같은 다양한 매체를 활용해 도박 중독의 심각성을 대중에게 알리고, 예방을 위한 행동 변화를 유도할 수 있다.

② 교육 프로그램의 확대

학교, 직장, 지역사회 등 다양한 환경에서 교육 프로그램의 확대가 이루어져야 한다. 학교에서는 학생들에게 도박의 위험성과 중독 예방에 대한 교육을 제공함으로써 청소년들이 중독의 위험성을 인식하고 스스로를 보호할 수 있는 능력을 갖추도록 하는 것이 중요하다(이혜선, 나은영, 2023). 청소년기는 도박 중독의 위험이 높아질 수 있는 시기이므로, 이 시기에 중독 예방 교육을 실시하는 것은 청소년들이 건강한 습관을 형성하는 데 기여한다. 직장 내에서는 스트레스 관리와 도박 중독 예방을 위한 워크숍을 개최하여, 업무에서 발생하는 스트레스로 인한 도박 의존을 방지하고, 직장 내 건강한 환경을 조성해야 한다(박선태, 2023).

③ 지역사회 기반의 교육 프로그램

이는 도박 중독 예방에 중요한 역할을 한다. 지역사회 센터에서는 주민들을 대상으로 도박 중독 예방 워크숍, 세미나, 지원 집단 등을 운영함으로써 도박 중독의 위험성을 인식하고 예방할 수 있는 실질적인 정보를 제공한다(박선태, 2023). 이러한 프로그램은 중독 문제를 해결하기 위해 주민들이 공동으로 노력할 수 있는 기회를 제공하며, 도박 중독에 대한 공동체의 인식을 높이고 지역사회의 건강성을 강화하는 데 기여한다.

(5) 도박 중독 관련 정책 및 서비스의 과제

도박 중독 문제를 해결하기 위해서는 예방과 치료뿐만 아니라 정책적 접근이 필요하며, 이를 위해 공공 캠페인과 교육 확대, 가족 지원 강화, 법적·재정적 지원 체계 마련, 그리고 법적 규제와 사회적 재활 지원 등의 과제가 중요하다. 이러한 과제들은 도박 중독의 근본적 원인과 부정적 영향을 해결하고, 도박 중독자와 그 가족들이 사회에 안정적으로 재통합될 수 있도록 돕는 데 기여한다.

① 공공 캠페인과 교육의 확대

이는 도박 중독 예방의 핵심 과제로, 도박 중독 문제에 대한 사회적 인식을 높이고 예방하는 데 중요한 역할을 한다(보건복지부, 2024a). 텔레비전, 라디오, 소셜 미디어 등 다양한 매체를 활용한 캠페인은 도박 중독의 위험성과 예방 방법을 대중에게 알리고, 중독의 심각성을 강조함으로써 예방을 위한 사회적 분위기를 조성한다(이혜선, 나은영, 2023). 또한 학교와 직장, 지역사회에서의 교육 프로그램을 통해 도박 중독의 초기 징후를 조기에 발견하고 개입할 수 있는 기회를 제공하며, 청소년들이 도박의 위험성을 인식하고 스스로를 보호할 수 있도록 돕는다(백혜진, 고하은, 2024).

② 도박 중독가족에 대한 지원의 강화

중독으로 인해 피해를 입은 가족 전체의 회복을 돕는 중요한 요소다. 가족 단위의 상담과 지원 서비스는 가족이 도박 중독자를 지지하고 회복 과정을 도울 수 있도록 하며, 가족 간의 갈등을 줄이고, 상호 지지를 강화한다(김성은, 2024). 맞춤형 프로그램은 중독자의 개인적인 필요에 맞춘 지원을 제공함으로써 회복 과정을 더욱 효과적으로 지원하며, 중독 문제의 재발을 방지하고 지속 가능한 회복을 돕는다(김희진, 홍지선, 2024).

③ 도박 중독 문제로 인한 경제적 어려움 해결

이를 위해서는 법적 · 재정적 지원 체계가 필요하다. 법적 지원은 중독자가 도박으로 인해 발생한 채무 문제를 해결할 수 있도록 법적 절차를 지원하며, 재정적 지원은 재정 상담과 긴급자금 지원 등을 통해 중독자가 경제적 안정성을 회복할 수 있도록 돕는다(나지훈, 2024). 이러한 지원 체계는 중독자가 재활 과정에서 경제적 어려움을 겪지 않도록 돕고, 회복에 전념할 수 있는 환경을 제공한다(성혜연, 2023; 박은경, 2023).

④ 도박 중독 예방을 위한 법적 규제와 사회적 재활 지원

이것은 도박 중독 문제의 예방과 치료를 통합적으로 접근하는 데 필수적이다. 법적 규제는 도박 산업을 효과적으로 관리하고, 불법 도박을 엄격히 단속하여 중독의 확산을 방지하는 데 기여한다(김희진, 홍지선, 2024). 사회적 재활 지원은 중독자가 도박 중독에서 벗어나 새로운 삶을 시작할 수 있도록 직업 재활 프로그램, 정신건강 지원, 사회적 네트워크 형성 등을 제공함으로써 중독자가 경제적 자립과 안정적인 생활을 유지할 수 있도록 돕는다(나지훈, 2024).

이와 같은 통합적 접근은 도박 중독 문제를 체계적으로 관리하고, 중독자의 회복을 효과적으로 지원하며, 개인과 사회의 건강과 복지를 증진하는 데 중요한 역할을 수행할 것이다.

3) 인터넷 중독

(1) 인터넷 중독의 정의와 위험성

인터넷 중독은 인터넷 사용에 대한 통제력 상실로 인해 개인의 일상생활 전반에 걸쳐 부정적인 영향을 미치는 상태를 의미하며, 이러한 중독은 단순히 사용 시간의 문제를 넘어 심리적 · 사회적 기능의 저하와 관련이 있다(홍지선, 2024). 특히 디지털 기술의 발달과 함께 인터넷 사용이 일상화되면서, 청소년과 청년 사이에서 인터넷 중독 문제가 급격히 증가하고 있다. 인터넷 중독은 학업 저하, 사회적 관계 악화, 정신건강 문제 등의 다양한 부정적인 결과를 초래하며, 이는 인터넷 사용의 긍정적인 측면이 부각되는 사회에서 그 부정적인 결과에 대한 인식이 부족하기 때문으로 분석된다(홍지선, 2024).

인터넷 중독은 소셜 미디어 과다 사용, 온라인 게임 중독, 정보 탐색의 과도함 등 다양한 형태로 나타난다. 이러한 중독의 형태는 개인의 성격, 사회적 환경, 심리적 상태에 따라 다르게 나타나며, 각기 다른 중독 유형에 따라 그 대응 방법도 다르다. 소셜 미디어 중독은 사회적 유대감을 유지하려는 노력에서 기인하며, 온라인 게임 중독은 현실에서의 스트레스나 불안을 회피하려는 목적으로 발생할 수 있다(이슬아, 정지영, 2023). 이러한 다양한 중독 패턴은 인터넷 중독의 복잡한 원인과 그에 따른 다각적인 대응 필요성을 강조한다.

특히 청소년과 청년에게 인터넷 중독은 심각한 심리적 · 사회적 문제를 초래할 수 있다(이주엽, 2023). 청소년기는 정체성 형성과 사회적 관계 구축이 중요한 시기이기 때문에, 이 시기에 인터넷 중독이 발생하면 학업 성취도 저하뿐만 아니라 사회적 고립도 심화될 가능성이 크다. 청소년이 과도한 인터넷 사용으로 현실의 대인관계를 회피하게 되면, 사회적 고립과 정서적 불안정이 증가하고, 이는 우울증과 불안 장애와 같은 정신건강 문제의 발생을 촉진할 수 있다(지영화, 손재환, 2024).

또한 인터넷 중독은 학업 성취도에 부정적인 영향을 미친다. 청소년이 학습 대신 인터넷 사용에 과도하게 시간을 할애하면 집중력 저하와 학업 성적 저하로 이어질 수 있다. 이는 성취감 상실과 자아존중감 저하로 이어지고, 결국 더 많은 인터넷 사용으로 자신을 위로하려는 악순환을 형성할 수 있다(박우재, 2024). 이러한 현상은 청소년기의 발달에 부정적인 영향을 미치며, 장기적으로는 개인의 삶의 질 전반에 악영향을 미칠 수 있다.

인터넷 중독은 우울증, 불안장애와 같은 정신건강 문제를 유발하는데, 이는 자아존중감 저하와 밀접한 관련이 있다(이주엽, 2023). 인터넷을 통해 얻는 일시적인 성취와 만족감은 현실 세계에서의 실패와 좌절을 보상하려는 경향을 강화하며, 이는 결국 현실에서의 자아 개념을 약화시키고 부정적인 자기 평가를 초래한다. 이와 같은 과정은 심리적 불안을 더욱 심화시키고, 인터넷 사용에 대한 의존도를 높이는 결과를 초래한다(이주엽, 2023).

인터넷 중독은 현실 세계에서의 사회적 상호작용을 감소시켜 사회적 고립을 초래할 수도 있다. 인터넷상에서의 관계는 현실에서의 직접적인 대인관계와 다르게 피상적이고 일시적일 수도 있으며, 이는 깊이 있는 유대감을 형성하는 데 어려움을 겪게 만든다. 이러한 사회적 고립은 개인의 심리적 안정성을 해치고, 우울증과 불안장애의 발생을 증가시킨다(김예슬란, 2024). 이처럼 인터넷 중독과 정신건강 문제는 상호 보완적인 관계를 형성하며, 이에 대한 통합적인 예방 및 치료 접근이 요구된다.

(2) 인터넷 중독의 현황

2021년 기준으로 청소년 인터넷 과의존 위험군(위험사용자군 및 주의사용자군)에 속하는 청소년의 수는 183,228명으로, 이는 2020년의 175,496명에서 7,732명(4.4%) 증가한 수치로 나타났다(보건복지부정신건강센터, 2022). 이러한 통계는 청소년 사이에서 인터넷 사용으로 인한 부정적인 영향이 점차 심화되고 있으며, 중독 문제로 인해 개인적·사회적 도전이 가중되고 있음을 시사한다. 특히 디지털 기기와 인터넷의 용이한 접근성은 청소년의 일상적인 인터넷 사용을 증가시키는 주요 요인으로 작용하고 있으며, 이는 중독 위험을 높이는 결과를 초래하고 있다. 청소년기의 과도한 인터넷 사용은 학업 성취도 저하, 수면 부족, 신체 활동 감소 등 다양한 부정적인 결과를 초래하며, 전반적인 건강과 발달에 부정적인 영향을 미친다(홍지선, 2024).

더불어, 인터넷 중독은 청소년이 현실 세계에서의 사회적 관계 형성을 저해하고, 가상 공간에서의 과도한 활동에 몰두하게 만들어 정서적·사회적 발달을 저해할 수 있다. 이로 인해 청소년이 현실의 사회적 관계에서 소외되고, 가상 세계에 지나치게 의존하게 되면서 정체성 형성과 사회적 기능 발달에 부정적인 영향을 미치게 된다. 장기적으로 이러한 현상은 성인기에도 정신건강 문제로 이어질 가능성을 높이며, 청소년기의 중요한 발달 과정을 방해하는 심각한 결과를 초래할 수 있다.

학교 환경에서의 스트레스와 소외감은 청소년이 인터넷을 과도하게 사용하는 주요 원인 중 하나로 지목된다(박선태, 2023). 학교 생활에서의 경쟁, 학업 부담, 교우 관계의 어려움 등은 청소년들에게 상당한 스트레스를 유발하며, 이러한 스트레스는 청소년이 인터넷을 통해 일시적인 안정감을 찾으려는 시도로 이어질 수 있다. 인터넷은 현실 세계에서의 문제를 회피하고 스트레스를 해소하는 수단으로 사용되지만, 이는 실제 사회적 상호작용을 줄이고 정서적 문제를 심화시킬 수 있다. 특히 소셜 미디어와 온라인 게임은 청소년이 현실 세계에서의 소통 대신 가상 공간에서의 상호작용에 몰두하게 만들어 사회적 고립감을 증가시키며, 이는 다시 인터넷 중독의 위험을 높이는 악순환을 형성한다(강선경, 이석환, 2021).

이러한 경향은 인터넷 중독 문제의 심각성을 부각시키며, 청소년의 정신건강을 보호하기 위해 효과적인 예방 및 개입 전략의 필요성을 강조한다. 학교에서는 스트레스 관리 프로그램과 정서적 지원을 강화하여 청소년이 건강하게 인터넷을 사용할 수 있도록 돕는 한편, 중독의 초기 징후를 조기에 발견하고 적절한 개입을 할 수 있는 체계를 마련해야 한다. 이는 청소년이 인터넷 사용으로부터 오는 부정적인 영향을 최소화하고, 건강한 정신적·사회적 발달을 이루는 데 중요한 역할을 할 수 있다.

(3) 인터넷 중독의 원인

인터넷 중독의 주요 원인 중 하나는 디지털 기기의 과도한 사용에 있다. 현대 사회는 스마트폰, 태블릿, 노트북 등 다양한 디지털 기기가 일상생활에 깊이 스며들어 사용자가 언제 어디서나 인터넷에 접근할 수 있는 환경을 제공하고 있다(이주엽, 2023). 이러한 디지털 기기의 접근성 증가는 인터넷 사용 시간을 현저히 증가시키며, 이는 중독 위험을 크게 높이는 요인으로 작용한다. 예를 들어, 스마트폰을 통해 소셜 미디어, 온라인 게임, 스트리밍 서비스 등 다양한 인터넷 활동을 쉽게 이용할 수 있게 되면서 사용자는 이러한 활동에 점점 더 많은 시간을 소비하게 된다. 특히 온라인 게임이나 소셜 미디어 플랫폼과 같은 중독성 있는 콘텐츠는 사용자가 지속적으로 접속하도록 유도하여 일상생활에서의 책임과 의무를 소홀히 하게 만든다(이주엽, 2023). 이러한 사용 패턴은 결국 인터넷 중독으로 발전할 가능성을 높이며, 개인의 생산성 저하와 삶의 질 악화를 초래할 수 있다.

인터넷 중독은 심리적 요인과도 밀접한 관련이 있으며, 특히 소외감이 주요한 원인으로 작용한다. 소외감은 개인이 사회적 관계에서 배제되거나 고립을 느낄 때 발생하며, 이러한 감정은 인터넷을 통해 대인관계를 형성하거나 유지하려는 시도로 이어질 수 있다(정다운, 2010). 특히 청소년기는 자아정체성과 사회적 관계 형성이 중요한 시기이기 때문에 가족 내 소통 부재나 친구 관계의 결핍은 소외감을 심화시킨다. 이러한 소외감은 현실 세계에서의 상호작용을 회피하고, 인터넷 공간에서의 관계 형성에 의존하도록 만들어 인터넷 사용 시간을 증가시키며, 중독으로 이어질 가능성을 높인다(이숙, 남윤주, 2004). 소외감을 느끼는 개인일수록 인터넷 사용을 통해 심리적 안정감을 찾으려는 경향이 강하며, 이는 중독의 악순환을 초래할 수 있다.

또 다른 중요한 원인으로는 사회적 고립이 있으며, 이는 인터넷 중독의 주요한 촉진 요인으로 작용한다. 사회적 고립은 개인이 사회적 네트워크에서 벗어나거나 대인관계에서의 지지를 충분히 받지 못할 때 발생한다. 이러한 고립감은 개인이 인터넷을 통해 가상의 사회적 연결을 시도하게 만들며, 이는 인터넷 사용 시간의 증가와 중독으로 이어질 수 있다(김예슬란, 2024). 현대 사회에서는 도시화와 기술 발달로 인해 물리적 거리가 가까워졌지만, 오히려 사회적 유대감은 약화되는 현상이 나타나고 있다. 이러한 환경 속에서 개인은 현실 세계에서의 대인관계 유지에 어려움을 겪으며, 대신 인터넷을 통한 가상의 관계 형성을 추구하게 된다. 이는 인터넷 중독의 위험을 더욱 높이는 요인으로 작용하며, 개인의 정신건강과 사회적 기능에 부정적인 영향을 미친다(이소영, 최유진, 2023).

디지털 기기의 접근성 증가는 인터넷 중독 위험을 가중시키는 중요한 요소로 작용한다. 현대 사회에서 스마트폰, 태블릿, 노트북 등 다양한 디지털 기기는 일상생활에 깊숙이 자리 잡아, 사용자들은 언제 어디서나 인터넷에 접근할 수 있는 환경을 갖추고 있다(안재현, 이성규, 2023). 이러한 접근성은 개인이 인터넷을 통한 다양한 활동에 쉽게 몰두하게 하며, 인터넷 사용 시간을 크게 증가시키는 결과를 초래한다. 특히 온라인 게임이나 소셜 미디어 플랫폼은 사용자가 지속적으로 접속하도록 유도하여 일상생활에서의 책임과 의무를 소홀히 하게 만든다(안재현, 이성규, 2023). 디지털 기기의 과도한 사용은 사용자가 인터넷에 과도하게 몰두하게 하며, 이는 중독으로 발전할 가능성을 높인다. 따라서 디지털 기기의 접근성을 관리하고, 건강한 인터넷 사용 습관을 형성하는 것이 인터넷 중독 예방에 있어 중요한 과제로 인식된다.

인터넷 중독은 초기 단계에서의 조기 개입이 이루어지지 않을 경우 중독이 심화될 가능성이 높다. 인터넷 사용 시간이 증가할수록 사용자는 인터넷에 대한 의존도가 점차 높아지며, 이는 중독으로 발전할 가능성을 높인다(이문수 외, 2024). 초기 단계에서의 중독은 주로 일상생활에서의 스트레스 해소나 여가 활동의 일환으로 나타나지만, 인터넷 사용이 점차 필수적인 생활 요소로 자리 잡게 되면 중독으로 이어질 위험이 커진다. 중독이 심화되면 개인은 인터넷을 통한 활동에 대한 통제력을 상실하게 되며, 이는 개인의 정신적·사회적 기능을 심각하게 저하시킨다(성혜연, 이성규, 2023). 따라서 인터넷 중독의 초기 징후를 조기에 발견하고 적절한 개입을 통해 중독의 진행을 방지하는 것이 매우 중요하다.

(4) 인터넷 중독 예방 및 치료 서비스

인터넷 중독 예방 및 치료를 위해서는 다각적인 공공 캠페인과 교육 프로그램의 확대가 필수적이다. 이를 통해 청소년 및 그 가족이 디지털 기기의 올바른 사용법을 학습하고, 중독의 위험을 인식하며 예방할 수 있는 환경을 조성할 필요가 있다. 이러한 노력은 교육부와 보건복지부의 협력을 바탕으로 체계적으로 이루어지고 있다(보건복지부, 2024a). 교육부는 학교 교육과정에 인터넷 사용 관리 방안을 통합하여 청소년이 디지털 기기를 건강하게 사용할 수 있는 능력을 배양하도록 지원한다(이인숙 외, 2018). 이를 통해 청소년은 인터넷의 긍정적 활용법과 함께 과도한 사용으로 인한 중독의 위험성을 인식하고 예방할 수 있다. 보건복지부는 이러한 교육 프로그램과 더불어 가족 상담 프로그램을 운영하여, 청소년의 인터넷 사용에 영향을 미치는 가족 내 요인을 개선하고자 한다(이영선 외, 2011).

특히 인터넷 중독 예방 교육은 청소년이 디지털 기기에 대한 올바른 태도를 형성하고, 과도한 사용으로 인한 위험을 인식할 수 있도록 돕는 데 중점을 둔다(김동일 외, 2017). 이러한 프로그램은 인터넷 사용의 긍정적 측면과 부정적 측면을 균형 있게 전달하며, 청소년이 스스로 건강한 인터넷 사용 습관을 형성할 수 있도록 지원한다(보건복지부, 2024a). 학교 내에서는 인터넷 중독의 초기 징후를 조기에 발견하고, 필요한 경우 적절한 개입을 통해 중독의 진행을 방지하는 체계를 구축하고 있다. 또한 가족 상담 프로그램은 인터넷 중독 예방을 위한 중요한 요소로 작용하며, 이를 통해 가족 구성원 간의 소통을 개선하고 가정 내 지지 체계를 강화함으로써 인터넷 중독을 예방하는 데 기여한다(보건복지부, 2024a). 가족 상담은 부모와 자녀 간의 원활한 의사소통을 증진시키고, 가정 내 스트레스와 갈등을 효과적으로 관리할 수 있는 방법을 학습하게 함으로써 청소년이 건강하게 인터넷 사용을 조절하도록 돕는다.

인터넷 중독 치료 프로그램은 심리 상담, 행동 치료, 가족 상담 등 통합적 접근 방식을 통해 중독자의 사회적 재통합을 돕는 데 중점을 두고 있다(권창오 외, 2009). 이들 프로그램은 중독자가 건강한 사회적 관계를 회복하고, 일상생활에 성공적으로 복귀할 수 있도록 지원하며, 지속적인 모니터링과 평가를 통해 중독 재발을 방지하고자 한다(보건복지부, 2024a). 특히 인터넷 중독 치료는 단순히 인터넷 사용을 줄이는 것에 그치지 않고, 중독의 근본 원인을 파악하고 해결하는 데 초점을 둔다. 심리 상담은 인터넷 중독 치료의 핵심 요소로서, 전문 상담사가 중독자의 개인적 상황과 인터넷 사용 원인을 분석하여 맞춤형 치료 계획을 수립하고 이를 통해 중독에서 벗어날 수 있도록 지원한다(보건복지부, 2024a). 인지행동치료(CBT)와 같은 심리 치료법은 중독자의 부정적인 사고 패턴을 변화시키고 긍정적인 행동 변화를 유도하는 데 효과적이다. 이러한 치료법은 중독자가 인터넷에 대한 의존도를 줄이고, 건강한 스트레스 해소 방식을 습득하도록 돕는다.

행동 치료는 중독자의 인터넷 사용 패턴을 분석하고, 이를 조절하기 위한 구체적인 행동 전략을 개발하는 데 중점을 둔다(이형조, 안창일, 2002). 이는 중독자가 인터넷 사용을 통제할 수 있는 능력을 키우고, 중독을 대체할 수 있는 긍정적인 활동을 장려하는 데 기여한다. 예를 들어, 중독자가 인터넷 사용 대신 참여할 수 있는 취미 활동이나 운동 프로그램을 제공하여 중독의 원인이 되는 스트레스와 소외감을 효과적으로 관리하도록 돕는다(보건복지부, 2024a). 가족 상담은 중독 치료의 중요한 요소로, 가족 구성원들이 중독자의 회복 과정을 이해하고 지지할 수 있도록 지원하며, 중독자가 건강한 가족 관계를 회복하고 지속 가능한 회복을 유지할 수 있도록 돕는다(보건복지부, 2024a).

인터넷 중독 치료 프로그램은 또한 인터넷 중독자의 사회적 재통합을 돕기 위한 다양한 서비스를 포함하고 있다. 이는 인터넷 중독자가 직업을 재개하거나 학업을 이어갈 수 있도록 돕는 직업 재활 프로그램과, 인터넷 중독자의 사회적 네트워크 형성을 지원하는 사회적 지원 그룹을 포함한다(보건복지부, 2024a). 이러한 프로그램들은 인터넷 중독자가 성공적으로 사회에 재통합되고 건강한 사회적 관계를 형성할 수 있도록 지원하며, 인터넷 중독의 재발을 방지하고 지속 가능한 회복을 도모하는 데 기여한다.

(5) 인터넷 중독 관련 정책 및 서비스의 과제

① 부모교육과 가족 상담의 중요성 강화

인터넷 중독을 예방하기 위해 부모교육과 가족 상담의 중요성을 더욱 강조해야 한다. 특히 부모는 자녀의 인터넷 사용 습관을 효과적으로 관리하고, 중독의 초기 징후를 조기에 발견할 수 있는 역량을 갖추어야 한다(김지민 외, 2024). 부모교육 프로그램은 자녀의 인터넷 사용 시간을 적절히 조절하는 방법과 인터넷 사용의 긍정적·부정적 측면을 균형 있게 이해하는 방법 등을 포함하여, 부모가 자녀의 디지털 생활을 건강하게 관리할 수 있도록 돕는다(김민철, 2022). 이러한 교육은 부모가 자녀와의 소통을 강화하고, 자녀가 인터넷을 통해 겪을 수 있는 다양한 위험 요소를 인식하게 함으로써 중독 예방에 효과적으로 기여한다. 또한 가족 단위의 지원 서비스를 강화할 필요가 있다. 가족 상담 프로그램은 부모와 자녀 간의 원활한 의사소통을 촉진하고, 가족 구성원 모두가 인터넷 중독의 위험성을 이해하고 이를 예방할 수 있는 역량을 키우는 데 중점을 둔다(김지민 외, 2024). 이러한 프로그램은 가족 내에서 발생할 수 있는 갈등과 스트레스를 효과적으로 관리하고, 가족 간의 지지 체계를 강화하여 중독의 위험을 줄이는 데 중요한 역할을 한다. 예를 들어, 가족 상담을 통해 부모는 자녀의 인터넷 사용을 적절히 감독하고, 자녀는 자신의 인터넷 사용에 대한 책임감을 가지게 되며, 이는 중독 예방에 직접적인 영향을 미친다. 또한 인터넷 중독 위험군을 조기에 발견하고 적절한 개입을 통해 중독을 예방하는 것이 필요하다. 이를 위해 정기적인 심리 평가와 인터넷 사용 모니터링 시스템을 도입하여 중독의 초기 징후를 신속하게 식별하고 개입할 수 있는 체계를 구축해야 한다(이문수 외, 2024). 조기 개입은 중독의 진행을 방지하고, 중독자가 적시에 필요한 도움을 받을 수 있도록 하여 장기적인 회복 가능성을 높이는 데 중요한 역할을 한다(배석만, 2015). 따라서 부모교육과 가족 상담을 통한 종합적인 지원 체계를 마련하는 것은 인터넷 중독 예방에 있어 필수적인 과제로 인식되고 있다.

② 학교 내 멘토링 프로그램과 학습 지원 서비스의 역할

학교에서는 멘토링 프로그램과 학습 지원 서비스가 청소년의 인터넷 사용을 건강하게 관리하는 데 중요한 역할을 한다(이철현, 한선관, 2011). 이러한 프로그램은 학생들에게 인터넷 사용에 대한 올바른 정보를 제공하고, 스스로 건강한 사용 습관을 형성할 수 있도록 지원한다(보건복지부, 2024a). 멘토링 프로그램은 청소년에게 긍정적인 역할 모델을 제공하고, 인터넷 중독의 위험을 인식하도록 돕는다. 예를 들어, 멘토링 프로그램을 통해 학생들은 인터넷 사용의 적절한 기준을 설정하고, 과도한 사용을 방지하기 위한 전략을 배울 수 있다. 이는 학생이 인터넷을 통해 겪을 수 있는 다양한 문제를 사전에 예방하고, 건강한 디지털 라이프를 유지하는 데 기여한다.

학습 지원 서비스는 청소년이 학업과 인터넷 사용을 균형 있게 관리할 수 있도록 돕는 중요한 요소다(김지민, 2024). 학습 지원 프로그램을 통해 학생들은 학업 스트레스를 효과적으로 관리하고, 인터넷 사용 시간을 적절히 조절하는 방법을 배우게 된다(보건복지부, 2024a). 예를 들어, 학습 지원 서비스는 학생에게 시간 관리 기술을 가르치고, 인터넷 사용의 긍정적 측면을 활용하여 학습 효율성을 높이는 방법을 제시한다. 또한 학습 지원 서비스는 학생들이 인터넷 중독의 위험성을 인식하고, 필요할 경우 전문적인 도움을 받을 수 있도록 안내하는 역할을 한다. 이러한 프로그램은 청소년이 인터넷을 통해 긍정적인 경험을 쌓고, 건강한 사용 습관을 형성하는 데 중요한 기여를 한다.

③ 공공 캠페인과 교육 프로그램의 확대

인터넷 중독 예방을 위한 공공 캠페인과 교육 프로그램의 확대는 청소년의 건강한 인터넷 사용 습관을 형성하는 데 중요한 역할을 한다. 이러한 캠페인과 교육 프로그램은 인터넷 중독의 위험성을 널리 알리고, 건강한 인터넷 사용의 중요성을 강조함으로써 사회 전체의 인식을 개선하고 중독 문제를 줄이는 데 기여할 수 있다(이혜선, 나은영, 2023). 공공 캠페인은 텔레비전, 라디오, 소셜 미디어 등 다양한 매체를 활용하여 인터넷 중독의 심각성을 알리고, 중독 예방을 위한 행동 변화를 유도하는 데 효과적이다. 또한 교육 프로그램은 학교, 직장, 지역사회 센터 등 다양한 교육 기관에서 실시되어야 한다. 학교에서는 학생들에게 인터넷 중독의 위험성과 예방 방법에 대한 교육을 제공하여 학생이 인터넷 중독의 위험성을 인식하고 스스로를 보호할 수 있는 능력을 키우는 것이 중요하다. 이러한 종합적인 공공 캠페인과 교육 프로그램의 확대는 인터넷 중독 문제를 근본적으로 해결하고, 사회 전반의 건강과 복지를 향상시키는 데 필수적인 요소로 작용할 수 있다.

4) 마약 중독

(1) 마약 중독의 정의와 위험성

마약 중독은 특정 마약 물질에 대한 신체적·정신적 의존 상태로 정의되며, 사용 중단 시 심각한 금단 증상을 유발하는 중독 상태를 의미한다(American Psychiatric Association, 2023). 이러한 중독은 단순한 물질 사용을 넘어 개인의 신체적 건강과 정신적 안녕에 심대한 영향을 미치며, 마약에 대한 의존도가 높아질수록 금단 증상의 강도와 빈도 또한 증가하게 된다. 마약 중독은 개인의 일상 기능을 방해하고, 사회적·직업적·학업적 성취를 저해하며, 전반적인 삶의 질을 크게 저하시킨다. 이에 따라 마약 중독은 개인의 건강 문제를 넘어 삶의 모든 측면에 영향을 미치는 중대한 문제로 인식되고 있다(American Psychiatric Association, 2023).

마약 중독은 신체적·정신적 건강에 걸쳐 다각적인 부정적 영향을 초래한다. 신체적으로는 마약 사용으로 인해 다양한 건강 문제가 발생하며, 장기로 사용 시 주요 장기인 심장, 간, 신장 등에 심각한 손상을 줄 수 있다(성혜연, 이성규, 2024). 면역 체계 또한 약화되어 감염병에 대한 취약성이 높아진다. 정신적으로는 마약 중독이 우울증, 불안장애, 정신병적 증상을 유발할 수 있으며, 이는 중독자의 정신건강 전반을 심각하게 저해한다. 또한 마약 중독은 판단력과 의사결정 능력을 저하시켜 문제 해결 능력을 약화시키고, 사회적 관계를 악화시키는 원인이 된다(김수정, 이미영, 2024).

마약 중독은 개인의 건강 문제를 넘어 사회적 안전에도 큰 위협이 된다. 마약 중독으로 인한 사회적 비용은 상당하며, 이는 의료비, 사회복지비, 법 집행 비용 등 여러 방면에서 발생한다(United Nations Office on Drugs and Crime, 2024). 마약 중독자는 종종 마약 구입 및 사용을 위해 절도, 사기, 폭력 등 범죄에 연루될 가능성이 높다. 이러한 범죄 행위는 사회적 불안정을 초래하고, 지역사회의 안전을 위협하며, 범죄율을 상승시키는 결과를 가져온다(United Nations Office on Drugs and Crime, 2024). 따라서 마약 중독 문제는 단순히 개인의 문제가 아니라 사회 전반의 안전과 질서를 유지하는 데 중대한 도전 과제로 작용하고 있다.

마약 중독과 범죄 간의 상호 연관성은 마약 중독자가 마약을 얻기 위해 불법적인 방법을 사용하게 되는 경향에서 비롯된다(United Nations Office on Drugs and Crime, 2024). 중독자는 경제적 자원의 고갈로 인해 마약 구매를 위해 범죄에 가담할 가능성이 높아지며, 이로 인해 절도, 사기, 강도 등의 범죄 행위가 발생한다. 이러한 범죄는 개인에게 법적 문제를 초래할 뿐만 아니라 사회적 비용을 증가시키며, 중독자의 가족 관계에도 부정적 영향을 미쳐 가정 내 폭력이나 이혼과 같은 추가적인 사회적 문제를 유발할 수 있다(최미란, 2024). 이러한 상호 작용은 마약 중독 문제를 더욱 복잡하게 만들며, 사회 전반에 걸쳐 광범위한 영향을 미친다.

마약 중독으로 인한 사회적 영향은 개인의 문제를 넘어 사회 전체에 광범위한 영향을 미치며, 따라서 마약 중독 문제에 대한 종합적 접근이 필요하다는 점이 강조되고 있다(United Nations Office on Drugs and Crime, 2024). 마약 중독은 개인의 건강과 안전뿐만 아니라, 가족의 안정성, 사회적 관계, 경제적 안정성에 심대한 영향을 미친다. 이러한 복합적 문제를 해결하기 위해서는 예방 교육 강화, 가족 중심의 재활 프로그램, 공공 캠페인 및 교육 프로그램 확대, 의료 시설의 확충과 전문 인력 양성 등 다각적인 접근이 필요하다. 또한 사회적 고립 해소와 스트레스 관리, 불법 마약 접근 제한을 위한 법적 규제 강화가 종합적 예방 및 개입 전략의 일환으로 포함되어야 한다. 이러한 통합적 접근은 마약 중독의 근본 원인을 해결하고, 중독자의 건강한 회복과 사회적 재통합을 지원하는 데 필수적인 요소로 작용한다(United Nations Office on Drugs and Crime, 2024).

(2) 마약 중독의 현황

우리나라의 2021년 기준 마약류 투약사범은 8,522명으로, 이는 전년도(9,044명) 대비 5.77% 감소한 수치이나, 2019~2021년 전체 마약류사범 중 청년층(20~30대) 비율은 지속적으로 증가하고 있는 추세다(보건복지부정신건강센터, 2022). 이러한 통계는 청소년 및 청년들 사이에서 마약 사용이 점점 더 일반화되고 있으며, 이에 따라 마약 관련 범죄가 사회 전반에 걸쳐 심각한 문제로 대두되고 있음을 시사한다. 특히 청소년기와 청년기는 정체성과 사회적 관계가 형성되는 중요한 시기로, 이 시기에 마약 사용이 증가하는 것은 향후 사회적 불안정성과 마약 중독의 지속적인 악순환을 초래할 가능성이 크다(정현주, 박정숙, 2023). 따라서 이러한 추세는 마약 중독 문제에 대한 조기 예방과 효과적인 개입의 필요성을 강조하는 중요한 지표로 작용한다.

마약 중독의 증가 추세는 단순히 개인의 문제에 그치지 않고 사회적 문제로 확산되며, 특히 가족 해체와 같은 심각한 사회적 문제로 이어질 위험이 크다(United Nations Office on Drugs and Crime, 2024). 마약 중독은 중독자의 가족 구성원들 간의 관계를 악화시키고, 이는 결국 가족 단위의 붕괴로 이어질 수 있다. 이러한 가족 해체는 중독자의 재활 과정에 부정적인 영향을 미칠 뿐만 아니라, 가족 내 다른 구성원들의 정신적·정서적 안정성에도 중대한 악영향을 미친다. 결과적으로, 마약 중독의 증가는 사회 전체의 가족 구조와 사회적 안정성에 중대한 위협을 가하며, 이는 사회복지 시스템과 공동체의 건강한 기능을 저해하는 요소로 작용한다(김수정 외, 2024). 마약 사용으로 인해 중독자는 가족 내에서 신뢰를 잃고 지속적인 갈등과 불화를 초래하게 되며, 이는 가족 구성원들 간의 소통을 방해하고 상호 이해와 지지를 어렵게 만든다.

그 결과, 마약 중독자는 가족 내에서 고립되거나 배제되는 상황에 직면하며, 이는 가족의 결속력을 약화시켜 결국 가족 해체로 이어질 수 있다(김수정 외, 2024). 가족 해체는 중독자의 재활과 회복 과정에 부정적인 영향을 미치며, 마약 중독의 지속과 심화를 초래할 수 있다. 따라서 가족 간의 건강한 관계 유지는 마약 중독 예방과 치료에 중요한 요소로 작용한다.

가족 내 갈등은 마약 중독자의 스트레스를 더욱 악화시켜 중독 증상의 심화와 가족 기능의 저하로 이어질 수 있다(김수정 외, 2024). 이러한 갈등 상황은 중독자의 심리적 안정을 저해하며, 이는 마약 사용을 통해 스트레스를 해소하려는 욕구를 강화시키는 요인으로 작용한다. 지속적인 스트레스는 중독자가 마약 사용 빈도를 높이게 만들며, 이는 중독 증상을 더욱 심화시키고 일상생활에서의 기능 수행 능력을 저하시킨다. 결과적으로 가족 내 갈등은 중독자의 정신적 · 신체적 건강에 부정적인 영향을 미치며, 가족 전체의 역동성을 저해한다. 이는 가족 구성원 간의 상호 신뢰와 지지 체계를 약화시켜, 마약 중독 문제 해결을 위한 공동의 노력이 어려워지는 결과를 초래할 수 있다(김수정 외, 2024; 박선영, 박현나, 2023). 따라서 가족 내 갈등을 효과적으로 관리하고 해결하는 것이 마약 중독 예방과 치료에 있어 중요한 과제로 인식되고 있다.

또한 마약 중독은 개인의 직업적 성취도 저하와 경제적 파탄을 초래하며, 이는 사회적 불안정성을 증가시키는 주요 원인이 된다(성혜연, 이성규, 2024). 마약 중독자는 업무 효율성 감소, 직장에서의 성과 저하, 심지어 직업 상실에 직면할 수 있으며, 이는 개인의 경제적 안정성을 크게 위협한다. 지속적인 마약 사용으로 인해 재정적 문제가 심화되면, 중독자는 마약을 구매하기 위해 불법적인 방법을 동원하게 되며, 이는 사회적 비용을 증가시키고 범죄율 상승을 초래할 수 있다. 이러한 경제적 어려움과 사회적 불안정성은 마약 중독의 악순환을 초래하며, 이는 사회 전반에 걸쳐 심각한 영향을 미치는 요인으로 작용한다(성혜연, 이성규, 2024). 따라서 마약 중독의 개인적 영향을 완화하고 경제적 안정성을 회복하기 위한 종합적인 지원과 개입이 필요하다.

마약 중독의 사회적 영향은 단순히 개인의 문제를 넘어서 사회적 비용과 불안정성을 증가시키며, 이는 전반적인 사회복지에 중대한 위협이 된다(United Nations Office on Drugs and Crime, 2024). 마약 중독으로 발생하는 사회적 비용은 의료비, 사회복지비, 법 집행 비용 등을 포함하여 광범위하게 발생하며, 이는 국가의 경제적 부담을 크게 증가시킨다(박성수, 2018). 또한 마약 중독은 사회적 불안정성을 증대시켜 범죄율 상승, 가정 내 폭력, 사회적 고립 등 다양한 사회적 문제를 야기한다. 이러한 사회적 비용과 불안정성은 사회복지 시스템의 지속 가능성을 위협하며, 사회 전체의 안정성과 건강을 저해하는 요소로 작용한다. 따라서, 마약 중독 문제를 해결하기 위해서는 개인적인 치료와 더불어 사회 전반에 걸친 종합적인 예방과 개입 전략이 필요하며, 이는 사회복지의 핵심 과제로 인식되고 있다(United Nations Office on Drugs and Crime, 2024). 이러한 종합적 접근은 마약 중독의 근본 원인을 해결하고, 사회 전반의 건강과 복지를 향상시키는 데 중요한 역할을 수행할 것이다.

(3) 마약 중독의 원인

① 사회적 고립과 마약 중독의 연관성

마약 중독의 주요 원인 중 하나는 사회적 고립으로, 이는 개인이 사회적 네트워크로부터 배제되거나 일상생활에서 충분한 정서적 지지를 받지 못할 때 발생한다(조아라 외, 2024). 사회적 고립은 개인에게 깊은 외로움과 무력감을 초래하며, 이러한 부정적인 감정은 마약 사용을 통해 일시적인 위안을 찾고자 하는 경향을 강화시킨다. 사회적 고립 상태에 놓인 개인은 현실 세계에서 문제를 해결할 능력이 저하되고, 대인관계에서의 스트레스에 효과적으로 대처하지 못하게 된다. 이로 인해 마약은 일시적인 안정을 제공하는 도구로 작용하며, 반복적인 사용을 통해 중독으로 발전할 가능성이 높아진다. 특히 사회적 고립은 중독자가 마약 사용을 통해 자신의 정체성을 재정립하려는 시도를 촉진하고, 장기적으로 중독의 심화를 초래할 수 있다(조아라 외, 2024). 따라서 사회적 고립을 해소하고 개인이 사회적으로 통합될 수 있는 환경을 조성하는 것은 마약 중독 예방의 핵심 과제 중 하나로 부각된다.

② 스트레스와 마약 중독의 상관관계

스트레스는 마약 중독의 또 다른 주요 원인으로 작용한다. 현대 사회에서 개인들이 경험하는 높은 수준의 스트레스는 심리적 안정성을 해치며, 마약에 대한 의존성을 높이는 주요 요인이 된다(조재천, 김석훈, 2024). 직장, 학업, 대인관계 등 다양한 생활 영역에서 발생하는 스트레스는 장기간 지속될 경우 개인이 이를 해소하기 위해 마약을 사용하게 될 가능성을 높인다. 마약은 일시적으로 스트레스 완화 효과를 제공하지만, 장기적으로는 중독을 유발하고 심리적 문제를 더욱 악화시킬 수 있다. 지속적인 스트레스는 마약 사용의 빈도와 강도를 증가시키며, 결국 중독 상태로 이어질 가능성을 높인다(조재천, 김석훈, 2024). 스트레스는 또한 개인의 판단력을 흐리게 하여 마약 사용에 대한 통제력을 상실하게 만들며, 이는 중독의 악순환을 가속화한다. 따라서 스트레스 관리와 심리적 지원을 강화하는 것은 마약 중독 예방 및 치료에 있어 필수적인 요소로 인식된다.

③ 불법 마약의 용이한 접근성과 중독 위험

불법 마약의 용이한 접근성 또한 마약 중독의 위험성을 가중시키는 중요한 요인 중 하나로 작용한다. 불법 마약의 접근성이 높은 환경에서는 개인이 마약을 접할 가능성이 높아지고, 이는 중독 위험을 증가시킨다(조아라 외, 2024). 특히 인터넷과 암시장의 발달로 인해 불법 마약 구매가 더욱 용이해지면서 중독자는 지속적으로 마약 사용을 유도받는 환경에 놓이게 된다. 이러한 접근성의 용이성은 중독 문제의 조기 발견과 개입을 어렵게 만들어 중독의 악화를 초래할 수 있다. 불법 마약의 유통은 공공 건강에 심각한 위협을 가하며, 사회적 비용 또한 증가시키는 부정적인 결과를 초래한다(조아라 외, 2024). 따라서 불법 마약의 접근성을 제한하고 유통을 효과적으로 단속하는 것이 마약 중독 예방에 있어 중요한 정책적 과제로 떠오르고 있다.

④ 가족 내 스트레스와 마약 중독의 악순환

마약 중독의 원인 중 가족 내 스트레스와 갈등은 심각한 문제로 이어질 수 있다(성혜연, 이성규, 2024). 가족 내에서 발생하는 갈등과 스트레스는 개인이 이를 해소하기 위해 마약을 사용하는 경향을 촉진하고, 이는 중독의 악순환을 형성한다. 예를 들어, 가정 내 불화는 개인에게 심리적 부담을 주며, 이러한 부담은 마약 사용을 통해 일시적인 안정을 찾으려는 경향을 강화시킨다. 가족 구성원 간 소통이 원활하지 않으면 중독자의 마약 사용이 더욱 악화되며, 가족의 지지를 받지 못하게 되어 중독 문제는 더욱 심화된다(성혜연, 이성규, 2024). 따라서 가족 내 스트레스와 갈등을 효과적으로 관리하고 가족 구성원 간 원활한 의사소통을 촉진하는 것이 마약 중독 예방에 있어 중요한 요소로 작용한다.

마약 중독 문제를 효과적으로 해결하기 위해서는 사회적 고립, 스트레스, 불법 마약의 용이한 접근성 등 다양한 원인을 종합적으로 고려한 예방 및 개입 전략이 필요하다(United Nations Office on Drugs and Crime, 2024). 이러한 종합적 접근은 중독의 발생 원인을 다각적으로 분석하고, 개인과 가족 모두에게 맞춤형 지원을 제공함으로써 중독의 예방과 치료를 강화하는 데 기여할 수 있다. 사회적 고립을 해소하기 위한 커뮤니티 프로그램, 스트레스 관리를 위한 심리적 지원 서비스, 불법 마약 접근성을 제한하기 위한 법적 규제 강화 등이 포함될 수 있다(류창현, 2024). 또한 가족 중심의 재활 프로그램을 통해 가족 간의 소통과 지지 체계를 강화하고, 중독자가 건강한 사회적 관계를 형성하도록 지원하는 것도 중요한 전략이다(박선영, 박현나, 2023). 이러한 종합적인 예방 및 개입 전략은 마약 중독 문제의 근본적인 해결을 도모하고 개인과 사회 전반의 건강과 복지를 증진하는 데 필수적인 요소로 작용할 수 있다.

(4) 마약 중독 예방 및 치료 서비스

① 정부 차원의 중독관리통합지원센터 역할

보건복지부는 마약 중독 문제 해결의 핵심 기관으로서, 마약 중독 예방 교육, 상담, 치료 및 재활 프로그램을 종합적으로 제공하고 있다. 이러한 노력을 통해 마약 중독자를 조기에 발견하고 신속하게 치료하는 것을 목표로 하며, 각종 교육 및 홍보 활동을 통해 중독의 위험성에 대한 사회적 인식을 제고하고 있다(보건복지부, 2024b). 정부는 또한 법적 · 제도적 차원에서 마약류 관리에 대한 엄격한 규제를 통해 마약의 유통과 사용을 억제하고, 중독자의 치료와 재활을 지원하기 위한 법적 기반을 마련하고 있다.

중독관리통합지원센터는 마약 중독자를 포함해 알코올, 도박 등 다양한 중독 문제를 다루며, 전국적으로 분포하여 중독자들이 보다 쉽게 접근할 수 있는 서비스 체계를 구축하고 있다. 이 센터는 전문적인 상담과 치료를 제공하며, 해독 치료뿐만 아니라 심리 상담 및 재활 프로그램을 통해 중독자의 사회적 복귀를 돕는 종합적 지원을 실시하고 있다(보건복지부, 2024b). 이러한 접근은 단순히 중독자 개인의 치료를 넘어서, 사회 전반에 걸친 재통합을 촉진하는 데 중요한 역할을 한다.

② 지방자치단체의 중독 예방 및 치료 서비스

지방자치단체는 지역사회 기반의 중독 예방 및 치료 서비스를 제공하는 데 있어 핵심적인 역할을 수행한다. 각 지자체는 지역 보건소와 연계하여 중독자 상담과 치료를 위한 다양한 프로그램을 운영하며, 이를 통해 중독자에게 전문적인 지원을 제공하고 있다(보건복지부, 2024a). 또한 중독 예방 교육을 지역 내 학교, 직장, 지역사회 기관에서 실시함으로써 중독 문제에 대한 인식을 제고하고 예방 활동을 강화하고 있다.

지자체는 지역 내 의료기관 및 민간단체와 협력하여 중독자의 치료 및 재활 프로그램을 제공하고, 중독 예방을 위한 캠페인을 지역사회 차원에서 적극적으로 전개하고 있다. 서울시와 같은 대도시에서는 복지 및 재활 기관과의 연계를 통해 중독자의 건강 회복과 사회 복귀를 돕는 지원 체계를 잘 갖추고 있다. 이를 통해 지자체는 지역사회의 참여와 협력을 증진하며, 마약 중독 문제에 대한 포괄적 대응 체계를 구축하는 데 기여하고 있다.

③ 민간단체의 역할과 기여

마약 중독 예방 및 치료 서비스에서 민간단체의 역할은 매우 중요하다. 민간단체는 중독자와 그 가족에게 심리 상담, 법률 지원, 재활 프로그램 등을 제공하며, 특히 사회적 취약계층을 대상으로 한 지원 활동을 활발히 전개하고 있다(김창우, 박은영, 2024). 한국중독연구재단와 같은 비영리단체는 중독 예방 교육, 중독자 치료, 재활 지원 프로그램을 통해 중독자가 사회에 안정적으로 복귀할 수 있도록 돕고 있다(보건복지부, 2024a; 한국중독연구재단, 2005).

민간단체는 정부 및 지자체와 협력하여 중독자들에게 다양한 지원을 제공하고, 중독 문제가 심화된 지역에서의 예방 및 개입 활동을 강화하고 있다. 또한 이들은 중독자와 그 가족에게 지속적인 지지 체계를 제공하여 중독자가 마약 중독의 악순환에서 벗어나도록 돕는 데 중요한 역할을 하고 있다. 이러한 협력적 접근은 중독 문제 해결을 위해 다각적인 지원을 제공하며, 중독자의 치료와 재활을 위한 통합적 시스템의 일환으로 작용하고 있다.

④ 향후 개선 방향과 과제

우리나라의 마약 중독 예방 및 치료 서비스는 정부, 지자체, 민간단체의 협력으로 운영되고 있으며, 이를 통해 중독자의 치료와 재활을 위한 다양한 프로그램이 제공되고 있다. 그러나 여전히 일부 지역에서는 중독 치료 시설의 부족과 예방 교육의 한계가 존재하며, 이러한 문제를 해결하기 위한 보다 체계적인 접근이 요구된다(보건복지부, 2024a; 유혜숙, 2017).

특히 중독자의 조기 발견과 치료를 강화하기 위해 상담 및 예방 교육을 확대하고, 지역사회 기반의 중독 관리 시스템을 촘촘히 구축하는 것이 필요하다. 중독 치료 서비스의 질적 향상을 위해서는 전문 인력의 확충과 함께 예방 교육의 범위와 질을 확대하여야 하며, 중독자가 보다 쉽게 치료와 재활 서비스를 받을 수 있는 환경을 조성하는 것이 중요하다. 또한 마약 중독자에 대한 사회적 낙인을 줄이기 위한 대국민 인식 개선 캠페인과 교육이 필요하며, 이를 통해 중독자들이 보다 적극적으로 치료에 참여하도록 하는 정책적 노력이 필수적이다(United Nations Office on Drugs and Crime, 2024).

이러한 종합적 접근은 마약 중독 문제의 근본 원인을 해결하고, 중독자의 건강한 회복과 사회적 재통합을 지원하는 데 필수적인 요소로 작용할 것이다.

(5) 마약 중독 관련 정책 및 서비스의 과제

① 예방 교육 강화와 가족 중심 재활 프로그램의 필요성

마약 중독 문제를 근본적으로 해결하기 위해서는 예방 교육의 강화와 함께 가족 중심 재활 프로그램이 필수적으로 요구된다. 특히 마약 중독자가 가족 구성원에게 미치는 영향을 고려한 정책적 지원은 매우 중요하다(United Nations Office on Drugs and Crime, 2024). 예방 교육 강화는 마약 중독의 발생을 사전에 차단하고, 중독의 위험성을 조기에 인식하도록 돕는 데 중점을 둔다(조숙희, 유경숙, 2024). 이를 위해 학교, 직장, 지역사회 센터 등 다양한 교육기관에서 체계적인 예방 교육 프로그램을 운영해야 한다. 이러한 프로그램은 청소년 및 일반 대중에게 마약의 위험성과 중독 예방에 대한 정확한 정보를 제공함으로써 마약 사용 억제와 건강한 생활 습관 형성에 기여한다.

가족 중심의 재활 프로그램은 마약 중독자와 그 가족이 함께 참여하여 중독 문제를 해결하고, 가족 간 소통과 지지를 강화하는 데 초점을 맞춘다(United Nations Office on Drugs and Crime, 2020). 이러한 프로그램은 중독자의 회복 과정에서 가족 구성원들이 적극적으로 참여하도록 유도하며, 이를 통해 중독자의 사회적 기능 회복을 위한 지지와 격려를 제공한다(최미경, 강선경, 2022). 가족 상담 회기를 통해 가족 구성원 간 의사소통을 개선하고, 중독자의 치료 과정에 대한 이해를 증진시키며, 가족 내 갈등을 효과적으로 관리하는 방법을 학습하게 한다. 이러한 접근은 가족 전체의 안정성을 증진시키고, 중독자의 재발 방지에 중요한 역할을 한다. 또한 가족 중심 재활 프로그램은 중독자의 심리적 부담을 줄이고, 가족 내 지지 체계를 강화하여 중독자의 장기적인 회복을 지원하는 데 기여한다(United Nations Office on Drugs and Crime, 2024).

② 공공 캠페인과 교육 프로그램의 확대

마약 중독 예방을 위해서는 공공 캠페인과 교육 프로그램의 확대가 필수적이다. 공공 캠페인은 마약 중독의 위험성과 예방 방법에 대한 인식을 높이는 데 중요한 역할을 하며, 이를 통해 사회 전반에서 중독 문제에 대한 경각심을 증대시킬 수 있다(박선영, 박현나, 2023; 백혜진 외, 2024; 조재천, 김석훈, 2024). 텔레비전 광고, 라디오 방송, 소셜 미디어 캠페인 등을 활용해 마약 중독의 심각성을 대중에게 알리고, 중독 예방을 위한 구체적인 행동 변화를 유도할 수 있다. 이러한 캠페인은 대중이 마약의 위험성을 인식하고, 마약 사용을 피할 수 있는 긍정적 메시지를 전달함으로써 마약 중독 예방에 효과적으로 기여한다.

교육 프로그램은 청소년 및 일반 대중에게 올바른 정보와 예방 전략을 제공하여 마약 중독 발생을 사전에 방지하는 중요한 역할을 한다. 학교에서는 학생들에게 마약의 부정적 영향과 중독 예방 방법에 대한 교육을 통해, 청소년들이 마약 중독의 위험성을 인식하고 자신을 보호할 수 있는 능력을 배양하도록 돕는다(백형의 외, 2024; 조아라 외, 2024). 직장에서는 직원들을 대상으로 마약 중독 예방 교육을 실시해 업무 스트레스 관리와 건강한 스트레스 해소 방법을 교육함으로써 마약 중독 발생을 사전에 차단할 수 있는 환경을 조성해야 한다.

③ 의료 시설의 확충과 전문 인력 양성

마약 중독 치료 접근성을 높이기 위해서는 의료 시설의 확충과 전문 인력 양성이 필요하다. 현재 마약 중독 예방과 치료를 위해 국립중앙의료원을 중심으로 다양한 치료 프로그램이 운영되고 있으며, 여기에는 해독 치료, 심리 상담, 사회적 재활 프로그램 등이 포함되어 있다(보건복지부, 2024a; 최용성, 2023). 그러나 여전히 치료 시설의 부족과 전문 인력의 부재로 인해 중독자들이 제때 필요한 치료를 받지 못하는 경우가 발생하고 있다. 이러한 문제를 해결하기 위해 정부와 민간 부문이 협력하여 치료 시설을 확충하고, 마약 중독 치료에 종사할 전문 인력을 양성하는 노력이 필요하다.

의료 시설의 확충은 중독자가 적절한 치료를 받을 수 있는 환경을 조성하는 데 중요한 역할을 한다. 특히 지역사회 기반의 치료 센터를 추가로 설립하고, 국립중앙의료원 외에도 지방 의료 기관과의 협력을 강화함으로써 지리적 장벽으로 인한 치료 접근성 문제를 해결할 수 있다(보건복지부, 2024a; 이성애, 조호대, 2018). 또한 전문 인력 양성을 위해 의사, 간호사, 심리 상담사 등 마약 중독 치료에 필요한 다양한 전문가를 대상으로 한 교육 프로그램과 훈련 과정을 제공해야 한다. 이를 통해 마약 중독 치료의 질을 높이고, 중독자에게 보다 효과적인 치료를 제공할 수 있는 기반을 마련할 수 있다.

이처럼 마약 중독 문제를 효과적으로 해결하기 위해서는 예방 교육의 강화, 가족 중심 재활 프로그램, 공공 캠페인 및 교육 프로그램 확대, 그리고 의료 시설의 확충과 전문 인력 양성이 필수적이다. 이러한 종합적 접근은 마약 중독의 예방과 치료를 위한 기반을 마련하고, 중독자의 건강한 회복과 사회적 재통합을 지원하는 데 중요한 역할을 한다(류창현, 2024). 따라서 정부와 민간 단체는 이러한 종합적인 정책과 프로그램을 강화하며, 지속 가능한 개선 방안을 마련해 마약 중독 문제를 해결할 수 있는 견고한 기반을 구축해야 한다.

참고문헌

가정폭력방지 및 피해자보호 등에 관한 법률(2024). 법률 제19845호. 여성가족부. https://www.law.go.kr/법령/가정폭력방지및피해자보호등에관한법률

강경림, 김성재(2023). 회복중인 알코올 중독자를 위한 마음챙김명상 프로그램의 효과. 알코올과 건강행동연구, 24(2), 13-28.

강보정, 김소연, 김재경, 이수정(2023). 가정폭력 범죄에 대한 체포우선주의 정책이 여성의 인명 피해 감소에 미친 영향. 被害者學研究, 31(2), 1-31.

강선경, 이석환(2021). 청년의 자존감이 인터넷 중독에 미치는 영향: 코로나19 사회적 고립감 매개효과를 중심으로. 한국웰니스학회지, 16(2), 227-234.

검찰청(2023). 경찰청_가정폭력 검거 및 조치 현황. https://www.data.go.kr/data/15037060/fileData.do?recommendDataYn=Y

고은정, 신나래(2023). 가정폭력 신고와 경찰의 대응: 피해 여성의 경험을 중심으로. 사회복지연구, 54(2), 5-34.

국립정신건강센터(2022). 4대 중독 주요 지표 모음집. https://www.ncmh.go.kr/ncmh/board/boardView.do?bn=newsView&fno=37&menu_cd=01_01&no=9192

권창오, 김길모, 조성환, 김성식(2009). 화상 통신을 이용한 인터넷중독 치료 프로그램 개발. 컴퓨터교육학회 논문지, 12(5), 23-33.

김동일, 금창민, 박알뜨리, 이승호(2017). 청소년 인터넷/스마트폰 중독 예방 교육 프로그램 효과성 검증. 아시아교육연구, 18(2), 293-314.

김민석(2023). 알코올 중독 회복경험에 대한 질적 메타요약. 문화와 융합, 45(3), 495-510.

김민수, 이창현(2024). 가정폭력이 공격성에 미치는 효과: 사회적 지지로 조절된 정서조절곤란의 매개효과. *Studies on Humanities and Social Sciences(SHSC), 6*(2), 727-745.

김민철(2022). 디지털 세대 격차와 부모의 자녀 게임 이용 중재: 부모가 된 게임 세대. 한국콘텐츠학회 논문지, 22(12), 687-694.

김상운(2025). 마약류 위험요인의 환경분석과 마약 정책믹스의 탐색적 연구. 문화기술의 융합, 11(1), 401-409.

김서희(2024). 알코올중독자 남편의 정신과 입원에 대한 아내의 경험. 사회복지상담연구, 8(1), 1-24.

김석준(2015). 다문화가족 청소년의 특성이 차별경험에 미치는 영향에 관한 연구 : 2012년 전국 다문화가족 실태조사 자료를 중심으로. 아세아연구, 58(3), 6-41.

김선숙, 조소연, 진재찬(2024). 한국의 다문화정책, 어떠한 변화가 필요한가? : C시 가족센터 경험을 중

심으로. 현대사회와 다문화, 14(2), 1-29.

김성은(2024). 도박중독 남편에 대한 아내의 신뢰 상실 경험에 관한 현상학적 연구. 한국가족복지학, 29(2), 357-382.

김세원(2023). 정신건강이 게임중독에 미치는 영향. 한국게임학회 논문지, 23(3), 105-113.

김수정, 이미영, 정예영(2024). 물질 사용 장애 범죄자 치료에 대한 통합적 문헌고찰—마약을 중심으로—. 한국범죄정보연구, 10(1), 47-62.

김종훈(2024). "살아남기 위해 필요한 페이션시" 알코올중독과 회복 체험의 연결망에서 발견된 고통과 삶. 韓國社會學, 58(3), 45-88.

김지민(2024). 청소년 ICT리터러시의 가정환경 및 학교수준 영향요인 다층분석. 도시연구, 25, 111-152.

김지민, 이웅택, 오승근, 손진희(2024). 청소년기 부모와의 갈등 및 방임과 학교부적응의 관계에서 우울·불안과 인터넷중독의 다중 매개효과. 미래청소년학회지, 21(1), 1-24.

김지윤, 최유미(2014). 청소년 약물중독 예방을 위한 캠페인 영상 제작에 관한 연구. 한국애니메이션학회 학술대회지, 2014. 12, 27-28.

김지윤, 최유미(2015). 청소년 약물 중독 예방용 애니메이션 제작을 위한 조사 및 효과 검증. 애니메이션연구, 11(4), 60-80.

김창우, 박은영(2024). 마약류 수형자의 특징 및 이에 따른 치료적 정책 제안. 교정연구, 34(3), 119-152.

김혁진, 이수정(2023). 잠재계층분석을 통한 가정폭력 가해자의 하위 유형과 유형별 특성 연구. 한국경찰연구, 22(3), 53-78.

김현정(2020). 결혼이주여성이 겪는 가족생활의 문제와 권리 보호. 법학논총, 44(4), 63-98.

김현정(2021). 「다문화가족지원법」 제정 당시 다문화가족의 개념에 관한 논의와 그 한계. 법학논집, 26(2), 97-125.

김희영, 김남형, 양소남, 박소연(2024). 중독자의 사회적 배제와 외로움의 관계에 대한 자기낙인의 매개효과. 보건과 복지, 26(1), 7-31.

김희진, 조혜영(2024). 학교 밖 청소년의 성인기 이행 과정에서 경험하는 취약성과 학교 중단 의미 변화에 대한 종단적 탐색: 20대 중후반 청년들을 중심으로. 교육인류학연구, 27(3), 1-36.

김희진, 홍지선(2024). 청소년 도박 실태 및 치료방법 고찰. 중독정신의학, 28(1), 6-13.

나지훈(2024). 도박중독의 현황과 과제. 월간 복지동향, 306, 11-16.

류창현(2024). 마약중독의 통합적 치료개입의 함의. 한국중독범죄학회보, 14(1), 27-65.

문유석(2024). 가정폭력에 대한 경찰 대응방식의 개선 방향: 문제지향적 경찰활동 사례를 중심으로. 한국지방자치연구, 25(4), 117-150.

문의정, 박정윤(2024). 다문화청소년의 이중언어능력 변화와 영향 요인. 다문화아동청소년연구, 9(2), 61-88.

문지선(2024). 고위험 피해자 안전 보호를 위한 가정폭력범죄 대응 형사법제도 개선방안. 아주법학,

17(4), 173-209.

박선영, 박현나(2023). 청소년 마약비행 대응을 위한 제언. 교정담론, 17(1), 29-63.

박선태(2023). 청소년 인터넷 도박에 관한 연구 동향. 사회과학리뷰, 8(4), 51-69.

박성수(2018). 마약류 등 유해약물의 사회적 비용 분석. 치안정책연구, 32(3), 217-254.

박소희, 홍가혜(2024). 가정폭력범죄 피해자의 '매맞는 배우자 증후군(Battered Spouse Syndrome)'. 한국범죄심리연구, 20(2), 21-40.

박우재(2024). 심리적 특성이 쇼핑동기와 쇼핑중독에 미치는 영향에 관한 연구. 글로벌융합연구학회지, 3(1), 64-72.

박은경, 전종설(2023). 도박중독 온톨로지 개발. 정신보건과 사회사업, 51(3), 185-213.

박은하(2023). 다문화가정 청소년의 중독에 관한 체계적 문헌고찰. 복지와 문화다양성연구, 5(2), 81-103.

박현정, 정익중(2024). 그룹홈에 입소해 성장한 공동생활가정 시설장 생애사 연구. 사회복지실천과 연구, 21(2), 75-106.

배성만(2015). 성별에 따른 청소년 인터넷 게임중독의 관련 요인. 청소년학연구, 22(8), 385-405.

백형의, 이송희, 이주용(2024). 마약류 중독자 예방 및 사회재활서비스 개발 위한 일본, 태국 사례와의 비교. 한국콘텐츠학회논문지, 24(3), 563-572.

백혜진, 고하은(2024). 소셜미디어 캠페인 효과의 기제: 추정된 미디어 영향과 지각된 사회규범의 통합 모형 적용. 광고연구, 140, 5-39.

백혜진, 고하은, 이진(2024). 마약 예방 캠페인 효과의 기제: 지각된 메시지 자극가와 자극 추구 성향의 역할. PR연구, 28(1), 1-31.

보건복지부(2024a). 국민건강증진종합계획. https://www.mohw.go.kr/menu.es?mid=a10706010100

보건복지부(2024b). 중독관리통합지원센터 운영 및 현황. https://www.mohw.go.kr/menu.es?mid=a10706040400

성수영(2025). 청소년들의 인터넷·스마트폰 게임 중독 및 불법도박 실태에 관한 연구. 문화기술의 융합, 11(1), 421-429.

성혜연, 이성규(2023). 키워드 네트워크 분석을 활용한 청소년 게임중독 연구동향 분석. 교정복지연구, 84, 29-55.

성혜연, 이성규(2024). 마약중독의 치료와 회복에 관한 체계적 문헌고찰. 한국중독범죄학회보, 14(2), 49-75.

송민호, 진범섭(2014). 청소년의 스마트폰 중독에 관한 심리적 요인의이해와 중독 예방을 위한 설득 메시지 전략의 모색. 언론과학연구, 14(3), 135-179.

송정애, 박유범(2023). 아동청소년기에 아버지로부터 폭력을 경험한 상담자의 내러티브 연구. 산업진흥연구, 8(3), 79-85.

안재현, 이성규(2023). M세대와 Z세대의 도박행동 수준과 영향요인의 차이에 관한 연구. 청소년 문화포럼, 75, 51-80.

양혜원(2024). 동화주의를 활용한 다문화 교육 강화와 다문화 정책 발전적 조화 필요에 관한 연구. 사회과학리뷰, 9(3), 17-34.

유혜숙(2017). 알코올중독과 상습폭력의 이중고를 겪는 가정을 위한 국가지원체계 현황과 발전방향 모색. 인격주의 생명윤리, 7(2), 17-61.

유화정, 김효정(2024). 코로나19 시기를 경유한 가정폭력 피해여성의 경험을 통해 본 피해자 지원시설 운영의 문제점과 개선 방안. 여성학연구, 34(1), 185-220.

이문수, 정여주, 김종민, 연규진, 김재훈, 김미림, 김승수, 류지원, 차정인(2024). 청소년 스마트폰 과의존 척도-R 신규 개발 및 타당화. 상담학연구, 25(4), 117-138.

이선미, 신의철, 김한중, 조우현, 정우진, 김일순, 안상훈, 한광협, 명재일(2008). 음주로 인한 사회경제적 비용. *Korean Journal of Family Medicine, 29*(3), 201-212.

이성애, 조호대(2018). 청소년 마약류 오남용 예방을 위한지역사회 협력시스템 구축방안에 관한 연구. 한국치안행정논집, 15(2), 303-330.

이소담, 신소라(2023). 청소년 음주문제 행동이 보호관찰 위반행위에 미치는 영향. 矯正硏究, 33(2), 175-193.

이소영, 최유진(2023). 코로나19 시대 노인의 우울과 인터넷 중독의 관계에서 스마트폰 과의존의 매개효과. 인문사회 21, 14(1), 3345-3360.

이솔지, 윤기혁(2023). 텍스트마이닝과 CONCOR을 활용한 중독 관련 국내 연구 동향 분석. 사물인터넷융복합논문지, 9(6), 99-110.

이숙, 남윤주(2004). 청소년의 친구관계와 인터넷 사용에 따른 인터넷 중독. *Human Ecology Research, 42*(3), 1-16.

이슬아, 정지영(2023). 행동활성화체계와 인터넷중독의 관계에서 인지적 유연성의 조절효과: 대학생 집단을 대상으로. 한국심리학회지 건강, 28(3), 769-788.

이영선, 이수진, 두진영, 김동일(2011). 중학생 인터넷중독 예방교육 프로그램개발 연구. 청소년상담연구, 19(2), 105-124.

이인선, 김보화(2024). 여성폭력 피해자 보호시설 개선방안: 피해여성의 시설 이용 경험을 중심으로. 사회복지연구, 55(1), 153-181.

이인숙, 김영미, 박지영(2018). 교육복지 유관사업의 중복성과 사각지대 분석: 부산 지역을 중심으로. 학교사회복지, 42, 1-28.

이정덕(2024). 사이버도박의 중독 위험성과 적절한 규제 방안에 관한 연구. 한국중독범죄학회보, 14(2), 103-123.

이주엽(2023). 소아청소년의 게임장애와 중독. 대한융합한의학회지, 5(1), 25-44.

이진석, 김준범(2024). 아동기 역경경험이 성인기 가정폭력과 아동학대의 중복가해에 미치는 영향—다중가해 관점 적용—. 한국사회복지학, 76(3), 179-199.

이철현, 한선관(2011). 다문화가정 학생의 게임중독에 대한 멘토의 인식 및 태도. 실과교육연구, 17(4), 291-312.

이혁수, 강복정(2016). 다문화가족지원센터의 다문화가족 사회통합 지원사업의 성과와 개선방안. 장애인복지연구, 7(1), 91-120.

이형초, 안창일(2002). 인터넷 게임중독의 인지행동치료 프로그램 개발 및 효과 검증. 한국심리학회지: 건강, 7(3), 463-486.

이혜선, 나은영(2023). 모바일 게임 이용에 관한 캠페인 메시지가 20대의 심리적 저항과 과도한 이용을 향한 경각심 변화에 미치는 영향: 제한적·설명적 유형과 저항 성향을 중심으로. 한국방송학보, 37(2), 191-231.

이혜숙, 오화철(2024). 장기폭력을 경험한 노년기 여성의 심리적 갈등에 관한 내러티브 연구. 한국기독교상담학회지, 35(3), 191-223.

이호정, 이창배(2024). 성장기 가정폭력 노출 경험이 결혼 후 가정폭력 가해에 미치는 영향: 사회적 지지의 조절 효과를 중심으로. 사회과학연구, 31(3), 143-162.

임재연(2024). 학교폭력 피해 및 목격 경험 청소년이 인식하는 학교폭력 피해에 대한 연구. 교육과 문화, 6(1), 45-71.

장재영, 최명선(2023). 인지행동 예술치료가 알코올중독환자의 단주자기효능감과 변화동기에 미치는 영향. 통합치료연구, 15(1), 35-53.

전소영, 이수정, 정민지(2017). 가정폭력범죄 효율적인 사법처리를 위한 개선방안 검토 연구. 한국경찰연구, 16(4), 245-276.

정다운(2010). 청소년의 애착유형과 인터넷 중독 간의 관계. 청소년문화포럼, 24, 135-161.

정연주(2023). 가정 내 폭력 재발 예방 및 피해자 보호를 위한 통합적 지원 방안. *ISSUE PAPER, 2023*, 1-7.

정의철, 이창호(2008). 청소년 대상 인터넷 중독 예방 PR 캠페인효과 연구: 수용자 반응을 중심으로. 미래청소년학회지, 5(3), 131-153.

정찬영, 이승길(2024). 직장 내 괴롭힘 금지법의 적용확대 방안 소고. 노동법논총, 61, 349-390.

정현주, 박정숙(2023). 청년층의 성별에 따른 남용약물에 대한 사용실태와 인식. 산업융합연구, 21(2), 79-84.

조세은, 김혜미(2024). 가정폭력 피해 이주여성 지원 제도 및 서비스에 대한 고찰: 문제점과 개선 방안을 중심으로. 복지와 문화다양성연구, 6(1), 33-65.

조숙정(2024). 결혼이주여성의 위기대응을 위한 정책제안에 관한 연구. 다문화사회와 교육연구, 18, 215-249.

조숙희, 윤경순(2024). 메타버스 플랫폼을 활용한 청소년 마약류 오·남용 예방교육 프로그램의 효과.

한국학교·지역보건교육학회지, 25(4), 1-12.

조아라, 김종현, 박성근, 박시현, 이정배, 황기회(2024). 청소년의 마약에 대한 지식수준과 마약류 교육의 필요성 분석. 에듀테인먼트연구, 6(1), 13-26.

조영윤, 김태연(2023). 음주 가족력이 있는 여성알코올중독자를 위한 재발예방프로그램이 금주자기효능감과 우울에 미치는 효과: 재발예방 인지행동모델을 근거로. 정신보건과 사회사업, 51(4), 66-89.

조은수(2024). 가정폭력 목격경험이 청소년의 발달에 미치는 영향 분석. 청소년학연구, 31(4), 267-288.

조은숙, 김민경, 김소영, 권혜영(2020). 북한이탈주민 가족관계 증진 단기 프로그램 개발. 가족과 문화, 32(1), 70-101.

조재천, 김석훈(2024). 청소년을 위한 VR 마약 예방 교육: 실제 사례 기반 가상 현실을 통한 직관적 학습 전략. 한국콘텐츠학회 종합학술대회 논문집, 2024. 5, 229-230.

조제성, 김다은(2024). 청소년 도박 경험과 범죄 가·피해 경험 연구—도박이용자의 인식조사를 중심으로—. 한국중독범죄학회보, 14(1), 121-139.

조희원, 도광조(2024). 가정폭력 행위자에 대한 회복적 사법 (갱생보호)에 관한 연구—감호위탁 처분대상을 중심으로—. 법무보호연구, 10(1), 115-143.

지영화, 손재환(2024). 청소년 인터넷·스마트폰 중독에 영향을 미치는 변인에 관한 메타경로분석. 청소년상담연구, 32(2), 179-200.

최미경, 강선경(2022). 회복자로 살아가는 남성 마약중독자의 삶에 대한 내러티브 탐구. 교정담론, 16(1), 29-61.

최미란(2024). 알코올중독자 배우자를 둔 여성의 이혼위기 극복경험 연구. 한국사회복지교육, 68, 113-136.

최백만(2023). 가정폭력 동행상담이 역기능적 가족문화 개선에 미치는 영향. 복지상담교육연구, 12(1), 245-267.

최용성(2023). 정신장애 범죄인에 대한 형사법적 대응체계의 문제점과 개선방안: 치료감호 등 처우를 중심으로. 한국공안행정학회보, 32(4), 369-436.

최정진(2024). 북한이탈주민을 위한 정착지원 고찰. 인문사회과학연구, 6(1), 533-548.

최지예, Ui Jeong Moon(2023). 다문화가정 청소년의 한국문화수용태도와 외국문화수용태도에 미치는 영향요인 분석. 다문화아동청소년연구, 8(2), 1-30.

통계청(2024). 가정폭력 발생률. 지표누리. https://www.index.go.kr/unity/potal/indicatorIndexInfo.do?cdNo=2&clasCd=10&idxCd=F0043

한국중독연구재단(2025). 중독치료사업, 중독재활사업. https://karf.or.kr/%ec%9e%ac%eb%8b%a8%ec%86%8c%ea%b0%9c/%ec%82%ac%ec%97%85%eb%82%b4%ec%9a%a9/

한선미, 이영순(2023). 가정폭력 피해 여성의 사회적 반응 경험, 자기개방, 외상 죄책감, 외상 후 성장 간의 관계. 한국심리학회지: 상담 및 심리치료, 35(1), 85-104.

홍미연(2024). 알코올중독회복자의 노숙 경험에 관한 생애사 연구. *Studies on Humanities and Social Sciences(SHSC), 6*(2), 371-388.

홍지선(2024). Overuse, 인터넷 사용 중독. 대한소아청소년정신의학회 학술대회논문집, 2024. 5, 31-39.

American Psychiatric Association. (2013). *Diagnostic and statistical manual of mental disorders* (5th ed.). American Psychiatric Publishing. https://doi.org/10.1176/appi.books.9780890425596

Chang, M. L. Y., & Lee, I. O. (2024). Functional connectivity changes in the brain of adolescents with internet addiction: A systematic literature review of imaging studies. *PLOS Mental Health*, 1(1), e0000022. https://doi.org/10.1371/journal.pmen.0000022

Ghinassi, S., & Casale, S. (2023). The role of attachment in gambling behaviors and gambling disorder: A systematic review. *Journal of Gambling Studies, 39*(2), 713-749. https://doi.org/10.1007/s10899-022-10163-1

Knox, J., Hasin, D. S., Larson, F. R. R., & Kranzler, H. R. (2019). Prevention, screening, and treatment for heavy drinking and alcohol use disorder. *Lancet Psychiatry, 6*(12), 1054-1067. https://doi.org/10.1016/S2215-0366(19)30213-5

MacKillop, J., Stojek, M., VanderBroek-Stice, L., & Owens, M. M. (2018). Evidence-based treatment for alcohol use disorders: A review through the lens of the theory × efficacy matrix. In D. David, S. J. Lynn, & G. H. Montgomery (Eds.), *Evidence-based psychotherapy: The state of the science and practice* (pp. 219-252). Wiley Blackwell. https://doi.org/10.1002/9781119462996.ch9

NIDA. (2023). *National Institute on Drug Abuse Annual Report 2023*. NIDA.

United Nations Office on Drugs and Crime. (2024). Prevention. Retrieved from https://www.unodc.org/unodc/en/prevention/index.html

World Health Organization. (2018). Global status report on alcohol and health 2018. Retrieved from https://www.who.int

제13장

다문화가족, 북한이탈가족과 가족복지실천

학습 목표

1. 다문화가족과 북한이탈가족의 개념과 특성을 설명할 수 있다.
2. 다문화가족과 북한이탈가족의 현황과 주요 사회복지적 어려움을 경제적 · 심리적 · 사회적 측면에서 분석할 수 있다.
3. 다문화가족과 북한이탈가족을 대상으로 시행되고 있는 정부 및 지자체의 가족복지정책과 지원 서비스의 실천 방안과 개선 방안을 모색할 수 있다.

이 장에서는 먼저 다문화가족과 북한이탈가족의 개념적 정의를 명확히 하고, 이러한 가족 유형들이 현재 우리 사회에서 어떠한 현황을 보이고 있는지 체계적으로 분석하고자 한다. 다문화가족은 서로 다른 문화적 배경을 가진 구성원들로 이루어진 가족을 의미하며, 북한이탈가족은 북한에서 탈북하여 남한에 정착한 가족을 지칭한다. 이들은 각기 다른 문화적 · 사회적 배경을 가지고 있어 독특한 사회복지적 어려움을 겪고 있다. 이에 따라 이 장에서는 다문화가족과 북한이탈가족이 일상생활 속에서 직면하는 다양한 문제를 심층적으로 조명하고, 그들의 실질적인 어려움을 구체적으로 파악하고자 한다.

다음으로, 다문화가족과 북한이탈가족이 겪고 있는 사회복지적 어려움을 경제적 · 심리적 · 사회적 측면에서 다각적으로 고찰할 것이다. 다문화가족은 언어 장벽, 문화적 차이, 차별 및 배제와 같은 문제를 경험하며, 이는 그들의 사회적 통합을 저해하고 경제적 자립을 어렵게 한다. 북한이탈가족의 경우, 정체성 혼란, 사회적 고립, 경제적 어려움 등이 주요 도전 과제로 나타난다. 이러한 어려움들은 가족 구성원들의 전반적인 삶의 질을 저하시킬 뿐 아니라, 사회적 통합과 안정된 삶을 영위하는 데 방해 요소로 작용하고 있다.

이어서 정부와 지자체가 다문화가족과 북한이탈가족을 지원하기 위해 시행하고 있는 다양한 정책과 지원 서비스의 현황을 종합적으로 검토하고, 이러한 정책들이 실제로 이들 가족에게 어떠한 도움을 제공하고 있는지를 평가할 것이다. 이를 통해 현행 정책의 효과성과 한계점을 식별하고, 보다 효과적인 지원 체계를 구축하기 위한 구체적인 개선 방안을 제안하고자 한다.

마지막으로, 다문화가족과 북한이탈가족을 위한 가족복지실천 방안을 구체적으로 제안함으로써 이들 가족이 직면한 문제를 효과적으로 해결하는 데 기여하고자 한다. 이러한 실천 방안은 정책적 지원을 넘어, 지역사회와 비영리 단체, 민간 부문과의 협력을 통해 다각적으로 구현될 필요가 있다. 지역사회 기반의 지원 프로그램을 강화하여 다문화가족과 북한이탈가족이 지역사회 내에서 사회적 지지망을 형성하고, 건강하고 안정된 삶을 영위할 수 있도록 돕는 방안이 논의될 것이다. 이를 통해 다문화가족과 북한이탈가족이 보다 안정적이고 지속 가능한 생활을 영위할 수 있도록 지원하는 전략을 모색하고자 한다.

1. 다문화가족과 가족복지실천

우리 사회는 지난 수십 년간 급격한 경제 성장과 글로벌화의 영향으로 인해 다문화적 구성원이 함께 살아가는 다문화 사회로의 변화를 경험하고 있다. 이러한 변화는 국제 결혼의 증가, 이주 노동자의 유입, 유학생 수의 증가 등 다양한 요인에서 비롯되었으며, 다문화가족의 증가는 사회복지 분야에서 중요한 연구 주제로 부상하고 있다. 이에 따라 다문화가족의 사회적 통합과 복지 향상을 위한 정책적 노력이 요구되고 있다.

1) 다문화가족의 정의

다문화가족은 서로 다른 인종, 민족, 문화적 배경을 가진 구성원으로 이루어진 가족을 의미하며, 우리나라에서는 주로 한국인과 외국인 배우자로 구성된 결혼이민자 가정, 이주 노동자 가족, 귀화자 가족 등을 포함한다(김현정, 2021). 2023년 기준으로 우리나라에 거주하는 다문화 가구는 약 415,584가구로 추정되며, 이들은 다양한 문화적 차이로 인해 가족 내 갈등이나 사회 적응에 많은 어려움을 겪고 있다(문의정, 박정윤, 2024). 이러한 다문화가족은 언어, 문화, 종교

등 다양한 차원에서 기존 사회와의 차이를 극복해야 하며, 이 과정에서 많은 도전과 어려움을 직면하고 있다.

다문화가족은 사회적 소수자로서 차별과 배제의 대상이 될 가능성이 크다. 이들은 언어 장벽으로 인해 공공서비스 접근에 어려움을 겪으며, 문화적 차이로 인한 오해와 편견으로 사회적 고립감을 느끼기도 한다(김석준, 2015). 특히 자녀 교육 측면에서 다문화가족의 아동들은 학교에서 언어적 · 문화적 차별을 경험할 가능성이 높으며, 이는 이들의 학업 성취와 자아존중감에 부정적인 영향을 미칠 수 있다. 이러한 문제는 장기적으로 다문화가족 구성원들의 사회적 통합을 저해하고, 이들이 지역사회에서 평등한 기회를 누리지 못하도록 만드는 주요 요인으로 작용한다. 따라서 다문화가족에 대한 사회적 지원과 정책적 개입은 필수적이다.

정부와 지자체는 다문화가족이 한국 사회에 안정적으로 정착하고 통합될 수 있도록 다양한 프로그램과 서비스를 제공하고 있다. 한국어 교육 프로그램, 문화 적응 지원 서비스, 심리 상담 서비스 등은 다문화가족 구성원들이 언어적 · 문화적 장벽을 극복하고 사회에 적극적으로 참여할 수 있도록 돕는 중요한 수단이다(다누리, 2024). 또한 다문화가족 자녀들을 위한 교육 지원 프로그램과 멘토링 제도는 이들이 학교와 지역사회에서 긍정적인 경험을 쌓고, 장차 사회의 일원으로 자립할 수 있는 기반을 마련해 준다. 이러한 노력들은 다문화가족의 사회적 통합을 촉진하고, 궁극적으로 우리 사회의 다양성과 포용성을 증진하는 데 중요한 역할을 한다.

2) 결혼이민자 및 이주노동자의 현황

결혼이민자는 한국인과 결혼한 외국인을 지칭하며, 2023년 기준으로 약 174,895명에 이른다(통계청, 2024a). 이 중 여성 결혼이민자가 대부분을 차지하고 있으며, 이러한 현상은 특히 농어촌 지역의 결혼 적령기 남성들이 국내에서 결혼 상대를 찾기 어려워 외국인 배우자를 선택하는 경향과 밀접한 관련이 있다(사용진, 2025). 결혼이민자들은 한국 사회에 통합되기 위해 언어 장벽, 문화적 차이, 사회적 편견 등 다양한 도전 과제를 직면하고 있으며, 이로 인해 사회 적응 과정에서 많은 어려움을 겪고 있다. 따라서 이들에 대한 언어 교육, 문화 적응 지원, 심리 상담 등 다양한 복지서비스의 종합적 지원이 필요하다(다누리, 2024).

한편, 이주노동자들은 2024년 기준으로 약 426,408명이 우리나라에서 근무하고 있으며, 이들은 주로 제조업, 건설업, 서비스업 등 다양한 산업 분야에서 일하고 있다(고용노동부, 2024). 이주노동자들은 주로 네팔, 캄보디아, 베트남, 인도네시아 등 아시아 국가 출신으로, 고용허가제(E-9 비자) 등을 통해 합법적으로 우리나라에서 취업하고 있다. 그러나 이주노동자들은 대체로 낮은 임금과 장시간 노동에 시달리고 있으며, 산업재해의 위험에도 노출되어 있는 등 열악한 노동 환경에서 근무하고 있다(정정희, 2024). 또한 이들은 언어적 · 문화적 장벽으로 인해 노동권 보호에 어려움을 겪고 있으며, 노동조합 활동이나 권리 주장에서 제약을 받는 경우가 많다. 이러한 상황을 개선하기 위해 이주노동자에 대한 노동권 보호와 복지 지원의 강화가 필수적이다.

결혼이민자와 이주노동자 모두 우리 사회의 중요한 구성원으로서, 그들의 안정적인 정착과 권리 보장을 위해 정부와 지자체, 시민사회의 협력적 노력이 요구된다. 이들의 사회적 통합을 지원하기 위해서는 언어 교육뿐만 아니라 문화적 이해를 증진시킬 수 있는 프로그램, 노동권 보호를 강화하는 법적 제도 마련, 그리고 심리적 안정과 건강을 지원하는 다양한 복지서비스가 통합적으로 제공되어야 한다.

3) 다문화가족의 사회복지적 어려움

다문화가족은 서로 다른 문화적 배경, 언어, 종교를 가진 구성원들로 이루어져 있어, 사회 통합 과정에서 다양한 복잡한 문제와 도전에 직면하고 있다. 이러한 어려움은 개인의 삶의 질뿐만 아니라 사회 전체의 통합과 발전에도 중요한 영향을 미친다. 따라서 다문화가족의 사회복지적 어려움을 이해하고 해결하는 것은 중요한 사회적 과제로 인식되고 있다.

언어 장벽은 다문화가족이 직면하는 가장 큰 문제 중 하나로, 결혼이민자와 이주 노동자들은 한국어 구사에 많은 어려움을 겪고 있다. 이러한 언어적 어려움은 교육, 직업 기회, 사회적 상호작용 등 다양한 측면에서 장애물로 작용하며, 다문화가족의 사회 통합을 지연시킨다(문의정, 박정윤, 2024). 한국어 능력 부족은 자녀의 학업 성취도 저하를 야기하며, 이는 장기적으로 이들의 사회경제적 지위에 부정적인 영향을 미칠 수 있다. 또한 직장에서의 의사소통 문제는 업무 성과에 부정적인 영향을 미치며, 직업 안정성도 저하시킬 수 있다(장우윤 외, 2024). 이와 같은 문제를 해결하기 위해 정부와 지자체는 한국어 교육 프로그램을 제공하고 있으나, 현재의 프로그램은 여전히 수요를 충족시키지 못하고 있다. 이에 따라 보다 체계적이고 지속적인 언어 교육 지원이 필요하며, 예산 확대와 전문 인력 양성이 요구된다(이현주, 이홍직, 2024).

다문화가족은 가정 내에서 문화적 차이로 인한 갈등을 빈번히 경험한다. 결혼이민자는 한국의 문화적 관습과 자신이 속하였던 본국의 문화 간 차이로 인해 정체성 혼란과 갈등을 겪을 수 있으며, 이는 가정 내 긴장과 불화를 초래할 수 있다(김한상 외, 2024). 자녀 양육 방식이나 가사 분담에 대한 문화적 차이는 부부간 갈등의 주요 원인이 될 수 있으며, 이러한 갈등은 가족 구성원들 간의 정서적 지지 부족과 사회적 고립으로 이어질 수 있다(전혜경, 2024). 이러한 문제를 해결하기 위해 문화적 이해와 갈등 해결을 위한 교육 및 상담 프로그램이 필요하다. 다문화가족이 서로의 문화를 존중하고 이해할 수 있도록 돕는 교육은 가정 내 안정성을 높이는 동시에 사회 통합에도 긍정적인 영향을 미친다(양혜원, 2024). 최근 다문화가족 지원센터에서 제공하는 문화 적응 프로그램과 가족 상담 서비스는 긍정적인 효과를 보이고 있으나, 이용률이 낮아 이에 대한 홍보와 접근성 개선이 요구된다(이혁수, 강복정, 2016).

경제적 불안정은 다문화가족이 직면하는 주요 문제 중 하나로, 이주 노동자 가정은 안정적인 경제적 기반을 마련하지 못해 빈곤에 직면할 위험이 크다(노보람, 2024). 결혼이민자 역시 직업 선택의 기회가 제한적이어서 경제적 자립이 어려운 경우가 많다. 이러한 경제적 불안정은 가정의 생활 수준을 저하시킬 뿐만 아니라 사회적 참여와 자립적인 생활을 저해한다. 이를 해결하기 위해 직업 교육 및 취업 지원 프로그램을 강화하고, 소규모 창업 지원이나 마이크로크레딧 제공을 통해 다문화가족의 경제적 자립을 촉진하는 정책적 지원이 필요하다(윤향희, 김경제, 2024).

다문화가족의 아동들은 이중 언어와 문화적 배경으로 인해 정체성 혼란과 차별을 경험할 가능성이 높다(이래혁, 이재경, 2024). 이러한 정체성 혼란은 학교와 사회에서의 차별 경험으로 이어질 수 있으며, 이는 아동의 정서적 안정성과 학업 성취도에 부정적인 영향을 미친다(문의정, 박정윤, 2014). 학교 내에서의 소외나 괴롭힘은 학습 동기와 성과를 저해할 수 있으며, 장기적으로 아동의 자아존중감과 사회적 통합에도 부정적인 영향을 미친다(정정희, 2024). 이를 해결하기 위해서는 학교와 지역사회에서의 포괄적인 지원과 차별 방지 정책이 필요하며, 아동의 정체성 형성을 돕기 위한 상담 및 교육 프로그램을 활성화해야 한다(임은주, 전종미, 2024).

다문화가족은 사회적 편견과 차별로 인해 사회적 참여에 어려움을 겪고 있으며, 이러한 차별은 언어, 문화, 외모의 차이에서 비롯된다(정정희, 2024). 이러한 사회적 편견은 다문화가족 구성원의 자존감을 저하시킬 뿐만 아니라 심리적 스트레스와 정신건강 문제를 야기할 수 있다(이래혁, 이재경, 2024). 따라서 사회 전체의 인식 개선과 다문화 수용성을 높이기 위한 교육과 캠페인이 필요하다(박지선 외, 2024).

이와 같은 다문화가족의 사회복지적 어려움을 해결하기 위해서는 종합적이고 체계적인 지원 방안이 필요하다(다누리, 2024). 언어 장벽을 해소하기 위해 한국어 교육 프로그램의 확대와 전문성 강화를 추진하고, 문화적 갈등을 완화하기 위해 가족 상담 및 교육 프로그램을 활성화하며, 다문화가족지원센터의 역할을 강화할 필요가 있다. 경제적 자립을 도모하기 위해 직업 교육과 취업 연계를 강화하고, 아동의 정체성 형성을 돕기 위한 프로그램을 확대하여 학교 내 차별을 방지하는 등의 지원이 필요하다. 마지막으로, 사회적 인식 개선을 위한 대중 매체 캠페인과 교육을 통해 다문화 수용성을 높이는 것이 중요하다(임은주, 전종미, 2024).

다문화가족은 언어 장벽, 문화적 차이, 경제적 불안정, 정체성 혼란과 차별 등 다양한 사회복지적 어려움에 직면해 있다. 이러한 문제는 개인과 가족의 복지뿐만 아니라 사회 전체의 통합과 발전에도 영향을 미치므로, 적극적인 대책과 지원이 필요하다(김종세, 2021). 정부와 지자체, 사회복지기관, 교육기관 등은 협력하여 다문화가족의 사회 통합과 복지 향상을 위한 종합적인 정책과 프로그램을 개발하고 실행해야 한다. 이를 통해 다문화가족이 사회의 일원으로서 안정적인 삶을 영위하고, 다양성이 존중되는 사회를 구축할 수 있을 것이다.

4) 다문화가족 자녀의 사회복지적 문제

다문화가족 자녀가 직면한 사회복지적 문제는 다차원적인 접근이 요구되는 복합적 도전으로 정의될 수 있다. 이들 자녀는 한국어 능력의 부족, 정체성 혼란, 학교 내 차별 등의 문제로 인해 학습과 사회 적응 과정에서 심각한 어려움을 겪을 가능성이 크다(이래혁, 이재경, 2024). 한국어 능력 부족은 학업 수행은 물론 사회적 상호작용 전반에 걸쳐 큰 장애물이 되며, 언어 장벽은 또래 간 관계 형성을 어렵게 하고 교사와의 원활한 소통에도 한계를 가져온다. 이러한 상황은 아동의 전반적인 사회적응을 방해하고 학습 결손을 초래할 수 있으며, 언어 능력의 부족은 자존감 저하와 함께 사회적 고립감을 강화해 학교생활의 불안정을 더욱 가중시킨다(김선숙 외, 2024). 이 문제를 해결하기 위해서는 다문화가족 자녀들에게 체계적이고 지속적인 한국어 교육이 필수적이며, 이는 단순한 언어 교육을 넘어서 그들의 문화적 배경을 이해하는 통합적 교육으로 확장되어야 한다.

더불어, 다문화가족 자녀들은 자주 문화적 정체성에 대한 혼란을 경험하는데, 이는 한국과 본국 문화 사이에서의 갈등에서 비롯된다. 정체성의 확립은 청소년기 주요 발달 과제 중 하나로, 다문화 자녀는 이 과정에서 상반된 감정에 직면하게 되며 그 결과 사회적 소외감이나 정신건강 문제로 이어질 가능성이 높다(김희진, 조혜영, 2024). 이러한 정체성 문제를 해결하기 위해서는 다문화가족 자녀가 자신의 문화적 배경을 긍정적으로 수용하고 자긍심을 가질 수 있도록 지원하는 정체성 형성 프로그램이 요구된다. 특히 문화 간 이해를 증진시키는 교육, 부모와 자녀 간 소통을 촉진하는 가족 중심의 프로그램, 또래 멘토링 등의 접근이 효과적일 수 있다. 학교 내에서 교사들이 다문화 자녀의 특성을 이해하고 그들에게 맞춤형 지원을 제공하기 위해서는 교사 연수와 다문화 교육의 강화가 필요하다.

사회적 차별과 편견 또한 다문화가족 자녀가 직면하는 중요한 문제로, 이들은 학교와 지역사회에서 문화적 · 인종적 배경 때문에 차별을 경험할 가능성이 크다. 이러한 차별은 아동의 자존감을 저하시킬 뿐만 아니라 사회적 위축을 야기하여 학업 성취도 저하와 사회적 배제의 원인으로 작용할 수 있다(문의정, 박정윤, 2014). 따라서 다문화 자녀가 차별 없는 환경에서 성장할 수 있도록 사회적 인식 개선이 필수적이다. 이를 위해 학교와 지역사회 차원에서 다문화 감수성을 높이기 위한 캠페인과 교육 프로그램의 도입이 필요하다. 학교에서의 다문화 교육은 모든 학생이 다양한 문화적 배경을 이해하고 존중할 수 있도록 유도하는 데 중요한 역할을 하며, 미디어를 활용한 긍정적인 다문화 이미지 확산 또한 사회적 인식을 개선하는 데 기여할 수 있다(김선영, 2025). 이러한 사회적 인식 개선을 위한 노력으로, 정부와 지자체는 다문화 교육 프로그램, 한국어 교육, 멘토링 제도 등을 시행하고 있으며, 이는 다문화가족 자녀의 학업 성취와 사회 적응을 돕는 데 중요한 역할을 하고 있다(다누리, 2024).

다문화가족 자녀의 복지적 어려움을 해결하기 위해서는 한국어 교육, 정체성 형성 지원, 그리고 차별 방지를 위한 사회적 인식 개선 등 다각적이고 종합적인 접근이 요구된다. 정부는 「다문화가족지원법」을 통해 언어 교육, 상담 서비스, 통번역 지원 등 다양한 정책을 시행하고 있으며, 다문화가족의 사회 통합을 촉진하기 위해 문화 이해 교육과 지역사회 참여 프로그램 등을 운영하고 있다(다누리, 2024). 하지만 여전히 다문화가족은 문화적 차이와 사회적 편견, 경제적 어려움 등 여러 문제에 직면해 있으며, 이들의 안정적인 사회 통합을 위해 지속적인 정책적 개선과 연구가 필요하며(장우윤 외, 2024), 지역사회와의 연계를 강화해 다문화가족이 지역사회 내에서 안정적인 사회적 지지망을 형성할 수 있도록 돕는 것이 중요하다(임은주, 전종미, 2024).

다문화가족의 증가는 우리 사회의 국제화와 다양성을 반영하는 동시에, 새로운 사회복지적 과제를 제시하고 있다. 다문화가족 및 이주노동자 가족의 안정적인 정착과 사회 통합을 위해서는 언어 지원, 심리 상담, 직업 교육 등 다양한 복지서비스가 필요하며, 이러한 서비스의 접근성을 높이기 위해 다문화가족지원센터의 확대와 전문 인력 양성이 요구된다(이현주, 이홍직, 2024). 더 나아가, 사회적 편견과 차별을 해소하기 위한 인식 개선 활동이 필요하며, 이를 위해 미디어를 통한 긍정적인 다문화 이미지 확산과 교육기관에서의 다문화 교육 강화가 효과적인 방안으로 제시될 수 있다(김영희, 2020). 다문화가족에 대한 지속적인 연구와 지원을 통해 한국 사회의 포용성과 다양성을 높이고, 모든 구성원이 조화롭게 살아갈 수 있는 사회를 구축하는 것이 중요하다. 이를 위해 정부, 지자체, 지역사회, 시민 모두의 협력이 필수적이며, 특히 지역사회복지사의 역할이 매우 중요해지고 있다(이현주, 이홍직, 2024).

5) 다문화가족 지원 서비스

다문화가족 지원을 위해 정부와 지자체가 제공하는 다문화가족지원센터의 역할은 매우 중요하다. 이 센터는 다문화가족의 안정적인 정착과 사회적 통합을 지원하기 위해 언어 교육, 문화 적응 프로그램, 법적·상담 지원 등을 다각적으로 제공하며, 이들이 우리 사회에서 자립적으로 생활할 수 있는 기반을 마련하는 데 큰 기여를 하고 있다.

언어 교육 서비스는 다문화가족의 우리 사회 적응에 필수적인 요소로, 다문화가족지원센터는 결혼이민자와 그 자녀들을 대상으로 한국어 교육 프로그램을 운영하고 있다(다누리, 2024). 이 프로그램은 초급부터 고급까지 다양한 수준에 맞춘 교육을 제공하며, 온라인과 오프라인을 병행하여 접근성을 높인다. 또한 한국어 교육과 함께 한국 문화에 대한 이해 교육도 함께 이루어져 결혼이민자와 그 자녀들이 우리 사회에 효과적으로 통합될 수 있도록 돕는다(최지예, Moon, 2023).

문화 적응 프로그램은 다문화가족이 새로운 환경에 적응하는 데 중요한 역할을 한다(다누리, 2024). 다문화가족지원센터는 다양한 문화 교류 및 적응 프로그램을 통해 가족 구성원 간의 이해를 증진시키고 상호작용을 촉진하고 있다. 다문화 요리 교실, 전통 문화 체험, 다문화 축제 등을 통해 다문화가족과 지역사회 주민 간의 교류를 촉진하며 상호 존중과 이해를 장려하고 있다(임은주, 전종미, 2024).

법적·상담 지원 서비스는 다문화가족의 권익 보호와 안정성을 위해 필수적이다(조숙정, 2024). 결혼이민자는 가정 내 폭력, 이혼, 체류 자격 문제 등 다양한 법적 문제에 직면할 수 있으며, 이러한 문제를 해결하기 위해 전문 법률 상담과 통역 서비스가 제공된다. 심리 상담 서비스 또한 제공되어 다문화가족 구성원들이 정서적 안정과 정신건강을 유지할 수 있도록 돕고 있다.

교육 지원 서비스는 다문화가족 자녀의 학습을 돕기 위해 제공된다. 다문화가족지원센터는 한국어 교육, 학습 지원 프로그램, 멘토링 등을 통해 다문화가족 자녀가 학업적으로 성공할 수 있는 환경을 조성하고 있다(「다문화가족지원법」, 2024). 또한 일반 학생들에게 다문화 이해 교육을 제공하여 다문화가족 아동들이 차별 없이 학습할 수 있는 분위기를 조성하고 있다.

주거 및 생활 지원 서비스는 다문화가족이 안정된 환경에서 생활할 수 있도록 지원하는 중요한 요소다. 정부와 지자체는 임대주택 제공, 주거비 지원, 생활 정보 제공 등 다양한 지원 서비스를 통해 다문화가족의 생활 안정을 도모하고 있다(「다문화가족지원법」, 2024). 이러한 지원은 경제적 부담을 줄여 주고, 다른 중요한 삶의 영역에 자원을 투자할 수 있게 하여 삶의 질을 향상시키는 데 기여한다.

다문화가족의 안정적 정착과 통합을 위해 정책적 지원과 법적 근거가 마련되어 있다. 「다문화가족지원법」은 다문화가족에 대한 국가와 지방자치단체의 책임을 명확히 하며, 다양한 지원 사업의 근거를 제공하고 있다(「다문화가족지원법」, 2024). 또한 지자체별로 다문화가족 지원 조례를 제정하여 맞춤형 지원을 제공하고 있으며, 이는 지역 특성에 맞춘 세밀한 접근을 가능하게 한다(「서울특별시 다문화가족 지원에 관한 조례」, 2024).

지역사회와의 협력도 다문화가족 지원 서비스의 효과를 극대화하는 데 필수적이다. 다문화가족지원센터는 지역사회와 연계하여 다문화가족이 지역사회에서 소외되지 않고 긍정적인 상호작용을 통해 소속감을 느낄 수 있도록 돕고 있다(임은주, 전종미, 2024). 다문화 축제나 지역사회 행사에 다문화가족을 초대하여 이들이 지역사회와 더불어 성장할 수 있는 기회를 제공하고 있다.

이처럼 다문화가족지원센터를 통해 제공되는 다양한 서비스는 다문화가족이 우리 사회에서 자립하고 통합될 수 있도록 돕는 중요한 역할을 한다. 언어 교육, 문화 적응, 법적 · 상담 지원, 주거 및 생활 안정 지원 등 다각적인 접근을 통해 다문화가족의 복지 향상과 사회 통합을 촉진하는 것은 다문화 사회의 긍정적인 변화를 이끌어 내는 핵심 요소다. 앞으로도 정부와 지자체는 지역사회와의 협력을 강화하고, 다문화가족의 특수한 필요에 맞춘 맞춤형 서비스를 지속적으로 개발하여 포용성과 다양성이 존중되는 사회를 구축해 나가야 할 것이다.

6) 다문화가족 지원 정책 및 서비스의 과제

다문화가족의 복지 증진을 위해 현재 시행 중인 정책과 서비스에 대한 포괄적인 검토와 개선이 필수적이다. 다문화가족은 언어 장벽, 문화적 차이, 경제적 불안정 등 다양한 문제를 겪고 있으며, 이들의 안정적인 정착과 사회적 통합을 위해서는 정책적 지원과 서비스의 강화가 필요하다. 이러한 과제를 해결하기 위해서는 언어 교육, 고용 지원, 아동 교육 지원 등 다양한 분야에서 다각적인 접근이 필요하다.

첫째, 언어 교육 프로그램의 확대와 심화가 시급하다. 현재 제공되는 한국어 교육 프로그램은 주로 초급 수준에 머물러 있어 다문화가족 구성원들이 일상생활을 넘어 직장과 교육 환경에서 요구되는 고급 언어 능력을 습득하기에는 한계가 있다(문의정, 박정윤, 2024). 이는 이들이 우리 사회 내에서 온전한 역할을 수행하고 다양한 사회적 기회를 활용하는 데 있어 큰 장애로 작용하고 있다. 특히 결혼이민자와 그 자녀들이 사회에 효과적으로 통합되기 위해서는 기본적인 언어 교육을 넘어 심화된 언어 교육이 필요하다. 고급 언어 능력은 사회적 자립과 경제적 기회를 확대하는 데 필수적인 요소로, 이를 통해 다문화가족 구성원들은 직장 내 원활한 소통과 전문직 진출 등에서 더욱 적극적인 역할을 할 수 있다. 정부와 지자체는 이러한 교육의 접근성을 높이기 위해 온라인 교육, 맞춤형 교육, 가정 방문 교육 등 다양한 방식의 프로그램을 제공하며, 지속적이고 체계적인 평가와 관리 시스템을 구축해야 한다.

둘째, 고용 지원 서비스의 강화를 통해 다문화가족 구성원들의 경제적 자립을 도모해야 한다. 결혼이민자와 이주노동자가 안정적인 일자리를 얻고 경제적으로 자립할 수 있도록 직업 훈련 및 취업 알선 프로그램을 강화하는 것이 필요하다(김종세, 2021). 다문화가족 구성원들은 경제적 어려움으로 인해 사회적 소외와 빈곤 문제에 직면할 수 있으며, 경제적 자립은 이들이 사회에서 자부심을 가지고 기여할 수 있는 중요한 요인이다. 따라서 IT 기술, 서비스업 등 시장 수요가 높은 분야에서의 직업 훈련과 취업 알선이 필요하며, 창업 지원 프로그램도 마련되어야 한다. 이를 통해 다문화가족은 경제적 안정성을 확보하고, 한국 사회에 긍정적으로 기여할 수 있는 기회를 얻게 될 것이다.

셋째, 다문화가족 아동에 대한 교육 지원의 강화가 필요하다. 다문화가족의 아동은 언어적 장벽과 문화적 차이로 인해 학업에서 어려움을 겪을 가능성이 높으며, 이는 장기적으로 사회적 통합을 저해하는 주요 요인으로 작용한다(노보람, 2024). 이를 해결하기 위해 학교와 지역사회에서 맞춤형 교육 프로그램을 제공해야 한다. 한국어 보조 교육 프로그램과 학습 멘토링을 통해 아동이 학업적 성취를 이루고 학교 환경에 적응할 수 있도록 돕는 것이 중요하다. 또한 정서적 지원을 위한 심리 상담 프로그램의 강화도 필요하며, 이는 아동이 정체성 혼란과 차별로 인한 어려움을 극복하는 데 중요한 역할을 한다.

넷째, 다문화가족에 대한 사회적 인식 개선을 위한 지속적인 캠페인이 필요하다. 다문화가족은 여전히 차별과 편견을 경험하고 있으며, 이는 이들이 사회적으로 통합되는 데 큰 장애물이 된다(정정희, 2024). 정부와 민간 부문이 협력하여 다문화가족의 긍정적인 사례를 홍보하고, 다문화에 대한 이해를 증진시키기 위한 공공 캠페인을 추진해야 한다. 이를 통해 다문화에 대한 사회적 인식을 개선하고, 포용적인 사회 분위기를 조성할 수 있다. 또한 지역사회 차원에서도 다문화가족과의 교류를 촉진하여 이들이 지역사회의 일원으로 자리잡을 수 있는 환경을 조성해야 한다(임은주, 전종미, 2024).

다문화가족의 복지를 증진하기 위해서는 포괄적이고 체계적인 지원 체계가 마련되어야 하며, 이는 정부, 지자체, 민간 부문 간의 긴밀한 협력이 필수적이다(윤향희, 김경제, 2024). 향후 정책 개발과 프로그램 설계에 있어 다문화가족의 실제적 필요와 경험을 반영하는 것이 중요하며, 이를 통해 다문화가족이 안정적으로 정착하고 삶의 질을 향상시킬 수 있을 것이다. 이러한 개선 과제를 통해 다문화가족이 사회에 원활하게 통합되고, 포용성과 다양성이 존중되는 사회를 구축할 수 있을 것이다.

2. 북한이탈가족과 가족복지실천

1) 북한이탈가족의 정의

북한이탈가족은 대한민국의 사회복지 체계와 정책에서 중요한 위치를 차지하는 집단으로, 「북한이탈주민의 보호 및 정착지원에 관한 법률」(약칭 「북한이탈주민법」)에 따라 북한을 떠나 대한민국에 입국한 북한이탈주민으로 구성된 가족을 의미한다(「북한이탈주민법」, 2024). 북한이탈주민은 정치적 박해, 경제적 어려움, 인권 침해 등 다양한 이유로 북한을 떠나 대한민국에 정착하려는 사람들을 포함하며, 가족 단위로 입국한 경우 이들을 북한이탈가족으로 분류한다. 이러한 가족은 이주 과정에서 신체적 · 정신적 고통을 경험할 수 있으며, 우리나라에 정착한 이후에도 새로운 사회에 적응하는 과정에서 많은 도전에 직면하게 된다.

북한이탈가족은 경제적 어려움 외에도 우리 사회에서 적응하기 위해 언어적 차이, 문화적 이질감, 사회적 편견 등 여러 사회적 장애물을 마주하고 있다(박재인, 2024). 특히 남북한 간의 사회 · 문화적 차이는 북한이탈가족이 새로운 환경에 적응하는 데 큰 장벽이 될 수 있다(박재인, 2024). 북한에서의 경험은 이들에게 강한 정체성의 일부로 남아 있으며, 남한의 문화와의 차이는 일상적인 생활 방식의 적응을 어렵게 한다. 이로 인해 교육, 직장 생활, 지역사회 활동 등 일상생활의 전반에서 복잡한 적응 과제가 가중되고 있다.

이러한 어려움을 극복하기 위해서는 단순히 물질적 지원에 그치지 않고, 사회적 통합을 촉진하며 장기적인 자립을 돕는 포괄적 접근이 필요하다. 초기 정착 과정에서 물질적 지원이 중요한 역할을 하지만, 장기적인 관점에서는 북한이탈가족의 심리적 안정, 사회적 관계 형성, 자립적 경제활동 참여를 위한 지원이 필수적이다. 가족복지 차원에서 북한이탈가족에 대한 지원은 가정 내 안정성을 증진하고, 이들이 새로운 환경에서 안정적이고 건강하게 정착할 수 있도록 돕는 데 중요한 역할을 한다(통일부, 2024).

가족 구성원 간의 상호 지지와 이해는 개인의 적응과 심리적 안정에 긍정적인 영향을 미치며, 이는 전체적인 사회 통합에도 기여한다(조은숙 외, 2020). 가족 내 긍정적인 상호작용은 각 구성원이 외부 사회의 도전에 대처하는 데 중요한 심리적 자원이 된다. 가족 구성원 간의 상호 이해와 지지는 북한이탈가족이 새로운 사회에 성공적으로 적응하고 우리 사회의 일원으로서 역할을 수행하는 데 필수적이다. 따라서 정부와 민간 부문이 협력하여 북한이탈가족의 특수한 요구를 반영한 맞춤형 서비스를 개발하고, 정책적 접근을 강화할 필요가 있다(박재인, 2024). 맞춤형 지원은 북한이탈가족 개개인의 필요에 맞춘 것으로, 심리 상담, 언어 교육, 직업 교육 등 다양한 서비스가 통합적으로 제공될 때 효과가 극대화된다.

북한이탈가족이 우리 사회에 원활히 통합되고 장기적으로 자립할 수 있도록 돕는 것은 매우 중요하다(박재인, 2024). 이들이 경제적 · 사회적 · 문화적 측면에서 자립하게 되면, 궁극적으로는 남북한 통합이라는 장기적 목표에도 긍정적으로 기여할 수 있다. 최근 연구들은 북한이탈주민의 사회적 통합을 위한 포괄적 지원이 정착 과정에서 효과적임을 입증하고 있다(조성희, 김정귀, 2021). 박재인(2024)은 심리사회적 지원 프로그램이 북한이탈가족의 정서적 안정과 사회 적응에 긍정적인 영향을 미친다고 보고하였다. 이러한 심리사회적 지원은 이들이 새로운 환경에서 느끼는 불안과 외로움을 경감시키고, 자아존중감을 회복하는 데 중요한 역할을 한다. 또한 홍용표와 모춘흥(2023)은 맞춤형 교육과 직업 훈련이 이들의 경제적 자립과 사회 통합에 중요한 역할을 한다고 강조하였다. 이들은 직업 교육과 훈련을 통해 경제적 독립을 달성할 수 있는 기회를 제공받음으로써 자신감과 자립의지를 높이고, 경제적 안정과 함께 지역사회에 기여할 수 있는 기회를 확대하게 된다.

북한이탈가족의 복지 증진과 사회 통합을 위해서는 단기적이고 임시적인 지원을 넘어선 포괄적이고 장기적인 관점의 지원이 요구된다. 이를 위해 정부와 민간 부문 간의 협력이 중요하며, 이러한 협력을 통해 북한이탈가족이 한국 사회에 성공적으로 정착하고 자립할 수 있는 토대를 마련해야 한다. 또한 북한이탈가족의 요구를 반영한 맞춤형 정책 개발과 실천이 이루어져야 하며, 이를 통해 이들이 새로운 사회에서 안정적이고 의미 있는 삶을 영위할 수 있도록 하는 것이 핵심적 과제가 될 것이다.

2) 북한이탈주민의 현황

2023년 기준 대한민국에 정착한 북한이탈주민의 수는 약 34,000명에 이르며, 이 중 약 15%가 아동 · 청소년으로 분류된다(통계청, 2024b). 북한이탈 아동 · 청소년은 북한에서의 경험과 남한 사회의 새로운 환경 사이에서 다차원적인 어려움을 겪고 있다(박재인, 2024). 이들의 어려움은 단순히 물질적 차원에 국한되지 않으며, 심리적 · 정서적 · 사회적 적응 문제 등 광범위하게 나타나고 있다. 이러한 도전은 개인의 성장과 발달에 중요한 영향을 미칠 뿐 아니라, 장기적으로는 한국 사회의 통합과 발전에도 중요한 의미를 가진다.

북한이탈가족은 북한에서의 고난과 위험을 극복하고 새로운 삶을 찾기 위해 대한민국에 정착한 특별한 집단으로, 경제적 · 사회적 · 심리적 어려움 등 복합적인 도전에 직면해 있다. 우선 경제적 어려움은 이들 가족의 생활 전반에 큰 영향을 미친다. 북한이탈주민은 대체로 우리 사회에서의 직업적 지위가 낮고, 안정적인 경제적 기반을 마련하기 어렵다. 이는 주거 불안정, 교육 기회 제한, 의료 서비스 접근성 저하 등 다양한 문제로 이어져 이들의 삶의 질을 저하시킬 위험이 있다. 특히 북한이탈 아동 · 청소년의 경우 경제적 어려움은 교육 기회의 제한으로 이어질 가능성이 높아, 장기적으로는 이들의 사회적 계층 이동을 제한하는 요인이 될 수 있다(박재인, 2024).

또한 북한이탈가족이 경험하는 주요한 사회적 어려움 중 하나는 사회적 편견과 차별이다. 북한이탈주민이라는 이유로 이들은 다양한 사회적 공간에서 배제되거나 불리한 대우를 받을 가능성이 높으며, 이러한 차별은 이들의 사회적 통합을 저해하는 주요 요인으로 작용한다. 특히 이러한 사회적 편견은 아동 · 청소년에게 심각한 영향을 미쳐 또래와의 관계 형성에서 어려움을 겪거나, 학교 내에서 소외감을 느끼게 한다. 이는 궁극적으로 학업 성취도와 심리적 안정성에도 부정적인 영향을 미칠 수 있다(김영순 외, 2015). 따라서 이러한 사회적 도전에 대응하기 위해서는 학교와 지역사회를 중심으로 북한이탈주민에 대한 이해와 포용을 증진시키기 위한 교육 프로그램과 캠페인의 시행이 필요하며, 이를 통해 북한이탈 아동 · 청소년이 차별 없이 성장할 수 있는 환경을 제공해야 한다. 심리적 지원 또한 북한이탈가족에게 중요한 지원 요소로 작용한다. 이들은 북한에서의 트라우마뿐만 아니라 새로운 환경에 적응하는 과정에서의 스트레스를 겪고 있으며, 이러한 심리적 어려움은 적절히 관리되지 않을 경우 우울증, 불안장애 등 정신건강 문제로 발전할 가능성이 높다(박서희 외, 2022). 북한이탈 아동 · 청소년의 경우, 자신이 처한 상황에 대한 이해 부족과 새로운 문화적 맥락에서의 정체성 혼란이 심리적 부담을 가중시킨다. 이러한 부담을 경감시키기 위해서는 심리 상담 서비스와 정서적 지지 프로그램의 강화가 필요하다. 특히 학교와 지역사회에서 심리적 지원을 제공함으로써 북한이탈 아동 및 청소년들이 안정된 환경에서 성장할 수 있도록 돕는 것이 중요하다.

북한이탈주민의 성공적인 정착을 위해서는 맞춤형 지원과 체계적인 정책적 노력이 필수적이다. 가족 단위의 지원은 이들의 정서적 안정과 사회적 적응에 중요한 역할을 한다(김유진, 2011). 가족 상담 프로그램, 부모교육, 가족 활동 지원 등이 그 예가 될 수 있으며, 이러한 프로그램은 가족 구성원 간의 상호작용을 촉진하고, 가족 구성원들이 우리 사회에서 효과적으로 역할을 수행할 수 있도록 돕는다. 또한 교육 및 심리적 지원은 북한이탈 아동·청소년의 성공적인 사회 통합을 위한 핵심적인 요소다(장정숙 외, 2007). 학교는 이들이 사회에 통합되는 데 중요한 역할을 하는 공간이므로, 다문화 교육 프로그램, 한국어 교육, 학습 멘토링 등이 적극적으로 제공되어야 한다(다누리, 2024). 이를 통해 이들이 학업에서 뒤처지지 않고, 자신감을 갖고 학교 생활에 참여할 수 있도록 지원해야 한다. 사회적 인식 개선은 북한이탈가족의 통합을 촉진하는 데 있어 중요한 요소이다(소성규, 손경식, 2011). 북한이탈가족에 대한 사회적 편견과 차별을 해소하기 위해 정부와 민간 부문, 지역사회가 협력하여 다양한 인식 개선 캠페인과 교육 프로그램을 추진해야 한다. 이러한 노력은 북한이탈가족이 우리 사회에서 소외되지 않고, 평등한 구성원으로 자리 잡을 수 있도록 돕는 데 기여할 것이다. 북한이탈가족에 대한 포괄적인 지원은 이들의 삶의 질 향상뿐만 아니라 사회 전체의 통합과 발전에도 긍정적인 영향을 미칠 수 있다.

3) 북한이탈가족의 사회복지적 어려움

북한이탈가족은 우리 사회에 정착하는 과정에서 다양한 사회복지적 어려움에 직면하고 있다. 이러한 어려움은 경제적·사회적·심리적 측면에서 복합적으로 나타나며, 이들의 안정적인 정착과 사회 통합을 저해하는 주요 요인으로 작용한다.

(1) 경제적 불안정

경제적 불안정은 북한이탈가족이 직면하는 가장 심각한 문제 중 하나이다. 북한이탈주민들은 대체로 낮은 교육 수준과 기술 부족으로 인해 안정적인 직업을 구하는 데 어려움을 겪는다(김희정, 2021). 이들은 한국 사회의 노동 시장에서 요구되는 전문 기술이나 자격을 갖추지 못한 경우가 많아, 비정규직이나 저임금 일자리에 종사하는 비율이 높다(김희정, 2021; 박현정, 2021). 이러한 경제적 취약성은 가정의 생활 수준을 저하시킬 뿐만 아니라, 가족 내 갈등과 스트레스를 증가시키는 요인으로 작용한다(조성희, 김정귀, 2021). 경제적 자립의 어려움은 의료, 교육, 주거 등 기본적인 서비스에 대한 접근성에도 부정적인 영향을 미친다(장명선, 이애란, 2010). 예를 들어, 경제적 어려움으로 인해 자녀의 교육 기회가 제한되거나, 적절한 의료 서비스를 받지 못하는 사례가 발생할 수 있다(류진아, 오은경, 2021). 이는 가족 전체의 복지 수준에 심각한 영향을 미치며, 장기적으로는 사회적 계층 이동의 기회를 제한한다.

경제적 어려움을 해결하기 위해서는 보다 체계적이고 종합적인 지원 프로그램이 필요하다.

직업 훈련과 기술 교육을 통해 북한이탈주민이 노동 시장에서 요구되는 자격과 기술을 갖출 수 있도록 돕고, 지속 가능한 고용 기회를 제공해야 한다. 이와 함께, 저소득층을 위한 주거 지원이나 의료 서비스 접근성을 개선함으로써 경제적 불안정을 완화하고, 이들이 자립할 수 있는 기반을 마련할 필요가 있다. 이러한 접근은 북한이탈가족의 삶의 질을 향상시키고, 사회적 통합을 촉진하는 데 중요한 역할을 할 것이다.

(2) 사회적 차별

사회적 차별은 북한이탈가족의 사회 통합을 저해하는 중요한 문제다. 북한이탈주민은 남한 사회에서 탈북자라는 이유로 편견과 배제를 경험할 수 있으며, 이는 사회적 연결망 형성과 지역사회 참여를 어렵게 만든다(송현진, 조현정, 2021). 북한이탈주민은 신분적 차별과 사회적 편견으로 인해 심리적 고립감을 느끼며, 이는 사회적 소외와 자존감 저하로 이어질 수 있다(김성희 외, 2022). 이러한 차별은 직장, 교육기관, 지역사회 등 다양한 영역에서 발생하며, 안정적인 정착과 삶의 질 향상을 저해한다. 북한이탈가족이 지역사회에 적응하고 안정적으로 정착하는 데 큰 장애물이 되며, 이로 인해 사회적 고립과 소외감이 심화될 수 있다. 이를 해결하기 위해서는 사회적 인식 개선과 차별 해소를 위한 교육이 필수적이다.

사회적 차별을 줄이기 위해서는 전 국민을 대상으로 한 교육과 인식 개선 캠페인이 필요하다. 이를 통해 북한이탈주민에 대한 잘못된 인식을 바로잡고, 이들에 대한 사회적 수용성을 높일 수 있다(소성규, 손경식, 2011). 학교, 직장, 지역사회를 중심으로 다문화 이해 교육과 차별 예방 프로그램을 운영함으로써, 북한이탈가족에 대한 차별을 방지하고 이들이 사회에 기여할 수 있는 환경을 조성해야 한다. 더불어, 북한이탈가족의 지역사회 참여를 촉진하기 위한 다양한 커뮤니티 활동과 자원봉사 프로그램을 마련함으로써, 이들이 지역사회 내에서 소속감을 느끼고 안정적인 생활을 영위할 수 있도록 지원해야 한다.

북한이탈가족이 경제적 · 사회적 어려움을 극복하고 안정적으로 정착할 수 있도록 돕는 것은 한국 사회의 통합과 발전에 있어 중요한 과제다. 정부와 지자체, 민간 부문의 협력이 필수적이며, 이를 통해 보다 포괄적이고 지속 가능한 지원 체계를 구축하는 것이 필요하다. 이러한 노력을 통해 북한이탈가족이 우리 사회의 일원으로서 자립하고 성장하며, 사회적 통합을 이뤄낼 수 있을 것이다.

(3) 정서적 · 심리적 지원의 부족

정서적 · 심리적 지원의 부족은 북한이탈가족, 특히 아동 · 청소년에게 심각한 영향을 미친다. 북한이탈 아동·청소년은 북한과 남한의 교육 시스템 및 사회문화적 차이로 인해 심리적 불안과 정체성 혼란을 겪고 있으며, 이는 이들이 우리 사회에서 자립적인 정체성을 형성하는 데 큰 장애가 된다(조성희, 김정귀, 2021). 북한에서의 경험과 남한 사회에서 기대되는 가치와 요구 사이에서의 갈등은 아동과 청소년이 심리적으로 적응하는 데 많은 어려움을 초래하며, 우울증, 불안장애, 낮은 자존감 등의 정신건강 문제로 이어질 수 있다(류진아, 오은경, 2021). 이러한 문제들은 단순히 개인의 정서적 고통에 그치지 않고 학업 성취도 저하와 사회적 부적응으로 이어질 가능성이 높다. 북한이탈 아동·청소년이 학업적으로 뒤처지거나 또래 집단과의 관계 형성에 실패하는 경우, 이는 장기적으로 사회적 고립을 초래하며 성인기에도 지속될 수 있는 문제로 확대될 수 있다. 따라서 정서적·심리적 지원의 강화는 이들의 심리적 안정과 성공적인 사회 통합을 위한 필수 요소로서, 맞춤형 교육 프로그램과 전문적인 심리 상담 서비스의 도입 및 확대가 절실히 요구된다. 특히 학교와 지역사회에서의 심리 상담 지원은 북한이탈 아동·청소년이 겪는 심리적 어려움을 조기에 발견하고 대응할 수 있는 중요한 도구로 작용할 수 있으며, 이러한 지원이 체계적이고 일관되게 제공될 때 비로소 아동·청소년의 심리적 안정과 성장에 긍정적인 영향을 미칠 수 있을 것이다.

(4) 가족 구조 변화

북한이탈가족은 남한 사회에 정착하는 과정에서 가족 구조와 역할의 변화를 경험하게 되며, 이는 가족 내 갈등과 스트레스의 중요한 원인이 된다. 북한에서의 전통적인 가족 구조는 권위적이고 계층적인 특징을 가지며, 가족 구성원 간의 역할이 명확히 구분되어 있다(김희정, 2021). 그러나 남한 사회의 가족 구조는 상대적으로 민주적이고 평등한 관계를 지향하며, 역할 분담이 보다 유연하게 이루어지는 특징이 있다. 이러한 차이는 북한이탈가족이 한국 사회에 정착하는 과정에서 가족 구성원 간의 기대 불일치와 갈등을 야기할 수 있으며, 특히 가부장적 역할을 기대하는 가장과 평등한 부부 관계를 지향하는 배우자 간의 갈등이 대표적이다(최인아, 이소연, 2023). 이러한 갈등은 가정의 안정성을 저해하고 가족 내 긴장을 증대시키며, 이는 가족 구성원 모두의 정신적·정서적 복지에 부정적인 영향을 미칠 수 있다. 따라서 가족 구조 변화에 대한 적응을 돕기 위한 지원이 필요하다. 가족 구성원이 서로의 역할을 이해하고 변화된 사회문화적 환경에 맞게 조정할 수 있도록 돕는 교육 프로그램과 상담 서비스가 제공되어야 하며, 이러한 지원은 가족의 응집력과 안정성을 증대시키는 데 중요한 역할을 할 것이다. 특히 부부 상담과 가족 상담 프로그램은 가족 구성원 간의 상호 이해를 증진하고, 새로운 역할을 수용하며 변화에 성공적으로 적응할 수 있는 기회를 제공하는 데 매우 유용하다. 이를 통해 북한이탈가족은 가정 내 안정성을 확보하고, 사회 전체에 보다 긍정적인 기여를 할 수 있을 것이다.

(5) 북한에 남아 있는 가족 구성원

북한이탈가족의 심리적 어려움 중 하나는 북한에 남아 있는 가족 구성원에 대한 그리움과 불안에서 비롯된다. 북한에 남아 있는 가족의 안전과 재회 가능성에 대한 불확실성은 북한이탈가족에게 지속적인 심리적 스트레스를 가중시키며, 이는 이들의 정신건강과 가정 내 안정성에 부정적인 영향을 미칠 수 있다(양승미, 2022). 이러한 불확실성은 종종 가족 구성원 간의 관계에 긴장을 유발하고, 서로의 감정을 충분히 공유하지 못하게 하여 감정적 거리를 초래할 수 있다. 북한에 남아 있는 가족에 대한 걱정과 불안은 남한에서의 생활 적응에도 부정적인 영향을 미칠 수 있으며, 이는 가족 전체의 복지와 자립에 심각한 방해 요소가 된다(김희정, 2021). 따라서 북한에 남아 있는 가족에 대한 심리적 지원과 상담 프로그램의 제공이 매우 중요하다. 이러한 프로그램은 이주 과정에서의 트라우마를 다루고, 현재의 불확실성을 관리하는 방법을 배우는 데 도움을 줄 수 있다. 또한 가족 간 의사소통을 촉진하고 감정적 지지를 강화할 수 있는 기회를 제공함으로써 가정 내 안정성을 높일 수 있다(조은숙 외, 2020). 정부와 민간 단체는 이러한 심리적 지원을 강화하고, 특히 가족 재회 가능성에 대한 정보를 제공하거나 법적·행정적 지원을 확대하는 방안을 모색해야 한다. 이는 북한이탈가족의 정서적 안정을 도모하고, 궁극적으로는 이들이 우리 사회에 성공적으로 정착할 수 있는 기반을 마련하는 데 기여할 것이다.

4) 북한이탈가족 지원 서비스

정부와 지자체는 북한이탈가족의 안정적 정착과 사회 통합을 돕기 위해 다양한 정책과 지원 서비스를 제공하고 있다. 이러한 정책과 서비스는 북한이탈주민의 경제적 자립을 지원하고, 교육적·정서적 지원을 강화함으로써 이들의 장기적 자립과 사회적 통합을 촉진하고자 한다(「북한이탈주민법」, 2024).

(1) 정착 지원금 제공

정부는 「북한이탈주민법」(2024)에 따라 정착 지원금을 제공하여 북한이탈가족의 경제적 자립을 돕고 있다. 이 정착 지원금은 주거, 의료, 교육 등 기본적인 생활에 필요한 자금을 지원하여 초기 정착 과정에서의 경제적 부담을 경감시키는 역할을 한다. 북한이탈가족은 탈북 과정에서 심리적 · 신체적 고통을 경험하며, 남한에서 새로운 삶을 시작하기 위해 상당한 경제적 어려움을 겪을 수 있다. 이러한 경제적 부담은 이들의 정착을 저해하는 주요 장애물로 작용하며, 정부가 제공하는 정착 지원금은 이를 완화하여 안정적인 정착의 토대를 마련해 준다.

정착 지원금은 경제적 지원 이상의 의미를 가지며, 북한이탈가족이 새로운 사회에서 자립적 생활을 시작할 수 있는 기반을 제공하는 중요한 역할을 한다(최정진, 2024). 주거비 지원, 의료비 보조, 교육비 지원 등을 통해 북한이탈가족은 초기 정착 과정에서 기본적인 생존의 기초를 확보하고, 이후 경제적 자립과 사회적 통합을 향한 발걸음을 내딛을 수 있다. 이러한 경제적 지원은 궁극적으로 북한이탈가족이 우리 사회에서 안정적인 경제적 자립을 달성하고, 지역사회에 긍정적으로 기여할 수 있는 구성원으로 성장할 수 있도록 돕는다.

(2) 교육 지원

교육부와 지자체는 북한이탈 아동 · 청소년의 학습 격차를 해소하고, 이들이 남한의 교육 체계에 원활히 적응할 수 있도록 맞춤형 교육 프로그램을 운영하고 있다(「북한이탈주민법」, 2024). 이 프로그램은 한국어 교육, 학습 지원, 진로 상담 등으로 구성되며, 북한이탈 아동 · 청소년이 학업 성취도를 높이고 교육적 자존감을 갖출 수 있도록 돕는다.

북한이탈 아동 · 청소년은 북한에서의 교육 경험과 남한의 교육 체계 간의 차이로 인해 학습 격차를 경험하기 쉽다(김윤나, 2016). 또한 언어적 장벽과 문화적 차이로 인해 학교 생활에서 소외감을 느끼거나 학업 성취도가 저하될 위험이 크다. 이러한 문제를 해결하기 위해 제공되는 맞춤형 교육 프로그램은 한국어 능력 향상, 학습 지원, 진로 탐색 등 다각적인 교육 지원을 통해 북한이탈 아동 · 청소년이 우리 사회에서 성공적으로 학습할 수 있는 기반을 제공한다.

한국어 교육은 북한이탈 아동 · 청소년의 학교 적응을 돕기 위해 필수적이며, 이를 통해 이들은 교실 내외에서의 의사소통 능력을 향상시키고, 학습 내용에 대한 이해도를 높일 수 있다(김윤나, 2016). 또한 학습 지원 프로그램은 개별 학습자의 필요에 맞추어 제공됨으로써 학업 격차를 줄이고, 진로 상담 프로그램을 통해 이들은 자신에게 적합한 진로를 탐색하고 목표를 설정할 수 있게 된다. 이러한 교육 지원은 단순한 학업 성취도를 넘어서, 이들이 사회 구성원으로서 소속감을 느끼며 장기적으로 성공적인 사회 통합을 이루는 데 중요한 역할을 한다.

(3) 정서적 지원

북한이탈가족은 탈북 과정에서 경험한 극심한 스트레스와 트라우마, 그리고 남한 정착 과정에서의 새로운 심리적 도전으로 인해 정서적 지원이 절실하다(양혜린, 류원정, 2020). 정부는 북한이탈주민의 정신건강을 지원하기 위해 심리 상담 프로그램과 정서적 안정 프로그램을 제공하고 있으며, 이러한 프로그램들은 북한이탈가족이 겪는 심리적 어려움을 해결하는 데 핵심적인 역할을 하고 있다(「북한이탈주민법」, 2024).

북한이탈주민들은 북한에서의 트라우마와 남한 사회의 새로운 요구 사이에서 심리적 어려움을 겪으며, 이는 자립적이고 건강한 삶을 사는 데 장애가 될 수 있다. 이 과정에서 제공되는 심리 상담 서비스와 정서적 안정 프로그램은 북한이탈가족이 이러한 어려움을 극복하고 정서적 안정감을 회복하는 데 도움을 준다(김수임 외, 2023). 이러한 지원은 단순히 개인의 심리적 안정을 넘어서 자아존중감을 높이고, 북한이탈가족이 사회적 관계망을 형성하고 유지하는 데 필요한 심리적 자원을 제공하는 역할을 한다. 이와 같은 정서적 지원은 가족 전체의 안녕을 증진시킴으로써 사회 통합에 중요한 기여를 한다.

(4) 하나센터의 역할

각 지자체는 하나센터를 통해 북한이탈주민의 지역사회 적응을 지원하는 다양한 서비스를 제공하고 있다(북한이탈주민포털 하나포털, 2024). 하나센터는 북한이탈가족의 초기 정착을 지원하는 주요 거점으로서 경제적 · 교육적 · 문화적 적응을 위한 프로그램을 운영하고 있다. 취업 알선, 직업 훈련, 문화 적응 프로그램 등이 이에 포함되며, 이를 통해 북한이탈가족의 경제적 자립과 사회적 통합을 촉진하고 있다.

취업 알선 서비스는 북한이탈주민이 안정적인 일자리를 찾을 수 있도록 지원하며, 이를 통해 경제적 자립을 도모한다(탈북민취업지원센터, 2024). 또한 직업 훈련 프로그램은 이들이 남한의 노동 시장에 적합한 기술과 자격을 갖출 수 있도록 하여 고용 기회를 확대하고, 경제적 안정성을 확보하도록 돕는다. 문화 적응 프로그램은 북한이탈주민이 우리 사회의 다양한 문화적 관습과 규범을 이해하고 수용할 수 있도록 돕는 역할을 하며, 이를 통해 이들이 우리 주민들과의 상호작용에서 발생할 수 있는 문화적 충돌을 최소화하고 지역사회에 보다 원활히 통합될 수 있게 한다. 하나센터의 이러한 지원은 북한이탈가족이 경제적 자립을 넘어 사회적 네트워크를 형성하고, 지역사회의 일원으로 긍정적인 역할을 할 수 있도록 돕는 중요한 기반이 된다.

(5) 정책적 개선 및 종합적인 지원 체계 구축 필요성

북한이탈가족의 사회적 통합과 복지 증진을 위해서는 경제적 · 교육적 · 정서적 지원이 종합적으로 제공되어야 하며, 이러한 지원은 단기적 · 일회적인 것이 아니라 지속적 · 체계적으로 이루어져야 한다(신보경 외, 2023). 정부와 지자체, 민간 부문이 협력하여 포괄적이고 지속 가능한 지원 체계를 구축함으로써 북한이탈가족이 우리 사회의 일원으로 자립하고 성장할 수 있는 여건을 마련해야 한다. 또한 북한이탈가족의 안정적 정착을 위해 지역사회와의 협력과 민간 부문의 참여가 중요하며, 고용 기회 확대와 사회적 인식 개선을 위한 캠페인을 통해 이들의 사회 통합을 촉진해야 한다(신효숙 외, 2024). 이러한 종합적인 접근을 통해 북한이탈가족은 안정적이고 자립적인 삶을 영위하며, 남한 사회에 긍정적으로 기여할 수 있는 구성원으로 성장할 수 있을 것이다.

5) 북한이탈가족 지원 정책 및 서비스의 과제

북한이탈가족의 안정적인 정착과 사회 통합을 위해 현재 시행되고 있는 정책과 서비스에 대한 종합적 개선이 필요하다. 북한이탈가족은 경제적 자립의 어려움, 교육 지원의 부족, 사회적 차별, 심리적 지원의 필요성 등 다각적인 문제에 직면하고 있으며(최정진, 2024), 이러한 문제들을 해결하기 위해서는 다음과 같은 개선 과제들이 제기될 수 있다.

(1) 경제적 자립을 위한 직업 훈련 프로그램 강화

북한이탈가족의 경제적 자립을 지원하기 위해 직업 훈련 프로그램의 강화를 필수적으로 추진해야 한다. 현재 많은 북한이탈가족이 직업 훈련과 고용 기회의 부족으로 인해 경제적 어려움을 겪고 있으며, 이는 이들의 사회적 통합을 저해하는 주요 요인 중 하나다(모춘홍 외, 2024). 직업 훈련 프로그램은 단순한 기술 습득을 넘어서 실제 노동 시장에서 경쟁력을 높이기 위한 맞춤형 교육을 제공할 필요가 있다. 이를 통해 북한이탈가족이 현지 노동 시장의 요구에 부합하는 기술과 지식을 습득하여 고용 가능성을 크게 향상시킬 수 있을 것이다.

이러한 프로그램은 북한이탈주민의 특수한 요구와 배경을 고려한 개별화된 교육 과정을 포함해야 하며, 언어 교육, 문화 적응 교육, 심리적 지원 등 다양한 요소를 통합적으로 제공하여 이들이 우리 사회에 원활히 적응하고 경제적으로 자립할 수 있도록 지원해야 한다(모춘홍 외, 2024). 또한 정부와 민간 부문 간 협력을 통해 다양한 직업 훈련 기회를 확대함으로써 경제적 자립을 효과적으로 지원할 체계를 마련하는 것이 중요하다.

(2) 교육 지원의 확대

북한이탈가족의 아동·청소년의 학업 성취도를 향상시키기 위해 교육 지원의 확대가 매우 필요하다. 이들은 우리 교육 시스템에 적응하는 과정에서 다양한 어려움을 겪으며, 이러한 어려움은 학업 성취도의 저하로 이어질 수 있다(김희정, 2021; 전주람 외, 2024). 북한이탈가족의 아동 · 청소년을 위한 특별한 교육 지원 프로그램은 단순한 학습 지원을 넘어 정서적 안정과 정체성 확립을 돕는 통합적 접근을 포함해야 한다. 이를 위해 맞춤형 학습 프로그램, 방과 후 학습 지원, 멘토링 서비스 등을 제공하여 이들이 학업적으로 성공할 수 있는 기반을 마련하고(남북하나재단, 2024), 심리적 지원 프로그램을 통해 정체성 혼란을 겪지 않도록 돕는 것이 중요하다(이윤진, 2024; 최인아, 이소연, 2023). 또한 교사와 교육 관계자들을 대상으로 한 교육도 필요하며, 교사들이 북한이탈 아동 · 청소년의 특수한 요구를 이해하고 이를 효과적으로 지원할 수 있는 역량을 갖추도록 해야 한다. 이를 통해 교육 현장에서의 차별을 줄이고, 북한이탈 아동 · 청소년이 평등한 교육 기회를 누릴 수 있도록 할 수 있을 것이다.

(3) 차별 완화와 사회적 통합을 위한 인식 개선

북한이탈주민에 대한 사회적 차별을 줄이고 이들의 사회적 통합을 촉진하기 위해 대국민 인식 개선 캠페인과 교육 프로그램의 확대가 필수적이다(송현진, 2023). 사회적 차별은 북한이탈주민들이 우리 사회에 원활히 적응하고 통합되는 것을 방해하며, 이들의 심리적 안정과 경제적 자립에도 부정적인 영향을 미친다(공수연, 김정미, 2018). 인식 개선 캠페인은 북한이탈주민에 대한 긍정적인 이미지를 형성하고 이들에 대한 편견과 오해를 해소하는 데 중요한 역할을 한다.

대중 매체를 활용한 캠페인, 공공장소에서의 홍보 활동, 교육 기관에서의 인식 개선 교육 등을 통해 북한이탈주민의 긍정적인 사례를 소개하고, 이들이 우리 사회에 기여할 수 있는 다양한 방안을 제시함으로써 대중의 인식을 변화시킬 수 있다(이경희, 김성진, 2024). 이러한 인식 개선과 사회적 통합 노력은 북한이탈주민에 대한 차별을 완화하고, 이들의 사회적 통합을 촉진하는 데 기여할 것이다.

(4) 심리적 지원의 강화

북한이탈주민, 특히 아동 · 청소년은 정서적 불안을 자주 겪고 있으므로 이들을 위한 심리 상담 서비스와 정서적 지원 프로그램의 확대가 필요하다(주승현, 2020; 장효청, 2021). 정서적 지원은 이들이 정서적 안정을 찾고 과거의 트라우마를 극복하며 건강한 정체성을 형성하는 데 중요한 역할을 한다. 이를 위해 개인치료, 집단치료, 정서적 지지 집단 등을 포함하는 심리적 지원 프로그램을 운영하여 북한이탈주민이 정서적으로 안정된 상태를 유지할 수 있도록 지원해야 한다(김성희 외, 2022). 심리 상담 서비스는 이들의 정서적 어려움을 효과적으로 관리하고 스트레스와 불안을 해소할 수 있는 방법을 제공하며, 이를 통해 개인의 심리적 안정과 사회적 관계 강화가 가능해진다. 또한 정서적 지원 프로그램은 북한이탈주민의 정체성 형성을 돕는 역할을 하며, 이들이 자신의 정체성을 긍정적으로 인식하고 건강한 자아를 형성할 수 있도록 지원하는 것을 목표로 한다(주승현, 2020).

(5) 종합적인 접근의 필요성

북한이탈가족의 복지 증진을 위해서는 경제적 자립을 위한 직업 훈련 프로그램의 강화, 교육 지원의 확대, 차별 완화와 사회적 통합을 위한 인식 개선, 심리적 지원의 강화 등이 필요하다. 이러한 종합적인 접근을 통해(양승미, 2022) 북한이탈가족이 우리 사회에 원활하게 적응하고 안정적인 삶을 영위할 수 있도록 지원해야 한다. 이를 위해 정부, 지자체, 민간 부문이 긴밀히 협력하여 포괄적이고 지속 가능한 지원 체계를 구축해야 하며, 이는 북한이탈가족의 자립적 생활과 사회적 통합을 촉진하는 데 중요한 기여를 할 것이다.

참고문헌

다문화가족지원법(2024). 법률 제20409호. 여성가족부. https://www.law.go.kr/법령/다문화가족지원법

북한이탈주민의 보호 및 정착지원에 관한 법률(2024). 법률 제20574호. 통일부. https://www.law.go.kr/법령/북한이탈주민의보호및정착지원에관한법률

고용노동부(2024). 외국인 고용지표. https://eboard.moel.go.kr/indicator/detail?menu_idx=75

공수연, 김정미(2018). 북한이탈주민의 사회적차별 경험이 사회적응에 미치는 영향—자아존중감의 매개효과를 중심으로. **인문과학연구, 59**, 111-136.

김선영(2025). '문화적으로 반응하는 교수법(CRP)'에 대한 성찰이 우리나라 다문화 교육과정에 주는 시사점 탐색. **학습자중심교과교육연구, 25**(2), 719-739.

김성희, 정승호, 김병연(2022). 북한이탈주민의 사회적 지지 네트워크 형성요인. **비교경제연구, 29**(1), 25-55.

김수임, 권보정, 이진현(2023). 북한이탈주민 상담의 특징과 효과적인 상담요인: 북한이탈주민 전문상

담사의 경험을 중심으로. 학습자중심교과교육연구, 23(10), 747-765.
김영순, 김창아, 윤현희, 최희(2015). 북한이탈주민 자녀를 지도하는 초등교사의 경험 재구성에 대한 연구: 편견을 중심으로. 교사교육연구, 54(3), 508-525.
김유정(2011). 북한이탈주민 재결합 가족에 대한 지원 방안-레질리언스 관점을 중심으로-. 통일연구, 15(1), 99-129.
김윤나(2016). 북한이탈청소년의 학업성취 향상 방안에 관한전문가의 평가. 소년보호연구, 29(2), 33-73.
김종세(2021). 다문화가족지원법의 쟁점과 새로운 방향. 법학연구, 82, 31-55.
김한상, 남궁민재, 이혜지, 위수한(2024). 이주민공동체의 정체성 협상과 지속가능성 연구: 수원이주민센터의 사례를 중심으로. 비교문화연구, 30(2), 57-115.
김희정(2021). 탈남 이후 한국에 재정착한 탈북가족의 적응. 한국가족관계학회지, 26(2), 75-92.
김희진, 조혜영(2024). 학교 밖 청소년의 성인기 이행 과정에서 경험하는 취약성과 학교 중단 의미 변화에 대한 종단적 탐색: 20대 중후반 청년들을 중심으로. 교육인류학연구, 27(3), 1-36
남북하나재단(2024). 북한이탈주민지원재단 온라인신청시스템: 가산금, 장학금, 교육지원금, 화상영어, 학습지 지원.
남예지, 김유정, 홍세희(2024). 다문화 청소년의 다문화가족정책 참여 여부가 삶의 만족도에 미치는 영향: 성취동기 변화 유형에 따른 차이. 한국청소년연구, 35(2), 111-136.
노보람(2024). 다문화가정 아동의 사회적 유능감에 영향을 미치는 사회경제적 지위, 감독적 양육, 부모자녀 상호작용의 구조관계 분석. 열린부모교육연구, 16(1), 125-143.
다누리(2024). 다문화가족지원센터. https://www.liveinkorea.kr/portal/KOR/main/main.do
류진아, 오은경(2021). 질적 메타분석을 통해 살펴본 북한이탈여성의 경험. 질적탐구, 7(1), 35-69.
모춘홍, 홍용표, 박지혜(2024). 탈북민 취약 · 위기가구의 인권 개선: 한계와 과제. 통일인문학, 97, 295-330.
문의정, 박정윤(2024). 다문화청소년의 이중언어능력 변화와 영향 요인. 다문화아동청소년연구, 9(2), 61-88.
박나래, 김한근(2024). 국내 언론의 다문화가정 논의 키워드 분석 및 동향 분석 연구: 2006년~2023년 신문 기사를 중심으로. 문화교류와 다문화교육, 13(3), 49-76.
박서희, 조영실, 김욱(2022). 북한이탈주민의 남한사회 문화적응이 정신건강에 미치는 영향—스트레스 대처의 매개효과—. 사회복지실천과 연구, 19(1), 35-76.
박재인(2024). 탈북에서 가정해체까지, 탈북민 위기가구 문제와 탈북 트라우마. 문화와 정치, 11(2), 39-67.
박지선, 박시우, 김해니(2024). 다문화가족 사너싱장지원을 위한 다문화 및 비다문화가족 통합 프로그램—종로구 가족센터 '다문화가족 자녀성장지원사업'을 중심으로. 대한가정학회 춘계학술대회 자료집, 2024.0, 463-464.

박현정(2021). 취업 상담사 관점에서 본 초기 북한이탈주민의 취업 불안. 한국웰니스학회지, 16(4), 323-331.

사용진(2025). IPA 분석을 통한 다문화가족 지원 정책 탐색 연구 : 결혼이민자 여성을 중심으로. 한국과 세계, 7(1), 399-419.

서울특별시 다문화가족 지원에 관한 조례(2024). https://familyseoul.or.kr/sites/default/files/board/서울특별시 다문화가족 지원에 관한 조례.pdf

소성규, 손경식(2011). 북한이탈주민의 가족관계등록과중혼문제해소를 위한 법세도 개선방향—경기도 북한이탈주민 인식조사를 중심으로—. 법과정책연구, 11(2), 489-530.

손병덕, 황혜원, 전미애(2006). 가족복지론. 학지사.

송현진(2023). 북한 여성의 삶을 역사화하기: 북한 여성사 연구의 동향과 과제. 현대북한연구, 26(2), 134-170.

송현진, 조현정(2021). 북한이탈여성의 학습생애사를 통해 본 학습과 삶의 관계. 통일인문학, 88, 69-120.

신보경, 이영준, 김경숙, 손인배, 전우택(2023). 남북한 출신 북한이탈주민 정착지원자의 역량 강화 및 소진대응을 위한 교육프로그램 개발 및 적용. 인문사회 21, 14(3), 163-178.

신효숙(2024). 사회통합적 관점에서 본 북한이탈주민의 통합 실태와 과제. 기독교와 통일, 15(1), 7-51.

양승미(2022). 북한이탈주민의 복지향상을 위한 법제 개선 방안—북한이탈주민의 법적 지위와 북한이탈주민법을 중심으로—. 사회복지법제연구, 13(1), 163-196.

양혜린, 류원정(2020). 북한이탈 청소년의 외상 후 성장 연구: 잠재프로파일 분석을 통한 성장 유형화 및 결정요인 검증. 청소년복지연구, 22(2), 139-167.

윤향희, 김경제(2024). 다문화가족지원법의 개선방안. 입법학연구, 21(2), 225-252.

이경희, 김성진(2024). 북한이탈주민 초기 정착지원 방안 연구: 메타버스 기반 교육 플랫폼 구축을 중심으로. 통일정책연구, 33(2), 289-319.

이래혁, 이재경(2024). 다문화 청소년 지원 서비스가 학교적응에 미치는 영향과 사회적 지지에 따른 이중문화 수용태도의 조절된 매개효과. 한국가족복지학, 29(1), 149-169.

이상미(2024). 다문화/취약가족 아동 양육 현황 및 지원 전략. 한국모자보건학회 학술대회 연제집, 2024.1, 183-194.

이윤진(2024). 북한의 모자보건정책과 남북한 협력방안: 협력적 거버넌스를 중심으로. 분쟁해결연구, 22(3), 127-151.

이현주, 이홍직(2024). 경기도 다문화가족센터 종사자의 문화적 역량에 관한 중요도 이행도 분석. 한국웰니스학회지, 19(1), 59-64.

임은주, 전종미(2024). 지역사회 기반 다문화 이해 증진 프로그램—'가족사랑의 날' 프로그램을 중심으로—. 대한가정학회 춘계학술대회 자료집, 2024.0, 449-449.

장명선, 이애란(2010). 북한이탈주민여성의 취업지원을 통한 경제적 자립을 위한 연구. 통일문제연구, 22(2), 275-319.

장안서(2024). 한부모 결혼이민여성의 자립에 관한 주관적 인식 연구. 인문 사회과학연구, 32(1), 375-394.

장우윤, 이태천, 임소현(2024). 한국 다문화 현상에 대한 사회 · 제도적 맥락과 연구동향 분석: 구조적 토픽 모델링(STM)을 활용하여. 한국행정학보, 58(2), 401-432.

장효청(2021). 북한이탈청소년 및 제3국 출생 청소년의 문화 간 감수성에 관련 연구: B학교 재학생을 중심으로. 인문사회 21, 12(1), 195-206.

장정숙(2024). 북한이탈청소년의 부정적 생애경험이 학교생활 적응에 미치는 영향. 사회과학리뷰, 9(2), 483-503.

전주람, 배일현, 배지홍, 신윤정(2024). 가족관계에서 탈북청년들의 신념변화에 관한 질적 연구: 부모-자녀관계에서 '좋은 부모'에 관한 인식을 중심으로. 한국가족관계학회지, 28(4), 93-115.

전혜경(2024). 사회적 지지가 결혼이주여성의 생활만족도에 미치는 영향: 부부애착의 매개효과와 자기효능감의 조절된 매개효과. 다문화사회와 교육연구, 16, 295-318.

정정희(2024). 사회적 약자의 사회통합 및 인권증진을 위한 연구—다문화가정 인권을 중심으로—. 법률실무연구, 12(1), 387-408.

조성희, 김정귀(2021). 북한이탈주민의 남한사회로의 안전한 정착을 위한 선행과제. 한국민간경비학회보, 20(5), 215-242.

조숙정(2024). 결혼이주여성의 위기대응을 위한 정책제안에 관한 연구. 다문화사회와 교육연구, 18, 215-249.

조은숙, 김민경, 김소영, 권혜영(2020). 북한이탈주민 가족관계 증진 단기 프로그램 개발. 가족과 문화, 32(1), 70-101.

주승현(2020). 탈북청소년의 사회적응과 효과적 지원방안 모색. 다문화와 평화, 14(3), 1-24.

최인아, 이소연(2023). 북한이탈청소년의 문화변용유형의 결정요인: 개인적 특성, 가족요인, 친구요인을 중심으로. 한국청소년연구, 34(1), 151-177.

최정진(2024). 북한이탈주민을 위한 정착지원 고찰. 인문사회과학연구, 6(1), 533-548.

최지예, Ui Jeong Moon(2023). 다문화가정 청소년의 한국문화수용태도와 외국문화수용태도에 미치는 영향요인 분석. 다문화아동청소년연구, 8(2), 1-30.

최희경, 이인숙(2005). 비정형가족의 특성과 가족복지에의 함의-강점관점을 중심으로. 한국가족복지학회, 15, 245-283.

탈북민취업지원센터(2024). 탈북민취업지원센터. https://nkjob.modoo.at

통계청(2024). 결혼이민자 현황. e-나라지표. https://www.index.go.kr/unity/potal/main/EachDtlPageDetail.do?idx_cd=2819

통계청(2024a). 다문화가족. KOSIS 국가통계포털. https://kosis.kr/search/search.do?query=다문화

통계청(2024b). 북한이탈주민실태조사. KOSIS 국가통계포털. https://kosis.kr/statHtml/statHtml.do?orgId=437&tblId=DT_43701N_001&conn_path=I2

황유라, 권미정, 김지민, 김혜경(2024). 부모의 문화권에 따른 다문화가족 청소년의 정신건강 및 건강행동 특성. 보건교육건강증진학회지, 41(2), 1-13.

찾아보기

인명

내용

ㄴ

ㄷ

ㅇ

ㅈ

ㅊ

ㅎ

저자 소개

손병덕(Byoungduk Sohn)

Washington University in St. Louis 석사
Harvard University 석사
University of Oxford 박사

전 사회복지법인 초록우산 어린이재단 이사장
한국청소년학회 회장
대한범죄학회 부회장
기독학문학회 부회장
대한민국 정부 국정과제평가위원단 위원
서울특별시 어린이 · 청소년인권위원회 위원장
법무부 고위공무원 평가위원
서울특별시 송파구 아동정책위원회 위원
경제인문사회연구회 산하 국책연구기관 평가위원
한국방송진흥공사 공익방송광고심의위원회 심의위원
보건복지부 아동양육시설 평가위원
보건복지정보개발원 사회서비스 품질평가위원
보건복지정보개발원 사회복지기술 전문위원
한국사회복지교육협의회 국제분과위원장
서울특별시 연구용역심의위원회 위원
총신대학교 부총장
총신대학교 산학협력단장

현 총신대학교 사회복지학과 교수
보건복지부 자체평가단 경영평가위원
보건복지부 국민연금재심사위원회 부위원장
문화체육관광부 간행물윤리위원회 위원
통일부 통일교육위원
서울특별시 지속가능발전위원회 사회분과위원장
인사혁신처 5급 공무원채용시험 출제위원
경기도 성남시 명예시장
사단법인 한국청소년학회 이사장
이랜드재단 이사
M&J 문화복지재단 이사
서울특별시 구로구 보육정책위원회 위원장
한국출판문화산업진흥원 세종도서 심의위원
한국연구재단 연구사업 평가위원
한국아동복지협회 자문위원
서울특별시 서울형 장애인 개인예산제 운영위원회 위원

가족복지론

Family Welfare

2025년 9월 5일 1판 1쇄 인쇄
2025년 9월 10일 1판 1쇄 발행

지은이 • 손병덕
펴낸이 • 김진환
펴낸곳 • (주) 학지사
04031 서울특별시 마포구 양화로 15길 20 마인드월드빌딩
대표전화 • 02)330-5114 팩스 • 02)324-2345
등록번호 • 제313-2006-000265호

홈페이지 • http://www.hakjisa.co.kr
인스타그램 • https://www.instagram.com/hakjisabook

ISBN 978-89-997-3506-6 93330

정가 25,000원